당신도
속고 사십니까?

장재훈 지음

당신도
속고 사십니까?

죽음과 내세관

ARE YOU ALSO BEING
DECEIVED?

좋은땅

어떤 사람이 누군가를 비난하고, 싫어하고, 욕할 때는 나름 그럴 만한 충분한 이유가 있습니다. 원인 없는 결과가 없듯이 옳든 그르든, 사실이든 아니든 반드시 몇 가지 그럴듯한 이유가 있습니다. 첫째는 실제로 잘못이 있기 때문이고, 둘째는 오해에서 비롯된 것이고, 셋째는 잘못된 지식과 정보 때문이고, 넷째는 자신의 무지와 오판에서 비롯된 것 때문입니다. 죽음과 내세(저승, 사후세계) 등에 대한 것도 마찬가지입니다. 사람은 남녀노소, 지위고하, 빈부귀천, 신분을 막론하고 일생을 살면서 누군가(사람, 기관 업체, 지자체, 국가 등)를 종종 속이고 자신도 속고 사는 것이 일반적입니다. 각종 정보와 유튜버에 속고, 극우와 극좌 유튜버에 속고, 방송과 뉴스에 속고, 지식에 속고, 종교에 속고, 신앙에 속고, 사람에 속고, 철학과 인문학에 속고, 신념과 확신에 속고, 경험과 체험에 속고, 가까운 지인에게 속고, 사이비 단체나 교주에 속고, 배우자에게 속고, 거짓 약속에 속고, 이런저런 물건 등에 속고 삽니다. 자신을 되돌아보면 부인할 수 없을 것입니다.

물론 그렇지 않은 사람도 있겠지만 대부분은 그렇지 않습니다. 왜냐하면 인간은 임신 순간부터 전적으로 부패하고 타락해서 알게 모르게 남을 속이고 사는 것이 본능이고 자발적으로 이루어지기 때문입니다. 이것이 인간의 본질과 실상입니다. 그래서 누가 시키지도 않았는데 알게 모르게 수시로 누군가를 속이며 삽니다. 이것을 소위 '거짓말'이라고 합니다. 거짓말은 죄로 인하여 타락한 인간의 본성입니다. 그래서 거짓말은 모든 사람들에게 있는 것입니다. 단지 정도의 차이만 있을 뿐입니다. 더 심각한 것은 자신도 속이며 산다는 점입니다. 자신에게 속고 삽니다. 그런데 자신에게 속고 사는지를 모릅니다. 그것이 무엇입니까? 자신이 가진 지식, 신념, 확신, 생각, 신앙, 체험 등이 언제나 정답이고 진짜라는 자신감입니다.

여기서 개인이 한 가지 간과하는 것이 있습니다. 인간은 누구나 완전하지 않다는 점입니다. 아무리 공부하고 노력해도 완전할 수 없습니다. 그것이 인간의 한계입니다. 그 어떤 전문가, 교수, 박사, 교황, 신부, 지식인, 노벨상을 받은 사람, 목사, 책사라 할지라도 완전하지 않습니다. 사람의 실상이 이러한데 자신의 생각, 주장, 신앙, 지식, 신념, 확신 등이 항상 완전하다고 생각하는 자들이 적지 않습니다. 하지만 그런 자신감에 젖어 사는 순간 위험과 교만과 실수와 오류와 실패에 노출되어 있는 사람이라고 할 수 있습니다. 누구나 완전하지 않기에 언젠가는 반드시 어떤 것에 대하여 현세나 내세에 치명적인 실수와 오판과 실패에 빠지게 될 것입니다. 이것이 모든 인간들의 공통분모이자 특징입니다. 사람들이 소유한 지식과 확신과 신앙은 사람에 따라서는 옳은 부분도 있지만 그릇된 것도 있습니다. 자기가 자기편을 들고 주관에 빠져 있으니 자기 말은 항상 옳다고 여기는 것입니다. 그러나 자기를 객관화하여 보면 틀린 것이 적지 않습니다. 자기가 지금까지 걸어온 인생에서 뒤를 돌아보면, 이런저런 일들을 생각해 보면 실수하고 오판한 것이 한둘이 아닐 것입니다. 누구만 그런 실수와 오판을 하고 산 것이 아니라 대부분의 사람들이 그럴 것입니다.

부분적으로 알거나 그릇되게 알고 사는 것을 가지고 자기는 전부를 알고 있거나 바르게 알고 있다고 착각합니다. 존재하는 피조세계는 크게 두 가지로 분류합니다. 하나는 현 세상이고, 또 하나는 아직 접하지 못한 미래 세상인 내세(저승)입니다. 현세에서 눈에 보이고 경험한 것도 부분적으로만 알고 부분적으로 아는 것도 틀린 것이 있는데, 아직 전혀 경험하지 못한 내세의 것은 더더욱 알지 못하거나 설사 안다고 치더라도 정확하게 알지 못하거나 '그런 곳이 어디 있어! 이 세상이 전부이지!'라고 하면서 아예 전면 부인해 버립니다. 모르면서도 아는 척 부인하거나 무시해 버립니다. 이런 사람들이 아주 많습니다. 엄청난 오해와 오판과 착각 가운데 사는 자들입니다. 나중에 닥칠 결과는 아예 생각지 않고 부인하고 무시해 버리면서 현실에 집착하고 삽니다. 이에 따른 당연한 결과는 아주 치명적으로 다가올 것입니다. 왜냐하면 부정확한 지식과 확신 가운데 사망 때까지 살거나 죽음 이후는 패자부활의 기회가 없고, 돌이킬 수 없는 심판만 있기 때문입니다.

이는 마치 대학입시를 보는 어느 수험생이 나름 공부한 것에 대한 확신을 갖고 자신만만하게 시험장에 들어가서 정답이 아닌 오답을 쓴 결과와 같습니다. 자신은 정답이라고 당당하게 썼지만 시험 결과는 오답, 틀렸음으로 체크될 때 천지가 무너질 것입니다. 시험 이후에는 오답에 대한 교정도 할 수 없습니다. 나중에서야 정답을 알아도 이미 늦게 됩니다. 비교적 상위대학 입시점수는 1~2점 차이로 합격과 불합격 여부가 판가름 나기에 한 문제만 틀려도 매우 치명적입니다. 또한 월드컵 축구 토너먼트 게임에서 치명적인 실수를 한 어느 선수와 같습니다. 그에 따른 당연한 결과는 쓰디쓴 불합격과 탈락입니다. 이처럼 지구촌에 거하는 모든 사람들이 수험생과 선수들이라고 가정하여 인생을 논할 때 오답인생, 오판인생, 실수인생이라면 현세나 내세에서 돌이킬 수 없는 치명적인 재앙이 됩니다. 그래서 자신의 이러한 실상을 바로 알고 살아야 합니다. 대안은 무엇이든지 정확하게 알고, 믿고 사는 것입니다.

이에 자기 고집, 아집, 교만, 그릇된 확신과 신앙 등의 자세를 버리고, 겸손한 자세를 취해야 합니다. 그래야 진짜와 정답을 만나 치명적인 오판과 실수를 대폭 줄여 비참한 결과를 피할 수 있습니다. 또한 기존의 자기 지식과 확신과 신앙 등에 대하여 언제든지 수정하고 교정할 자세를 갖고 사는 것입니다. 앞에서도 언급한 것처럼 누구나 스스로는 완벽한 지식과 신념은 가질 수 없고 완전하지 않기 때문입니다. 사람은 남녀노소를 불문하고 오류투성이입니다. 그런데도 너무 자기 확신에 젖어 삽니다. 자기 생각과 주장과 지식은 항상 옳다고 말합니다. 주로 가르치는 위치에 있는 자들, 비교적 지식이 있고 똑똑하다는 사람들이 그렇습니다. 그런 사람들도 불완전한 사람입니다. 겸손해야 합니다. 정확하지 않은 지식과 오답과 확신을 가지고 절대 확신에 차서 주장하면 희망이 없습니다.

이 책은 현세와 내세에 대한 정확한 지식과 정보를 제공하고자 기술하였습니다. 이런 자신감은 필자의 지식과 사상이 아니라 완전한 진리(성경)에 근거한 것입니다. 진리는 전지전능하시고 완전하신 하나님의 말씀(계명)으로 오류가 없습니다. 그렇기에 어느 부분에서 마음이 좀 불편하더라도 이 책을 끝까지 읽는 자, 더 나아가서 책의 내용을 믿는 자는 최고의 행복한 자가 될 것입니다. 인생역전과 반전이 되고, 헛된 인생이 되지 않을 것입니다.

또 하나 반드시 알아야 할 것은 이 세상에서 가르치는 것이나 존재하는 것, 내세에 대한 다양한 주장과 정보에 대한 진짜와 정답은 하나뿐이라는 사실입니다. 어느 정도 의식이 있는 사람들은 모두 동의할 것입니다. 이것이 암시하고 외치는 바는 수많은 사람들이 현재 진짜나 정답이 아닌 가짜나 오답을 믿고 확신하고 살고 있다는 것입니다. 각기 그릇된 다양한 것을 진짜라고 취하고, 그릇된 확신과 지식을 소유하고 있기 때문입니다. 자기가 현재 그런 상태에 젖어 산다는 사실조차 모르고 그저 열심히 공부하고 일하고 가르치고 살아가는 자들도 부지기수입니다. 각기 자기가 믿고, 알고 있고, 확신하고, 추구하는 것이 진짜라고 자신하며 삽니다. 이는 마치 사람들이 고집과 억지를 부리기를 친부모가 한 분이 아닌 여러 명이라고 주장하는 것과 같습니다. 물론 가짜와 오답입니다. 부당한 주장입니다. 친부와 친모는 한 분뿐입니다. 사람들은 지식과 종교와 신앙, 사후 내세에 대해서도 다양하게 주장합니다. 이는 자타(自他)에게 속고 사는 것입니다. 수많은 사람들은 자기 자신의 지식과 확신과 신앙에 대해 나름 정답과 진짜라고 하면서 확신하고 믿고 삽니다.

하지만 한 사람만 빼고, 한 종교만 빼고, 한 정답만 빼고 나머지 많은 사람들은 엄청난 오판과 실수를 하고 사는 것입니다. 틀린 지식과 확신에 찬 인생을 삽니다. 진짜와 정답은 시대를 초월하여 언제나 하나뿐이기 때문입니다. 우리는 누군가로부터 가르침을 받았을 때, 자기가 알고 읽고 배운 것이 진짜라고 자신하고 살 때, 자신이 아닌 다른 자들도 자기처럼 확신하고 주장하고 산다고 할 때, 자기와 다른 지식과 주장을 가진 자가 있을 때 위기감을 느끼고 두려워해야 합니다. 의문을 가져야 합니다. 왜 냐하면 정답과 진짜는 하나뿐이기에 자기의 신앙, 지식, 확신 등이 헛것, 오답, 가짜일 수 있기 때문입니다. 자기 자신이 틀렸든지 아니면 다른 사 람이 틀렸든지 둘 중의 하나는 틀린 것입니다.

정답인생과 오답인생은 엄청난 결과로 이어집니다. 그에 대한 당연한 결과는 비참함, 실패, 헛됨, 심판, 영원한 죽음뿐입니다. 낙방, 불합격, 탈 락입니다. 따라서 모든 것에 대하여 무조건적인 맹신과 맹종, 고집과 아 집을 접고 범사에 항상 의문과 겸손함을 갖고 살기 바랍니다. 자기가 믿 는 것, 자기가 확신하는 것, 자기의 지식이 언제든지 혹은 때에 따라 틀릴 수가 있기 때문이고, 가짜를 품고 살았다면 지금까지 살아온 인생이 헛되 거나 날아가기 때문입니다. 그런즉 이 책을 읽는 독자들은 이러한 기본적 인 접근과 시각에 따라 진짜와 정답을 찾고 만나길 바랍니다.

사람은 누구나 눈에 보이는 것, 눈에 보이지 않는 것, 아는 것, 배운 것, 경험한 것, 현재와 미래 등에 있어서 사실과 다르게 알고 믿고 사는 일이 허다합니다. 아는 것이라 할지라도 그릇되게 혹은 구부러지게 알고 있는 것이 반드시 있습니다. 안다고 하더라도 부분적으로만 아는 경우가 많습니다. 현세와 내세, 눈에 보이는 것과 눈에 보이지 않는 것에 대하여 완전하게 알고 사는 사람은 지구촌에 하나도 없습니다. 그래서 자기 지식과 경험과 신앙과 신념에 대하여 너무 확신과 맹신하지 말아야 합니다. 겸손히 마음과 귀를 열어 놓고 경청해야 합니다. 누가 타당한 지적과 말을 하면 마음을 열고 일단 듣는 자세를 취해야 합니다. 현재와 미래에 대한 전체적인 것을 정확하게 알거나 다 알고 사는 사람은 없습니다. 특히 죽음과 내세에 대해서는 더더욱 속고 사는 것이 있을 수 있습니다. 현세만 있고 내세(저승, 사후세계)는 없다고 확신하는 자들이 많습니다. 사람이 죽으면 그것으로 끝이라고 주장하는 자들도 많습니다. 이는 상식과 논리와 객관적인 근거와 진리에 비추어 볼 때 자신과 타인에게 속고 사는 것입니다. 속고 사는 것은 향후 치명적인 결과를 초래합니다.

통계청이 2023년 발표한 〈인구동향조사 출생·사망 통계〉에 따르면 출생자 수는 23만 명, 사망자 수는 35만 2천7백 명입니다. 그러니까 하루에 966명이 죽는다는 말입니다. 누구든지 살아 있으나 산 것이 아닙니다. 누구나 언제든지 죽을 수 있습니다. 죽음은 전국적이고, 전 국가적이고, 전 지구적입니다. 연령도 다양합니다. 다른 사람의 가족이 죽을 수도 있고, 내 가족이 죽을 수도 있습니다. 누구나 5분 이후나 내일을 장담하지 못하는 삶을 살고 있습니다. 그래서 죽음(사망)과 죽음 이후에 대한 대비는 누구에게나 지금 당장 가장 현실적이고, 시급하고, 실제적인 당면 문제입니다. 누구나 언제든지 죽을 수 있고, 죽음으로 끝이 아니라 사망 이후에 내세가 기다리고 있기 때문입니다. 물론 이런 사실을 믿는 자들도 있고 믿지 않는 자들도 있습니다. 무시하는 자들도 있습니다.

필자는 진리와 상식과 객관적인 사실에 근거해서 분명히 말합니다. 내세는 반드시 있습니다. 그림자가 있다는 것은 빛이 있다는 말이고, 현세가 있다는 말은 내세도 있다는 말이 됩니다. 존재하는 피조물이 있다는 것은 천지를 창조하신 어떤 전능하신 신(神)이 있다는 증거입니다. 이는 기본적이고 상식적인 논리입니다. 이런 사실을 믿지 않는 자들은 자신에게 속고 있다고 할 수 있습니다. 그럼에도 불구하고 사람들은 이런 죽음과 내세에 대해 애써 잊거나 무시하고 살아갑니다. 죽음은 자신과 무관한 것으로 여겨 버립니다. 하지만 이는 치명적인 오판이자 실수입니다. 이웃 국가 간의 정세가 아주 불안하면 속히 전쟁을 대비하고 살아야 하는 것처럼, 죽음이 언제 임할지 모르는 삶이라면 그 무엇보다도 최우선적으로 죽음과 죽음 이후를 대비하고 살아야 하는 것이 상식이고 지혜입니다.

어찌 보면 이 세상에서 죽음의 문제만큼 가장 절박하고 시급한 것은 없습니다. 왜냐하면 1시간 후나, 몇 시간 후나, 간밤에나, 내일이나, 한 달 후나, 갑자기 죽어 버리면 그동안 엄청난 고생과 수고와 노력을 통해서 쌓아 놓았던 돈, 명예, 학벌, 명성, 인기, 부동산, 동산, 건물, 집 등이 모두 소용없기 때문입니다. 게다가 현세에서 죽음으로 끝나지 않고 사후 세상 종말에 다시 사는 부활이 있고, 부활하여 내세(저승)가 기다리고 있고, 내세도 영벌의 장소인 지옥과 영생의 장소인 천국이 있기 때문입니다. 그래서 현세 동안의 올바른 판단과 죽음은 단순하지 않고 아주 심각한 문제입니다. 자살을 하는 사람들은 나름 사정이 있어서 그런 행동을 하지만, 죽으면 끝이라고 생각하기에 가장 어리석은 짓을 행하는 것입니다. 자살은 걱정과 고통의 끝이 아니라 영원한 불행의 시작입니다. 인생은 죽음으로 끝나지 않기 때문입니다. 죽음이 끝이라는 거짓에 속아 최악의 선택을 한 것입니다.

어떤 사연이 있든지 자살은 절대로 안 됩니다. 엄포가 아닙니다. 매일 열심히 일하고, 공부하고, 돈을 벌고, 신나게 살아가는 것도 중요하지만, 현세와 내세에 대한 생사(生死) 문제를 바로 해결해 놓고 사는 것이 가장 급선무입니다. 현세만 존재하는 것이 아니기 때문입니다. 아주 불편하고 기분 나쁜 말이지만 당신도 언젠가는 반드시 죽을 것입니다. 언제 죽을지 모릅니다. 이는 부인할 수 없는 명백한 사실이고 현재 진행형입니다. 언제 갑자기 죽을지 모르는 시한부(時限附, 한계) 인생입니다. 당신뿐만 아니라 당신이 사랑하는 배우자, 자녀들, 부모, 형제, 친구, 지인 등은 언젠가 반드시 죽을 것입니다. 갑자기 죽거나 지병 등 다양한 이유로 천천히 죽을 것입니다. 이 말인즉 사랑하는 사람들과 갑자기 혹은 언젠가는 반드시 사별(死別, 죽어서 이별)하게 된다는 말입니다. 언젠가 사별하는 것은 모든 사람들에게 정해져 있습니다.

이런 부인할 수 없는 실제적인 현실과 사실을 인정하고 살되 죽음 이후의 내세를 대비해야 합니다. 그런즉 현재 살아 있어 곁에 머물러 있는 가족들과 지인들을 소중하게 여기고 최선을 다해 잘해 주어야 합니다. 생전에 전심으로 사랑해야 합니다. 나중에 잘해 주겠다고 다짐하지 말고 지금 잘해 주어야 합니다. 언제 떠날지 모르기 때문입니다. 사후에 통곡하고 장례를 잘 치르는 것, 제사를 잘 챙기는 것은 바보 같은 짓입니다. 헛된 짓입니다. 죽은 자에게 아무런 영향을 미치지 못하기 때문입니다. 사후에 정성을 다하는 것은 아무런 소용이 없는 짓입니다. 동시에 매 순간, 매일, 무시로 죽음과 내세(저승, 사후세계)를 대비하고 살되, 살아 있을 때 피차 잘해야 합니다. 현세와 내세 모두가 존재하니 모두 대비하고 살아야 합니다. 그런 자가 지혜자입니다. 속지 않고 사는 사람입니다. 나중에 땅을 치고 통곡하거나 피눈물을 흘리지 않게 됩니다.

따라서 무엇이 인생에서 가장 절박하고 우선인지를 정리하고 살아가야 합니다. 열심히 돈을 버는 것이나, 열심히 공부하는 것이나, 열심히 일하고 사는 것이 첫째나 우선이 아닙니다. 이런 사실을 바로 인지하고 살아야 합니다. 죽음은 누구에게나 피할 수 없는, 변개할 수 없는 불가역적(不可逆的)으로 확정된 것이기 때문입니다. 이는 명백한 사실이고 현실입니다. 실제로 시간마다 날마다 주마다 달마다 어느 가정에서나, 어느 나라에서나 갑자기 다양한 이유로 사람들이 죽어 가고 있습니다.

그런 차원에서 이 책은 당신에게 솔직하고, 냉정하고, 실제적인 소중한 인생 가이드가 될 것이니 제발 무시하지 말고 끝까지 읽어 보고 깊은 고민을 하기 바랍니다. 결코 헛되지 않을 것입니다. 불행한 길로 가더라도 정확히 알고 가거나 거부해야 합니다. 현세와 내세에 대한 생사를 정확히 모르거나 정확히 알려고도 하지 않고 무조건 무시하고 없다고 하는 것은 지혜가 아니고 바람직한 자세가 아닙니다. 더욱이 죽음은 끝이 아닙니다. 죽음으로 인생이 끝나지 않고 세상 종말에 반드시 다시 사는 부활이 있고 내세가 있습니다. 다른 주제에서 내세가 반드시 있다는 것도 상식과 논리와 진리로 설명할 것입니다.

그런데 죽음 이후에 대하여, 내세에 대하여 부분적인 지식과 잘못된 지식과 확신으로 속고 사는 사람들이 아주 많습니다. 혹 저승(내세)이 있다고 불교도, 이슬람교도, 천주교도 믿지만 정확하지 않은 지식과 신앙을 가지고 있습니다. 아니면 무교자들은 죽음 이후의 내세는 없다고 단정합니다. 이런 자들에게 이 책은 그렇지 않다는 것을 경고하는 동시에 진리에 근거해서 자세하게 정확한 해답을 제시하고 있습니다. 이런 해답에 대하여 믿고 안 믿고는 독자가 알아서 하겠지만, 인간 스스로 되는 것이 아닙니다. 사람의 노력과 지식으로 되는 것이 아닙니다. 진리에 근거한 죽음과 내세에 대한 믿음은 하나님께서 주셔야만 믿어집니다. 이는 신비한 영역입니다. 논리적으로 설명이 불가능합니다. 이 책에 기술한 죽음과 내세 등에 대한 내용이 믿어지는 사람은 매우 복된 자입니다. 주 안과 진리 안에 있는 사람입니다.

혹 이 책을 읽다가 믿음과 감동이 생기면 주변 사람들에게나 사랑하는 사람들에게 선물해 주시기 바랍니다. 그리하여 후회 없는 인생, 속지 않는 인생을 살고 미래를 대비하도록 돕기 바랍니다. 스스로나 타인에 의해 그릇된 확신에 속고 살고 있는 자들에게 생명의 안내자가 되어 주길 바랍니다. 이 책은 한 끼 외식값에 불과합니다. 이 책은 사람들을 영원한 생명보험, 영생보험으로 인도하는 도구, 살리는 도구가 될 것입니다. 또한 이 책은 다른 책과는 달리 죽음과 죽음 이후에 대하여 진리와 현재적 사실에 근거해서 솔직하고, 직선적이고, 구체적이고, 도발적이고, 아주 단호하게 기술했습니다. 물론 믿든지 아니 믿든지 모두 사실입니다. 그만큼 자신이 있다는 저자의 표현입니다. 어떤 부분에 대해서는 몹시 불편할 정도로 확실하게 기술했습니다. 이 책은 소설이 아니라 실화입니다. 믿든 믿지 않든 현재와 미래에 그대로 이루어지고 있고 성취될 내용과 사실들입니다. 지금도 매 순간 매일 전 세계적으로 그대로 성취되고 있습니다. 가짜 정보나 내용이 결코 아닙니다. 엄포도 아닙니다.

이 책은 다른 종교나 다른 생각을 갖고 있는 사람들을 비난하고, 비하하고, 무시하기 위한 책이 아닙니다. 범사에 진짜와 진짜 신앙은 천하에 하나뿐이기 때문에 진짜와 정답과 진리가 무엇인지를 성경에 근거해서 명확하고 단호하게 기술했을 뿐입니다. 동시에 진짜가 다양하고 여럿이라는 생각과 주장을 하는 자들에게 경종을 울리기 위해서입니다. 이는 스스로 속고 사는 것입니다. 자신도 자신에게 속고 타인도 속이는 것입니다. 진짜 신앙과 진리가 여러 다른 종교에도 있다고 한다면 이는 사기를 치는 것입니다. 거듭 반복한 말이지만 무엇이든지 정답은 단 하나뿐이기 때문입니다. 하나 외에는 모두 거짓입니다. 속고 있는 것입니다.

어떤 사람들은 이 책을 읽으면 기분이 상할 수도 있지만 차분하게 생각하면 각성하게 만들 것입니다. 마치 쓰디쓴 약이 몸에 좋은 것처럼 말입니다. 이 책은 배타적이라고 욕먹을 각오를 하고 성경에 근거해서 아주 명백하고, 솔직하고, 선명하게 기술하였습니다. 너무 명확하게 기술했기 때문에 독자에 따라서는 좀 당황스럽고 불편할 수도 있습니다. 비유하자면 환자는 자기 상태와 병명을 정확하게 알아야 마음의 준비를 하고 제대로 치료를 받을 수 있습니다. 그래서 바른 의사는 환자에게 병명을 돌려 말하거나 속이지 않고 사실대로 솔직하게 말해 줍니다. 필자도 바른 의사처럼 바른 목사이기에 진리인 성경과 실제 현실과 상식과 개혁교회 신앙 고백에 근거를 두고 자신 있게 외치는 것입니다.

이 책만 일독 이상을 하게 되면 죽음(사망)과 장례와 내세(저승)와 영생 등에 대하여 확실하게 알고 이 세상을 소망과 기쁨 가운데 살게 될 것입니다. 속지 않게 될 것입니다. 헛된 인생이 되지 않을 것입니다. 전혀 다른 생각과 마음으로 살 것입니다. 그만큼 죽음과 죽음 이후의 내세에 대하여 확실히 알고 믿고 사는 사람은 그렇지 않은 자들과는 다르게 살 수밖에 없기 때문입니다. 자신이나 다른 주장에 속지 않고 살 것입니다. 이 책을 통해 인류 시작과 끝을 한눈에 볼 수 있습니다. 세계 역사의 시작과 끝을 알게 될 것입니다. 우주와 인류의 창조와 타락과 구원을 한통으로 알게 될 것입니다. 왜냐하면 천지만물과 인류 역사의 시작은 하나님께서 만드시고 이끌어 가시기 때문입니다. 그렇다는 것을 성경을 통해서 알려 주시고 성취해 가심을 보이십니다. 그래서 세상과 지구와 사람들이 주연이나 감독이 아니라 하나님이 주연이시고 감독이십니다. 인생에서 사람들이 치명적으로 오해하고, 속고, 착각하는 것이 두 가지가 있습니다. 하나는 죽음에 관한 것이고, 또 하나는 죽으면 그것으로 끝이고 내세는 절대로 없다는 근거 없는 그릇된 확신과 생각입니다.

무엇을 근거로 그런 확증편향에 빠졌는지는 모르지만 사람들은 지금까지 다양한 루트를 통해서 얻은 지식과 자기가 들은 것이 전부이고 정확하다는 신념과 확신 가운데 살아갑니다. 이는 엄청난 착각이고 오판입니다. 타인의 말이나 주장, 초중고와 대학교에서 배운 것과 온갖 책에서 알게 된 지식, 스스로의 신념과 확신이 전부 정답이라고 절대적으로 신뢰하는 사람은 자신에게 철저하게 속고 사는 사람입니다. 그릇되게 입력된 지식과 정보에 속고 있는 것입니다. 자신에게 사기를 당하고 있는 사람입니다. 우리 각자는 모든 면에서 부실 그 자체입니다. 바르게 아는 것도 있지만, 정확하지 않고 사실이 아닌 가르침도 많습니다. 가짜를 진짜로 알고 사는 경우가 많습니다. 어떤 훌륭한 책이라고, 노벨상을 받은 책이라고, 유명한 교수나 학자나 전문가가 주장한 것이라고 하더라도 부분적이든 전체적이든 오류는 항상 있습니다. 완전하지 않습니다.

대부분의 사람들은 주관적인 자기 지식과 확신과 신념에 있어서 반드시 오류(誤謬, 그릇된 인식)가 있습니다. 오염된 지식과 확신과 신앙과 체험과 확증편향 등이 있습니다. 자기가 알고 있고 확신하는 것들이 모두 정답이 아닙니다. 이는 누구에게나 분명한 사실입니다. 부인할 수 없습니다. 스스로에게 오판을 종종 하고 삽니다. 그래서 끝까지 범사에 객관적인 근거와 증거를 찾고 들어야 합니다. 겸손하게 귀와 마음을 열고 살아야 합니다. 자기의 생각과 지식과 신념과 확신이 부분적으로든지 전체적으로든지 얼마든지 틀릴 수 있다는 자세를 가져야 합니다. 그래야 실수와 오판과 후회를 적게 하거나 오류를 개선하여 뉴턴하고 살 수 있습니다. 신속히 교정과 복원이 가능합니다. 사람들이 가장 두려워하는 것은 치명적인 질병과 죽음(사망)입니다. 그래서 사람들은 언제 어디서나 항상 죽음에 대한 두려움과 공포심을 갖고 삽니다. 사랑하는 가족이 죽었을 때 가장 절망하고 슬퍼합니다.

또한 현세에서 가능하면 건강하게 오래오래 살려고 온갖 노력을 다합니다. 이에 치사율이 높은 고약한 질병이나 암(癌)에 걸리면 절망하고 통곡합니다. 죽음은 누구에게든지 치명적인 고통, 아픔, 슬픔, 우울함, 두려움, 공포, 상처, 스트레스, 절망감 등을 줍니다. 죽음은 사랑하는 부부, 부모, 형제자매, 벗, 친척, 이웃들과의 아주 슬픈 사별(死別)이기 때문입니다. 죽음은 단지 죽음으로 끝나지 않고 남아 있는 자들에게 오랫동안 힘든 영향을 줍니다. 유가족들이 당하는 아픔은 이루 말할 수 없습니다. 특히 부부의 사별은 매우 치명적으로 아픕니다. 당해 보지 않은 사람은 잘 모릅니다. 오랫동안 한 몸으로 살다가 어느 날 배우자가 떠나 버리면 그것처럼 허망하고 공허한 것은 없습니다. 사별한 배우자에 대한 그리움과 외로움은 상상을 초월합니다. 든 자리는 표시가 나지 않아도 난 자리는 크게 표시가 납니다. 세상의 그 무엇으로도 위로가 되지 않습니다. 자녀들과 주변에서 아무리 잘해 주어도 그 빈자리는 메워지지 않습니다. 부부는 부부이고 자식은 자식입니다.

그래서 누구든지 죽음을 반기는 자들은 아무도 없습니다. 죽음을 피하고 싶어 합니다. 죽음을 잊고 삽니다. 죽음을 두려워합니다. 가능하면 죽지 않고 영원히 살고 싶어 합니다. 물론 한번 출생한 사람은 영원히 살지만, 누구나 육체적인 죽음은 피하지 못합니다. 원죄의 형벌 때문에 반드시 죽어야 합니다. 죽음을 피한다고 피해지지도 않습니다. 죽음은 그림자처럼 일생 동안 따라다닙니다. 물론 죽음의 근본적인 원인은 각종 사고나 질병 때문이 아니라 인류의 대표자인 아담과 하와가 하나님께 불순종한 죄(원죄) 때문입니다. 죽음은 죄에 대한 불가역적의 형벌(저주)로 주어진 비참함입니다. 죽음은 남녀노소, 지위고하, 빈부귀천과 순서를 가리지 않고 무시로 찾아옵니다.

우리나라의 통계만 보아도 매년 30만 명 전후로 사망합니다. 그래서 모든 사람은 시한부(時限附) 인생이라고 하는 것입니다. 사람은 누구나 죽음이 확정되었습니다. 언젠가는 반드시 죽습니다. 시도 때도 없이 갑자기 죽습니다. 그래서 항상 죽음을 염두에 두고 살아가야 합니다. 매 순간 마음의 준비를 하고 살아야 합니다. 유언장과 자신의 사전장례의향서를 써 놓고 살아야 합니다. 그런데 의외로 죽음을 잊고 사는 자들이 많습니다. 대비하지 않고 삽니다. 지금 당장은 자기와 상관이 없는 타인의 이야기나 먼 이야기처럼 여기고 사는 자들이 수두룩합니다. 전혀 그렇지 않습니다.

죽음은 자기 이야기이고 갑자기 찾아옵니다. 더 심각한 사실은 육체적 죽음은 단순하지 않고 한 번으로 끝나지 않습니다. 현세에서는 누구나 반드시 한 번은 죽고 내세에서 또 죽는 자들이 있습니다. 그래도 한번 태어난 사람은 영원히 삽니다. 이런 사실을 아는 자들도 있고 모르는 자들도 있습니다. 죽음은 첫 번째 죽음과 두 번째 죽음이 있습니다. 첫 번째 죽음은 이 세상에서 영혼과 육체가 분리되는 육체적인 죽음을 말하고, 두 번째 죽음은 영원히 썩지 아니할 몸으로 부활한 사람들 중 내세인 지옥에 들어가서 영원히 사는 것을 가리킵니다. 물론 지옥에서도 영원히 살지만, 마치 죽음 이상으로 고통 가운데 살기에 둘째 죽음이라고 표현하는 것입니다.

첫 번째 죽음은 육체적인 죽음으로 영혼과 육체의 분리로 나타납니다. 사람이 죽으면 육체는 매장이나 화장 등을 합니다. 화장(火葬)을 하였다면 유골함을 납골당에 모시거나 수목장에 묻거나 산과 들과 바다나 강에 유골을 뿌리는 산골(散骨)을 합니다. 물질인 유골은 시간이 지나면 모두 산화되어 버립니다. 육체에서 분리된 영혼(靈魂)은 이 땅에 있지 않고 사망 즉시 죽은 자들이 부활하는 날까지 중간상태인 낙원 혹은 음부에 들어가 거합니다. 이곳은 부활 전까지 망자의 영혼만 들어가는 곳입니다. 이 땅과 장례식장엔 육체(뼈와 살, 시체)만 남게 됩니다. 물론 인류의 유일한 구세주인 예수님을 믿느냐 믿지 않느냐에 따라서 신자는 낙원(행복의 장소)에 들어가고, 불신자는 음부(고통의 장소)에 들어가서 세상 종말 때까지 부활을 기다립니다.

인간의 부활은 다시 살아남인데 부활은 세상 종말에 이루어집니다. 과거에 매장이나 화장 등으로 사라졌던, 산골되었던 수많은 사람들의 육체와 낙원이나 음부에 들어 있던 수많은 영혼이 썩지 아니하게 변화된 몸과 재결합한 상태로 부활한 이후 하늘로 승천하여 천상에서 인류의 재판장이신 예수님으로부터 인류 최후의 심판을 받고, 불신자들은 두 번째 죽음인 지옥에 들어가서 영원히 고통만 받으며 살게 됩니다. 예수님을 진실로 믿은 사람들은 심판이나 두 번째 사망을 겪지 않고 천국(새 하늘과 새 땅)에 들어가서 영원히 행복하게 살게 됩니다. 생전에 예수님을 '믿고 안 믿고'에 따라 이런 엄청난 차이가 있습니다. 내세의 삶이 확 바뀝니다.

여기서 한 가지 알고 넘어가야 할 것이 있습니다. 그것은 물질이 아닌 눈에 보이지 않는 영혼(靈魂)에 관한 이야기입니다. 모든 사람은 눈에 보이지 않는 영혼이 있습니다. 누구든지 몸에서 영혼이 떠나면 시체가 됩니다. 죽었다고 말합니다. 영혼은 비물질이므로 영원히 죽지도 타지도 썩지도 없어지지도 않는다는 사실입니다. 현세만 있고 내세가 없다고 확신하고 사는 사람들은 이 불멸의 영혼에 대하여 간과합니다. 충분히 알지 못합니다. 확실한 답을 갖지 않은 상태에서 무시하거나 외면하면서 내세를 부인합니다. 이는 자신에게 속고 사는 것입니다. 그래서 그릇된 확신 가운데 삽니다. 육체와 분리된 영혼은 이 세상 어디엔가 머물러 있지 않습니다. 육체에서 분리된 영혼은 지천에 떠돌아다니지 않고 즉시 중간상태(낙원 혹은 음부)에 들어가 세상 종말 때까지 거하게 됩니다. 그곳에서 부활을 기다립니다.

물론 사망한 영혼은 지상에 있는 자녀들이나 배우자 등에게 아무런 영향을 미치지 못합니다. 내세에서 지상에 있는 자들에게 아무런 영향을 끼치지 못합니다. 서로 보지도 못하고 듣지도 못합니다. 지상에 살아 있는 자들도 이 땅에서 무슨 정성을 다해도 죽은 자들에게 아무런 영향을 미치지 못합니다. 사람은 사망 즉시 산 자들과 완전히 단절됩니다. 상호 간에 아무런 영향을 주지 못합니다. 이 땅에서는 다시 만나지 못합니다. 하지만 믿음 여부에 따라서 사망 이후 내세에서 만날 수도 있고 만나지 못할 수도 있습니다. 그렇기에 이 땅에서 망자에 대하여 위령제(慰靈祭, 죽은 사람의 영혼을 위로하기 위해서 지내는 제사)나 위령기도(죽은 자를 위한 기도) 등을 하는 것은 헛되고 헛된 행위입니다. 쓸데없는 짓입니다.

주로 천주교(로마가톨릭교회)에서 위령미사나 위령기도를 합니다. 불신자들이 고인(망자)을 위해서 이런저런 고인을 위로한다고 위령행위를 합니다. 이는 그릇된 신념과 확신에 속고 사는 것입니다. 망자를 위한 지상에서의 그 어떤 행위도 아무런 효능이 없습니다. 이런 사실을 정확하게 아는 기독교인들은 죽어 버린 망자를 위한 그 어떤 종교적 행위나 인간적 행위도 행치 않습니다. 단지 기일에 추모(식)만 할 뿐입니다. 아무튼 사람은 영혼과 물질로 되어 있고, 인간이 부활할 때에 육체는 영원히 썩지 아니할 새로운 몸으로 변화하여 부활하기에 지옥에 들어가든 천국에 들어가든 영원히 살게 됩니다.

현재와 같은 썩어질 육체를 가지지 않습니다. 한번 이 세상에 출생한 사람은 착하고 악함 여부나 신앙 유무 여부를 떠나서 지옥과 천국에서 영원히 삽니다. 이는 진리입니다. 사람은 처음부터 영원히 사는 존재로 창조되었습니다. 이런 사실이 믿기지 않는 자들도 있겠지만 이는 사실입니다. 이를 부인하고 싶은 자들, 믿지 않고 싶은 자들은 영혼의 향방에 대하여 분명하게 설명할 수 있어야 합니다. 내세를 부인하는 자들 중에 영원히 사는 영혼에 대하여 제대로 설명도 못하면서 무조건 내세를 부인하는 자는 답이 없습니다. 이런 죽음과 죽음 이후의 다양한 전개 과정과 사실들에 대하여 인정하든지 인정하지 않든지 사후에는 반드시 알게 되고 경험하게 될 것입니다. 성경은 진리(참)이기 때문에 모든 것이 사실 그대로 성취됩니다.

아무튼 내세에서까지 영원히 죽지 않기 위해서는 신앙을 갖되 바른 신앙고백을 가져야 하고, 사망 전까지 진리 안에 머물러 있어야 구원을 받습니다. 자칭 기독교인이라고 하면서, 구원을 받았다고 하면서 진리에서 벗어나 사는 자들은 하나님의 심판을 피하지 못합니다. 또한 지구상에 존재하는 모든 종교와 신앙이 다 참이거나 다 거짓이 아니라 오직 한 종교와 신앙만 참인데, 필자는 성경과 역사적인 바른 신앙고백 안에 머물러 있는 신앙(믿음)만이 진리이고 참이라고 굳게 주장하는 바입니다. 지구상에는 많은 종교와 신앙이 있지만 진짜 종교, 진짜 구원, 진짜 신앙은 딱 하나뿐입니다.

어느 종교가 되었든지 진짜 종교와 신앙은 단 하나뿐입니다. 그것을 정답이라고 합니다. 진짜 신앙과 종교라고 말합니다. 거듭 말하지만 언제 어디서나 정답은 단 하나뿐입니다. 기독교 안에도 다양한 교리와 신앙 색깔이 있지만 바른 신앙고백은 단 하나뿐입니다. 이 바른 신앙고백을 만나고 믿고 살아야 합니다. 사람들은 모르지만 누군가는 속고 누군가는 바로 믿고 삽니다. 마치 수험생들이 자신은 정답이라고 쓰지만 정답도 쓰고 오답도 쓰는 것처럼 말입니다. 각자 거짓 종교든 바른 신앙이든 믿어지는 대로 살게 됩니다. 수험생들처럼 자기가 정답이라고 확신하는 대로 답을 쓰고 시험장에서 나옵니다. 그러나 결과는 딴판인 경우가 허다합니다.

바른 신앙과 종교는 몸이 아플 때 복용하는 약과 같은 것입니다. 신앙과 약을 먹고 안 먹고는 각자의 마음대로 결정하면 됩니다. 약이라 할지라도 정확한 약, 바른 약을 먹어야 치료가 되고 살게 됩니다. 유사한 약이나 엉뚱한 약을 복용하면 도리어 비참하게 됩니다. 지구상엔 바른 약처럼 바른 종교와 신앙이 있고, 유사한 종교와 신앙이 있고, 엉뚱한 약처럼 엉뚱한 종교와 신앙이 있습니다. 약이라고 해서, 종교라고 해서, 신앙이라고 해서 아무 약이나 종교나 신앙을 먹고 추종하면 큰일 납니다. 더욱 비참해집니다. 출생과 죽음이 자기 마음대로 되지 않은 것처럼 신앙도 자기 마음대로 되는 것은 아닙니다.

그러나 약이나 신앙을 먹든지 아니 먹든지, 믿든지 아니 믿든지 현세의 죽음, 내세의 존재, 육체와 영혼의 존재, 천국과 지옥의 존재, 부활과 심판이 있다는 사실만은 바로 알고 살아야 합니다. 자신이 모른다고, 자신이 부인한다고, 자신이 이해가 안 된다고, 자신이 안 믿어진다고, 불신한다고 존재하는 것이 없거나 없어지는 것은 아닙니다. 자신이 모르는 것은 자신이 모르는 것이고, 자신이 모른다고 하여 존재하는 것이 존재하지 않게 되는 것은 아닙니다. 자신이 몰라도, 부인해도 사실이고 존재하는 것은 존재하는 것입니다. 자기가 아는 것과 믿어지는 것만 존재하는 것이라고 한다면 코미디입니다. 자기에게 확실히 속고 사는 사람입니다.

사람들이 바로 알아야 하는 것은 육체의 죽음도 두렵고 공포겠지만, 더 무섭고 두려운 공포는 사망 이후 내세에서의 무시무시하고 영원한 죽음인 두 번째 죽음, 곧 지옥에 던져져서 영원히 고통만 당하며 사는 실패한 인생, 비참한 인생입니다. 이곳은 패자부활도, 회개도 없습니다. 모든 기회가 박탈된 세계입니다. 그냥 영원히 고통만 받으며 사는 끔찍한 곳입니다. 이루 말할 수 없는 고통의 장소인 지옥에 들어가는 것은 이 땅에 사는 날 동안 충분히 예수님을 믿을 수 있는 기회가 주어졌지만 자신이 복음, 진리, 예수님을 거부하고 외면한 결과입니다. 이와 같은 두 번째 죽음에 비하면 첫 번째 육체적인 죽음은 아무것도 아닙니다. 이 땅에서의 첫 번째 죽음인 육체적인 죽음의 고통과 슬픔은 잠깐입니다. 곧 지나갑니다. 시간이 어느 정도 지나면 회복됩니다. 재혼을 하면 더욱 빠르게 잊게 됩니다.

그러나 사후 부활 후에 심판을 받고 들어갈 두 번째 죽음인 지옥의 고통과 슬픔은 상상을 초월합니다. 치유나 회복도 불가능합니다. 지상에서의 감옥 생활과는 비교조차 할 수가 없습니다. 기간도 영원이고 고통도 상상을 초월하기 때문입니다. 그래서 이 땅에 사는 날 동안 육체적인 죽음도 잘 관리해야 하지만 내세에 당할 두 번째 죽음을 더욱 신경 써야 합니다. 이런 설명과 사실을 농담으로 여기거나 무시하면 마치 불의 뜨거움과 위력을 무시하고 불 속에 뛰어드는 사람과 다를 바가 없습니다. 정말로 어리석고 무모한 사람이라고 할 수 있습니다.

불의 존재를 무시하거나 아니면 불의 뜨거움을 모르면 불을 만났을 때 우습게 여기다가 화상과 죽음을 당합니다. 사람들은 이 세상에서 만약의 사고에 대비하여 안전장치로 각종 생명보험과 자동차보험과 실비보험 등을 드는 지혜가 있습니다. 그런데 신기하게도 이와 비교할 수 없는 무서운 두 번째 죽음인 내세에 지옥을 피하는 영원한 생명보험인 신앙보험은 들려고 하지 않습니다. 이는 마치 만 원짜리는 소중하게 생각하면서 천만 원짜리는 우습게 여기는 자와 같습니다. 무엇이 더 중한지 모릅니다. 생전에 여러 신앙 권고와 경고를 무시하거나 미친 소리라고 말합니다. 말과 문서로 복음을 전해도 거부하거나 버립니다. 이는 자기 생명을 거부하고 버린 것과 다르지 않습니다. 복음을 거부하는 자는 자기 생명을 지옥에 던지는 사람입니다. 어리석고 교만하다 보니 그 비참함을 모르는 것입니다.

마치 노아 때의 대홍수 전에 노아가 그 당시 사람들에게 오랫동안 그렇게 무서운 홍수 심판이 있을 것이라고 외치고 경고했건만 무시했다가 대홍수가 발생하여 물이 턱밑까지 차자 그제야 살려 달라고 아우성을 친 사람들처럼 말입니다. 노아를 비롯한 여덟 명만 생존하고 그 시대의 전 인류는 모두 수장되어 죽었습니다. 모든 일에는 때와 기회가 있는 법입니다. 그 시기와 기회를 놓치면 아무런 소용이 없습니다. 심판과 사망을 당할 수밖에 없습니다. 기차나 버스나 비행기는 떠나기 전에 기다리고 있다가 탑승해야 합니다. 구원의 기회는 아무 때나 오는 것이 아닙니다. 이 땅에서 목숨이 붙어 있는 시간이 두 번째 죽음을 피할 수 있는 유일한 시간이자 찬스입니다. 기독교인들이 괜히 예수님을 믿으라고 하는 것이 아닙니다. 기독교인들은 이 세상에서 보험을 파는 자들이 아닙니다. 돈을 벌자고 전도하는 것이 아닙니다. 자기 이익을 위해서 전도하는 것이 아닙니다. 영원한 생명을 얻도록 하기 위하여, 무시무시한 두 번째 죽음인 지옥 형벌을 피하도록 하기 위해서 복음을 전하는 것입니다. 이웃 사랑에서 나온 열심입니다. 교회 부흥이나 개인 이익을 위해서 전도하는 것이 아닙니다. 거짓 지식과 거짓 종교에 속고 살지 말라고 외치는 것입니다.

그러므로 이 책을 읽는 독자들은 현세에서의 첫 번째 육체적 죽음과 내세에서의 두 번째 영원한 죽음인 지옥에 들어가는 것에 대하여 진지하게 고민하고 대비하며 살기 바랍니다. 우리 모두는 시한부 인생이고 언제 죽을지 모르니 지금 당장 깊은 고민과 결단과 노력을 해야 합니다. 내일로 미루지 말아야 합니다. 나중에 시간이 나면 교회에 나가겠다고, 매력적인 세상의 즐거움에 흠뻑 젖어 재미있게 살다가 죽기 전에 교회에 나가겠다고 하지 마시기 바랍니다. 지금 당장 성경을 읽어 보고 일요일에 가깝고 건전한 교회에 나가시기 바랍니다. 의식주 문제도 중요하고 절박하지만 영원한 생명보험을 드는 일, 구세주 예수님을 만나는 일이 이 세상에서 가장 시급하고 절박한 일입니다. 예수님을 만나기 전에, 믿기 전에 어느 날 갑자기 죽어 버리면 돌이킬 수 없는 비참한 인생이 되기 때문입니다. 이 땅에서 부자로 살거나 성공하고 출세하는 것이 우선이거나 전부가 아닙니다. 그것은 2차적인 문제입니다.

성실하고 열심히 살고 공부만 열심히 하는 것으로는 충분하지 않습니다. 보상받지 못 합니다. 그렇게 부지런하고 성실하게 산다고 죽음과 내세와 영생의 문제가 해결되는 것은 아닙니다. 현세로만 인생이 끝나지 않고 내세, 저승, 사후세계, 심판이 있기 때문에 그 무엇보다도 이런 것에 우선성을 두고 살아야 합니다. 수많은 사람들은 현세만 존재하고 내세는 없다는 확신 가운데 삽니다. 치명적이면서 엄청난 오판이자 실수입니다. 아주 확실한 실수입니다. 스스로에게 속고 타인들의 말에 속고 사는 것입니다. 사람에게 있어서 진정한 성공과 출세는 두 번째 죽음을 당하지 않는 것입니다. 부자나 건물주나 권세자나 유명인이 되는 것이 인생의 첫째가 아닙니다. 이는 가짜 성공과 출세로 속고 사는 것입니다. 이 땅에서 아무리 잘 먹고 잘 누리고 부자로 산들 내세에 두 번째 죽음인 지옥이라는 비참하고 영원한 감옥에 들어간다면 그 사람은 영원한 실패자이자 가장 불쌍한 사람입니다.

또한 죽을 때 아무것도 가지고 가지 못 합니다. 사람은 공수거(空手去) 인생입니다. 그러니 이 세상의 것에 너무 집착하고 허비하며 살지 말아야 합니다. 욕심과 탐심에 젖어 살지 말아야 합니다. 재물의 욕심에 빠져 사는 사람은 어리석은 사람입니다. 언제 죽을지 모르는 시한부 인생인 것을 망각한 자이기 때문입니다. 부자나 건물주가 인생의 목표가 되어서는 안 됩니다. 갑자기 죽으면 모든 재물은 휴지 조각에 불과합니다. 다른 사람들 차지가 됩니다. 두 번째 죽음에 이르지 않기 위한 기회와 시간은 이 땅에 살아 있을 때뿐이니 날마다 인류의 유일한 구세주인 예수님을 진실로 믿거나 만나기 위해서 최선을 다해야 합니다. 자기 마음대로 되는 것은 아니지만 공부하듯이, 직장에서 일하듯이, 돈을 벌려고 주야로 뛰어다니고 머리를 굴리듯이 수고와 노력은 해야 합니다.

그것은 죽을 때까지 건전한 교회에 나가고, 언제 어디서나 성경을 읽고 들어야 합니다. 기초적인 인생과 신앙의 의문들에 대하여 쉽게 쓴 책을 구입해서 읽어야 합니다. 그리하면 어찌 될지 모릅니다. 지금 살아 있을 때가 기회입니다. 내일로 미루지 말기 바랍니다. 그저 먹고 마시고 즐기며 사는 것이 전부라고 확신하고 살 때가 아닙니다. 그런 것은 곧 지나가고 다 썩어 없어질 것입니다. 돈이 현실적으로 신과 같은 존재이자 만능키처럼 보이지만 이 또한 죽음과 지옥 앞에서는 들판에 널려 있는 풀만도 못한 것입니다. 그 외에는 다른 해법, 다른 살길이 없습니다. 왜냐하면 두 번째 죽음을 피하는 길은 오직 인류의 유일한 구세주인 예수 그리스도만을 믿어야 되기 때문입니다. 그 어떤 선행과 행위와 수행과 성실한 삶으로도 해결되지 않습니다. 오직 예수님을 믿는 믿음뿐입니다.

이는 만물을 창조하시고 우주의 주인이신 하나님께서 설정해 놓으신 유일한 구원의 방식, 천국에 들어가는 유일한 길이자 비밀번호입니다. 사람이 만든 구원의 길이 아닙니다. 지상의 많은 종교 지도자들이나 교주들이나 창시자들이 만든 것이 아닙니다. 세상에 많은 종교가 있고 좋은 것을 가르치지만 죄 용서함과 구원의 종교와 길은 개신교 외에는 없습니다. 다른 종교에는 두 번째 죽음을 피하는 길이 전혀 없습니다. 정답이 아닌 것들만 가르칩니다. 다른 종교도 내세를 말하지만 기독교(개신교)와는 전혀 다른 내세를 말합니다. 같은 기독교인 천주교도 다른 내세를 말합니다. 교리적으로 성경사상이 아닌 것들이 매우 많습니다. 이런 주장을 하면 불편한 자들이 있을 것입니다. 기독교는 배타적이라고 할 것입니다. 정신 나간 자들이라고 할 것입니다. 배타적이라고 해서 다 나쁜 것은 아닙니다. 사실에 입각한 배타성은 마치 우리 몸에 좋은 콜레스테롤(HDL)

과 같은 것입니다. 이런 주장이 성경에서 말하는 유일한 구원의 길, 사후에 당하는 두 번째 죽음을 피하는 유일한 길입니다.

아무쪼록 《당신도 속고 사십니까?》(부제 : 죽음과 내세관)라는 매우 불편하고, 도발적이고, 배타적이고, 직설적인 이 책을 통해서 타 종교인과 무종교인, 신자와 불신자를 막론하고 죽음에 대한 전반적인 내용을 바로 알고, 그 무엇보다도 죽음 이후의 내세에 대해 깊은 고민과 상고, 의문을 품고 살기 바랍니다. 깊은 고민과 생각과 의문 없이 살면 사후에 돌이킬 수 없는 재앙을 당하게 될 것입니다. 그러니 자신들이 추종하고 있는 교리도 공부하면서 개신교의 성경과 이 책도 끝까지 읽어 보시기 바랍니다. 믿고 안 믿고는 나중이고 일단 이 책을 처음부터 끝까지 진중하게 읽어 보시기 바랍니다. 그런 다음에 불신하고 무시해도 늦지 않습니다. 미래의 인생은 현재를 살면서 어떤 마음과 자세와 결단을 하느냐에 따라 내세의 영생이 결정됩니다. 바라기는 독자들과 많은 사람들이 영원한 생명을 얻는 길로 들어서기를 간절히 바랍니다. 현세 못지않게 내세도 잘 대비하며 살기 바랍니다. 진리가 아닌, 사실이 아닌 자기 지식과 확신에 속아 살지 않기를 바랍니다.

이 책은 모두 11부로 구성되어 있습니다. 제1부 천지 창조관, 제2부 인류 타락관, 제3부 인류 죽음관, 제4부 인류 구원관, 제5부 장례관, 제6부 예수님의 공중 재림관, 제7부 세상 종말관, 제8부 인류 부활관, 제9부 내세관, 제10부 인류 최후의 심판관, 제11부 영생관을 하나의 흐름과 통으로 다루고 있습니다. 성경의 역사는 곧 세계사이자 인류의 역사입니다.

왜냐하면 천지만물 창조와 인류의 역사 시작은 하나님께서 시작하셨기 때문입니다. 성경의 제1 저자는 하나님입니다. 진리 책인 성경은 인류 역사, 인류 구원사, 세계사, 사후 내세까지의 과거와 현재와 미래를 알고 믿고 살도록 하나의 흐름으로 압축해서 기록한 책입니다.

그래서 성경을 떠나서나 모르고는 세계 역사와 미래의 내세관을 정확히 알 수 없습니다. 하나님께서 세상을 창조하시고 시작하셨으며, 세상과 인류 종말과 끝맺음도 하실 것이기 때문입니다. 이렇게 총체적으로 기술한 이유는 죽음과 내세에 초점이 맞추어진 책이지만, 죽음과 관련하여 인류 역사와 성경의 역사와 인생의 시작과 끝을 직선적 역사관으로 한눈에 보여 주고, 바르게 알려 주고, 이해시키기 위함입니다. 그래야 현세와 죽음과 죽음 이후 내세에 대하여 제대로 이해가 되고 준비를 할 수 있습니다. 강물도 시작점과 끝이 있는 것처럼, 인류의 역사와 인생도 시작(창조)과 끝(종말)이 반드시 있습니다.

인류의 시작과 끝은 하나로 묶여 강물처럼 흐릅니다. 세계 역사와 인류 역사는 그냥 생기고 흐르는 것이 아닙니다. 만물을 창조하신 하나님께서 이 우주만물인 피조물을 섭리(攝理, 통치하시고 다스리심)하시고 결국 마무리하실 것입니다. 단지 사람들이 모르거나 오해할 뿐입니다. 인류와 세상은 불교에서 말하는 것처럼 돌고 도는 순환적 역사가 아닌 직선적 역사로 시작과 끝으로 마무리됩니다. 인류의 죽음은 현세에서 누구나 반드시 한 번 당합니다. 죽음이 끝이 아닙니다. 죽음으로 끝나지 않고 사후에 다시 살아나서 영원한 죽음(둘째 죽음=지옥의 삶)을 당하는 자들이 있습니다. 이것을 부인하는 자들은 속고 사는 사람입니다.

그런즉 인류와 역사는 반드시 시작(출발=창조)이 있고, 언젠가 반드시 종말(끝)이 있고, 이것이 전부가 아니라 세상 종말(말세, 끝)에 부활과 심판과 영생이라는 내세(저승)가 있음을 바로 알고 진지하게 고민하고 살아야 합니다. 이런 인생과 세계 역사를 하나의 흐름과 통으로 읽고 바라볼 수 있어야 합니다. 그래야 인생, 인류 역사, 세계 역사 전체가 한눈에 보이고 그려지고 이해가 됩니다. 세상이 어떻게 흘러갈 것인지가 어느 정도 보입니다. 이 모든 것은 기독교 진리 책인 성경에 근거합니다. 오직 성경을 통해서만 명확하고 구체적으로 알 수 있습니다. 왜냐하면 우주와 인류와 역사의 시작과 끝은 하나님이 정하셨고, 우주만물의 주인이신 하나님께서 자신의 절대주권에 따라 세상을 창조하셨고, 다스리시고, 세상 종말도 마무리(끝장)를 하실 것이기 때문입니다.

오직 천지의 주인이신 하나님만 성경을 통해서 이런 인류, 세상, 역사의 실상을 100% 아시고 가르쳐 주십니다. 그 외에는 아무도 모릅니다. 모르니까 침묵하거나 이상한 것은 믿게 하고 가르칩니다. 이에 어리석은 인간들은 진리가 아닌 것들을 신봉하고 추종합니다. 성경은 진리로 사람의 말이 아닌 전능하시고 초자연적인 능력으로 천지를 창조하신 하나님의 말씀(진리, 계명)이기에 때가 되면 성경에 기록된 그대로 성취됩니다. 거짓이 없습니다. 반드시 성경대로 이루어집니다. 그래서 목숨을 걸고 믿고 추종할 수 있습니다. 혹 필자가 잘못 이해하고 있는 것이 있거나 기술한 것이 있다면 지적해 주시기 바랍니다. 언제든지 수용할 것입니다. 단, 성경과 개혁교회와 장로교회의 신앙고백 등 객관적인 근거를 통해서 지적해 주시기 바랍니다. 여기에 나오는 성경구절은 '개역성경'에서 인용했습니다.

　바라기는 이 책이 믿어지거나 보석과 같다고 여기시는 분들은 이 책을 구입하여 주변 사람들에게, 가족과 친인척에게, 불신자들에게, 믿음이 연약한 사람들에게 선물로 주시기 바랍니다. 병원에 문병 갈 때, 명절 때, 모임에 나갈 때, 전도할 때, 가족 모임 때, 친구들 모임 때, 누굴 만나게 될 때 등등 준비해서 가면 좋을 것입니다. 단순한 선물이 아닌 천하보다 귀한 생명을 살리는 선물이 될 것입니다. 아무튼 독자들과 모든 사람들이 죽음과 내세 등에 대하여 스스로나, 타인의 가르침이나, 어떤 책 등에 속지 않고 살기를 바랍니다. 끝으로 이런 책을 쓸 수 있도록 사명과 열심과 통찰력과 은혜를 주신 하나님께 모든 영광을 돌립니다.

2025년

이 시대의 나팔수와 파수꾼인
장재훈 목사가

차례

제1부

천지 창조관

아파트와 각종 건물 등은 어느 날 갑자기 스스로 생긴 것이 아닙니다. 어느 건축자나 건설사에 의해서 지어진 것입니다. 이는 기본이고 상식입니다. 천지만물과 피조물도 마찬가지입니다. 만물이 그냥 생기거나 존재한 것이 아닙니다. 다시 말해서 자연적으로 존재한 것이 아닙니다. 누군가가 창조한 것입니다. 엄청난 능력을 소유하신 전능하신 자가 창조한, 건축한 것이 틀림없습니다. 그것이 기본 상식과 논리에 맞습니다. 천지 창조와 관련하여 이런저런 다양한 설이 있습니다. 근거가 있는 설도 있고 없는 설도 있습니다.

자연론, 진화론, 빅뱅론, 유신진화론 등은 사실이 아닙니다. 이에 대하여 기독교는 성경과 일반적인 논리에 근거해서 명확하게 말합니다. 성경은 우주만물, 천지, 피조세계 존재에 대하여 하나님(God)에 의한 창조론(創造論)을 주장합니다. 완전한 창조를 말합니다. 참고로, 일반인들과 기독교인들조차 '자연(自然)'이라는 말을 하는데 이는 성경에 반하는 것으로 '피조물'이라고 해야 맞습니다. 세상에 스스로 존재한 자연(自然)이란 없습니다. 전지전능하시고 자존신(自存神)인 하나님께서 창조하신 피조물만 있을 뿐입니다. 그래서 자연이라고 하지 말고 피조물이라고 해야 정확합니다.

　창조론(創造論)이란 '자존하시는 삼위일체 하나님께서 전능하신 능력과 말씀으로만 우주만물을 무에서 유로 완전하게 창조하신 것'을 말합니다. 시대와 환경이 변해도 진화나 재창조가 필요 없을 정도로 완전하게 창조하신 것을 말합니다. 그래서 피조물인 사람과 각종 생물들의 본성과 본질은 언제 어디서나 그대로입니다. 단지 피부 색깔만 좀 다르게 될 뿐입니다. 이런 사실을 정확히 모르니 학자들이나, 진행자들이나, 해설자들은 다큐멘터리나 동물 프로그램 방송 등에서 이런저런 생물에 대하여 자꾸 진화(進化)되었다고 말합니다. 생물의 다리가 짧거나 새들의 부리가 길거나 짧으면 수억 혹은 수십억 년 전에 진화되었다는 황당한 말을 합니다.

　객관적으로 검증도 되지 않고 역사적으로 의견이 분분하여 결론도 나지 않았는데 가볍게 말합니다. 전지전능하신 신(하나님)을 제외하고, 물질적인 것이나 비물질적인 것이나, 눈에 보이는 것이나 보이지 않는 것이나 창조자, 건축자가 없이는 존재가 불가능합니다. 집이나 건물도 스스로 세워진 것이 아니라 반드시 건축자가 있습니다. 이 세상도 마찬가지입니다. 이에 대하여 성경은 확실하게 말합니다. 다른 종교나 어느 누구도 확실하게 천지 창조와 존재에 대해서 단정적으로 말하지 못합니다. 설사 어떤 설을 주장한다고 하더라도 구체적이지도 않고 확실하지도 않습니다. 사실이 아니고 그런 사실을 정확히 모르기 때문입니다.

창세기 1장 1절

"태초(太初, 역사적 시간의 출발점)에 하나님이 천지를 창조하시니라" "In the beginning God created the heavens and the earth"

히브리서 1장 2절

"이 모든 날 마지막에 아들(성자 예수님)로 우리에게 말씀하셨으니 이 아들을 만유의 후사(대를 잇는 아들)로 세우시고 또 저로 말미암아 모든 세계를 지으셨느니라"

시편 89편 11절

"하늘(the heavens)이 주의(하나님의) 것이요 땅(the earth)도 주의 것이라 세계(the world)와 그중에 충만한 것을 주(主, 하나님)께서 건설하셨나이다(기초를 세우셨다)"

히브리서 3장 4절

"집마다 지은 이가 있으니 만물(萬物)을 지으신 이는 하나님(God)이시라"

사도행전 17장 24절

"우주(宇宙, 세계)와 그 가운데 있는 만유(萬有, 우주에 존재하는 온갖 것)를 지으신 신(하나님께서)께서는 천지의 주재(主宰, 임금)시니 손으로 지은 전에 계시지 아니하시고"

창세기 2장 7절

"여호와 하나님이 흙(dust)으로 사람을 지으시고 생기(生氣, 영혼)를 그 코에 불어넣으시니 사람이 생령(生靈, 산 사람)이 된지라"

창세기 2장 19절

"여호와 하나님이 흙(dust)으로 각종 들짐승과 공중의 각종 새를 지으시고 아담이 어떻게 이름을 짓나 보시려고 그것들을 그에게로 이끌어 이르시니 아담이 각 생물을 일컫는 바가 곧 그 이름이라"

이처럼 이 세상에는 확실하게 천지 창조에 대해서 말하는 책과 종교가 있습니까? 기독교 외에는 없습니다. 하나님 외에는 없습니다. 성경 창세기 1~2장을 보면 천지 창조에 대하여 구체적으로 기술하고 있습니다. 1장은 6일 동안의 천지 창조에 대하여 자세하게 기술한 것이고, 창세기 2장은 1장 일부 창조에 대해 좀 더 구체적으로 보충 설명을 하고 있습니다. 하나님께서 6일 동안 천지를 창조하셨다고 말합니다. 천지를 말씀의 능력으로 창조하셨는데, 사람의 몸과 동물의 몸은 흙으로 창조하셨다고 말합니다. 물론 사람의 영혼도 하나님이 창조하셨습니다. 이렇게 천지 창조에 대하여 명확하고 구체적이고 확실하게 제시하고 기록한 책, 종교, 종교학자, 일반학자 등은 세상에 없습니다. 모르기 때문입니다. 성경을 떠나서는 만물의 존재에 대해서 모릅니다.

전지전능하신 자존신 하나님 외에는 천지를 창조한 다른 신이 없고, 그렇게 할 수도 없기 때문에 감히 구체적으로 주장하지 못하는 것입니다. 이에 잘 모르니까 이런저런 황당한 주장과 허구를 마구 남발합니다. 특히 사람들은 세상을 보고 자연이라고 말합니다. 자연(自然)이란 '저절로 이루어진 상태'를 말합니다. 이는 창조론에 반하는 표현입니다. 정확한 표현은 **'피조물'**(被造物, 조물주 하나님에 의해 만들어진 만물)이라고 해야 맞습니다. 그런데 '자연'이라는 표현을 방송에서 사용하고, 일부 기독교인들도 생각 없이 사용합니다. TV나 교과서 등에서도 대부분 '자연'이라고 말합니다. 이는 암암리에 창조론을 외면하거나 부정하는 말입니다.

따라서 기독교인들은 '자연'이라는 표현은 사용하지 말고 피조물이라고 표현하여 암암리에 사람들에게 창조론과 하나님의 존재성을 암시해야 합니다. 기독교인들은 이런 부분에서도 신중하게 표현할 줄 알아야 합니다. 기타 빅뱅이나 진화론 등은 성경처럼 누가 그리했다거나 명확한 근거나 논리를 제시하지 못합니다. 집마다 지은 이가 있는 것처럼 천지만물을 창조했으면 누가 어떻게 창조했다고 구체적인 증거를 제시해야 하는데 성경 외에는 그런 것이 전혀 없습니다. 사실이 아니고 그런 일을 모르거나 그런 일이 없기 때문입니다. 그러니까 막연하게 추정해서 말합니다. 비슷하면 '이것이다'라고 말합니다. 성경과 하나님이 믿어지지 않으니 그에 반대되는 주장과 엉터리 논리를 펴는 것에 불과합니다. 혹 기독교 안에서 유신진화론을 주장하는 자들이 있습니다. 천주교도 그렇고 일부 학자들과 목사들이 그렇습니다.

유신진화론(有神進化論)이란 '하나님이 우주를 창조하실 때에 자연계의 생명체에게 진화 능력을 부여해서 현재의 다양한 생명체들이 생겨났다'고 보는 견해입니다. 자연계라는 말도 맞지 않습니다. **피조세계**라고 해야 맞습니다. **천지는 자연 스스로 생긴 것이 아니라 하나님의 창조 작품이기 때문입니다.** 진화 능력을 부여한 것이 아니라 번식 능력을 부여한 것입니다. '유신진화론'은 다윈으로부터 제시된 진화론을 비롯한 모든 현대 과학의 성과를 인정하고 있습니다. 현생 인류도 유인원과 인간의 공통 조상으로부터 진화되었다고 보고 있기에, 유신진화론은 '유신론적 진화론'이라고도 불립니다. 이는 성경의 완전 창조를 부인하는 것으로 혼합주의 사상, 인본주의와 자유주의적 사상이라고 할 수 있습니다. 성경에 반하는 주장과 견해입니다. 유신진화론은 완전한 창조론에 대한 교묘한 물타기 이론입니다.

창세기 1장 31절

"하나님이 그 지으신 모든 것을 보시니 보시기에 심히(매우) 좋았더라(토브 메오드, very good) 저녁이 되며 아침이 되니 이는 여섯째 날이니라"

창세기 2장 1절

"천지와 만물이 다 이루니라(완성되었다, were completed)"

"심히 좋았더라(토브 메오드, very good)"는 말은 불완전한 창조, 진화의 여지를 남겨 둔 표현이 아니라, 더 이상 손볼 것이 없도록 한 치의 오차나 흠이 없이 완벽하고 아름답게 창조되었음을 대변합니다. **"다 이루니라(완성되었다)"** 는 '끝나다'라는 뜻과 함께 '완전케 되다'라는 뜻을 지니고 있습니다. 하나님께서 창조사역을 자신의 뜻과 계획대로 온전히(완전하게) 성취했음을 의미합니다. 이는 예수님께서 구속사역을 이루기 위하여 십자가 위에서 대속죽음 직전에 **"다 이루었다(finished, 이루어졌다)"** (요 19:30)라고 하신 사역의 완전성 의미와 아주 유사합니다. 여기서도 '끝나다', '완성하다'를 의미합니다. 십자가 죽음을 통한 구원의 역사를 이제 완전하게 다 이루셨음을 고백한 표현입니다.

다시 창세기로 돌아와서 그래서 대부분의 영어 역본에는 'completed'라는 완전성, 완전함에 대한 과거 완료형으로 쓰고 있습니다. 불완전한 하나님이 아닌 전지전능하시고 완전하신 하나님께서 천지 창조를 하시는데 완벽하게 하시는 것이 정상이고 상식이지 그렇지 않게 만드셨다는 것은 상식에 반하고 하나님의 완전한 창조사역을 훼손하고 폄훼하는 것입니다. 사람도 완전하게 할 수 있는 능력이 있으면 두 번 이상 또 다른 작업을 할 수 있게 일 처리를 불완전하게 하지 않습니다. 이는 마치 성경이 하나님의 말씀이 아니라고 하거나 일부는 하나님의 말씀이고 일부는 하나님의 말씀이 아니라고 하면서 성경의 진리성을 훼손하고 공격하는 것과 유사합니다. 신앙에서 하나님과 성경에 대한 불신앙에 오염되거나 감염된 자들이 혼합주의 주장을 합니다. 성경에 대해서나 창조론에 대해서 끊임없이 훼손과 도전을 하고 있습니다.

이는 아주 교묘하고 교활한 짓입니다. 인류 역사와 기독교 역사와 세계 역사와 성경 역사와 이스라엘 역사를 보면 불신자는 말할 것도 없고 하나님을 믿는다고 하는 자들이 항상 하나님과 예수님과 진리와 복음과 교회를 핍박하고 공격해 왔습니다. 바른 신앙고백을 훼손해 왔습니다. 순수한 기독교인, 순수한 신앙인이 아닌 자들이 그리합니다. 하나님과 우상을 겸하여 섬기는 자들, 하나님과 재물을 겸하여 섬기는 자들, 성경방식과 세상 방식을 겸하여 믿고 주장하는 자들이 그리합니다. 앞으로도 다양한 영역에서 그리할 것입니다. 불순한 기독교인, 사이비 기독교인들은 혼합주의와 인본주의 신학과 신앙에 빠져 불신앙적인 주장을 할 것입니다.

참고로, 존재론과 관련하여 종종 다음과 같은 이야기를 하는 사람들이 있습니다. '닭이 먼저냐 계란이 먼저냐?' 성경에 의하면 닭이 먼저입니다. 하나님께서는 천지를 창조하신 이후 지구상에 사람과 생물을 창조하실 때에 미성숙한 알과 새끼로 창조하신 것이 아니라 성체(成體, 번식이 가능할 정도로 성장한 동물)로 창조하셔서 즉시 생육하고 번성하도록 하셨습니다. 창세기 1장 25절입니다. **"하나님이 땅의 짐승을 그 종류대로, 육축을 그 종류대로, 땅에 기는 모든 것을 그 종류대로 만드시니 하나님 보시기에 좋았더라"** 또한 '남자가 먼저냐 여자가 먼저냐?'에 대한 논쟁의 경우도 당연히 남자가 먼저 지음을 받았습니다. 디모데전서 2장 13절입니다. **"이는 아담(남편, 남자)이 먼저 지음을 받고 이와(아내, 여자)가 그 후며"** 창세기 2장 18절입니다. **"여호와 하나님이 가라사대 사람의 독처하는 것이 좋지 못하니 내가 그를(먼저 창조함받은 아담, 남자) 위하여 돕는 배필(아내, 여자)을 지으리라 하시니라"**

창세기 2장 22절입니다. **"여호와 하나님이 아담에게서 취하신 그 갈빗대로 여자를 만드시고 그를 아담에게로 이끌어 오시니"** 디모데전서 2장 13절입니다. **"이는 아담(남자)이 먼저 지음을 받고 이와(하와, 여자)가 그 후며"** 또한 남자(남편)와 여자(아내) 중 누가 먼저 죄를 지었습니까? 여자(아내)가 먼저 죄를 범했습니다. 창세기 3장 6절입니다. **"여자(아내)가 그 나무(선악과나무)를 본즉 먹음직도 하고 보암직도 하고 지혜롭게 할 만큼 탐스럽기도 한 나무인지라 여자(아내)가 그 실과(선악과)를 따먹고 자기와 함께한 남편(아담, 남자)에게도 주매 그도 먹은지라"** 디모데전서 2장 14절입니다. **"아담(남자, 남편)이 꾀임을 보지 아니하고 여자(하와, 아내)가 꾀임을 보아 죄에 빠졌음이니라"**

또한 무조건 아내의 말을 들어야 부부와 가정이 화목하고 형통한다는 말을 하는 일부 목사들이나 사람들이 있습니다. 이는 진리도 아니고 항상 맞는 말도 아닙니다. 객관적인 근거가 없는 말입니다. 성경에 반하는 주장입니다. 성경은 도리어 남편에게 복종하고, 남편의 지배를 받으라고 하고, 남편을 경외하라고 합니다. 성경 어디에도 아내의 말을 최종적으로 들으라는 계명은 없습니다. 가정과 부부에게 있어서 최종적인 의사결정권자는 아내의 머리인 남편입니다. 물론 진리를 벗어나서 자기들 방식대로 사는 세상 사람들은 다르게 말합니다. 창세기 3장 16절입니다. **"또 여자(아내, 하와)에게 이르시되 내가 네게 잉태(임신)하는 고통을 크게 더하리니 네가 수고하고 자식을 낳을 것이며(출산의 고통) 너는(아내는) 남편을 사모하고 남편은 너를(아내를) 다스릴(지배할) 것이니라 하시고(he will rule over you)"** 디모데전서 2장 12절입니다. **"여자의 가르치는 것과**

남자를 주관하는 것을 허락지 아니하노니 오직 종용할찌니라"

　골로새서 3장 18절입니다. **"아내들아 남편에게 복종하라 이는 주 안에서 마땅하니라"** 에베소서 5장 22절입니다. **"아내들이여 자기 남편에게 복종하기를 주께 하듯 하라"** 에베소서 5장 33절입니다. **"그러나 너희도 각각 자기의 아내 사랑하기를 자기같이 하고 아내도 그 남편을 경외하라"** 아내의 말을 들으라는 주장은 일부 사람들이 개인적이고, 주관적이고, 부분적으로 성공한 경험을 바탕으로 진리처럼 말하는 것에 불과합니다. 무엇이든지 확률이 있어 어떻게 하든지 일부는 맞는 경우가 반드시 나옵니다. 확률은 진리가 아닙니다. 그러니까 아내의 말이 일부 맞는 부분이 있었다고 해서 그것을 근거로 아내의 말을 들어야 한다고 하는 것은 성경이나 객관적 시각이 아닙니다. 이를 성경이 분명하게 뒷받침해 줍니다. '아내의 말을 들으면 자다가도 떡이 생긴다'라는 말도 하지만 떡이 생기는 것이 아닌 화가 생기고, 실패하고, 후회하고, 범죄하고, 불행한 결과를 가져오는 경우도 많습니다. 그 대표적인 실제 사례를 몇몇 아내들을 통해서 확인해 보겠습니다.

　가장 대표적인 아내가 **하와**입니다. 하와는 인류의 첫 여자입니다. 아담은 어느 날 하와의 말을 듣고 하나님이 금하신 선악과를 먹음으로 치명적인 죄를 범하여 인류에게 사망이라는 형벌과 저주를 가져오게 만들었습니다. 아브라함은 90세가 넘어도 자식이 없자 아내 **사라(사래)**가 여종 하갈과 동침하게 만들어 아들 이스마엘을 낳습니다. 이는 아내의 불신앙의 결과였고 남편을 불륜케 하였습니다. 향후 이스마엘 족속은 기독교를 대적하는 폭력적인 이슬람교의 후예가 됩니다. 삼손도 블레셋의 **들릴라(데릴라)**를 아내로 삼았으나 그녀의 말을 듣고 속아 비참하게 죽고 맙니다. 분봉왕 헤롯도 그의 아내 **헤로디아**의 말을 듣고 무죄한 세례 요한을 참수했습니다.

이삭의 아내 **리브가**도 장남보다 차남 야곱을 더 사랑하여 그가 아버지의 축복을 받게 하기 위하여 남편을 속이고 축복기도를 받게 합니다. 이스라엘 왕 아합은 아내 **이세벨**의 말을 듣고 우상을 수입하여 이스라엘로 하여금 우상을 숭배하도록 하였고, 이세벨은 자기 남편으로 하여금 나봇을 죽이고 그의 포도원을 빼앗게 한 아내였습니다. 애굽 왕 호위대장인 **보디발의 아내**는 자기 남편에게 요셉이 자기를 성추행했다고 모해위증, 거짓말을 했고, 이를 들은 남편은 요셉을 감옥에 보냈습니다. 남유다 5대 왕 여호람의 아내 **아달리야**는 남편을 사주해 우상 숭배를 하게 하였고, 형제와 신하를 살해했습니다. 솔로몬왕도 수많은 **이방 아내들**의 말을 듣고 예루살렘성 안에 우상을 세우고 숭배하도록 허용하는 죄를 범했습니다.

이 외에도 성경 역사에 나온 아내들뿐만 아니라 과거와 현재 세계 역사에서 아내의 말을 듣고 불행한 짓을 한 남편들이 수두룩합니다. 2024년 현재 어느 나라 대통령도 영부인의 말에 좌지우지하고 국가를 통치한다는 국민 다수의 의혹이 있습니다. 그 결과 대통령의 지지율이 17~20%대에 머물러 있습니다. 그러니까 100점 만점에 17~20점대 점수의 대통령입니다. 영부인이 제대로 돕는 역할을 하지 못하고 있을 뿐만 아니라 도리어 국정을 어지럽히고 있다는 의혹을 받고 있습니다. 아내의 말을 듣고 행하면 항상 실패하는 것은 아니지만 그렇다고 항상 성공하는 것도 아닙니다. 도리어 성경은 아내들에게 남편에게 복종하라고 합니다. 남편을 좌지우지하지 말라고 합니다. 교회와 부부와 가정에서의 질서는 남편, 남자가 머리(대표자)로 최종 결정권자는 남자, 남편이라고 합니다. 에베소서 5장 22~24절입니다. **"아내들이여 자기 남편에게 복종하기를 주께(하나님께) 하듯 하라 이는 남편이 아내의 머리가 됨이 그리스도께서 교회의 머리 됨과 같음이니 그가 친히 몸의 구주시니라 그러나 교회가 그리스도에게 하듯 아내들도 범사에 그 남편에게 복종할찌니라"**

일부 목사들과 사람들 중에는 성경에도 없고 객관적으로 근거가 없는 말을 만들어 진리처럼 주장하고 타인들에게 유포하는 자들이 있습니다. 조심해야 합니다. 무조건 아내의 말을 무시해서도 안 되지만, 무조건 아내의 말대로 해서도 안 됩니다. 남편들은 아내의 말을 참고만 해야 합니다. 남편들은 아내가 무슨 말을 하든지 헌법과 법률과 성경과 바른 신앙 고백으로 검증하여 들어야 합니다. 아내의 말이라면 무조건 듣고 따르는 남편은 아주 무능한 남편이자 아내의 머리로서 직무유기를 하는 자입니다. 착한 남편이 아닙니다. 어리석고, 무책임하고, 무능한 남편입니다. 아내들은 성경이 규정한 아내의 자리와 자기 분수를 잘 지켜야 합니다. 남편을 조종하려고 하거나 무엇이든지 자기 뜻대로 하려는 생각은 접어야 합니다. 겸손하고 지혜롭게 권면과 조언만 해야 합니다. 최종 판단과 결정은 남편으로 하도록 해야 합니다.

아무튼 이와 같은 이야기들은 오직 성경에서만 해답을 제시해 줍니다.

다시 강조컨대 천지만물은 스스로 존재한 것이 아니라, 유(有)에서 진화한 것이 아니라 무(無)에서 자존하시는 전지전능하신 하나님께서 말씀으로 6일 동안 창조하신 피조물입니다. 그것도 더 이상 진화나 기타 작업이 필요치 않도록 완전하게 창조하셨습니다. 그런즉 천지만물은 자연이 아닙니다. 세상에 자연현상, 자연재해도 없습니다. 지구촌에서 벌어지고 있는 모든 일들은 하나님의 섭리(통치와 다스림)하에서 돌아갑니다. 세상이 스스로 돌아가면서 이런저런 재해를 발생시키는 것이 아닙니다. 겉으로 볼 때만 그런 것처럼 보일 뿐입니다. 이에 속지 말아야 합니다. 그러니 기독교인들은 교과서나 TV 자연 다큐멘터리나, 동물의 왕국이나, 내셔널지오그래픽 등에서 자연과 진화라는 말들이 나올 때 잘 판단하고, 자연이라는 말 대신 피조물이라고 사용하고, 완전한 창조론에 반기를 든 진화론이나 유신진화론 등에 혹하거나 흔들리지 말아야 합니다. 성경에 근거한 완전한 창조론만 믿고 설명할 수 있어야 합니다.

제2부

인류 타락관

　인류, 인간, 사람의 타락과 부패성에 대해서 성경처럼 명확하고 구체적으로 언급한 책이나 종교나 사람 등은 세상에 없습니다. 하나님과 성경 외에는 모르기 때문입니다. 성경은 인간의 부패한 실상에 대해서 적나라하게 기록하여 공개하고 있습니다. 사람은 하나님이 흙으로 창조하시고, 눈으로 보이지 않는 영혼을 불어넣으셔서서 산 사람으로 창조하셨습니다. 타락하기 전까지는 육체적으로 죽지 않는 존재였습니다. 이것을 소위 '성선설'(性善說)이라고 합니다. 이 성선설은 맹자가 한 말인데 '인간은 본성적으로 착하다'라는 말입니다. 타락 전에는 이 말이 성경적입니다. 그러나 타락 이후에는 이 말은 전혀 맞지 않고 '성악설'이 맞습니다. 성악설(性惡說)은 '인간의 본성은 악하다'는 뜻으로 순자가 말한 것인데 성경적입니다.

　창조 이후 에덴동산에서 선악과를 따 먹지 않은 시점과 따 먹은 시점 이후로 성선설과 성악설은 나누어집니다. 사람에 대한 것도 선악과를 따 먹은 시점부터 의인과 죄인으로 나누어졌습니다. 아담과 하와는 둘 다에 해당되지만 결국 타락한 인간입니다. 죽음을 맛보지 않을 선한 인간으로 창조는 되었지만 하나님께서 금하신 선악과를 따 먹는 불순종을 범함으로 죄인, 타락한 인간, 죽을 인간이 되고 말았습니다. 자신만 죄인이 된 것이 아니라 모든 후손, 즉 전 인류까지 모조리 타락한 인간, 죄인들로 만들어 버렸습니다. 그것은 죄가 대표자 원리에 따라 후손들에게 전가, 유전되었기 때문입니다. 여기서 그치지 않고 반드시 사망에 이르게 되었습니다. 죄에 대한 불가역적의 저주, 형벌입니다. 그래서 누구나 반드시 죽는 것입니다.

창세기 2장 17절

"선악을 알게 하는 나무의 실과는 먹지 말라 네가 먹는 날에는 정녕(반드시) 죽으리라 하시니라"(그래서 누구나 다 죽음)

창세기 3장 6절

"여자(아담의 아내인 하와)가 그 나무(선악과)를 본즉 먹음직도 하고 보암직도 하고 지혜롭게 할 만큼 탐스럽기도 한 나무인지라 여자가 그 실과를 따먹고 자기와 함께한 남편(아담)에게도 주매 그도 먹은지라"(아내의 말을 듣고 남편도 죄를 지음)

로마서 3장 10절

"기록한바 의인은 없나니 하나도 없으며"(그래서 세상에 착한 사람은 하나도 없음)

로마서 3장 23절

"모든 사람이 죄를 범하였으매 하나님의 영광에 이르지 못하
더니"

아담의 후손들인 전 인류는 억울한 측면도 있지만 대표자 원리에 따른
원죄의 전가나 유전으로 불가피하게 함께 죄인이 되었고, 타락한 사람이
되어 비참한 처지로 전락하게 되었습니다. 최초의 사람 아담을 비롯한 오
고 오는 모든 세대는 죽을 인생이 되었습니다. 하나님께서는 인간을 선하
게 창조하셨지만, 인간 스스로 자유의지를 오용하고 불순종하여 타락의
길로 간 것입니다. 탐심의 결과입니다. 이에 타락한 시점 이후부터 출생
한 모든 인간은 부패하고 타락했습니다. 죄인이 되었습니다. 그러니까 인
류의 대표자이자 최초의 사람 아담과 하와부터 타락하여 모든 후손과 인
류는 원죄가 전가(轉嫁) 혹은 유전(遺傳)이 되어 모두가 타락한 죄인이 되
었습니다. 그래서 모든 인류는 한 사람도 착한 사람이 없습니다. 의인이
하나도 없습니다.

사람에 따라 얼굴 생김새와 겉모습을 보면 순해 보이고 착해 보이기도
합니다. 사람은 외모와 스펙과 학벌과 나이와 직종 등에 상관없이 모두
악합니다. 사람 마음속에 이성이 없는 사나운 짐승들이 들어 있습니다.
그래서 어느 시점에서 인간 이하의 짓들을 하는 것입니다. 천인공노할 짓
을 합니다. 패륜 짓을 합니다. 사람에 따라 악한 행실과 내용에 대한 정도
의 차이만 있을 뿐 모든 남녀노소가 평생을 살면서 알게 모르게 악한 짓
을 하며 삽니다. 요람에서 무덤까지 나쁜 짓을 하지 않는 사람은 아무도

없습니다. 그 결과 사형선고를 받아 누구나 반드시 죽게 되었습니다. 죄의 삯은 사망이기 때문입니다. 인류에게 있어서 죽음의 근본적인 이유가 질병과 나이와 각종 사건 때문이 아닌 바로 이 원죄 때문입니다. 사람은 자연사나 각종 질병이나 사고 등 때문에 죽는 것이 아니라, 부패하고 타락한 죄 때문에 그 형벌로 이 세상에 출생한 자는 반드시 육체적인 죽음을 당하게 되어 있습니다. 죄의 결과가, 타락한 결과가, 하나님께 불순종한 결과가 얼마나 무서운지 각종 질병과 눈물과 수고와 고통과 죽음을 통해서 알 수 있습니다.

창세기 6장 5절

"여호와께서 사람의 죄악이 세상에 관영함(가득함)과 그 마음의 생각의 모든 계획이 항상 악할 뿐임을 보시고"(죄 덩어리, 죄인이기 때문에)

창세기 8장 21절

"여호와께서 그 향기를 흠향하시고 그 중심에 이르시되 내가 다시는 사람으로 인하여 땅을 저주하지 아니하리니 이는(왜냐하면) 사람의 마음의 계획하는 바가 어려서부터 악함이라 내가 전에 행한 것같이 모든 생물을 멸하지 아니하리니"(국적과 민족을 떠나 남녀노소 모두 악함)

예레미야 17장 9절

"만물보다 거짓되고 심히 부패한 것은 마음(사람의 마음)이

라 누가 능히 이를 알리요마는”(모든 사람의 마음은 썩었다)

로마서 6장 23절
“죄의 삯은 사망이요…”(그래서 누구나 죄인이기 때문에 죽는
것이다)

인간의 불행과 질병과 땅의 망가짐과 노동의 수고와 눈물과 저주와 죽음은 모두 죄로부터 왔고 창조된 인간이 자초한 것입니다. 인간의 책임입니다. 성경은 타락한 인간의 마음이 매우 부패하고 거짓된 상태라고 지적합니다. 한마디로 썩은 생선이나 썩은 사과와 같다는 말입니다. 사람들은 말합니다. 갓난아이들, 어린아이들, 얼굴이 순하게 생긴 사람들은 착해 보인다고 말합니다. 얼굴이 험상궂게 생긴 사람은 무섭게 여깁니다. 선한 일을 하는 사람이나 아기들을 보면 천사와 같다고 말합니다. 천만의 말씀입니다. 남녀노소 모두가 악합니다. 지구상에 천사와 같은 사람은 없습니다. 외모와 인상은 탈에 불과합니다. 그 사람의 정체성이 아닙니다. 그 사람의 정체성은 마음입니다. 어떤 사람에 대하여 선하다고, 착하다고 믿어버리는 순간 위기에 처한 자가 됩니다. 엄청난 오판입니다. 사기당할 가능성이 커집니다.

단지 그 악한 본성을 아직 발휘하지 못한 상태에서 말과 인상과 스펙과 화장 등으로 자기를 좋은 사람으로 위장하고 포장하며 살 뿐입니다. 늑대가 마치 순한 양으로 가장한 모습처럼 삽니다. 인간의 타락과 악한 마음에서 나오는 가장 치명적인 악은 거짓말입니다. 사람들은 일생을 살면서

알게 모르게, 크고 작은 거짓말을 호흡하듯이 하고 삽니다. 거짓말을 안 해 본 사람은 없을 것입니다. 인간의 마음이 타락하고 부패했기에 자동적으로 거짓을 행합니다. 그래서 우리나라 범죄 중에 1위는 사기사건이라고 합니다. 자기 이익을 위해서, 자기가 위기에 빠지면, 자기가 성공하고 출세하기 위해서, 돈을 벌기 위해서, 인간관계에서, 자기를 보호하기 위해서, 사업에서 첫 번째로 나오는 타락한 본성은 거짓말이나 거짓된 행동입니다. 이것이 인간의 정체성입니다.

그런즉 성경에 근거하면 인간은 절대로 믿을 존재가 안 됩니다. 누군가의 말을 절대적으로 신뢰하면 언젠가는 반드시 사기를 당하거나 실망할 것입니다. 이에 서로 믿지 못하고 이런 것을 예방하고자 연대보증을 서게 하고, 신용 거래를 하고, 계약서를 씁니다. 그럼에도 불구하고 사람을 믿다가 배신과 사기를 당하는 사람들이 무수히 많습니다. 결혼식장에서의 서약, 부동산 거래에서의 계약서, 기타 거래에서의 약속들을 해도 속이고 약속을 지키지 않는 사람들이 많습니다. 인간의 본성이 거짓되기 때문에 그러는 것입니다. 사람의 실상을 정확히 모르거나 알았는데도 경계를 소홀히 하면 언젠가는 사기를 당합니다. 사람은 기회만 되면 거짓말을 합니다. 속입니다. 사기를 칩니다. 원죄로 인한 타락과 부패성 때문입니다.

그러므로 사람은 사랑하고, 용서해 주고, 도와주고, 이해하고, 신중하게 대하고, 존중하되 전적으로 믿지는 말아야 합니다. 너무 기대하지 말아야 합니다. 전적으로 믿을 분은 하나님 외에는 없습니다. 성직자들과 교회라고 무조건 믿었다가는 큰 실망과 상처를 받을 것입니다. 교회에 다닐 때

가장 조심해야 하는 것은 사람을 보고 교회에 다니지 않는 것입니다. 교회에 다니는 성도들을 보고, 기독교인들을 보고 신앙생활을 하면 언젠가는 반드시 실망하고 상처를 받게 될 것입니다. 오직 하나님과 성경만 믿고 바라고 교회에 다녀야 실망하지 않습니다. 이렇게 타락한 인간은 하나님의 사형선고대로 평균 100세 이전에 다 죽습니다. 이는 원죄에 따른 저주와 형벌 때문입니다. 사람들이 죽을 때, 장례식장에서, 아니면 화장터나 추모공원 등에서 이런 사실을 기억해야 합니다. 그런데 사람들은 죽음에 대해서 또 오해하거나 착각합니다. 살다가 죽으면 그것으로 자신의 인생이 모두 끝난다고 생각합니다. 사후세계는 없다고 확신하거나 장담합니다. 천만의 말씀입니다. 자기 자신의 무지와 그릇된 확신에 속는 것입니다. 자기 자신의 그릇된 지식과 확신에 속고 사는 사람들이 매우 많습니다. 이 땅에 한번 출생한 사람은 영원히 죽지 않습니다.

더 정확하게 말하면 육체적으로는 한 번 죽지만 물질이 아닌 영혼은 영원히 죽지 않을 뿐만 아니라, 세상 종말에 죽었던 육체가 영원히 썩지 아니할 몸으로 다시 변화된 상태로 영혼과 재결합하여 부활을 합니다. 부활한 사람은 하늘로 올라갑니다. 하늘로 올라간 사람들 중 불신자들은 인류의 재판장이신 예수님으로부터 심판을 받고 지옥불에 던져집니다. 생전에 예수님을 잘 믿다가 죽은 이후 부활한 자들은 심판을 받지 않고 곧바로 천국으로 들어가서 영원히 살게 됩니다. 누구는 심판을 받고 누구는 상급을 받고 내세인 천국과 지옥에서 영원히 살게 됩니다. 아주 신비스러운 일입니다. 소설 같지만 사실이고 진리입니다. 수천 수백 년 전에 죽었던 사람들이 세상 종말 때에 다시 살아납니다. 모든 사람들이 새롭게 변화되어 부활합니다. 부활한 사람들은 천상에서 인류의 재판장이신 예수 님으로부터 인류 최후의 심판을 받고 저승, 내세, 사후세계, 영원한 세계 인 천국 아니면 지옥으로 들어가서 영원히 살게 됩니다. 예수님을 믿고 살다가 죽은 자들은 심판을 받지 않습니다.

마태복음 25장 46절
“저희(예수님을 믿지 않은 자들)는 영벌(지옥)에, 의인들(예
수님을 믿는 자들)은 영생(천국)에 들어가리라 하시니라”

이 세상에 살 때 진심으로 인류의 유일한 구세주인 예수님을 믿은 자들 은 심판을 받지 않고 부활 후 곧바로 천국으로 입성하여 그곳에서 하나님 을 경배하며 영원히 행복하게 살게 됩니다. 그러나 이 땅에 살 때 복음을 거부하여 예수님을 믿지 않고 살다가 죽은 자들은 부활 이후 천상에서 요 람에서 무덤까지의 모든 언행에 대하여 완벽한 심판을 받고 고통의 장소 인 지옥으로 던져져서 그곳에서 영원히 비참한 상태로 살게 됩니다. 이 땅에서도 나쁜 짓을 하면 감옥으로 가고 그렇지 않은 자들은 집으로 가는 것과 같은 이치입니다. 그러니까 현세만 있다고 믿고 살면 큰일 납니다. 학교 수업도 오전과 오후가 있고, 축구나 농구 시합도 전반전과 후반전이 있고, 직장에서도 오전 근무와 오후 근무가 있고, 현세(금세)가 있듯이 저 승(내세, 사후세계)도 반드시 있습니다.

다른 종교인 불교와 이슬람교와 천주교(로마가톨릭교회) 등에서도 저 승(내세)이 있다고 말합니다. 하지만 내용 면에서나 장소적인 면에서나

성경에서 말하는 천국(天國)이나 지옥(地獄)과는 전혀 다릅니다. 성경에 근거하면 사실 다른 종교에서 말하는 저승이라는 곳은 없습니다. 속고 사는 것입니다. 사망 이후에 들어가서 영원히 사는 저승은 오직 성경에서 말하는 천국과 지옥 둘뿐입니다. 정확히 알지도 못하면서 잘난 체, 아는 체하면 나중에 통곡하는 날이 옵니다. 그런즉 이 세상에 살 때 세상의 그 무엇보다도 예수님을 잘 믿고 살아 내세를 대비하며 사는 지혜롭고 복된 자들이 되기를 바랍니다.

아무리 성공하고, 출세하고, 부자가 되었어도 내일 죽으면 아무것도 아닙니다. 지옥에 들어가면 실패한 인생, 비참한 인생이 됩니다. 무슨 말입니까? 현세에서 아무리 잘 먹고 잘살았어도, 성공과 출세를 했어도, 세계적으로 유명한 사람이었어도 천국에 들어가지 못하고 사후에 지옥에 던져지면 실패한 인생, 가장 비참한 인생이 됩니다. 그래서 심각하게 고민하며 살아야 합니다. 다시 강조컨대 과거, 현재, 미래의 모든 남녀노소 인류는 원죄로 인하여 타락하여 사망 선고를 받고 살아갑니다. 사형수(死刑囚)로 살아가다가 언젠가 반드시 죽습니다. 세상엔 완전히 착한 사람은 하나도 없습니다. 원죄로 인하여 부패하고 타락한 사람들만 존재할 뿐입니다.

제3부

————◆————

인류 죽음관

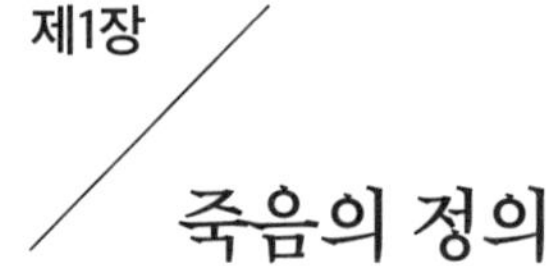

제1장

죽음의 정의

죽음에 대한 정의는 의견이 분분합니다. 영어로는 Death(데스)라고 합니다. 죽는 것, 사망, 생의 종말, 죽은 상태를 뜻합니다. '죽음'으로 번역된 헬라어(그리스어) '다나토스'(θάνατος)는 신약성경에서 '육체의 죽음, 영과 육의 분리, 죄로 인해 야기된 영혼의 비참함, 죽은 악한 자들의 지옥에서의 비참한 상태, 죄로 인해 야기된 모든 비참함을 포함하는 죽음'이라는 의미로 사용되었습니다. 어떤 사람은 심장이 멈추었을 때를 죽었다고 말합니다. 어떤 사람은 숨을 쉬지 않고 있으면 죽었다고 말합니다. 어떤 사람은 뇌사상태에 빠져 있으면 죽었다고 말합니다. 어떤 사람은 삶의 끝이나 부재라고 말합니다. 누군가는 '생명체의 삶이 끝나는 것'이라고 말합니다.

죽음의 다른 말은 사망(死亡)인데 사전에서는 '사람의 죽음'이라고 정의합니다. 세계보건기구(WHO)는 '소생할 수 없는 삶의 영원한 종말'이라고 합니다. 의사들의 죽음 판단 기준으로는 호흡정지, 심장정지(심정지), 동공확대가 있습니다. 기독교(개신교) 진리 책인 성경은 죽음, 사망에 대하여 '영혼이 떠난 상태'라고 말합니다. 눈에 보이는 육체(肉體)와 눈에 보이

지 않는 영혼(靈魂)의 분리입니다. 컴퓨터가 소프트웨어와 하드웨어로 구
성되어 있는 것처럼, 사람은 크게 두 가지로 구성되어 있습니다. 그것은
육체와 영혼입니다. 육체는 크게 뼈와 살로 구성되어 있습니다. 육체는
눈에 보이는 물질이자 형상입니다.

육체는 물질이기에 불에 타고, 시간이 지나면 썩고, 유골을 산골(散骨)
하면 다 산화되어 눈에서 없어집니다. 물론 그 원소는 어디엔가 남아 있
습니다. 이에 반해 영혼은 물질이 아닙니다. 눈에 보이지 않습니다. 불에
타지도 않고, 썩지도 않고, 영원히 죽지도 않습니다. 구체적으로 말하면
영혼은 육체와 분리되는 즉시 곧바로 이 땅이 아닌 내세로 들어가는데,
세상 종말 때까지 부활을 기다리는 중간상태인 낙원(樂園) 아니면 음부
(陰府)로 들어갑니다. 두 곳 모두 이승이 아니라 저승입니다. 낙원은 지상
에서 살아 있을 때 인류의 유일한 구세주인 예수님을 진실로 믿은 자들이
들어가는 곳이고, 음부는 지상에 살아 있을 때 예수님을 믿지 않은 자들
이 죽어서 들어가는 곳입니다. 단지 사람의 눈에 보이지 않을 뿐 반드시
존재합니다. 성경에서 사람이 운명했다고, 사망했다고 했을 때는 육체 안
에 거했던 영혼이 몸에서 빠져나간 상태, 즉 육체와 영혼의 분리를 말합
니다. 기독교인이 아닌 자들은 이 정도로 세세하게 알지 못합니다. 종교
단체나 학교나 학원이나 가정이나 그 어느 곳에서도 이렇게 가르치지 않
기 때문입니다.

마태복음 27장 50절
"예수께서 다시 크게 소리지르시고 영혼(靈魂)이 떠나시다"(예

수님의 인성 부분에서)

누가복음 23장 46절

"예수께서 큰소리로 불러 가라사대 아버지(성부 하나님)여
내 영혼(靈魂)을 아버지 손에 부탁하나이다 하고 이 말씀을 하
신 후 운명(사망)하시다"

요한복음 19장 30절

"예수께서 신 포도주를 받으신 후 가라사대 다 이루었다 하시
고 머리를 숙이시고 영혼(靈魂)이 돌아가시니라"

누가복음 23장 42~43절

"가로되 예수여 당신의 나라에 임하실 때에 나를(십자가에 달
린 강도) 생각하소서 하니 예수께서 이르시되 내가 진실로 네
게 이르노니 오늘 네가(신앙고백 한 강도) 나와 함께 낙원(樂
園)에 있으리라 하시니라"(사망 즉시)

위의 성경 말씀은 천하에서 유일하게 신성(神性)과 인성(人性)을 가지
신 예수님께서 자기 백성들의 죄를 대신 갚기 위하여, 대속죽음을 위하여
지금의 이스라엘 땅인 예루살렘성 골고다 언덕 위에서 두 강도와 함께 십
자가에 달려 손과 발에 못 박혀 계실 때의 운명 직전과 직후의 모습을 기
록한 말씀입니다. 예수님과 강도들은 그날 십자가에 달렸고, 그날 모두
육체와 영혼이 분리되어 사망했습니다. 성경은 육체에서 영혼이 떠나가

는 것을 죽음, 사망, 운명했다고 말합니다. 사람이 사망하는 모습을 보면 아주 신비합니다.

운명 직전에 옆에서 지켜보고 있으면 사망 전후의 느낌이 옵니다. 눈에 띄게 특별한 징조는 없습니다. 아주 잠잠한데 죽었다는 느낌이 옵니다. 영혼이 육체를 떠난 상태의 느낌입니다. 이에 이상하다 싶어서 입과 코에 귀를 대고 숨 쉬는 여부를 확인하면 산 기운이 없습니다. 몸에 손을 대면 빠르게 차가운 기운이 느껴집니다. 그러면 곧바로 의사에게 알립니다. 사망 판단은 오직 의사만이 할 수 있기 때문입니다. 의사가 달려와서 사망 여부를 확인하는데 서두에서 언급한 것처럼, 심장정지와 호흡정지와 동공확대 여부를 확인한 후 곧바로 사망 선고를 합니다. '몇 년도, 몇 월, 몇 시에 사망하셨습니다'라고 선언하고 사망 진료 기록부에 기재합니다.

한마디로 육체에서 눈에 보이지 않는 영혼이 빠져나가면 그 즉시 호흡과 심정지가 오고 동공이 움직이지 않습니다. 그 시점부터 몸의 온기는 사라지고 차가워집니다. 죽었다는 의미입니다. 어떤 모양으로 죽든지 몸에서 영혼이 떠나면 누구나 다 그리됩니다. 이는 마치 컴퓨터에서 소프트웨어가 분리되면 컴퓨터는 먹통(사망)이 되는 것과 같습니다. 기독교에서는 사람이 죽으면 사망이라는 표현도 쓰지만 '소천(召天)을 받았다'고 말합니다. 하나님이 영혼을 부르셨다는 말입니다. 왜 그렇습니까? 사람이 죽는 것은 스스로나 타인에 의하여 죽는 것이 아니기 때문입니다. 영혼이 몸에서 떠나가는 것은 영혼 스스로가 그리하는 것이 아니라 생사의 주관자이자 인간을 창조하시고 영혼을 주신 하나님께서 다시 영혼을 취하신 것이기 때문입니다. 그래서 죽음은 자동사가 아니라 타동사입니다. 겉으로 보거나 간접적으로 판단할 때 생사를 자신이나 타인이 어찌하는 것으로 보이지만, 근본적이고 직접적으로는 사람이 아닌 생명의 주인이신 하나님이 생명을 취해 가십니다.

모든 물건이나 사람의 생명을 취하고 처분하는 최종 결정권자, 좌지우지하는 분은 주인입니다. 만물의 주인은 하나님입니다. 주인이 아닌 자들이 하면 절도범, 불법이 됩니다. 출생케 하신 분, 생명의 주인, 생사의 주인은 오직 하나님 한 분뿐입니다. 인간이, 자신이 자기 생명을 좌지우지하는 것 같지만 실제로는 자신이나 타인이 하는 것이 아닙니다. 다시 강조컨대 죽음, 사망이란 육체(몸)에서 영혼이 빠져나가는 것, 분리되는 것을 말합니다. 이것이 성경이 말하는 죽음에 대한 정의입니다. 또한 죽음은 자신이나 타인이 결정하는 것이 아니라 사람을 창조하신 하나님께서 좌우하십니다. 생명을 주신(임신과 출생) 이도 하나님이고 취하시는(죽음, 사망) 이도 하나님이십니다. 임신과 출생과 사망이 자신과 타인, 즉 사람에 의해서 좌우된다고 알고 있는 자들이나 믿는 자들은 확실하게 속고 사는 것입니다.

제2장

죽음의 근본 원인

일반적으로 사람들은 죽음의 원인을 정확히 모릅니다. 의사들도 모르고, 학자들도 모르고, 교수들도 모르고, 박사들도 모르고, 각 종교 창시자들도 모릅니다. 역사적으로 위대했던 그 어떤 인물들도 모릅니다. 지구상에 존재하는 그 누구도 모릅니다. 그러면 누구만 정확히 압니까? 성경을 바로 이해하고 배운 기독교인들만 정확히 압니다. 성경만 죽음의 근본 원인을 말합니다. 왜냐하면 성경에만 사람이 왜 죽는지에 대한 근본적이고 직접적인 원인을 기록하고 있기 때문입니다. 성경은 하나님이 제1 저자입니다. 성경은 우주와 역사의 시작과 끝, 인간의 생사화복을 다 기록하고 있습니다. 성경은 우주만물의 창조와 인간의 생사를 하나님께서 주관하신다는 사실을 인간이 알도록 구체적으로 기록한 책입니다. 그래서 하나님과 성경만이 죽음의 근본 원인을 알려 줍니다. 지구상에는 수많은 종교들이 있습니다. 이런저런 수많은 가르침을 주는 대학교와 학교가 있지만, 수많은 책들이 있지만, 수많은 교수들과 선생들이 있지만 죽음의 근본적인 원인을 기록하고 가르쳐 주는 것은 오직 하나님과 성경과 기독교뿐입니다.

하나님께서는 성경에 천지 창조와 우주 시작과, 세계 역사와 인류의 시작과 끝, 인간이 알아야 하는 모든 필요한 것을 성경을 통해서 기록하시어 우리들에게 선물로 주셨습니다. 그래서 하나님과 성경과 기독교만이 죽음의 근본적인 원인을 알려 줍니다. 그 외에는 아무도 모릅니다. 무엇이든지 만든 자, 설계한 자, 제조한 자, 주인, 창조한 자만이 정확히 압니다. 건물이든, 컴퓨터든, 어떤 작품이든 제조한 자, 설계한 자보다 더 정확히 아는 자는 없습니다. 그럼에도 불구하고 아는 체하는 자들이 있습니다. 정확히 알지도 못하면서 철학적, 과학적, 인문학적, 종교적으로 엉성한 논리를 펴며 주장하는 자들이 있습니다. 이런 자들을 말하기를 '돌팔이', '사이비'라고 합니다. 가짜 지식과 정보를 생산하고, 유통하고, 제공하는 자들입니다.

성경은 아주 명백하게 인간의 죽음의 원인에 대해서 말합니다. 그것은 죄 때문이라고 말합니다. 정확히 말하면 원죄 때문입니다. 원죄(原罪)란 에덴동산(기쁨의 동산)에서 최초로 창조된 인간이 하나님께 범한 죄를 말합니다. 이 죄는 최초로 창조된 인간 아담과 하와가 창조주 하나님의 명령을 불순종한 죄입니다. 그것은 에덴동산에서 하나님께서 금하신 유일한 과일인 선악과를 따 먹은 죄입니다. 왕조시대의 용어로 말하면 어명(御命)을 어긴 죄입니다. 임금님이 내린 어명을 신하나 누군가가 불순종한 것을 말합니다. 왕조시대에 어명을 어기면 죽임을 당했습니다. 그 정도로 왕의 명령은 무겁고 준엄했습니다. 생사를 갈랐습니다. 누군가는 가볍게 생각할 수 있습니다.

'뭐 그까짓 것 가지고 사람을 죽이나'라고 말입니다. 그렇게 가볍고 단순하게 생각할 것이 아닙니다. 왕과 하나님의 명령을 순종하고 불순종하는 것은 생사가 걸려 있습니다. 보통 사람들끼리의 주고받는 말이나 명령이나 부탁이나 약속이 아닙니다. 잘 들으면 살고 듣지 않으면 사망입니다. 그러니까 왕과 하나님의 명령은 순종 여부에 따라 생사가 좌우됩니다. 이 원죄가 아담의 후손인 전 인류에게 전가, 유전되어 모든 사람들이 죄인이 되어 그 결과로 반드시 죽는 것입니다. 이것이 대표자 원리입니다. 원죄 이후 사람들이 이 땅에 살아가면서 짓는 일반적인 다양한 죄를 자범죄(自犯罪)라고 칭합니다. 원죄의 씨앗은 자범죄를 생산해 냈다고 할 수 있습니다. 원죄로 인하여 전적으로 부패하고 타락한 인간은 눈만 뜨면 일생 동안 죽을 때까지 악한 생각과 짓을 하며 삽니다. 죽어야만 더 이상 악한 생각과 짓을 못 합니다. 사망 원인과 사망 선고에 대한 성경의 근거는 다음과 같습니다.

창세기 2장 17절

"선악을 알게 하는 나무의 실과(선악과)는 먹지 말라 네가 먹는 날에는 정녕(반드시) 죽으리라 하시니라"

창세기 3장 6절

"여자(하와)가 그 나무를(선악과나무) 본즉 먹음직도 하고 보암직도 하고 지혜롭게 할 만큼 탐스럽기도 한 나무인지라 여자가 그 실과를 따먹고 자기와 함께한 남편(아담)에게도 주매 그도 먹은지라"(공동범죄)

창세기 3장 19절

"네가(아담) 얼굴에 땀이 흘러야 식물을 먹고 필경은 흙으로 돌아가리니 그 속에서 네가(아담, 인간) 취함을 입었음이라 너는(아담, 인간) 흙이니 흙으로 돌아갈 것이니라 하시니라"(사망 선언)

로마서 6장 23절

"죄의 삯은 사망이요…"(그래서 모든 사람은 죽는 것이다)

로마서 5장 12절

"이러므로 한 사람으로(아담과 하와) 말미암아 죄가 세상에 들어오고 죄로 말미암아 사망이 왔나니 이와 같이 모든 사람이 죄를 지었으므로 사망이 모든 사람에게 이르렀느니라"(모든 인류에게 죄의 전가와 유전으로 사형수로 살아감)

로마서 3장 23절

"모든 사람이 죄를 범하였으매 하나님의 영광에 이르지 못하더니"(대표자의 원리에 따라 원죄가 모든 후손들에게 전가 혹은 유전됨)

로마서 3장 10절

"기록한바 의인은 없나니 하나도 없으며"(지구촌에 거하는 사람들 중에는 착한 사람이 하나도 없음을 말함)

에베소서 2장 1절

"너희의 허물(잘못, 불순종)과 죄(罪)로 죽었던 너희를 살리
셨도다"(사람의 죽음 원인이 죄와 허물이라고 말함)

지구(earth)에 거한 최초의 사람이자 부부는 아담과 하와입니다. 정확히 말하면 이 지구의 에덴동산에서 창조되었고 거했습니다. 하나님께서는 이들을 완벽하고 부족함이 없게 만드신 에덴동산에서 살도록 하셨습니다. 단, 한 가지 조건만 제시하셨습니다. 에덴동산 안에 있는 모든 것을 자유로이 먹되 동산 중앙에 있는 선악과는 따 먹지 말라고 어명을 내리셨습니다. 만일 그 선악과를 따 먹는 날에는 반드시 죽으리라고 선언하셨습니다. 아담과 하와는 처음에는 어느 시점까지 하나님의 명령을 잘 순종했습니다. 그러다 어느 날 사단이 뱀을 통해 하와에게 접근하여 선악과를 따 먹도록 자꾸 흔들고 미혹하였습니다.

하나님의 명령과는 다른 거짓된 말로 거듭해서 흔들고 미혹하자 결국 하나님 말씀보다 사단의 말을 듣고 선악과를 따 먹고 말았습니다. 그 결과 하나님으로부터 사형선고 등을 받았습니다. 아담과 하와만 사형선고 등의 다양한 형벌을 받은 것이 아니라 그 후손들인 전 인류에게 원죄와 사형선고 등이 전가, 유전되어 누구나 다 죄인이 되었고 죽게 되었습니다. 온갖 불행이 시작되었습니다. 한 사람의 의인도 없게 되었습니다. 그래서 전 세계적으로 남녀노소가 다 죽는 것입니다. 대표자의 원리, 대표자의 책임이 이토록 무겁고 무서운 것입니다.

아담과 하와가 범죄하기 전에는 육체가 죽지 않게 창조하셨습니다. 그러나 아담과 하와가 하나님께 불순종한 죄를 범한 이후 시한부 인생이 되었습니다. 범죄한 이후 초창기에 사람들은 보통 지금과 달리 장수하였고, 므두셀라는 969세까지 살았습니다. 이제는 130살 이상 사는 사람은 거의 없습니다. 평균이 80~90세입니다. 이러한 결과는 원죄에 따른 영향과 형벌이자 죽음, 사망의 근본적이고 직접적인 원인입니다. 질병 사망, 타살, 약물 사망, 전쟁 중 사망, 교통 사망, 자연사, 숙환에 따른 사망 등 기타 다양한 죽음은 사망의 간접적인 원인입니다.

이런 정확한 사실을 기독교 외에는 어느 누구도, 어느 종교도, 어느 책에서도, 어느 학교에서도, 어느 병원에서도, 어느 의사나 선생님도 가르쳐주지 못합니다. 정확히 모르기 때문입니다. 설사 사망에 대하여 주장한다 하더라도 성경을 떠나서는 정확히 알 수 없습니다. 이 죽음의 근본적인 원인을 해결하기 위해서 하나님이신 예수님께서 기원전(B.C.) 4세기경에 인간의 몸으로 이 땅 이스라엘의 베들레헴 마구간에서 성탄하신 것입니다. 그날을 기념하는 날이 성탄절(聖誕節)입니다. 성탄절은 예수님께서 만세 전에 택한 죄인들을 구원하시기 위해서 오신 날을 기념하는 절기입니다. 전 인류의 구원이 아닌 제한된 하나님의 택한 백성들을 저희 죄에서 구원하기 위해서, 십자가에 달려 죽으심으로 죄인들의 죄를 대신 갚기 위해서 성탄하신 것입니다.

예수님이 이 땅에 성탄하신 주 목적은 만세 전에 택한 하나님의 백성들의 죄 문제를 해결하기 위해서입니다. 그들의 죄를 대신하여 갚기 위한 대신죽음, 대속죽음을 위해서 성탄하신 것입니다. 인류의 평화나, 행복이나, 경제적으로 어려운 자들을 돕기 위해서나, 전쟁을 종식시키기 위해서 성탄하신 것이 아닙니다. 오늘날 성탄절은 매우 왜곡되어 있습니다. 성탄절 메시지가 성탄과 상관이 없는 경우가 허다합니다. 특히 천주교 교황이 전하는 성탄 메시지는 아주 심각하게 벗어나 있습니다. 잘못된 성탄 이해와 신앙에서 비롯된 것입니다.

천주교든, 개신교든, 교황이든, 사제든, 목사든 죄에 대하여, 죄에서의 구원에 대하여 성탄 메시지가 나가야 하고 설교해야 합니다. 성탄절의 다양한 놀이와 풍습들도 본래 성탄절과는 전혀 맞지 않는 것들이 자리를 잡고 있습니다. 가장 대표적인 것이 성탄 트리, 캐럴, 산타, 밤샘 놀이와 클럽 놀이 등입니다. 천주교와 개신교의 책임이 큽니다. 기독교인들의 책임입니다. 아무튼 성탄하신 예수님을 믿지 않으면 죄 용서함을 받지 못하고 살다가 사망하면 종국에 천국에 들어가지 못하고 심판을 받고 지옥에 들어가서 영원히 고통 가운데 살게 됩니다. 그래서 예수님을 믿으라고 전도하는 것입니다. 예수님을 믿어야 하는 것입니다.

제3장

첫 번째 죽음과 두 번째 죽음

사람들은 죽음을 생각할 때 보통 한 가지 죽음만 생각합니다. 그것은 육체적 죽음입니다. 자기 눈으로 보고 알고 배운 것이 이것밖에 없기 때문에 이 개인적 죽음만 생각합니다. 이 땅에서만 한 번 죽는 것이라고 믿고 삽니다. 내세를 생각지 않습니다. 이 세상이 전부라고 주장합니다. 엄청난 착각이자 오판입니다. 자기 자신의 그릇된 지식과 확신과 신념에 속고 있는 것입니다. 누구나 죽지만 첫 번째 죽음으로 끝나지 않고 사후에 두 번째 죽음이 있습니다. 이러한 시각과 생각은 과거에 사람들이 지구만 있고 달나라 등은 없다고 믿고 살았던 시절과 비슷합니다. 사람들은 자기들이 모르거나 안 믿어지거나 확신이 없으면 없다고 단정해 버립니다. 이는 죽음에 대하여 잘 알지 못하고 배우지 못한 결과로 나타난 현상입니다. 왜 제대로 배우지 못했습니까? 두 번째 죽음에 대한 사실은 학교나 대학교에서 배우는 교과서나 세상 책에는 없고 오직 기독교 성경책에만 나오기 때문입니다. 그러니까 교회에 다니지 않는 사람, 성경을 알지 못하는 사람은 두 번째 죽음에 대하여 결코 알 수가 없는 것입니다. 알지 못하니까 내세는, 둘째 죽음은 없다고 당당하게 말하는 것입니다.

무엇이든지 배우지 않으면, 알지 못하면 모릅니다. 부인해 버립니다. 누군가가 가르쳐 주지 않으면 알 수가 없습니다. 눈으로 직접 보지 못해서만이 아닙니다. 그래서 어떤 사람은 이런저런 것을 알고 살다가 죽고, 어떤 사람은 이런저런 것을 알지 못하고 살다가 죽습니다. 어떤 사람은 부분적으로만 알고 살다가 죽고, 어떤 사람은 그릇되게 알고 살다가 죽습니다. 어떤 사람은 정확히 알고 살다가 죽습니다. 이는 마치 어떤 사람은 달나라가 있다는 사실을 모르고 살다가 죽고, 어떤 사람은 달나라가 있다는 것을 알고 살다가 죽은 것과 같습니다. 다양한 영역에서 이러한 일들이 비일비재하게 발생하고 있습니다. 누구나 무엇을 정확히 알고 사는 것보다 모르고 사는 것이 더욱 많습니다. 사람들은 누구나 많이 배웠거나 적게 배웠거나, 남녀노소나, 지위고하나, 빈부귀천이나 부분적으로만 알고 살다가 죽습니다. 박사라고 해서 다 아는 것이 아닙니다. 자기 분야만 좀 더 알 뿐이고 다른 분야는 여전히 모릅니다. 이것이 피조물이자 유한한 인간의 한계와 연약함입니다. 그런즉 겸손해야 합니다. 잘난 체를 하지 말아야 합니다. 항상 마음과 귀의 문을 열어 놓고 배울 자세를 가지고 살아가야 합니다.

사람들은 누구든지 이 세상에 태어나면 반드시 죽습니다. 죽게 되어 있습니다. 죽음이 확정되었습니다. 사형수로 살아갑니다. 쉽게 말해서 사형선고를 받은 자들입니다. 이 사형선고는 불가역적입니다. 모태에서 막 태어난 천사 같은 갓난아이들도 죄인이고 그에 따라 사형선고를 받았습니다. 모태에서 임신되는 순간 죄인이고 사형선고를 받습니다. 왜 그렇다고 했습니까? 2장에서 언급한 대로 죄(원죄)에 따른 형벌 때문입니다. 죄초의 인간 아담과 하와의 모든 후손들은 대표자의 원죄가 전가, 유전되어 모두 죄인입니다. 죄의 삯은 사망입니다. 그래서 이 원리가 맞기에 누구든지 언젠가는 반드시 죽는 것입니다. 성경은 진리이기에 말씀하신 대로 성취됩니다. 이런저런 다른 사유 때문에 죽는 것이 아닙니다. 죽는 것은 시간문제입니다. 이 사형선고는 누구도 돌이키지 못합니다. 인간의 범죄로 인하여 하나님께서 모든 사람들에게 내리신 보편적인 형벌이자 저주이기 때문입니다. 그래서 모든 사람들은 시한부 인생을 삽니다. 무시로 갑자기 언젠가는 반드시 죽습니다. 이런 죽음이 누구나 당하는 첫 번째 죽음입니다. 다른 말로 육체적 죽음입니다. 죽음에 대하여 여기까지만 알고 사는 자들이 대부분입니다. 사망에 대하여 딱 여기까지만 압니다. 그러나 육체적 죽음으로 끝나지 않는다는 사실은 모릅니다. 죽으면 그만이라고만 확신합니다. 인생의 후반전이 있다는 사실을 모릅니다. 그것은 내세(저승, 사후세계)입니다. 첫 번째 죽음, 육체적 죽음으로 모든 인생이 끝나 버리고 그 이상의 세계가 없으면 좋으련만 죽음 이후 세상 종말에 죽은 자들이 다시 사는 부활이 있고, 부활 이후 천상에서 불신자들은 요람에서 무덤까지의 모든 언행에 대하여 최후 심판을 받고 두 번째 죽음인 지옥에 던져집니다.

이는 마치 어떤 선수가 전반전만 있다고 생각하고 전반전이 끝나고 집에 가 버렸는데 후반전이 있다고 연락이 온 것과 같습니다. 첫 번째 죽음만 있다고 알고 살았는데 기독교 성경에서 두 번째 죽음도 있다고 알려 준 것입니다. 그러면 후반전과 두 번째 죽음을 대비해야 합니다. 이런 사실을 모르고 사는 것이 좋은 것이 아니라 늦게나마 두 번째 죽음이 있다는 사실을 누군가가 알려 준 것에 감사해야 합니다. 그 즉시 두 번째 죽음을 대비해야 합니다. 이것이 정상적인 사람의 자세입니다. 모르고 살면 기회 자체가 사라질 뿐만 아니라 노력할 수 있는 기회까지 박탈되기에 더욱 억울한 것입니다.

그런즉 이제라도 알려고 애써야 합니다. 끝까지 듣거나 인정하지 않고 무시하는 자들은 그렇게 살면 됩니다. 노아가 살 당시 인류 대홍수 심판이 있었는데 그 당시에도 지구촌에는 많은 사람들이 살고 있었지만 노아의 온 가족 여덟 명만 하나님의 경고와 말씀을 듣고 대비하여 홍수 심판에서 구원을 받았습니다. 그 외 지구촌에 거하는 전 인류는 이런 경고를 무시하거나 우습게 여김으로 모두 홍수 심판을 당하여 죽었습니다. 수장되었습니다. 하나님의 경고를 우습게 여긴 결과입니다. 예나 지금이나 살아 계신 하나님의 경고를 무시하면 영원히 멸망하게 됩니다.

로마서 6장 23절

"죄의 삯은 사망(death)이요…"

히브리서 9장 27절

"한 번 죽는 것은 사람에게 정하신 것이요 그 후에는 심판이 있으리니"

요한계시록 21장 8절

"그러나 두려워하는 자들과 믿지 아니하는 자들과 흉악한 자들과 살인자들과 행음자들(간음, 간통자들)과 술객들(점술가들)과 우상 숭배자들(모든 종교인들)과 모든 거짓말하는 자들은 불과 유황으로 타는 못(지옥)에 참예하리니 이것이 둘째 사망(the second death)이라”

요한계시록 2장 11절

“귀 있는 자는 성령(성령 하나님)이 교회들에게 하시는 말씀을 들을찌어다 이기는 자들(믿음을 지킨 자들)은 둘째 사망(the second death, 사후 지옥생활)의 해(害)를 받지 아니하리라”

요한계시록 20장 6절

“이 첫째 부활에 참예하는 자들은 복이 있고 거룩하도다 둘째 사망(the second death, 사후 지옥생활)이 그들을 다스리는 권세가 없고 도리어 그들이 하나님과 그리스도의 제사장이 되어 천 년 동안 그리스도로 더불어 왕 노릇하리라”

요한복음 8장 51절

“진실로 진실로 너희에게 이르노니 사람이 내(예수님, 하나님) 말(계명, 진리)을 지키면 죽음을 영원히 보지 아니하리라”

누구나 죽는 것은 간접적인 요인인 자연사나 질병이나 사고 등 때문이 아니라 원죄 때문이라고 했습니다. 이것이 사망의 근본적인 원인이라고 했습니다. 그래서 누구나 언젠가는 반드시 육체적으로 죽습니다. 여기까지는 현세의 삶이고 현세에서 벌어지는 일입니다. 문제는 현세만 있는 것이 아니라 내세, 저승, 사후세계가 반드시 있고 영원한 지옥의 삶인 두 번째 사망이 있다는 사실입니다. 이런 사실은 하나님이 믿음을 주셔야만 믿고 알 수 있습니다. 사람이 이 세상에 태어나면 살다가 언젠가는 죽습니다. 죽은 다음에는 세상 종말에 다시 살아나는데 이것을 부활이라고 합니다. 아주 신비한 일입니다. 부활하여 천상으로 올라간 수많은 사람들은 인류의 재판장이신 예수님으로부터 요람에서 무덤까지의 모든 행위에 대하여 완벽한 심판을 받습니다.

물론 그리스도인들은 심판을 받지 않습니다. 불신자들만 심판을 받습니다. 그 이후에 내세, 저승의 장소로 들어갑니다. 내세의 장소는 영원히 사는 곳인데 오직 두 곳뿐입니다. 하나는 천국(天國)이고 또 하나는 지옥(地獄)입니다. 다른 종교에서도 이런저런 내세를 말하지만 그것은 허구이고 가짜입니다. 오직 기독교의 내세만 진짜입니다. 천국과 지옥은 천지 차이로 비교할 수조차 없는 곳입니다. 두 곳 모두 영생(永生, 영원히 삶)하는 곳입니다. 문제는 두 곳의 삶이 전혀 딴판이라는 것입니다. 천국에서는 하나님만을 섬기며 고통 없이 행복하게 삽니다. 눈물도 없고, 질병도 없고, 걱정도 없고, 두려움도 없고, 수고도 없고, 죽음도 없고, 늘 행복하게 영원히 삽니다. 물론 결혼도 없고, 부부도 없고, 섹스도 없고, 출산도 없습니다.

그러나 지옥은 영원히 끔찍한 고통만 당하며 사는 곳입니다. 이에 성경은 지옥의 고통을 상징적으로 표현하기 위해서 불못, 용광로라고 하였습니다. 불이 훨훨 타는 곳인데 죽지도 않고 불에 타지도 않아 계속 생존하고 고통만 당합니다. 그것도 영원히 말입니다. 상상만 해도 끔찍하고 잠이 오지 않을 것입니다. 이 세상 지하 감옥에서 영원히 사는 것만 상상해도 끔찍한데 이와는 그 고통 강도가 비교할 수 없는 정도로 엄청난 지옥에서의 삶은 살았으나 죽은 것이나 다름이 없는 삶이기에 성경은 지옥에 던져진 영원한 삶을 둘째 사망이라고 하는 것입니다. 한번 상상해 보기 바랍니다. 불이 벌겋게 달아올라 있는 철판 위에 서 있거나 누워 있다고 말입니다. 고통이 어마어마할 것입니다. 그런데 타지도 않고 죽지도 않는데 말로 다할 수 없는 고통만 당합니다. 얼마나 처절하고 끔찍한 장소입니까? 살아 있으나 죽은 자들과 다를 바가 없습니다. 살았으나 사는 것이 아닐 것입니다. 그래서 성경은 **둘째 사망**(the second death)이라고 표현합니다. 이곳에 들어가는 자들은 이런저런 온갖 죄악을 저지른 자들이지만 한 가지로 표현하면 이 땅에서 인류의 유일한 구세주인 예수님을 믿지 않고 살다가 죽어 죄 용서함을 받지 못한 자들입니다.

그런즉 감옥에 들어가지 않기 위해서 범법을 하지 않아야 하는 것처럼, 이 둘째 사망인 지옥에 들어가지 않기 위해서는 죄 사함과 지옥 심판을 피할 수 있는 유일한 길인 예수님을 믿어야 합니다. 이 땅에 살아 있을 때, 복음을 들었을 때, 전도를 받았을 때 예수님을 영접해야 합니다. 물론 자기 마음대로 믿어지는 것은 아닙니다. 믿음은 자기 속에서 샘물처럼 스스로 발생하는 것이 아닌 하나님께서 선물로 주셔야 합니다. 그런즉 기독교를 개독교라고 비난하고 욕할 것이 아니라 건전한 교회에 나가야 합니다. 못된 기독교인을 욕한다고 자신이 구원을 받는 것이 아닙니다. 자기 인생이 달라지지 않습니다. 성경과 하나님을 믿기 위해서 교회에 가는 것이지 부실한 기독교인을 비난하기 위해서 교회에 가는 것이 아닙니다. 그러니 부실한 기독교인은 관심 밖에 두고 영생을 얻을 궁리만 하고 신앙생활을 하기 바랍니다. 예수님이 안 믿어지면 어쩔 수 없지만 죽을 때까지 최선의 노력은 다해야 합니다.

매일 혹은 수시로 성경을 읽고, 주일날 교회에 가고, 성경공부에 참석하고, 기독교 경건 서적을 읽어야 합니다. 진리와 복음과 성경과 구원에 대하여 기독교인들에게 물어야 합니다. 이렇게 해야 하는 이유는 너무나도 명백하고 절실하기 때문입니다. 둘째 사망에 들어가면 상상도 하기 싫은 영원한 고통과 불행이 기다리고 있기 때문입니다. 인생의 실패자로 영원히 살게 됩니다. 이에 반해 이 땅에 사는 날 동안 진실로 예수님을 믿은 사람들은 종말에 둘째 사망에 들어가지 않고, 부활하여 심판을 받지 않고 곧바로 천국에 입성합니다.

예수님을 믿는다는 이유 하나로 이 땅에서 미움을 받고, 온갖 불이익과 고난을 당한 것을 다 보상받게 됩니다. 고생 끝 영원한 행복을 선물로 받게 됩니다. 그래서 기독교인들은 이 땅에 살 때 잘못도 없이 가정과 직장 등에서 사람들로부터 예수님을 믿는다는 이유 하나로 미움을 받고, 억울함과 고난과 핍박을 당하더라도 인내하며 하나님 말씀대로 살아갈 충분한 이유가 있는 것입니다. 넘치도록 충분한 보상의 날이 옵니다. 그래서 신앙에는 인내가 요구됩니다. 길게 보고 참고 살아야 합니다. 죽음은 반드시 첫째 죽음(육체적 죽음)도 있고 둘째 죽음(사후 지옥의 삶)도 있습니다. 믿어지는 자가 복이 있습니다.

제4장

존엄사

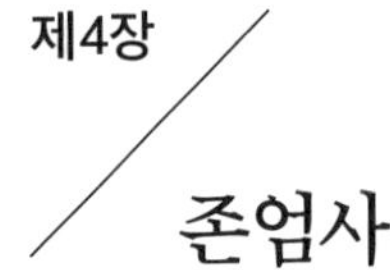

사람이 죽는 형태로는 크게 세 가지가 있습니다. 하나는 자연사입니다. 노환 혹은 숙환으로 죽는 것을 말합니다. 이 또한 자연사가 아니라 하나님께서 형벌로 내리신 사망에 따른 죽음입니다. 사실 세월이 흘러 스스로 죽은 자연사는 없습니다. 또 하나는 안락사입니다. 자연사와는 반대로 산 사람에게 죽을 수 있는 약물을 주입하여 인위적으로 죽이는 것을 말합니다. 고통 등이 너무 심하여 그렇게 할 수밖에 없다고 하지만 이는 살인에 해당합니다. 인간이 당하는 고통은 원죄에 따른 형벌이기에 이를 피할 수 없습니다. 힘들지만 감당해야 합니다. 마지막으로 존엄사입니다. 존엄사(尊嚴死)에서 존엄이란 높고 엄숙함 혹은 지위나 인품 따위가 높아서 범할 수 없음을 뜻합니다.

그러니까 존엄사란 사람으로서 존엄함을 유지하며 죽는 것을 말합니다. 불치의 병이나 장애로 인해 의식 불명이나 심한 고통 상태에 있는 환자에 대하여 연명만을 목적으로 하는 적극적인 치료를 중단하고, 인간으로서의 명예를 유지하면서 죽음을 맞이하는 것을 말합니다. 즉, 회생 가능성이 없는 환자가 자신의 결정이나 가족의 동의를 거쳐 더 이상의 연명치료를 받지 않는 것을 말합니다. 산소호흡기나 기타 적극적인 치료행위를 중단하는 것입니다. 단순한 치료만 수용합니다. 예를 들면 통증을 약화시키는 약물과 수액 정도 등입니다. 최소한의 치료만 받으면서 비교적 존엄하게, 의연하게 죽음을 맞이하는 것을 말합니다. 이는 살인이 아닙니다. 의술이 발달하기 전 상태로 돌아가는 것입니다.

사람마다 다르겠지만 연명치료를 받는 사람들도 있고 받지 않는 사람들도 있습니다. 젊은 사람이나 늙은 사람이나 회복, 회생이 거의 불가능한 질병을 앓고 있는 자들 중에는 존엄사를 택하는 자들이 늘어나고 있습니다. 왜냐하면 회생할 가능성이 별로 없는데 온갖 치료를 하면서 더욱 고통을 당하고 마지막을 병상에서 비참하게 죽고 싶지 않기 때문입니다. 단순히 생명만 연장하는 것은 별 의미가 없다고 생각합니다. 사람이란 누구나 반드시 죽기 때문에 침대에서만 오래 사는 것은 큰 의미가 없습니다. 게다가 치료비도 많이 들어가 남은 가족들에게 엄청난 재정부담을 주게 되고, 온 가족이 큰 고통을 당합니다. 연명치료에 들어가면 수년 이상 중환자실이나 병실에 입원해 있어야 합니다. 그러면 누군가가 옆에서 간병을 해야 합니다. 수시로 왕래해야 합니다. 장기간 치료를 받으면 돈도 많이 들어가고 간병인들도 지쳐서 병이 납니다. 환자는 환자대로 힘들고 산 사람도 몸이 망가집니다. 간병인 개인의 삶이 사라집니다.

물론 그렇게라도 오래 살고 싶고, 사는 모습을 보고 싶고, 돈도 충분히 있는 사람이라면 연명치료를 해야 합니다. 환자도 원하고, 가족도 원하고, 치료비도 충분하다면 계속 충분한 치료를 받아야 합니다. 하지만 '긴

병에 효자가 없다'고 했듯이 사람이란 처음 생각이나 마음과 달리 무엇이든지 오랫동안 지속되면 생각이 달라집니다. 고통과 희생이 오래 지속되면 누구든지 지쳐 버립니다. 경험자들은 잘 이해할 것입니다. 환자도 침상에서 움직이지도 못하고, 별 의식이 없는 상태를 유지하면서 장기간 연명치료를 받게 되면 고통은 고통대로 가중되면서 육체는 더욱 망가집니다. 사는 것이 아닙니다. 그리하면 존엄하게 죽지도 못합니다. 환자나 가족이나 모두 고통만 당하고 후유증이 만만치 않습니다. 그래서 이런 사실과 현실을 잘 인지하고 있는 환자나 가족은 과감하게 연명치료를 거부하고 존엄사를 택합니다.

어차피 누구나 죽습니다. 오래 생명을 유지하는 것도 가치가 있지만 건강하고 깔끔하게 살다가 마지막 죽음을 존엄하게 맞이하는 것도 가치가 있습니다. 과거 병원이 없고 약이 개발되지 않았을 시대에는 대부분이 자연요법에 따른 존엄사였습니다. 아프면 아픈 대로 살다가 자연스럽게 죽었습니다. 현대에는 의술이 발달하고 의약품이 개발되어 생명을 연장하는 일들이 어렵지 않게 되었습니다. 그렇다 보니 병원에서는 연명치료를 하는 일들이 늘어나고 있습니다. 병원 입장에서는 나쁠 것이 없습니다. 많은 수익이 발생하기 때문입니다. 그러나 환자나 가족들은 힘든 시간을 보내야 합니다. 그것도 장기간을 각오해야 합니다. 안락사와 달리 자연사와 존엄사는 윤리적으로나 성경적으로 충돌되지 않습니다. 존엄사는 하나님의 주권에 맡기는 죽음이기 때문입니다.

창세기 25장 7절

"아브라함의 향년(享年, 한평생을 살아 누린 나이)이 일백칠
십오 세라"

　기본적으로 기독교인은 불신자들과 달리 죽음을 두려워하지 않습니다. 그 이유는 누구나 한 번은 반드시 죽기 때문이고, 죽음으로 끝나지 않고 세상 종말에 다시 사는 부활이 있고, 종국에 천국에서의 영생을 누리기 때문입니다. 또한 원죄로 주어진 저주인 수고와 눈물과 고통을 더 이상 겪지 않아도 되기 때문입니다. 그래서 기독교인들에게 죽음은 절망적인 슬픔이 아니라 수고의 끝이고, 새로운 시작이자 행복한 영생이기에 죽음을 크게 두려워하지 않습니다.

　이런 신앙을 소유한 자들은 회복과 치료와 회생이 거의 불가능한 처지에 놓이면 과감하게 결단하여 존엄사를 택합니다. 연명치료를 연연하지 않고 거부합니다. 자신도 덜 고생하고 남은 가족도 보호하는 차원입니다. 이 또한 각자가 알아서 선택할 문제입니다. 다시 강조컨대 안락사는 살인이지만 존엄사는 살인이 아닙니다. 성경에 반하지 않습니다. 그런즉 이런저런 문제점을 충분히 숙고하여 각자의 신앙과 생각대로 하면 될 것입니다. 기독교인들은 어떤 것을 선택하든 항상 성경적 방식과 기준에 따라서만 판단하고 행동해야 합니다.

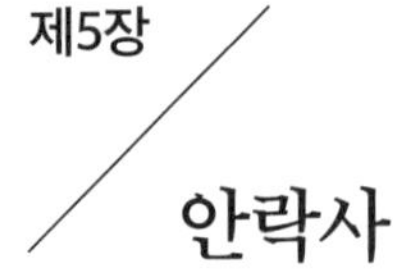

제5장

안락사

BBC는 네덜란드 부부 얀 파버(70)와 엘스 반 리닝겐(71)이 2024년 6월 3일 의사로부터 약물을 투여받아 함께 숨졌다고 보도했습니다. 얀과 엘스는 유치원 시절 처음 만났습니다. 얀은 유년 시절 네덜란드 청소년 국가대표팀에서 하키 선수로 활약했고, 이후 스포츠 코치가 됐습니다. 엘스는 초등학교 교사로 근무했습니다. 이들은 20대에 결혼해 아들 한 명을 낳고 살았습니다. 하지만 나이가 들면서 부부의 건강에도 적신호가 켜졌습니다. 10년 넘게 무거운 화물을 옮겨 가며 일한 얀은 허리 통증으로 2003년 수술을 받았지만 호전되지 않았습니다. 엘스 역시 2018년 교사직에서 은퇴한 뒤 치매 초기 증상을 보였고, 2022년 11월 치매 진단을 받았습니다. 이들은 상태가 더 나빠지기 전에 아들과 동반 안락사에 관해 논의했다고 알려졌습니다. 매우 인간적인 생각입니다. 그럴 수 있습니다.

얀은 "진통제를 많이 먹으면 좀비처럼 살아야 했다"며 "내가 겪고 있는 고통과 아내의 치매를 생각했을 때 이 삶을 멈춰야 한다고 생각했다"라고 말했습니다. 이어 "(아들이) '부모님이 죽는 걸 원치 않는다. (병을 고칠 수 있는) 더 나은 시대가 올 거다'라고 말해 눈물이 났다"면서도 "하지만 나와 엘스는 '다른 해결책이 없다'는 결론에 도달했다"라고 이야기했습니다. 주변인과 인사한 후 세상을 떠난 이들 부부는 안락사 전날 아들, 손주들과 함께 시간을 보냈다고 합니다. 아들은 어머니와 함께 해변에서 산책했고, 마지막 저녁 식사 자리에 모든 가족이 함께했습니다. 다음 날 아침, 부부의 가족과 친구들은 지역 호스피스에 모여 2시간 동안 추억을 나누기도 했습니다. 모든 주변인과 충분히 인사한 후 이들 부부는 의사에게 약물을 투여받고 몇 분 만에 함께 생을 마감했습니다.

영국 일간지 가디언은 2024년 2월 10일 "드리스 판아흐트 전 총리와 부인 외제니 여사가 지난 5일 93세를 일기로 함께 안락사로 생을 마감했다"고 보도했습니다. 네덜란드는 2002년 세계 최초로 안락사를 합법화했습니다. 이는 성경에 반하는 국가정책입니다. 환자가 견딜 수 없는 고통을 겪고 있으며, 치료의 가망이 없고, 오랫동안 죽음을 소망하는 등 6가지 조건이 충족될 경우 안락사를 실시하고 있습니다. 매년 1000여 명의 안락사를 돕는 네덜란드 안락사 전문센터 대변인 엘케 스바르트는 "동반 안락사 요청의 경우에도 각각의 요건을 엄격하게 검토한다"며 "두 사람이 견딜 수 없는 고통을 겪는 동시에 함께 안락사를 원할 가능성은 매우 적다"고 말했습니다. 네덜란드에서 처음 동반 안락사 사례가 보고된 2020년 26명(13쌍)이 동반자와 함께 세상을 떠났으며, 이듬해에는 32명(16쌍), 2022년에는 58명(29쌍)이 동반 안락사를 택했습니다. 2022년에는 총 8720명이 네덜란드에서 안락사를 택했습니다(아시아경제, 2024).

우리나라는 안락사가 불법입니다. 이는 안락사에 대한 법적 근거가 없다는 의미입니다. **안락사(安樂死)**란 '살아날 가망이 없는 환자를 본인 또는 가족의 요구에 따라 고통이 적은 방법과 인공적으로 죽음에 이르게 하는 일'을 말합니다. 약물을 주입하여 죽음에 이르게 합니다. 사람과 생명의 주인이 아닌 피조물인 사람이 죽음을 결정하는 방식입니다. 결론을 먼저 말씀드리면 성경은 사람에 의해 인위적으로 사망에 이르게 하는 안락사를 허용하지 않습니다. 안락사를 살인으로 규정합니다. 고통을 운운하지만 순전히 인간적인 접근에 불과한 것입니다.

왜냐하면 생사여탈권은 오직 사람을 흙으로 창조하신 하나님(주인)만이 행사할 수 있는 고유 권한과 영역이고, 인간이 크고 작게 당하는 모든 고통은 원죄에 따른 형벌이기 때문입니다. 따라서 기독교인들은 아무리 고통스러운 환경과 형편에 처해 있어도 안락사를 시도하면 안 됩니다. 고통을 잘 받고 살다가 운명해야 합니다. 하나님의 법을 떠나서, 생사의 주관자가 하나님이 아니라고 전제하면 인간적으로 볼 때 안락사가 합리적이기도 합니다. 그러나 하나님의 지배와 통치를 받는 피조물, 하나님으로부터 지음을 받은 피조물, 인간의 생사화복을 주관하시는 하나님 안에서 접근하면 인간의 합리성과 인간애는 정당화될 수 없습니다.

결국 안락사는 인간의 고통과 불편함과 절망과 상관이 있습니다. 당사자나 가족들이 보기에 너무 고통을 당하거나 죽는 것이 더 나을 수 있을 정도로 심각한 고통 상태에 있으면 안락사에 대한 생각과 유혹과 요구를 할 수 있습니다. 차라리 죽는 것이 낫겠다고 할 수 있습니다. 그러나 사람의 생명은 그런 방식으로 당사자나 가족이 생사를 선택할 수 있는 것이 아닙니다. 사람의 생명을 주신 자나 취하시는 분은 오직 사람을 창조하신 하나님뿐입니다. 사람이 자타의 고통 대소 여부에 따라 안락사를 취사선택할 수 없습니다. 사람은 종이고 피조물이지 주인이 아닙니다. 인간이 당하는 온갖 고통과 질병과 죽음은 원죄에 따른 형벌로 주어진 것입니다. 따라서 모든 죄인들은 이 형벌을 쓰든 달든 달게 받아야 합니다. 마치 잘못을 하고 감옥에 들어간 자가 온갖 고통을 당하는 것처럼 말입니다. 인위적으로 피하려고 하지 말아야 합니다. 하나님께 불순종함에 따른 형벌이기 때문입니다.

안락사를 생각하는 자들은 마치 잘못을 하고 감옥에 갇힌 자가 감옥 생활이 고통스럽다고 탈옥을 시도하는 것과 다르지 않습니다. 죄에 따른 형벌은 고통스러운 것입니다. 감옥은 고통스러운 장소입니다. 범죄자들은 하나같이 자유가 박탈된 감옥에서 죗값을 치러야 합니다. 따라서 유죄선고를 받아 감옥에 들어간 자들은 고통을 피할 생각을 접고 선고 기간 동안 고통을 달게 받아야 합니다. 그것이 정상이고 합당한 자세입니다. 고통을 피하려고 온갖 꼼수를 부려서는 안 됩니다. 탈출을 시도하거나 간수들에게 뇌물을 주고 편안히 생활하려는 시도 등의 행위는 형벌을 받는 것이 아닙니다. 형벌을 조롱하는 것입니다. 이처럼 원죄로 인하여 저주 아래에서 사는 모든 사람들은 이런저런 고통을 달게 받아야 합니다. 인본적인 입장에서 피하려고 기술을 부리지 말아야 합니다. 안락사는 일종의 형벌 회피 수단이자 선택입니다.

해산의 고통, 죽음의 고통, 노동의 고통처럼 감당해야 합니다. 피하려고 하지 말아야 합니다. 어떤 고통을 당해도 신본주의로 이해하고 고통을 달게 받아야 합니다. 하나님이 원죄로 주신 형벌이기 때문입니다. 그런데 범죄한 인간들은 이런저런 연구와 잔꾀를 내어 자꾸 형벌 고통을 피하려고 하거나 빠져나가려고 합니다. 감옥에 입소한 죄인들이 감옥을 탈출하려고 시도하는 것처럼 말입니다. 고통 중에 있는 당사자나 인간의 입장에서는 당연하다고 여기지만 하나님과 법원의 입장에서 볼 때는 불성실한 자세입니다. 불순종입니다. 인간은 남녀노소를 불문하고 잘못한 이후 항상 책임은 지려고 하지 않습니다. 잘못을 하여 교도소에 가서도 편하게 지내려고 합니다. 잘못은 했지만 고통은 받지 않고 피하려고 하는 경향이 강합니다. 이것이 인간의 이상한 심보입니다. 그중의 하나가 안락사 제도와 선택입니다. 성경은 인간들에게 형벌로 주어진 고통이 반드시 있을 것임을 말합니다.

창세기 3장 16절

"또 여자(하와, 여성의 대표자)에게 이르시되 내가 네게 잉태(임신)하는 고통을 크게 더하리니 네게 수고하고 자식을 낳을 것이며(해산의 고통) 너는 남편을 사모하고 남편은 너를 다스릴 것이니라 하시고"(하나님께 범죄한 대가)

창세기 2장 17절

"선악을 알게 하는 나무의 실과(선악과)를 먹지 말라 네가(인류의 대표자 아담) 먹는 날에는 정녕 죽으리라 하시니라"(죄에 따른 당연한 결과)

여성들에게 있는 해산의 고통은 그냥 생긴 것이나 아픈 것이 아닙니다. 해산의 고통은 남성과 달리 여성들에게 주신 죄에 따른 형벌입니다. 그런데 무통주사를 맞아 이 형벌을 피하려고 합니다. 질병이나 죽음도 엄청난 고통입니다. 당사자와 부부와 가족들에게 큰 고통입니다. 이에 인간은 늙지 않으려고 죽지 않으려고 발버둥을 칩니다. 불로초를 찾습니다. 아프더라도 죽더라도 편하기를 바랍니다. 고통이 없기를 바랍니다. 이는 인간의 생각과 바람입니다. 그러나 하나님의 생각은 다릅니다. 결국 늙음과 죽음과 질병의 고통은 피하지 못합니다. 아무리 화장을 하고, 좋은 음식을 먹고, 밤낮으로 운동을 해도 우리 몸은 병들고 쭈글쭈글해지고 결국 죽습니다. 늙음과 죽음과 질병은 형벌로 주어진 것이기 때문입니다. 사람들이 당하는 모든 고통은 종합적으로 원죄에 따른 형벌과 저주로 주어진 것입니다. 그런즉 그 원인과 이유를 바로 알고 달게 받아야 합니다. 인간의 입장에서 피하려고만 하지 말아야 합니다. 피한다고 피해지는 것도 아닙니다.

살인, 낙태, 안락사 등은 사후에 더 큰 형벌과 영원한 지옥 고통이 기다리고 있습니다. 낙태가 친자살인인 것처럼 안락사도 셀프살인입니다. 자신과 가족과 의사 모두 살인 공모자들입니다. 그러니 안락사는 법으로 만들든 아니든 생각지 말고 하나님께서 그 영혼을 취하시기 전까지 아무리 고통이 심하다고 하더라도 묵묵히 당하며 살아가야 합니다. 벌은 달게 받아야 그다음 기회가 주어지고 패자부활의 기회가 주어집니다. 그런 고통을 받으면서 죄의 결과가 얼마나 무섭고 고통스러운 것인지를 깨달아야 합니다. 사람이라면 누구든지 언젠가 반드시 죽게 되어 있습니다. 다양한

모습과 상태로 죽어 갑니다. 고통이 있으면 있는 대로 없으면 없는 대로
자신의 생명을 하나님께 맡기고 살아가기 바랍니다. 이것이 기독교의 안
락사 세계관입니다.

제6장

사별의 아픔

아픔은 다양합니다. 화상(火傷)을 당해 보지 않은 사람은 당한 사람의 고통과 아픔을 잘 모르는 것처럼, 사별의 아픔을 당해 보지 못한 사람은 사별의 고통을 충분히 공감하거나 이해하지 못합니다. 특히 그 어느 사별의 아픔보다 부부 사별의 아픔이 가장 스트레스가 심하고 고통스럽습니다. 왜냐하면 오직 부부만이 한 몸으로 살다가 몸이 찢어졌기 때문입니다. 그래서 부부는 무촌이고 서로 벌거벗고 있어도 부끄럽지가 않은 것입니다. 그러니까 부부 사별은 한 몸이 두 쪽으로 찢어진 것이니 그 고통이 얼마나 심하겠습니까? 부부 사별의 아픔은 그 누구의 말도 위로가 되지 않습니다. 적지 않은 세월이 흘러야 자연스럽게 아물고 해결됩니다. 세월이 약입니다.

마치 우리 몸에 심한 상처가 나서 절개하거나 수술을 해도 곧바로 낫지 않고 새살이 돋아날 때까지 시간이 필요한 것처럼 말입니다. 또한 사별의 아픔은 단순히 사별의 문제로 끝나지 않습니다. 부부가 사별했다면 배우자의 빈자리에 대한 공허함, 허전함, 적적함, 외로움, 슬픔이 하루에도 수십 번씩 밀물과 썰물처럼 밀려왔다 밀려갔다 합니다. 눈만 뜨면 생각나고 그리움이 밀려옵니다. 둘이 항상 함께 살다가 갑자기 혼자 지내야 합니다. 마치 외딴섬에 홀로 있는 것처럼 됩니다. 말벗도 없고, 밥도 혼자 먹고, 잠도 혼자 자고, 나들이도 혼자 갑니다. 마트나 어느 모임에도 혼자 갑니다. 잠에서 깨어도 혼자고, 집을 출입할 때도 혼자입니다.

여러 일들에 대하여 의논을 하고 싶어도 하지 못합니다. 길거리나 모임에서 다정한 부부들을 보면 마음이 이상해집니다. 돕는 배필이 사라지니 불안하고 답답한 것이 한둘이 아닙니다. 시도 때도 없이 배우자가 생각납니다. 음식도 제대로 해 먹지 못합니다. 몸에 병이 발생했을 때 함께 병원에 갈 자가 없습니다. 응급실이나 수술실에 가면 보호자를 찾는데 짝이 없으니 난감합니다. 밖에서 일하고 나서 퇴근하여 귀가하면 배우자가 없으니 집 안이 썰렁합니다. 특히 배우자와 사별하면 매일 사무치게 그립습니다. 보고 싶습니다. 아무리 다른 일에 집중해도 공백시간에 생각이 납니다. 배우자를 생각할 때마다 울컥울컥해집니다. 반복해서 배우자가 고맙고, 미안하고, 아쉽고, 그리움이 찾아옵니다. 이러한 아픔, 고통, 스트레스, 슬픔, 아쉬움 들이 다양하게 나타납니다. 사별한 이후의 여진이나 후유증이라고 할 수 있습니다. 이처럼 사별의 아픔은 이별로 끝나지 않습니다. 이에 우울증에 빠지는 사람도 있고, 그래도 정상적으로 살아가는 사람도 있고, 슬픔과 외로움에 그릇된 길로 빠지는 사람도 있습니다. 혼자 사는 것이 힘들고 견디지 못해 일찍 재혼하는 사람도 있습니다.

이런 내막과 사정을 당사자 외에는 아무도 모릅니다. 타인들은 관심도 주지 않습니다. 각자 자기 사정과 일에 바쁘기 때문이고 사람이란 본래 이기적입니다. 그래서 혼자 묵묵히 감당해야 합니다. 누구나 그럴 것입니다. 일생을 살면서 순서는 다르지만 언젠가는 모두 경험하는 것이기에 필자가 한 말들이 기억날 것입니다. 이러한 사별의 아픔은 배우자가 처신을 잘못해서나 누구의 잘못이 아니라 원죄에 의한 인류 대표자의 죄의 전가에 따른 하나님의 형벌입니다. 이런 것에 더하여 하나님께서 이 세상에 출생시킬 때는 신자나 불신자나 모두 각기 나름의 사명과 역할을 주시는데 그 일이 다 끝나면 하나님께서 데려가십니다. 그래서 모든 사람들이 죄인이기에 그 형벌로 누구도 이 사별의 아픔을 피하지 못하고 일생 중 반드시 경험하게 됩니다. 아무리 조심히 살아도, 정기검진을 받고 살면서 건강관리를 잘해도 시한부 인생으로 사망은 다가옵니다. 피하지 못합니다.

히브리서 9장 27절

"한 번 죽는 것은 사람에게 정하신 것이요 그 후에는 심판이
있으리니"

창세기 3장 17절, 19절

"아담에게(인류의 대표자) 이르시되 네가 네 아내(하와)의 말을 듣고 내가(하나님) 너더러 먹지 말라 한 나무 실과를 먹었은즉 땅(지구)은 너로 인하여 저주를 받고 너는 종신토록 수고하여야 그 소산을 먹으리라. 네게 얼굴에 땀이 흘러야 식물을 먹고 필경은 흙으로 돌아가리니(죽으리니) 그 속에서 네가 취함을 입었음이라(흙으로 창조됨) 너는 흙이니(인간은 흙이니) 흙으로 돌아갈 것이니라 하시니라"

창세기 23장 2절

"사라(아브라함의 아내)가 가나안 땅 헤브론 곧 기럇아르바
에서 죽으매 아브라함이 들어가서 사라를 위하여 슬퍼하며 애
통하다가"

사별의 아픔의 근본적인 이유는 인류의 대표자인 아담과 하와가 하나
님께 불순종한 범죄로 인한 대표자 원리에 따른 유전, 전가로 전 인류가
당하는 것이라고 했습니다. 아담의 후손들이 선악과를 따 먹지 않았지만
대표자 원리로 아담의 죄가 전가된 것입니다. 다른 간접적인 원인인 늙어
서 죽는 것이나 각종 질병과 사고 등등 때문에 사별의 아픔을 당하는 것
이 아니라, 사별의 직접적인 원인인 원죄 때문에 사별의 아픔을 당하는
것입니다. 이러한 사실은 기독교 성경 외에는 어디에서도 가르쳐 주는 종
교나 사람이나 책이 없습니다. 자신들도 모르기 때문입니다. 모르는 것
이 당연합니다. 어디로부터, 누군가로부터 정확한 지식과 정보를 얻지 못
하면 평생 모르고 삽니다. 수많은 사람들이 사별의 아픔을 당하면서도 왜
죽는지, 왜 사망하여 이별을 당해야 하는지, 왜 사별의 아픔을 겪어야 하
는지 알지 못하고, 알려고 하지도 않고, 혹은 그릇된 사별 지식에 젖어 살
다가 죽어 갑니다. 그냥 그러려니 하고 삽니다.

이를 다르게 말하면 환자가 병원에 가지 않고, 의사가 알려 주지 않으면
자기 몸이 아픈데 어디가 아픈지, 병명이 무엇인지도 모르고 병에 시달리
고 살다가 죽는 것과 같습니다. 무엇이든지 제대로 알고 살아야 합니다.
그래야 덤덤하게 받아들일 수 있고 대비가 가능합니다. 그렇지 않으면 너

무나도 답답하고 무대책으로 살게 됩니다. 성경은 진리입니다. 진리란 참이라는 말이고 참은 때가 되면 그대로 이루어집니다. 그래서 진리와 참은 무섭기도 하면서 전적으로 신뢰할 수 있는 것입니다. 물론 진리인데도 믿지 않고 사는 자들이 많습니다. 사람들은 진짜라고 해서 다 믿는 것은 아닙니다. 가짜도 잘 믿는 경향이 있습니다. 이는 마치 착한 일을 하며 사는 사람도 많지만 악한 일을 하며 사는 사람도 많은 것과 같습니다. 좋은 일이라고 해서 모든 사람들이 좋은 일만을 하지 않습니다. 진리와 참이라고 해서 모든 사람들이 관심을 갖거나 추종하는 것은 아닙니다. 그것이 부패한 사람의 한계와 실상입니다.

아무튼 사별의 아픔이라는 것이 이런 원인과 결과들로 나타난다는 사실을 바로 알고 살아야 나름대로 살길을 찾게 됩니다. 왜 살길을 찾아야 합니까? 사람은 사별, 사망으로, 현세로 끝나지 않고 세상 종말에 다시 사는 부활이 있고 내세가 있기 때문입니다. 사후에 반드시 내세, 저승, 사후 세계가 있기에 인생의 후반전에 대해 목숨을 걸고 대비해야 합니다. 그래야 영원히 살 수가 있습니다. 전쟁을 대비하지 않고 살다가 전쟁에 패하는 국가와 국민은 비참한 상태로 전락합니다. 노예, 식민지가 됩니다. 이런 사실을 모르는 자들은 없을 것입니다. 인생도 그렇습니다. 그러니 현세만 있다는 확증편향과 오판에 젖어 현세만 바라보고 속고 살면 큰코다칩니다. 내세는 없다는 자신의 그릇된 지식과 속임수에 넘어가지 말아야 합니다. 한번 태어난 사람은 각각 내세의 다른 장소에서 영원히 살게 됩니다. 이것이 모든 출생자들의 미래이자 운명입니다.

그래서 미래와 사고와 만약을 대비하여 자동차보험과 생명보험 등에 가입하는 것처럼 신앙보험, 구원보험, 영생보험, 천국보험, 내세보험을 들어야 합니다. 이러한 보험은 사람의 의지나 선행으로 되는 것은 아닙니다. 왜냐하면 하나님께서 은혜로 믿음을 주셔야만 들 수 있는 보험이기 때문입니다. 오직 인류의 유일한 구세주인 예수 그리스도를 믿음으로만 가입할 수 있는 영원한 보험입니다. 그래서 세상 보험들과 근본적으로 차이가 있는 것입니다. 가난한 자든 부자든 모두가 가입할 수 있는 보험입니다. 다시 강조컨대 이 세상에 태어난 사람은 남녀노소를 불문하고 반드시 사별의 아픔을 겪게 되므로 날마다 사별을 준비하고 살되, 사별로 끝나지 않고 사별 이후의 내세, 저승이 기다리고 있음을 명심하고 살아야 합니다. 이렇게 사별 이후의 삶을 대비, 준비하고 사는 사람이 지혜로운 사람, 미래가 보장된 사람입니다.

제7장

생사여탈권

　사람이 태어나고 죽는 것에 대하여 왜 출생하고 사망하는지 잘 못 알고 있거나 전혀 모르는 자들도 적지 않습니다. 어떤 자들은 아예 생각조차 하지 않고 삽니다. 살아 있으니 하루하루를 그냥 열심히 삽니다. 무엇이든지 알고 사는 것과 모르고 그냥 열심히 사는 것은 큰 차이가 있습니다. 어디를 가는데 목적지를 알고 출발하는 것과 모르고 출발하는 것은 큰 차이가 있습니다. 인생과 생사 문제도 바로 알고 살아야 합니다. 알더라도 정확히 아는 것과 그릇되게 아는 것 또한 큰 차이가 있습니다. 원인 없는 결과는 없습니다. 존재하는 것들은 창조자나 만든 자가 있기에 가능합니다.

　모든 건물은 반드시 건축자가 있습니다. 학교든 아파트든 강당이든 정확히 누군지는 모르지만 누군가에 의해서 지어진 것만은 분명합니다. 건물이 스스로 세워지지 않는 것처럼, 사람의 출생과 죽음도 스스로 좌지우지되는 것이 아닙니다. 인간은 신이 지은 피조물입니다. 풀, 꽃, 바다, 산, 돌, 흙, 나무, 강 등 소위 우리가 자연이라고 하는 지구는 스스로 존재한 자연(自然, 천연 그대로의 상태)이 아니라 하나님에 의해 창조된 피조물이라고 해야 정확한 표현이고 사실입니다. 그런데 사람들은 자꾸 자연이라고 말합니다. 기독교인들도 자연이라고 말하곤 합니다. 천지에 자연이란 없습니다.

피조물이란 전능하신 하나님에 의해서 지음을 받았다는 말입니다. 따라서 사람은 주인이 아니기에 누구나 스스로 출생과 죽음을 결정하는 생사여탈권이 없습니다. 생사여탈권(生死與奪權)이란 '(목숨을) 살리거나 죽이고, (재물을) 주거나 빼앗음의 권한'을 말합니다. 이러한 권한은 주인에게만 주어진 고유의 권한입니다. 지음을 받은 주인이 아닌 종들이나 동물들이나 사람들에게는 없습니다. 성경은 오직 천지만물을 전능하신 능력으로 창조하신 하나님께서만 생사여탈권을 가지고 계시다고 말합니다. 왜 그렇습니까?

스스로 존재하시는 하나님께서 천지만물을 창조하신 분이시고, 우주의 주인이시기 때문입니다. 무엇이든지 주인만이 마음대로 처분이 가능합니다. 이는 기본이고 상식이고 법입니다. 하나님만이 사람의 생명을 주시기도 하시고 취하시기도 하십니다. 그래서 전지전능하신 하나님, 자존하시는 하나님, 천지만물을 놀라운 능력으로 창조하신 하나님, 우주만물의 유일한 주인이신 하나님께서 생사여탈권을 가지신 분이라고 하는 것입니다. 하나님 외에 다른 신은 없고, 피조물을 만드신 분도 하나님 외에는 없고, 피조물인 인간에게는 생사여탈권이 절대로 없습니다.

창세기 2장 7절

"여호와 하나님이 흙으로 사람을 지으시고(창조하시고) 생기(영혼)를 그 코에 불어넣으시니 사람이 생령(산 영)이 된지라"(하나님에 의한 인간 창조)

욥기 1장 21절

"가로되 내가(욥) 모태에서 적신으로 나왔사온즉 또한 적신이 그리로 돌아가올찌라 주신 자도 여호와시요 취하신 자도 여호와시오니 여호와의 이름이 찬송을 받으실찌니이다 하고"(생사여탈권자는 오직 하나님뿐이다)

요한복음 11장 43~44절

"이 말씀을 하시고 큰소리로 나사로야 나오라 부르시니 죽은 자가 수족을 베로 동인채로 나오는데 그 얼굴은 수건에 싸였더라 예수께서 가라사대 풀어놓아 다니게 하라 하시니라"(죽은 자를 살리는 능력은 하나님만 가능하다)

창세기 19장 24~25절

"여호와께서 하늘 곧 여호와에게로서 유황과 불을 비같이 소돔과 고모라에 내리사 그 성들과 온 들과 성에 거하는 모든 백성과 땅에 난 것을 다 엎어 멸하셨더라"(범죄한 인간을 심판하고 죽이시는 분은 오직 하나님뿐이다)

창세기 4장 1절

"아담이 그 아내 하와와 동침하매 하와가 잉태(임신)하여 가
인을 낳고 이르되 내가 여호와로 말미암아 득남하였다 하니
라"(섹스는 부부가 하지만 생명은 하나님이 부여하신다)

성경은 오직 하나님께서만 우주와 피조물과 움직이는 모든 생물과 인
간에 대한 생사여탈권을 가지고 계시다고 말합니다. 다른 종교는 그렇
게 말하는 곳이 하나도 없습니다. 그런 사실을 모르기 때문입니다. 성경
은 사람의 존재에 대해 진화나 빅뱅이 아닌 하나님이 창조하셨다고 분명
하게 말합니다. 사람의 임신과 출생이 남녀 간의 성교에 의하여 생기기에
사람이 생명을 만드는 것처럼 생각하는데 이는 오해로 생명은 하나님께
서 주시는 것이고 단지 부부는 하나님께서 주신 생명을 임신하고 출생케
하는 역할과 통로와 도구로만 사용되는 것입니다.

이는 마치 집에 들어가서 스위치를 누르는 자가 전기를 생산해 내는 자
가 아닌 것처럼 말입니다. 근본적인 생명의 수여자는 하나님이십니다. 이
렇게 생명을 주신 하나님은 생명의 주인이시기에 자기의 기쁘신 뜻에 따
라 사람의 생명을 언제든지 취하실 수 있는 권세가 있습니다. 그렇게 해
도 아무도 가타부타하지 못합니다. 하나님은 주인이시기 때문입니다. 또
한 죽은 자도 살리시고 산 자도 언제든지 죽이실 수 있습니다. 오직 하나
님께만 그럴 능력과 정당함이 있습니다. 주인이 아닌 자가 이렇게 하면
살인이고 범죄입니다.

그래서 세상 법에도 정당방위가 아닌 이상 누군가를 죽이면 살인죄로 기소되어 엄한 처벌을 받습니다. 주인이 아닌 자가 주인처럼 주인 몰래 어떤 물건이나 부동산 등을 처분하면 절도죄 등으로 처벌을 받습니다. 날마다 살인이 발생하는데 이런 경우 사람이 생명을 좌우한다고 여길 수 있으나 이는 인간이 악하여 하나님께서 허락하시기에 가능한 것이니 착각이나 오해가 없어야 합니다. 하나님께서 허락하시지 않으시면 누구도 사람을 죽이지 못합니다. 때로는 위임도 하십니다. 위임장의 개념은 잘 알 것입니다. 일반은총 가운데 세운 사법부에 위임을 하여 사형을 집행하기도 합니다. 해마다 25만~30만여 명이 사망합니다. 출생도 사망자 숫자보다는 못하지만 해마다 수많은 생명들이 태어납니다. 출생 소식과 사망 소식을 듣거나 산소나 추모공원이나 납골당에 가거든 생사와 생사여탈권자에 대하여 깊이 생각하고 죽음으로 끝나지 않고 사후에 내세가 기다리고 있다는 것을 생각해야 합니다.

기독교인들은 사람의 육신만 죽이는 사람을 두려워하지 말고, 사람을 살리기도 하시고 죽이기도 하시는 하나님만을 두려워하고, 하나님의 주권을 인정하고 살아가야 합니다. 누구나 언젠가는 반드시 죽어야 하기 때문에 죽음에 대하여 너무 조마조마하며 살지 않기를 바랍니다. 날마다 죽을 준비를 하고 죽음을 자연스럽게 받아들여야 합니다. 기독교인들에게 죽음은 절망이 아니라 희망이고 새로운 인생의 출발이자 천국에서의 영생이니 가족이나 지인이 죽었을 때 너무 오랫동안 낙심하거나 슬퍼하지 말기를 바랍니다.

오랫동안 통곡하고 슬퍼해야 할 자들은 인류의 유일한 구세주를 믿지 않고 살다가 죽은 자들의 가족입니다. 이들은 죄 용서함을 받지 못하고 구원을 얻지 못했기 때문에 영혼이 음부에 들어가고 종말 때에 부활하여 심판을 받은 후 고통의 장소인 지옥에 던져지기 때문에 죽음이나 내세가 두렵고 절망적일 것입니다. 불신자들이 내세에 들어가서 영원히 살 곳은 영원한 고통의 장소인 지옥뿐입니다. 그러니 사망하면 슬퍼해야 합니다. 통곡해야 합니다. 그러나 기독교인들은 그렇지 않기에 잠시 동안만 슬퍼하고 이내 곧 정상적인 삶을 살아가야 합니다. 내세에 천국에 들어가고 천상재회가 있기 때문에 성도의 죽음은 복되다고 하는 것입니다.

제8장

죽는 모습 의미 부여

일부 사람들은 사람이 운명하기 직전의 얼굴 모습이나 표정을 보고 이런저런 근거 없는 말들을 합니다. '고요하고 평안하게 눈을 감은 것을 보니 좋은 곳에 가셨다'라고 하거나, '운명 직전의 모습이 사납고 고통스럽게 눈을 감았기에 좋은 곳에 가지 못했을 것이다'라고 섣불리 말하는 경우도 있습니다. 결론을 먼저 말씀드리면 죽는 모습과 표정을 보고 내세의 향방을 말하는 것은 아무런 근거가 없는 개인적인 주장일 뿐입니다. 성경 어디에도 죽음 직전의 모습을 보고 구원 여부, 천국 여부를 말하지 않습니다. 보통 사람들은 외모, 겉모습, 얼굴, 표정, 조건 등을 통해서 어떤 판단을 하기도 합니다.

일반적으로 사람의 얼굴을 보고 '좋은 사람 같다'라고 하거나 얼굴이 무섭게 생긴 사람을 보고는 '좋은 사람 같지 않다'라고 말합니다. 사람들은 첫인상을 중요시 여기는데 이는 실수하기 딱 좋습니다. 이런 주장들은 전혀 근거가 없는 말이므로 기독교인들은 삼가야 합니다. 슬픔과 기쁨과 근심 등이 얼굴에 잠깐 나타나기도 하지만, 생김새나 표정 자체를 가지고 그 사람의 좋고 나쁨을 의심하거나 평가하는 것은 아무런 근거가 없는 헛된 시각일 뿐입니다. 도리어 성경은 외모를 보고 판단하지 말라고 합니다. 외모를 보고 판단하는 것은 죄를 짓는 것이라고 말합니다.

죽는 모습과 표정도 마찬가지입니다. 사람은 다양하게 간접적인 죽음을 맞이합니다. 어떤 사람은 신앙 소유 여부를 떠나서 평안하게 운명하고, 어떤 사람은 안타까운 모습으로 사망합니다. 일부 기독교인들 중에 숨을 거두기 전의 표정과 얼굴을 보고 안심을 하거나 걱정을 하는 사람이 있습니다. 이런저런 간증을 듣고 근거 없는 확신에 빠져 확증편향의 시각을 갖는 자가 있습니다. 한번 생각해 보시기 바랍니다. 신자나 불신자나 전쟁 중에서 총과 칼과 폭탄 등을 맞은 사람은 고통스럽고 처참하게 죽습니다. 목불인견입니다. 순교한 예수님의 제자들이나 애국자들은 심한 고문 등에 따라 얼굴이 일그러지고 고통스럽게 운명했습니다. 고문을 당하는데 웃거나 평안할 수가 없습니다. 예수님도 십자가상에서 고통 중에 운명하셨습니다. 주기철 목사님도 일제 강점기 중 감옥에서 일본 군인들에 의해서 온갖 고문을 당하다가 고통 중에 순교하셨습니다. 어떤 사람은 신자나 불신자를 막론하고 자다가 편안하게 심장마비로 사망합니다. 어떤 기독교인들은 테러로 비참하게 죽습니다. 어떤 목사는 교통사고로 처참하게 죽습니다.

평안하게 죽거나, 웃으면서 죽거나, 울부짖으면서 죽거나, 피를 철철 흘리며 비참하게 죽거나, 화형당해 죽거나, 사자의 밥이 되어 죽거나, 심장마비로 죽거나, 교통사고로 죽거나, 칼에 찔려 죽거나, 기타 이런저런 일로 죽거나 내세의 향방 혹은 구원과는 아무런 상관이 없습니다. 어떤 모양과 모습으로 죽든지 그가 살아 있을 때 진실로 ‘예수님을 믿었느냐 믿지 않았느냐’에 따라서 저승, 내세, 사후세계가 결정됩니다. 저승, 내세, 사후세계는 운명 직전의 얼굴 표정의 어떠함 여부에 따라 가는 것이 아니라 ‘오직 믿음’으로만 결정됩니다. 그 외에는 사람의 그 어떤 행위, 모습, 표정, 외모, 상황 등이 내세의 향방의 어떤 근거나 기준이 되는 일은 절대로 없습니다.

고린도후서 10장 7절

“너희는 외모(外貌, 겉으로 드러나 보이는 모습)만 보는도다 만일 사람이 자기가 그리스도에게 속한 줄을 믿을찐대 자기가 그리스도에게 속한 것같이 우리도 그러한 줄을 자기 속으로 다시 생각할 것이라”

야고보서 2장 1절

“내 형제들아 영광의 주 곧 우리 주 예수 그리스도를 믿는 믿음을 너희가 받았으니 사람을 외모(外貌, 겉모양)로 취하지 말라”

에베소서 2장 8절

“너희가 그 은혜를 인하여 믿음으로 말미암아 구원을 얻었나니 이것이 너희에게서 난 것이 아니요 하나님의 선물이라”

기독교인들은 어떤 것을 주장하고 믿을 때 성경의 분명한 근거를 가지고 말해야 합니다. 개인의 주관이나 체험을 가지고 진리처럼 말하지 말아야 합니다. 관상과 얼굴 표정을 보고 섣불리 판단하지 말아야 합니다. 왜 나하면 기독교인의 신앙과 행위의 모든 판단 근거는 오직 성경이기 때문 입니다. 신앙행위의 모든 판단 근거는 체험이나 꿈이나 환상이나 얼굴 표 정이 아닙니다. 그렇지 않으면 미신의 영향을 받는 것이라고 할 수 있습 니다. 검증할 수 없는 체험이나 주장들은 삼가야 합니다. 이단교주들이 주로 개인적인 체험을 주장합니다. 이는 얍삽한 술수입니다. 개인적인 체 험과 환상을 말해야 신비롭기만 하고 누구도 검증할 수 없고 반박할 수 없기 때문입니다. 그러므로 산 자나, 죽음 직전의 자나 겉모양만을 보고 이런저런 판단은 하지 말아야 합니다. 그 사람의 생전 믿음, 평소 믿음, 언 행일치, 바른 신앙고백만을 보고 판단해야 합니다.

제9장

자살과 타살

　우리나라의 자살률은 OECD(경제개발협력기구)에서 1위입니다. 한 달에 30명 전후가 됩니다. 피조물인 사람의 생사(生死)는 자신이나 어떤 사람이 결정하는 것이 아니라 사람을 창조하신, 사람의 주인이자 자존하시는 하나님께서 결정하십니다. 그럼에도 불구하고 주인이 아닌 사람들이 자살과 타살을 자유롭게 행합니다. 이는 하나님의 허용하심일 뿐입니다. 하나님께서 모든 사람에게 부여하신 자유의지를 남용하고 오용하는 것입니다. 인류의 첫 번째 사람인 아담과 하와가 그리하였습니다. 그래서 온 인류가 저주를 받았습니다.

　일부 사람들이 자살과 타살을 자유롭게 행하는 것은 그들의 실력이 아니라 인간의 자유의지에 대하여 생명의 주인이신 하나님께서 허락하시기 때문에 가능합니다. 인간의 악함 때문입니다. 이혼을 허락하시는 것처럼 말입니다. 하나님께서 이렇게 자살과 타살을 허용하시다 보니 사람들이 오해를 합니다. 사람의 생명을 어떤 힘 있는 사람이나 악한 자가 좌지우지할 수 있는 것으로 착각합니다. 자기 목숨은 자기의 것이라고 오판하여 자기 마음대로 할 수 있다고 착각합니다. 그것은 절대로 아닙니다. 인간의 악함과 하나님의 주권에 따라 하나님께서 허용하시는 것뿐입니다. 누구든지 하나님께서 정하신 사망의 때가 아니면 죽지 않습니다.

요한복음 7장 30절

"저희가(예수님을 잡아 죽이려는 유대 종교 지도자들) 예수를 잡고자 하나 손을 대는 자가 없으니 이는 때가(십자가에 달려 죽을 때) 아직 이르지 아니하였음이러라"

마태복음 26장 45절

"이에 제자들에게 오사 이르시되 이제는 자고 쉬라 보라 때가 (잡히어 십자가 죽음의 때) 가까웠으니 인자(예수님)가 죄인 (가룟 유다)의 손에 팔리우느니라"

요한복음 8장 20절

"이 말씀은 성전에서 가르치실 때에 연보궤(헌금통) 앞에서 하셨으나 잡는 사람이 없으니 이는 그의 때(십자가 죽음의 때) 가 아직 이르지 아니하였음이러라"

물론 악하여 생명의 주인이신 하나님의 뜻에 어긋나게 자살과 타살을 하는 자들은 반드시 무서운 심판을 받습니다. 자살과 타살은 아주 불행한 일이고 어리석은 짓입니다. 자살과 타살이 자신이나 타인이나 인생의 끝이 아니기 때문입니다. 그런즉 무슨 일이 있어도 자살과 타살은 행치 말아야 합니다. 자살이나 타살이나 다 살인입니다. 자살(自殺)이란 '스스로 자기 목숨을 끊는 것'을 말합니다. 타살(他殺)이란 '남을 죽임'을 뜻합니다. 자살도 다양한 방식으로 이루어집니다. 약물로, 칼로, 총으로, 높은 곳에서 떨어져서, 다리 위에서 강이나 바다로 뛰어내려서, 줄에 목을 매달아서, 일부러 교통사고로, 안락사 등으로 자살을 합니다.

타살은 다양한 도구와 방식으로 다른 사람을 잔인하게 죽이는 것으로 미움도 낙태(친자태아살인)도 타살에 해당합니다. 비공식적인 집계에 의하면 매년 백만 명 이상의 낙태가 이루어지고 있다고 합니다. 아무튼 낙태를 하는 자들이 매우 많은데 낙태는 부모와 의사 등이 공모해서 태아를 무자비하게 죽이는 살인입니다. 세상의 법이 용인한다고, 의사들이 이런저런 말을 한다고 살인이 아닌 것이 아닙니다. 최종 판단은 생명의 주인이신 하나님과 성경이 합니다. 성경은 법적으로 허용될 수 있는 정당방위가 아닌 이상 모든 살인을 금합니다. 누구든지 하나님의 계명에 반한 언행은 반드시 형벌, 심판을 받습니다.

출애굽기 20장 13절

"살인하지 말찌니라"

요한일서 3장 15절

"그 형제를 미워하는 자마다 살인하는 자니 살인하는 자마다 영생이 그 속에 거하지 아니하는 것을 너희가 아는 바라"(살인은 동기가 미움에서 시작되기에 결국 미움도 살인이다)

요한계시록 21장 8절

"살인자들과 행음자들과 술객들과 우상 숭배자들과 모든 거
짓말하는 자들은 불과 유황으로 타는 못(지옥)에 참예하리니
이것이 둘째 사망(지옥)이라"

성경은 형제를 미워하는 것도 살인으로 규정합니다. 물론 지속적으로
미워하는 것을 말합니다. 기독교인들은 누군가를 존경하지 않고, 가까이
하지 않고, 신뢰하지 않고, 지지하지 않을 수는 있어도 지속적으로 미워
해서는 안 됩니다. 지속적인 미움은 살인이기 때문입니다. 살인은 성경
이 금하는 것으로 둘째 사망인 지옥에 들어간다고 말합니다. 살인은 하나
님이 금하시는 것으로 하나님의 영역을 침범한 교만이자 월권입니다. 신
적 위치에 서고자 하는 짓입니다. 생사를 좌우하시는 분은 오직 하나님뿐
이신데 그것을 피조물인 인간이 하나님의 신적 영역까지 침범한 일입니
다. 이는 마치 아담과 하와가 하나님이 금하신 선악과를 따 먹은 것과 같
은 것입니다. 이로 인하여 인간에게 사망의 형벌이 주어졌습니다. 자살이
든 타살이든 사망에 이르는 무서운 죄악입니다.

오늘날 사람들이 다른 사람들을 너무나도 쉽게 죽입니다. 다른 사람을
죽이는 것이 무엇이고 그 결과가 어찌 되는지 정확히 모르기 때문에 자기
감정과 마음대로 사람들을 해칩니다. 그 결과의 형벌을 생각지 않습니다.
이는 배짱이나 용기가 아니라 무지하거나 어리석어서 그렇습니다. 물론
살인을 저지르면 이 땅에서도 중형을 선고받습니다. 이 땅에서만 벌을 받
는 것이 아니라 세상 종말 때 하나님에게도 종신형을 선고받습니다. 기독

교인들이 자살한 사람에 대한 구원 문제를 왈가불가할 때가 있습니다. '교회에 다녔는데', '예수님을 믿는다고 하였는데', '목사나 장로였는데 자살한 경우 천국에 들어갈 수 있는가'에 대한 의문들입니다. 이런 주장과 의문과 생각을 하기 전에 기본적으로 구원론에 대하여 확실한 지식이 필요합니다. 구원, 천국은 인류의 유일한 구원자이신 예수 그리스도를 믿음으로 얻는 것입니다. 바른 신앙고백이 있어야 합니다. 자살을 하고 안 하고에 따라 구원의 향방이 결정되는 것이 아닙니다. 이런 것에 대한 분명한 지식이 있어야 합니다.

아무튼 '자칭 기독교인으로 살아온 자들의 자살을 어찌 이해해야 하는가?' 하는 것이 의문입니다. 기본적으로 자살을 하면 안 됩니다. 살인이기 때문입니다. 어떤 사람이든지 그 사람의 신앙은 당사자와 하나님만 정확히 압니다. 다른 사람은 정확히 모릅니다. 그 사람이 진실로 예수님을 믿었는지 아니면 외식적인 신앙을 가진 자였는지 제삼자는 모릅니다. 이것만은 분명합니다. 진실로 예수님을 믿고 하나님을 사랑하는 자는 하나님의 계명대로 순종하거나 살려고 애쓴다는 것입니다. 아무리 힘든 일에 처해도 하나님이 금하신 자살이나 타살은 행하지 않습니다. 그러니까 목사든, 장로든, 집사든 누구든 자칭 타칭 기독교인이라고 알고 있었는데 어느날 자살을 해 버렸을 때입니다. 그런 자들은 진실로 거듭나지 않은 자일 수 있다는 것입니다. 그저 종교인으로 신앙생활을 한 자일 수도 있습니다. 그렇다고 단정할 수는 없습니다. 하나님과 당사자 외에는 정확히 모릅니다. 그래서 설불리 단정하는 것은 위험합니다.

다시 강조컨대 구원의 문제는 오직 믿음으로 이루어진다는 것이 본질입니다. 또한 자살이든 타살이든 살인한 자들은 죽기 직전까지, 찰나 순간까지 어떤 방식으로든지 회개를 하지 않는 이상 계시록에서 말씀하신 것처럼 둘째 사망의 장소인 지옥에 들어간다는 사실입니다. 그런즉 자살이든 타살이든 살인이므로 아무리 힘들어도, 아무리 감정이 복받쳐도 살인은 하지 말아야 합니다. 사람에 대한 생사는 오직 하나님의 고유 업무이자 영역입니다. 단, 성경과 헌법에서 지지하는 정당방위의 경우는 형벌을 받을 살인은 아닙니다.

전쟁 중에 행한 살상, 살인이라고 해서 다 정당방위는 아닙니다. 탐욕적인 침략 전쟁의 편에서 총을 쏘아 상대편을 죽인 경우는 정당방위가 아닙니다. 침략을 당했을 때 방어 차원에서 하는 살상은 정당방위에 해당합니다. 그러니 합당하지 않은 전쟁이나 침략 전쟁을 할 경우 기독교인 병사들은 상대 병사들에게 총을 쏘면 안 됩니다. 전투 참여를 거부하든지 아니면 총을 쏘되 사람을 향하여 쏘지 말아야 합니다. 위헌과 위법한 비상계엄 때나 부당한 명령과 지시라면 총은 사용하지 말아야 합니다. 최초의 타살은 아담의 큰아들 가인이 동생 아벨을 죽인 것입니다. 그 이후 다양한 살인은 줄곧 이어져 내려오고 있습니다. 세상 끝날 때까지 자살과 타살은 반복되고 지속될 것입니다. 악한 인간들의 자유의지 남용과 오용은 반복될 것입니다.

그것이 부패하고 타락한 사람의 모습입니다. 이에 하나님의 심판은 피하지 못합니다. 무엇이든지 뿌린 대로 거두고, 죄의 삯은 형벌이고, 사망이고, 심판이기 때문입니다. 기독교인들은 무슨 일이 있어도 객관적으로 볼 때 정당방위 상황이 아닌 이상 자살과 타살, 낙태라는 살인은 절대로 하지 말아야 합니다. 아무리 고통스럽고 절망적이라도, 화가 머리끝까지 차더라도 자살과 타살은 하지 말아야 합니다. 원치 않는 임신, 불행한 임신이라고 해서 낙태를 하는 것은 친부모에 의한 잔인한 살인이므로 절대로 하지 말아야 합니다. 인간의 처지와 입장에서의 합리적인 접근은 위험합니다. 낙태의 접근 방식과 기준을 사람이 아닌 하나님의 계명에 근거를 두어야 합니다. 무엇이든지 사람보다 하나님이 우선입니다. 그것은 하나님을 위한 피조물이기 때문입니다. 만일 짐승들과 사람의 문제라면 항상 사람이 우선해야 하는 원리와 같습니다. 태아는 정자와 난자가 수정되는 순간 생명이고 사람이기에 사람이 자기 형편과 처지와 장래를 위하여 낙태할 수 없습니다. 낙태라는 용어는 적절하지 않습니다. 친자태아살인이라고 불러야 합니다.

특히 미혼모이고 성폭행을 당하여 임신을 하면 대부분의 사람들은 딱한 마음과 동정과 합리적으로 접근하고 이해하여 당연히 낙태를 하라고 하거나 시도하는데 잘못된 판단입니다. '낙태를 하라'는 말은 '살인하라'는 말과 같습니다. 어떤 임신이든지 정상적으로 출산해야 합니다. 세상적인 시각과 인간적인 접근과 현실적으로 볼 때 낙태를 해야 한다고 할 것이지만 하나님의 계명과 기준으로 볼 때는 절대로 아닙니다. 생명을 잉태한 방식과 과정이 불순하고 억울하고, 원치 않았다고 하여 잉태된 생명을 자유롭게 낙태할 수 있다는 생각은 성경에 반합니다. 거듭 강조하지만 기독교인들은 항상 자기 방식과 세상적인 방식, 자기주장과 형편과 처지에 따라 임의적으로 행동하는 자들이 아닌 언제 어디서나 하나님의 방식과 성경을 따르는 자입니다.

어떠한 경우에도, 아무리 고통스러워도 성경사상에 따라 언행을 해야 합니다. '난 그렇게 할 수도 살 수도 없다'고 한다면 기독교인이 아닙니다. 하나님을 사랑하는 자가 아닙니다(요 14:15). 혹 이런 것에 해당하는 기독교인이 있다면 즉시 하나님께 회개하고 죄 용서함을 받아야 합니다. 용서함은 받지만 그 벌은 받게 될 것입니다. 사람의 생명은 자신의 생명이든 타인의 생명이든 소중하게 생각해야 합니다. 생명은 부모가 준 것이 아니라 하나님이 주신 천하보다 소중한 것입니다. 생명의 주인도 자기가 아니라 하나님입니다. 태아, 자녀들은 부모의 소유가 아닙니다. 사람들이 자기들 마음대로 죽일 수 있는 대상이 절대로 아닌 하나님의 소유물입니다. 그래서 오직 하나님만이 생사를 결정하실 수 있습니다.

제10장

호스피스 병원

불치의 병이나 시한부 인생이나 말기 암에 걸린 자들은 주로 집이나 어느 한적한 휴양지나 아니면 일반 병원이나 호스피스 병원에 들어가서 죽음을 준비합니다. 삶이 얼마 남지 않은 사람은 누구도 이해할 수 없는 복잡한 마음으로 살아갑니다. 막상 죽을 날이 얼마 남지 않았다고 하면 신앙 여부를 떠나 심란한 것이 사실입니다. 한편으로는 죽는다는 것이 실감이 나지 않거나 겁이 날 수도 있고, 남은 배우자나 자녀들과 지인들과의 이별에 대한 안타까움과 아쉬움이 밀려올 것입니다. 배우자나 자녀들에 대한 걱정되는 부분도 있을 것입니다. 생명이 막바지에 이르면 몸도 마음도 더욱 지치고 아픕니다. 심한 통증에 시달리는 자들도 있습니다. 물론 그렇지 않은 자들도 있을 것입니다. 마음을 다 비우고 죽을 준비를 모두 마친 자들은 어찌 보면 홀가분할 수도 있습니다. 그러나 상당수 사람들은 죽음을 앞두고 마음이 편치 않을 것입니다. 두려움도 있을 것입니다. 특히 지병이 심한 경우 그 통증은 아주 심합니다. 집에서나 일반 병원에서는 변수가 많은 상황에서 전문가들이 아닌 가족이 효과적으로 돌보기가 힘듭니다. 그래서 마지막으로 가는 곳이 호스피스 병원입니다.

호스피스(Hospice)는 돌봄(care)의 종류입니다. '만성적이거나, 말기이거나, 심각한 질병을 앓는 환자의 고통과 증상의 완화에 중점을 두고 환자의 감정적, 영적 필요에 주의를 기울이는 돌봄'을 말합니다. 의학계에서는 말기 암 환자 등 죽음에 임박한 환자들을 간호하는 의료시설을 가리키는 용어로 쓰입니다. 이는 연명을 위한 단순한 차원의 수용시설이 아니라 인생의 말기를 맞은 자에게 육체적 고통을 경감시키고 정신적으로 평안한 임종을 맞도록 하는 데 목적을 두고 있습니다. 호스피스 병원은 임종을 앞두고 있는 자들을 위한 돌봄 준비가 최적화된 사람들과 적절한 시설을 갖추고 있습니다. 입원한 자들이 가장 편안하고 덜 고통을 느끼고 살다가 운명하도록 최선을 다하는 곳입니다. 그래서 시한부 선고를 받은 많은 환자들은 호스피스 병원을 찾습니다. 물론 어느 정도 비용이 듭니다. 입원 비용을 감당할 수 있다면 호스피스 병원에 입원하여 돌봄을 받는 것이 환자나 가족 모두에게 최선이라고 생각합니다. 성경은 헌금, 제물, 전쟁, 재림, 건강, 미래, 죽음 등을 늘 준비하고 예비하라고 합니다.

요엘 3장 9절

"너희는 열국에 이렇게 광포할찌어다 너희는 전쟁을 준비하고 용사를 격려하고 무사로 다 가까이 나아와서 올라오게 할찌어다"

아모스 4장 12절

"그러므로 이스라엘아 내가 이와 같이 네게 행하리라 내가 이것을 네게 행하리니 이스라엘아 네 하나님 만나기를 예비하라"

마태복음 26장 19절

"제자들이 예수의 시키신 대로 하여 유월절을 예비하였더라"

무엇이든지 어떤 일에 앞서 잘 준비하는 것은 기본이고 상식입니다. 예수님께서는 십자가에 달리는 대속죽음을 위해 잡히시기 전 유월절에 죽으실 준비를 하셨습니다. 그것은 제자들과 마지막 최후의 만찬인 성찬식입니다. 또한 잡히시기 전에 겟세마네 동산에서 세 번에 걸쳐 동일한 기도를 하신 후 잡히셨습니다. 예수님께서는 만세 전에 택함을 받은 사람들의 죄를 대신 갚기 위해서 고난과 십자가를 지시기 전에 죽음을 대비하여 마지막으로 성찬식과 기도를 행하셨습니다. 기독교인들도 죽기 전에 아직 정신과 몸이 비교적 멀쩡한 상태에 있을 때 모든 것을 정리하고 죽을 준비를 해야 합니다. 배우자와 자녀들과 친인척과 지인들에게 마지막으로 하고 싶은 말과 털고 가야 할 말을 다 해야 합니다. 적절한 때에 만찬을 준비하는 것도 지혜입니다. 아무 말도 못 하고 운명하는 자들도 많습니다. 그러면 아쉬움이 진하게 남습니다. 이런 마지막 떠날 준비를 가장 잘할 수 있는 곳이 호스피스 병원입니다.

이뿐만 아니라 호스피스 병원에 입원하면 비교적 덜 고통과 통증을 느끼게 최선의 돌봄을 받고 존중을 받으면서 마지막 생을 맞이하게 됩니다. 호스피스 병원에 종사하는 사람들은 가족 이상으로 환자를 존중하고, 인간다운 대접을 해 주고, 불편함이 없도록 24시간 살펴 주십니다. 그래서 가능하면 시한부 선고를 받으면 호스피스 병원으로 옮기는 것이 지혜라고 생각합니다. 호스피스 병원 병실에 입원하면 대부분 6개월 이내로 운명한다고 들었습니다. 무엇이든지 시작도 좋아야 하지만 끝도 잘 마무리하는 것이 중요합니다.

제 아내도 위암으로 전주 엠마오사랑병원 호스피스 병동에 입원하여 최상의 서비스를 받고 지내다가 입원한 지 6일 만에 하나님의 부르심을 받았습니다. 그때가 2021년 11월 8일 오후 5시입니다. 그 당시 병실에는 저와 두 아들이 함께 있었습니다. 아내의 눈에서 눈물이 흐른 직후 운명했습니다. 아내도 생전에 호스피스 병원으로 가자고 먼저 제안을 했고, 입원 내내 종사자들의 헌신과 존중과 돌봄에 대하여 만족해했습니다. 마지막 운명을 병실에서 편안하게 맞이했습니다.

제11장

연명치료

　　임종기의 환자가 품위 있게 생을 마감할 수 있게 하는 '웰다잉법 (Well-Dying)'이 2016년 1월에 국회 본회의를 통과했습니다. 이에 따라 회복할 가능성이 없는 환자가 자기 결정에 따라 무의미한 연명치료를 중단할 길이 열렸습니다. 국회는 이날 법사위 전체회의와 본회의를 열어 '호스피스 완화의료 및 임종 과정에 있는 환자의 연명의료 결정에 관한 법' 등을 처리했습니다. 연명의료결정법은 회생 가능성이 없고, 원인 치료에 반응하지 않으며 급속도로 임종 단계에 접어든 임종기 환자가, 자기 뜻을 문서(사전의료의향서)로 남겼거나 가족 2명 이상이 평소 환자의 뜻이라고 진술하면 의사 2명의 확인을 거쳐 연명치료를 중단할 수 있게 하는 것입니다. **연명치료(延命治療)**는 '심폐소생술이나 항암제 투여, 인공호흡기 부착같이 치료 효과 없이 사망 시기만 지연하는 의료행위'입니다. 목숨을 계속 이어 갈 수 있도록 도와주는 치료를 말합니다. 그래서 연명의료라고도 합니다. 연명의료결정법은 2018년 시행되었습니다.

　　우리나라 **'65세 이상 노인 10명 중 9명가량은 연명치료를 원하지 않는다'**는 조사 결과가 나와 주목됩니다. 2015년 4월 한국보건사회연구원의

'2014년도 노인실태조사(65세 이상 전국 1만 452명 대상)' 보고서에 따르면 의식불명 상태나 회복이 어려운 상태에서 의료행위를 하는 연명치료에 대해 65세 이상 노인 3.9%만이 찬성했습니다. 그런데 오늘날 연명치료를 받는 환자들이 많습니다. 중환자실, 요양원, 요양병원에 가 보면 그런 사람들이 적지 않습니다. 다양한 사고로 병원에 입원하여 의료기기의 도움으로 다른 반응이 없이 겨우 숨만 쉬고 있는 자들이 많습니다.

연명치료 대상자는 심각한 사고나 여타의 원인으로 병원에서 산소호흡기 등의 보조 장비가 없으면 스스로 생명을 유지할 수 없는 경우입니다. 여기에는 심장마사지, 인공호흡, 점적수액요법(물방울 링거), 뇌사자(식물인간)나 심신이 몹시 약해져 스스로 호흡이 곤란한 사람도 포함이 됩니다. 연명치료는 환자나 보호자들에게 엄청난 짐을 짊어지게 합니다. 환자는 연명치료로 편안하게 숨을 거두지 못하므로 지속적으로 고통에서 자유롭지 못하게 됩니다. 보호자들은 과도한 치료비 때문에 경제적인 타격이 큽니다. 연명치료가 길면 길수록 보호자들은 빈곤의 나락으로 떨어집니다. 또한 온 가족의 마음도 편치 못한 상태로 지내게 됩니다.

이런 이유 때문에 연명치료에 대한 찬반논란이 뜨겁습니다. 어떤 분들은 매우 예외적으로 깨어나는 자들이 있어 수년, 수십 년이 걸려도 연명치료를 원하는 경우도 있고, 어떤 분들은 연명치료로도 소생의 가능성이 없을 경우 눈물을 머금고 결단을 내립니다. 그것이 존엄사입니다. **존엄사(尊嚴死)**란 '최선의 의학적 치료를 다 하였음에도 회복 불가능한 사망의 단계에 이르렀을 때 무의미한 연명치료를 중단하고 질병에 의한 죽음을 받아들임으로써 인간으로서 지녀야 할 최소한의 품위를 지키면서 죽을 수 있도록 하는 것'을 말합니다.

다시 말해 환자에게 제공되었던 기계호흡이나 심폐소생술 등을 중단하고 자연 그대로 지켜보는 것을 말합니다. 그리고 때론 의료진들이 환자의 연령과 몸 상태를 감안하지 않은 채 심박조율기(심장병 환자의 심장박동을 대신 맡아서 주기적인 전기충격을 발생시키는 전자심장보조기구)를 시술하고, 위에 구멍을 뚫어 영양을 공급하게 하는 연명치료도 합니다. 이는 자연사를 막는 과잉치료라는 지적도 있습니다. 과잉치료는 가족들에게 혼란과 죄의식을 심어 주기도 합니다. 이러한 현대의학이 인간의 신체에 과도하게 개입하여 인간의 신체적 자율권과 죽을 자유를 빼앗아 가는 것은 아닌가 하는 의문을 갖게도 합니다.

그렇다면 그리스도인들은 연명치료를 어찌해야 합니까?

개인의 형편과 상황과 대상과 신앙에 따라 다를 것입니다. 보통의 경우는 너무나도 미묘하고 복잡하기에 차치하고 예수님을 믿는 자들에 대해서만 언급하고자 합니다. 기본적으로 신앙과 종교를 떠나 생명을 치료하고 살리는 데는 최선을 다해야 합니다. 하지만 최선을 다했음에도 불구하고 의학적으로 회복이 불가능하다는 소견이 나오면 그리스도인들은 환자의 생명을 의술에 맡기지 말고 생사를 주관하시는 살아 계신 하나님의 주권에 맡기는 최종 결단을 해야 합니다. 그것이 환자나 보호자들에게도 최선의 선택이라고 봅니다. 이때 마지막으로 최소한의 의료행위만 하고 오직 하나님께 모든 것을 맡기는 마음과 기도로 나아가야 합니다. 이런 결단의 결과에 대해서 믿음으로 받아들여야 합니다.

마태복음 26장 39절

"조금 나아가서 얼굴을 땅에 대시고 엎드려 기도하여 가라사대 내 아버지여 할 만하시거든 이 잔을(십자가 죽음) 내게서 지나가게 하옵소서 그러나 나의 원대로 마옵시고 아버지의 원대로 하옵소서 하시고"

욥기 1장 21절

"가로되 내가 모태에서 적신(벌거벗은 몸)이 나왔사온즉 또한 적신이 그리로 돌아가올찌라 주신 자도 여호와시요 취하신 자도 여호와시오니 여호와의 이름이 찬송을 받으실찌니이다 하고"

물론 위의 마태복음 26장 말씀은 연명치료에 관한 말씀이 아니라 전무후무한 예수님의 대속죽음에 관한 말씀입니다. 이 말씀 속에서 생사의 갈림길 앞에서 생사여탈권을 가지신 주님께 위탁하는 자세와 마음을 읽자는 것입니다. 사람은 누구나 언젠가는 다 죽습니다. 사람의 생명을 주신 분이나 취하시는 이는 모두 사람을 창조하신 하나님입니다. 사람은 어찌해서라도 오래 사는 것이 목표가 아니라 건강하게 살되 거룩하게 사는 것이 목표이어야 합니다. 이렇게 사나 저렇게 사나 다 하나님의 깊으신 뜻이 있겠지만 인간적으로 최선을 다했음에도 불구하고 변화와 소생의 기미가 없으면 연명치료를 중단하고 하나님의 주권에 맡기는 것이 믿음의 자세라고 생각합니다.

　따라서 그리스도인들은 의학적으로 소생 불가능의 소견이 나오거나 당사자가 원하면 최종적으로 연명 차원의 기계적인 의료행위를 중단하고 오직 하나님께만 맡기는 자세가 필요합니다. 그리스도인들은 현세만 믿는 자들이 아닌 사후세계인 내세가 있다는 것을 믿기에 이런 경우에 너무 매달리지 않는 것이 신앙입니다. 기독교인은 죽음이 죽음으로 끝나지 않고 세상 종말에 부활하여 천국에 들어가 영원히 살게 됩니다. 이런 사실을 믿기에 죽음을 자연스럽게 받아들입니다. 불신자들이야 내세를 부인하고 현세만 있다고 믿기에 어찌하든지 오래 사는 것이 최고의 목표입니다.

　그러나 내세를 믿는 기독교인들은 다른 자세를 취해야 합니다. 연명치료 여부를 고민할 정도의 몸 상태라면 이 세상의 삶에 너무 깊은 미련을 갖지 말아야 합니다. 어찌 보면 환자에게 유익하고 복된 것입니다. 고통스러운 연명치료나 투병에서 자유롭게 되고, 수고와 눈물이 종료되고, 다시는 눈물과 수고와 고통이 없는 낙원 혹은 천국에 들어가기 때문입니다. 그런즉 환자가 편안하게 눈을 감을 수 있도록 도와주고 장차 천국에서 다시 만날 날을 고대하며 사는 것이 바른 신앙의 자세라고 생각합니다.

제12장

죽음은 끝이 아니다

죽음은 절대로 끝이 아닙니다. 죽음을 끝이라고 말하거나 확신하는 사람은 자기 자신의 정확하지 않은 지식에 속고 사는 것입니다. 죽음을 대하는 사람들의 시각은 크게 두 부류가 있습니다. 하나는 죽음이 끝이라고 생각하는 사람들입니다. 영원한 이별이라고 여깁니다. 죽게 되면 망자와 다시는 만나지 못한다고 생각합니다. 그래서 죽음을 최고로 두려워합니다. 죽음 앞에 오열하고 절망합니다. 이에 죽지 않으려고 무진 애를 씁니다. 가능하면 오래 살려고 몸부림을 칩니다. 혹 죽기라도 하면 천지가 무너질 것 같은 통곡과 애곡을 합니다. 매일 눈물을 흘리며 고인에 대한 그리움으로 지냅니다. 잠도 제대로 자지 못하고, 술과 슬픔에 빠져 지냅니다.

어떤 사람은 우울증에 빠지거나 식음을 전폐하고 삽니다. 더 이상 살고 싶지 않다고 말합니다. 현세만 전부라고 알고 살아가는 자들이 사랑하는 배우자나 가족이나 지인이 죽었을 때 드러내는 일반적인 현상들입니다. 또 한 부류는 죽음이 끝이 아니라고 생각하는 사람들입니다. 이는 정확한 지식과 생각입니다. 현세가 있는 것처럼 내세, 저승, 사후세계가 반드시 있어 언젠가 사후에 천상에서 고인을 다시 만난다고 확신하는 사람들입니다. 이 부류의 사람들이 성경적인 사람들입니다. 내세를 믿고 부활을 믿는 사람들입니다.

이런 자들이 누구입니까? 참기독교인들입니다. 이런 자들은 불신자들처럼 동일하게 죽음 앞에서 슬프고 눈물을 흘리지만 오랜 시간 동안 슬픔에 젖어 살지 않고 이내 곧 전처럼 일상적인 삶을 살아갑니다. 망자 때문에 절망하지 않습니다. 식음을 전폐하지 않습니다. 죽음을 그렇게 두려워하지 않습니다. 같은 기독교인이었다면 망자가 낙원에 먼저 들어가서 기다리고 있기에 안심합니다. 향후 천상에서 재회한다는 사실을 알고 믿기 때문에 어느 정도 슬퍼하다가 이내 곧 정상적인 생활을 합니다. 매일 염려와 힘든 수고와 눈물과 질병과 사망이 있는 이 세상과 달리 다시는 눈물과 수고와 아픔과 헤어짐이 없고 영원히 행복하게 사는 낙원에 들어갔기에 죽도록 애통해하거나 절망하지 않습니다. 슬퍼하면서도 한편으로는 감사하고 기뻐합니다. 미래에 낙원에서 재회할 날을 고대합니다.

이는 마치 반지하나 옥탑방에서 살다가 어마어마하게 화려한 단독주택이나 아파트로 들어가서 사는 자와 같기 때문입니다. 그렇기에 현세만 있다고 믿고 사는 자와 내세도 있다고 믿고 사는 자, 죽으면 끝이라는 자와 끝이 아니라고 믿고 사는 자들의 삶은 현세와 사망을 당했을 때 전혀 다른 반응과 자세를 보이는 것입니다. 현세만 있다고 하는 자들과 현세와 내세가 있다는 자들은 같은 하늘 아래에서 살아가더라도 큰 차이를 갖고 삽니다. 죽음이 인생의 끝이 아니라 새로운 인생, 영원한 인생의 시작과 출발이라는 근거를 제공해 주는 성경 말씀은 다음과 같습니다.

요한복음 5장 28~29절

"이를 기이히 여기지 말라 무덤 속에 있는 자가 다 그의(예수님) 음성을 들을 때가 오나니(세상 종말에) 선한 일을 행한 자(신자)는 생명의 부활로, 악한 일을 행한 자(불신자)는 심판의 부활로 나오리라"(세상 종말에)

마태복음 25장 46절

"저희는(불신자들) 영벌에(지옥), 의인들은(참기독교인들) 영생에(천국) 들어가리라 하시니라"(사후에, 내세에)

마태복음 10장 28절

"몸은 죽여도 영혼은 능히 죽이지 못하는 자들을 두려워하지 말고 오직 몸과 영혼을 능히 지옥(地獄)에 멸하시는 자(하나님)를 두려워하라"

누가복음 23장 43절

"예수께서 이르시되 내가 진실로 네게 이르노니 오늘 네가(신앙고백 한 강도) 나와(예수님) 함께 낙원(樂園, 파라다이스)에 있으리라 하시니라"

마태복음 7장 21절

"나더러(예수님) 주여 주여 하는 자마다 천국(天國)에 다 들어갈 것이 아니요 다만 하늘에 계신 내 아버지(성부 하나님)의 뜻대로 행하는 자라야 들어가리라"

히브리서 9장 27절

"한 번 죽는 것은 사람에게 정하신 것이요 그 후에는 심판이 있으리니"

하나님의 말씀이자 기독교 진리 책인 성경은 현세만 있는 것이 아니라 내세, 저승, 사후세계가 분명히 있다고 말합니다. 내세(저승)는 오직 지옥(불못, 음부)과 천국(낙원)뿐이라고 합니다. 이슬람교와 불교도 저승이 있다고 말하는데 성경에서 말하는 내세와는 전혀 다른 곳입니다. 동일하지 않습니다. 성경은 세상 종말에 죽은 자들의 부활도 반드시 있음을 말합니다. 이는 내세가 있음을 말하는 것이기도 합니다. 또한 사후에 반드시 심판이 있다고 말합니다. 심판은 어떤 사람이 아닌, 어떤 판사가 아닌 인류의 재판장이신 예수님께서 행하십니다.

사후 심판의 언급은 내세가 있음을 말하는 것입니다. 심판은 불신자들만 받습니다. 하나님께서도 성경 곳곳에서 내세, 저승, 사후세계인 천국(낙원)과 지옥(불못)을 말씀하셨습니다. 이렇게 내세가 있음을 말하는데도 이를 불신하고 애써 외면하는 자들이 있습니다. 참으로 안타까운 일입니다. 이러한 말씀들은 이 땅에서의 육체적 죽음이 끝이 아니라 새로운 시작임을 말합니다. 인류의 유일한 구세주인 예수님을 영접한 기독교인들에게는 죽음 이후의 인생이 이 땅에서의 삶과 비교 자체가 되지 않을 정도로 환상적인 인생이 펼쳐집니다. 그곳이 영생하는 천국인 '새 하늘과 새 땅'입니다. 고통도, 수고도, 눈물도, 질병도, 이별도, 죽음도 다시는 없이 하나님만을 경배하며 영원히 행복하게 사는 곳입니다.

그러나 현세에서 살 때 예수님을 불신하다 사망한 자들은 죽음 이후의 새로운 삶과 인생인 내세가 현세의 삶과는 비교할 수 없을 정도로 더욱 비참하고, 고통스럽고, 공포 그 자체의 인생이 됩니다. 그곳이 지옥(地獄, Hell)입니다. 사후에 신자나 불신자나 죽음으로 끝나는 것이 아니라 새로운 인생이 시작이 되지만 그 세계는 전혀 다른 나라와 삶이 펼쳐집니다. 현세에 살면서 예수님을 불신하고, 이단 신앙을 추종하고, 다른 종교를 믿거나 무교로 지내다 사망한 모든 자들은 영벌의 장소인 지옥에서 다시 만나 그곳에서 고통만 받으며 영원히 살게 됩니다. 누군가는 이런 주장이 몹시 불편하고 인정하기 싫을 것입니다. 상상만 해도 끔찍하기 때문입니다. 하지만 이런 사실은 진리입니다. 사후에 자기 눈으로 직접 목도하게 될 것입니다.

이에 반해 현세에서 예수님을 진실로 믿고 살다가 죽은 자들은 영생의 나라인 천국에서 다시 만나 하나님을 섬기며 영원토록 행복하고 기쁘게 살게 됩니다. 누구에게나 찾아오는 죽음, 사망은 그것으로 끝나는 것이 아니라 향후 현세와는 전혀 다른 새로운 나라, 이 세상이 기억되지 않을 정도로 완벽한 나라에서 새로운 인생을 살게 됩니다. 하나님의 음성이자 진리 책인 성경은 이러한 사실을 분명하게 말하고 있습니다. 그래서 성경을 믿고 지키는 자들이 복된 자라고 하는 것입니다. 왜 복된 자라고 합니까? 그대로 이루어지기 때문입니다. 만일 성경 말씀 그대로 이루어지지 않으면 기독교인들이 가장 불쌍한 자들이 될 것입니다.

아무튼 이런 사실을 진실로 믿고 현세에서 죽음 이후의 내세를 대비하고 사는 자들이 지혜자이자 승자가 됩니다. 다시 강조컨대 예수님을 믿거나 불신하거나 남녀노소를 불문하고 죽음은 삶의 끝이 아니라 새로운 인생의 시작입니다. 현세만 있다고 확신하고 살다가 죽은 사람들은 사후에 내세를 목도하고 통곡하는 날이 올 것입니다. 거짓 지식과 자기 자신에게 속은 결과입니다. 현세는 이내 곧 지나가고 내세의 삶은 영원합니다. 그런즉 내세의 신앙 유무는 영원한 생사, 생명이 걸려 있으니 심각하고 진지하게 고민하고 살아야 합니다.

제13장

죽음 준비

무엇이든지 준비를 잘하고 사는 사람은 그렇지 않은 사람에 비해 얻는 것이 많습니다. 예를 들어, 시험 준비를 한 사람과 하지 않은 사람은 시험 당일에 천지 차이가 날 것입니다. 시험 결과도 큰 차이를 보일 것입니다. 준비는 아무리 강조해도 부족함이 없는 것입니다. 유비무환은 준비하는 자들에게만 다가오는 선물입니다. 죽음 준비도 반드시 해야 합니다. 자기가 원하는 날짜에 죽지 못하고 갑자기 죽을 수 있기 때문입니다. 누구나 언젠가는, 무시로 반드시 죽습니다. 사람이 죽지 않는다면 죽음을 준비할 필요가 없을 것입니다.

그러나 사람은 너나 나나 할 것 없이 누구나 반드시 죽습니다. 시도 때도 없이 죽습니다. 경험상, 실제적으로 누구나 다 아는 사실입니다. 죽음은 모든 이들에게 발생하는 것이고 임하기에 누구도 부인하지 못합니다. 그래서 죽음 준비는 선택사항이 아니라 필수사항입니다. 하지만 누구도 피할 수 없는 죽음인데도 사람들은 죽음을 생각지 않고 준비하지 않고 삽니다. 죽음을 망각하고 삽니다. 자신이나 자기 가족과는 먼 이야기로 치부해 버립니다. 지인들과 친인척 장례식장과 추모공원에 출입하면서도 죽음을 심각하게 생각지 않습니다. 자기의 일로 연결하지 못합니다. 그것이 사람입니다. 사람은 어리석어서 막상 죽음이 닥쳐야 반응합니다.

이는 마치 전쟁이 예고가 되었는데 준비를 하지 않고 살다가 막상 전쟁이 발발하자 그때서야 심각하게 받아들이고 우왕좌왕하는 것과 같습니다. 준비를 하고 안 하고는 천지 차이입니다. 단적인 예로 배를 타고 가다가 배가 바다에서 전복되었다고 가정해 볼 때, 수영을 배우지 못한 승객들은 아무런 희망이 없을 것입니다. 무엇이든지 준비를 한 자와 준비를 하지 않고 지내는 사람은 돌발적인 위기가 닥쳤을 때 엄청난 차이와 결과를 경험하게 됩니다. 우리가 잘 아는 것처럼 죽음은 누구에게나 큰 충격과 슬픔과 고통과 스트레스를 줍니다. 특히 한 몸인 부부가 사별했을 때의 충격은 그 어느 죽음보다도 그 충격과 여파가 심하고 오래갑니다. 한 몸이었다가 분리되었기 때문입니다. 그래서 죽음 준비 교육은 부부들에게 더욱 요구됩니다. 성경은 이미 죽음을 예고했습니다. 성경은 사는 날 동안에 죽음은 말할 것도 없고, 세상 종말과 재림, 심판을 항상 대비할 것을 경고하고 있습니다.

히브리서 9장 27절
"한 번 죽는 것은 사람에게 정하신 것이요 그 후에는 심판이 있으리니"

마태복음 24장 42~43절
"그러므로 깨어 있으라 어느 날에 너희 주가 임할는지 너희가 알지 못함이니라…"

마태복음 24장 44절

"이러므로 너희도 예비하고 있으라 생각지 않은 때에 인자(예수님)가 오리라"

창세기 6장 3절

"여호와께서 가라사대 나의 신이 영원히 사람과 함께하지 아니하리니 이는 그들이 육체(타락한 육체)가 됨이라 그러나 그들의 날은 일백이십 년이(준비하도록 주어진 기간 120년) 되리라 하시니라"

유비무환(有備無患)이라는 사자성어가 있습니다. 미리 준비를 잘하면 근심할 것이 없다는 말입니다. 만약의 사태나 일에 대하여 준비, 대비를 강조한 말입니다. 우리는 살아가면서 준비할 것이 한둘이 아닙니다. 먹을 것도 준비해야 하고, 시험도 준비해야 하고, 돈도 준비해야 하고, 건강 등도 준비해야 합니다. 화재나 사고도 대비해야 합니다. 도적이 침입해 올 것도 대비해야 합니다. 이 땅에 살면서 가장 중요하게 준비하고, 교육하고, 대비하여야 하는 것은 죽음입니다. 죽음처럼 공포와 두려움과 슬픈 것이 없고, 이를 대비해야 고통과 슬픔과 스트레스를 덜 당하기 때문입니다. 죽음을 대비하지 않고 살면 죽음이 갑자기 임했을 때 누구나 당황하게 되고 어찌할 줄을 모릅니다. 엄청난 충격을 받습니다.

　죽음은 조석과 시도 때도 없이 바람처럼, 도적처럼 찾아오기에 항상 마음의 준비를 하고 살아야 합니다. 마음뿐만 아니라 자기가 손대고 관여하고 있는 모든 것들에 대해서도 대비하고 살아야 합니다. 자신이 갑자기 사망하더라도 가족들이 감당하기에 아무런 문제가 없도록 사전에 대비하고 살아야 합니다. 그것은 유언장, 사전장례의향서, 연명치료 금지, 영정사진, 동산과 부동산 정리, 기타 거래나 잡다한 것을 문서로 정리하고 사는 것입니다. 그리하면 남아 있는 배우자와 자녀들이 고생하지 않고 갈등하지 않습니다. 이런 준비를 미리 해 두지 않고 갑자기 죽으면 가족들은 사망 이후에 힘든 시간을 보낼 수 있습니다. 죽음을 준비하고 사는 것이 가족을 사랑하는 것입니다.

　죽음은 육체적 죽음과 영원한 죽음이 있다고 했습니다. 첫 번째 죽음과 두 번째 죽음이 있다고 했습니다. 첫 번째 죽음인 육체적 죽음은 이 땅에서 누구나 당하는 죽음이고, 두 번째 죽음은 영원한 죽음인데 사후에 당하는 죽음으로 지옥의 삶을 가리킵니다. 예수님을 믿지 않고 살다가 죽는 자들은 현세에서 육체적 죽음으로 끝나지 않습니다. 세상 종말(예수님 공중재림)에 과거 죽었던 자들이 다시 썩지 아니할 몸으로 부활하여 천상에서 최후의 심판을 받고 영혼과 변화된 육체로 결합된 상태로 지옥에 던져져서 영원히 고통만 받으며 살게 됩니다. 그러나 현세에서 인류의 유일한 구세주인 예수님을 믿다가 사망한 자들은 곧바로 중간상태의 내세인 낙원에 들어가 있다가 세상 종말에 영원히 썩지 아니할 몸으로 부활하여 심판과 둘째 사망을 당하지 않고 행복함만 가득한 천국에 들어가서 영원히 살게 됩니다. 오직 모든 불신자들만 사후에 심판과 둘째 사망을 당합니다.

이는 마치 법정에서 유죄선고를 받은 사람들만 감옥에 들어가는 것과 같은 원리입니다. 그러므로 모든 사람들이 심판과 둘째 사망을 당하지 않기 위해서는 이 땅에 살아 있을 때 예수님을 믿을 준비를 해야 합니다. 물론 자기 의지로나 억지로는 믿어지지 않습니다. 믿음은 하나님이 선물로 주셔야 그 믿음으로 예수님을 믿을 수 있기 때문입니다. 그럼에도 불구하고 죽을 때까지 노력해 보아야 합니다. 그러니까 모든 사람들은 살아 있을 때 개인과 가정과 교회 등에서 항상 죽음 준비를 하고 살아야 합니다. 그래야 죽음이 갑자기 임했을 때 차분하게 대응할 수 있습니다. 그 후유증이 대폭 감소할 수 있습니다. 이렇게 죽음을 준비하고 사는 자들이 지혜자입니다.

제14장

유언장

사람은 언제 죽을지 모르는 시한부 목숨입니다. 따라서 유언장을 작성해 놓고 사는 것이 지혜입니다. 사별할 때 편지 등을 써서 남겨 놓는 것은 누군가에게는 큰 의미가 있습니다. 망자에게도 좋고 유가족들에게도 유익하고 좋습니다. 특히 부부나 가족 안에서 사별을 앞두고 유언장을 쓰는 것은 반드시 필요합니다. 유언장은 배우자나 자녀들에게 끝까지 사랑과 관심과 애정과 배려와 마음을 전하는 메시지이기 때문입니다. 지혜로운 부모들, 시한부 인생이라고 생각하는 사람들, 항상 죽음을 대비하고 사는 만 17세 이상 사람들은 아무도 몰래 유언장을 써서 남기고 싶니다. 유언장은 사망하기 전에 독단적으로 판단하여 배우자, 자녀들에게 남기는 말입니다. 사람이 살다 보면 부부나 가족 간에 오해하고 사는 부분들이 많습니다. 그럼에도 불구하고 말을 다 하지 못하고 삽니다. 이에 사별할 때는 풀어야 하고 서로 알아야 합니다. 이 유언장에는 가족을 떠날 때를 가정하여 가족들에게 하고 싶은 말이나 부동산과 동산 등을 어찌하라는 내용이 들어 있어야 자녀들이 재산을 놓고 다투지 않게 됩니다. 이 부분이 현실적인 문제입니다.

실제로 부모의 유산 문제 때문에 자녀들이 전쟁하듯 싸우고 서로 원수가 되는 경우들이 종종 있습니다. 가능하면 살아 있을 때 재산을 다 처분하거나 정리하는 것이 지혜이고 자녀들을 사랑하는 것이지만, 그렇지 못한 경우 유언장에 자세하게 재산 분할을 남기는 것이 가족들을 사랑하는 것이 됩니다. 사람은 언제 죽을지 모르기 때문에 가능하면 몸과 정신이 건강할 때 미리 작성해 두는 것이 지혜입니다. 재산이 없어도 유언장은 쓸 것이 많습니다. 자녀들에게 당부하고 싶은 것들을 쓰면 좋습니다. 또한 견물생심(見物生心, 물건을 보면 가지고 싶은 생각이 듦)이라고 순수한 사람들도 물질, 돈 앞에서는 흔들리는 법입니다. 사람은 속물입니다. 돈은 신적인 존재이기 때문에 돈 앞에 천하장사는 없다는 신념으로 잘 관리하고 대해야 합니다. 부모들은 모든 것을 가정하여 대비하는 것이 지혜이고 죽어서도 가족의 안전과 평안을 지켜야 할 책임이 있습니다. 그러니 재산이 있든 없든 사전에 법적 효력이 있는 유언장은 남기고 사는 것이 유익하고 지혜라고 생각합니다. 가족에 대한 사랑입니다.

유언(遺言)이란 '죽음에 이르기 직전에 남기는 말'로 유음(遺音)이라고도 합니다. 다시 말해서 '자기의 사망에 의해 효력을 발생시킬 목적으로, 일정한 방식에 따라 하는 단독 의사 표시'입니다. 요건만 갖추면 글과 음성으로 가능합니다. 만 17세 이상이면 누구나 할 수 있습니다. 유언장은 법적 효력이 있는 것이 있고 없는 것이 있습니다. 유언은 유언자가 사망한 때로부터 그 효력이 생깁니다(민법 제1073조). 유언은 유언자가 사망하기 전까지는 언제든지 유언의 전부나 일부를 철회할 수 있습니다(민법 제1108조). 유증은 상속인이 아닌 자들에게 유언과 동일한 효력(재산상속)을 갖게 하는 방법입니다. 이는 유언자가 유언으로 자기의 재산을 타인(수유자)에게 사후에 무상으로 증여하는 단독행위입니다.

또한 유류분제도가 있습니다. 유류분(遺留分)이란 '상속인이 주장할 수 있는 상속재산의 일정 비율'을 말합니다. 유류분제도는 유언의 효력을 제한하는 제도입니다. 피상속인이 재산을 상속자에게 전혀 남기지 않는다는 유언을 남겨 놓았다면 상속자는 유류분 청구 권리만 주장할 수 있습니다. 유언의 내용에 따라 피상속인의 증여, 유증에도 불구하고 상속인이 받을 수 있는 최소한의 상속분을 신청할 수 있으며 이를 상속받을 수 있도록 하였습니다. 유류분 권리자는 피상속인의 직계비속, 배우자, 직계존속, 형제자매입니다. 참고로, '직계(直系)'라 함은 할아버지, 아버지, 아들, 손자까지 이어지는 수직적인 혈연관계를 뜻합니다. 직계존속은 본인을 기준으로 위쪽 계열에 있는 친속을 말합니다. 반면 직계비속은 본인을 기준으로 해서 아래쪽 계열에 있는 친속을 말합니다.

녹음도 유언으로 인정을 받습니다. 휴대폰에 유언을 남긴 사례입니다. 녹음 기능, 동영상 촬영을 통해 남긴 유언은 민법 제1067조의 '녹음에 의한 유언'으로 인정될 수 있습니다. 그러나 문자 기능, 메모 기능에 남긴 유언은 자필증서의 요건인 자서(自書), 자필(自筆)의 요건을 갖추지 못하였으므로 효력이 없습니다. 문서로 된 유언장에는 반드시 년, 월, 일, 유언자가 적혀 있어야 합니다. 민법 제1066조는 자필증서에 의한 유언은 '년, 월, 일' 모두를 적어야 한다고 규정하고 있습니다. 따라서 유언장에 이런 기록이 빠져 있다면 이는 무효가 됩니다. 그러므로 날짜 모두를 기입하는 것을 특히 유의해야 합니다.

　그리고 유언자가 스스로 한 유언을 절대로 바꾸지 않겠다고 약속한 경우입니다. 민법 제1108조는 유언자는 언제든지 유언의 전부나 일부를 철회할 수 있으며, 유언을 철회할 권리를 포기하지 못한다고 정하고 있습니다. 즉, 유언자가 스스로 한 유언을 절대로 바꾸지 않겠다고 약속한 경우에도 유언자는 유언을 얼마든지 바꿀 수 있습니다. 우리나라 민법이 정한 유언의 종류는 5가지입니다. 자필증서, 녹음에 의한 유언, 공정증서에 의한 유언, 비밀증서에 의한 유언, 구수증서에 의한 유언이 있습니다(민법 제1065조). 각 유언에서 요구하는 요건을 갖추어야 유언의 효력이 발생합니다.

첫째, 자필증서(自筆證書)의 유언

유언장

유언자 : 여호수아

생년월일 : 0000년 00월 00일

주소 : 00도 00시 00구 00동 00로 00번지 00호

작성 장소 : 000

(유언 내용)

나는 다음과 같이 유언한다.

1. 00시 00동 00번 대지 00평방미터는 장남 A에게 준다.

2. 00시 00동 00번지 00아파트 00동 00호의 집은 차남 B에게 준다.

3. (유언집행자 지정) 유언의 이행을 위하여 유언집행자로 C를 지정한다.

작성 일자 : 0000년 00월 00일

작성자 : 여호수아(날인)

이 유언장은 유언자 자신이 자필(自筆)로 작성한 것으로, 유언장의 필수요건인 유언 내용, 성명, 주소, 작성 연월일, 작성 장소, 날인이 있어야 합니다(민법 제1066조). 가장 간편한 방식이나 유언 내용 전문, 주소, 성명, 작성 연월일을 반드시 자필로 쓰고 날인을 해야 성립합니다. 어느 것 하나라도 누락되면 무효가 됩니다. 컴퓨터로 작성한 후 프린트하여 날인하거나, 다른 사람이 작성해서 날인만 본인이 한 것도 무효입니다. 유언자가 사망한 경우 유언장을 발견한 사람이나 가지고 있던 사람은 가정법원으로 가지고 가서 검인 절차를 밟아야 합니다(민법 제1091조). 자필증서에 의한 유언은 문자를 아는 사람이라면 혼자서도 할 수 있고, 비용도 거의 들지 아니하며, 장소 여하를 묻지 아니하고, 비교적 간단하게 작성할 수 있다는 편리성이 있습니다. 또한 유언의 내용뿐 아니라 그 존재 자체도 비밀로 유지할 수 있다는 장점이 있습니다.

둘째, 녹음(錄音)에 의한 유언

유언의 취지와 내용, 유언자 본인의 성명, 작성 연월일을 녹음합니다(민법 제1067조). 반드시 증인이 참석하여야 하고, 참석한 증인은 유언의 정확함과 유언자와 증인의 이름을 정확히 말해야 하고 날짜를 밝혀야 합니다. 미성년자, 후견을 받고 있는 자, 유언에 의해 이익을 받을 자, 배우자와 직계 혈족은 증인이 될 수 없습니다. 유언자 사망 후 가정법원에 '검인' 청구를 해야 합니다. 오디오, 비디오(동영상), 디지털 녹음 등 녹음의 방법에는 제한이 없습니다.

셋째, 공정증서(公正證書)에 의한 유언

공정증서란 '공무원이 직무상 작성한 서류나 당사자의 촉탁에 응하여 공증인이 작성한 증서'를 말합니다. 유언자가 2인의 증인이 참여한 가운데 법률전문가인 공증인에게 유언의 내용(취지)을 말하고 공증인이 이를 작성합니다(민법 제1068조). 이때 공증인은 작성한 내용을 낭독하여, 유언자와 증인이 확인하고 승인한 후 각자 서명 또는 기명날인합니다. 미성년자, 시각장애인, 공증인과 관련된 자는 증인이 될 수 없습니다(민법 제1072조). 증인은 이러한 결격사유가 없어야 하고, 유언자가 유언을 시작할 때부터 증서 작성이 끝날 때까지 참여해야 합니다.

공증인은 공증업무를 수행할 수 있는 자격을 갖춘 자이거나 법무장관으로부터 공증인가를 받은 법무법인 등을 말합니다. 공증된 유언장 정본(正

本, 공증권한을 갖는 공무원이 원본에 기하여 작성한 등본의 일종, 원본과 동일한 효력이 있음)은 유언자가 갖고, 원본(原本, 최초로 작성한 서류)은 공증인 사무소에서 보관합니다. 공정증서에 의한 유언은 유언자가 사망한 후 법원의 검인을 받지 않아도 됩니다. 이 공정증서는 비용이 들며 유언의 내용이 누설되기 쉬운 것이 단점입니다. 공증비용은 공증가액의 1.15%에 21,500원을 더한 금액으로 최대 300만 원을 초과할 수 없습니다.

넷째, 비밀증서에 의한 유언

비밀증서는 유언자가 자필증서를 작성하고 밀봉하여 그 쓴 사람이 성명을 기입합니다(민법 제1069조). 이후 유언서를 봉투에 담아 밀봉하고, 그 표면에 2인 이상의 증인의 서명 또는 기명날인을 받아야 합니다. 유언자가 봉투에 제출 연월일을 기재합니다. 유언서를 작성한 날이 아니라 증인들에게 제출한 날짜를 연월일로 정확히 기재하여야 합니다. 표면에 기입된 날로부터 5일 이내에 공증인 또는 법원의 확정일자 검인을 받아 두어야 합니다(민법 제1091조). 또한 유언자의 사망 후 법원의 검인을 받아야 합니다. 비밀증서에 의한 유언이 그 방식을 갖추지 못하였더라도 자필증서 방식의 요건을 갖추었다면 자필증서에 의한 유언으로 봅니다(민법 제1071조).

다섯째, 구수증서(口授證書)에 의한 유언

유언자가 하는 말을 그대로 받아 적는 방법입니다(민법 제1070조). 유언자가 질병 등 그 밖에 긴급한 상황일 경우 등에 사용합니다. 다른 방식에 따라 유언할 수 없는 경우에 합니다. 다른 방식으로 할 수 있는 경우 무효가 됩니다. 반드시 2명 이상의 증인 앞에서 구술하여야 하며, 유언자 및 증인 모두 유언의 내용이 틀리지 않음을 확인한 후 서명 혹은 기명날인해야 합니다. 유언서의 작성일 이후 7일 이내에 가정법원에 검인을 신청해야 합니다. 구수증서에 의한 유언은 보통의 방식에 의한 유언이 가능한 경우에는 허용되지 않고, 가정법원의 검인 절차를 반드시 거쳐야 한다는 것이 단점입니다.

유언을 하고자 하는 자들은 위의 다섯 가지 중 하나를 택하여 작성하면 됩니다. 성경에도 사망 전에 유언을 하는 장면이 나옵니다. 여호수아도 그렇고 예수님도 유언을 하셨습니다. 제자들에게 유언으로 "서로 사랑하라"고 하셨습니다. 예수님은 부활하신 후에도 제자들에게 유언을 하셨습니다. 여호수아도 죽음 직전에 이스라엘의 모든 지파의 장로들, 두령들, 재판장들, 유사(有司)들을 불러 놓고 신앙에 대한 유언을 하였습니다. 야곱도 자녀들을 다 모아 놓고 유언을 한 후 운명했습니다.

여호수아 24장 14절

"그러므로 이제는 여호와를 경외하며 성실(온전함)과 진정(확실함)으로 그를 섬길 것이라 너희의 열조가 강 저편과 애굽에서 섬기던 신들을 제하여 버리고 여호와만 섬기라"(여호수아의 사망 전 신앙유언)

마태복음 29장 19~20절

"그러므로 너희는 가서 모든 족속으로 제자를 삼아 아버지와 아들과 성령(성신)의 이름으로 세례를 주고 내가 너희에게 분부한 모든 것을 가르쳐 지키게 하라 볼찌어다 내가 세상 끝날까지 너희와 항상 함께 있으리라 하시니라"(예수님의 부활 후 제자들에게 하신 신앙유언)

창세기 49장 1절, 28~29절, 33절

"야곱이 그 아들들을 불러 이르되 너희는 모이라 너희의 후일에 당할 일을 내가 너희에게 이르리라, 이들은 이스라엘 십이 지파라 이와 같이 그 아비가 그들에게 말하고 그들에게 축복하였으되 곧 그들 각인의 분량대로 축복하였더라 그가 그들에게 명하여 가로되 내가 내 열조에게로 돌아가리니 나를 헷 사람 에브론의 밭에 있는 굴에 우리 부여조(아버지와 할아버지)와 함께 장사하라. 야곱이 아들에게 명하기를 마치고 그 발을 침상에 거두고 기운이 진하여 그 열조에게로 돌아갔더라"(야곱의 운명 전 유언)

유언은 성경적입니다. 성경에 나오는 하나님의 사람들도 운명하기 전에 자녀들에게 유언을 하였고, 예수님께서도 십자가에 달리시기 전과 부활하신 후에 제자들에게 유언을 하셨습니다. 유언은 하지 않는 것보다 하는 것이 백배는 더 유익합니다. 재산에 대한 유언, 신앙에 대한 유언, 가족과 형제에 대한 유언 등을 하면 됩니다. 사람은 시작도 중요하지만 세상을 떠나는 마지막 마무리도 잘해야 합니다. 그리하면 배우자나 자녀들에게 큰 유익이 있습니다. 법적 효력이 있는 것이든 없는 것이든 유언은 성경적이고 유익합니다. 그러므로 평상시에 유언장을 써 놓고 사는 것이 지혜라고 생각합니다. 해마다 쓴 후 다시 수정하고 가감하면 됩니다.

제15장

종교와 세계의 죽음관

죽음관은 장례절차와 밀접하게 연결되어 있는데 각 종교와 국가마다 개념과 신앙과 의식이 다 다릅니다. 우리나라는 종교다원주의 국가입니다. 무속, 유교, 불교, 기독교(천주교+개신교), 이슬람교, 원불교 등이 있습니다. 그렇다 보니 다양한 종교가 있어 죽음관도 종교에 따라 다양합니다. 종교가 다르고, 민족이 다르다 보니 다를 수밖에 없지만 그래도 시작과 끝은 항상 한 곳이라는 것으로 동일할 수밖에 없습니다. 종종 하는 말이지만 진짜와 정답은 둘이나 그 이상이 될 수 없고 하나이기 때문입니다. 수험생들이 시험을 볼 때 다양하게 정답지에 표기를 해도 정답은 항상 하나뿐입니다. 그것은 채점 결과 때 드러납니다. 그러나 많은 종교인들과 세계인들은 정답을 정확히 아는 자들과 모르는 자들이 있어, 정답을 정확히 모르는 자들은 각기 자기 종교와 신념과 전통과 유전과 관심대로 각기 다양한 죽음관을 가지고 가르치고 장례의식을 행합니다. 우리나라만 하더라도 다르게 죽음관을 갖고 장례를 치르고 신앙생활을 합니다. 이에 각 종교들과 세계인들의 죽음관을 살펴보기로 하겠습니다.

<유교 죽음관>

　유교는 공자를 시조로 하고, 인의(仁義)를 근본으로 하는 정치와 도덕의 실천을 주장하는 유학의 가르침을 말합니다. 경전으로는 사서오경(四書五經)이 있습니다. 유교는 인간이 혼(魂, 넋)과 백(魄, 몸)으로 구성되어 있다고 주장합니다. 사람이 살아 있다는 것은 혼(魂)과 백(魄)이 결합된 상태라고 합니다. 반면에 죽음은 혼과 백의 분리라고 말합니다. 그래서 유교식 장례는 혼을 위한 의례와 백을 위한 의례로 구분합니다. 유교식 장례에는 고복이라는 절차가 있습니다. 고복(皐復)이란 '죽은 자에게서 분리된 혼을 불러들여 회생시키기 위한 의례이자 죽음을 확인하는 절차'이기도 합니다. 성경적 시각으로 보면 황당한 이야기입니다. 또한 사람이 죽으면 백(魄)에 해당되는 육신(몸)은 매장하지만, 혼은 다시 집에 돌아와서 사당에 모십니다. 유교는 혼과 백에 해당되는 의례로 나누어 구성되는 죽음관을 가지고 있습니다.

　유교의 죽음관을 성경의 죽음관에 비추어 비평하면, 혼을 불러들인다는 부분은 절대로 성경에 반하는 것입니다. 성경에서 말하는 죽음이란 영혼과 몸의 분리입니다. 영혼은 사망 즉시 예수님을 믿는 여부에 따라 중간상태인 낙원 혹은 음부로 들여보내져서 말세에 있을 부활을 기다립니다. 게다가 혼이나 영혼은 사람이 어떤 의식과 행위로 말미암아 불러들일 수 있는 것이 전혀 아닙니다. 피조물인 사람은 무슨 짓을 해도 죽은 사람이나 산 사람의 영혼을 어찌하지 못합니다. 그것이 피조물의 한계입니다. 오직 영혼과 몸을 창조하신 하나님, 영혼의 주인이신 하나님만이 인간의 몸과 영혼을 좌지우지하십니다. 사람은 누구든지, 무슨 짓을 하든지 산 영혼과 죽은 영혼을 좌지우지하지 못합니다. 그러니 속지 마시기 바랍니다.

<불교 죽음관>

불교에는 49재라는 것이 있습니다. 이 49재는 불교의 죽음관을 반영합니다. 불교는 사람이 죽으면 7일의 기간을 두고 7번에 걸쳐 재(제사)를 지냅니다. 이때 49일째 되는 날에는 인간이 인간으로 다시 태어날 것인지 아니면 다른 모습, 즉 어떤 동물로 태어날 것인지 등이 최종적으로 결정된다고 합니다. 성경에 비추어 보면 황당한 주장입니다. 그래서 망자 유족들은 죽은 자를 위해 49재를 정성껏 드리고 망자가 49일째가 끝나는 시점에서 사람이든 다양한 동물이든 좋은 모습으로 다시 태어나기를 기원합니다. 이것을 환생 또는 윤회전생이라고 말합니다. 그래서 불교의 죽음관은 순환적 죽음관입니다. 기독교는 직선적 죽음관입니다. 물론 성경은 이런 죽음관을 절대로 동의하지 않습니다. 그런 일은 일어나지도 않고 절대로 없다고 말합니다.

실제로 49재를 지낸 다음 망자가 어떤 사람이나 동물의 모습으로 다시 환생하는 것을 본 적과 들은 적이 전 세계적으로 전혀 없습니다. 만일 그런 일이 있었다면 전 세계적으로 엄청난 이슈가 되었을 것입니다. 그러나 지금까지 전 세계적으로 그런 뉴스나 사실은 들은 적이 없습니다. 왜 그렇습니까? 그런 환생은 없기 때문입니다. 스스로 속이고 속고 있는 것입니다. 그런데도 무념으로, 맹신으로, 습관적으로 49재를 믿고 지냅니다. 이것이 인간의 어리석음입니다. 인간이 얼마나 어리석습니까? 돼지를 죽인 이후 삶은 돼지의 코나 귀에 지폐를 꽂아 놓고 잘 보호해 달라고 엎드려 빌고 절하는 자들이 인간입니다. 산 돼지든 죽은 돼지든 삶은 돼지든 돼지에게 아무리 빌고 절을 해도 소용이 없습니다. 이는 코미디 중의 코미디입니다. 개나 돼지들도 이런 짓은 하지 않습니다.

불교의 죽음관을 성경의 죽음관에 비추어 비평하면, 절대로 동의할 수 없는 황당한 주장입니다. 팥 심은 데 팥이 나야 정상인데 새로 싹이 날 때 팥도 나고 콩도 난다고 하는 환생론은 코미디입니다. 헛되고 헛된 죽음관입니다. 속는 것입니다. 성경은 직선적 역사관이자 죽음관입니다. 기독교의 죽음관은 새로운 인간이나 동물로 다시 탄생하는 순환이나 환생이나 윤회가 절대로 아닙니다. 사람은 사람으로 부활하고 영원히 사람으로 살아갑니다. 예수님을 믿고 살다가 사망한 그리스도인들은 사망 후에 영혼이 낙원에 잠시 대기하고 있다가 세상 종말에 변화된 육체와 재결합하여 부활하는데 심판을 받지 아니하고 곧바로 천국에 들어가서 하나님을 섬기며 영원히 행복하게 살게 됩니다. 예수님을 믿지 않고 죽었다가 부활한 사람들은 인류의 재판장이신 예수님으로부터 심판을 받고 지옥에 던져져서 그곳에서 고통만 받으며 영원히 살게 됩니다. 성경은 불교에서 말하는 환생, 윤회, 순환의 새로운 삶이 없습니다. 불교의 죽음관은 성경에 비추어 보면 참이 아닙니다. 코미디 중의 코미디입니다.

〈무속 죽음관〉

무속(巫俗, 무당들의 풍속)은 원혼과 관련된 죽음관을 가지고 있습니다. 원혼(冤魂, 원통할 원, 넋 혼)이란 '분하고 억울하게 죽은 사람의 넋'을 말합니다. 요절(夭折, 젊은 나이에 죽음), 객사(客死, 객지에서 죽음),

비명횡사(非命橫死, 뜻밖의 사고를 당하여 제명대로 살지 못하고 죽음) 한 사람의 혼은 원혼이 되어 저승으로 가지 못한 채 세상을 떠돌며 살아 있는 사람에게 해(피해)를 입힌다고 생각합니다. 그래서 무속은 이들 원혼의 해원(解冤, 원한을 풀어 줌)과 진혼(鎭魂, 죽은 사람의 넋을 달래어 고이 잠들게 함)을 통해 무사히 저승으로 보내 주는 의식을 행합니다. 오컬트(신비적)나 귀신이 나오는 영화나 드라마에서 종종 볼 수 있습니다. 2024년 관객 천만 명을 돌파한 영화 〈파묘〉가 대표적입니다. 모두 무속적인 영화나 드라마들입니다. 과거에는 〈전설의 고향〉이라는 드라마에서 종종 등장했습니다.

무속의 죽음관을 성경의 죽음관에 비추어 비평하면, 절대로 수용할 수 없습니다. 속는 것입니다. 참이 아닙니다. 성경은 사람이 사망하는 즉시, 영혼이 몸에서 분리되는 즉시 신자의 영혼이나 불신자의 영혼이나 중간 상태인 낙원 아니면 음부로 들어간다고 말합니다. 세상에 머물러 있지 않습니다. 아무리 억울하게 죽은 원통한 영혼이라도 지천에 떠돌아다니는 일은 절대로 없습니다. 무덤에도 갇혀 있지 않습니다. 무속의 죽음관은 황당한 미신(迷信, 종교적·과학적으로 헛되다고 생각되는 믿음)일 뿐입니다. 그러니 영화나 드라마 등에서 귀신이 등장하거나 어떤 영혼이 등장하는 것을 보거든 모두 헛된 것이고 허구이자 미신이라고 판단하면 됩니다. 무서워할 것이 없습니다. 그런 일은 절대로 없기 때문입니다. 귀신과 영혼은 물질이 아니기 때문에 눈에 보이지 않습니다. 드라마나 영화는 모두 귀신과 영혼이 눈에 보이게 형상화되어 나타납니다. 이런 영화나 드라마 등을 보면 사람들이 심리적으로 영향을 받게 되어 공포와 두려움을 갖게 됩니다. 그럴 필요가 전혀 없습니다. 가능하면 그런 영화나 드라마 등은 보지 않는 것이 심리적으로 좋습니다. 최근에 상영된 〈파묘〉 영화가 대표적입니다.

〈개신교 죽음관〉

기독교는 크게 천주교(天主敎)와 개신교(改新敎)로 나눕니다. 이를 잘 모르는 자들이 많습니다. 천주교는 로마가톨릭교회로 구교를 말하고, 개신교는 종교개혁으로 파생된 신교를 말합니다. 같은 기독교지만 교리적으로는 천주교와는 전혀 다른 면들이 한둘이 아닙니다. 그 근거와 차이는 성경이고 성경에 대한 바른 신앙고백입니다. 개신교의 죽음관은 불교에서 말하는 순환적 죽음관이나 윤회적 죽음관이나 환생적 죽음관이 아닌 직선적 죽음관입니다. 무슨 말입니까? 창조라는 인류의 시작과 종말과 심판으로 끝나는 역사관을 말합니다. 사람이 죽으면 곧바로 육체는 땅에 남아 매장이나 화장을 하게 되고, 영혼은 세상을 떠나 중간상태인 낙원 혹은 음부로 들어가서 세상 종말 때까지 머문다고 말합니다. 세상 종말이란 모든 민족에게 복음이 전파된 때이며, 동시에 인류의 재판장이자 구세주인 예수님께서 공중으로 재림해 오시는데 그때가 세상 끝, 지구 종말입니다.

그때 지구촌 전체에서 동시다발적으로 순식간에 과거에 죽었던 수많은 사람들(매장과 화장과 다양하게 죽었던 사람들)의 몸이 영원히 썩지 아니할 몸으로 홀연히 변화하여 낙원 혹은 음부라는 중간상태에서 대기하고 있던 영혼과 재결합한 상태로 부활하여 신자는 곧바로 천국에 들어가서 영원히 행복하게 살게 되고, 불신자들은 예수님으로부터 심판을 받고 지옥에 들어가서 영원히 고통 가운데 살게 됩니다. 이것이 개신교 죽음관입니다. 창조→타락→구원→심판→천국과 지옥에서의 영생과 영벌이라는 직선적 인생관, 내세관입니다. 불교처럼 환생, 윤회가 아닙니다. 그러니까 개신교의 죽음관과 인생관과 내세관은 지구상에 존재하는 모든 종교나 사람들의 죽음관과 전혀 다릅니다. 천주교와도 다른 부분이 있습니다. 이것이 성경에서 말하는 하나님에 의해 창조된 인간의 죽음관입니다. 진리입니다.

〈천주교 죽음관〉

천주교도 기독교의 한 분파로 로마가톨릭교회를 말합니다. 천주교는 죽음과 관련하여 연옥교리가 있어 개신교와 다릅니다. 연옥교리는 성경에 없습니다. 이 세상에 살 때 덜 거룩한 신자의 영혼은 사망 즉시 곧바로 낙원 혹은 천국에 들어가지 못하고 연옥(煉獄)이라는 곳에 들어간다고 말합니다. 이는 성경에 없는 전혀 다른 주장이자 교리입니다. 그때 살아 있는 유가족들이 연옥에 있는 자를 천국에 보내기 위해서 지상에서 착한 일을 하고 연미사(위령미사)를 행합니다. 연옥에서 정화작업을 행합니다. 그리하면 어느 시점에 다시 천국에 들어간다고 주장합니다. 이는 은혜 구원이 아닌 행위 구원을 말하는 것으로 성경의 구원론과 배치됩니다. 이러한 연옥교리는 성경에는 없고 외경에만 있습니다. 외경(外經)이란 성경으로 인정받지 못한 책을 말합니다. 개신교는 외경을 성경(정경)으로 인정하지 않습니다. 천주교에서만 인정합니다. 성경은 성경에 없는 교리를 가감하는 것을 이단으로 규정합니다. 하나님의 나라에 들어가지 못한다고 경고합니다. 성경에 없는 것을 가르치고 믿는 것은 속고 있는 것입니다.

누가복음 23장 43절

"예수께서 이르시되 내가 진실로 네게(신앙고백 한 강도) 이
르노니 오늘(사망하는 날) 네가 나와 함께 낙원(樂園)에 있으
리라 하시니라"

〈이슬람교 죽음관〉

이슬람교에서 죽음은 세속적인 삶의 끝이자 내세의 시작이라고 말합
니다. 죽음은 삶의 끝이 아니라 다른 형태의 삶의 지속으로 여깁니다. 이
런 주장 자체는 맞는 말입니다. 죽음은 인간의 몸에서 영혼이 분리되고
이 세상에서 사후세계로 옮겨지는 것으로 간주합니다. 저들은 죽음 이후
에 들어가는 내세인 천국과 지옥도 주장합니다. 기독교와 비슷하게 주장
하는 것 같습니다. 그러나 성경에 비추어 보면 겉으로 보기에는 기독교의
죽음관과 비슷한 것 같지만 속내와 사실은 전혀 다릅니다. 이들이 말하는
죽음 이후의 내세나 다른 형태의 삶 등도 성경에서 말하는 것과 전혀 다
릅니다. 이슬람교의 경전은 꾸란(쿠란)입니다. 기독교는 성경입니다. 성
경과 꾸란(쿠란)은 전혀 다른 책입니다. 쿠란은 성경이 아닙니다. 진리가
아닙니다. 진리가 아닌 쿠란을 믿는 자들은 하나님을 따르는 자들이 아닙
니다. 성경과 같을 수가 없습니다. 이들은 자살폭탄 테러로 죽어도 천국
에 들어간다고 말합니다. 생사가 '알라' 뜻이라고 말합니다.

그러나 저들이 말하는 '알라'는 성경에서 말하는 삼위일체 '하나님'과는
전혀 다른 존재입니다. '알라'와 '하나님'이 언어 해석상 같다고 하여 동일
하다고 주장하는 자들이 있습니다. 속이는 짓입니다. 전혀 다른 개념입니

다. 알라는 성경에서 말하는 하나님이 아닙니다. 이슬람교인들은 '알라'가 곧 하나님이라고 하지만 이는 거짓입니다. 이슬람교는 삼위일체 신론을 부정합니다. 예수님을 구세주나 하나님으로 인정하지 않습니다. 생사는 쿠란에서 말하는 '알라'가 좌우하는 것이 아니라, 성경에서 말하는 하나님께서 좌우하십니다. 내세, 사후세계인 천국 입성의 기준도 전혀 다릅니다. 이슬람교는 육신오행(六信五行)을 실천해야만 천국에 들어간다고 합니다. 한마디로 행위 구원(行爲救援)입니다. 그러나 성경은 오직 믿음으로 구원입니다. 죽음은 새로운 삶의 시작이고, 몸과 영혼의 분리가 맞지만 구체적인 내용에서는 기독교의 죽음관과 이슬람교의 죽음관은 전혀 다릅니다. 따라서 기독교인들은 교리적으로 겉과 속이 전혀 다른 이슬람교 죽음관에 속지 말아야 합니다.

〈중국인 죽음관〉

중국은 유교와 불교의 문화권입니다. 중국인들은 사람에게는 혼백(魂魄)이 있다고 주장합니다. 사람이 죽게 되면 혼백은 서로 분리된다고 합니다. 이때 혼은 하늘로 올라가고, 백은 땅으로 들어간다고 합니다. 하늘로 올라간 혼은 성신오행(星辰伍行)의 신(神)이 되거나 천제(天帝, 하느님)의 좌우에 자리하며, 백은 땅이나 황천에 거처하면서 자손들의 제사를 흠향(歆饗, 제물을 받음)하고 사람에게 화복(禍福, 저주와 복)을 내린다고 합니다. 이렇게 혼백의 관념이 있기에 중국인들은 사람들의 죽음이 모든 것의 끝이라고 생각하지 않습니다. 성경에 비추어 보면 혼이 신이 되는 일은 결코 없습니다. 자손들의 제사를 받는 일도 절대로 없습니다. 산 사람들에게 복과 저주를 내리는 일은 더더욱 없습니다. 복과 저주는 사람이 주는 것이 아니라 오직 하나님이 주십니다. 성경에 비추어 보면 중국인들의 죽음관은 성경과 거리가 아주 멀고 참이 아닙니다.

〈티베트인 죽음관〉

티베트는 불교의 나라입니다. 그렇다 보니 죽음에 대해서도 불교의 영향 아래 있다고 할 수 있습니다. 불교의 윤회사상에서 인간의 육체는 지(地, 땅), 수(水, 물), 화(火, 불), 풍(風, 바람)으로 이루어져 있다고 주장합니다. 그래서 육체는 죽음과 함께 흩어진다고 합니다. 영혼은 인과응보(因果應報)의 카르마(업, 업보)에 따라 다른 곳에서 다시 태어난다고 믿습니다. 참고로, 카르마란 '선한 행위를 하면 좋은 결과가, 악한 행위를 하면 나쁜 결과가 따른다는 것'으로 소위 '업(業, 선악의 소행)'이라고 합니다. 카르마의 원리는 모두에게 공평하게 적용되고, 살아생전 언행의 결과로 반드시 응보가 따른다고 믿습니다.

지금 하는 모든 언행은 죽음의 순간에도 적용되어 환생에 영향을 끼친다고 합니다. 성경에 비추어 보면 수용할 수 없습니다. 참이 아닙니다. 육체는 살과 뼈로 구성된 물질일 뿐입니다. 물질이기에 몸에서 영혼이 떠나가면 시체가 되고 시간이 지나면 썩어 없어집니다. 영혼은 선악의 소행에 따라 각기 다른 결과로 다시 태어나는 것이 아닙니다. 처음 영혼은 죽은 이후에도 그대로의 영혼입니다. 인간의 카르마(업)는 죽음에 어떠한 영향을 미치지 못하며, 환생 자체가 없기 때문에 환생에도 영향을 미치지 못합니다.

〈인도인 죽음관〉

인도인들은 대부분이 힌두교도들입니다. 힌두교도 윤회사상에 바탕을 두고 있습니다. 따라서 윤회와 업 사상은 인도 사람들에게 죽음을 '목샤(자유)'라고 부르며, '영혼은 자유이며 죽음은 미혹이고 상상일 뿐'이라고 생각합니다. 힌두교에서 육신은 물, 불, 공기, 흙의 4원소로 이루어져 있습니다. 시신을 화장(火葬)하면 이 원소들은 해체되어 다시 자연으로 돌아간다고 합니다. 따라서 화장은 영생을 위한 절차입니다. 화장을 통해 육신을 소멸시킴과 동시에 카르마(업)를 불태워 불멸의 삶으로 거듭난다고 여깁니다. 이에 인도에서는 아무에게나 화장을 허용하지 않습니다. 성경에 비추어 보면 윤회사상은 성경사상이 아닙니다. 인간이 지어낸 사상일 뿐입니다. 인도인의 죽음관은 모든 면에서 도저히 받아들일 수 없는 사상입니다. 참고로 성경은 매장문화이지만 화장을 한다고 해서 내세와 부활과 영생 등에 아무런 영향을 미치지 않습니다. 매장이든 화장이든 자기 형편에 맞게 하면 됩니다.

〈네팔인 죽음관〉

네팔 문화의 특징은 힌두교와 불교가 어울려 조화를 이룹니다. 힌두교인이든 불교인이든 네팔 사람들은 윤회를 믿으며, 죽음은 영혼이 다른 옷으로 갈아입는 과정이라고 생각합니다. 죽음을 영혼이 육신을 떠나 다른 세상으로 가는 과정일 뿐이라고 믿기 때문에 곡(哭, 울다)을 하지 않습니다. 유족들이 소리 내어 크게 울지 않아야 떠나가는 영혼이 편히 갈 수 있기 때문이라고 합니다. 성경에 비추어 보면 동의할 수 없는 황당한 주장일 뿐입니다. 성경사상과 너무나도 다릅니다. 윤회는 성경사상이 아니라고 했습니다. 죽음은 다른 옷을 갈아입는 것이 아니라 또 다른 삶인 영원한 영생과 영벌로 이어지는 것입니다. 울고 안 울고는 떠나는 영혼에 아무런 영향을 미치지 못합니다. 사망하면 영혼은 동시에 낙원 혹은 음부로 들어갑니다. 마음으로 느끼지도 눈으로 볼 수도 없이 순간적으로 이루어지기에 유가족들이나 누구나 아무런 영향을 미치지 못합니다. 사실을 정확히 모르니 사람들이 이런저런 지어낸 말이나 전통과 유전을 잘도 따르는 것 같습니다. 거짓 죽음관에 속는 것입니다.

제16장

영화 속의 귀신과 영혼(혼령)의 활동

영화나 TV 드라마, 기타 동영상 등을 보면 종종 비 오는 날에 창문이나 대나무 숲에 하얀 옷을 입고 긴 머리를 하고 입가에 피를 흘리며 나타나는 여인이 등장합니다. 주로 〈전설의 고향〉 등에서 자주 나타났던 귀신의 모습입니다. 이런 귀신은 없습니다. 사람들이 지어낸 귀신입니다. 귀신은 군대처럼 많습니다. 실제로 존재합니다. 그러나 귀신은 본래 형상이 없습니다. 영물이기 때문입니다. 따라서 영화나 드라마나 어디에서든지 귀신이라는 것이 눈에 보이게 등장하면 모두 가짜입니다. 창작입니다. 또한 2024년 2월 22일에 개봉하여 천만 명 이상이 관람했고, 인도네시아에서도 2백만 명 이상이 관람한 영화 〈파묘〉는 과거 사망한 자를 매장했는데, 그 무덤을 파묘(破墓)하니 죽었던 자의 영혼이 나와서 사람들을 해치고 죽이는 장면이 나옵니다.

파묘(破墓)란 '무덤을 파헤치고 시체를 꺼내는 것'을 말합니다. 이 영화를 보면 파묘를 하자 무덤에서 나온 영혼이 곡예사처럼 공중에서 날아다니는 모습을 보여 줍니다. 오컬트(신비적) 영화로 미신과 무속과 온갖 소설과 상상을 가미한 허구 중의 허구인 영화입니다. 사실이 아닌 것을 사실인 것처럼 창작한 것입니다. 수상한 묘를 이장한 풍수사와 장의사, 무속인들에게 벌어지는 기이한 사건을 담은 오컬트 미스터리 장르의 영화입니다. 이런 영화를 보면 마음이 약한 사람이나, 아직 바른 지식이 확고하지 않은 사람이나, 귀신과 영혼의 존재 여부나 향방 등에 대하여 바른 신앙과 지식이 부족한 자들은 심리적으로 아주 나쁜 영향을 받게 됩니다. 두려워하고 공포를 느낍니다. 그렇지 않아도 우리나라는 무속, 미신이 강한 나라와 문화인데 이런 영화나 드라마 등을 보게 되면 좋지 않습니다.

앞으로도 이런 영화나 드라마나 책 등이 또 나올 것입니다. 그런 문화권에 살고 있기 때문입니다. 갈수록 상업적인 영화를 만들다 보니 자극적이고 상상을 초월한 영화들이 제작되어 사람들에게 알게 모르게 영향을 미칩니다. 따라서 기독교인들은 귀신과 영혼(혼령)에 대한 바른 지식과 확신을 갖고 살아가야 합니다. 성경은 이런 것에 대하여 아주 명확하게 기술하고 있습니다. 성경에 의하면 귀신은 존재합니다. 귀신은 사람이 아닌 영물입니다. 죽은 사람이나 영혼이 귀신이 아닙니다. 그래서 귀신은 눈으로 볼 수 없습니다. 그러나 존재합니다. 영화나 드라마 등에서 나오는 모양의 귀신이 아닙니다. 귀신은 죽은 사람의 영혼이 변해서 된 것이 아니라 본래 천사로 영적인 존재였습니다. 영물인 타락한 천사가 귀신입니다. 그래서 성경은 귀신을 복수로 말합니다. 군대처럼 많기 때문에 '귀신들'이라고 표현합니다. 이 귀신들의 우두머리는 사단인데 마귀라고도 합니다. 사단, 마귀는 단수로 표현하고 있는데 하나이기 때문입니다.

성경은 천사들(복수)도 존재하고, 귀신들(복수)도 존재하고, 마귀(사단,

단수)도 존재한다고 말합니다. 모두 눈에 보이지 않는 영물입니다. 이 귀신들은 동물 속에도 들어가고 사람들 속에도 들어갑니다. 그리하여 동물과 사람들을 사납게 만들고, 비정상적으로 만들고, 병들게 하고, 파괴합니다. 악한 마음을 품게 만듭니다. 어두움인 귀신들은 빛의 자녀들인 참 기독교인들 속에는 들어가지 못합니다. 빛과 어두움은 공존이 불가능합니다. 또한 성령 하나님이 내주하고 계시기 때문입니다. 사단이나 귀신들은 기독교인들에게 공포감과 두려움을 주고 유혹은 할 수 있지만 신자 몸 속으로 들어가거나 직접적으로 해치지는 못합니다. 그러니 기독교인들은 귀신들과 마귀를 무서워할 이유가 하나도 없습니다.

유다서 1장 6절

"또 자기 지위를 지키지 아니하고 자기 처소를 떠난 천사들(타락한 천사들)을 큰 날의 심판까지 영원한 결박으로 흑암(음부)에 가두셨으며"(타락한 천사들이 귀신들이 됨)

마태복음 12장 22절

"그때에 귀신들려 눈 멀고 벙어리 된 자를 데리고 왔거늘 예수께서 고쳐 주시매 그 벙어리가 말하며 보게 된지라"(귀신에 의해 병에 걸렸으나 예수님이 치유하심)

마태복음 8장 16절

"저물매 사람들이 귀신들린 자를 많이 데리고 예수께 오거늘 예수께서 말씀으로 귀신들을 쫓아내시고 병든 자를 다 고치시

니”(사람에게 귀신이 들어감)

누가복음 22장 3절
“열둘 중에 하나인 가룟인이라 부르는 유다에게 사단(마귀)
이 들어가니”

요한복음 13장 2절
“마귀(사단)가 벌써 시몬의 아들 가룟 유다의 마음에 예수를
팔려는 생각을 넣었더니”

마태복음 8장 31~32절
“귀신들이 예수께 간구하여 가로되 만일 우리를 쫓아내실찐
대 돼지떼에 들여보내소서 한대 저희더러(귀신들더러) 가라
하시니 귀신들이 나와서 돼지들에게 들어가는지라 온 떼가 비
탈로 내리달아 바다에 들어가서 물에서 몰사하거늘”(귀신들
이 말도 하고 사람에게서 나와서 돼지 떼들에게 들어감. 귀신
들도 하나님의 권한 아래에 있음)

그리고 영혼 혹은 혼령에 관한 것입니다. 영혼은 사람의 몸처럼 하나님
이 창조하신 것입니다. 정자와 난자가 수정되는 순간 하나님의 초자연적
인 능력으로 인하여 영혼이 육체에 거하게 만드십니다. 그리하여 사람이
됩니다. 영혼은 눈에 보이지 않는 신비한 비가시적인 존재입니다. 눈에
보이지 않으나 존재하는 것입니다. 마치 바람이나 공기가 눈에 보이지 않

지만 존재하는 것처럼 말입니다. 하나님께서는 초자연적인 방식으로 정자와 난자가 수정이 될 때 초자연적인 능력으로 영혼을 수여하십니다. 이 영혼은 절대로 귀신이 될 수 없습니다. 영원히 사람의 영혼으로만 살아갑니다. 이 영혼은 사람이 사망하는 즉시 육체와 이 세상을 떠나 일반 사람들이 말하는 저승(내세, 사후세계)인 낙원이나 음부로 들어갑니다.

성경에서 말하는 죽음이란 육체에서 영혼이 분리되는 것, 떠나는 것을 말합니다. 영혼이 떠나면 육체는 더 이상 유동하지 않고 체온이 서서히 내려가서 차디찬 몸이 되면서 썩기 시작합니다. 육체는 물질이고 영혼이라는 생명이 떠나 죽은 존재이기 때문에 썩기 시작합니다. 그래서 시체(屍體, 죽은 사람의 몸)라고 말합니다. 육체에서 나온 영혼은 절대로 이 세상 무덤이나 어디 등에 머물러 있지 않고 곧바로 중간상태이자 내세인 낙원 혹은 음부로 들어가 세상 종말 때에 일어날 부활을 기다립니다. 죽은 사람의 영혼은 지상에 남아 있는 유가족이나 무당 등이 아무리 초혼과 진혼의식, 위령기도, 위령미사, 위로나 애도의식과 춤을 추어도 아무런 영향을 받지 않습니다. 아무런 소용이 없습니다.

육체에서 나온 영혼은 이미 이 세상에 있지 않고, 무덤에도 있지 않고, 구천을 떠돌아다니지도 않고, 지상에서 유가족들이나 누가 무슨 짓을 해도 아무런 영향을 미치거나 받지 않기에 어떤 정성을 다해도 소용이 없습니다. 이는 마치 죽은 식물에게 정성을 다해 물을 주고 돌보는 것과 같습니다. 그래서 귀신과 조상에게 음식을 차려 놓고 절을 하며 제사하는 행위가 쓸데없는 짓이라고 하는 것입니다. 어리석고 무지하니 그리하는 것입니다. 귀신들이나 죽은 조상은 제사상의 음식을 먹지 못합니다. 영정사진과 무덤과 기념비 앞에서 엎드려 절하는 것도 쓸데없는 짓입니다. 절을 하는 것이나 음식을 차리는 것은 살아 있을 때 해야 효력이 발생하고 유효합니다.

그래서 기독교(개신교)에서는 제사(추모식)를 드릴 때 음식이나 음료를 차리지 않고, 산소에 가서 묘에 술이나 음식 등을 뿌리지 않을 뿐만 아니라, 영정사진이나 무덤에 엎드려 세 번씩 절하지 않습니다. 기독교 중에서 천주교는 영정에 대하여 절을 합니다. 헛된 짓입니다. 개신교인들은 조상을 무시하거나 불효자라서 그렇게 하지 않는 것이 아니라 쓸데없는 헛된 짓이기 때문에 하지 않는 것입니다. 기독교인들은 살아 있을 때 잘하라고 합니다. 산 사람, 산 부모에게 잘하는 자가 진짜 효자이자 착한 사람입니다. 정상적인 사람입니다. 죽은 다음에 잘하는 것은 효도가 아닙니다. 자기만족이나, 주변의 눈치를 보거나, 잘못된 신앙을 추종하거나, 그릇된 문화를 따르거나, 아무런 생각 없이 살거나, 무지해서 그러는 것입니다. 형식적인 종교행위일 뿐입니다. 성인들이라면 생각을 하고 살아야 합니다. 기본과 상식을 가지고 살아가야 합니다. 전통과 문화와 유전과 어른들의 지시대로 맹목적, 맹신적, 맹종으로 사는 사람은 답이 없습니다. 바보 같은 사람입니다.

창세기 2장 7절
"여호와 하나님이 흙으로 사람을 지으시고 생기(영혼)를 그 코에 불어넣으시니 사람이 생령(산 사람)이 된지라"(사람의 몸과 영혼 제공자는 하나님이시다)

마태복음 27장 50절

"예수께서 다시 크게 소리지르시고 영혼(靈魂)이 떠나시다"(십
자가에서의 운명)

누가복음 23장 46절

"예수께서 큰소리로 불러 가라사대 아버지여(성부 하나님) 내
영혼(靈魂)을 아버지 손에 부탁하나이다 하고 이 말씀을 하신
후 운명(殞命, 사망)하시다"(예수님께서 십자가에 못 박히시
어 죽으심)

욥기 27장 8절

"사곡한 자(불경건한 자)가 이익을 얻었으나 하나님이 그 영
혼(靈魂)을 취하실 때에는 무슨 소망이 있으랴"(영혼이 스스
로 육체에서 떠나가는 것이 아님)

사람은 진화되거나 빅뱅이나 자동적으로 존재한 것이 아니라 하나님이
창조하셨습니다. 영혼도 자동적으로 생긴 것이 아니라 하나님께서 창조
하시고 수여해 주신 것입니다. 천지만물이나 사람이나 영혼이나 다 하나
님께서 창조하셨습니다. 생명을 취하시는 분은 사람이 아니라 만물의 주
인이신 하나님입니다. 그것이 출생과 사망입니다. 이는 생사가 사람에게
있지 않다는 것을 명확하게 보여 주는 증거입니다. 세상에 자기가 태어나
고 싶어서, 자기 노력으로 출생한 사람은 하나도 없습니다. 자기가 아닌
다른 전능하신 하나님이 그리하신 것입니다. 천사도 하나님께서 창조하

셨습니다. 그러나 마귀(사단)와 귀신들과 죄는 하나님께서 창조하신 것이 아닙니다. 천사들이 스스로 타락해서 귀신들이 되었고, 사단이 된 것입니다. 사람이 교만, 욕심, 불순종하였기 때문에 타락하여 죄를 지었고, 죽음에 이르게 된 것입니다.

그래서 세상 종말에 모든 피조물은 누구 탓을 못 합니다. 모두 자기 잘못이기 때문입니다. 사단이나 귀신들이나 불신자들 모두가 말입니다. 자기들이 뿌린 대로 거두게 됩니다. 그래서 지옥에 던져져도 유구무언입니다. 기독교인들은 제외하고 하나님의 완벽한 심판을 받게 됩니다. 참기독교인들은 죄에 대하여 하나님으로부터 특별사면(特別赦免, 믿음에 의한 사면)을 받았기에 의인이 되어 악인들이 받는 심판을 받지 않습니다. 도덕적 윤리적으로 흠이 없어서 심판을 면죄받은 것이 아닙니다. 오직 믿음과 은혜로 된 것입니다. 이것이 귀신들과 영혼(혼령)에 대한 성경의 팩트입니다. 그러므로 성경에 반하는 영화나 TV 드라마나 만화나 책 등에서 나오는 귀신들과 혼령들의 황당한 활동을 보고 영향을 받지 않아야 합니다. 그런 것은 모두 허구이고 가짜입니다. 하지만 아무리 허구와 가짜라도 자꾸 보면 영향을 받으니 멀리하는 것이 지혜이자 안전합니다.

제17장

무당굿과 죽은 영혼(혼령)의 영향

"퇴마굿을 해야 한다" 퇴마란 '악령 따위의 나쁜 것들을 물리치는 것'을 말합니다. 퇴마굿은 귀신을 쫓는 의식행위입니다. 2024년 3월 서울 중랑구에서 법당을 운영하는 무속인 A 씨(50)는 건강이 좋지 않아 점을 보러 온 B 씨에게 이렇게 말했습니다. 불안함을 느낀 B 씨는 A 씨에게 퇴마굿 명목으로 7개월간 30여 차례에 걸쳐 7천 937만 원을 건넸습니다. B 씨를 따라 법당을 찾은 C 씨도 A 씨에게 한 달여간 굿값으로 2천 500만 원을 줬습니다. C 씨 역시 A 씨에게 "퇴마굿을 안 하면 아버지가 죽고 너도 동생도 엄마도 죽는다"는 말을 들었기 때문입니다. 물론 모두 거짓말입니다. 무지하니 그런 황당한 말에 속은 것입니다. 그러나 A 씨의 퇴마굿에도 B 씨와 C 씨 아버지의 건강은 좀처럼 회복되지 않았습니다. 결국 이들은 A 씨를 사기 혐의로 수사기관에 고소했습니다. 검찰은 A 씨가 B 씨 등을 속였다고 보고 사기 혐의로 재판에 넘겼습니다(전주 MBC, 2024. 4. 1.).

지금도 어디에선가는 무당(귀신의 힘을 빌려 굿을 하는 사람)을 통해서 굿(무당이 원시 종교적 관념에 따라 귀신에게 제물을 바치고 노래를 하고 춤을 추며 인간의 길흉화복을 위해 행하는 무속 제의)을 합니다. 쓸데없는 짓입니다. 속는 것입니다. 무당(巫堂)은 동아시아 한자문명권의 샤머니즘인 무속(巫俗, 무당들의 풍습)에 종사하는 샤먼(여성 무속인)을 말합니다. 무속신앙이란 한국의 토속신앙으로 미신(迷信)을 말합니다.

미신이란 과학적으로나 종교적으로 헛되다고 생각되는 믿음을 말합니다. 점을 치거나 굿을 하는 것이 여기에 속합니다. 무당은 몸에 귀신이 내려 인간의 소원을 듣고 또 귀신의 뜻을 인간에게 전해 주는 능력을 지닌 반신반인(半神半人)으로, 제의(제사)를 주재하고 질병을 고치며 미래를 예언하는 일을 맡아 했습니다. 굿판에서 무당은 귀신의 대리자로서 역할을 합니다. 무당은 통상 여성 무속인을 뜻합니다. 혼령이 좋은 곳에 가게 하거나 혼령을 위로해야 한다고 말합니다. 아니면 혼령을 내려오게 하거나 불러온다는 강신술(초혼술)도 합니다. 모두 헛수고이고 거짓입니다. 그런 일은 절대로 없고 일어나지도 않습니다. 모두 속고 있는 것입니다.

사람들 중에는 죽은 영혼에 대하여 매우 그릇된 지식을 갖고 있는 자들이 있습니다. 사망하여 육체를 떠난 영혼을 진혼굿이나 위령미사나 무당이 굿을 하면 영혼이 위로를 받거나 좋은 곳에 들어간다고 착각합니다. 진혼(鎭魂)이란 '죽은 사람의 넋을 달래어 고이 잠들게 하는 것'을 말합니다. 하나님 외에는 넋은 달랠 수도 없고 고이 잠들게 할 수도 없습니다. 영혼(넋)을 좌지우지하시는 분은 오직 하나님뿐이기 때문입니다. 사람이나 천사나 귀신이나 무당이 어찌하지 못합니다. 특히 무속신앙, 미신, 불교와 유교의 영향권에 있기에 알게 모르게 이런 생각들을 갖고 있습니다. 영화나 드라마 등을 보면 이런 장면들도 나옵니다.

이에 적지 않은 사람들이 알게 모르게 두려움과 공포심을 갖습니다. 아니면 이런 것을 하느라 헛된 마음과 신경과 시간과 돈을 허비합니다. 헛된 기대감을 갖기도 합니다. 사람이란 마음과 귀가 연약해서 헛된 것이나 아닌 것이라 할지라도 자주 보고 듣게 되면 영향을 받습니다. 가짜 뉴스나 유언비어에 쉽게 속는 것이 좋은 예입니다. 누가 어떤 사람에 대하여 사실이 아닌 이야기를 하더라도 쉽게 넘어갑니다. 그것이 사실인지 아닌지 체크를 하지 않고 그냥 믿어 버리거나 동의해 버립니다. 이래서 우리나라는 범죄 중에서 사기사건이 가장 많다고 합니다. 무엇이든지 정확하게 알고 신중하게 살아가야 합니다. 그래야 쉽게 흔들리거나 속지 않습니다. 멀쩡한 사람을 범죄자로 매도하지 않습니다. 어떤 것에 대하여 확신이 없고 분명한 지식이 없기 때문에 그럴듯한 무엇을 듣고 보면 흔들립니다.

사람의 육체와 영혼, 육체를 변화시키시는 분, 영혼을 주시고 취하시는 분, 산 영혼이나 죽은 영혼을 부르시고 좌지우지하시는 분, 세상 종말에 변화된 육체와 중간상태에 있던 영혼이 재결합하여 부활하게 하시는 분, 심판하시는 분은 오직 하나님뿐이십니다. 이는 절대적인 진리입니다. 왜 그렇습니까? 하나님께서 육체와 영혼을 창조하신 주인이시고 하나님만 전능하신 분이시고, 하나님 외에는 다른 신이 없기 때문입니다. 지구상에 하나님 외에 다른 신은 모두 가짜입니다. 속는 것입니다. 사람이나 그 어떤 피조물이라도 절대로 그리하지 못합니다. 영혼의 창조자요 주인만이 영혼을 주기도 하시고 취하기도 하시고 부르기도 하십니다. 그 외 모든 피조물은 사람의 영혼에 대하여 좌지우지하지 못합니다.

영화나 드라마나 책 등에서 무당들이 굿을 통해서 죽은 영혼을 불러온 다고(초혼) 하거나 위로한다고(진혼) 하는 것은 모두 사기입니다. 눈속임입니다. 무당들이 귀신의 힘을 빌려서 굿을 하는 것은 맞지만 무당이나 귀신이나 사람의 영혼을 좌지우지하지 못합니다. 하나의 쇼에 불과합니다. 천사들도 사람의 영혼을 어찌하지 못합니다. 다른 주제에서도 언급했지만 육체에서 영혼이 떠나면 죽었다고 합니다. 육체에서 나온 영혼은 즉시 내세의 중간상태로 들어갑니다. 육체를 떠난 영혼은 세상 종말까지, 부활의 때까지 중간상태인 낙원 혹은 음부에 대기하고 있다가 하나님의 역사에 따라 변화된 육체와 재결합하여 부활한 후 참기독교인들은 곧바로 천국에 들어가서 영원히 영생을 누리게 됩니다. 그러나 생전에 인류의 유일한 구세주인 예수님을 믿지 않은 모든 사람들은 심판을 받고 지옥에 던져져서 영벌의 삶을 살게 됩니다.

요한복음 11장 39절, 43~44절

"예수께서(하나님께서) 가라사대 돌(무덤 입구의 돌)을 옮겨 놓으라 하시니 그 죽은 자(나사로)의 누이 마르다가 가로되 주여 죽은 지가 나흘(4일)이 되었으매 벌써 냄새가 나나이다. 이 말씀을 하시고 큰소리로 나사로야 나오라 부르시니 죽은 자가 수족(手足, 손과 발)을 베로 동인채로 나오는데 그 얼굴은 수건에 싸였더라 예수께서 가라사대 풀어놓아 다니게 하라 하시니라"(예수님께서 떠난 영혼을 부르시어 육체와 다시 결합시키심)

고린도후서 2장 11절

"이는 우리로 사단(마귀)에게 속지 않게 하려 함이라 우리가
그 궤계(남을 속이는 꾀)를 알지 못하는 바가 아니로라"(사단
이 다양한 방법으로 사람들을 속임)

사망하여 낙원과 음부에 들어가 있는 영혼은 하나님께서 부르시지 않는 이상 지상에서 사람이 그 어떤 무당굿이나 진혼식이나 초혼식이나 위령미사나 위령기도 등을 해도 아무런 영향을 미치지 못하고 이 땅으로 부르지도 못합니다. 위로 자체가 되지 않습니다. 피조물, 귀신, 천사, 무당, 교황, 신부, 목사 등 그 어떤 사람도 영혼을 좌지우지하지 못합니다. 만일 죽어서 낙원이나 음부에 가 있는 영혼을 어떤 의식이나 행위를 해서 위로하거나 불러올 수 있다고 하는 자가 있다면 확실한 사기꾼입니다. 보이스 피싱에 당하는 사람과 같습니다. 그런 일은 절대로 일어나지 않습니다. 혹 있다고 강하게 주장한다면 속임수입니다. 마치 마술사가 사람들의 눈을 속이고 진짜인 것처럼 쇼를 하는 것과 다르지 않습니다. 마술이든 무당굿이든 초혼식이든 진혼의식이든 천주교에서 행하는 위령미사나 위령기도 등은 모두 속임수이자 헛된 것입니다. 헛되고 헛된 것이며 무지한 행위라고 할 수 있습니다.

기독교인들은 이런 것들에 속지 말아야 합니다. 아무리 그럴듯하게 보여도 흔들리지 말아야 합니다. 자기 눈으로 보았다고 하더라도 헷갈리지 말아야 합니다. 자기 눈으로 보았다고 해서, 체험을 했다고 해서 진짜가 아닙니다. 사단(마귀)이 사람들을 속이기 위해서 진짜 이적이나 기적처럼

쇼도 합니다. 체험을 했다고 다 진짜가 아닙니다. 눈으로 보았다고 해서 다 진짜가 아닙니다. 컴퓨터그래픽으로 얼마든지 진짜처럼 창조와 조작이 가능합니다.

앞으로도 영화나 드라마 등에서 죽은 영혼들이 왔다 갔다 하고 돌아다니고, 무덤 속에서 나오는 등 황당한 거짓 쇼들이 나타날 것입니다. 이 세상에서 죽은 자의 영혼을 가지고 무슨 말이나 짓을 해도 믿지 말기 바랍니다. 공상영화 등에도 속지 말아야 합니다. 더 이상 무속에 미혹되지 말아야 합니다. 영화나 드라마나 무당들과 점쟁이들과 무속인들에 의한 예언놀이, 귀신놀이, 혼령놀이, 위로놀이 등에 현혹되지 말기 바랍니다. 그런 일은 절대로 없습니다. 속임을 당하는 것입니다. 무엇이든 어리석고 무지한 자들이나 심신이 연약한 사람들이 속는 것입니다.

제18장

누구나 시한부 인생과 사망 확정 상태

현세와 내세에는 영원한 것이 있고 영원하지 않은 것이 있습니다. 무한한 것이 있고 유한한 것이 있습니다. 현세에 사는 사람, 인생에 대하여 오해하거나 착각하거나 그릇된 지식과 확신 가운데 사는 자들이 매우 많습니다. 일반지식이든 신앙지식이든 확증편향과 그릇된 지식과 확신에 빠져 사는 자들이 수두룩합니다. 그런 자들은 고집이 아주 셉니다. 자기가 알고 있고 믿고 있고 들은 것이 전부라고 생각합니다. 누가 바른 말을 해도 양보하지 않고 들으려고 하지 않습니다. 무엇이든지 정확히 알고 사는 사람은 소수에 불과합니다. 인생에 대하여 각기 나름 다양한 확신과 답을 가지고 살아갑니다. 그러나 정답, 진짜는 항상 하나뿐입니다. 그래서 수많은 사람들이 잘못 알고 그릇된 확신 가운데 고집을 부리고 살아갑니다.

자기 자신의 그릇된 지식과 확신, 그리고 타인들의 이런저런 사실이 아닌 주장과 말과 제안 등에 속고 사는 것을 모릅니다. 자신의 생각과 지식이 항상 옳다는 착각에 빠져 삽니다. 가장 대표적인 경우가 시험을 볼 때입니다. 수험생들의 실력이 다양하다 보니 시험도 다양하게 봅니다. 각기 이렇게도 쓰고 저렇게도 씁니다. 시험지에 답을 쓸 때는 다 정답이라고 확신하고 씁니다. 그러나 나중에 채점을 해 보면 그렇지 않습니다. 채점을 하면서, 시험 결과를 통해서 과목마다 자신의 지식과 확신에 잘못된 부분이 있음을 확인하게 됩니다. 정확하게 답을 쓴 자들도 있지만 대부분 혹은 상당수는 오답을 쓴 것을 알 수 있습니다. 만점을 받은 자들은 몇 명에 불과합니다.

이에 오답을 줄이고 정답을 많이 써서 좋은 점수를 얻기 위해서 개인 과외도 받고 좋은 학원에도 다닙니다. 나름 열심히 노력하지만 그래도 모든 부분에서 완벽하게 정답을 쓰고 사는 사람은 극소수에 불과합니다. 만점자가 별로 없습니다. 99% 정도는 항상 오답 수험생, 오답 인생으로 살아갑니다. 모든 사람들은 이런 점을 겸허하게 받아들이고 인정해야 합니다. 자신이 알고 배우고 확신하는 것, 자기 눈으로 본 것, 자기 귀로 들은 것, 자기가 체험한 것들이 전부나 사실이 아니라는 것을 인정해야 합니다. 주관적인 자기 지식에 절대적인 확신은 위험합니다. 그래야 속지 않고 더욱 성장하고 발전할 수 있습니다. 아무튼 세상을 살아가면서 자기가 알고 듣고 배운 것들 중에 정답이 아닌 경우가 허다합니다. 잘못 알고 잘못 믿고 추종한 것들이 한둘이 아닙니다.

이에 이런 사실을 깨닫고 중간에 인생전환을 시도하는 자들도 있고 줄곧 그릇된 지식을 품고 살다가 그대로 죽을 때까지 가는 자들도 있습니다. 대부분의 사람들은 부분적으로만 알고 살다가 죽습니다. 부분적으로만 행하다가 죽습니다. 부분적으로 알고 사는 것도 그릇된 경우가 허다합니다. 이것이 사람들의 실력이고 수준이고 역량이고 현실입니다. 누구하고든지 개인적이든 단체로 이야기를 하다 보면 각기 주장들을 하는데 주관적인 그릇된 확신에 빠져 사는 자들이 한둘이 아니라는 것을 알게 됩니다. 겸손하게 자기와 다른 주장을 하는 자들의 말에 귀를 기울이는 자들이 별로 없고 시종일관 자기만 옳다고 주장합니다. 어떤 자들은 자기와 다른 주장을 하면 화를 냅니다. 그래서 겸손해야 하고 죽을 때까지 마음 문을 열고 배우고 들어야 합니다. 자기 고집대로만 살지 말아야 합니다. 세상을 60년 이상 살아 보니 겸손한 자들을 만나기가 하늘의 별 따기처럼 어렵습니다.

야고보서 4장 14절

"내일 일을 너희가 알지 못하는도다 너희 생명이 무엇이뇨 너희는 잠간 보이다가 없어지는 안개니라"

히브리서 9장 27절

"한 번 죽는 것은 사람에게 정하신 것이요 그 후에는 심판이 있으리니"

로마서 5장 12절

"이러므로 한 사람으로(최초의 인간 아담) 말미암아 죄가 세상에 들어오고 죄로 말미암아 사망이 왔나니 이와 같이 모든 사람이 죄를 지었으므로 사망이 모든 사람에게 이르렀느니라"(한 사람의 죄의 전가 혹은 유전 때문에 모든 사람이 다 죄인이 됨)

시편 90편 10절

"우리의 년수(年數, 연수)가 칠십이요 강건하면 팔십이라도
그 년수(연수)의 자랑은 수고(고생)와 슬픔(죄악)뿐이요 신
속히(빨리) 가니 우리가 날아가나이다"

성경은 남녀노소를 불문하고 모든 사람들은 시한부 인생을 산다고 말합니다. 시한부(時限附)란 '어떤 일에 일정한 한계를 둔 것'을 말합니다. 그러니까 시한부 인생이란 현세에서 인생이 영원하지 않고 언젠가는 반드시 죽는다는 말입니다. 이것은 원죄 때문입니다. 시한부 기간은 남녀노소마다 다 다릅니다. 일정하지 않습니다. 착한 사람과 악한 사람의 시한부 기간도 다 다릅니다. 이 세상에서는 악하다고 빨리 죽고 착하다고 오래 사는 것이 아닙니다. 선악행위를 불문하고 모두 시한부 인생을 삽니다. 본래 다 죄인으로 주어진 형벌 때문입니다. 이 원죄 때문에 전 인류가 사형수로서 시한부 인생을 사는 것입니다. 언젠가는 반드시 죽게 되어 있습니다. 이것이 이 세상에 출생하게 되면 누구도 변개할 수 없는 사람들의 인생입니다.

한마디로 누구나 시한부 인생으로 죽음이 확정된 상태로 살아간다는 것입니다. 자신이나 타인이나 죽음은 확정되었는데 언제 죽을지는 사람을 흙으로 창조하신 하나님, 만물의 주인이신 하나님, 사람의 생사를 좌우하시는 하나님 외에는 아무도 모릅니다. 이런 사실을 정확히 알고 살아야 하루하루를 의미 있고 후회 없이 살아갈 수 있습니다. 하루하루를 소중하고 알차게 살아갑니다. 사망 이후의 세계를 대비하게 됩니다. 왜냐하면 하루 동안 생존하는 것 자체가 너무나도 소중하고 언제 죽을지 모르기 때

문입니다. 오늘이나 내일이 내 시간이나 인생이 아닙니다. 산 것이 산 것이 아닙니다. 갑자기 죽을 수도 있습니다. 그것이 시한부 인생들의 알 수 없는 목숨입니다.

그래서 살아 있는 시간, 주어진 인생을 허랑방탕하게 허비하며 살아갈 수 없습니다. 내일을, 한 달 후를, 일 년 후를, 십 년 후를 자신하며 탐욕적으로 사는 것은 어리석은 짓입니다. 하룻밤 사이에 자기 운명과 생사가 어찌 될지 아무도 모르기 때문입니다. 하나님께서 간밤에라도 생명을 취하실 수 있습니다. 자기가 조심한다고 근본적으로 생사가 달라지는 것은 아닙니다. 생사는 자신의 노력 여하에 따라 근본적으로 변개할 수 있는 것이 아니라 불가항력적입니다.

그래서 하루하루를 최선을 다해서 살되 현세 이후의 내세의 삶에 대한 바른 정보를 귀담아듣고 살아야 합니다. 시한부 인생이 분명하고 사망이 확정된 상태로 사는 것도 분명하지만, 그것으로 끝나지 않고 사망 이후에 반드시 영원한 내세(저승, 사후세계)가 기다리고 있기 때문입니다. 현세만 있고 죽으면 다 끝난다고 오판과 확증편향에 사로잡혀 사는 사람처럼 안타까운 사람은 없습니다. 자신의 그릇된 확신과 자신감과 지식에 속고 사는 것입니다. 아무튼 모든 사람은 다 시한부 인생을 살고 사망이 확정된 상태에서 살아간다는 것을 늘 기억하고 주어진 시간을 소중하게 생각하고 가치 있게 살기 바랍니다. 동시에 현세로, 죽음으로 끝나지 않고 영원한 사후세계가 있다는 것도 절대로 기억하고 대비하며 살기 바랍니다. 이렇게 사는 자가 지혜자이며 복된 사람입니다.

제19장

일반 살인과 정당방위 살인

살인(殺人, 사람을 죽임)에는 여러 사연과 방식과 변명이 있습니다. 실수로 살인, 우발적인 살인, 계획적인 살인, 고의적으로 살인, 부지중에 살인, 자기 생명을 스스로 끊는 자살 살인, 누군가가 청탁해서 하는 청탁 살인, 셀프 안락사, 보복 살인, 침략 전쟁에서의 군인들의 살인, 정당방위 살인 등등이 있습니다. 사연도 다양합니다. 상대방이 자기를 무시해서, 의식주 때문에, 감정이 격해서, 돈 때문에, 배신해서, 상관이 명령해서, 살인업자이기 때문에, 기분이 나빠서, 자기를 상관해서, 원치 않는 임신 때문에, 시기와 질투 때문에, 원수이기 때문에, 조직을 위해서, 자기가 살기 위해서, 이해관계 때문에, 권력 때문에, 재산 때문에, 상속문제 때문에, 권좌 때문에, 미워서, 정치 때문에 등등 다양합니다. 어떤 경우는 이유 없는 살인도 있습니다. 정신 이상과 사회적인 불만 때문에 살인을 자행하는 자들도 있습니다. 살인은 사연이 진실하든, 방식이 어떠하든, 변명이 타당하든, 이유가 어떠하든, 공감이 가든 살인은 살인으로 치명적인 죄악이며 반드시 처벌과 심판을 받습니다.

성경은 기본적으로 이혼을 금하는 것처럼 살인도 금합니다. 사람이 다른 사람의 생명을 좌지우지하지 못한다고 말합니다. 사람은 사람의 주인이 아니고 주인의 명령을 따르는 피조물, 종에 불과하며 사람의 주인은 하나님이기 때문입니다. 이는 마치 판사 외에는 일반 사람들이 다른 사람들의 허물에 대하여 유·무죄를 판결할 수 없는 것과 같습니다. 왜 그렇습니까? 하나님과 국가에서 공적으로나 일반은총으로 임명한 판사들이 아니기 때문입니다. 인간 세계와 현세에서는 하나님의 일반은총 가운데 허락된 판사들만이 사람들의 유·무죄를 판단할 수 있는 유일한 권세가 있습니다. 일반 사람들이 그 어떤 주장을 하더라도 아무런 법적 효력이 없습니다. 이처럼 모든 사람들은 사람들의 주인도 아니고, 사람들을 창조한 자도 아니고, 판사나 재판장도 아니기 때문에 누구든지 다른 사람의 유·무죄를 판결할 수 없고 죽일 수도 없습니다. 오직 사람들을 창조하시고 사람들의 주인이신 하나님만이 생사를 자유롭게 결정하실 수 있습니다. 그래서 성경은 살인과 관련하여 이렇게 말합니다.

출애굽기 20장 13절

"살인(殺人)하지 말찌니라"(오직 사람들만. 생물은 사람의
식물로 주심)

출애굽기 21장 12절

"사람을 쳐죽인 자는 반드시 죽일 것이나"(과거 신정국가였
던 상태에서)

신명기 32장 39절

"이제는 나(하나님) 곧 내가 그인 줄 알라 나와 함께 하는 신이 없도다 내가 죽이기도 하며 살리기도 하며 상하게도 하며 낫게도 하나니 내 손에서 능히 건질 자 없도다"

사무엘상 2장 6절

"여호와(하나님)는 죽이기도 하시고 살리기도 하시며 음부(내세의 나쁜 곳)에 내리게도 하시고 올리기도 하시는도다"(주인만의 권한)

마태복음 5장 21절

"옛사람에게 말한바 살인치 말라 누구든지 살인(殺人)하면 심판을 받게 되리라 하였다는 것을 너희가 들었으나"

요한일서 3장 15절

"그 형제를 미워하는 자마다 살인(殺人)하는 자니 살인하는 자마다 영생이 그 속에 거하지 아니하는 것을 너희가 아는 바라"(지속적으로 미워하는 것도 살인)

요한계시록 21장 8절

"그러나 두려워하는 자들(겁쟁이들)과 믿지 아니하는 자들(불신자들)과 흉악한 자들(가증한 자들)과 살인자들(殺人자들)과 행음자들(음행하는 자들)과 술객들(마술하는 자들)과

우상 숭배자들(거짓 신이나 종교와 형상을 숭배하는 자들)과
모든 거짓말 하는 자들은 불과 유황으로 타는 못(지옥)에 참
예하리니 이것이 둘째 사망(지옥생활)이라”

성경과 하나님은 원천적으로 사람에 의한 살인을 금합니다. 왜냐하면 생사여탈권을 가지신 분은 인간을 창조하시고 출생케도 하시고 생명을 취하기도 하시는 생명의 주인이신 하나님뿐이기 때문입니다. 살인한 자는 반드시 심판을 받는다고 말합니다. 살인자는 부활 이후에 지옥에 들어간다고 말합니다. 물론 진심으로 회개하면 용서함을 받습니다. 그러나 그 대가는 반드시 받습니다.

그러므로 살인은 이유를 불문하고 하지 말아야 합니다. 타인을 죽이면 자신도 죽는다는 사실을 기억해야 합니다. 그러니 항상 자기감정과 마음을 잘 다스려야 합니다. 단, 두 가지 예외가 있습니다. 그것은 정당한 방위 차원에서의 살인과 하나님께서 일반은총 가운데 허락하신 법원에서의 사형판결입니다. 정당방위란 상대방이 자기를 죽이려고 할 때 방어를 하다가 상대방을 죽인 경우입니다. 세상에서도 정당방위는 매우 어렵게 판단합니다. 이웃 국가가 침략을 해 왔을 때 방어 차원에서 총을 쏘아 상대편 군인을 죽이는 경우는 정당방위입니다. 그러나 침략해서 상대방 군인을 죽이는 것은 정당방위가 아니라 부당한 살인, 살상입니다.

누군가가 인적이 없는 곳에서, 타인의 도움을 전혀 받을 수 없는 상황에서 자기를 해하려고 하는 자에게 맞서다가 살인을 하면 정당성이 인정됩

니다. 정당성이 없는 침략행위는 다른 국가에 대한 하나의 강도 짓과 도적질과 폭력행위입니다. 이런 경우 정당방위에 해당하지 않습니다. 가장 대표적인 것이 칭기즈 칸의 침략행위, 히틀러의 침략행위, 일본의 침략행위, 십자군 전쟁 등입니다. 그런 경우 기독교인 군인들은 상대방 군인들에게 총을 쏘아서는 아니 됩니다. 사람이 아닌 것에 총을 쏘아야 합니다. 아무리 상명하복이라는 조직이라도 부당한 명령과 지시, 성경에 반하는 명령은 불이익을 각오하거나 죽을 각오로 명확하게 거부해야 합니다. 위헌과 위법한 비상계엄은 거부해야 합니다. 상관의 명령을 따르지 않되 지혜롭게 전쟁에 임해야 합니다. 아니면 아예 목숨을 걸고 전쟁 참여를 거부해야 합니다.

자기가 살기 위해서 부당한 명령과 지시를 따르는 것은 이웃을 해치는 결과를 가져오는데 이는 성경에 이웃을 자기 몸처럼 사랑하라는 하나님의 계명을 어기는 것입니다. 정당화될 수 없습니다. 어느 조직에서든지 상관이 진리와 헌법과 법률에 반하는 명령과 지시를 하면 거부해야 합니다. 기독교인은 누구든지 어느 조직과 공동체에서나 오직 하나님의 명령과 지시가 최종적입니다. 권세 있는 상관이나 세상 법이 아닙니다. 하나님의 명령을 외면하고 사람의 명령과 지시를 따르면 잠시는 목숨을 유지할 수 있지만 영생을 잃을 수 있습니다. 사람의 명령과 지시를 따라서 살면 하나님을 사랑하는 자가 아니라 권세자를 사랑하는 사람입니다. 기독교인은 권력자와 상관과 담임목사와 조직과 직장에 충성하는 자가 아닌 하나님께 충성하는 자입니다.

일반적인 기독교인, 직장인 기독교인, 교회나 기독교 단체에 종사하는 부목사나 간사, 기독교 군인들은 정당하지 않은, 불의한, 성경에 부합하지 않은 악한 일에는 절대로 따르지도 말고 참여하지도 말아야 합니다. 어떠한 불이익을 당해도 그리해야 합니다. 그것이 성경의 명령입니다. '군인이니까 상관의 명령에 무조건 복종해야 한다'는 것은 성경에 맞지 않습니다. 부당한 논리와 주장입니다. 따를 이유가 없습니다. 상관의 명령에 복종하는 것은 어디까지나 성경에 합하고 합법적이고 정당한 내용일 때만 적용이 됩니다. 선량한 이웃을 해치지 않는 경우입니다. 법률에도 그렇게 나와 있습니다. 모든 기독교인들의 최종 판단 근거는 상관이나 국가의 명령이 아닌 하나님과 성경의 명령뿐입니다.

이에 순교할 각오로 살아가야 합니다. 그래서 참기독교인의 길은 좁은 길이자 십자가의 길입니다. 우주와 만물의 왕이자 주인이자 대통령은 하나님입니다. 진리와 정의의 편에 선 결과로 엄청난 손해와 불이익을 감수하고라도 진리를 따라야 합니다. 그런 자들이 참기독교인, 참크리스천입니다. 예수님의 제자들입니다. 그 외에는 사람들의 제자들입니다. 믿음의 선진들이 다 그렇게 살다가 고난과 순교를 당했습니다. 그리고 이 세상의 질서와 안녕을 위해서 일반은총 가운데 세운 법원에서 죄인들에 대하여 사형을 선고할 수 있습니다. 이는 성경이 허락하는 것입니다. 낙태(친자 태아살인)도 불행한 임신일지라도 세상 사람들은 지지하지만 성경은 살인으로 금합니다.

낙태는 정당방위가 아닙니다. 아주 잔인무도한 살인입니다. 친부모에 의한 이기적이고 비겁한 살인입니다. 세상에서야 원치 않는 임신의 경우 (예, 성폭행 등) 인간적인 시각과 접근으로 낙태를 옹호하지만 성경은 그렇게 여기지 않습니다. 혹 산모와 태아 중 하나를 선택해야 할 중대한 기로와 상황이 발생했을 경우에만 정당방위 차원에서 한 사람만이라도 살려야 합니다. 이는 성경사상입니다. 둘 다를 죽일 수 없기 때문입니다. 사람의 생명은 살릴 수만 있으면 살려야 합니다. 사람의 생명은 인간의 논리와 변명과 개인 사정과 형편과 위기와 이유와 합리화를 초월합니다.

사람의 생명은 거래의 수단이나, 자신의 앞길이나, 합리적인 이유나, 이해타산에 따라 선택하거나 죽일 수 없습니다. 생명은 이유를 불문하고 사람이 죽일 수 없습니다. 왜냐하면 사람은 누구나 자신과 타인의 생명을 자기 마음대로 할 수 있는 권한이나 소유권이 없고, 오직 하나님이 주인으로 하실 수 있기 때문입니다. 생명은 하나님이 주신 것이고 하나님만이 주인입니다. 복중에 있는 태아의 소유권도 하나님만이 소유하고 있습니다. 부모는 태아의 주인이 아닙니다. 하나님께서 잠시 임신과 양육을 위탁한 것에 불과합니다.

그런즉 낙태를 하는 자는 살인자가 됩니다. 하나님의 소유를 탈취한 죄에 해당합니다. 부모의 권한을 잘못 사용한 직권남용죄에 해당합니다. 부모의 고유직무를 유기한 직무유기죄에 해당합니다. 한마디로 엄청난 살인행위입니다. 성경은 보복 살인, 안락사, 자살도 금합니다. 성경은 정당방위와 법원에서의 사형 판결 외의 모든 일반 살인은 금합니다. 기독교인들은 이런 사실을 바로 알고 살되 생명을 천하보다 더 소중하게 여기고 살아야 합니다. 어떤 살인이든지 살인은 꿈에도 생각지 말아야 합니다. 성경은 지속적인 미움도 살인이라고 규정하고 있기에 지속적으로 누군가를 미워하는 일은 없어야 합니다. 불편하게 여기거나, 좋아하지 않거나, 신뢰하지 않거나, 존경하지 않는 것은 개인의 주권이지만 지속적으로 미워하는 것은 살인에 해당하니 자기 마음 관리를 잘해야 합니다. 기독교인들은 사람을 죽이는 자들이 아니라 살리는 자들입니다.

제20장

죽음과 부활

상당수 사람들은 부활 자체에 대한 생각이 없습니다. 기독교인들 외에는 부활에 대한 의식이 없습니다. 그러나 기독교인이나 비기독교인이나 사후 세상 종말에 동일하게 부활할 것입니다. 무엇이든지 모르거나 안 믿어지거나 배우지 않으면 모릅니다. 속고 삽니다. 그래서 안타깝습니다. 보통 사람들은 생각하기를 사람이 살다 죽으면 그것으로 끝이라고 말합니다. 그 이상은 없다고 단언합니다. 그래서 부활이라는 것도 믿지 않습니다. '그런 것이 어디 있느냐'고 반문합니다. 충분히 그렇게 확신하거나 말할 수 있다고 생각합니다.

왜냐하면 누구나 무엇이든지 정확히 모르면 다 부정하는 것이 기본 상식이기 때문입니다. 또한 모든 사람들은 눈에 보이는 것이나 보이지 않는 것이나 현세나 내세에 대하여 모든 것을 다 알고 살 수는 없습니다. 보이는 것도 부분적으로밖에 알지 못하는데, 보이지 않는 것과 향후 사후에 일어날 일들에 대해서는 더더욱 알지 못하는 것이 정상이라고 생각합니다. 무엇이든지 배우고 알기 전에는 잘 모릅니다. 예를 들어서 운전을 배우지 않고 잘하는 사람은 없습니다. 수학과 영어 등을 배우지 않고 잘하는 사람은 없습니다. 야구나 축구도 마찬가지입니다. 부활에 대한 것도 마찬가지입니다.

배우기 전과 알기 전에는 무엇이든지 잘못하거나 부인합니다. 무시하고 무관심합니다. 그래서 사람들은 무엇을 알기 위해서 배우고 무엇을 잘하기 위해서 학원에 다닙니다. 이렇게 배운 자와 배우지 못한 자는 그 지식이나 실력 면에서 천지 차이가 납니다. 심각한 결과로 나타납니다. 죽음과 부활에 대한 것도 마찬가지입니다. 기본적으로 인간 스스로는 사람이 죽고 세상 종말 때에 부활하는 것에 대하여 절대로 알지 못합니다. 사람은 누가 가르쳐 주지 않으면 절대로 모릅니다. 그래서 죽음과 부활에 대하여 정확히 모르거나 부인하는 것이 정상이라고 하는 것입니다. 어떤 것에 대하여 정확히 모르면 이런저런 말도 안 되는 황당한 주장을 합니다. 주관식이나 서술형 시험을 볼 때 알지 못하는 주제나 지문이 나오면 출제자의 의도와는 무관한 황당한 이야기들을 쓰고 제출합니다. 신앙 면에서도 이런 식으로 주장하는 자들이 매우 많습니다. 정확히 모르면서 이런저런 주장을 합니다.

그러면 이러한 죽음과 부활에 대하여 어디에서 가르쳐 줍니까? 학원이나 학교나 대학교나 일반 책에서가 아닙니다. 교회에서 가르쳐 줍니다. 교회는 어떻게 압니까? 하나님의 음성이자 말씀인 성경을 통해서 알게 된 것입니다. 역사책이나 국어책이나 철학책이나 인문학책 속에 있는 것이 아닙니다. 다른 종교에서도 가르쳐 주지 않습니다. 전혀 모르기 때문입니다. 오직 성경책만 죽음과 사후 부활에 대하여 자세하게 기록되어 있습니다. 교회와 기독교인들만 알고 있기에 너무나도 안타까워서 이런 사실을 사람들에게 말하는 것입니다.

그러면 교회 밖에 있는 자들, 죽음과 부활에 대하여 잘 모르는 자들은 어찌해야 합니까? 학교의 학생처럼, 학원의 수강생들처럼, 훈련병들처럼 잘 듣고 배우는 자세를 취해야 합니다. 잘 모르면서도 아는 체하지 말아야 합니다. 겸손한 자세를 가져야 합니다. 전혀 모르는 놀라운 주장이기 때문에 부인하거나 거부할 것이 아니라 적극적으로 듣고 배워야 합니다. 관심을 가져야 합니다. 들어야 합니다. 그다음에 반박을 하거나 불신을 해야 합니다. 알지도 못하면서 반박을 하는 것은 황당한 일입니다. 말이 되지 않습니다.

사람은 누구나 원죄 때문에 사형선고를 받고 시한부 인생을 삽니다. 무시로 죽습니다. 누구나 반드시 죽는데 언제 죽을지는 아무도 모릅니다. 문제는 죽음 이후입니다. 성경을 알지 못하는 자들은 죽음 이후는 없다고 말하지만, 성경은 죽음 이후 저승, 내세, 사후세계가 반드시 있다고 분명하게 말합니다. 불교, 이슬람교, 천주교도 내세가 있다고 주장합니다. 신앙을 떠나 물질이 아닌 영혼(넋)의 존재 하나만 보더라도 의문을 가져야 합니다. 왜냐하면 물질이 아닌 영혼은 죽지도, 타지도, 썩지도 않는 존재이기 때문입니다.

고린도전서 15장 12~14절

"그리스도께서(예수님께서) 죽은 자 가운데서 다시 살아나셨다 전파되었거늘 너희 중에서 어떤 이들은 어찌하여 죽은 자 가운데서 부활이 없다 하느냐 만일 죽은 자의 부활이 없으면 그리스도도 다시 살지 못하셨으리라 그리스도께서 만일 다시 살지 못하셨으면 우리의 전파하는 것도 헛것이요 또 너희 믿음도 헛것이며"

마태복음 25장 46절

"저희는(불신자는) 영벌에(지옥), 의인들은(신자들은) 영생에(천국) 들어가리라 하시니라"

요한복음 5장 29절

"선한 일을 행한 자는 생명의 부활로, 악한 일을 행한 자는 심판의 부활로 나오리라"(선행과 행위가 아닌 믿음에 따른 부활을 말하는 것임)

고린도전서 15장 32절

"내가 범인(평범한 사람)처럼 에베소에서 맹수로 더불어 싸웠으면 내게 무슨 유익이 있느뇨 죽은 자가 다시 살지 못할 것이면 내일 죽을 터이니 먹고 마시자 하리라"

고린도전서 15장 19~20절

"만일 그리스도(예수님) 안에서 우리의 바라는 것이 다만 이생(현생)뿐이면 모든 사람 가운데 우리가 더욱 불쌍한 자리라

그러나 이제 그리스도께서 죽은 자 가운데서 다시 살아 잠자
는 자들(죽은 자들)의 첫 열매가 되셨도다"

고린도전서 15장 15절

"또 우리가 하나님의 거짓 증인으로 발견되리니 우리가 하나
님이 그리스도(예수님)를 다시 살리셨다고 증거하였음이라
만일 죽은 자가 다시 사는 일이 없으면 하나님이 그리스도를
다시 살리시지 아니하셨으리라"

요한복음 11장 24~26절

"마르다가 가로되 마지막 날 부활에는 다시 살 줄을 내가 아
나이다 예수께서 가라사대 나는 부활이요 생명이니 나를 믿는
자는 죽어도 살겠고 무릇 살아서 나를 믿는 자는 영원히 죽지
아니하리니 이것을 네가 믿느냐"

근본적으로 부활은 사망한 이후 세상 종말 때, 인류의 재판장이신 예수
님께서 인류를 심판하기 위해서 공중으로 재림해 오실 때에 순간적으로
발생합니다. 부활이라 함은 죽은 자가 다시 살아나는 것을 말하는데 이는
매우 신비한 일입니다. 논리적으로나 합리적으로나 과학적으로 설명이
불가능합니다. 신비한 영역이기 때문입니다. 이는 마치 바람이 눈에 보
이지 않지만 존재하여 이리저리 부는 것과 같습니다. 바람이 어디서 와서
어디로 부는지 설명이 불가능합니다. 바람이 존재하지 않는다면 바람으
로 인해 흔들리는 물체와 현상은 없을 것입니다.

그렇다고 바람의 존재를 과학적으로나 이성적으로나 논리적으로 증명과 설명하자니 불가능합니다. 보여 줄 수도 없습니다. 신비한 일입니다. 나무가 흔들리는 것 등을 보면서 바람이 존재하는 것을 압니다. 부활도 그렇습니다. 그래도 비슷하게 부활을 설명할 수 있는 것은 죽은 씨앗의 발아입니다. 가을과 겨울에 씨앗이 땅에 묻혀 있다가 봄이 되면 싹이 나옵니다. 씨앗이 땅속에서 썩어 죽었는데 그곳에서 싹이 나옵니다. 아주 신비한 일입니다. 씨앗이 땅속에서 썩었으면, 죽었으면 그것으로 끝나고 없어져야 하는데 그 자리에서 예쁜 싹이 나옵니다. 이것으로 충분한 부활에 대한 설명은 되지 않지만 그 정도로 설명하겠습니다.

성경은 사람이 죽으면 죽음으로 끝나는 것이 아니라 마지막 세상 종말에 반드시 부활한다고 말합니다. 그래서 부활이 없다고 알고 살다가 죽은 자들은 큰일인 것입니다. 부활 이후의 내세에 대한 삶을 현세에서 전혀 대비와 준비를 하지 않고 살다가 죽었기 때문에 행복한 부활, 영생의 부활이 아닌 영벌과 불행한 부활을 하게 될 것입니다. 사망 이후에, 종말 때의 부활 시에 몹시 당황할 것입니다. 성경은 부활에는 두 종류가 있다고 말합니다. 하나는 천국에 들어가서 영원히 행복하게 사는 영생의 부활이고, 또 하나는 지옥에 들어가서 영원히 고통 가운데 사는 영벌의 부활입니다. 이 두 부활은 무엇으로 나누어진다고 합니까? 오직 믿음으로 결정된다고 합니다. 누구에 대한 믿음입니까? 인류의 유일한 구원자이신 예수 그리스도를 생전에, 현세에서 '믿고 죽었느냐 믿지 않고 죽었느냐'로 갈라진다고 합니다.

살아생전에 예수님을 진실로 믿고 살다가 사망한 사람은 세상 종말에 영생의 부활을 합니다. 그러나 살아생전에 복음을 거부하고 예수님을 믿지 않고 살다가 사망한 사람은 세상 종말에 영벌의 부활을 합니다. 예수님에 대한 신앙 유무를 떠나서 과거에 죽었던 모든 사람이 다 부활합니다. 기독교인들만 부활하는 것이 아닙니다. 과거에 죽은 자나 종말 때에 산 자 모두가 부활합니다. 이것이 성경에서 말하는 죽음과 부활에 대한 진리입니다. 이런 사실이 있는지조차 모르고 사는 사람과 죽은 사람들이 많습니다. 이런 사실을 외치는데도 듣지 않고 거부하는 사람들도 많습니다. 그렇다고 향후 있을 무서운 심판 때에 핑계치 못할 것입니다. 자기 스스로 알고 듣기를 거부한 것이기 때문입니다. 누구 탓도 못 합니다. 그러므로 기독교인들의 외침을 겸손히 들어야 합니다. 건전한 교회를 찾아가야 합니다. 성경을 읽어야 합니다. 이런 책의 주장과 안내에 귀를 기울여야 합니다. 끝까지 읽어 보아야 합니다.

무조건 거부하고, 불신하고, 무시하고, 부인하는 사람은 답이 없습니다. 일단은 듣고 충분히 검토한 이후에 거부해도 늦지 않습니다. 그런 사람이 지혜자입니다. 무조건 거부하는 사람은 매우 어리석은 사람입니다. 동물들도 물가에까지는 데리고 갈 수 있지만 자발적으로 물을 마시지 않으면 다른 수가 없습니다. 아무리 설명하고 외쳐도 사람들이 불신하고 거부하면 다른 길이 없습니다. 그대로 살다가 죽은 이후 세상 종말에 자기도 모르게 부활한 이후 내세가 있다는 것을 직접 목도하게 될 것입니다. 그때는 늦습니다. 반전을 기대하기 어렵습니다. 인생역전과 반전의 시간은 오직 현세뿐입니다. 영생을 얻을 수 있는 시간과 기회는 살아 있을 동안뿐입니다. 그래서 교회들과 기독교인들이 예수님을 믿으라고 외치고 전도하는 것입니다. 다른 의도는 없습니다. 이런 중대한 사실을 정확히 알리기 위해서 이런 책을 쓴 것입니다. 사망 후에 부활은 반드시 있습니다. 부활을 알든 모르든 부활은 반드시 있습니다. 싫든 좋든 끝까지 최선을 다한 후에 거부를 해도 하기 바랍니다.

제21장

죽음과 심판

죽음과 부활, 내세에 대하여 오해하고 착각하는 사람들이 적지 않은 것처럼, 죽음과 심판에 대해서도 정확하지 않은 지식과 확신을 갖고 오해하며 사는 사람들이 적지 않습니다. 심판(審判)이란 '사건을 심리해 옳고 그름에 대해 판결을 내림'을 뜻합니다. 기독교에서는 '하나님께서 지상에서의 삶에 대하여 사후에 판정을 내리는 일'을 뜻합니다. 물론 심판의 대상은 전 인류 중에서 불신자들뿐입니다. 예수님을 진실로 믿지 않은 자들입니다. 사람들 중에는 이런 말을 하는 사람들이 있습니다. '사람이 한 평생 살다가 죽으면 그것으로 끝나는데 무슨 심판을 운운하느냐'고 반문합니다.

그럴 수 있습니다. 사후의 심판을 부인하거나 허무맹랑한 것으로 치부하는 자들은 충분히 그렇게 말할 수 있습니다. 안 믿어지거나 생각해 본 적이 없고 학교에서 배운 적이 없기 때문입니다. 그러나 그것은 어디까지나 지극히 자기 생각이고, 오해나 무지에 근거해서 한 주장과 확신이기에 바른 교정이 필요합니다. 진리 책인 성경은 반드시 인류에 대한 심판이 있음을 말합니다. 심판이란 현세에서도 다양한 영역에서 종종 경험하고 보는 상식입니다. 농부가 농사를 지은 이후 가을에 추수를 하는데 이를 다르게 말하면 심판이라고도 합니다.

올림픽 경기에서 선수들이 예선전과 결선을 치른 이후 순위를 정하고 시상식을 하는데 이를 심판이라고도 합니다. 영리를 목적으로 하는 일반 회사에서는 연말에 한해 결산(심판)을 통해 신상필벌을 합니다. 영업실적이 좋은 사람은 큰 상을 주고 영업실적이 저조한 사원에 대해서는 페널티를 줍니다. 이것이 직장인에 대한 심판입니다. 학생들도 학교만 다니면 끝나는 것이 아닙니다. 반드시 시험이 있고 시험 결과에 대한 희비가 엇갈립니다. 상을 줍니다. 대학교와 직장의 향방이 바뀝니다. 이 또한 심판입니다. 결혼과 인생까지 바뀌는 경우가 허다합니다. 법원에서도 매달 심판(판결)이 있습니다. 현세에서도 다양한 영역에서 심판이 있고, 매년 결산을 통해서 심판을 받습니다. 그냥 신나게 운동만 하고, 학교만 다니고, 직장만 다니고, 일만 열심히 하면 그것으로 끝이 아닙니다. 신상필벌, 인과응보, 결산, 시상식이라는 심판을 받습니다. 인생도 그렇습니다. 열심히 살다가 죽으면 그것으로 끝나지 않습니다. 죽음은 끝이 아니라 새로운 인생의 시작입니다.

히브리서 9장 27절
"한 번 죽는 것은 사람에게 정하신 것이요 그 후에는 심판이 있으리니"

전도서 12장 14절

"하나님은 모든 행위와 모든 은밀한 일을 선악간에 심판하시리라"

요한복음 5장 24절

"내가 진실로 진실로 너희에게 이르노니 내(예수님) 말을 듣고 또 나 보내신 이를(하나님) 믿는 자는 영생을 얻었고 심판(審判)에 이르지 아니하나니 사망에서 생명으로 옮겼느니라"

마태복음 16장 27절

"인자가(예수님이) 아버지의 영광으로 그 천사들과 함께 오리니(공중 재림) 그때에 각 사람의 행한 대로 갚으리라"

로마서 2장 6절

"하나님께서 각 사람에게 그 행한 대로 보응하시되"

욥기 34장 11절

"사람의 일을 따라 보응하사 각각 그 행위대로 얻게 하시나니"

디모데후서 4장 1절

"하나님 앞과 산 자와 죽은 자를 심판하실 그리스도 예수 앞에서 그의 나타나실 것과 그의 나라를 두고 엄히 명하노니"

요한계시록 20장 12절

"또 내가 보니 죽은 자들이 무론 대소하고 그(예수님, 하나님) 보좌 앞에 섰는데 책들이 펴 있고 또 다른 책이 펴졌으니 곧 생명책이라 죽은 자들이 자기 행위를 따라 책들에 기록된 대로 심판을 받으니"

요한복음 5장 29절

"선한 일을 행한 자는 생명의 부활로, 악한 일을 행한 자는 심판의 부활로 나오리라"

고린도전서 5장 10절

"이는 우리가 다 반드시 그리스도(예수님)의 심판대 앞에 드러나 각각 선악간에 그 몸으로 행한 것을 따라 받으려 함이라"(사후 세상 종말 때의 심판)

열심히 살거나 성실하게 살다가 죽으면 그것으로 끝나는 것이 아닙니다. '최선을 다해서 열심히 살았으니 그것으로 만족한다'로 끝나는 것이 아닙니다. 자기가 열심히 산 것은 산 것이고 심판은 따로 있습니다. 자기가 알고 있는 것이 전부나 사실이 아닙니다. 모든 것이 자기가 생각한 대로 돌아가지 않습니다. 만물의 주인이시자 창조주이신 하나님의 뜻대로 돌아갑니다. 사람은 누구나 죽음 이후에 하나님의 초자연적인 능력에 의해 다시 살아나는 부활이 있고, 부활 이후에 요람에서 무덤까지의 삶에 대하여 선악 간에 각자 인류의 재판장이신 예수님으로부터 심판을 받습니다. 이 땅에서 무질서하고 함부로 산 사람들은 반드시 그 대가를 받게 됩니다. 자기가 뿌린 대로 거두는 시간이 있을 것입니다. 그래서 생전에 불량하게 살면 안 되는 것입니다.

현세만 생각하고 사후의 심판을 생각지 못하고 자기 멋대로 온갖 죄악 가운데 산 사람들은 피눈물을 흘릴 때가 반드시 옵니다. 이런 사실은 오직 성경에서만 가르쳐 주니 성경을 접하지 못한 사람들은 부활이나 심판이 없다고 자신만만하게 주장하는 것입니다. 세상을 살아갈 때 잠시 마음이 편한 상태로 살아갑니다. 무엇이든지 모르면 편한 것입니다. 잘못된 확신과 신념 가운데 삽니다. 이는 자기 자신에게 속는 것입니다. 스스로 인생은 죽음으로 끝난다고 말합니다. 그래서 무엇이든지 잘 알아도 용감하게 주장하고, 잘 몰라도 용감하게 주장합니다. 잘 모르는 상태에서 용감하게 주장하는 것은 설득력이 떨어집니다. 성경은 죽음 이후에 반드시 심판이 있다고 말합니다. 물론 참기독교인들은 심판에서 제외됩니다. 이는 마치 회사, 중요한 기관, 어느 장소에 들어갈 때 회원들은 프리패스지만, 비회원들은 철저하게 신원조회나 검사를 받고 출입 여부가 결정되는 것과 같습니다.

기독교인들은 인류의 유일한 구세주인 예수 그리스도를 믿고 살다가 죽었기에 죄 용서함을 받아 심판을 받지 않습니다. 죄인 신분에서 의인 신분이 되어 심판의 대상이 아니라 상급의 대상으로 부활하여 천국에 입소하게 됩니다. 그러나 예수님을 믿지 않다가 사망하여 부활한 자들은 여전히 죄인 신분이기에 요람에서부터 무덤까지의 전 생애에 대하여 엄격

한 심판을 받고 지옥으로 입소하게 됩니다. 그러니까 사람이 살다가 죽은 이후 세상 종말에 부활을 하여 심판을 받는데 모든 기독교인은 심판을 받지 않고 곧바로 천국에 들어갑니다.

예수님을 믿지 않고 산 모든 불신자들은 심판을 받고 지옥에 들어가게 됩니다. 사람은 누구나 반드시 죽지만 죽음으로 끝나지 않고 사후에 부활하여 심판을 받고 지옥에서 영원히 살게 됩니다. 그래서 심각한 것입니다. 고민해야 한다고 하는 것입니다. 이처럼 이 땅에 살 때 예수님을 믿고 안 믿고 죽은 이후의 향방과 삶은 엄청난 차이가 있습니다. 이에 예수님을 믿으라고 외치는 것입니다. 이런 사실을 정확히 알고 살기 바랍니다.

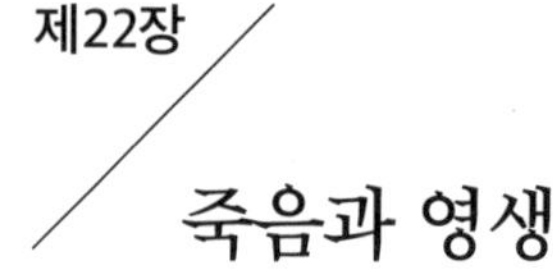

제22장

죽음과 영생

죽음과 부활, 내세(저승, 사후세계), 죽음과 심판을 모르거나 부인하는 자들이 적지 않은 것처럼, 죽음과 영생에 대해서도 모르거나 '그런 것이 어디 있느냐'고 말하는 자들이 많습니다. 그럴 수 있습니다. 잘 모르거나 정확히 알지 못하기 때문이라고 생각합니다. 아니면 어디서든지 그런 말을 들어 본 적이 없기 때문일 것입니다. 영생(永生)이란 '영원히 사는 것'을 뜻합니다. 보통 사람들은 살다가 죽으면 끝이라고 생각합니다. 그러니 내세나 영생이라는 것은 없다고 말합니다. 사람의 인생에 대하여 현세의 삶만 있는 것으로 생각합니다. 길게 잡고 100세를 살고 죽으면 그것으로 모든 인생은 끝난다고 생각합니다. 이에 내세, 저승, 사후세계, 영생을 전면 부정합니다. 이는 엄청난 착각이자, 오해이자, 그릇된 확신입니다. 속고 사는 것입니다.

사후세계는 불교, 이슬람교, 천주교, 개신교 등 세계 종교의 90% 이상을 차지하고 있는 신앙인들이 다 인정하는 것입니다. 이들 종교들은 모두 내세, 저승, 사후세계가 있다고 가르칩니다. 물론 성경에서 말하는 내세와는 다릅니다. 하나님의 말씀이자 음성인 성경은 사람은 죽음으로 끝나지 않는다고 말합니다. 죽음 이후에 죽은 자들이 다시 살아나는 부활이 있고 심판이 있다고 말합니다. 또한 심판으로만 끝나는 것이 아니라 심판 이후에 내세에서 영원히 사는 영생이 있다고 말합니다. 영생하는 곳은 두 곳뿐이라고 말합니다. 한 곳은 천국에서 영생하고, 또 한 곳은 지옥에서 영생하는데 그것을 영벌이라고 합니다. 지옥에서의 영생을 왜 영벌이라고 합니까? 영원히 고통만 당하며 사는 곳이기 때문입니다.

요한복음 3장 16절
"하나님이 세상을 이처럼 사랑하라 독생자(예수님)를 주셨으니 이는 저를 믿는 자마다 멸망치 않고 영생(永生)을 얻게 하려 하심이니라"

마태복음 25장 46절
"저희는(불신자들) 영벌에(지옥에), 의인들은(기독교인들) 영생에(천국에) 들어가리라 하시니라"

요한복음 5장 24절
"내가(예수님) 진실로 진실로 너희에게 이르노니 내(예수님) 말을 듣고 또 나 보내신 이를(하나님) 믿는 자는 영생(永生)을 얻었고 심판에 이르지 아니하나니 사망에서(지옥) 생명으로 (천국) 옮겼느니라"(오직 믿음으로만 이렇게 된다)

마태복음 19장 16절

"어떤 사람이(부자 청년) 주께 와서 가로되 선생님이여 내가 무슨 선한 일을 하여야 영생(永生)을 얻으리이까"(영생 얻는 방식을 잘못 알고 있음)

마가복음 10장 30절

"금세에 있어 집과 형제와 자매와 모친과 자식과 전토를 백 배나 받되 핍박을 겸하여 받고 내세(來世)에 영생(永生)을 받지 못할 자가 없느니라"(예수님과 복음을 위하여 모든 것을 버린 자들)

사람은 세상에 한번 태어나면 신앙과 선악 유무를 떠나서 영원히 살게 됩니다. 사람의 영혼은 육체처럼 물질이 아니기에 영원히 썩지도, 불에 타지도, 죽지도 않습니다. 물질은 유한하지만 비물질은 영원합니다. 영혼(靈魂, 넋)이 그렇습니다. 그래서 사람은 죽음으로 끝나지 않는다고 하는 것입니다. 죽음이 끝이 아니라고 하는 것입니다. 사람이 죽어 썩었거나 화장했거나 사라진 육체도 세상 종말에 하나님의 초자연적인 역사로 인하여 영원히 썩지 아니할 몸으로 다시 변화되어 보이지 않는 영혼과 재결합한 상태로 부활하여 심판을 받고 내세에서 영원히 살게 됩니다. 문제는 어디에서 영원히 사느냐입니다. 예를 들어서 감옥에서 사는 것과 자기 집에서 사는 것은 삶 자체가 천지 차이입니다. 불구덩이에서 사는 것과 호텔에서 사는 것은 천지 차이입니다. 영원히 살되 좋은 곳, 행복한 곳에서 영원히 살아야 합니다. 영생의 장소는 하나님께서 예비해 놓으신 천국과 지옥뿐입니다. 다른 내세는 없고 허구입니다. 속는 것입니다. 천국과 지옥은 따로 설명이 필요 없을 정도로 어떤 곳인지를 잘 알 것입니다.

영벌과 영생의 장소에 입소 여부는 이 땅에 살아생전에 '인류의 유일한 구세주를 진실로 믿었느냐 믿지 않았느냐'로 결정됩니다. 이것이 내세의 영생과 영벌을 가르는 유일한 길과 기준입니다. 왜 그렇습니까? 만물의 주인이신 하나님께서 정하신 유일한 영생의 길과 기준이기 때문입니다. 예수님을 믿는 것이 죄 사함을 받아 영생을 누릴 수 있는 유일한 길입니다. 인간 스스로가 정한 영생의 길은 없습니다. 피조물이 영생의 길을 제시하지 못합니다. 오직 만물의 창조주이자 우주의 주인이신 하나님만이 영생의 길과 기준을 정하실 수 있는 절대 권한이 있습니다. 이 영생의 룰을 지키고 따르는 자가 복을 받고 영생을 얻게 됩니다. 피조물은 이 영생, 구원의 기준이 틀렸다고 말하지 못합니다. 그 외에 다른 길과 방식은 없습니다. 착한 삶과 선한 행실로의 영생은 없습니다. 혹 누군가가 다른 길도 있다고 한다면 모두 가짜입니다. 속임수입니다.

이런 질문과 의문을 가진 자들이 있을 수 있습니다. 다른 종교는 어떻게 됩니까? 성경은 참신과 참신앙은 하나님과 성경 외에는 없다고 말합니다. 종교라고, 신앙이라고, 경전이라고 다 같은 것이 아닙니다. 진짜가 있고 가짜가 있습니다. 종교마다 구원이나 영생이 있다고 한다면 코미디입니다. 정답과 진리는 항상 하나뿐이기 때문입니다. 둘이나 셋이 있을 수 없습니다. 누군가는 속아 살고 누군가는 바른 진리를 믿고 삽니다. 이것이 정답입니다. 참종교는 지구상에 하나뿐입니다. 이에 속고 사느냐 속지 않고 사느냐의 차이뿐입니다. 한 종교를 빼놓고 모든 종교는 속고 믿는 것입니다.

결국 속지 않고 바른 신앙을 소유한 자가 승자이자 복이 있는 사람입니다. 속고 사는 자들은 불행한 자들입니다. 지구상에는 많은 종교와 가르침이 있지만 진짜 종교는 단 하나뿐이고 나머지는 가짜입니다. 이것이 진리이고 상식입니다. 세상에 아버지와 어머니들이 많지만 진짜 자기 아버지와 어머니는 한 분뿐입니다. 두셋이 있을 수 없습니다. 진짜 부모가 여러 명이라면 가짜입니다. 시험을 볼 때 수험생들이 다양한 번호를 각기 정답이라고 쓰지만 정답은 여러 개가 아닌 단 하나뿐인 것과 같습니다. 진짜는 무엇이든지 하나뿐입니다. 종교도, 신앙도, 신(神)도 그렇습니다. 이를 이해하는 데 상식만 있으면 됩니다. 속지 않는 자가 최후의 승자입니다.

제23장

웰다잉

무엇이든지 얼마나 열심히 하느냐, 얼마나 많은 것을 소유하느냐, 얼마나 오래 사느냐, 무엇을 많이 하느냐, 어디에 높이 올라가느냐, 사회에서 최고가 되느냐가 본질이나 핵심이 아니라 후회 없이 살고 가치 있게 사는 것이 제일 중요합니다. 오래 사는 것도 의미가 있지만 그보다 더 의미가 있는 것은 하나님이 정하신 삶의 목적에 맞게 잘 살다가 잘 죽는 것입니다. 장수(長壽, 오래 삶)가 복인 것은 맞지만 무조건 장수 자체가 복은 아닙니다. 아무리 장수를 하더라도 질병 상태에서 장수하는 것과 이기적으로 장수하는 것과 불의하게 장수하는 것과 내세에 대한 대비 없이 장수하는 것은 본인과 가족에게 큰 고통과 불행이 아닐 수 없습니다. 사람은 출생 이후로도 사람답게 잘 살아야 하지만, 죽을 때도 아름답게 잘 죽어야 합니다. 물론 자기 생각이나 마음대로 되는 것은 아니지만 그래도 노력을 하면 '웰다잉'을 할 수 있습니다.

웰다잉(Well-Dying)이란 '준비된 죽음, 아름다운 죽음'을 의미합니다. 짧게 말하면 '잘 죽기', '잘 죽는 것'을 말합니다. 한마디로 '살아온 날들을 정리하고 죽음을 준비하는 행위'를 말합니다. 일반적으로 시중에 떠도는 웰다잉 10계명은 다음과 같습니다. ① 그동안의 삶을 기록하기 ② 주치의를 정하고 정기적으로 건강을 체크하기 ③ 버킷리스트(죽기 전에 꼭 한 번쯤은 해 보고 싶은 것들을 정리한 목록)를 만들고 실행하기 ④ 이별과 상실의 아픔을 이겨 낼 계획을 세워 두기 ⑤ 유언장을 작성하기 ⑥ 후견인을 정하기 ⑦ 연명의료의향서를 작성하기 ⑧ 장례 계획을 작성하기 ⑨ 유품을 정리하기 ⑩ 죽기 전에 꼭 하고 싶은 말을 작성하기.

사람들은 고통 없이 편안하고 아름답게 살다가 생을 마감하고 싶어 합니다. 떠날 때도 박수를 받고 싶어 합니다. 그러나 죽음이란 예고 없이 찾아오고, 자기가 마음먹은 대로 되지 않고, 마지막 운명 직전의 모습도 다양합니다. 자기의 기대나 바람과는 달리 생을 마감하는 경우가 허다합니다. 반드시 자기가 원하는 대로만 되지 않습니다. 어떤 사람은 처참하게 죽고, 어떤 사람은 고통스럽게 죽고, 어떤 사람은 예상치 못한 때에 죽고, 어떤 사람은 편안하게 죽습니다. 이에 안락사를 선택하기도 합니다. 우리나라는 불법이지만 네덜란드의 경우 안락사가 합법입니다.

그래서 나이 들어 고통스러운 상태가 되면 안락사를 행합니다. 성경은 안락사를 살인으로 규정합니다. 기독교인들은 인간적으로 접근하여 절대로 안락사를 선택해서는 안 됩니다. 기본적으로 생사는 자신이나 타인이 선택할 수 있는 권한이 없습니다. 오직 만물의 주인이신 하나님만이 생사의 결정권을 가지고 계십니다. 인위적으로 약물을 투여하여 죽음을 맞이하는 것은 살인입니다. 인류의 모든 고통과 질병과 죽음은 원죄에 따른 형벌이자 저주이기 때문에 고통스럽더라도 벌을 달게 받고 가야 합니다.

고통스럽고 절망적이라고 피하려고만 하는 것은 복이 아닙니다. 하나님
께서 내리신 형벌은 달게 받으면 복이 됩니다.

사무엘상 2장 6절

"여호와(하나님)는 죽이기도 하시고 살리기도 하시며 음부
(내세의 고통 장소)에 내리기도 하시고 올리기도 하시는도다"

신명기 32장 39절

"이제는 나(하나님) 곧 내가 그인 줄 알라 나와 함께 하는 신이
없도다 내가 죽이기도 하며 살리기도 하며 상하게도 하며 낫
게도 하나니 내 손에서 능히 건질 자 없도다"

신명기 32장 50절

"네(모세) 형 아론이 호르 산에서 죽어 그 조상에게로 돌아간
것같이 너도(모세도) 올라가는 이 산에서 죽어 네 조상에게로
돌아가리니"

신명기 34장 5절

"이에 여호와의 종 모세가 여호와(하나님)의 말씀대로 모압
땅에서 죽어"

신명기 34장 7절

"모세의 죽을 때 나이 일백이십 세나 그 눈이 흐리지 아니하였

고 기력이 쇠하지 아니하였더라”

여호수아 24장 29절

“이 일(마지막 유언) 후에 여호와의 종 눈의 아들 여호수아가
일백십 세에 죽으매”

사도행전 7장 59~60절

“저희가(유대인들) 돌로 스데반(신실한 신앙인)을 치니 스데
반이 부르짖어 가로되 주 예수여 내 영혼을 받으시옵소서 하
고 무릎을 꿇고 크게 불러 가로되 주여 이 죄를 저들에게 돌리
지 마옵소서 이 말을 하고 자니라(죽으니라)”

성경을 보면 편안하게 죽은 자들도 나오지만 보기에 좋지 않게 죽은 자
들도 나옵니다. 죽는 모습, 마지막 운명 모습을 보고 ‘웰다잉’을 운운하는
것은 맞지 않습니다. 마지막 죽는 모습의 어떠함이 실패와 성공, 행복과
불행, 내세의 향방, 천국과 지옥, 구원과 유기, 참과 거짓, ‘웰다잉’ 여부를
판단하는 근거가 전혀 아니기 때문입니다. 사람의 겉모습, 외모를 보고
판단하는 것은 실수하는 것입니다. 정확한 판단이 아닙니다. 예수님은 십
자가에 못 박혀 고통스럽게 죽으셨습니다. 예수님의 제자들 대다수는 비
참하게 순교하였습니다. 초대교회의 신실한 그리스도인들도 믿음을 지
키다가 비참하게 화형, 사자 밥, 톱과 칼, 고문 등으로 마지막 최후를 당했
습니다. 주기철 목사님은 일제 강점기 때 신앙을 지키다가 지하 감옥에서
지독한 고문을 통해 비참하게 순교하였습니다. 어떤 주제에서도 다루었

지만 사람의 마지막 죽는 모습, 얼굴 모습으로 구원 여부, 좋은 사람 여부, 행복한 죽음 여부를 말하는 것은 맞지 않고 성경적이지 않습니다. 여기서는 어떤 식으로 죽든지 아름답고 준비된 죽음을 잘 갖는 것을 이야기하는 것이 주제입니다.

내·외면적으로 추하게 죽는 자와 아름답게 죽는 자들이 있습니다. 볼썽사납게 죽는 자와 의연하게 죽는 자들이 있습니다. 죽으면서까지 손가락질을 당하고 죽는 자들이 있는가 하면, 존경과 칭찬을 받으며 죽는 자들이 있습니다. 사람들이 죽음을 안타까워하는 사람이 있는가 하면, 잘 죽었다고 좋아하는 경우도 있습니다. 기독교인들은 겉으로는 어떤 모습으로 죽든지 지나온 삶과 신앙과 내면에 있어서 박수와 칭찬과 존경을 받고 운명해야 합니다. 그렇게 살 때 진실로 '웰다잉'하는 자가 됩니다. 그렇게 살기 위해서는 탐욕이 없어야 합니다. 정직하게 살아야 합니다. 믿음이 떨어지지 않아야 합니다. 죽기 전에 자기가 가진 재산을 하나님과 어려운 이웃을 위해 모두 사용해야 합니다. 바른 신앙고백으로 살아야 합니다. 이웃에게 진심으로 물질을 나누며 살아야 합니다. 진리와 공익을 위해서 살아야 합니다. 거짓말과 악한 짓은 일절 하지 않고 살아야 합니다. 어려운 사람들을 돕고 살아야 합니다. 부끄럽지 않게 살아야 합니다. 나쁜 짓을 하지 않아야 합니다. 그런 자의 죽음은 '웰다잉'이 될 수 있습니다.

일반적인 웰다잉 준비도 잘하고, 성경에서 말하는 웰다잉도 잘 준비하고 사는 기독교인들이 되어야 합니다. 그것은 일생 동안 오직 진리 안에 거하는 생활을 하는 것이고, 바른 신앙고백적인 삶을 사는 것이고, 진실로 이웃을 자기 몸처럼 사랑하는 것입니다. 말과 지식과 문자와 눈물로만 이웃을 사랑하는 것이 아니라 불우한 이웃과 어려운 이웃과 위기에 처한 이웃에게 적고 작은 것이라도 필요한 것들을 공급하는 사랑을 해야 합니다. 기독교인들 중 일부 목사, 사모, 성도들 중에는 말과 문자와 지식으로만 이웃을 사랑하는 자들이 있습니다. 사랑과 신앙에 대하여 행함이 없는 자들이 있습니다. 하나님 사랑과 이웃 사랑은 말과 혀와 문자와 전화와 지식으로만 하는 것이 아닙니다. 실제로 위기나 어려움이나 깊은 슬픔에 처해 있는 자에게 물질과 필요를 제공하고 나누는 것입니다. 그렇게 진실한 마음으로 애신애타(愛神愛他)하며 사는 기독교인은 웰다잉을 잘 준비하고 사는 사람이라고 할 수 있습니다. 기독교인으로서 이기적이고, 불의하고, 탐욕적이고, 불신앙으로 사는 자들은 결국 웰다잉에 실패한 자들입니다.

제24장

죽음 전에 후회하는 것 3가지

인생을 살다 보면 짧은 인생이든 긴 인생이든 과거를 뒤돌아볼 때 아쉬운 것들, 후회하는 것들이 한둘이 아닙니다. 학교생활, 직장생활, 인간관계, 부부생활, 신앙생활, 가정생활, 건강관리, 자녀교육 등등 여러 가지로 아쉬움을 갖게 합니다. 죽음을 앞둔 사람들에게서도 그동안 인생에 대하여 공통적으로 후회하는 것들이 있다고 합니다. '죽음학'을 개척한 의사인 엘리자베스 퀴블러 로스 박사는 일반인이 자신의 임종이 멀지 않았다는 사실을 알게 되었을 때 생기는 마음의 변화를 다섯 가지로 구분했습니다. 부인, 분노, 타협, 우울, 수용입니다. 그리고 임종에 임박한 사람들과 대화를 나누면서 후회되는 것을 순위로 만들었는데 그중에 3가지로 정리가 되었다고 합니다.

첫 번째는 '남의 눈치를 보느라 하고 싶은 일을 포기한 것'이라고 합니다.

사람들은 다른 사람의 눈을 지나치게 의식합니다. 자신의 삶보다 남의 삶을 살고 있는 경우가 많습니다. 어렸을 때는 부모님의 눈을 의식합니다. 커서는 친구나 선생님의 눈을 의식합니다. 살아가면서 주변 사람들의 눈을 의식합니다. 결혼을 하면 배우자의 눈을 의식합니다. 같이 지내는 모든 사람의 눈을 의식하고 그들의 기분을 생각하고 웬만하면 좋은 게 좋은 것이라고 여기기도 합니다. 또는 다른 사람을 돌보느라 혹은 학업이나 집안일 때문에 자기가 하고 싶은 일들을 포기할 때가 많습니다. 아니면 다른 형제들을 위해서 자신의 꿈을 포기하기도 합니다. 성경은 무엇이든지 자기 재능과 은사에 맞게 하라고 합니다. 그래야 잘할 수 있고 즐겁게 할 수 있습니다. 축구선수는 축구를 해야 즐겁고 잘합니다. 어떤 사정으로 축구선수가 농구를 하면 잘할 수도 없고 즐겁지가 않을 것입니다. 나중에 후회가 될 것입니다.

로마서 12장 6~8절

"우리에게 주신 은혜대로 받은 은사가 각각 다르니 혹 예언이면 믿음의 분수대로, 혹 섬기는 일이면 섬기는 일로, 혹 가르치는 자면 가르치는 일로, 혹 권위(권면)하는 자면 권위하는 일로, 구제하는 자는 성실함으로, 다스리는 자는 부지런함으로, 긍휼을 베푸는 자는 즐거움으로 할 것이니라"

두 번째는 '인간관계에서 맺힌 것을 풀고 싶다'고 한답니다.

사람은 감정의 동물이기 때문에 안 좋은 일이 생기면 차곡차곡 마음속에 쌓아 둡니다. 성격에 따라 차이가 있지만 가끔은 쌓여 있는 마음속 응어리를 풀어서 다시 원래대로 만들고 싶어 합니다. 그렇게 못 한다면 화병이 나기도 합니다. 우리는 서로 부족하고, 미숙하고, 고집이 세고, 이기적이고, 불완전한 자들이다 보니 살면서 많은 사람들로부터 크고 작은 상처를 주고받고 살며 마음속에 쌓아 둡니다. 때론 피차 가해자가 되기도

하고 피해자가 되기도 합니다. 자신이 상처를 받기도 하지만 누군가에게 상처를 주기도 합니다. 알게 모르게 그렇게 삽니다. 그럼에도 불구하고 무언가 감정에 상처가 남아 있다면 마지막 순간에 그것을 풀고 싶고 그러지 못했다면 후회가 된다는 것입니다. 성경은 맺힌 것이 있으면 풀고 서로 화해하고 화목하라고 합니다.

마태복음 5장 24절

"예물을 제단 앞에 두고 먼저 가서 형제와 화목하고 그 후에 와서 예물을 드리라"

세 번째는 '타인에게 도움을 주면서 살지 못한 것'이라고 합니다.

정도의 차이는 있겠지만 사람들은 출생 이후부터 사망 때까지 알게 모르게 누구의 도움을 받거나 남을 도우면서 삽니다. 물론 전혀 그렇지 않은 사람들도 있습니다. 어떤 사람들은 평생 남에게 도움만 받고 삽니다. 남을 괴롭히기만 하다가 죽습니다. 어떤 사람은 남을 돕기만 하면서 삽니다. 60년 이상 살아 보니 순수하게 남을 돕고 사는 기독교인들은 의외로 적습니다. 은혜를 아는 자들도 적습니다. 배은망덕합니다. 말과 기도와 문자와 눈물로 이웃을 돕는 자들이 많습니다. 특히 이기적이고, 탐욕적이고, 욕심이 많은 사람들은 죽음 전에 정신이 바로 돌아와서 이런 생각을 할 것입니다. 남을 도우며 사는 것도 마음이 있어야 하겠지만 습관이 안 되면 돈이 많아도 하지 못합니다. 성격이 그렇고 그런 사람이면 평생 이기적으로 삽니다. 구두쇠 같은 사람입니다.

또는 돈을 너무 아끼는 사람은 다른 사람을 돕는 일을 잘 못합니다. 자기와 자기 가족만을 위해서 삽니다. 어떤 구두쇠는 자기 배우자나 자녀들에게 쓰는 돈도 아까워합니다. 어떤 기독교인들은 하나님께 헌금을 하는 것도 아까워합니다. 지구상에 존재하는 모든 것은 하나님의 소유입니다. 모든 것이 하나님의 것이고, 하나님으로부터 나왔고, 하나님의 창조물인 물, 공기, 땅, 각종 식물 등을 무상으로 사용하면서도 십분의 구는 가져가고 십분의 일, 즉 십일조를 하나님께 바치는 것도 아까워합니다. 하나님은 만물의 건물주이자 주인이십니다.

우리들은 지구의 토지와 지장물과 모든 것을 사용하면서도 주인이신 하나님께 전세나 월세나 보증금도 내지 않고 평생 동안 무료로 사용합니다. 그런데도 십의 구는 자기가 가지고 십의 일은 교회와 구제와 선교와 하나님을 위하여 바치라고 해도 아까워합니다. 기독교인들 중에는 배은망덕하고 구두쇠 같은 자들이 한둘이 아닙니다. 하나님께 헌금하고 십일조를 내서 불행하게 되거나 생활을 못하거나 망한 자는 하나도 없습니다. 참기독교인이라면 피차 작게 적게 이웃을 사랑하며 살아가야 하고, 은혜를 아는 자로 살아가야 합니다.

로마서 11장 36절
"이는 만물이 주에게서 나오고 주로 말미암고 주에게로 돌아감이라 영광이 그에게 세세에 있으리로다 아멘"

예레미야 10장 16절

"야곱의 분깃은 이같지 아니하시니 그는 (하나님) 만물의 조성자요 이스라엘은 그 산업의 지파라 그 이름은 만군의 여호와시니라"

야고보서 1장 27절

"하나님 아버지 앞에서 정결하고 더러움이 없는 경건은 곧 고아와 과부를 그 환난 중에 돌아보고 또 자기를 지켜 세속에 물들지 아니하는 이것이니라"

마태복음 22장 39절

"둘째는 그와 같으니 네 이웃을 네 몸과 같이 사랑하라 하셨으니"

사람은 자기 정체성에 맞게 살 때 행복합니다. 사람은 자기 재능과 은사에 맞게 살고 자기가 가장 잘하는 것을 하고 살 때 행복합니다. 사람은 자기 재능과 은사에 맞게 살 때 후회가 없습니다. 사람은 정의롭지 못한 일로 인간관계가 틀어지면 마음이 불편합니다. 기쁘지 않습니다. 마음에 늘 걸립니다. 그래서 속히 사과해야 합니다. 그래야 마음이 편하게 됩니다. 사람은 이웃을 돕고 착한 일을 할 때 기쁘고 행복합니다. 보람을 느낍니다. 누군가에게 재능과 물질로 도우면 기분이 좋습니다. 이에 성경은 자기 재능과 은사에 맞게 사역을 하라고 합니다.

전도서 12장 13절

"일의 결국을 다 들었으니 하나님을 경외하고 그 명령을 지킬 찌어다 이것이 사람의 본분이니라"

이웃을 자기 몸처럼 사랑하라고 합니다. 받는 것이 습관이 된 일부 목회자들, 사모들은 조심해야 합니다. 자기도 모르게 받는 것에 익숙하고 주는 것에 둔하게 됩니다. 그러면서 쉽게 잊어버립니다. 성경은 고아나 과부나 외국인 등 사회적 약자를 적극 도우라고 말합니다. 그렇게 살면 후회가 없습니다. 한마디로 하나님께서 창조하신 인간의 본분에 맞게 살면 죽음 앞에서 후회할 것이 없습니다. 자기 방식, 자기 기준, 이기적으로, 자기 마음대로, 자기 고집대로, 자기만족과 쾌락과 영광을 위해서 인생을 살았기에 죽음 전에 인생을 돌아볼 때 후회가 되는 것입니다. 하나님 중심적으로 살고, 하나님을 경외하고, 그 명령대로 살면 후회가 없게 됩니다. 먹든지 마시든지 무엇을 하든지 다 하나님의 영광을 위해서 살면 후회는 없습니다. 기독교인들은 후회가 없는 인생을 살아야 합니다.

제25장

죽음 연습

연습은 모든 일에 있어서 성패나 생사나 안전을 좌우하는 역할을 합니다. 예를 들어서 전쟁을 생각해 보겠습니다. 전쟁은 이 세상에서 인간이 경험하는 것 중에서 가장 잔인하고 비참한 일입니다. 전쟁에서 패하면 노예 신세가 됩니다. 전쟁은 예고 없이 발발합니다. 이때 사전에 전쟁 준비와 연습을 하지 않았다면 백전백패가 되고 그 결과는 처참합니다. 그러나 전쟁 준비와 연습을 잘한 나라는 그 피해를 최소화할 뿐만 아니라 방어나 공격을 잘할 것이고 승리할 가능성이 매우 높아집니다. 운동선수의 경우도 결과는 비슷합니다.

시합 준비와 연습을 한 선수와 그렇지 못한 선수는 시합에서 명암이 확실하게 갈리게 됩니다. 경건에 이르기도 연습하라고 합니다. 예수님의 재림을 대비하여 늘 깨어 살라고 합니다. 죽음도 그렇습니다. 죽음은 전쟁의 불확실성보다 더 확실하게 예고되었고 정해졌습니다. 그렇다면 전쟁보다도 더 철저하게 준비하고 연습하여야 합니다. 그래야 갑작스러운 죽음 앞에서 덜 충격과 고통과 슬픔을 당하고 의연할 수 있습니다. 전쟁과 시합만 준비하고 연습하는 것이 아닙니다. 그 무엇보다도 마음과 생각으로 죽음을 더욱 준비하고 연습해야 합니다. 누구나 시한부 인생이기 때문입니다. 언젠가는 확실하게 죽게 되어 있는데 언제 죽을지 모르고 무시로 죽을 수 있기 때문에 더더욱 죽음을 대비해야 합니다.

히브리서 9장 27절

"한 번 죽는 것은 사람에게 정하신 것이요 그 후에는 심판이 있으리니"

창세기 2장 17절

"선악을 알게 하는 나무의 실과(선악과)는 먹지 말라 네가(아담) 먹는 날에는 정녕(반드시) 죽으리라 하시니라"(이 불순종의 죄로 전 인류에게 사망 선고가 내려짐)

로마서 6장 23절

"죄의 삯은 사망(死亡)이요…"

디모데전서 4장 7절

"망령되고 허탄한 신화를 버리고 오직 경건에 이르기를 연습(演習)하라"

마태복음 24장 44절

"이러므로 너희도 예비(豫備)하고 있으라 생각지 않은 때에 인자(예수님)가 오리라"

모든 사람이 죽는 근본적인 이유는 원죄 때문입니다. 사고사나 질병사 등이 죽음의 근본적인 원인이 아닙니다. 전 인류는 최초의 사람 아담의 죄가 오고 오는 모든 후손들에게 전가, 유전되어 그 형벌과 저주로 누구나 무시로 죽습니다. 죽음에서 자유로운 자들은 하나도 없습니다. 사람들은 빈부귀천, 남녀노소, 지위고하를 막론하고 시도 때도 없이 다양한 모습으로 죽습니다. 그렇다면 어찌해야 합니까? 죽음에 대한 아픔과 고통과 슬픔을 최소화하는 데 주력해야 합니다. 그렇게 하기 위해서는 죽음에 대하여 연습하고 준비해야 합니다. 죽음을 어떻게 연습합니까? 실제로 죽을 수는 없기에 마치 죽은 자처럼 비슷하게나마 체험을 하는 것입니다.

그것은 죽음 체험을 가능케 할 수 있는 목관(木棺)에 들어가서 죽은 자처럼 수분 동안 있으면서 죽음을 생각해 보는 것입니다. 그렇게 깊게 생각한 이후 관에서 나오는 것입니다. 이미지 트레이닝도 수시로 하는 것입니다. 또는 유언장을 쓰는 것입니다. 유언장은 죽음을 준비하는 자만이 씁니다. 그래야 갑자기 죽어도 자녀들이나 유가족들이 갈등하지 않고 혼란스럽지 않습니다. 후유증이 없습니다. 유언장을 쓰되 법적인 효력이 있게 써야 합니다. 그리고 영정사진을 찍고 집에 걸어 놓는 것입니다. 사망을 하면 장례식장에 영정사진이 필요합니다. 몸이 아프거나 갑자기 죽으면 영정사진을 찍을 기회가 없습니다. 건강할 때, 여유가 있을 때 죽음에 대비하여 영정사진을 찍는 것도 죽음을 연습하고 준비하는 것입니다. 그러면 마음가짐도 새로울 것입니다.

또한 마음을 비우고 사는 것입니다. 매일 매 순간 다양한 사건사고로 언제든지 죽을 수 있다고 생각하고 사는 것입니다. 사전장례의향서도 작성해 놓고 사는 것입니다. 자기의 모든 것에 집착하지 않고 사는 것입니다. 돈, 재산, 동산, 부동산, 권세, 자랑, 이 세상의 즐거움, 욕심 등에 미련을 갖지 않고 사는 것입니다. 마음과 욕심을 비우고 사는 것입니다. 사망 후에 들어갈 '낙원' 혹은 '새 하늘과 새 땅'(천국)을 생각하고 소망하며 사는 것입니다. 사후에 천상에서 다시 만날 것을 그려 보며 사는 것입니다. 자신이 사망하더라도 자녀들과 배우자, 가족들은 하나님께서 다 책임져 주시고 보호할 것을 굳게 믿고 사는 것입니다. 하나님께 자신과 자녀들의 인생 모두를 패스하고 사는 것입니다. 이렇게 연습하고 준비하고 살면 죽음이 두렵지 않게 됩니다. 죽음 앞에서 염려나 당황하지 않게 됩니다.

기독교인이면서 죽음을 두려워하거나 죽음 앞에서 어찌할 줄을 모르는 것은 그리 아름다운 모습이 아닙니다. 세상에 그만큼 미련이 있다는 뜻입니다. 굳건한 믿음이 아닙니다. 죽음에 대하여 준비와 연습이 덜 된 모습입니다. 성경의 경고와 말씀을 가볍게 여긴 것입니다. 이는 마치 전쟁이 언제쯤 일어날 것이라고 사전에 정보를 제공해 주었는데도 전쟁 준비와 연습을 하지 않은 군대나 나라와 같습니다. 준비와 연습이 부족한 나라는 전쟁이 발발하면 우왕좌왕하면서 대혼란을 겪게 됩니다. 많은 후유증과 피해가 발생합니다. 기독교인들은 범사에 준비와 연습을 잘해야 합니다. 특히 죽음 연습과 준비를 잘해야 합니다. 그래야 죽음 앞에서 의연하고 당당한 모습을 유지할 수 있습니다. 가족들도 사별의 아픔을 덜 당하고 슬퍼할 것입니다.

제26장

기독교인의 죽음

지구상에서 기독교인의 죽음처럼 복된 죽음은 없습니다. 왜냐하면 더 이상 수고와 눈물과 아픔과 죽음이 없는 환상적인 낙원 혹은 천국에 곧바로 입성하는 날이기 때문입니다. 죽음은 끝이 아닙니다. 영원한 행복과 영생의 시작입니다. 어떤 사람들은 죽으면 그것으로 끝이라고 생각합니다. 다른 내세는 없다고 주장합니다. 객관적인 근거나 물증도 제시하지 않으면서 무조건 내세를 부인하거나 부정합니다. 이는 천만의 말씀으로 큰 오해이자 착각입니다. 자기 자신에게 속는 것입니다. 현세처럼 저승, 내세, 사후세계는 반드시 있습니다. 사망하게 되면 저승(내세)에서 새로운 인생이 시작됩니다. 죽음에는 다양한 죽음이 있습니다. 불신자들의 죽음, 기독교인들의 죽음, 타 종교인들의 죽음, 무신론자들의 죽음 등이 있습니다.

죽음이라고 해서 다 같은 죽음으로 끝나지 않습니다. 어떤 자들의 죽음은 향후 현세에서 살았을 때보다 더 비참하기도 합니다. 이 세상에서 겪었던 고통, 눈물, 질병, 수고, 땀, 죽음, 절규 등과는 비교할 수 없는 영벌의 장소로 들어가는 시작점이자 입성이기 때문입니다. 솔직하게 말하면 참기독교인을 제외한 모든 종교인들과 무종교인들과 사람들은 사후에 이 세상에서의 수고와 눈물과 고통과는 비교 자체가 되지 않는 지옥에 던져 져서 영원히 고통만 받고 살게 될 것입니다. 그러나 기독교인들의 죽음은 매우 복되고 행복한 죽음입니다. 수고와 눈물과 고통과 사망이 다시없는 영생의 나라로 들어가고, 모든 슬픔과 질병과 고통과 갈등과 노동과 눈물 과 의식주 문제와 죽음과 온갖 수고에서 해방과 종식이 되고, 현세와는 비교 자체가 되지 않는 새 하늘과 새 땅에 입성하기 때문입니다.

이런 약속들이 어디에 나와 있습니까? 하나님의 말씀인 성경에 명확하게 기록되어 있습니다. 성경은 진리(참)입니다. 거짓이 전혀 없습니다. 때가 되면 그대로 성취됩니다. 그래서 성경을 읽고 듣고 믿고 지키는 자들이 복이 있다고 하는 것입니다. 기독교인들도 죽음 앞에서 슬퍼하고 눈물을 흘리지만 잠깐뿐이고 상상을 초월하는 영생의 장소에서의 삶을 생각하고 재회할 것을 고대하고 소망하며 기쁘게 삽니다. 배우자가, 부모가, 가족이, 형제가, 같은 성도들이 사망했다고 오랫동안 슬퍼하지 않습니다. 지나치게 통곡하거나 절망하거나 낙심하지 않습니다. 기독교인의 죽음은 영원한 기쁨과 행복과 평안함만 있는 천국으로 들어가는 새로운 인생의 출발이기 때문입니다. 한마디로 다시는 모든 질병과 수고와 사망 등을 겪지 않게 됩니다.

그래서 기독교인들의 죽음은 불신자들과 달리 소중하고 복된 죽음입니다. 이에 장례식장에서 밝은 모습을 유지합니다. 비기독교인들은 이런 기독교인들의 모습을 이해하지 못합니다. 장례식장에서는 슬픔과 어두운 표정을 가져야 하거나 울어야 한다고 말합니다. 기쁜 모습을 가져서는 안 된다고 말합니다. 비기독교인들의 입장에서는 그런 주장이 맞습니다. 불신자들의 죽음은 눈물과 수고와 사망의 끝이 아니라 이 세상에서의 삶보다 비교가 불가한 더 무섭고 비참한 저승인 음부(지옥)로 입성하기 때문입니다. 이에 불신자들은 가족이 죽으면 피를 토하는 심정으로 통곡하고 절규해야 합니다. 그러나 기독교인들은 영원히 기쁨과 행복과 평안만 영원한 낙원(천국)으로 입성하기에 깊은 슬픔과 절망과 안타까움에 빠지지 않고 도리어 기뻐하고, 안심하고, 편안합니다. 감사합니다. 천상에서의 재회를 소망합니다. 사별과 이별의 슬픔에 젖어 살지 않습니다. 잠깐만 슬퍼하고 아쉬워합니다.

시편 116편 15절
"성도의 죽는 것을 여호와(하나님)께서 귀중히 보시는도다"

요한계시록 21장 4절
"모든 눈물을 그 눈에서 씻기시매 다시 사망(死亡)이 없고 애통(哀慟)하는 것이나 곡(우는 것)하는 것이나 아픈 것이 다시 있지 아니하리니 처음 것들이 다 지나갔음이러라"(천국에서의 새로운 인생)

요한계시록 20장 10절
"또 저희를 미혹하는 마귀(사단)가 불과 유황 못(지옥)에 던지우니 거기는 그 짐승과 거짓 선지자도 있어 세세토록 밤낮

괴로움을 받으리라"(지옥)

마태복음 25장 41절

"또 왼편에 있는 자들에게(불신자들) 이르시되 저주를 받은 자들아 나를 떠나 마귀(사단)와 그 사자들(귀신들 등)을 위하여 예비된 영영(永永)한 불(지옥)에 들어가라"

마태복음 25장 46절

"저희는(불신자들) 영벌(지옥)에, 의인들은(성도들) 영생(천국)에 들어가리라 하시니라"

요한복음 14장 6절

"예수께서 가라사대 내가 곧 길이요(구원의 길) 진리요 생명이니 나로 말미암지 않고는 아버지께로(성부 하나님께로) 올 자가 없느니라"

사도행전 4장 12절

"다른 이로서는 구원을 얻을 수 없나니 천하 인간에 구원을 얻을만한 다른 이름을 우리에게 주신 일이 없음이니라 하였더라"(구세주 예수님 외에는 구원의 길이 없다)

기독교인들과 비기독교인들은 동일한 인간이고 동일하게 죽지만 죽은 이후의 향방은 천지 차이입니다. 그러므로 기독교인들 중에 성도들이 사망했을 때 오랫동안 슬픔에 젖어 있는 것은 불신앙입니다. 바른 신앙의 자세가 아닙니다. 눈물과 슬픔과 사별의 아픔은 오래 품지 말고 낙원(천국)에 입성한 것을 생각하며 기뻐해야 합니다. 동시에 향후 천상에서 재회할 것을 고대하며 슬픔과 이별의 아픔을 훌훌 털고 자리에서 일어나 씩씩하고 소망 가운데 열심히 살아가야 합니다. 그래서 고인에 대해 추도식이 아닌 추모식으로 지냅니다.

기독교인이 아닌 모든 사람들은 오랫동안 슬퍼하고 절규함이 마땅합니다. 인류의 유일한 구세주이신 예수 그리스도를 믿지 않고 죽음으로 형벌을 받아 영벌의 장소인 음부(지옥)에 들어가서 현세와는 비교할 수 없고, 이루 말할 수 없는 고통 가운데 영원히 살기 때문입니다. 그래서 비기독교인들이 사별과 불신자 망자 때문에 통곡하고 절규하고 식음을 전폐하는 것을 어느 정도 이해를 합니다. 구세주인 예수님을 믿지 않고 살다가 사망하면 죄 사함을 받지 못했기 때문에 죄의 대가로 고통의 장소인 지옥에 들어가서 영원히 고통 가운데 사는 것입니다. 내세에서 더 비참하게 살게 될 것입니다. 이는 선행의 유무 문제가 아닙니다.

여기에서 이런 의문이 들 수 있습니다. 그러면 다른 종교를 잘 믿다가 사망한 자들은 어찌 되는가에 대한 질문입니다. 성경에 의하면 모두 지옥 형벌을 받는다고 합니다. 왜냐하면 지구상에서 구원의 길, 진리, 죄 사함의 길은 단 하나 오직 예수 그리스도를 믿는 것뿐이기 때문입니다. 그런 것이 어디 있느냐고 항변을 해도 어쩔 수 없습니다. 만물을 창조하시고 우주의 주인이 되신 하나님께서 정하신 구원의 길, 천국 입성의 길, 지옥 형벌의 길, 죄 사함의 길은 단 한 길, 하나의 정답뿐이기 때문입니다.

　지구촌의 모든 종교인들인 불교인, 이슬람교인, 천주교인, 힌두교인, 개신교인이 대입시험을 볼 때 하나뿐인 정답을 써야 좋은 점수를 맞을 수 있습니다. 종교인에 따라 시험 정답이 여러 개나 다르지 않습니다. 참종교도, 구원의 길도 정답은 단 하나뿐입니다. 이는 사람이 만든 법이 아닙니다. 만물의 주인이신 하나님께서 정하신 길이자 법입니다. 누구도 가타부타하지 못합니다. 지구상에는 많은 종교들이 있습니다. 교주도 있고 신적 존재와 같은 지도자들도 있습니다. 그러나 참신과 참진리와 참구원의 길과 참구원자는 오직 하나님, 예수님 한 분뿐입니다. 진짜는 항상 하나입니다.

　기독교는 성경에서 이렇게 주장하기에 이를 믿고 따릅니다. 기독교인들 중에 이런 성경의 제시를 부인하거나 믿지 않는 자들이 있다면 기독교인이 아닙니다. 유사 기독교인, 사이비 기독교인, 위장 기독교인, 이단자, 가짜 기독교인일 뿐입니다. 다시 강조컨대 누구나 다 죽습니다. 불교인들도 죽고, 이슬람교도들도 죽고, 천주교인들도 죽고, 무교자들도 죽고, 무속인들도 죽고, 이단들도 죽고, 원불교인들도 죽고, 개신교인들도 죽습니다. 그러나 오직 참기독교인들의 죽음만이 복되고 기쁜 죽음이고 부활 이후에 소망이 있습니다. 그 이유는 영원히 행복과 기쁨만이 가득한 천국에서 영생을 누리기 때문입니다. 천국에는 모든 수고와 눈물과 고통과 질병과 걱정과 사망이 다시는 없습니다. 그래서 기독교인들은 죽었을 때 슬퍼하면서도 기뻐하는 것입니다. 죽음을 두려워하지 않습니다. 또한 모든 사람들은 공짜로 이 세상에 태어나 하나님이 창조하신 모든 것을 공짜로 사용하고 누리다가 죽습니다. 기독교인들은 죄 사함을 받고 구원도 받았습니다. 24시간 하나님의 케어를 받습니다. 향후 천국에서 영생까지 누립니다.

그러니 기독교인들은 이 땅에서 언제 죽으나 억울하거나 손해나는 것이 아니기에 아쉬운 것이나 서운한 것이 전혀 없습니다. 기독교인에게는 일찍 죽으나 늦게 죽으나 불쌍한 죽음은 없습니다. 어느 나이 때나 언제 죽으나 억울하거나 불쌍할 것이 전혀 없습니다. 좀 불편하게 살고 가난하게 살아도 감사하고 기쁜 것입니다. 어떤 일과 상황에서도 위축되거나 속상할 이유가 하나도 없습니다. 빈손으로 태어나서 다양한 것을 누리고 맛보고 살다가 구원까지 받았는데 원망과 불평거리가 있을 수 없습니다. 사망 이후 장차 기독교인에게 나타날 영생과 영광을 생각하면 아무것도 아닙니다. 월세, 전세, 지하, 옥탑방 등에서 살아도 구약의 하박국 선지자처럼 구원의 하나님 한 분으로 즐거워하며 살 수 있습니다. 게다가 사후에 낙원 혹은 천국에서 재회하고 영원히 행복하게 살기에 죽음이 그리 슬프지 않습니다.

이런 믿음의 사람들은 이 세상에 미련을 갖지 않습니다. 사람들이 다 부러워하는 세상의 이런저런 소유물과 것들을 부러워하지 않습니다. 이 세상에서 오래 살지 못한 것을 안타깝게 생각지 않습니다. 언제 죽어도 감사합니다. 놀라지 않습니다. 원망하지 않습니다. 어떤 식으로 죽든지 죽음을 의연하고 당당하게 받아들입니다. 죽음 앞에 불안해하거나 안절부절못하지 않습니다. 낙원과 천국은 이 세상과는 비교할 수 없을 정도로 좋고 환상적인 곳이기 때문입니다.

　기독교인들은 이 땅에서 길게 살든 짧게 살든 공짜인생, 보너스인생, 대박인생, 가장 행복한 인생, 천국에서의 영생인생, 역전인생입니다. 억울할 것도 손해날 것도 원통할 것도 하나도 없습니다. 성도는 이 세상에서 아무리 부족하고 가난하게 살고 일찍 죽어도 불쌍한 자들이 아니라 세상에서 가장 행복한 자들입니다. 실패한 자들이 아니라 무조건 복된 자들이자 성공한 자들입니다. 이런 사실과 비밀을 불신자들은 모릅니다. 이해도 못 합니다. 오직 거듭난 기독교인들만 압니다. 이런 엄청난 비밀을 모르거나 믿지 않기 때문입니다. 그런즉 사람과 질병과 죽음을 두려워하지 말기 바랍니다. 세상의 돈과 권력과 좋은 집과 건물주 등을 부러워 말기 바랍니다. 기독교인들은 사나 죽으나 귀하고 복된 자들입니다. 이런 사실을 굳게 믿고 인내하고 기뻐하며 살기 바랍니다.

제27장

죽음과 재물

죽음과 재물은 전혀 무관한 것처럼 보이지만 상당히 중요한 상관관계를 맺고 있습니다. 시한부 죽음에 대하여 생각지 않고 사는 자들이나, 죽음에 대하여 바른 이해가 부족한 사람들이나, 내세관이 없거나 빈약한 자들은 현세적인 인생관으로 살기 때문에 이 세상을 살 때 재물에 집착합니다. 돈을 사랑합니다. 돈 돈 하며 삽니다. 돈이 최고라고 말합니다. 돈을 신처럼 믿고 의지하며 삽니다. 기독교인이면서도 재물과 하나님을 겸하여 섬깁니다. 혼합주의 신앙에 빠져 삽니다. 죽을 때도 돈을 가지고 갈 것처럼 생각하고 삽니다. 기독교인이라 할지라도 믿음 정도에 따라서는 불신자들과 별반 다르지 않게 생각합니다. 어떤 기독교인은 도리어 기복신앙에 빠져 삽니다. 부자로 살게 해 달라고 기도합니다. 부자로 사는 것, 돈을 잘 버는 것을 축복으로 생각합니다. 사람들은 기본적으로 재물을 사랑합니다. 그것이 탐심이고 욕심입니다.

사람들에게 재물은 하나의 신(god, 우상)과 같습니다. 생명처럼 여깁니다. 그래서 재물과 연관되면 양보하지 않습니다. 죽기 살기로 싸웁니다. 몇만 원 몇십만 원 때문에 다투고 사람을 죽입니다. 배신하고 거짓말을 합니다. 비겁해집니다. 법정 분쟁도 불사합니다. 아무튼 일반적으로 사람들은 재물을 많이 모으기 위해서 혈안입니다. 재물만이 현재와 노후의 삶을 책임져 준다고 확신하기 때문입니다. 사람들이 이렇게 재물을 사랑하는 것을 잘 아시는 하나님께서 재물과 하나님을 겸하여 섬길 수 없다고 확정하셨습니다.

부자가 천국에 들어가기가 낙타가 바늘귀로 들어가기보다 어렵다고 하셨습니다. 구원을 받지 못하는 것은 단지 부자이기 때문이 아닙니다. 동산과 부동산이 많으면 돈의 지배와 통치를 받아 살게 됩니다. 신앙생활은 약화되거나 들러리로 전락합니다. 돈으로 치우치게 되어 있습니다. 이것이 사람들의 약점과 한계입니다. 돈에 한없이 약합니다. 돈의 위력은 태풍과 같습니다. 그래서 성경은 탐심이 우상 숭배라고 하였습니다. 재물 사랑이 일만 악의 뿌리, 근원이라고 경고하였습니다.

마태복음 6장 24절
"한 사람이 두 주인을 섬기지 못할 것이니 혹 이를 미워하며 저를 사랑하거나 혹 이를 중히 여기며 저를 경히 여김이라 너희가 하나님과 재물을 겸하여 섬기지 못하느니라"(충신은 두 임금을 섬기지 않는 것과 같은 원리)

마태복음 19장 23~24절
"예수께서 제자들에게 이르시되 내가 진실로 너희에게 이르노니 부자는 천국에 들어가기가 어려우니라 다시 너희에게 말

하노니 약대(낙타)가 바늘귀로 들어가는 것이 부자가 하나님
의 나라에 들어가는 것보다 쉬우니라 하신대"(단지 부자이기
때문이 아님)

골로새서 3장 5절

"그러므로 땅에 있는 지체를 죽이라 곧 음란과 부정과 사욕과
악한 정욕과 탐심이니 탐심은 우상 숭배니라"

디모데전서 6장 10절

"돈을 사랑함이 일만 악의 뿌리가 되나니 이것을 사모하는 자
들이 미혹을 받아 믿음에서 떠나 많은 근심으로써 자기를 찔
렀도다"

디모데전서 6장 7~8절

"우리가 세상에 아무것도 가지고 온 것이 없으매 또한 아무것
도 가지고 가지 못하리니 우리가 먹을 것과 입을 것이 있은즉
족(足, 넉넉함)한 줄로 알 것이니라"

성경은 모든 사람은 빈부를 떠나서 공수래공수거(空手來空手去) 인생
이라고 합니다. 빈손으로 출생했다가 빈손으로 세상을 떠납니다. 게다가
사람은 언제 죽을지 모르는 시한부(時限附) 인생입니다. 성경에 근거한
이런 사실을 잘 아는 자들은 돈에 집착하거나 재물을 사랑하지 않습니다.
재물은 생활에 필요한 단순한 소모품 정도로 생각합니다. 부자 되기에 애

쓰지 않습니다. 사는 날 동안 필요한 돈만을 구합니다. 돈을 벌기 위해서 온갖 짓을 하지 않습니다. 돈 모으는 재미와 돈 버는 재미로 살지 않습니다. 무리하고 과도하게 일하지 않습니다. 성실하고 알맞게 일하며 주어진 것으로 지족하며 삽니다. 하루하루를 근면 성실하게 살되 먹을 것과 입을 것과 누울 것으로 지족하며 삽니다. 무리하게 대출을 받아 아파트(집), 자동차, 가게, 땅, 가전제품 등을 구입하지 않습니다.

무리하게 투자하지 않습니다. 마음을 비우고 가볍게 삽니다. 탐욕적으로 투자와 투기를 하지 않습니다. 돈을 많이 버는 것보다 어떻게 하면 가치 있게 살고 거룩하게 살지를 고민하며 삽니다. 하루하루를 행복하게 사는 것을 선호합니다. 언제 죽을지 모르기 때문에 향후 몇 년 혹은 몇십 년을 염두에 두고 재물에 욕심을 부리지 않습니다. 마음에 욕심이 없는 자들, 언제 죽을지 모름을 정확히 알고 사는 자들이 마음을 비우고 삽니다. 하루하루를 허투루 보내지 않습니다. 죽음에 대하여 어떤 생각과 자세로 사느냐에 따라서 재물, 돈, 시간을 대하는 자세가 달라집니다.

성경은 이 땅의 삶을 나그네 삶이라고 합니다. 잠시 있다가 떠나는 여행객입니다. 이 여행은 길어 봤자 100년입니다. 영원에 비하면 아주 짧은 시간입니다. 여행객, 나그네는 가는 곳마다 집을 짓거나 사지 않습니다. 부동산을 매입하지 않고 투자하지 않습니다. 많은 살림살이를 사지 않습니다. 좀 불편하지만 가볍게 삽니다. 이 땅에 많은 투자를 하지 않습니다. 투기성 투자의 삶을 살지 않습니다. 언제든지 떠날 준비를 하고 삽니다. 불의하고 정당하지 않게 재산증식을 하지 않습니다. 한마디로 불법과 반칙을 하지 않고 삽니다. 다 덧없는 짓이고, 언제 죽을지 모르고, 아울러 하나님 앞에서 바른 삶이 아니기 때문입니다.

다시 강조컨대 죽음이 확정되었음을 알고 언제 어디서나 항상 죽음을 생각하고 사는 사람은 재물, 돈, 부동산, 세상 등에 집착하거나 과도하게 사랑하지 않습니다. 욕심을 부리며 살지 않습니다. 현재 자기에게 있는 것으로 족하게 여기고 어려운 이웃에게 베풀면서 욕심 없이 삽니다. 자기 집이 없다고 하더라도 슬퍼하지 않습니다. 가난하다고 위축되지 않습니다. 가난과 집이 없는 것은 부끄러움이나 불성실한 삶이나 무능이 아니기 때문입니다. 도리어 돈과 재물에 애착하지 않아서 신앙생활을 더욱 잘할 수 있습니다. 재물과 부자가 부러움의 대상이 되기도 하지만 불행과 불신 앙의 근원이 되기도 합니다.

반대로 가난, 부족함이 도리어 복이 되는 경우도 많습니다. 그래서 재물과 돈을 어떻게 대하느냐를 보면 그 사람이 죽음에 대하여 어찌 생각하고 사는지를 읽을 수 있습니다. 헛심을 쓰고 사는 자, 헛되고 헛된 것에 투자와 욕심을 부리고 사는 자, 언제 세상을 떠날지 모르는데 부자에 집중하고, 돈 버는 데만 열심이고, 돈을 차곡차곡 쌓고 사는 데 기쁨을 갖고 사는 자는 죽음을 생각지 않고 사는 어리석은 자입니다. 왜냐하면 하나님께서 간밤에라도 그 사람의 목숨을 취하시면 모든 것이 끝나 버리기 때문입니다. 아무리 수십억, 수백억이 있다고 한들 간밤이나 하루이틀 후에 죽어 버리면 그 많은 재물이 아무런 소용이 없는 것입니다. 수억, 수십억의 아파트를 사서 좋아한들 간밤에 죽으면 덧없는 것이 됩니다. 다른 사람의 차지가 됩니다. 죽음 시기는 자기가 결정하는 것이 아니기 때문에 언제 죽을지 아무도 모릅니다. 하나님만 아십니다. 자신이 조심한다고 해서 죽지 않는 것이 아닙니다. 그래서 부족함과 불편함을 벗 삼고, 마음을 비우고, 성실하게 살되 주어진 재물로 지족하며 살면서 항상 죽음을 대비하며 사는 사람이 지혜로운 사람입니다.

제28장

사망자 영혼(혼령)의 향방

목회데이터연구소가 2024년 4월 19일 제1회 목회데이터포럼을 개최했습니다. **〈무종교인의 종교의식 조사-무종교인은 종교와 무관한가?〉**를 주제로 포럼이 열렸습니다. 이 연구소는 현재 종교를 믿지 않는 전국의 19세 이상 무종교인 1000명을 대상으로 벌인 조사 결과를 발표했습니다. 여기에서 영혼(혼령)의 존재와 관련하여 조사한 결과 무종교인 3명 중 1명이 **"영혼은 있다"**(37%)고 답했고, **"영혼이 없다"**는 응답은 33.1%를 기록했습니다. TV 드라마나 영화 등을 보면 죽은 자의 영혼(혼령)이 무덤 속이나 이 세상에 남아서 활동하는 것을 볼 수 있습니다. 가장 최근 2024년 개봉한 천만 명 돌파 영화 〈파묘〉가 대표적입니다. 과거 구설에 의하면 억울함을 당하여 죽은 영혼은 세상을 떠나지 못하고 구천(九天)을 헤맨다고 하였습니다. 또 어떤 자들은 혼령을 불러낼 수 있다고도 말합니다(초혼).

또 어떤 자들은 혼령을 위로하는 그 무엇을 한다고 말합니다(진혼). 성경에 근거하면 이 모든 주장들과 설화는 모두 거짓입니다. 그런 일은 결코 없습니다. 단지 상상해서 드라마나 영화로 만든 것뿐입니다. 근거가 없는 설화들일 뿐입니다. 모든 것과 주장에 대하여 속지 않기 위해서는 한 가지만 제대로 체크하면 됩니다. 객관적인 근거와 출처를 제시해 달라고 하거나 검증하는 것입니다. 아니면 그런 것을 확인하는 것입니다. 무엇이든지 객관성이 없는 것, 근거와 논리가 빈약한 것은 신뢰하면 안 됩니다.

범죄 중에 사기사건이 제일 많은데 그 이유는 어떤 그럴듯한 사람들의 말과 글만 듣고 보고 믿거나 결정하기 때문입니다. 아니면 거짓된 자료나 조작된 동영상이나 통계를 보고 믿어 버리기 때문입니다. 대부분의 속임과 사기는 말로 합니다. 사기를 치는 사람이나 사기를 당하는 사람이나 말로 그리합니다. 그러니 검증된 객관적인 근거와 물증이 아니면 믿지 말아야 합니다. 기독교 성경은 영혼이 있음을 말하는 동시에, 사망자 영혼(혼령)의 향방에 대하여 분명하게 말합니다. 이것이 객관적인 근거입니다. 성경은 기독교의 진리 책으로 주관적인 것이 아닌 객관적인 것입니다.

창세기 2장 7절

"여호와 하나님이 흙으로 사람을 지으시고 생기(영혼)를 그 코에 불어넣으시니 사람이 생령(산 사람)이 된지라"

예레미야 38장 16절

"시드기야왕(유대 최후의 왕)이 비밀히 예레미야에게 맹세하여 가로되 우리에게 이 영혼(靈魂, 혼령)을 지으신 여호와께서 사시거니와 내가 너를 죽이지도 아니하겠고 네 생명을 찾는 그 사람들의 손에 붙이지도 아니하리라"

에스겔 18장 4절

"모든 영혼(혼령)이 다 내게(하나님) 속한지라 아비의 영혼
(혼령)이 내게 속함같이 아들의 영혼도 내게 속하였나니 범죄
자는 그 영혼(혼령)이 죽으리라"

마태복음 27장 50절

"예수께서 다시 크게 소리 지르시고 영혼(혼령)이 떠나시
다"(예수님의 인성 부분)

누가복음 23장 46절

"예수께서 큰소리로 불러 가라사대 아버지여 내 영혼(혼령)
을 아버지 손에 부탁하나이다 하고 이 말씀을 하신 후 운명(사
망)하시다"(예수님의 인성 부분)

요한계시록 20장 4절

"또 내가 보좌들(천국 보좌들)을 보니 거기 앉은 자들이 있어
심판하는 권세를 받았더라 또 내가 보니 예수의 증거와 하나
님의 말씀을 인하여 목 베임을 받은 자의 영혼들(혼령들)과 또
짐승(사단의 하수인들)과 그의 우상에게 경배하지도 아니하
고 이마와 손에 그의 표를 받지도 아니한 자들이 살아서 그리
스도로 더불어 천 년 동안 왕 노릇하니"

요한계시록 6장 9절

"다섯째 인을 떼실 때에 내가(사도 요한) 보니(환상) 하나님
의 말씀과 저희의 가진 증거를 인하여 죽임을 당한 영혼들(혼
령들)이 제단 아래 있어"(내세인 천국에서의 모습)

사도행전 7장 59절

"저희가(유대인들) 돌로 스데반(초대교회 집사)을 치니 스데
반이 부르짖어 가로되 주 예수여 내 영혼(혼령)을 받으시옵소
서 하고"

욥기 27장 8절

"사곡한(불경건한) 자가 이익을 얻었으나 하나님이 그 영혼
(혼령)을 취하실 때에는 무슨 소망이 있으랴"

사도행전 2장 27절

"이는 내(다윗) 영혼(혼령)을 음부(陰府, 나쁜 저승)에 버리
지 아니하시며 주의 거룩한 자로 썩음을 당치 않게 하실 것임
이로다"

기독교 성경에 의하면 사람이나 동물들이나 모두 하나님께서 흙으로
창조하셨다고 합니다. 육체와 영혼(혼령) 모두를 하나님께서 창조하셨고,
부여하셨고, 이 땅에 출생케 하시어 살게 하시다가 신자나 불신자를 막론
하고 사명과 역할을 마치면 하나님께서 다시 영혼(혼령)을 취하십니다.

영혼(혼령)이 사람의 몸에 스스로 들어갔다 나갔다 하지 않고 하나님께서 초자연적으로 역사하사 영혼을 수여하시고 다시 취하십니다. 이러한 일은 피조물인 사람이 하는 것이 결코 아닙니다. 사람의 육체와 영혼을 창조하시어 생명을 주신 주인 되신 하나님께서 주셨다가 다시 취하십니다.

이는 마치 컴퓨터가 스스로 켜졌다가 꺼졌다가 하는 것이 아니라 사람, 주인에 의해서 그리되는 것과 비슷합니다. 사람이 죽었다고 할 때는 육체에서 영혼(혼령)이 분리됨, 빠져나감을 의미합니다. 육체에서 분리된 영혼은 알 수 없는 곳으로 사라지는 것이 아니라, 이 세상 어디엔가 머물러 있는 것이 아니라 살아 있을 때 예수님을 믿는 여부에 따라 세상 종말까지 내세인 중간상태(낙원 혹은 음부)에 들어가 머무르게 됩니다. 신자는 낙원에 들어가고 불신자들은 음부에 들어갑니다. 사람이 죽으면 그 영혼(혼령)은 이 세상에나 무덤 속에 있지 않고 순간적으로 내세(저승)인 낙원 아니면 음부로 들어가 세상 종말에 있을 부활을 기다립니다.

그래서 무당이나 무속인 등에 의해서 죽은 사람의 영혼을 위로하기 위하여 지내는 진혼제(鎭魂祭, 위령제)인 제사나 굿이나 어떤 행위도 헛되고 헛된 것입니다. 모두 쓸데없는 짓입니다. 밑 빠진 항아리에 물 붓기를 하는 것과 같습니다. 스스로 속이는 것입니다. 피조물인 사람은 누구든지 이 땅에서 이미 이 세상을 떠나 중간상태 내세인 낙원 혹은 음부에 들어가 있는 영혼(혼령)을 절대로 좌지우지하지 못합니다. 어떤 영향을 주지 못합니다. 영혼을 이 세상으로 다시 불러오게 하는 초혼제는 더더욱 있을 수 없습니다. 그렇게 한다는 길이나 방법이나 무엇이 있다고 한다면 다

가짜입니다. 사기입니다. 산 영혼이든 죽은 영혼이든 오직 하나님만이 주시고 취하시고 좌지우지하실 수 있습니다. 하나님이 창조하셨고 주인이시기 때문입니다.

무엇이든지 주인만이 할 수 있습니다. 피조물인 사람은 아무런 능력과 영향을 미치지 못합니다. 자기 머리카락 하나도 제대로 깎지 못합니다. 다시 강조컨대 사람이 사망하면 영혼(혼령)은 즉시 내세인 중간상태의 낙원 혹은 음부로 들어가 종말에 있을 부활을 기다립니다. 죽은 자나 산 자가 다시 새롭게 변화하여 사는 부활은 세상 종말 때에 이루어집니다. 세상 종말은 복음이 온 민족, 땅끝까지 전해졌을 때, 인류의 재판장이시자 구세주이신 예수님께서 불신자들과 가짜 종교인들을 심판하시기 위해서 천사들과 함께 공중으로 재림해 오실 때에 일어납니다. 이것이 성경에서 말하는 정확한 종말론이고 사망자 영혼의 향방입니다. 그 외의 모든 주장은 아무리 그럴듯해도 거짓이니 속지 말아야 합니다.

제29장

성경 속의 죽음 사례

죽음은 전 인류에게 보편적입니다. 누구만 죽는 것이 아닙니다. 신자 불신자 모두가 반드시 죽습니다. 그 이유는 인류의 대표자인 아담과 하와의 죄가 전 인류에게 보편적으로 전가, 유전되었기 때문입니다. 죽음에는 민족, 인종, 국적, 신앙 유무, 종교, 피부 색깔, 남녀노소, 빈부귀천, 학력 고저, 지위고하, 성경 속의 인물, 위대한 사람, 강한 자, 약한 자, 훌륭한 사람, 애국자, 성직자 등이 아무런 영향을 미치지 못합니다. 모두가 죄인이기에 시한부 인생이고 반드시 죽습니다. 오래 살아야 평균 100세입니다. 그러니 자신의 죽음과 배우자와 가족의 죽음에 대하여 너무 원통해하거나 슬퍼하지 말기 바랍니다. 누구만 더 슬프고 고통스러운 것이 아닙니다. 사람들이 죽음 앞에서 느끼는 두려움, 슬픔, 공포, 고통은 대동소이합니다.

물론 기독교인은 덜 슬퍼합니다. 신앙이 있는 망자가 죽음 이후에 들어가는 곳은 수고도 눈물도 죽음도 다시없는 낙원(천국)이기 때문입니다. 그래서 기독교인들은 그리 오래 혹은 깊게 슬퍼하지 않습니다. 도리어 잠시만 슬퍼한 후 기뻐하고 감사합니다. 이에 반해 불신자들은 피를 토하듯 통곡하고 슬퍼해야 합니다. 불신 망자가 사망 후에 들어간 곳은 이 세상이나 감옥과는 비교조차 할 수 없는 고통의 장소인 음부(지옥)이기 때문입니다. 성경을 보면 인간 창조 이래 인류의 대표자부터 해서 수천 년의 역사 이래로 신자와 불신자를 막론하고 다 죽었습니다. 창조 이래 오직 두 사람, 즉 에녹과 엘리야만 죽지 않고 승천했습니다. 이 또한 하나님의 주권입니다. 죽을 때는 모두 빈손으로 떠났습니다. 다른 것은 연수의 차이밖에 없습니다.

사람은 출생할 때와 사망할 때 모두 동등하고 공평합니다. 차별이 없습니다. 본래 하나님께서 인간을 그리 만드셨습니다. 그런데 인간들이 교만하고 타락해서 출생 이후 후천적으로 얻은 외적인 조건인 권력과 돈과 학력과 스펙과 외모와 힘을 가지고 사람들을 차별하고, 무시하고, 학대하고, 불공정하게 대하는 못난 짓들을 하며 삽니다. 줄 세우기를 합니다. 육류를 등급 매기듯 1등급, 2등급, 3등급 식으로 나눕니다. 양반과 쌍놈을 나눕니다. 귀족과 천인을 나눕니다. 이렇게 저렇게 살아도 죽을 때는 모두 출생 때처럼 다시 동등합니다.

S사 이○○ 회장의 죽음과 노숙자의 죽음은 동등합니다. 사람들은 사는 날 동안은 그런 것을 모르고 잘난 체하면서 목에 힘을 주고 삽니다. 이것이 인간의 못난 짓이자 어리석은 모습입니다. 별로 잘난 것도 없는 무력하고 무능한 사람들이 주제 파악을 못하고 외적인 조건으로 우열을 가리며 삽니다. 죽음 직전에서야 주제 파악을 하거나 철이 들어 눈을 감습니다. 이제는 성경 속의 중요한 인물들의 죽음에 대하여 살펴보겠습니다.

먼저 최초의 사람이자 인류의 대표자인 아담(Adam)에 대하여 살펴보겠습니다.

우리가 잘 아는 것처럼 아담은 천지가 창조된 이후 최초로 지구상에 존재한 사람입니다. 스스로 존재한 것이 아니라 하나님께서 흙으로 창조하셨습니다. 아무것도 부족함이 없었던, 완벽했던 환상적인 에덴동산에서 살았습니다. 처음 인간은 지금의 육체적인 모습 이대로 죽지 않고 영원히 살도록 지음을 받았습니다. 하나님께 불순종의 죄를 짓기 전까지는 그랬습니다. 사망이 없었습니다. 각종 질병 등도 없었습니다. 노동도 필요 없었습니다. 악도 없었습니다. 해산의 고통도 없었습니다. 지금처럼 인간관계가 불협화음이 없었고 모든 동물과 사람과도 화목했습니다.

이 세상도 매우 아름다웠습니다. 지금과 같은 모습은 아니었습니다. 그러나 아담과 하와가 하나님께서 금하신 선악과를 따 먹은 즉시, 곧 불순종한 즉시 아담과 그 후손들 모두에게 사형선고가 이루어졌습니다. 지구촌이 망가졌습니다. 온갖 불행이 발생했습니다. 피조세계가 보기 흉하게 망가졌습니다. 왜냐하면 '죄의 삯은 사망'(롬 6:23)이기 때문입니다. 선악과를 따 먹으면 반드시 죽으리라는 하나님의 경고를 업신여긴 결과입니다. 죄의 심각성을 우습게 여긴 것입니다. 지금 감옥에 들어가 있는 자들처럼 말입니다.

아담은 하나님의 경고보다 사단이 뱀을 통해서 한 거짓말, 가짜 정보를 더 신뢰했습니다. 지금도 수많은 사람들과 일부 기독교인들은 아담처럼 여전히 하나님의 말씀에 순종하기보다 자기 자신과 세상 사람들과 이단자들이 하는 말을 더 신뢰하고 따를 때가 있습니다. 다른 복음을 잘 따릅니다. 세상 학문과 지식을 따릅니다. 자기 자신에게 속임을 당하며 삽니다. 역사와 인간의 실수와 실패는 반복됩니다. 아무튼 불행하고 안타깝게도 최초의 인류 대표 범죄자 아담 자신도 죽음을 당했습니다. 자신의 죄로 인하여 자신과 자기 배우자와 자식들도 죽음에 이르게 하고, 전 인류도 죽음에 이르게 하였습니다. 최초의 사람 아담은 930세를 살았습니다. 지금과 달리 창세로부터 가까운 시대에는 모두 수백 살씩 살았습니다. 인류의 수명은 사람이 죄를 범한 이후 평균적으로 대폭 감소했습니다. 이젠 과거 선조들처럼 오래 살지 못합니다. 물론 사람은 스스로 죽거나 타인이나 자신이 잘못해서 죽는 것이 아닙니다. 하나님께서 부르시니(소천, 끔天) 죽는 것입니다. 근본 원인은 원죄 때문입니다.

창세기 5장 5절
"그가(아담) 구백삼십 세를 향수(享壽)하고 죽었더라"

향수(享壽)란 '오래 사는 복을 누림'을 말합니다. 아담 이후의 모든 자손, 후손들이 수백 년씩을 살다가 하나님의 사망 예언과 경고와 말씀대로 모두 죽었습니다. 하나님의 경고와 약속은 반드시 그대로 이루어집니다. 노아 이전에 산 사람들과 전 인류를 통틀어서 가장 오래 산 사람이 있습니다. 아주 장수했습니다. 969세를 산 후 하나님으로부터 소천(끔天, 하나님이 부름)을 받았습니다. 그는 **'므두셀라(Methuselah)'**입니다.

창세기 5장 27절

"그는(므두셀라) 구백육십구 세를 향수(享壽)하고 죽었더라"

또 사망자 중에서 빼놓을 수 없는 자가 있습니다. 전무후무한 지구촌의 대홍수를 경고하고 겪었으며, 하나님의 은혜와 보호하심으로 생존하게 된 '노아(Noah)'입니다. 그 당시 지구촌에 거하는 수많은 사람들 중에 오직 노아 가족들만(8명) 하나님의 말씀을 믿고 그 말씀대로 순종하며 살아 구원을 받았습니다. 홍수 심판을 받지 않았습니다. 그러나 노아도 아담의 후손이기에 죄의 전가와 유전으로 죽음은 피해 갈 수 없었습니다. 그래서 그도 950년을 살다가 죽었습니다. 하나님에게 소천을 받았습니다.

창세기 9장 29절

"향년(享年)이 구백오십 세에 죽었더라"

성경은 복의 근원이자 믿음의 조상인 '아브라함(Abraham)'도 죽었음을 기록하고 있습니다. 아브라함은 초기에 마음이나 신앙이 불완전하고 연약한 사람이었으나 후에는 하나님의 말씀을 믿고 순종하며 살았습니다. 아브라함의 아내는 '사라'인데 아내가 먼저 죽게 됩니다. 그녀는 127세를 살다가 죽었습니다(창 23:1). 아내 사라와 사별한 아브라함은 이후 재혼을 합니다. 재혼녀는 '그두라'입니다. 재혼한 이후 그는 본처 사라보다 48년을 더 살다가 175세에 하나님에 의해 소천받았습니다.

창세기 25장 7절

"아브라함의 향년이 일백칠십오 세라 그가 수(壽, 수명)가 높
고 나이 많아 기운이 진하여 죽어 자기 열조에게로 돌아가매"

오직 에녹과 엘리야만 하나님의 특별한 뜻과 주권에 따라 죽음을 보지
않고 승천하였고 그 외에는 모두 죽었습니다. 이는 하나님의 말씀이 신실
하다는 것을 보여 줍니다. 성경이 예언한 그대로 이루어집니다. 죽음은
매일 전 세계적으로 일어나고 있습니다. 우리나라에서는 매년 30만 명 전
후로 죽습니다. 이러한 죽음은 세상 종말 때까지 전 세계적으로 반복될
것입니다. 기독교인들은 이러한 죽음을 통해서 죄에 대한 두려움을 가져
야 합니다. 또한 하나님 말씀에 대한 신실함을 보아야 합니다. 성경의 말
씀이 그대로 성취된다는 사실을 알아야 합니다. 그리하여 죄를 멀리하고
하나님과 성경을 전적으로 믿고 살아야 합니다. 그런 자가 지혜자이자 복
된 사람입니다. 성경의 예언은 하나도 빠짐없이 때가 되면 그대로 성취될
것입니다.

제30장

사별과 재혼

이별과 사별을 하여 혼자 살아 보지 못한 사람은 독처하는 것의 다양한 고통과 힘듦을 공감하지 못하고 알지 못 합니다. 상당수 사별과 이혼에 따른 이별한 자들은 수년 수십 년이 지나서 배우자를 찾는 경우가 많습니다. 유튜브 등 재혼 짝 채널이나 프로그램을 보면 평균 60세에서 80세까지 짝을 찾는 모습을 보게 됩니다. 나이, 건강, 외로움, 적적함 등을 떠나서 혼자 사는 것이 그만큼 힘들고 불완전하기 때문입니다. 어느 정도 혼자 살아 보니 혼자 사는 것이 만만치 않아 늦게나마 짝을 찾습니다. 혼자 살 때 가장 큰 적은 외로움입니다.

자식이 있어도 배우자와는 전혀 다르기 때문에 그 허전함과 외로움과 힘듦은 해결되지 않습니다. 이런 고민과 생각과 경험이 없는 주변 사람들과 자식들은 사별한 자의 이런 깊은 힘듦을 알지 못할 뿐만 아니라 배려하고 존중하지 않습니다. 관심을 갖지 못합니다. 공감하지 못합니다. 사람들은 자기가 어떤 동일한 경험을 해 봐야 공감하는 습성이 있습니다. 그 전에는 아주 가볍게 이런저런 말을 하거나 성의 없이 말합니다. 이런 것과 같습니다. 사랑하는 자식을 잃은 부모의 마음은 어느 누구도 공감하지 못하고 이해하지 못합니다. 동일하게 자식을 잃어 본 사람만이 그 깊은 아픔과 슬픔과 고통을 공감합니다.

아무튼 초혼이든 재혼이든 잘하면 시너지효과(플러스)가 발생하지만 잘못하면 마이너스 인생이 시작됩니다. 그래서 초혼이든 재혼이든 아주 신중하게 해야 합니다. 경제적인 조건도 조건이지만 이 조건보다 더 우선하고 중요한 것은 사람 자체의 어떠함입니다. 행불행은 돈이나 외모가 좌지우지하는 것이 아니라 결국 사람이 합니다. 돈을 좇아서 배우자를 결정하면 위험한 결혼생활이 될 공산이 큽니다.

아무리 자동차가 어쩌고저쩌고 해도 운전하는 사람이 제일 중요합니다. 자동차가 아무리 비싸고 좋은 차라도 운전자가 무능하고 부실하면 의미가 없습니다. 행복하지 못합니다. 사람은 누구든지 언젠가는 반드시 죽습니다. 더 정확하게 말하면 정녕 죽음이 확정되었습니다. 남녀노소를 불문하고 사형선고를 받은 상태로 살아갑니다. 죽음의 근본적인 원인은 나의 잘못이나 기타 간접적인 요인 때문이 아닌 원죄의 전가나 유전으로 된 것입니다. 누구는 좀 일찍 죽고 누구는 좀 늦게 죽는 차이밖에 없습니다. 누구는 갑자기 죽고 누구는 다르게 죽습니다. 누구는 많은 고통을 겪다가 죽고 누구는 그렇지 않게 죽습니다. 한마디로 누구나 반드시 사별(死別, 죽어서 이별함)을 하게 됩니다.

특히 부부도 아무리 사랑하고 미워해도 언젠가는 반드시 사별합니다. 그러니 곁에 있을 때 마음껏 사랑해야 합니다. 잘해야 합니다. 사이좋게 지내면서 소중하게 생각해야 합니다. 사람이 혼자 살 때는 빈자리를 느끼지 못합니다. 원래 빈자리가 없었기 때문입니다. 그러다가 결혼하여 함께 살다가 배우자가 사망하면 그 빈자리는 매우 크게 느껴집니다. 이는 마치 자동차를 끌고 다니다가 어느 날 자동차를 폐차시키고 자동차 없이 시내버스를 이용하여 살아가는 사람과 같습니다. 엄청 불편하고 힘듭니다. 특히 그 어떤 사별보다 부부의 사별은 그 충격과 아픔이 오래가고 제일 큽니다. 여운이 오래 남습니다. 물론 부모 입장에서 자식과의 사별도 슬픔이 크지만, 부부의 사별이 제일 깊고 크다고 할 수 있습니다. 그 이유는 인간관계에서 부부만이 한 몸으로 엮어진 신비한 연합체이기 때문입니다. 그래서 부모와 자식은 1촌인데 부부는 유일하게 무촌(0촌)입니다.

부부가 한 몸으로 살다가 둘로 갈라지고 찢어졌으니 그 상처와 고통이 얼마나 크겠습니까? 이혼과는 달리 사별한 배우자의 빈자리는 매우 깊고 큽니다. 그래서 회복되기까지 수년이 걸립니다. 누구도 쉽게 대체해 주지 못합니다. 자녀가 있다고 하더라도 배우자로의 역할과 기능은 하지 못합니다. 부부와 자녀는 별개의 인격체입니다. 부부와는 무엇이든지 터놓고 이야기할 수 있어도 자녀들에게는 그렇게 하지 못합니다. 부부 앞에서는 나체로 살아도 부끄럽지 않지만 자녀 앞에서는 그렇게 살지 못합니다. 부부와 자녀는 많은 차이가 있습니다. 그래서 서로 그 빈자리를 채우지 못합니다. 자녀는 단지 자녀의 역할만 할 뿐입니다. 부부가 살다가 어느 날 사별하여 혼자 살게 되면 그 허전함은 이루 말할 수 없습니다. 실감이 나지 않습니다.

전도서 4장 12절

"한 사람이면 패하겠거니와 두 사람이면 능히 당하나니 삼겹
줄은 쉽게 끊어지지 아니하느니라"

유일하게 사별한 배우자의 빈자리를 채울 수 있는 길은 마치 수술한 환
자의 환부 위에 동일한 새살이 돋아나야 회복되는 것처럼 새로운 배우자
를 만나는 것뿐입니다. 그것을 재혼(再婚, 다시 혼인함)이라고 합니다. 물
론 재혼을 잘했을 때의 말입니다. 재혼을 잘했다는 말은 죽을 때까지 서
로가 잘 맞아 함께 지내는 것을 말합니다. 재혼은 수술한 환자의 환부 위
에 새살이 돋는 것과 같은 이치입니다. 새살이 돋아나기 전까지는 그 어
느 것으로도 대체가 불가능합니다. 재혼은 시간도 필요하고 매우 신중해
야 합니다. 초혼처럼 할 수가 없습니다. 새로운 복잡한 관계가 형성되기
때문입니다. 여러 가지 면에서 궁합이 잘 맞아야 합니다. 게다가 재혼의
대상도 초혼과 달리 그리 만만하지 않습니다. 미혼자일 경우는 상관이 없
지만, 이미 결혼한 자로 사별한 자이거나 이혼한 자일 경우 딸린 자녀들
이 있고, 그 자녀들과 기존의 자녀들과의 융합과 재혼한 부부들과 기존
자녀들과의 연합과 융합은 그리 만만하지 않습니다.

이혼한 자일 경우 전 배우자에 대한 마음에 깊은 상처와 불신과 분노가
있어 재혼했을 때 그것이 은연중에 나올 수 있습니다. 마음의 깊은 상처
는 쉽게 치유되지 않습니다. 재혼은 아주 복잡하고 각종 변수들이 도사리
고 있습니다. 칼날 위에 서 있는 것처럼 아슬아슬한 삶이 됩니다. 이런저
런 일로, 양가 자녀들의 문제 등으로 사람의 서운함과 감정이 둘 사이를

이간질할 수도 있습니다. 이혼한 자는 자녀의 문제로 다시 만나기도 합니다. 이런 부분도 예민한 부분입니다. 그래서 초혼자보다 재혼자들이 다시 쉽게 이혼한다고 합니다. 이것을 '재혼 이혼'이라고 합니다.

또한 재혼의 경우 극히 일부 사람은 제외하고 대부분은 조건만남으로 이루어집니다. 주로 경제력과 외모 중심입니다. 현실적인 문제를 생각합니다. 초혼에 비해 아주 복잡합니다. 이에 유튜브나, 자칭 결혼 경험이 풍부하거나, 결혼과 이혼 전문 변호사들은 재혼을 권장하지 않습니다. 재혼의 삶이 그리 만만하지 않고 재혼 이혼율이 70%가 넘기 때문입니다. 조건만남이기에 이혼율이 높을 수밖에 없습니다. 왜냐하면 조건은 시간이 지나면 변할 가능성이 아주 높습니다. 그래서 초혼이든 재혼이든 외적인 것에 대한 조건만남은 지양해야 합니다. 그러지 않으면 위험한 재혼이 됩니다.

배우자와 사별한 이후 혼자 사는데 외롭지도 않고, 경제적으로도 문제가 없고, 성적으로도 큰 문제가 없고, 진리와 공익을 위해서 나실인으로 살고 싶고, 상호 간에 상부상조할 것이 없는 경우 재혼하지 않고 혼자 사는 것도 무난합니다. 그렇지 않은 경우 마음을 열어 놓고 언제든지 새로운 배우자를 만날 준비를 하고 살아야 합니다. 일반적으로 '혼자 살면 편하고 좋은데 왜 중년에 재혼을 하려고 하느냐'라고 묻는 사람들이 있습니다. 혼자 사는 것이 편하고 인생을 즐기기 위해서 재혼을 하지 않으려고 하는 것은 성경사상이 아닌 세속적인 사상입니다. 그래서 불완전합니다. 결혼이든 재혼이든 하나님이 세우신 결혼의 세 가지 목적이 있다고 했습니다. 성도들은 항상 하나님의 창조 목적에 맞게 사는 자이지 혼자 편하게 즐기며 살기 위해서, 이것저것 부담과 책임에서 자유하기 위해서 사는 자들이 아닙니다.

유튜브나 이혼 전문 변호사들은 하나같이 재혼을 반대합니다. 반대의 이유를 들어 보면 지극히 성경에 반하고 불신자들의 논리와 이유에 근거합니다. 인본주의입니다. 혼자 사는 데 지장이 있는 사람은 계속 혼자 살 경우 향후 어떤 변수가 발생할지 아무도 모릅니다. 언제든지 위태위태합니다. 기독교인들은 살아갈 때 초혼이든 재혼이든 하나님께서 결혼제도를 만드신 목적을 생각해야 합니다. 하나님이 세우신 방식이나 원리대로 살면 안전합니다. 성경에서 말하는 결혼제도의 목적은 크게 세 가지입니다. 첫째는 서로 도움을 주고받고 살게 하기 위해서이고(부부 상호 간의 상부상조), 둘째는 생육하고 번성하기 위해서이고(출산과 양육), 세 번째는 성적 무질서(성적 탈선)를 예방하기 위해서입니다.

이 세 가지에서 자유하는 사람은 혼자 살아도 됩니다. 그렇지 못한 사람은 재혼을 생각해야 합니다. 그래야 비교적 단단하고 거룩하게 살아갈 수 있고 하나님의 뜻대로 살 수 있습니다. 중년의 삶이라도 돈이 있든 없든 도움은 필요하고 성적인 부분에서도 완전히 자유하지 못합니다. 독처하는 것은 불완전합니다. 한자로 사람 인(人)이 그냥 만들어진 것이 아닙니다. 그렇다면 원칙은 재혼을 생각해야 합니다. 재혼을 하려고 해도 적절한 사람이 없으면 그것은 별개입니다.

창세기 2장 18절

“여호와 하나님이 가라사대 사람의 독처하는 것이 좋지 못하
니 내가 그를 위하여 돕는 배필(配匹, 짝, 배우자)을 지으리라
하시니라”

창세기 1장 28절

“하나님이 그들에게(최초의 인간 아담과 하와 부부) 복을 주
시며 그들에게 이르시되 생육하고 번성하여 땅에 충만하라…”

고린도전서 7장 2절

“음행(간음과 간통과 불륜)의 연고로 남자마다 자기 아내를
두고 여자마다 자기 남편을 두라”

고린도전서 7장 9절

“만일 절제할 수 없거든(성욕에 대해) 혼인하라 정욕이 불같
이 타는 것보다 혼인하는 것이 나으니라”

고린도전서 7장 39절

“아내가 그 남편이 살 동안에 매여 있다가 남편이 죽으면 자
유하여 자기 뜻대로 시집갈 것이나 주(주님) 안에서만 할 것
이니라”

기독교인들이 재혼을 한다면 그 대상은 초혼처럼 반드시 주 안에서 해

야 합니다. '주 안에서'란 같은 종교를 가진 자이며 동일한 신앙고백을 가진 신앙인이어야 한다는 말입니다. 건전한 신앙고백을 소유한 자와 만나야 합니다. 주 안에서 가치관이 잘 맞는 자, 주 안에서 대화가 잘되는 자를 만나야 합니다. 또한 미혼자이거나 사별한 자이어야 합니다. 혹 이혼한 자일지라도 전 배우자가 음행을 하여 헤어진 경우에만 가능합니다. 아니면 불신자 배우자가 하나님에 대한 신앙 포기 요구로 이혼한 경우입니다. 그 외에는 재혼의 대상이 아닙니다.

성경은 기독교인들의 재혼의 대상 범위를 아주 좁은 문으로 만들어 놓았습니다. 이는 하나님(토기장이)의 절대주권입니다. 결혼의 거룩성을 유지하고 신자들의 신앙 순결을 보호하기 위함입니다. 그런데 기독교인이면서 초혼이나 재혼 상대를 찾는데 신앙을 무시하고 아무나 좋다고 하는 사람이 있습니다. 불신자들도 상관이 없다고 하는데 이는 바른 자세나 신앙이나 지혜가 아닙니다. 이는 마치 동물원에 가서 아무 동물하고나 자유롭게 놀겠다고 하는 사람과 비슷합니다. 아주 위험하고 위태한 생각입니다. 동물이나 사람이나 결혼이나 유유상종이 기본이고 안전합니다. 어리석은 사람이나 신앙이 미숙한 사람이 결혼 대상을 '아무나'로 정합니다. 심각하게 고려해야 합니다. 성경은 '주 안에서' 하라고 합니다. 동일하게 하나님을 잘 믿는 사람과 초혼이든 재혼이든 하라는 말씀입니다.

이런 것을 무시하고 초혼이든 재혼이든 할 수 있습니다. 결과는 뻔합니다. 머지않아 자신의 결정을 후회할 것입니다. 옳고 그름은 항상 사람이 틀리지 진리가 틀리지 않습니다. 하나님이 틀리지 않습니다. 물론 세상 사람들은 재혼의 대상 범위를 대문처럼 열어 놓고 있습니다. 자기들 마음대로 합니다. 세상 민법에는 재혼의 기준이 없습니다. 그러나 성경은 세상이나 세상 사람들과 달리 결혼, 이혼, 재혼에 대한 확실한 기준과 질서와 대상을 명시하고 있습니다. 기독교인들은 하나님께서 세우신 법과 질서와 기준대로 해야 안전하고 행복합니다. 불행한 일이 발생하지 않거나 덜 발생합니다. 재혼 대상자를 만날 때에 어지간하다고 무조건 수용할 수는 없습니다.

하나님께서 각자에게 주신 천부 기본 권리를 통해서 외면과 내면을 잘 확인하고 검증해서 어느 정도 괜찮다 싶으면 적극적으로 교제를 하되 충분한 시간을 두고 교제를 해야 합니다. 적어도 6개월에서 1년 정도는 교체를 하면서 구체적인 것들을 상호 점검해야 합니다. 특히 외모나 조건보다 중심을 검증하는 데 많은 시간을 투자해야 합니다. 결혼, 부부의 행복과 불행은 배우자의 중심에 따라 좌우되기 때문입니다. 이혼한 자들의 상당수는 배우자의 인성(성품) 때문에 헤어집니다. 그래서 중년 이후 재혼 프로그램에 나온 자들을 보면 대부분 중심을 봅니다. 뜨거운 이혼 맛을 보고도 철이 없는 사람은 여전히 현실을 운운하며 외모와 조건을 우선시합니다. 이는 어리석은 사람입니다.

열 길 물속은 알아도 한 길 사람 속은 알기 어렵기 때문입니다. 사람의 말과 이력과 학력과 경제력과 외모만 보아서는 어떤 사람에 대한 정확한 평가나 판단을 하기 어렵습니다. 사람은 마치 숲과 같아서 멀리서 볼 때, 누군가에게 소개를 받을 때, 스펙과 외모와 조건을 보았을 때는 아름답고 좋게 보입니다. 그러나 직접 숲속으로 들어가서 보면 전혀 다른 경우가 일반적입니다. 숲속, 내면세계를 살펴보면 나쁜 것들이 보이기 시작합니다. 사람은 숲과 같은 존재라는 것을 명심해야 합니다. 사람은 눈에 보이는 것이 전부가 아닙니다. 중간에서 소개해 주는 사람의 정보가 전부가 아닙니다. 특히 말만 듣고, 친절함만 보고, 요리 잘하는 것만 보고 결정했다간 지옥문으로 들어가는 것이 됩니다. 사람이란 거짓말 선수이고, 자기를 감추고 포장하는 선수입니다. 다른 장점을 통해서 자기 단점을 숨겨버립니다.

이에 속는 자들이 많습니다. 누군가를 만났는데 장점만 보인다면 실수하고 있는 것입니다. 사람은 누구든지 반드시 단점도 있습니다. 그것이 눈에 들어와야 객관적으로 평가가 가능합니다. 연애 중에 반드시 단점을 발견해야 하고 아니면 상대방에게 단점이 무엇이냐고 물어야 합니다. 이에 단점이 없다고 하거나 외면하면 만나지 말아야 합니다. 사람들이 고통당하고 헤어지는 것은 배우자의 단점을 감당하기 어렵기 때문입니다. 그런즉 만나는 상대의 단점을 바로 파악하고 단점까지 사랑하고 감당할 수 있는지 여부를 깊이 고민해야 합니다. 단점을 감당할 수 없다는 결론이 나오면 만나지 말고 헤어져야 하며, 감당할 수 있다는 자신감이 생기면 만나도 됩니다.

사람은 습성이든 인성이든 단점이든 잘 고쳐지지 않는다는 위험요소가 있습니다. 기독교인일지라도 비슷합니다. 신앙인이라도 과거 모습대로 살아가는 자들이 많습니다. 신앙과 지식이 완고한 사람의 내면과 습관을 확 뜯어고치는 일은 아주 적습니다. 신앙과 라이프스타일이 다른 자들이 적지 않습니다. 그래서 처음부터 비교적 괜찮은 사람을 만나야 안전하고 후유증이 없습니다. 신앙이 좋다고 모든 것이 좋은 것은 아닙니다. 신앙이 좋은 사람과 행복한 결혼생활은 항상 비례하지 않습니다. 그래서 사람은 시간을 두고 다양하게 겪어 보아야 합니다. 결혼, 이혼, 재혼 예비고사 점검표를 가지고 세밀하게 검증해야 합니다. 결혼은 너무나도 중요하고 복잡한 것이기에 아주 깊게 검증해야 합니다. 상대방에 대해 검증이 충분하지 않으면 결혼이든 재혼이든 연기하거나 유보해야 합니다.

마치 건물을 짓고 난 이후 봄, 여름, 가을, 겨울을 지난 다음에 어떤지를 평가하는 것처럼 말입니다. 사람은 좋은 점, 장점만 보고 끌려 결혼하면 나중에 반드시 후회합니다. 데이트 중에 상대방의 단점을 알아야 하고, 물어보아야 하고 이를 잘 생각해야 합니다. 단점을 말하는 사람은 희망이 있고 단점을 감추거나 외면하는 사람은 정직한 사람이 아닙니다. 장단점을 모두 보고 단점까지 감당할 수 있을 때 결심을 해야 합니다. 그 사람의 단점에 대하여 감당할 자신이 없으면 만남을 유보하거나 헤어져야 합니다. 이미 나이가 먹도록 단단하게 숙성된 단점은 쉽게 달라지지 않는다는 것을 명심하고 단점을 생각해야 합니다. 사람은 기본적으로 잘 변하지 않습니다. 처음부터 비교적 두루두루 좋은 사람을 만나야 행복한 결혼생활을 기대할 수 있습니다. 결혼 파탄은 단점을 감당할 수 없기에 발생하는 것입니다.

사람은 누구나 양파와 같은 존재입니다. 지내 보고 살다 보면 새로운 장단점들이 계속 나타납니다. 사람은 집과 직장과 교회와 밖에서 동일한 모습으로 사는 사람이 있고, 전혀 다르게 사는 사람이 있습니다. 좋은 쪽으로 일관성이 있는 사람을 만나야 합니다. 결혼 전에는 멀리서 본 것이고, 결혼을 하면 가까운 곳에서 보게 됩니다. 그러면 연애 때와는 달리 각자의 정체성과 장단점이 적나라하게 드러납니다. 데이트를 할 때는 포장도 하고 숨기기도 하였지만 함께 살면 포장하거나 숨길 수 없습니다. 배우자의 정체성이 확 드러나 그때부터 당황하고 고민과 갈등과 후회가 시작됩니다. 그래서 이성을 만날 때는 냉정하고 객관적인 시각을 가져야 합니다. 첫눈에 반해 버리면, 감정을 앞세우면 검증이 불가능해집니다. 보고 만나기만 하면 그저 좋기만 하기 때문입니다. 나중에 누구 탓을 못 합니다. 본래 그런 사람이었는데 연애 중에 그것을 캐치하지 못한 자신의 미숙과 잘못입니다. 모든 인간관계에 따른 배신, 후회, 갈등 등이 동일한 원리입니다. 자기 자신의 실수와 잘못도 지분이 100%입니다.

기본적으로 누구나 자기가 좋아하는 스타일, 이상형이 있습니다. 이를 존중해 주어야 합니다. 어떤 외모와 내면세계, 어떤 가치관과 세계관과 신앙 색깔 등이 있습니다. 무엇보다도 대화와 가치관이 잘 통해야 합니다. 다른 조건이 아무리 좋아도 대화와 가치관이 잘 통하지 않으면 무용지물입니다. 힘듭니다. 만나지 말아야 합니다. 결혼하면 큰일 납니다. 사람은 누구든지 대화와 가치관이 잘 통해야 합니다. 대화가 잘 통한다는 것은 마치 혈액순환이 잘되는 것과 같습니다. 아무리 좋은 사람이라도 혈액순환이 원만하지 않으면 위험한 사람입니다. 여기에 기본과 상식을 갖춘 자라야 합니다. 학력이나 경제력이나 외모 등은 좀 부족해도 마음먹기에 따라 얼마든지 감당이 가능하지만, 대화, 티키타카가 잘되지 않으면 답답해서 못 삽니다.

　사사건건 억지를 부리고, 우기고, 주관적인 고집을 부리고, 항상 자기만 옳다고 하고, 엇갈리고, 동문서답하고, 대화 내용 자체를 잘 이해하지 못하고, 잘못하고도 인정하지 않고, 엉뚱한 주장이나 하고, 쉽게 토라져 오랫동안 대화를 하지 않는 사람은 절대 사양해야 합니다. 가난하고, 초가집에서 살고, 허름한 차를 몰고, 별로 내세울 것이 없다고 하더라도 어떤 대화든지 통하기만 잘하면 행복한 부부로 살아갈 수 있습니다. 이런 말이 있습니다. 농담 같은 말이지만 '전쟁은 대화가 잘 통하지 않아서 발생한다'고 합니다. 사는 것이야 어디에서 살든, 무엇을 먹든, 무슨 차를 굴리든, 경제력이 어쨌든 좀 불편하기는 하겠지만 부부를 불행하게 만드는 이유는 되지 못합니다. 서로 지족하면 큰 문제는 되지 않습니다.

잠언 18장 21절
"죽고 사는 것이 혀(말, 대화)의 권세에 달렸나니 혀를 쓰기 좋아하는 자는 그 열매를 먹으리라"

디모데전서 6장 8절
"우리가 먹을 것과 입을 것이 있은즉 족한(넉넉한) 줄로 알 것이니라"

　초혼이나 재혼에 있어서 가장 중요한 것은 대화라는 혈액순환입니다.

이 혈액순환이 잘되고(통하고) 서로 존중하고 이해하는 마음으로 살면 모든 조건이 부족하고 열악하더라도 부부는 만족하고 행복하게 살아갈 수 있습니다. 궁합이 잘 맞아 돌아갑니다. 성경에서 말한 것처럼 하루에 필요한 의식주만 해결되면 되는 것입니다. 먹을 것과 입을 것과 누울 것으로 만족하면 그 부부는 오래갑니다. 행복할 수 있습니다. 이런 마인드를 가진 사람과 재혼하면 딱입니다.

여기에 기본과 상식을 갖춘 사람이면 안전합니다. 금상첨화입니다. 시대가 시대인 만큼 대부분의 재혼자들은 현실적이고 높은 조건을 제시합니다. 결혼정보회사들의 99.9%는 거의 조건(경제력과 외모) 만남으로 짝을 맺어 줍니다. 그래서 성혼율이 3% 정도로 낮고 향후 이혼할 가능성도 큽니다. 기계들은 조건이 맞으면 잘 돌아가지만 사람이란 아무리 조건이 잘 맞아도 변화무쌍한 마음과 감정 등 때문에 잘 돌아가지 않습니다. 조건만으로 결혼하는 자들은 아주 단순한 자이고 위험을 자초하는 자입니다. 결코 오래가지 못합니다. 조건은 시간이 지나면 반드시 변하기 때문입니다.

그래서 재혼이 쉽지 않고 혹 재혼을 하더라도 이런 조건만남이다 보니 재혼 이혼율이 초혼 때보다 세 배 이상 높은 것입니다. 조건(경제력, 젊은 나이, 외모 등)이란 언제든지 변하는 것이기에 물질적인 조건으로 만난 자들은 조건이 변하면 더 이상 배우자에게 매력을 느끼지 못하고 이혼을 생각합니다. 어떤 구실을 만들어서라도 헤어지려고 합니다. 만물은 다 변합니다. 조건에 매력을 느껴 재혼했는데 그 조건이 변하면 태도와 마음과 자세가 달라지는 것은 자연스러운 것입니다. 상식입니다. 그래서 초혼이든 재혼이든 너무 조건만남으로 결합하지 말아야 합니다. 조건은 2순위에 두어야 합니다. 이런 것도 성숙해야 눈에 들어옵니다. 미숙하면, 철이 없으면 무조건 외모와 조건에 몰빵합니다. 이혼율이 높은 것은 다 그럴 만한 이유가 있습니다. 배우자의 중심을 보아야 부부관계가 변함없이 오래갈 수 있습니다.

아무튼 기독교인이면서 미혼자들이나 재혼의 문턱에 있는 자들 중, 혼자 사는 것이 편하고, 부담이 없고, 책임에서 자유하고, 인생을 즐기기 위해서 결혼을 하지 않겠다고 하는 자가 있다면 성경에 반하는 가치관과 세계관을 가지고 있다고 할 수 있습니다. 물론 이혼이나 사별 후 혼자 사는 것도 성경적입니다. 이때도 하나님과 공익을 위한 것이어야 합니다. 하나님께서 사람을 창조하시고 결혼제도를 만드신 목적과 이유는 피조물인 인간이 혼자 편하게 살고 인생을 이기적으로 즐기며 살도록 만드신 것이 절대로 아닙니다. 모든 피조물은 하나님을 위하여 창조한 것임을 잊지 말아야 합니다. 불신자들, 세상 사람들처럼 이기적으로 사고하고 주장하며 사는 자칭 기독교인이 있다면 신앙지식과 신앙이 현저하게 낮은 사람이고, 마치 정치를 잘못 배운 정치인과 같이 신앙을 잘못 배운 사람이고, 많이 부족한 기독교인입니다.

그리고 일반적으로 재혼하기에 적절한 제2의 배우자 남자(男子)는 다음과 같습니다. 정기적인 수입이나 소득이 있는 남자이어야 합니다. 그래야 부부가 정상적인 생활을 해 나갈 수 있기 때문입니다. 기본적으로 가

정경제는 남자의 몫입니다. 수입이 많든 적든 일정한 수입이 있어야 합니다. 또한 가능하면 부양가족이 없는 남자이어야 합니다. 재혼을 하게 되면 부양가족으로 인한 갈등이 상당하기 때문입니다. 남자가 자유로운 상태에 있어야 합니다. 또한 자기 생활이 건전한 남자이어야 합니다. 불건전하고 무질서하게 사는 사람은 아닙니다. 또한 건전한 취미가 있는 남자이어야 합니다. 그래야 삶이 지루하지 않고 활력이 있습니다. 또한 자신을 가꾸고 개발하는 남자이어야 합니다. 내적으로나 외적으로 자기 관리를 잘하는 남자이어야 합니다.

이젠 제2의 배우자로 재혼하기에 적절한 여자(女子)는 다음과 같습니다. 가치관이 맞는 여자이어야 합니다. 삶의 방향, 인생관, 신앙관, 세계관이 맞아야 행복한 결혼생활을 할 수 있습니다. 또한 사람에 대한 따뜻한 마음을 소유한 여자이어야 합니다. 그래야 인간관계에서 서로 돕고, 공감하고, 좋은 관계를 유지하고, 사랑할 수 있습니다. 또한 가능하면 생활력을 남편과 함께 나눌 수 있는 여자이어야 합니다. 부부는 무엇이든지 함께 짐을 지는 자이기 때문입니다. 또한 일방적으로 남자에게 의지하지 않는 여자이어야 합니다. 여러 문제와 갈등과 위기 등을 스스로도 풀어 갈 수 있는 여자이어야 합니다.

또한 돈보다 남편을 응원하고, 지지하고, 인정해 주는 여자이어야 합니다. 남편을 무시하거나 지지해 주지 않는 여자라면 아닙니다. 또한 남편의 단점을 보완해 줄 수 있는 여자이어야 합니다. 부부는 서로 부족하고, 불안하기에 단점을 보완하고 살기 위해서 결혼하는 것입니다. 이기적으로 살기 위해서, 공주나 왕자처럼 대접을 받기 위해서, 편안하게 살기 위해서 결혼하는 것이 아닙니다. 서로 단점과 약점을 채워 주고 감싸 주면서 살기 위해서 결혼하는 것입니다.

그런즉 배우자의 단점과 약점을 공격, 비난, 탓하고, 무시하지 않고 살 수 있는 사람이어야 합니다. 인생과 부부의 삶은 외모와 쾌락과 돈과 일과 편안함만으로는 충분하지 못합니다. 사는 날 동안 다른 것으로는 채울 수 없는 외롭고, 불완전하고, 각종 변수와 애경사 등이 발생하기 때문에 돕는 배필이 반드시 필요합니다. 그래서 특별한 사정과 이유와 형편이 아닌 경우 초혼이든 재혼이든 결혼하는 것이 백 번이든 천 번이든 낫습니다. 생각이 어리고 짧으면 이런 것을 잘 모릅니다. 초혼이든 재혼이든 이 땅에서뿐입니다. 사후 내세에서는 결혼 자체가 없습니다. 부부로 사는 것이 없습니다. 혼자 살든 결혼해서 살든 지나가는 것은 마찬가지입니다. 가능하면 궁합이 잘 맞는 이성과 결혼하고 사는 것이 더욱 알찬 삶이고 지혜입니다. 혼자 불완전하고, 적적하고, 외롭게 사는 것보다 서로 궁합이 잘 맞는 배우자와 더불어 사는 것이 더 이익이고 아름다운 삶입니다.

참고로, 재혼을 가로막는 일반적인 요소가 있습니다. 첫째는, 돈이 많으면 어렵습니다. 역설적이지만 돈이 많으면 자녀들이 상속문제 등을 이유로 부모의 재혼을 결사반대합니다. 둘째는, 재혼을 하면 불행하게 된다는 고정관념 때문입니다. 이 불행 여부는 사람마다 다릅니다. 셋째는, 상대방(배우자)에 대한 신뢰 부족 때문입니다. 속이는 자들, 겉과 속이 다른 자들이 많습니다. 넷째는, 정치와 종교 신념 차이 때문입니다. 언젠가 여론조사에서 우리나라 결혼 대상자의 60% 정도가 정치이념이 다르면 결혼하지 않겠다고 하였습니다. 종교, 신앙문제는 더 그렇습니다.

특히 기독교인은 초혼이든 재혼이든 삼혼이든 반드시 주 안에서, 진리 안에서 해야 합니다. 다섯째는, 돈과 건강이 약하기 때문입니다. 남자는 돈이 너무 없으면 재혼하고 싶어도 누가 섣불리 다가오지 않습니다. 남녀 모두 건강에 자신이 없으면 망설입니다. 여기에 절대로 결혼과 재혼 금지 대상이 있습니다. 그것은 폭력성(말과 행동)이 있는 사람과 중독자(도박, 게임, 술, 담배, 섹스, 운동, 음식, 쇼핑, 인터넷, 채팅, 휴대폰, 주식, 투기, 게으름 등등)입니다. 폭력이나 중독은 하나의 정신질환으로 쉽게 치료가 되지 않을 뿐만 아니라 정상적인 결혼생활이 불가능합니다. 이런 사람은 절대로 사양해야 합니다.

제31장

살아 있을 때 잘하라

사람들 중에는 죽은 다음에 잘하는 자가 있고, 살아 있을 때 잘하는 자가 있습니다. 당신은 어느 쪽입니까? 죽은 다음에 잘하는 자는 헛된 짓을 하는 사람입니다. 뒷북을 치는 사람이고 버스가 떠난 다음에 손을 흔드는 사람입니다. 죽은 다음에 잘한다는 것은 너무 오랫동안 깊이 슬퍼하고, 장례식에 많은 비용을 투자하고, 묘를 잘 쓰고, 기일을 잘 챙기고, 정성을 다해서 제사를 드리는 것입니다. 진실로 누군가를 사랑하는 사람이나 효도하는 사람은 살아 있을 때 잘하는 사람입니다. 그래야 효능과 영향이 있기 때문입니다. 죽은 다음에 하는 모든 것은 망자에게 100% 영향을 미치지 못합니다. 그래서 쓸데없는 짓이라고 하는 것입니다. 죽은 강아지를 연상하면 됩니다. 망자가 음식을 먹습니까? 인사를 받습니까? 아무것도 받지 못하고 먹지 못합니다. 왜 그렇습니까? 죽어 이 세상을 떠났기 때문입니다. 죽은 다음에 잘하는 사람은 자기만족을 위해서 그리하는 것입니다. 망자에 대해서는 추모식만 하면 충분합니다.

지금 현재 당신 곁에 있는 사람이든 무엇이든 갑자기 혹은 언젠가는 당신 곁을 반드시 떠날 대상입니다. 그것이 이별이고, 이산가족이고, 사별입니다. 죽음은 누구에게나 번개와 도적같이 임합니다. 그래서 지금 살아 있을 때 서로 잘해야 합니다. 시간이 없습니다. 나중에 잘한다는 말은 의미가 없습니다. 그래야 곁에 있는 자가 곁을 떠났을 때 후회와 미안함과 아쉬움이 없게 됩니다. 누군가가 사망하면 아주 서글프게 오랫동안 통곡하는 사람이 있습니다. 그러면서 과거를 회상하며 자책을 합니다. 생전에 잘해 주지 못한 것, 생전에 속을 썩인 것, 생전에 대접을 잘해 주지 못한 것, 생전에 자주 찾아뵙지 못한 것, 생전에 친절하게 대하지 못한 것, 서로 싸운 것, 생전에 마음껏 사랑하지 못한 것, 생전에 함부로 대한 것 등등을 회상하며 통곡을 하고 자책을 하는 사람들이 반드시 있습니다.

부부가 사별을 하면 반복해서 네 가지 생각이 듭니다. 고맙고, 미안하고, 아쉽고, 그립습니다. 여기에 외로움과 허전함은 그림자처럼 붙어 다닙니다. 대부분의 사람들은 부모나 자식이나 배우자가 사망하면 이런저런 것을 생각하며 미안한 마음이 듭니다. 살아 있을 때 좀 더 잘해 줄걸 하면서 아쉬워합니다. 사람이란 늘 지난 뒤에야 후회하는 것이 많습니다. 배우자나 부모님이나 가족이나 지인이 곁에 있을 때는 소중하고 귀한 줄 모릅니다. 어느 날 갑자기 멀리 떠나거나 사망하면 그제야 소중함을 느낍니다. 있어야 할 자리에 없어야 소중함을 알게 됩니다. 그런 자들은 사망한 후에라도 잘해 주어야겠다고 생각하고 장례식을 잘 치러 줍니다. 추모일을 잘 기억합니다. 그래도 죽은 다음에 잘하는 것은 소용이 없습니다. 자기 위로와 만족을 위한 것일 뿐입니다.

그런즉 사망 후에 통곡하고 후회할 것이 아니라 부모나 부부나 자녀들이나 지인들이 살아 있을 때 자기 분수와 형편에 맞게 최선을 다해서 잘하기 바랍니다. 있을 때 잘하는 사람이 지혜자이자 좋은 사람입니다. 효자이고 진정으로 사랑하는 사람입니다. 떠난 다음에, 죽은 다음에 통곡하고, 영정사진을 붙들고 울고, 묘비와 무덤을 잘 만들고, 기일과 명절 때 장지나 납골당에 찾아가서 눈물 흘리고, 엎드려 절하고, 제사상을 잘 차리고, 술을 무덤에 붓고, 잔을 돌리고 한들 아무런 소용이 없습니다. 그런 것은 자기 좋다고 하는 것입니다. 고인에게 아무런 영향을 미치지 못합니다. 헛되고 헛된 짓입니다.

부모든 배우자든 자식이든 누구든지 언젠가는 반드시 자기 곁을 떠날 사람입니다. 이런 사실을 바로 인식하고 매일 잘해야 합니다. 생일과 결혼기념일만 기억할 것이 아니라 내 가족 모두가 시한부 인생이라는 사실을 눈만 뜨면 매일 생각해야 합니다. 그러면 생전에 잘해 줄 수 있습니다. 못마땅한 것은 이해하고 지나갈 수 있습니다. 자기 마음에 들지 않는 언행을 하더라도 너그럽게 됩니다. 그런 생각을 하지 않으니 소중하게 여기지 않고 잘해 주지 않는 것입니다. 짜증을 내고 화를 냅니다.

요한복음 13장 1절
"유월절 전에 예수께서 자기가 세상을 떠나 아버지께로 돌아가실 때가 이른 줄 아시고 세상에 있는 자기 사람들을 사랑하시되 끝까지 사랑하시니라"

이런 경우에는 사람들이 달리 대해 줍니다. 각종 암에 걸려서 시한부 인생을 사는 사람에 대해서는 하루하루를 소중하게 생각하고 무엇이든지 잘해 주려고 합니다. 왜 그렇게 합니까? 머지않아 곧 죽어 세상을 떠날 사람이라고 결정되었기 때문입니다. 말기 암 선고를 받은 사람만 시한부 인생이 아닙니다. 모든 사람이 다 말기 암 환자와 같은 시한부 인생입니다. 하루에도 교통사고로 수많은 사람들이 죽고 있습니다. 다른 간접적인 이유들로 사망하는 사람들이 부지기수입니다. 그런 것을 볼 때 누구든지 현재 살고 있으나 살았다고 장담하지 못합니다.

금방 만나서 차를 마신 후 헤어졌는데 10분 후에 죽었다는 소식을 들을 수 있습니다. 한 치 앞도 내다볼 수 없는 것이 사람의 목숨입니다. 그래서 누구든지 현재 만나고 알고 지내는 지인들과 함께 사는 가족 모두가 언제 죽을지 모르는 자들이라고 생각하고 긴장감과 소중함을 가지고 살아야 합니다. 그리하면 생전에 잘해 줄 수밖에 없습니다. 소중하게 대하게 됩니다. 사별 후에 덜 미안합니다. 자기 마음에 들지 않는 짓들을 해도 너그럽게 대해 줍니다.

사람은 무엇이든지 마음먹기에 달려 있습니다. 특히 부모님과 배우자와 가족들에게 잘해야 합니다. 성격상 겉으로 표현을 잘하지 못하는 사람이 있습니다. 그래도 말과 스킨십으로 잘 표현해야 합니다. 사람이란 어떤 말을 듣고 스킨십을 하느냐에 따라 크게 힘을 얻고 기쁨이 생깁니다. 좀 어색해서 그렇지 스킨십을 하고 격려와 칭찬의 말을 하면 다 좋아합니다. 성격이 어떻고 자기는 어떤 지역 출신이라서 잘 못한다는 등등 말을 하면서 핑계 대지 말아야 합니다. 동물들도 훈련하면, 가르치면 사람처럼 연기를 잘합니다. 사람은 마음먹기에 따라 얼마든지 변할 수 있습니다. 성격이나 지역 출신의 문제가 아닙니다.

좋은 것, 해가 되지 않는 것, 상대방이 행복해하는 것은 말이든 스킨십이든 아낄 이유가 하나도 없습니다. 아끼고 사용하지 못하는 사람이 바보입니다. 다시 강조하지만 곁에 있는 사람은 언젠가는 반드시 떠날 사람입니다. 떠나면 하지 못합니다. 아쉬움과 후회가 크게 남습니다. 필자도 되돌아보면 부모님과 배우자에게 미안한 마음이 있습니다. 좀 더 적극적으로 스킨십과 표현을 하지 못한 점입니다. 좀 더 다정하게 대하고, 감사의 표현을 하고, 따뜻하게 안아 주고, 진정을 담아 손을 잡아 주면서 격려하는 것 등을 충분히 하지 못한 것이 후회되고 아쉽기만 합니다. 독자들은 지금부터라도 달리하시기 바랍니다. 사람은 속으로만 하면 알지 못합니다. 표현을 해야 합니다. 그러므로 죽은 다음에 후회하거나 잘하려고 하지 말고 살아 있을 때 잘해 주기 바랍니다. 그래야 향후 후회함이 없게 됩니다. 덜 미안합니다.

제32장

사별과 재회와 재이별

사람은 자기가 원하든 원치 않든 현세와 내세에서 반드시 누군가를 만나고 이별하고 죽습니다. 일시적인 이별과 영원한 이별이 있고, 일시적인 만남과 영원한 만남이 있습니다. 영원히 불행한 만남과 행복한 만남이 있습니다. 부부와 가족과 지인과 사람들 중에서 이런 일들이 일어날 것입니다. 부모나 배우자 등이 죽으면 고맙고, 미안하고, 아쉽고, 그립고, 보고 싶습니다. 회자정리(會者定離)라는 말이 있습니다. 이는 불교 용어로 '사람은 누구나 만나면 헤어지기 마련'이라는 뜻입니다. 하지만 이는 불교의 전유물이 아닙니다. 불교에서 사용하기 전에 이미 기독교 성경인 창세기에 나와 있습니다. 아무튼 산 사람은 누구나 반드시 아픈 이별을 하게 됩니다.

이별은 피할 수 없는 것입니다. 남녀노소, 빈부귀천, 종교, 지위고하를 막론하고 정녕 이별합니다. 사랑하는 부부와 부모와 자식과 벗과 지인 등과 이런저런 방식으로 헤어지되 결정적으로 죽음이 이별하게 만듭니다. 아무리 이별을 거부하고 저항해도 이별은 누구도 막지 못합니다. 그것이 하나님께 범죄한 인간에게 형벌로 주어진 불행한 인생입니다. 태어날 때는 순서가 있었지만 이별과 사별은 예고나 순서가 없습니다. 누구에게든지 어느 날 갑자기 찾아옵니다. 이별이 무섭고 아픈 이유는 깊은 정이 든 사랑하는 사람과 헤어지기 때문입니다. 깊은 정이 없거나 사랑하지 않으면 잠깐 슬프고, 잊고, 끝나는데 사랑하는 사이에서의 이별, 사별은 산 살을 베고 뼈를 깎는 것과 같은 아픔이 있습니다. 오랫동안 슬퍼합니다.

사랑하는 사이에도 언젠가는 반드시 이별을 하게 됩니다. 사랑하는 사이라고 해서 늘 좋은 시간만 있는 것이 아닙니다. 그런데 대부분의 사람들은 이런 분명한 사실을 잊고 삽니다. 평생 이별하지 않을 것처럼 살아갑니다. 그래서 사랑하는 사람이 갑자기 죽어 이별하게 되면 그 충격이 상상을 초월합니다. 평상시에 생각하지 않았고 마음의 준비를 하지 않고 살아왔기 때문입니다. 사별의 아픔을 겪어 보지 않은 사람은 그 충격, 아픔, 슬픔, 고통, 공허함이 얼마나 큰지 잘 모릅니다. 그래서 공감을 못 합니다.

마치 관중석에서 스포츠를 관람하듯이 말하고 바라봅니다. 사람은 무엇이든지 자신이 직접 당해 봐야 공감하게 됩니다. 그것이 사람의 모습입니다. 성경은 신자나 불신자를 막론하고 이 땅에서와 사후에 이별과 재회, 또 영원한 이별과 영원한 재회를 하게 될 것이라고 말합니다. 그런 이유에 대해서도 분명하게 말합니다. 그것은 영원 전부터 자존하시는 전능하신 하나님에 의해 흙으로 창조함을 받은 최초의 사람 아담과 하와가 하나님께 불순종하는 죄를 범한 결과로 저주, 형벌로 주어지는 것이라고 말합니다. 이것이 기독교 이별, 사별 세계관입니다.

창세기 2장 17절

"선악을 알게 하는 나무의 실과는 먹지 말라 네가 먹는 날에는 정녕(반드시) 죽으리라 하시니라"(사망과 이별 경고)

로마서 6장 23절

"죄의 삯은 사망이요…"(사망과 사별 규정)

히브리서 9장 27절

"한 번 죽는 것은 사람에게 정하신 것이요 그 후에는 심판이 있으리니"(사별의 명확성과 사후 심판 경고)

인류의 대표자이자 머리인 아담과 하와가 에덴동산에서 하나님께서 금하신 선악과를 따 먹는 불순종으로 주어진 형벌과 저주에 따라 사람은 현세에서 누구나 죽음에 따른 이별의 아픔을 겪어야 하는 신세가 되었습니다. 대표자의 원리가 전가, 유전된 것입니다. 그것이 모든 이들에게 적용되는 죽음, 사별(死別)이라는 이별입니다. 문제는 이 땅에서의 이별이 전부가 아니라는 데 있습니다. 이 땅에서의 사별로 끝이 아니라는 것이 심각합니다. 사람이 태어나서 죽음이라는 이별을 하는 것으로 끝나면 다행인데, 고민할 것도 없는데, 두려워할 필요가 없는데 사후에 부활과 심판과 재회와 다시 영원한 이별과 영원한 나라, 세계가 기다리고 있다는 것입니다.

마치 축구에서 전반전이 끝나고 후반전이 기다리고 있거나, 낮으로 끝나지 않고 밤이 기다리고 있거나, 봄이 지나고 겨울이 기다리고 있는 것처럼 말입니다. 그래서 후반 준비, 밤 준비, 겨울 준비, 내세 준비를 하지 않고 살면 낭패를 당합니다. 세상은 현세와 내세(사후세계)로 되어 있습니다. 이를 아는 사람, 믿는 사람, 모르는 사람, 무시하는 사람, 믿지 않는 사람이 반드시 있습니다. 문제는 이 땅에서의 이별은 잠시지만 내세에서의 이별과 재회는 영원하다는 것입니다.

신자나 불신자를 막론하고 죽으면 세상 종말에 모두 부활하여 천상으로 올라가서 인류의 유일한 재판장이신 예수님으로부터 심판(기독교인은 제외)을 받고 누구는 영원한 이별, 누구는 영원한 재회, 누구는 고통스러운 재회, 누구는 행복한 재회를 하여 유일한 내세(저승)인 천국 아니면 지옥에서 영원히 살게 됩니다. 다시 말해서 사후에 죽음으로 끝이 아니라 부활하여 향후 천상에서 재회와 이별을 또 하게 됩니다. 그러니까 사후에 천상에서 회자정리(會者定離, 만남과 헤어짐)를 또 하게 됩니다. 이 땅에서 사는 동안 인류의 유일한 구세주인 예수 그리스도를 진실로 믿어 구원을 받은 부부, 부모와 자식, 형제, 친인척, 지인, 친구들은 천상에서 재회(再會, 두 번째로 만남)하여 천국에서 함께 영원히 행복하게 살게 됩니다.

그 이후에는 다시는 이별하지 않습니다. 이것을 영생이라고 말합니다. 그러나 이 땅에서 인류의 유일한 구세주인 예수님을 믿지 않고 살다가 죽은 자들은 부부든, 부모와 자식이든, 형제든, 지인이든, 친구든 심판을 받고 영원한 이별을 하게 됩니다. 혹 부부든, 부모와 자식이든, 형제든, 친인척이든, 지인이든, 친구든 예수님을 믿지 않게 되면 재회하게 되는데 불행하고 고통스러운 지옥에서의 재회가 되어 함께 영원히 고통을 겪으며 살게 됩니다. 이것을 성경은 둘째 사망 혹은 영벌이라고 말합니다.

마태복음 25장 46절

"저희는(예수님을 믿지 않는 자들) 영벌에(지옥), 의인들은
(예수님을 믿는 자들) 영생에(천국) 들어가리라 하시니라"

요한계시록 20장 14절

"사망과 음부(중간상태 저승)도 불못(지옥)에 던지우니 이것
은 둘째 사망(사후 지옥생활) 곧 불못(지옥)이라"

요한계시록 21장 8절

"그러나 두려워하는 자들과 믿지 아니하는 자들과 흉악한 자
들과 살인자들과 행음자들과 술객들(점술가들)과 우상 숭배
자들과 모든 거짓말 하는 자들은 불과 유황으로 타는 못(지
옥)에 참예하리니 이것이 둘째 사망(사후 지옥생활)이라"

사후에 천상에서 서로 재회하는 부부가 있고 영원히 이별하는 부부가
있습니다. 부모나 형제나 지인들도 마찬가지입니다. 이 땅에서만 이별하
는 것이 아닙니다. 이 땅에서는 누구나 잠시 이별을 하지만, 사후 부활한
천상에서는 현세에서 살 때 구세주인 예수님을 믿었느냐 믿지 않았느냐
에 따라서 영원한 이별과 영원한 재회가 다시 이루어집니다. 지구촌에서
살 때 진실로 구세주인 예수님을 믿고 살다가 죽은 자들은 누구든지 사후
에 천상에서 재회하여 천국에서 영원히 함께 살게 됩니다.

반대로 예수님을 믿지 않고 살다가 죽은 자들은 예수님을 믿었던 가족과 영원히 이별하는 동시에 예수님을 불신했던 가족이나 지인들과 재회하여 고통의 장소인 지옥에서 영원히 동거하게 됩니다. 이것이 이 땅과 내세에 있을 이별과 천상재회와 영원한 이별의 모습입니다. 그러므로 향후 천상에서도 재회하여 천국에서 영원히 살고 싶은 사람들은 이 땅에 사는 날 동안에 인류의 유일한 구세주이신 예수님을 믿어야 합니다. 다른 구원의 길, 영생의 길, 행복한 재회의 길은 없습니다. 다른 길이 있다고 하면 그것은 가짜입니다. 이단입니다. 속고 있는 것입니다.

그래서 내세의 영원한 삶에 비하면 현세의 삶은 하나의 점이나 순간에 불과한 아주 짧은 시간입니다. 100년의 삶은 순간과 잠깐이고 하루살이에 지나지 않습니다. 그래서 신중하고 깊게 생각하고 살아야 합니다. 이 세상이 전부라고 확신하고 살면 큰일 납니다. 내세를 부인하고 살면 어리석은 일입니다. 사람들이 이 땅에서 일어날 수도 있는 각종 사고와 질병에 대비하여 다양한 보장보험을 들고 사는 것처럼 내세, 사후세계에 대한 영원한 생명보험도 들어야 합니다. 물론 세상 보험 가입과 전혀 다른 방식이긴 합니다. 그것은 예수님을 믿는 보험입니다.

이 믿음은 하나님이 공짜로 주시는 은혜이자 선물입니다. 인간의 노력으로 되는 것이 아닙니다. 영생과 구원인 영원한 생명보험은 돈과 선행이 아닌 믿음으로만 가능합니다. 하나님으로부터 이 믿음의 선물을 받은 사람들만이 예수님이 믿어지고 그 외에는 결코 예수님을 믿지 못합니다. 오해와 착각하는 자들이 있어 한 가지를 언급하면, 천국은 구제, 봉사, 착한 일, 선행, 공로, 행위, 수행, 해탈 등으로 들어가지 못합니다. 누군가가 그리 말한다면 가짜입니다. 속는 것입니다. 진리가 아닙니다. 성경은 오직 믿음으로만 천국에 들어간다고 말합니다. 그래서 배타적인 말이지만 기독교(개신교)에만 구원이 있습니다.

그런즉 현세와 내세에서 만남과 이별이 있음을 알고 이 땅에 사는 날 동안 진지하게 고민하면서 내세를 대비하고 살아가야 합니다. 군인들이 항상 전쟁을 대비하고 사는 것처럼 말입니다. 전쟁은 일어나지 않는다고 굳게 믿고 사는 군인과 시민처럼 어리석은 사람은 없습니다. 그렇게 확신한다면 군대의 존재 이유가 없고 군에 입대해서도 안 됩니다. 군대가 존재할 이유가 없습니다. 내세에 대한 것도 마찬가지입니다. 내세를 부인하고 거부한다고 문제가 해결되는 것이 아닙니다. 이는 마치 몸이 아픈 사람이 자기 불편함과 병원을 불신하고 거부한다고 아픈 것이 사라지는 것이 아닌 것과 같습니다. 지혜로운 자는 유비무환(有備無患)이라는 말을 되새기며 삽니다. 더 나아가 사후, 내세에 누구나 영원한 천상재회와 영원한 이별이 기다리고 있다는 사실도 명심하고 살아야 합니다. 한번 태어난 인생은 그렇게 간단하게 끝나지 않습니다.

눈에 보이지 않는, 실존하는 비가시적인 영혼(靈魂) 하나만 생각해도 그렇습니다. 사람의 육체 속에 있는 보이지 않는 영혼은 물질이 아니므로 육체로 살아 있을 때나 죽은 이후에 죽지도, 불에 타지도, 썩지도 않고 영원히 삽니다. 사람이 죽으면 영혼은 신앙 여부에 따라 중간상태로 즉시 낙원 아니면 음부로 들어갑니다. 알 수 없는 곳으로 사라지는 것이 아닙니다. 이런 것이 골치 아프다고 생각하지 않겠다고 해도 영혼은 존재하고 영원히 삽니다. 이 세상에 한번 태어난 사람은 종교와 신앙을 떠나서 사후에 자기가 원하든 원치 않든 천국에서 살든 지옥에서 살든 영원히 죽지 않고 살게 됩니다. 그것이 비물질인 영혼이 있는 인생, 영원히 썩지 아니할 몸으로 부활한 사람의 미래 모습과 실상과 삶입니다. 인간에게만 적용되는 것입니다. 아주 신비롭고 놀라운 비밀입니다. 우리는 이 땅에서와 사후에 불가피한 이별과 사후 천상재회와 영원한 이별과 영원한 재회와 동거가 있음을 알고 살아야 합니다.

그래서 예수 그리스도를 믿는 믿음 안에서 이별하고 사별한 자들은 잠깐만 슬퍼하고 지속적으로 슬퍼하지 않는 것입니다. 몇 년씩 사별의 슬픔에 젖어 살지 않습니다. 반드시 천상재회, 천국에서의 영원한 동거가 기다리고 있기 때문입니다. 그러나 예수님을 믿지 않고 사는 자들이나 예수님을 거부하고 살다가 죽은 자들은 전혀 다릅니다. 오랫동안 고인을 잊지 못하고 슬퍼합니다. 안타깝지만 오랫동안 통곡하고 슬퍼해야 합니다. 왜냐하면 사후에 부활하여 영원히 피눈물과 고통만을 당하는 영원한 삶인 지옥세계가 기다리고 있거나 예수님을 믿는 가족이나 지인과 영원히 이별하기 때문입니다. 교도소 생활을 영원히 한다고 생각해도 끔찍한 일인데, 고통만 당하는 지옥의 영원한 생활은 상상만 해도 잠이 오지 않을 것입니다.

부부가 범죄하여 유죄선고를 받으면 부부 모두가 감옥에서 살게 됩니다. 배우자 한 사람만 유죄선고를 받으면 부부가 헤어져 하나는 감옥에서 살고 하나는 집에서 살게 됩니다. 사후 부활 후의 내세의 삶도 마찬가지입니다. 이런 진리를 우습게 여기고, 조롱하고, 농담으로 여기고, 무시하고, 불신하는 자들은 그날에 직접 자기 눈으로 목도하고 확인하게 될 것입니다. 이런 것을 무시하는 사람들이 악한 범죄를 저지르다가 감옥에 갑니다. 세상에서 전쟁은 일어나지 않는다고 확신하고 주장하는 군인과 시민처럼 말입니다. 전쟁은 전 세계적으로 날마다 발생하고 있습니다. 아마 세상 종말 때까지 전쟁은 일어날 것입니다. 그래서 대비하고 살아야 합니다. 그래야 비참함과 불행을 예방할 수 있습니다.

제33장

사별과 독신

　　사별이나 이혼을 하게 되면 누구나 고민을 합니다. 잠시 동안 혹은 일생 동안 독신으로 살게 됩니다. 혼자 살 것인지 아니면 재혼을 할 것인지를 고민합니다. 재혼과 독신에는 일장일단이 있습니다. 단점만 있거나 장점만 있지 않습니다. 물론 개인에 따라 그 정도는 차이가 있을 수 있습니다. 주변에서 경험한 자들이 이런저런 다양한 말들을 합니다. 그래도 결국 자기 사정과 마음과 형편에 맞게 자기가 결정해야 합니다. 모든 사람은 각기 처한 상황이나 마음이 다 다르기 때문입니다. 누구에게는 적용되는 것이 누구에게는 무관한 것이 있습니다. 이런 점을 잘 고려해야 합니다. 다른 사람이 자기의 인생을, 자기가 다른 사람의 인생을 대신 살아 줄 수 없기 때문입니다. 서로의 형편과 사정을 정확히 모릅니다. 개인의 마음과 생각과 처지와 형편과 고민도 정확히 모르면서 이런저런 조언들을 하는 것이 사람들입니다. 어떤 사람은 주관적인 경험을 일반화시키면서 '이렇게 하라 저렇게 하라'고 조언합니다. 참고만 하면 됩니다. 결혼하여 사이좋게 살다가 원치 않는 이런저런 일로 인하여 갑자기 배우자와 이별하고 사별하는 일들이 발생합니다.

사람이란 누구나 언젠가는 반드시 사별을 겪게 됩니다. 이 세상에 출생하는 순간부터, 부부로 결합하는 순간부터 사별은 피하지 못합니다. 사별의 근본 원인은 배우자의 자기 관리 부실 때문이 아니라 인류의 대표자이자 머리인 아담과 하와 부부가 하나님께 범죄한 원죄가 전 인류에게 전가(유전)된 결과입니다. 자기 관리 부실은 간접적인 요인이고 단지 몇 년 정도 수명을 앞당길 뿐입니다. 생명보험을 드나 안 드나, 자기 관리를 잘하나 못하나, 좋은 음식을 먹으나 안 먹으나, 건강하나 건강하지 않나 반드시 죽고 사별하게 됩니다. 이런 사실을 항상 기억하고 살아야 합니다. 이 세상에서 드는 생명보험은 사람들의 생명을 지켜 주지 못합니다. 생명보험을 들어도 언젠가는 죽게 됩니다. 사람은 남녀노소를 불문하고 갑자기 죽게 됩니다. 죽는 순서도 없습니다. 그래서 시한부 인생이라고 합니다. 이런 사실을 마음에 깊게 새기고 살면 하루하루를 더욱 알차고 의미 있게 보내려고 하고 소중하게 생각합니다. 언제 죽을지 모르기 때문입니다. 살아 있는 순간이, 그날이 가장 소중하고 감사한 것입니다.

로마서 6장 23절

"죄의 삯은 사망이요…"

데살로니가전서 5장 18절

"범사에 감사하라…"

고민은 부부로 살다가 사별한 경우입니다. 사별 중에서 가장 큰 아픔과 상처와 스트레스와 고통은 부부사별입니다. 왜냐하면 부부만이 한 몸이기 때문입니다. 한 몸이 갈라졌으니, 찢어졌으니, 사라졌으니 얼마나 아프고 허전하겠습니까. 그래서 사별한 부부에 따라 다르겠지만 하나같이 장단기적으로 힘든 시기를 보냅니다. 회복에는 누구나 공통적으로 상당한 시간이 필요합니다. 문제는 몇 년 혹은 몇십 년이 지난 이후입니다. 사람이란 연약하고, 불완전하고, 외로운 존재입니다. 특히 부부로 살다가 혼자 된 사람은 본래 혼자 산 사람들보다 더욱 혼자 살기가 만만치 않습니다. 배우자의 빈자리가 크게 느껴집니다. 든 자리는 별로 표시가 나지 않아도 난 자리는 크게 표시가 납니다. 허전합니다. 그래서 말은 안 해도 날마다 고민도 많고, 생각도 복잡하고, 힘든 시기를 보냅니다. 이에 사별한 사람들 중에는 두 부류로 나누어집니다. 한 부류는 재혼을 하여 새롭게 출발하는 사람들이고, 또 한 부류는 그냥 혼자 사는 사람들입니다.

물론 각자 사명과 역할과 마음과 처지와 형편대로 그리하면 됩니다. 사별한 자들은 배우자에게서 놓임을 받은 자유인입니다. 재혼을 해도 합법이고 혼자 살아도 합법입니다. 이래도 좋고 저래도 좋습니다. 이에 대하여 나이가 많든 적든 누구도 이래라저래라 할 수 없습니다. 그것은 어디까지나 당사자의 주권입니다. 제삼자는 가타부타 개입하거나 참견을 하면 안 됩니다. 누구도 개인의 인생을 대신해 주거나 살아 줄 수 없습니다. 누구든지 단지 존중해 주고, 기도해 주고, 잘되기만을 응원해 주어야 합니다. 뒤에서 자기 생각과 주관에 따라 수군대지 말아야 합니다. 이별과 사별을 당한 사람의 아픔과 형편도 정확히 모르고 공감하지 못하면서 가타부타하는 사람은 아주 무책임하고 나쁜 사람입니다. 자기 기준과 생각과 지식대로 함부로 말하지 말고 판단하지 말아야 합니다. 각자의 인생은 모두 다르기 때문입니다.

고린도전서 7장 2절

"음행의 연고로 남자마다 자기 아내를 두고 여자마다 자기 남
편을 두라"

고린도전서 7장 8~9절

"내가(사도 바울) 혼인하지 아니한 자들과 과부들에게 이르노
니 나와 같이 그냥 지내는 것이 좋으니라 만일 절제할 수 없거
든 혼인하라 정욕이 불같이 타는 것보다 혼인하는 것이 나으
니라"

고린도전서 7장 28절

"그러나 장가가도 죄짓는 것이 아니요 처녀가 시집가도 죄짓
는 것이 아니로되 이런 이들은 육신에 고난이 있으리니 나는
너희를 아끼노라"

창세기 2장 18절

"여호와 하나님이 가라사대 사람이 독처(獨處, 홀로 거처함)
하는 것이 좋지 못하니 내가 그를 위하여 돕는 배필을 지으리
라 하시니라"

창세기 1장 28절

"하나님이 그들(아담 부부)에게 복을 주시며 그들에게 이르시되 생육(生育, 출산과 양육)하고 번성하여 땅에 충만하라, 땅을 정복하라…"

전도서 4장 12절

"한 사람이면 패하겠거니와 두 사람이면 능히 당하나니 삼겹줄(세 가닥으로 꼰 줄)은 쉽게 끊어지지 아니하느니라"

재혼은 초혼과 달리 복잡합니다. 검토하고 생각할 것이 한둘이 아닙니다. 재혼이란 이미 존재하는 새로운 가족과의 결합이기도 하기에 단순하지 않고 복잡하여 고민이 많습니다. 이래도 저래도 일장일단이 있습니다. 여기에 자녀들이 있습니다. 양가 자녀들로 인한 갈등도 발생합니다. 그래서 고민하고 검토해 볼 것이 한둘이 아닙니다. 재혼해서 잘 사는 사람도 있고, 재혼해서 더욱 불행하게 사는 자들도 있습니다. 재혼해서 이혼하는 자들도 있습니다. 초혼보다 재혼 이혼율이 세 배나 높다고 합니다. 그만큼 재혼이 어려운 일이기에 아주아주 신중해야 합니다. 단지 외롭고 경제적으로 힘들다고 해서 서둘러 재혼을 하면 큰일 납니다. 초혼이든 재혼이든 삼혼이든 결혼의 목적은 변함이 없습니다. 재혼도 결혼의 목적에 맞게 해야 합니다. 결혼의 목적은 하나님과 세상 사람의 시각이 다릅니다. 우리가 잘 아는 것처럼 결혼제도는 사람이 만든 것이 아니라 하나님이 만드셨습니다. 세 가지 목적을 이루기 위해서 만드셨습니다.

첫째는 서로 돕기 위해서입니다. 남자든 여자든 서로 불완전하고 연약한 존재이기에 일생 동안 상호 돕는 배필이 있어야 합니다. 한자 사람 인(人)도 그래서 서로 지지해 주는 형상입니다. 사람은 혼자서는 외로운 존재이자 불완전한 존재입니다. 한 줄은 잘 끊어지지만 삼겹줄은 쉽게 끊어지지 않습니다. 하나님께서도 독처하는 것이 좋지 못하다 하셨습니다. 그래서 결혼, 재혼이 필요합니다. 둘째는 생육하고 번성하게 하기 위해서입니다. 출산입니다. 지구를 만드신 하나님은 사람들이 번성하여 이 지구촌 곳곳에 퍼져 살면서 하나님을 영화롭게 하기를 원하셨습니다. 그러기 위해서는 출산을 해야 하는데 그래서 동성결혼이 아닌 남녀를 결합하는 결혼제도를 만드신 것입니다. 남녀 결합만이 출산이 가능하고 자녀를 잘 양육할 수 있습니다. 셋째는 성적인 음행, 음란을 막기 위함입니다. 무질서한 섹스를 예방하기 위함입니다. 사람은 남녀노소를 막론하고 사망할 때까지 인간의 근본 욕구인 성욕이 살아 꿈틀거립니다.

이에 식욕과 수면욕 못지않게 성적 욕구가 있어 이를 정상적이고 질서있게 해소하지 않으면 반드시 무질서와 불법으로 성적 욕구를 채우려고 합니다. 음란에 빠지게 됩니다. 무질서한 세상이 되어 버립니다. 배우자가 있어도 상당수가 불륜을 저지르는데 배우자가 없으면 더 위험한 것입니다. 이를 잘 아시는 하나님께서 부부 안에서 성교의 욕구를 해소하고 채우라고 남녀를 묶으신 것입니다. 이에 반해 세상 사람들은 하나님께서 결혼제도를 만드신 본래 목적에서 벗어나 자기들 마음대로 결혼을 이해하고 결합하여 삽니다. 그러니까 신본주의가 아니라 인본주의 결혼관에 젖어 삽니다. 기준이 자기 생각과 마음과 감정과 입맛이고 세상 분위기입니다. 그 결과 결혼 자체를 거부하거나(비혼주의), 결혼을 해도 출산을 거부합니다(딩크족). 또한 결혼을 하여 배우자가 있는데도 다른 이성과 자유롭게 성교를 하며 삽니다(불륜과 음행).

이에 재혼을 하려는 중년들은 외로움을 해결하고 성적 욕구를 해소하고자 결혼식이나 혼인신고를 하지 않고 단지 동거하거나 데이트만 하면서 부부가 아닌 부부로만 살려고 합니다. 성적 쾌락만을 위해서 자유롭게 만나고 동거하며 삽니다. 부부의 책임은 회피하고 권리만 누리고 인생을 즐기기만 하려고 합니다. 이에 자유롭게 프리섹스를 하며 삽니다. 부담 없이 삽니다. 인생을 자기중심적으로 즐기려고만 합니다. 그것이 일부 독신자들의 이성관이고 재혼을 하려는 사람들의 재혼 목적입니다. 물론 기독교인들은 이런 인본주의 결혼관이나 재혼관을 거부해야 합니다. 성경에서 이탈한 것이기 때문입니다. 초혼과 달리 50세 이후 재혼을 하게 되면 출산은 하지 못하지만 그래도 두 가지 재혼 목적은 여전히 유효합니다.

부부는 서로가 상부상조해야 할 정도로 각자 부족하고 연약합니다. 나이를 먹을수록, 세월이 흐를수록 서로 도움을 주고받는 파트너가 더욱 필요합니다. 힘도 약화되고 마음도 약화되고 더욱 외롭기 시작합니다. 장수 시대에는 더욱 그렇습니다. 또한 산 사람들은 죽을 때까지 식욕, 수면욕이 여전하듯이, 마음과 몸이 건강하면 죽을 때까지 인간의 성욕은 시들지 않고 꿈틀거립니다. 70이든 80이든 여전합니다. 이를 부정하거나 부인하지 말아야 합니다. 이상하게 말하지 말아야 합니다. 이는 매우 정상적인 모습이자 사람입니다. 이런 것은 부끄러운 것이나 잘못된 것이 아닙니다.

이상하게 생각하고 말하는 자들이 잘못된 것입니다. 사람의 기본권과 인권과 욕구는 남녀노소를 불문하고 동일합니다.

식욕, 수면욕, 성욕은 하나님께서 인간 본성에 부여해 주신 선한 것입니다. 젊은 사람들만 섹스를 하는 것이 아니라 부부 안에서 나이를 초월하여 부부가 마음껏 성교를 하며 살아야 정상입니다. 그래야 건강도 좋아집니다. 부부 사이도 더욱 돈독해집니다. 행복합니다. 섹스를 하지 않고 사는 부부, 섹스리스 부부보다 섹스를 하고 사는 부부가 훨씬 건강하고 사이도 좋다는 조사들이 있습니다. 하나님이 인간에게 본성적으로 부여해 주신 것은 진리 안에서 선하게 사용하면 행복이고 좋은 결과를 가져옵니다.

반대로 진리에서 이탈하여 자기 소견에 옳은 대로, 세상의 유행과 분위기대로 무질서하게 행하면 불행하게 되고 결과도 좋지 않습니다. 부끄러운 것이 됩니다. 그래서 인본주의는 무엇이든지 처음엔 좋게 보이지만 결국 실패하고, 고통을 당하고, 심판을 받습니다. 처음만 꿀맛이고 결과는 불행과 비참함입니다. 기독교 역사와 성경 역사가 잘 증명해 줍니다. 기독교인들은 초혼이든, 재혼이든, 삼혼이든 항상 하나님께서 세우신 결혼의 세 가지 목적을 염두에 두고 그 안에서 결혼과 재혼을 생각해야 합니다. 이혼도 마찬가지입니다. 세상과 자기 기준대로 하는 것이 아닙니다. 세상과 세상 사람들이 말하는 이런저런 조건과 방식과 주장과 이유는 불행의 길로 가는 것입니다.

사별한 사람은 독신으로 살아도 되고 재혼해서 살아도 됩니다. 물론 주 안에서, 진리 안에서 행하여야 합니다. 성경은 이 둘 모두를 지지합니다. 그것은 당사자가 여러 가지를 종합하여 시간을 두고 신중하게 결정하면 됩니다. 재혼을 할 경우 기본적으로 건강해야 하고, 경제력에 있어서 생활이 되어야 하고, 정신적으로 이상이 없어야 하고, 인성이 갖추어져 있어야 하고, 자녀들이 지지해야 하고, 자기 마음에 꼭 드는 사람이 나타나야 하고, 대화와 가치관과 신앙관이 잘 통해야 합니다. 가능하면 배우자 상호 간에 자녀들이나 부양자가 없어야 합니다. 아니면 다 성장하여 완전히 독립하여 사는 자녀들만 있고 부모의 재산에 관심이 없는 자라야 합니다.

세속적인 조건만남은 버려야 합니다. 조건으로 만나면, 조건이 변하면 사람, 관계도 변합니다. 결혼정보회사들은 대부분이 조건만남이고, 돈과 외모를 우선시합니다. 남자들은 여성의 외모를 조건으로 보고, 여자들은 남성의 경제력을 조건으로 봅니다. 그래서 중년 이후의 재혼에서는 경제력이 없거나 외모가 출중하지 않으면 외면당합니다. 아무튼 사별 이후 재혼을 생각하는 경우 나이가 들었다고, 외롭다고, 혼자 살기 힘들다고 대충 맞추어 살면 큰일 납니다. 초혼 때보다 더욱 신중하고 진중하게 검증해서 재혼해야 합니다.

특히 누군가로부터 소개를 받아 만날 때 조심해야 할 두 가지가 있습니다. 상대방이 어떤 이유로든지 돈을 요구하는 경우이고, 법적인 부부도 아닌데 잠자리를 요구하는 경우입니다. 이러한 요구를 하는 데이트 상대가 있다면 즉시 헤어져야 합니다. 더 이상 만나지 말아야 합니다. 고민할 것도 없습니다. 순수한 사람이 아니기 때문입니다. 성경적인 재혼의 대상은 제한되어 있습니다. 세상의 재혼 대상과 전혀 다릅니다. 하나님을 믿지 않는 사람들은 자기들 마음대로 합니다. 그러나 기독교인들은 그렇게 사는 자들이 아닙니다. 하나님께서 정하신 결혼이나 재혼 기준과 방식에 따라 해야 합니다. 하나님이 정하신 재혼의 대상은 ① 미혼이거나, ② 사별한 사람이거나, ③ 음행으로 이혼한 사람이거나, ④ 신앙 고수 때문에 불신 배우자에게 버림을 당한 자뿐입니다. 여기에 같은 신앙고백을 하는 자와 재혼해야 합니다. 그 외 대상과는 재혼할 수 없으며 혹 이 기준을 벗어나서 재혼하게 되면 간음입니다. 불법이고 불순종입니다.

마가복음 10장 11~12절

"이르시되(예수님께서) 누구든지 그 아내를 내어 버리고 다른 데 장가드는 자는 본처에게 간음을 행함이요 또 아내가 남편을 버리고 다른 데로 시집가면 간음을 행함이라"

마태복음 19장 9절

"내가 너희에게 말하노니 누구든지 음행(淫行, 간음과 간통, 불륜)한 연고 외에 아내를 내어 버리고 다른 데 장가드는 자는 간음함이니라"

고린도전서 7장 15절

"혹 믿지 아니하는 자가 갈리거든 갈리게 하라 형제나 자매나 이런 일에 구속받을 것이 없느니라 그러나 하나님은 화평 중에서 너희를 부르셨느니라"

고린도전서 7장 39절

"아내가 그 남편이 살 동안에 매여 있다가 남편이 죽으면 자유
하여 자기 뜻대로 시집갈 것이나 주 안에서만 할 것이니라"

사별 후 재혼을 생각하는 사람이 누군가를 만나고 있다면 적어도 1년
정도는 심도 있게 데이트를 하면서 그 사람의 내면과 각종 습성을 다양하
게 체크해야 합니다. 결혼, 이혼, 재혼 예비고사 자료를 활용해야 합니다.
이에 서로가 잘 맞지 않는 부분이 많으면 만남을 갖지 말아야 합니다. 사
람은 한 가지만 좋다고 해서 결혼하면 큰일 납니다. 여러 가지가 상식적
이어야 합니다. 이런저런 것을 종합해 볼 때, 자기 혼자 사는 것이 하나도
문제가 없으면 독신으로 사는 것도 좋습니다. 재혼이든 독신이든 무엇이
더 좋다는 것은 없습니다. 개인에 따라 다릅니다. 창조 목적과 기본적으
로 성경은 남녀 결합을 지지합니다. 물론 특별한 사명이 있는 사람은 독
신으로 사는 것이 낫습니다. 그 외에는 좋은 짝을 만나 사는 것이 지혜입
니다. 이젠 장수시대입니다. 많은 낮밤을, 긴긴 인생을 혼자 살기에는 단
점이 너무 많습니다. 핵심은 좋은 짝이어야 한다는 것입니다. 쌍방이 말
입니다. 좋은 짝이 나타날 때까지는 서두르면 안 됩니다.

혹 재혼을 하고 싶은데 좋은 짝이 나타나지 않으면 그냥 독신으로 지내
야 합니다. 불량하고 미숙한 사람과 만나 재혼하여 괴로운 가운데 사는
것보다 혼자 외롭게 사는 것이 더 낫기 때문입니다. '열 길 물속은 알아도
한 길 사람 속은 모른다'는 말이 있듯이 좋은 사람을 만난다는 것은 정말
로 어려운 일입니다. 재혼의 대상은 더더욱 조심하고 신중하게 접근해야

합니다. 게다가 사람은 외식하는 경우가 있으며, 양파와 같은 존재이고, 울창한 숲속과 같은 존재입니다. 비유가 적절하지 않지만 자동차로 하자면 중년과 재혼 대상들은 중고차들입니다. 내부적으로 잔고장과 하자가 많다는 것입니다. 자동차의 겉모습만 보고 구매하면 큰일 납니다. 이것이 암시하는 바는 사람은 불가사의한 존재라는 말입니다. 가까이 가면 갈수록, 더 깊이 알아 가면 갈수록, 시간이 지나면 지날수록 여러 가지 문제점이 발견됩니다.

그래서 남녀가 연애할 때보다 결혼해서 한 집에 살면 갈등과 다툼이 많은 것입니다. 연애할 때는 별로 충돌되는 것이 없을 것입니다. 서로가 잘 알지도 못하고 서로 좋은 점만 보여 주기 때문입니다. 치명적인 단점이 있을지라도 감추거나 포장하기에 잘 모릅니다. 자기 단점을 솔직하게 고백하지도 않습니다. 그래서 속습니다. 하지만 결혼을 하면 그렇지 않습니다. 한 집에서, 한 침대에서, 24시간 거울처럼 지켜보며 살기 때문에 장단점이 훤히 드러납니다. 자기 단점을 숨기지 못합니다. 이에 누구나 다툼과 갈증과 고민이 시작됩니다.

함께 살아 보니 그동안 보이지 않았던 단점들이 드러나 전과는 '다르다'고 '속았다'고 하는 것입니다. 이 또한 본인의 책임입니다. 본래 그런 사람이었는데 그것을 체크하지 못한 것입니다. 숲이란 멀리서 보면 아름답게 보이지만 가까이 가서 보거나 숲속으로 들어가면 전혀 다른 모습이 펼쳐지는 경우가 허다합니다. 그래서 재혼 대상에 대하여 쉽게 결정하지 말고 1년여 시간을 두고 다양하고 꼼꼼하게 체크하고 검증한 다음 판단해야 합니다. 특히 단점을 알아내고 그 단점을 감당할 수 있는지 여부를 깊이 상고해야 합니다. 이것이 핵심 포인트입니다. 장점이야 알든 모르든 사는 데 문제 될 것이 없습니다.

사람을 바로 파악하는 것 중에 그래도 비교적 정확히, 객관적으로 알 수 있는 것은 그 사람의 과거행적입니다. 과거행적, 살아온 발자취는 포장과 삭제가 불가능합니다. 그 사람의 진짜 모습입니다. 대부분의 사람들은 과거에 살아온 방식과 스타일대로 사는 것이 일반적입니다. 사람은 쉽게 변하지 않습니다. 사람은 고쳐 쓰기에는 너무 완고하고 위험한 존재입니다. 구부러진 성인 나무는 곧게 펴지지 않는 것처럼, 성인의 습성과 습관과 성격과 됨됨이와 라이프스타일 등은 쉽게 고쳐지거나 변하지 않습니다. 이런 사실은 지금이라도 당장 주변 사람들과 가족을 통해서 확인이 가능합니다. 대부분의 사람들은 유년기 시절이나 사춘기 이전에 형성된 성품과 라이프스타일로 일생을 살아갑니다. 그래서 가정환경이 중요하다고 하는 것입니다.

겉으로 볼 때는 멀쩡해 보여도 어렸을 때 가정환경이 불의했던 자들, 곧 부모의 폭언과 폭력 가운데 자란 사람은 그 마음이 심각하게 부서져 있거나 병들어 있을 가능성이 큽니다. 상처가 깊습니다. 이를 치유하지 않고 성인이 되어 결혼을 하게 되면 결혼생활 중에 반드시 폭발하여 배우자를 힘들게 합니다. 또한 나쁜 습성, 상식에 반하는 습성이 있는지를 검증해야 합니다. 습성과 습관은 제2 천성이기에 변하지 않습니다. 나쁜 습성이 있는 자와 결혼과 재혼을 하면 반드시 후회합니다. 아무튼 만나고 있는 사람을 바르게 알기 위해서는 직장, 마을, 친구, 거래처, 학교, 교회, 가족 등 그 사람이 과거 걸어온 인생, 몸담았던 곳, 어울려 지냈던 사람들을 추적하고, 탐문하고, 크로스로 평판을 들으면 자기가 만나고 있고 재혼하려는 사람의 견적이 비교적 정확하게 나옵니다. 여기에 부모와 자녀들과 전 배우자가 어떤 사람이었는가를 보면 플러스알파 검증이 됩니다. 자기가 살 집을 알아보듯이 부지런히 수고해서 검증해야 실수하지 않고 오판하지 않게 됩니다.

사람은 유유상종, 부창부수이고, 부모는 자녀의 거울이고, 자녀는 부모의 모습이기 때문입니다. 또한 가정환경에서 자유롭지 못합니다. 그래서 부모가 어떠한 사람이었는지를 묻고, 가정환경과 분위기가 어땠는지를 묻는 것입니다. 당사자에게 직접 물어보지 않아도 이 정도만 확인하고 검증한다면 거의 안전한 체크가 될 것입니다. 재혼은 너무나도 위험하고 중요하기에 이 정도 수고와 노력은 반드시 해야 합니다. 그러지 않으면 나중에 속거나 후회할 가능성이 큽니다. 앞에서도 언급했지만 초혼 이혼율은 30~40%이고, 재혼 이혼율은 70%가 넘는다고 합니다. 그러니 미국 상하원에서 고위공직자 인사검증을 233가지를 하듯이 저인망식으로 꼼꼼하게 검증을 해야 합니다. 그래도 잘 모르는 것이 사람의 마음입니다. 사람들은 결혼 전후로, 연애할 때 100% 자기 모습과 마음을 오픈하고 살지 않습니다. 특히 연애할 때는 더욱 포장합니다. 그래서 제대로 알 수 없고 속는 것입니다.

아무튼 사별 이후 재혼이든 독신이든 어느 것을 선택해도 성경적입니다. 당사자가 결정할 사항입니다. 하지만 하나님께서 만드신 결혼, 재혼의 목적에 맞게 결정하고 살아야 합니다. 주 안에서 해야 합니다. 개인의 편리함이나 인생의 쾌락을 즐기기 위해서 독신을 주장하는 것은 성경사상이 아닙니다. 지극히 세속적인 사람입니다. 공익적인 활동과 복음전파를 위해서 살려는 사명과 의지가 있을 때만 독신을 주장해야 합니다. 합법적인 부부도 아닌데 청년 때건 중년 때건 상호 필요에 따라 이성끼리 동거를 하는 것은 잘못된 것입니다.

남녀 동거는 성교를 함의하고 있기 때문이고, 부부가 아닌 자와 성교를 하는 것은 모두 성경이 금하는 간음죄에 해당합니다. 또한 초혼이든 재혼이든 부부로 결합을 하였으면 쓰든 달든 이혼하지 말고 끝까지 살아야 합니다. 사랑과 결혼은 상호 간에 무한 책임과 무한 사랑과 무한 용서와 무한 이해를 하는 것입니다. 사랑과 결혼이 무엇인지를 바로 알고 결혼을 생각해야 합니다. 여기서 사랑은 무조건적인 사랑입니다. 어설픈 사랑, 조건적인 사랑, 감정적인 사랑을 하면서 사랑한다고 하지 말아야 합니다. 한번 결혼하면 사별할 때까지 더불어 살아야 합니다. 눈물과 고통을 당하면서도 끝까지 완주해야 합니다. 그것이 진정한 사랑이고 책임입니다. 결혼서약 이행입니다. 결혼은 달면 삼키고 쓰면 내뱉는 관계가 아닙니다.

부부는 쉽게 뱉어 버리는 껌이 아닙니다. 그것이 부부이고, 서약이고, 결혼이고, 사랑입니다. 이런저런 이유와 조건을 달면서 '헤어질 수밖에 없다'고 하는 말은 매우 이기적이고 무책임한 자세입니다. 무조건적으로 사랑하는 자의 말이 아닙니다. 부부는 항상 상호 간에 100% 책임 지분이 있습니다. 초혼이든 재혼이든 불가역적의 계약입니다. 계약은 상호책임이 따릅니다. 쓰든 달든, 이익이 되든 손해가 나든 준수하는 것입니다. 그런즉 계약은 매우 신중하게 하되 한번 계약을 맺으면 이유를 불문하고, 비겁하게 합리화시키지 말고 끝까지 책임을 져야 합니다. 성경은 본래 이혼을 금합니다. 무조건 용서하고 살라고 합니다. 하나님께서 우리를 무한히 용서하시고 무조건 사랑하시는 것처럼 말입니다. 이런 것을 바로 알고 초혼이든 재혼이든 해야 합니다. 단순하고 철없이 결혼하면 반드시 후회합니다. 스스로 자기 발등을 찍게 됩니다. 상대방도 불행하게 만듭니다. 애꿎은 자녀들까지 불행하게 만들고 깊은 상처를 줍니다. 그래서 결혼이든 재혼이든 아주 신중해야 합니다.

제34장

사별과 순결

　　세상이 음란해지고 자유가 남용되고 오용되면서 결혼 전후로 순결한 삶을 유지하기란 쉽지 않은 세상입니다. 연예인 중에서 결혼 전까지 혼전순결을 지킨 자는 가수 비와 결혼한 배우 김태희입니다. 그는 천주교 신자입니다. 뮤지컬배우 손준호는 결혼하기까지 29년 동안 순결을 지켰다고 말했습니다. 그는 개신교 신자입니다. 축구선수 기성용 선수와 결혼한 배우 한혜진도 결혼 전까지 순결을 지켰다고 했습니다. 그는 개신교 신자입니다. 그 외에도 순결을 지킨 연예인들은 적지 않습니다. 오늘날 순결에 대한 대화는 사라진 지 오래입니다. 순결을 구닥다리로 생각하거나 우습게 여기는 세상이 되었습니다. 그만큼 세상과 사람들이 성적으로 문란하고 부패하고 불결하게 되었다는 반증입니다. 하나님을 떠난 세상과 세상 사람들은 순결을 불편해하고 조롱합니다. 그러나 성경과 하나님은 미혼 때나 기혼 때나 싱글일 때나 영원히 순결을 요구하고 명령하십니다. 그래서 하나님의 사람들인 참기독교인들은 순결을 목숨처럼 여기고 지킵니다. 자기 육체와 마음과 신앙을 천박하게 여기거나 길거리에 굴러다니거나 날아다니는 흔한 돌이나 쓰레기처럼 취급하지 않습니다. 다이아몬드처럼 소중하게 여깁니다.

그래서 자유롭게 간음, 간통, 불륜이라는 더러운 짓을 하지 않습니다. 불결한 물과 음식물을 찾고 좋아하고 마시고 먹는 사람은 없을 것입니다. 물이나 음식은 언제나 깨끗하고 순결해야 합니다. 그래야 가치가 있습니다. 사람도 마찬가지입니다. 남녀노소를 불문하고 미혼 때나 기혼 때나 사별 이후나 결혼하기 전까지는 마음과 육체의 순결을 고수해야 정상입니다. 특히 기독교인이라면 미혼 때나, 기혼 때나, 사별 이후나 범사에 더욱 순결해야 합니다. 왜냐하면 예수님을 믿는 성도들의 몸은 성전(聖殿)이고 주님의 것이기 때문입니다. 순결한 삶을 포기하는 것은 자기 몸을 창기(창녀)로 만드는 것입니다. 프리섹스를 하고 자유롭게 즐기고 산다고 좋아할 것이 아닙니다. 그런 사람은 자기 몸과 마음을 똥물에 뒹구는 사람과 같습니다. 아주 부끄러운 짓입니다. 여러 인터넷 정보와 글과 유튜브 동영상과 잡지와 책들을 보면 타락한 주장, 무질서한 주장들이 난무합니다.

만남과 짝을 맺어 주고 소개하는 유튜브 채널들이 많은데 이를 운영하는 유튜버들을 보면 하나같이 진리, 정상, 하나님의 계명에서 벗어난 주장들을 합니다. 반칙, 불법, 비정상, 무질서, 방종, 자유, 간음과 간통 등을 당당하게 생각하고 말합니다. 사람들의 생각과 마음이 얼마나 망가졌는지 모릅니다. 기독교인들은 이런 것을 유념해서 시청해야 합니다. 소돔과 고모라와 같은 생각과 주장들이 대부분입니다. 섹스에 대한 기본적이고 성경에 맞는 질서가 없습니다. 서로가 좋으면 언제든지 가능하다고 말합니다. 사람들의 생각과 신념과 주장이 얼마나 가볍고 천박해졌는지 모릅니다. 창녀나 창남이 따로 없습니다. 돈만 주고받지 않았지 각기 자기 쾌락을 위해서 성을 주고받고 하는 매매자들 천국입니다. 펭귄도 이렇게 살지 않습니다. 미혼자들이나 기혼자들이나 성적 무질서와 문란은 이미 홍수 상태입니다. 겉으로만 깨끗해 보이지 속으로는 이미 음란한 세상, 간음 세상, 불륜이 판치는 세상이 되었습니다. 상당수 미혼자들이나 기혼자들이 순결이 아닌 불결한 자들로 살아가고 있습니다.

특히 사별한 이후나 이혼한 이후를 살아가면서 사람의 외로움, 성적 욕망 등은 그림자처럼 따라다닙니다. 이와 관련하여 사별한 자이거나, 결혼 경험이 있는 돌싱들이나, 유튜버들이나, 자칭 전문가라고 하는 교수들이나, 변호사들 등은 다양한 해법을 제시합니다. '이렇게 하라', '저렇게 하라' 등을 말합니다. 그중에서 성경적 시각으로 볼 때 가장 심각한 무질서와 문란은 '연애만 하라', '동거만 하라', '마음과 육적으로 즐기기만 하고 결혼, 재혼은 하지 말라', '혼인신고는 하지 마라' 등을 조언하고 확신에 차서 말하는 자들입니다. '중년에, 그 나이에 재혼해서 무슨 영광을 보겠다고 재혼을 생각하느냐'고 재혼 반대를 역설합니다.

여기서 '연애만 하고'란 '성적으로 즐기기만 하고'란 의미가 함의되어 있습니다. '동거만 하고'라는 말도 '책임이 따르는 결혼은 하지 말고 서로 가볍고 자유롭게 섹스만 즐기며 살라'는 말입니다. 이런 주장과 조언과 충고가 세속적인, 인간중심적인 입장에서는 그럴듯한 말입니다. 설득력이 있어 보입니다. 그러나 성경의 입장, 하나님의 입장에서 보면 절대로 받아들일 수 없는 타락하고 부패한 주장이자, 조언이자, 무질서한 충고입니다. 성경사상에서 나온 말들이 아닙니다. 부패하고 타락한 주장과 말들입니다.

로마서 12장 2절

"너희는 이 세대를 본받지 말고 오직 마음을 새롭게 함으로 변
화를 받아 하나님의 선하시고 기뻐하시고 온전하신 뜻이 무엇
인지 분별하도록 하라"

서두에서도 '질서'라는 말을 언급했습니다. 모든 것과 일에는 질서가 있
습니다. 직장이든 어디든 기본적인 질서가 무너지면 다 무너집니다. 직장
도, 인간관계도, 결혼도, 이혼도, 재혼도, 섹스도 원칙과 질서가 있습니다.
법률이든지, 성경이든지 누구나 지켜야 하는 질서가 있습니다. 이를 무시
하고 살면 잠시는 행복하고 편리해 보이지만 나중은 쑥처럼 쓰고 온갖 부
작용이 속출합니다. 단적인 것이 음주운전 금지 원칙과 질서입니다. 그렇
게 음주운전을 금해도 많은 사람들이 매일같이 음주운전을 하여 소중한
다른 사람들의 목숨과 신체와 가정을 망가뜨리고 있고, 자기도 불행한 길
로 가고 있습니다.

원칙과 질서와 법을 무시하고 무질서하게 산다는 것은 자유나 행복이
아니라 불행과 부작용을 담보한 삶입니다. 그런데도 세상과 세상 사람들
은 무질서한 것을 해답이라고 제시합니다. 이를 좋게 여기는 자들도 많습
니다. 유유상종이기 때문입니다. 정말로 위험한 사회와 위험한 사람들입
니다. 특히 기독교인들이 이런 악한 영향을 받고 있다는 것이 안타깝습니
다. 기독교인의 신앙과 행위의 모든 판단 근거는 성경이고 하나님 말씀입
니다. 어떤 경험자들의 말이나, 세상 사람들이나, 변호사들이나, 의사들
이나, 교수들이나, 세상 문화나 흐름이나, 경향 등이 아닙니다. 그런데도

하나님 말씀보다 세상 사람들의 말에 더 귀를 기울입니다. 세상 경향과 분위기를 따라갑니다.

그런 것들 중의 하나가 기독교인이라고 하면서 너도나도 술을 마시는 것입니다. 특히 연예인 기독교인들이 심합니다. 방송에서 자연스럽게 말합니다. 신앙의 실력이 견고하지 못한 기독교인들의 전형적인 자세와 모습입니다. 진리를 정확히 배우지 못한 결과입니다. 아담과 하와가 그랬다가 선악과를 따 먹어 인류 전체에 사망을 가져왔고 온갖 불행한 일들을 가져왔습니다. 성경은 간음하지 말라고 합니다. 간음(姦淫)이란 부부가 아닌 이성이나 동성과 자유롭게 섹스를 하는 것을 말합니다.

출애굽기 20장 14절
"간음하지 말찌니라"

고린도전서 10장 8절
"저희 중에 어떤 이들이 간음(姦淫, 배우자가 아닌 자와 섹스)
하다가 하루에 이만 삼천 명이 죽었나니 우리는 저희와 같이
간음하지 말자"

결혼 전이나 후로 남녀들은 성적인 욕구에 관심이 많습니다. 성적 욕구는 누구에게만 있는 것이 아닙니다. 이 성적 욕망과 욕구는 사람에 따라 다른 것이 아니라 하나님께서 모든 인간에게 부여해 주신 기본 욕구입니다. 그러니까 성적인 관심과 욕구와 욕망이 있는 것은 정상적인 것으로

나쁜 마음과 상태가 아닙니다. 이상한 사람이 아닙니다. 이 욕구는 나이를 초월하여 살아 있는 한 지속됩니다. 죽어야 끝납니다. 수면 욕구나 식욕을 생각하면 이해가 갈 것입니다. 잠자고 싶다고, 음식을 먹고 싶다고 나쁜 것이 아닌 것처럼, 섹스 욕구도 그 자체는 나쁜 것이 아닙니다.

문제는 과식하는 것, 무분별하고 무절제하게 음식을 먹는 것이 문제인 것처럼 무질서한 섹스가 죄입니다. 수면도 그렇습니다. 시도 때도 없이 잠을 자는 것은 정상은 아닙니다. 일할 때는 일하고 잘 때는 자야 정상입니다. 섹스도 마찬가지입니다. 섹스에서 가장 중요한 것은 대상입니다. 무엇이든지 질서가 있습니다. 교통질서가 있고, 승차 질서가 있듯이 섹스에도 하나님께서 세워 놓으신 질서가 있습니다. 그것은 오직 결혼한 부부 안에서만 해야 아름답고 합법입니다. 그 외에는 모두 간음과 간통입니다. 불륜입니다. 질서를 잘 지키며 사는 자가 정상적인 사람입니다. 이유를 불문하고 결혼 전후로 부부가 아닌 자와 섹스를 하는 자는 모두 창녀이자 창남입니다. 불륜입니다.

고린도전서 6장 15절

"너희 몸이 그리스도의 지체인 줄을 알지 못하느냐 내가 그리스도의 지체를 가지고 창기(기생, 창녀나 창남)의 지체를 만들겠느냐 결코 그럴 수 없느니라"

로마서 7장 3절

"그러므로 만일 그 남편 생전에 다른 남자에게 가면 음부(淫

婦, 음녀)라 이르되 남편이 죽으면 그 법에서 자유케 되나니 다
른 남자에게 갈찌라도 음부가 되지 아니하느니라”(불륜, 자유
는 부부 모두가 동일)

하나님, 성경은 결혼 전이나, 결혼 이후나, 사별 이후나, 이혼 이후나,
육적 순결과 마음의 순결과 영적 순결을 지키라고 합니다. 물론 성적 타
락과 관련하여 이러한 질서나 법과 원칙이 상당히 무너졌습니다. 전 지구
촌이 소돔과 고모라와 주변 도시처럼 성적 타락과 문란이 아주 심각한 상
태입니다. 심지어 이젠 이성과의 섹스가 아닌 동성과도 섹스를 하고 삽
니다. 인간의 섹스 욕망은 만족이 없습니다. 여러 통계나 조사 자료에 의
하면 일생 동안 순결을 지키는 자들이 극히 소수에 불과하고 대부분은 간
음, 간통, 불륜, 음행에 빠져 삽니다. 순결이 아닌 불결한 삶을 살고 있습
니다. 성경은 합법적으로 결혼한 배우자 외에는 섹스 대상이 아니라고 분
명하게 말합니다. 오직 부부만이 섹스의 대상으로 허용하고 있습니다.

부부가 아닌 자들과 섹스를 하며 사는 자들은 모두 간음과 간통이라고
규정합니다. 자기만 떳떳하면 되는 것이 아닙니다. 또한 성경에서 허용한
이혼자가 아닌 자와 재혼을 해도 간음이라고 규정합니다. 정당하게 이혼
하지 않은 자들이 재혼하는 경우도 흔합니다. 오늘날 교회 밖, 성경 밖 상
황은 음행이 판을 치는 세상이 되었습니다. 성적 난장판이 되었습니다.
중년 여성이나 남성들이 만난 지 몇 시간 혹은 며칠이 되지 않았는데 섹
스부터 합니다. 젊은이들도 마찬가지입니다. 상당수가 섹스에 굶주린 사
람들처럼 살아가고 있습니다. 사람들이 무질서의 성적 광란에 빠져 있습

니다. 순결을 찾아보기 어렵고, 순결을 말하면 바보 취급을 받는 시대가 되었습니다. 그럼에도 불구하고 기독교인들은 다르게 살아야 합니다. 하나님의 계명을 따라 살아야 합니다. 목숨을 걸고 순결을 고수해야 합니다. 그런 사람이 정상이고 정결한 사람입니다.

요한복음 14장 15절
"너희가 나(하나님)를 사랑하면 나의 계명을 지키리라"

진실로 하나님을 사랑하는 자는 하나님의 계명을 지킵니다. 가짜 기독교인들, 종교인들, 유사 기독교인들, 사이비 기독교인들은 그것이 무엇이든지 하나님의 계명을 무시하고 자기가 하고 싶은 대로 살아갑니다. 자기 감정에 충실합니다. 일부 기독교 청년들이나 성년들이 이런 세상의 흐름과 분위기에 영향을 받아 마음과 신앙이 흔들립니다. 순결을 포기하고 인생을 즐기는 쪽으로 행합니다. 그 판단 기준이 성경이 아닌 세상 사람들입니다. 시대의 문화, 흐름, 분위기, 대세입니다. 하나님의 말씀에 견고하게 서서 성경에 반하는 세속적이고 타락한 주장들과 행위들에 맞서 살아가는 기독교인들이 적습니다. 결혼도 자기들 마음대로 하고, 이혼도 자기들 생각대로 하고, 재혼도 이것저것 따지지 않고 아무하고나 마구 합니다. '자식들도 다 키웠고 결혼을 시켰으니 이제 남은 인생은 즐기면서 여행도 하고 살자'고 말합니다.

불신자들이 이렇게 생각하고 사는 것은 그럴 수 있습니다. 불신자들이 사는 즐거움은 이 세상의 것이 전부이기 때문에 성적 쾌락을 추구하는 것은 당연합니다. 그러나 기독교인들이 불신자들처럼 현실적인 쾌락만을 추구하며 이렇게 생각하고 사는 것은 아주 심각한 변질이자 불신앙입니다. 어리석은 생각이자 자세입니다. 신앙을 잘못 배운 것입니다. 하나님께서 우리를 창조하신 이유와 목적은 하나님을 위한 것입니다. 우리 자신을 위한 것이 아닙니다. 인생의 주인은 우리 자신이 아니라 하나님입니다. 시대를 초월하여 죽으나 사나, 미혼 때나 중년 때나, 사별하기 전이나 사별한 이후나, 재혼 전이나 재혼 이후나 일생 동안 오직 하나님의 말씀에 근거한 삶만 살아야 합니다. 거룩한 행실입니다.

그것이 하나님을 사랑하는 가장 분명한 자세입니다. 자기 기준이나 자기 방식대로 살면 안 됩니다. 그런 자가 기독교인입니다. 자기 마음대로, 자기 기준대로, 세상 사람들의 말대로, 세상 분위기대로, 세상 대세대로, 세상 문화대로 사는 자는 기독교인이 아닙니다. 혼합주의자이거나 세속적인 자입니다. 외식하는 기독교인입니다. 가짜 기독교인입니다. 세상 사람들이 조롱하고, 멸시하고, 욕하고, 손가락질하고, 폭언과 폭력을 행사하고 압력을 가해도 오직 하나님 계명대로만 살려고 부단히 고민하고 노력하는 자가 참기독교인입니다.

베드로전서 1장 15절
"오직 너희를 부르신 거룩한 자처럼 너희도 모든 행실에 거룩한 자가 되라"

고린도후서 7장 1절

"그런즉 사랑하는 자들아 이 약속을 가진 우리가 하나님을 두
려워하는 가운데서 거룩함을 온전히 이루어 육과 영의 온갖
더러운 것에서 자신을 깨끗케 하자"

모든 남녀는 결혼 전후로, 이혼 전후로, 재혼 전후로, 돌싱 전후로 순결을 지켜야 합니다. 특히 사별한 남성과 여성들은 아무리 외롭고 성욕이 발동해도 마음과 몸과 영적인 순결을 지켜야 합니다. 진리 안과 주 안에서 살아가고 행하여야 합니다. 이 싸움에서 지거나 실패하면 그 이후의 결과는 비참하게 됩니다. 후회하게 됩니다. 하나님의 형벌이 기다립니다. 성경 말씀대로 성욕이 불같이 임하거나, 절제가 안 되면, 혼자 사는 것이 너무 외롭고 견딜 수 없다면 성경의 기준에 맞는 짝을 찾아 일찍 결혼이나 재혼을 해야 합니다. 결혼해서 합법적인 부부와 아름다운 성교를 누려야 합니다. 그러면 죄가 아닙니다. 간음과 간통과 음행이 아닙니다. 합법적인 길이 있는데 무질서한 길, 불법한 길, 음란한 길로 가는 것은 자신과 사단의 속삭임에 속고 있는 것입니다. 하와가 에덴동산에서 뱀에게 그렇게 속았습니다.

사람들은 일생을 살아가면서 적어도 세 가지 대상에게 속고 삽니다. 한두 번 속는 것이 아니라 죽을 때까지 수도 없이 속고 삽니다. 첫째는 자기 자신의 그릇된 확신에 속고 삽니다. 자기가 알고 있고 확신하는 것이 정답이라고 생각합니다. 어느 누구도 그렇지 않습니다. 큰 착각입니다. 왜냐하면 지구상에 완전한 사람은 하나도 없기 때문입니다. 둘째는 가까운

지인과 타인들의 달콤한 말에 속아 삽니다. 타인들의 말에도 진짜가 있고 가짜가 있습니다. 그래서 사기를 당합니다. 셋째는 정부의 그릇된 정책과 이중적인 정책에 속아 삽니다. 정부 정책과 발표, 정부가 하는 일이 항상 옳다고 생각하는 자가 있다면 엄청 순진한 사람입니다.

어느 정부나 나라나 거짓말을 합니다. 하나님의 말씀에 반하는 정책을 폅니다. 불법을 합니다. 기독교인 대통령이 세워져도 비슷합니다. 이○○ 초대 대통령도 기독교인이었지만 거짓말과 불법을 자행했습니다. 최종 책임은 자기 자신이 져야 합니다. 누가 어떻게 유혹했어도 최종 결정은 자기가 하기 때문입니다. 남 탓하는 것은 비겁하고 무책임한 짓입니다. 결국 자기 실력입니다. 자기 자신의 무지와 무능을 탓해야 합니다. 하나님의 계명과 질서와 원칙은 시대를 초월하고, 상황을 뛰어넘어 동일합니다. 기독교인들은 언제나 하나님의 말씀에만 귀를 기울여야 합니다. 세상과 세상 사람들의 말은 참고만 해야 합니다. 최종적인 권위의 말씀은 성경입니다. 하나님입니다. 결코 세상이나 사람이 아닙니다. 이것은 철칙입니다.

요한계시록 21장 8절
"그러나 두려워하는 자들과 믿지 아니하는 자들과 흉악한 자들과 살인자들과 행음자들(간음자들)과 술객들(점술가)과 우상 숭배자들과 모든 거짓말하는 자들은 불과 유황으로 타는 못(지옥)에 참예하리니 이것이 둘째 사망(사후 지옥생활)이라"

히브리서 13장 4절

"모든 사람은 혼인(결혼)을 귀히 여기고 침소(부부의 침대)를 더럽히지 않게 하라 음행하는 자들과 간음하는 자들을 하나님이 심판하시리라"

그러므로 성경과 하나님의 명령에 따라 사별한 자나 그렇지 않은 자나, 미혼자나 기혼자나, 이혼한 자나 돌싱자나, 외로운 자나 무조건 순결을 지켜야 합니다. 합법적인 부부 외에는 그 어떠한 이유를 불문하고 섹스를 하게 되면 다 간음과 간통과 불륜입니다. 불결입니다. 하나님이 미워하십니다. '서로 좋아하고 사랑해서', '서로 합의하에 섹스를 했다'는 등의 합리화는 하지 말아야 합니다. 인류 역사와 성경 역사와 개인 역사를 통해서 결과는 이미 나왔습니다. 하나님께서 세우신 질서와 계명을 따라 살면 행복하고, 그 반대로 따라 행하면 반드시 불행하게 되고 비참해집니다. 왜냐하면 하나님께서는 불순종하는 자들을 범죄자로 규정하시고 신자든 불신자든 반드시 처벌하시기 때문입니다. 기독교인들은 감정대로, 마음이 끌리는 대로, 분위기에 따라, 어떤 욕망에 따라, 자기 기준과 감정과 마음이 가는 대로 행동하는 자들이 아닌 하나님의 계명에 따라 움직이는 자들입니다. 아무리 불편하고 불이익을 당해도 그리해야 합니다.

그런즉 진리와 하나님을 떠난 이 악한 세대의 주장과 경향과 흐름과 유행과 문화 등에 흔들리거나 본받지 말고 오직 진리 안에서 단호하게 살아가야 합니다. 그러지 않으면 노아의 때 사람들처럼, 소돔과 고모라와 그 주변 도시에 살았던 사람들처럼, 폼페이 도시처럼 현세와 내세에서 하나님의 심판을 받게 될 것입니다. 음녀인 세상과 죄의 종과 쾌락의 종으로 살아가게 됩니다. 사람은 기독교인이든 불신자든 일생 동안 자기가 뿌린 대로 거두게 됩니다. 다 자업자득입니다. '말세에 믿는 자를 보겠느냐'라고 하신 예수님의 말씀이 두렵게 와닿습니다. 간음과 간통과 음행, 무질서한 삶은 자유나 행복이 아니라 불행이자 고통이자 심판입니다. 어리석은 짓입니다. 자기 발등을 찍는 바보 같은 짓입니다. 시종일관 순결한 삶을 사는 자가 지혜자이고, 현명한 사람이고, 자기를 사랑하고 소중하게 생각하는 사람이고, 행복한 사람입니다.

제35장

사별과 외로움과 허전함

부부의 사별은 생각지 않은 여러 가지 변화와 결과를 가져옵니다. 심각한 상실감을 가져옵니다. 그럴 수밖에 없습니다. 부부라는 한 몸으로 살다가 어느 날 갑자기 한쪽이 떨어져 나가 사라졌을 뿐만 아니라 혼자 남았으니 그 아픔과 외로움과 허전함은 이루 말할 수 없습니다. 경험하지 않은 사람들은 잘 모릅니다. 이는 마치 부부가 사막을 배낭여행 중이었는데 도중에 배우자가 갑자기 쓰러져 죽게 된 경우와 비슷합니다. 이런 말이 있습니다. '든 자리는 몰라도 난 자리는 안다' 혹은 '든 자리는 표가 나지 않아도 난 자리는 표가 난다' 그렇습니다. 부부로 살고 있을 때는 배우자의 빈자리를 느끼지 못하고 삽니다. 그러다가 이런저런 이유로 배우자와 별거, 기러기 부부, 이별, 사별하게 되면 그 빈자리는 생각보다 크게 느껴집니다.

가장 크게 느껴지는 것은 언제 어디서나 허전함과 외로움입니다. 항상 함께 생활하다가 혼자 지내게 되면 매우 허전합니다. 외롭습니다. 쓸쓸합니다. 밥도 혼자 먹고, 잠도 혼자 자고, 나들이도 혼자 하고, 모임에도 혼자 가고, 일을 마치고 귀가했을 때 아무도 반겨 주는 사람이 없는 경우 등

등이 더욱 그렇습니다. 대화할 상대, 의논할 상대, 상부상조할 상대가 사라지니 하루 종일 침묵하고 삽니다. 이런 외로움과 허전함을 물리치고 극복하기 위해서 바쁘게 지내더라도 일이 끝나고 나면 허전함과 외로움은 그림자처럼 따라다닙니다. 이에 이혼이나 사별하여 혼자 사는 자들 상당수는 눈만 뜨면, 귀가하면, 집에 있으면 TV나 음악을 틀어 놓는다고 합니다. 집 안이 적막하기 때문입니다.

창세기 2장 18절
"여호와 하나님이 가라사대 사람이 독처(獨處, 혼자 있는 것)하는 것이 좋지 못하니(충분하지 않으니) 내가 그를 위하여 돕는 배필을 지으리라 하시니라"

고린도전서 7장 39절
"아내가 그 남편이 살 동안에 매여 있다가 남편이 죽으면 자유하여 자기 뜻대로 시집갈 것이나 주 안에서만 할 것이니라"(남녀 모두)

이에 사람에 따라 이를 극복하고자 각기 나름대로 노력을 하고 삽니다. 바쁘게 일합니다. 친구들과 여행도 다닙니다. 이런저런 것을 배웁니다. 여러 동우회에 나가서 즐겁게 보냅니다. 먹고 마시고 즐기며 삽니다. 그럼에도 불구하고 허전함과 외로움은 밀물과 썰물처럼 사라졌다가 다시 밀려옵니다. 자기 의지와 상관없이 반복해서 그리됩니다. 그래서 사별한 자들은 초기에는 몹시 힘들어하고 어려운 시기를 보냅니다. 3개월 안쪽이 가장 힘든 시기입니다. 하루하루를 어떻게 사는지 모를 정도로 마음과 생각이 붕 떠 있습니다. 주변에 지인들이 있고, 자녀들이 있고, 신앙이 있어도 허전함과 외로움은 붙어 다닙니다. 큰 위로가 되지 못합니다. 물론 사별한 이후 1년 정도까지도 힘든 나날을 보냅니다.

그러다가 2년 이상이 지나면 세월이 약이라고 많이 좋아집니다. 시간이 많이 지났다고 해서 허전함과 외로움이 완전히 가시는 것은 아닙니다. 여전합니다. 지진에서 본진과 여진이 있듯이 본진이 지나가더라도 여진(餘震)과 같은 마음과 감정과 생각이 남아 있어 힘들게 합니다. 현실은 냉혹합니다. 이런 고통과 아픔을 누가 대신해 주지 못합니다. 오롯이 자기 자신이 꿋꿋하게 감당하고 이겨 나가야 합니다. 친한 자들이나 지인들이나 자녀들이 주변에 있어도 배우자의 빈자리는 대신해 주지 못하고, 그 공허함은 해결되지 않습니다. 사별한 자에 대한 주변의 관심도 시간이 지남에 따라 안개처럼 사라집니다. 사람들은 기본적으로 이기적이고 무정하기 때문에 어느 정도 시간이 지나면 무관심합니다. 자신의 강한 의지로 이겨내는 수밖에 없습니다. 어떤 사람을 의지하거나 기대하지 말아야 합니다. 사람을 기대하고 바라면 서운하게 되고 실망하게 됩니다. 신앙인이라면 하나님만 의지하고 바라며 살아야 합니다.

그러다가 어느 정도 사별한 시간이 지나면 주변에서 이런저런 사람을 소개해 줍니다. 누굴 한번 만나 보라고 제안합니다. 어떤 사람은 궁합이 잘 맞기도 하지만 어떤 사람은 좀처럼 자기 마음에 드는 사람이 나타나지 않는 경우도 있습니다. 사별한 목회자들의 경우 대부분은 3년 이내에 새로운 인연을 만나 재혼을 하는 것 같습니다. 그러나 일반인들은 몇 년 혹은 몇십 년을 혼자 지내는 자들이 많습니다. 특히 남편을 먼저 보낸 아내들이 오랫동안 혼자 사는 경우가 많습니다. 가장 큰 이유는 자녀 양육과 자녀 학업과 상처와 당장 의식주 문제 해결 때문입니다. 자녀들과 함께 살 때는 자녀들을 지켜야 한다는 강한 책임감과 사명 때문에 그리 외로움과 허전함을 크게 느끼지 못했는데 자녀들이 성장하여 둥지를 떠나거나 결혼하여 곁을 떠나 혼자 남아 생활하면서 다시 허전함과 외로움이 밀물처럼 찾아옵니다. 사람은 어쩔 수 없습니다.

중년들의 재혼 매칭 유튜브(홍동심tv, 가파통보, 중매의신, 청실홍실, 리즈시절TV, 나의 반쪽, 홀로탈출 등)를 보면 평균 63세에서 70세 중반까지 짝을 찾는 여성들과 남성들이 많습니다. 의외였습니다. 이들이 배우자를 찾는 이유를 들어 보니 하나같이 자녀들이 곁을 떠난 이후 혼자 사는 것이 너무 힘들고, 외롭고, 허전해서라고 말하는 것을 보았습니다. 자녀가 있을 때, 자녀와 함께 살 때는 괜찮았는데 함께 살던 자녀까지 결혼해서 곁을 떠난 이후 혼자 사는 것이 너무 힘들어서 재혼을 생각하게 되었다는 중년 여성들이 많았습니다. 남성들도 마찬가지입니다. 어쩔 수 없이혼자 사는 자들도 이런 아픔과 어려움을 품고 삽니다.

사람 人(인)이 그냥 인이 아닌 것입니다. 서로 기대고 사는 것이 사람입니다. 혼자 사는 것은 그만큼 힘들고 불완전하기 때문입니다. 둘이 있어서로 의지하고 돕고 살 때가 더욱 견고하고 바로 서게 됩니다. 남자에게나 여자에게나 피차 든든한 방패와 창과 같은 상호 돕는 배우자가 필요한 것입니다. 특별한 선교와 인류애 사명과 사역을 하며 사는 사람을 제외하고 대부분의 여성과 남성이 독처하는 것은 충분하지 않습니다. 사람은 겉으로 보기에는 강한 것 같지만 연약하기 짝이 없는 존재입니다. 따라서 정말로 자기가 찾던 이성, 자기 마음에 드는 여성이 나타나면 적극적으로 어필해야 합니다.

사별한 이후 혼자 살아간다는 것은 남자나 여자 모두에게 만만치 않습니다. 인생은 정글과 같고, 사막을 횡단하는 것과 같고, 바다 물결과 같아 돌발 변수와 위험 요소가 수시로 발생합니다. 또한 긴긴 인생이 기다리고 있습니다. 혼자로서는 감당하기 어려운 일들이 종종 일어납니다. 돈과 편리함과 즐거움만으로는 해결할 수 없는 일들도 생깁니다. 혼자 사는 것이 편하다는 것으로는 충분하지 않습니다. 본래 혼자 산 사람들은 그래도 덜 하지만, 부부로 살아 본 자들은 배우자의 빈자리가 크게 느껴집니다. 이는 마치 자동차를 끌고 다니다가 폐차를 시키고 대중교통을 이용하고 사는 사람의 처지와 비슷합니다. 몹시 불편하고, 힘들고, 답답할 것입니다. 본래 자동차가 없을 때는 덜 불편했는데 편리한 자동차를 사용하다가 대중교통을 이용하니 너무너무 불편한 것입니다.

그래서 몇 년 혹은 몇십 년을 혼자 사는 것을 고집하다가 중년에 접어들어 새로운 짝을 찾는 자들이 상당합니다. 연약한 사람은 어쩔 수 없습니다. 사람은 누구나 오십보백보입니다. 단지 강한 척, 아무렇지 않은 척을 할 뿐입니다. 중년의 사별자들뿐만 아니라 젊은 돌싱(돌아온 싱글)들도 마찬가지입니다. 어느 부부나 언젠가는 반드시 사별하게 될 것입니다. 누구만 이별하고 사별하지 않습니다. 어느 부부나 사별의 아픔, 허전함, 외로움을 겪게 될 것입니다. 어떤 사람은 좀 더 일찍 겪고, 어떤 사람은 좀 더 늦게 겪게 되는 것뿐입니다. 사별의 외로움과 허전함과 재혼에 대한 고민과 갈등 등은 누구만의 사연이나 문제가 아닙니다. 따라서 모든 부부들은 이런 경우를 한두 번쯤은 생각을 하며 살아야 합니다. 자기 배우자가 갑자기 떠났을 때 어떻게 할 것인가를 생각해야 합니다. 그래야 사별을 당했을 때 좀 더 유연하고, 차분하고, 냉정하게 대처할 수 있을 것입니다.

주변 지인들과 친인척들과 자녀들은 이런 사별의 아픔이 있다는 것을 이론적으로라도 인지하고 있어야 합니다. 그래야 공감능력이 생깁니다. 사별한 자들을 좀 더 이해하고 도울 수 있습니다. 사람들은 자기가 직접 경험해 보지 못하면 공감능력이 떨어집니다. 관심이 없습니다. 무엇이든지 자기중심으로 생각하고 말합니다. 설사 경험이 있다고 하더라도 시간이 지나면 공감능력이 약화됩니다. 자기 일에 집중하게 됩니다. 사람에 따라서는 자기가 사별을 당하여 아픔과 허전함과 외로움을 경험하고도 동일한 자들에게 공감하지 못하는 자들도 있습니다. 사별의 경험이 짧거나 아니면 사별의 아픔을 겪을 새도 없이 이런저런 일에 아주 바쁘게 지낸 사별자들은 사별의 깊은 것을 잘 모릅니다. 경험했다고 해서 모두가 공감하는 것은 아닙니다. 제 경험에 비추어 볼 때 그랬습니다. 아무튼 사별한 자들은 각기 나름대로 사별의 아픔과 외로움과 허전함을 달래고 극복하고자 노력하며 살겠지만 완전한 치유나 자유는 기대하기 어렵습니다. 아마 평생 동안 그런 상태로 살아갈 수도 있습니다.

이에 대한 해법은 단 하나밖에 없다고 봅니다. 소천과 새로운 짝을 만나는 것입니다. 사망하게 되면 모든 것이 종료됩니다. 재혼을 하는 것은 수술한 부위에 새로운 살이 돋아나서 도려낸 부분이 새로운 살로 정상화되어 더 이상 아픔과 외로움과 허전함을 느끼지 못하는 것과 같습니다. 재혼한 자들에게 이 부분을 확인했더니 실제로 그랬습니다. 이는 새로운 생명의 탄생으로 인하여 해산의 고통과 공포가 기억되지 않는 것처럼 됩니다. 다른 노력으로는 해결이나 대체가 불가능합니다. 동일한 아픔은 동일한 것으로만 치유가 되기 때문입니다.

사별의 아픔, 허전함, 외로움도 아담과 하와가 범한 원죄의 전가나 유전에 따른 벌이기에 누구도 피하지 못합니다. 일생을 혼자 살기로 정한 사람들은 사별의 아픔과 외로움과 허전함을 다정한 친구와 이웃 삼아 살아가야 그나마 덜 힘들게 살 수 있을 것입니다. 60세에 사별의 아픔과 외로움과 허전함을 겪은 자로서 사별한 모든 사람들을 위로하고 응원합니다. 그리고 사별을 하면 아픔과 외로움과 허전함만 있는 것이 아니라, 아픈 만큼 성숙하고 성장하는 측면도 있습니다. 어떤 일이든지 명암은 있습니다.

제36장

사별과 섹스

사별과 섹스 또한 보통 일이 아닙니다. 다른 부분에서도 언급했지만 성적 욕망은 인간의 근본 욕구이자 본능입니다. 성에 대한 고민은 부부나 사별자나 이혼한 자들이나 비슷하게 겪습니다. 성생활을 거의 하지 않는 여성은 일주일에 한 번 이상 성관계를 갖는 여성에 비해 사망 위험이 크게 높다는 연구 결과가 나왔습니다. 이러한 이점은 특히 우울증이 있는 사람에게서 더욱 두드러지게 나타났습니다. 성관계는 건강에 다양한 이점을 주는 것으로 알려져 있습니다. 엔도르핀과 옥시토신 분비를 통해 스트레스를 낮추고 기분이 좋아지게 하는 것뿐만 아니라, 면역 시스템을 강화합니다. 또한 심박수를 높이고 혈액 순환을 개선해 심혈관 건강에도 이로우며, 친밀감을 높여 연인 및 부부 사이의 정서적인 면에도 긍정적인 영향을 줄 수 있습니다. 과거 사회 및 성격심리과학지에 발표된 연구 결과에 따르면 성관계 빈도를 주 1회 미만과 1회 이상으로 구분해 성별, 연령, 관계 기간을 고려해 평가했을 때 일주일에 한 번 이상 성관계를 가진 그룹에서 웰빙감이 높은 것으로 나타났습니다.

미국 월든대 보건과학 및 공중보건정책학과 연구진이 실시한 이번 연구에서는 성관계 빈도와 모든 원인으로 인한 사망 위험 사이의 관계를 조사했습니다. 이를 위해 연구진은 미국 성인의 건강 평가를 위해 설계된 미국 국립보건통계센터(National Center for Health Statistics)의 프로그램 국민건강영양조사(NHANES) 데이터를 분석했습니다. 연구진은 연구 표본에 포함된 20세에서 59세 사이의 미국 성인 1만 4542명(평균 연령 46세)을 대상으로 추적 기간 동안 연구 참가자의 사망률, 우울증, 지난 12개월 동안의 성관계 빈도, 비만 여부, 다양한 인구통계학적 요인에 대한 데이터를 이용해 분석을 실시했습니다.

먼저 참가자의 95%는 1년에 12회 이상, 38%는 일주일에 한 번 이상 성관계를 가진다고 보고했습니다. 성관계 빈도가 낮은 사람은 염증을 나타내는 지표인 C반응성 단백질(CRP) 수치가 높았고 우울증이 있을 가능성이 더 높았습니다. 연구진이 성관계 빈도를 일주일에 1회 미만과 1회 이상으로 나누어 사망 위험과의 연관성을 분석한 결과, 빈도가 1회 미만인 여성은 1회 이상인 여성에 비해 추적 기간 동안 사망할 확률이 70% 더 높았습니다. 또한, 우울증이 있는 사람의 경우 성관계 빈도가 낮은 참가자는 주 1회가량 관계를 갖는 사람보다 사망할 확률이 197% 더 높았습니다. 연구진은 "다양한 인구 집단에서 성관계 빈도가 낮으면 전체 사망률이 3배 증가할 수 있는 사실을 발견했으며, 이는 건강 및 인구통계학적 요인을 통제한 후에도 나타났다"며 "성생활이 심박수 변동성을 낮추고 혈류량을 늘려 전반적인 심혈관 건강에 중요할 수 있음을 시사한다"고 말했습니다. 이번 연구 결과는 《정신 성적 건강 저널(Journal of Psychosexual Health)》에 'Connection Between Depression, Sexual Frequency, and

All-cause Mortality: Findings from a Nationally Representative Study'라는 제목으로 게재됐습니다(코메디닷컴, 2024. 7. 29.).

기본적으로 섹스는 좋은 것입니다. 부끄러운 것이 아니라 유익하고 아름다운 것입니다. 하나님께서 선한 목적으로 주신 인간의 본능입니다. 누구나 본능인 섹스 욕구는 식욕과 수면욕처럼 죽을 때까지 꿈틀거립니다. 이는 정상입니다. 단, 오직 합법적인 부부 안에서만 해야 아름답고 건강한 것이 됩니다. 그 외에는 다 불법과 간음과 간통과 불륜, 음행으로 죄악입니다. 성범죄한 사람은 반드시 하나님의 심판을 받습니다. 핵심적인 것을 먼저 말씀드리면, 초혼이든 재혼이든 삼혼이든 일편단심으로 배우자 한 사람과만 섹스할 자신이 없으면 결혼과 재혼을 유보해야 합니다. 왜냐하면 배우자에게 치명적인 상처와 배신이 되기 때문입니다.

모든 기혼자들은 배우자 한 사람만 바라보고 살아야 합니다. 그럴 자신이 없으면 결혼을 하지 않는 것이 차라리 낫습니다. 역지사지로 상고해 보아야 합니다. 배우자의 배신과 불륜에 따른 마음의 상심과 상처가 얼마나 크겠습니까? 남녀를 막론하고 역지사지로 생각해야 합니다. 누군가가 자신에게 배신을 했다면 아마 몹시 화가 나고 참지 못할 것입니다. 타인에 대한 섹스 탐욕과 사냥은 짐승만도 못한 것입니다. 요즈음 결혼정보회사들도 많지만, 유튜브 등을 보면 중년 이후 사별과 이혼한 남녀를 소개해 주는 여러 매칭 채널들이 있습니다. 이런 프로그램 운영자들의 잠자리(섹스)에 대한 주장과 상담 내용을 들어 보면 성경사상과는 너무나도 동떨어진 주장과 말들을 합니다. 방종과 무질서 그 자체입니다. 동물의 왕국입니다.

자신들이 정확한 규범이나 헌법이나 진리인 것처럼 이것이 맞고 저것이 틀리고, 이렇게 하라 저렇게 하라고 당당하게 말합니다. 모두 주관적인 자기 기준입니다. 객관적이고 거룩한 규범이 없습니다. 아주 무법합니다. 자유로운 영혼들입니다. 만남 횟수와 혼인신고 여부를 떠나서 하루를 만났더라도 서로가 합의하면 얼마든지 섹스를 할 수 있다고 말하는 것을 보고 충격을 받았습니다. 성에 대한 윤리와 도덕의식이 전혀 없었습니다. 그러면서 일부 보수주의 여성들이 '혼인신고 이전에는 절대로 잠자리를 할 수 없다고 하는 것은 잘못된 것'이라고 말하기도 합니다. 자신들이 섹스에 대한 정의로운 판사처럼 행세합니다. 이런 남녀 중매 매칭 프로그램을 운영하시는 분들의 사고와 가치관과 세계관 등이 성경에 비추어 볼 때 아주 심각합니다. 부패하고 타락 그 자체입니다. 기독교인이 아닌 자들은 무엇이든지 아주 프리합니다. 자기들의 생각과 주장을 진리나 헌법이나 척도로 압니다. 엄청난 착각이자 오판입니다.

아주 문란한, 무질서한, 무원칙한, 무법한 잠자리관을 소유하고 있으면서 수많은 중년 남녀들에게 어처구니없는 상담과 주장을 하는 것을 보고 놀라웠습니다. 그렇게 말할 것 같으면 잠자리에 대하여 사람마다, 종교 교리마다 다르다고 말을 해야 합니다. 단지 자신이 유튜브를 운영하고 구독자가 수천, 수만, 수십만 명이라고 해서 자기주장과 생각과 가치관을 진리나 인생의 정답으로 착각하고 있는 자들로 보였습니다. 하나님을 믿지 않는 자들은 누구든지 잠자리관(섹스관)에 대하여 아주 무질서합니다. 원칙이나 규범이 없고 개인의 감정, 기분, 친분, 상호 원함, 시대 흐름, 유행, 경향 등에 초점이 맞추어져 있습니다. 기준이 자기들 감정과 생각입니다.

그러므로 혹 기독교인들 중에서 유튜브 등 여러 남녀 짝 매칭 프로그램을 보거나 상담을 할 때는 성경의 기준을 가지고 보기 바랍니다. 자주 말하지만 성경의 기준, 하나님이 제시하신 섹스의 대상은 오직 부부뿐입니다. 그 외 결혼 전후로, 이혼과 사별한 이후로 이성이나 동성과 자유롭게 섹스하는 자들은 모두 간음과 간통이고 창녀와 창남들이라고 합니다. 대가성이 없는 성매매자들입니다. 자기 몸과 인격과 양심을 쓰레기 취급 하는 자입니다. 우리 주변에 그런 자들이 수두룩합니다. 이성과 양심과 인격이 없는 동물들도 그렇게 하지 않습니다. 결혼 전후로 순결한 남녀를 찾기가 쉽지 않은 시대입니다. 이젠 부끄러움도 모르고 기회만 되면 창녀와 창남 짓을 합니다. 쉽게 동거하고, 쉽게 섹스하고, 쉽게 헤어지고, 쉽게 낙태하고, 쉽게 재혼하고, 기회가 되는 대로 누구와도 섹스하며 삽니다. 서로 그럴 수 있다고 이해까지 합니다. 한두 번은 용서해 준다는 말도 합니다. 그러니 기독교인들은 성경사상이 아닌 주장과 상담에 미혹되지 않기를 바랍니다.

이래서 불신자와 기독교인은 결혼을 하면 안 됩니다. 불신자들의 모든 생각, 판단, 주장, 행동, 마음, 선택, 결단은 성경이 아니라 자기 자신과 세상 경향이기 때문입니다. 자유롭습니다. 성경의 기준을 말하면 반드시 충돌합니다. 이해를 못 할 것입니다. 그래서 동일한 신앙고백을 하는 자들끼리 결혼을 해야 안녕하고 행복합니다. 그렇지 않으면 결혼한 이후 가치관 차이로 사사건건 부딪치고 다투는 일이 발생할 것입니다. 결혼은 사랑만 가지고 살 수 없습니다. 다면의 가치관이 맞아야 합니다. 이런저런 궁합이 맞아야 합니다. 성경의 기준은 시대를 초월하고, 보수나 진보를 떠나고, 미혼과 기혼을 떠나서 확고합니다. 그것은 합법적으로 결혼한 사이, 혼인신고를 한 사이가 아니면 절대로 잠자리(섹스)는 금합니다. 부부도 아닌데 잠자리를 가지면 간음, 음행, 불륜이라고 규정합니다. 이는 불법이고 심판 대상입니다. 이는 마치 마트에서 값을 지불하지 않고 과일등을 그냥 먹거나 가지고 오는 사람과 비슷합니다.

이혼에 따른 이별도 마찬가지이겠지만, 사별을 하게 되면 여러 가지 새로운 변수나 인생의 다양한 국면에 접어들게 됩니다. 그중의 하나가 성생활입니다. 성은 인간의 기본 욕구 중의 하나로 죽어야만 욕구가 사라집니다. 남녀노소 모두에게 있습니다. 젊은 사람들의 전유물이 아닙니다. 섹스에 대한 이해와 입장은 기독교인들과 비기독교인들은 천지 차이입니다. 독자들이 반드시 알아야 할 것은 섹스에도 질서와 원칙이 있다는 것입니다. 누구와도 마음만 맞으면, 서로 좋다고 하면, 끌리면 자유롭게 섹스를 즐기며 사는 것은 질서나 원칙이 아닙니다. 무질서와 무원칙과 방종적인 삶입니다. 문란한 삶입니다. 일부 짐승들이나 하는 짓입니다.

미혼이나 사별한 기독교인들은 사람과 부부와 결혼제도와 섹스를 만드신 하나님께서 정하신 섹스의 질서와 원칙에 따라서만 섹스를 누리며 살아야 합니다. 기차나 배나 비행기나 자동차 등도 자기 마음과 생각대로 아무 길로나 다니지 않습니다. 정해진 안전한 길과 질서와 원칙이 있습니다. 정해진 길로만 다녀야 불행한 일이 발생하지 않습니다. 무질서하고 무원칙대로 기차와 배와 자동차와 비행기를 운행하면 반드시 불행한 사고를 당하게 됩니다. 처벌을 받습니다. 생명의 안전은 보장받지 못합니다. 다른 모든 것이 그런 것처럼 섹스도 마찬가지입니다. 이는 전반적인 영역에서 기본 원리와 철칙입니다.

출애굽기 20장 14절

"간음하지 말찌니라"

베드로후서 1장 15절

"오직 너희를 부르신 거룩한 자처럼 너희도 모든 행실에 거룩한 자가 되라"

부부로 살았을 때는 배우자와 정기적으로 섹스를 하며 삽니다. 그러다가 배우자와 사별하게 되면 인간의 기본적인 욕구(식욕, 수면욕, 성욕) 중 하나인 섹스를 하지 못하게 됩니다. 그러면 섹스에 대한 욕구 고민이 생기게 됩니다. 이는 현실적인 문제입니다. 이 문제를 정상적으로 해결하지 못하거나 절제하지 못한 사별한 여성이나 남성들 일부는 성적 욕구를 불법으로 해소합니다. 반칙을 통해서 성욕을 해소합니다. 그중의 하나가 불륜이고 난잡한 성생활입니다. 그래서 중년들의 성병이 심각합니다. 보통 일반인들은 결혼 전이나 결혼 이후나 이별이나 사별한 이후 누구하고든지 자유롭게 섹스를 하며 삽니다.

이런저런 조사와 통계에 의하면 미혼자들은 말할 것도 없고 기혼자들도 반 이상이 일생 동안 불륜을 행하고 산다고 합니다. 배우자들이 서로 모르고 삽니다. 이런 것에 아무런 양심의 가책이나 불편함을 느끼지 않고 삽니다. 그저 인생은 짧다고 하면서 인생을 자유롭게 즐기기에만 전념합니다. 그러면서 가정은 지키고 삽니다. 그것이 무질서하든 무원칙이든 불법이든 개의치 않습니다. 자기 마음과 감정과 욕구에만 충실합니다. 그래서 육체적으로나 영적으로나 순결한 사람을 찾아보기가 어려운 시대입니다.

그러나 기독교인들은 달라야 합니다. 하나님의 백성이고 자녀들이기 때문입니다. 하나님께서 24시간, 일생 내내 불꽃 같은 눈으로 보고 계십니다. 기독교인들은 자기 마음과 감정대로 사는 자들이 아닌 나의 주인이신 하나님의 뜻대로, 하나님이 요구하시는 방식과 계명과 기준과 원칙대로 사는 자들입니다. 이런 사실을 모르거나 이에 항복이 되지 않는 자들은 무지하고 무능한 기독교인입니다. 가짜 기독교인입니다. 이에 하나님께서 정하신 테두리 안에서 모든 것을 행하고 살아야 합니다. 그것은 성경입니다. 그런 자들이 기독교인입니다.

기독교인들은 천지가 무너져도 오직 성경이 허용하는 범위 내에서만 이렇게도 살고 저렇게도 사는 자들입니다. 기독교인의 모든 신앙과 행위의 판단 근거와 규범은 자기감정이나 마음이 아니라 오직 성경이기 때문입니다. 만일 하나님의 계명에 순종하며 살고 싶지 않다고 하면서 자기 마음과 생각과 감정과 욕구와 세상 경향과 흐름대로만 사는 자칭 기독교인이 있다면 그는 정상적인 기독교인이라고 하기에는 상당히 부족한 자입니다. 교회를 다닌다고, 예배를 드린다고, 성경을 안다고, 직분을 받았다고 기독교인이 아닙니다.

고린도전서 7장 39절

"아내가 그 남편이 살 동안에 매여 있다가 남편이 죽으면 자유하여 자기 뜻대로 시집갈 것이나 주 안에서만 할 것이니라"

성경은, 하나님은 결혼 전이나 결혼 이후 섹스에 대한 명확한 지침, 질서, 규범, 법, 계명, 원칙을 주셨습니다. 기독교인이라면 반드시 인지하고 있어야 합니다. 그것은 오직 결혼한, 결합한 배우자 사이에서만 섹스를 허용합니다. 그 외에는 어떠한 경우도 섹스를 허용하지 않습니다. 이 원칙과 기준은 세상 종말 때까지 불변입니다. 섹스는 시대가 변했다고, 서로가 원했다고, 좋아하고 사랑한다고 해서 마음대로 할 수 있는 것이 아닙니다. 이것이 하나님께서 정하신 섹스의 거룩한 질서입니다. 만일 결혼 전후로, 사별과 이혼한 전후로 결혼한 배우자가 아닌 이성이나 동성과 섹스를 하는 것은 모두 간음과 간통과 음행으로 간주하여 심판을 선언합니다. 이것이 섹스에 대한 불신자들이나 세상과의 큰 차이점입니다.

그러니까 쉽게 말하면 이런 것입니다. 가게에 있는 음식이나 기타 먹을 것은 돈을 주고 산 것만 먹어야 합법인 것과 같은 이치입니다. 가게에 들어가서 합법적으로 돈을 지불하지 않고 취하여 먹게 되면 도적질, 불법, 절도범에 해당하는 원리와 같습니다. 아무리 배가 고파도 정당하게 값을 지불하고 음식을 취해서 먹어야 합니다. 이 말은 성매매의 합법성을 말하는 것이 아닙니다. 섹스도 마찬가지입니다. 아무리 성적 욕구와 욕망이 강렬해도 부부가 아닌 자와는 어떤 경우에도 섹스는 금해야 합니다. 부부만이 합당하고 정당한 섹스입니다. 그런데 현재 세상과 세상 사람들, 신앙이 연약한 기독교인들은 무질서하게 섹스를 즐기고 삽니다. 약혼한 사이라고, 결혼할 사람이라고 자유롭게 섹스를 합니다. 도장을 찍기 전에는 자기 집이 아닌 것처럼, 결혼하기 전에는 부부가 아닙니다. 단지 부부가 될 사람일 뿐입니다.

마태복음 19장 9절

"내가(예수님) 너희에게 말하노니 누구든지 음행한 연고 외에

아내를 내어 버리고 다른 데 장가드는 자는 간음함이니라"

마가복음 10장 11~12절

"이르시되 누구든지 그 아내를 내어 버리고 다른 데 장가드는

자는 본처에게 간음을 행함이요 또 아내가 남편을 버리고 다

른 데로 시집가면 간음을 행함이니라"

기본적으로 부패하고 타락한 사람들은 질서와 법과 규범을 싫어하고 거부합니다. 자기감정과 마음대로 살아 버립니다. 사람들은 마음이 가는 대로 하라고 합니다. 이렇게 저렇게 기준을 제시하면 짜증을 내고 화를 냅니다. 상관하지 말라고 합니다. 이런 자들은 음주운전을 하는 자들과 같습니다. 계속해서 이런 방식으로 운전하게 되면 반드시 자신과 타인을 불행하게 만듭니다. 그러나 기독교인들은 누가 뭐라고 하더라도 다르

소할 길은 없습니다. 혼자 살면서 포르노나 기타 음란한 영상이나 책이나 영화나 섹스 토이 등을 통해서 성욕을 해소하는 것은 바람직하지 않습니다. 음란한 동영상이나 그림이나 책을 보면 음욕이 더욱 일어납니다. 이런 것을 지속적으로 행하면 성중독에 빠져 인생이 망가집니다.

오늘날 이혼의 핵심적인 이유들은 시대가 바뀌어도 언제나 불륜, 경제 문제, 폭력, 성격 차이 등입니다. 민법은 이혼의 폭이 상당히 넓습니다. 그러나 성경은 이혼 사유의 폭이 매우 협소합니다. 그래서 기독교인들이라도 신앙의 힘이 부족하면 성경이 아닌 세상 민법에 따라 이혼을 해 버립니다. 불신자들처럼 이런저런 사유로 이혼해 버립니다. 성경은 불륜으로 이혼을 한 자이거나 신앙 고수 때문에 이혼을 당한 자가 아닌 단순히 다른 갖가지 이유로 이혼을 금하고, 부당하게 이혼을 한 사람과 재혼하면 간음(불륜)으로 규정합니다. 성경은 섹스의 질서처럼 재혼의 질서도 분명하게 제시합니다. 세상과 세상 불신자들은 자기들 마음대로 무질서하게 결혼, 이혼, 재혼, 섹스 등을 자유롭게 하지만 기독교인들은 하나님께서 정해 주신 질서와 계명 안에서만 살아가야 합니다. 자기 생각과 기준과 마음과 감정대로, 세상 사람들이 하는 대로, 시대의 흐름대로 무엇이든지 하는 자는 참기독교인이 아니라 자칭 기독교인이라고 사칭하는 사이비 기독교인에 불과합니다.

고린도전서 7장 9절

"만일 절제할 수 없거든 혼인하라 정욕이 불같이 타는 것보다 혼인하는 것이 나으니라"

혼자 살고, 이혼하거나 사별한 사람들 중에 '외롭다'고 하는 사람들이 적지 않습니다. 여기서 '외롭다'는 말은 마음과 성적으로 외롭다는 의미가 다 포함됩니다. 그래서 60대 이상 중년에서도 재혼할 배우자, 친구로만 지낼 자, 단지 동거만 할 자를 찾는 이들이 많아지고 있습니다. 외로움도 해소하고 성적 욕망도 해소하고 즐겁게 살자는 계산입니다. 혼인신고나 재혼은 하지 않고 이성으로만 만나자는 자들도 많습니다. 책임은 부담스럽고 성적으로나 기타로 즐기기만 하겠다는 계산입니다. 이들은 이혼한 자와 사별한 자들로 오랜 기간 동안 이런저런 이유로 혼자 살아온 사람들입니다.

주로 혼자 살아 보니 외롭기 때문이라는 이유가 대부분입니다. 앞에서도 언급했지만 남녀노소가 일생 동안 가지는 기본 욕구인 식욕, 수면욕, 성욕은 죽어야만 사라집니다. 그 전까지는 사람에 따라 정도의 차이는 있겠지만 누구에게나 다 존재하는 것입니다. 단지 사람들이 노골적으로 표현하지 않을 뿐입니다. 인간의 기본 욕구는 말하지 않아도 모든 사람들에게 다 공통적으로 있습니다. 그 자체는 나쁜 것이나 잘못된 것이 아닙니다. 하나님이 주신 기본 욕구이기 때문입니다. 문제는 진리 안에서 외로움과 섹스 욕구를 해소해야 한다는 점입니다. 이 싸움과 갈등에서 기독교인들은 잘 이겨 내야 간음과 간통과 음행과 불륜에서 자신을 지킬 수 있습니다. 죄의 삶은 사망, 고통, 불행, 심판이기 때문입니다.

요한계시록 21장 8절
"그러나 두려워하는 자들과 믿지 아니하는 자들과 흉악한 자

들과 살인자들과 행음자들(간음자들)과 술객들(점술가들)과
우상 숭배자들과 모든 거짓말하는 자들은 불과 유황으로 타는
못(지옥)에 참예하리니 이것이 둘째 사망이라”

고린도전서 10장 31절
“그런즉 너희가 먹든지 마시든지 무엇을 하든지 다 하나님의
영광을 위하여 하라”

모든 죄는 멀리해야 합니다. 범죄는 불행과 심판을 낳기 때문입니다. 아무리 순간의 즐거움을 누리더라도 결과를 생각하고 행동해야 합니다. 남은 인생을 즐기며 살겠다고 하는 것은 매우 위험한 생각입니다. 성경사상에 충분하지 않습니다. 그 말 속에는 방종이 숨어 있기 때문입니다. 기독교인들은 먹든지 마시든지 무엇을 하든지 다 하나님을 위하고, 하나님의 계명을 지키고, 하나님의 영광을 위해서 사는 자이지 일생을 편하고 이기적으로, 쾌락적으로 즐기기 위해서 사는 자들이 아니라는 것을 명심해야 합니다. 기독교인이라면 시종일관 거룩하게 살아야 하고, 의미 있고 가치 있게 살아야 합니다. 사람은 하나님께서 창조하신 목적에 맞게 살아야 행복하고 끝이 좋습니다. 이기적이고, 편하고, 즐기고, 쾌락을 누리기 위해서 사는 것은 하나님을 믿지 않는 사람들의 전형적인 라이프스타일입니다.

기독교인들은 다르게 사는 자들입니다. 자기 마음과 감정과 기분대로 사는 사람은 망나니이지 기독교인이 아닙니다. 힘들고, 희생하고, 부담이

되고, 편하지 않더라도 성경에서 하라고 하면 그리하는 것입니다. 의외로 기독교인이나 불신자들이나 인생은 이기적이고, 즐기고, 편하게 살겠노라고 하는 것이라고 확신하고 사는 자들이 많습니다. 그런 자들은 결혼도 않고 공익적인 사명도 없는데 재혼을 거부하고 그저 남은 인생을 여행하며 편하게 즐기며 살겠노라고 말합니다. 이는 하나님께서 결혼제도나 인간을 창조한 목적에 많이 부족한 생각이자 자세입니다. 기독교인들은 이런 생각을 버려야 합니다. 주 안에서, 진리 안에서 즐거움을 찾아야 합니다.

마치 군인들이 원치 않는 것이라도 상관이 명령하면 따를 수밖에 없는 것처럼 말입니다. 바라기는 불신자들처럼 자유롭게 섹스를 즐기는 것이 아니라, 사별 이후에 찾아오는 섹스 욕구와 갈등을 진리 안에서 잘 다스리고 해결하는 순결한 자들이 되기를 바랍니다. 특히 부부 안에서 주 1~2회 이상 하는 섹스는 신체, 정신 건강과 부부 친밀성에 아주 좋다고 합니다. 그러므로 부부 안에서 섹스를 자주 하는 것은 지혜라고 할 수 있습니다. 보통 결혼 전반에 걸쳐 매주 섹스를 하는 부부는 친밀하고, 정신과 몸이 건강하고, 상태가 좋은 부부이고, 관계가 좋은 부부라고 할 수 있습니다. 이에 반해 부부 사이가 좋지 않은 부부는 스킨십이 별로 없습니다. 섹스리스(월 1회 정도 섹스)로 살아갑니다. 다음은 섹스에 대한 참고 사항입니다.

〈섹스를 열심히 해야 하는 7가지 이유〉
(닥터에스팀 산부인과 닥터 미나쌤)

1. 젊어 보인다(주 1~2회 섹스하는 부부).

2. 항암 효과가 있다(전립선암).

3. 진통 효과가 있다(섹스 중 몸에서 나오는 호르몬 때문).

4. 성기능과 발기능력이 향상된다(골반저근의 발달 때문).

5. 면역력이 향상된다(주 1~2회 할 경우).

6. 자신감이 향상된다.

7. 불안과 스트레스가 해소된다.

〈자주 섹스하면 좋아지는 15가지〉

(세종대, 대한성학회 회장 배정원 교수)

1. 젊어진다(5~7년 정도).

2. 생식력이 증가한다(정자가 건강해지고 정자 질이 좋아진다).

3. 면역력이 강화된다(각종 질병이 예방된다).

4. 노화가 예방된다(노화방지호르몬인 DHEA가 분비되기 때문).

5. 수명이 연장된다(주 1회 오르가슴을 느낄 때).

6. 진통 효과가 있다(두통, 생리통, 관절통 등 진통호르몬인 엔도르핀이
   분비되기 때문).

7. 피부가 건강해진다(에스트로겐 분비 때문).

8. 매력과 자신감이 향상된다.

9. 혈압이 낮아진다.

10. 우울증이 예방된다.

11. 스트레스 해소 효과가 있다.

12. 불면증이 해소된다(그래서 섹스 후에는 곧바로 잠).

13. 골다공증이 예방된다.

14. 전립선암이 예방된다(사정을 하기 때문).

15. 행복감이 충만해진다(특히 아침 섹스가 하루 종일 기분을 좋게 한다).

〈과학이 섹스를 권하는 10가지 이유〉

(유튜브 속삭닷컴)

1. 전립선암 발병률 감소(자주 사정하면 22% 낮아짐)

2. 외모 회춘(원활한 성생활이 동안을 만든다)

3. 감기 예방(섹스가 항체 형성에 도움을 준다)

4. 혈압 유지와 심장질환 예방(섹스를 하면 심장박동이 증가하기 때문)

5. 생리통 완화(통증 완화 효과)

6. 다이어트 효과(열량 소모 때문)

7. 요실금 예방(골반저근 강화 때문)

8. 치매 예방(알츠하이머 발병률을 낮추는 에스트로겐 분비 때문)

9. 인지능력 향상(성적 만족감 때문)

10. 숙면 효과(섹스 중 분비되는 엔도르핀과 오르가슴으로 나오는 프로
    락틴 때문)

제37장

사별과 연애

연애는 남녀노소 싱글 누구나 기본 권리로 가능합니다. 제삼자가 가타부타하지 못합니다. 사별이든 이혼이든 하게 되면 또다시 재혼을 염두에 두고 이성을 사귀게 되는데 이때 한 가지를 아주 잘해야 합니다. 그것은 철저한 다면검증입니다. 다면검증을 통해서 자기와 여러 면에서 궁합이 잘 맞는 좋은 사람을 만나야 합니다. 외모와 조건과 감정과 스펙이 화려한 자가 아닌 여러 면에서 좋은 사람을 만나 연애해야 합니다. '너무 한다'는 말을 들을 정도로 철저하게 검증해야 합니다. 자기가 후회하지 않고 행복하기 위해서, 새롭게 태어날 자식들을 위해서 좋은 여자, 좋은 남자를 만나 결혼해야 합니다. 결혼과 재혼에 실패하는 것은 자기 책임 지분도 100%입니다. 상대방만을 탓하는 자는 어리석은 자입니다. 신중하지 못하고, 이성에 대한 만남과 연애와 판단과 결혼을 가볍게 여긴 결과이기 때문입니다. 불성실했다는 말입니다. 사람은 대부분 쉽게 달라지지 않을 뿐만 아니라 고쳐서 쓸 수도 없습니다. 그래서 처음부터 신중한 검증을 통해서 좋은 사람을 만나야 합니다.

이것이 결혼 실패와 성공의 핵심과 본질과 열쇠입니다. 전 세계 프로 스포츠 팀의 성패도 얼마나 좋은 선수들을 스카우트하느냐에 달려 있기에 전 세계에 스카우터들을 파송하여 선수 정보를 얻고 분석한 이후 천문학적인 돈을 주고 좋은 선수들을 데려옵니다. 다 그럴 만한 이유가 있는 것입니다. 승패는 여러 복합적인 요소들이 있지만 그 중심에는 얼마나 좋은 선수가 존재하느냐에 달려 있습니다. 결혼 성패도 동일합니다. 결혼해 본 사람들은 이구동성으로 공감할 것입니다. 이 부분을 소홀히 하고 감정, 외모, 조건, 스펙, 불꽃 사랑 등에 빠져 결혼한 이후 절망하는 자들이 너무 많습니다. 이혼하는 자들의 대부분이 여기에 해당하는 자들입니다. 불량하고 부실한 이성을 만나면 반드시 후회하고 통곡하는 날이 옵니다. 이혼한 자들은 잘 알 것입니다. 돌싱글즈들의 고백을 들어 보면 이혼의 공통분모가 하나로 집약됩니다.

그것은 연애 시절 배우자에 대하여 검증을 소홀히 한 점입니다. 데이트를 짧게 했든 길게 했든 공통분모입니다. 결혼하여 함께 살아 보니 다른 점, 잘 몰랐던 점이 너무 많아 힘들었다고 합니다. 더 이상 참고 살 수 없었다고 합니다. 그러면서 자신의 처지와 어린 자녀들에 대해 말하면서 펑펑 웁니다. 부모의 마음에도 큰 상처를 주는 것입니다. 불효입니다. 원인을 제공하고 문제를 야기한 자가 책임이 크지만 이런 자에 대하여 검증을 소홀히 하여 사랑하고 결혼한 사람도 동일한 책임이 있습니다. 그래서 누굴 원망하지 못합니다. 사기를 치는 사람이 아주 나쁜 사람이지만 사기를 당하는 사람도 동일하게 책임이 있는 것과 같습니다. 신중하지 않게 점검하고 안일하게 상대방을 평가하고 조급하게 결혼한 책임입니다.

이는 마치 전쟁에서 적군에 대한 사전정보와 분석을 소홀히 한 상태에서 전쟁을 한 지휘관이나 군대와 같습니다. 그러면 백전백패입니다. 이런 말이 있습니다. '지피지기면 백전백승이다' 상대방을 알고 자기를 바로 알면 전승하고 실패가 없다는 말입니다. 이 말은 적군, 상대방, 배우자에 대한 심도 있는 다면검증과 분석과 아는 것이 매우 중요함을 의미하는 말입니다. 너무 짧게 연애를 했거나 사랑의 감정에 치우쳐 섣불리 결혼한 자들은 하나같이 결혼 이후 통곡하다가 이혼합니다.

영화에서 종종 특수대원들이 어느 지역과 나라에 구출 작전이나 침투 작전에 돌입하기 전에 동일한 상황을 만들어 놓고 충분히 연습과 훈련을 한 이후 투입되는 것을 봅니다. 우주인들이 위성을 타고 우주로 날아갈 때는 사전에 가고자 하는 우주와 비슷한 공간을 만들어서 충분히 훈련을 한 이후 떠납니다. 시합을 하는 팀이나 선수들도 경기 전에 상대 팀과 선수들에 대한 장단점과 전략과 성향을 다양하게 분석한 이후 시합에 임합니다. 이에 각 팀에는 분석가들, 전략가들이 다 있습니다. 이런 준비와 점검과 훈련과 분석을 소홀히 하면 반드시 실패하게 됩니다. 많은 사상자가 발생합니다. 이길 가능성이 현저하게 줄어듭니다. 초혼자들이나 재혼자들이 이러한 유비무환의 자세, 지피지기의 자세, 돌다리도 두드리는 자세로 데이트를 하고 신중하게 결혼과 재혼을 해야 합니다. 그렇게 해도 만만치 않은 것이 결혼, 재혼입니다.

사람을 완전하게 안다는 것은 쉽게 않기 때문입니다. 좋은 감정과 사랑만을 가지고는 결혼생활을 지속할 수 없습니다. 서로의 장단점과 성향과 가치관 등을 철저하게 검증한 이후, 감당할 수 있고 이해하고 존중할 수 있을 때 결혼이든 재혼이든 결심해야 합니다. 단지 외롭고 경제적으로 어렵다고 해서 재혼을 하면 엄청난 실수를 하는 것입니다. 그런 사람의 앞날은 풍전등화입니다. 오래가지 못합니다. 특히 자기 취향과 가치관에 맞지 않는 언행을 했을 때 일생 내내 감당할 수 있을 자신감이 없으면 만남을 유보하거나 결혼 전에 헤어져야 합니다.

사람은 아주 특별한 일부 사람을 제외하고 대부분은 달라지지 않습니다. 고쳐서 쓸 생각 자체를 버려야 합니다. 사람의 성품, 습성과 습관, 가치관, 라이프스타일, 마음 씀씀이 등은 달라지지 않습니다. 토끼는 평생 토끼로 살고, 늑대는 평생 늑대로 삽니다. 이러한 상식과 권고를 우습게 여기고 나중에 '그럴 줄 몰랐다'는 변명은 하지 말아야 합니다. 미국의 고위공직자 청문회의 검증 내용과 과정처럼 무지막지하고 철저하게 해야 결혼 후 안전과 행복이 어느 정도 보장이 됩니다. 미국 고위공직자 인사 청문회 조사 항목은 무려 233가지나 됩니다.

배우자와 사별이든 이혼이든 헤어져 홀로 남은 자들은 두 가지 갈림길에 서게 됩니다. 재혼을 할 것인지 그냥 혼자 살 것인지를 반복적이고 지속적으로 고민하고 갈등합니다. 물론 사별과 이혼한 이후 가까운 기간 동안은 이런 고민을 하지 않습니다. 그러다가 어느 정도 시간이 지나면 고민을 하게 됩니다. 사람이란 혼자 남아 있으면 외롭고 허전하고 불완전한 것은 어쩔 수 없습니다. 그래서 하나님께서도 독처하는 것이 좋지 못하다 하신 것입니다. 이에 짝을 지어 주셨습니다. 그것이 아담과 하와 부부입니다.

자녀와 함께 살다가 자녀마저 결혼과 직장 때문에 떠나 홀로 남게 되면 매일 매년 반복되는 긴긴 시간의 외로움에 고민이 시작됩니다. 이렇게 살아야 하는지, 배우자를 만나야 하는지 깊은 고민에 잠기게 됩니다. 혼자 사는 것이 배우자를 먼저 잃은 자의 의리나 신의는 아니기 때문입니다. 배우자 누구도 영원히 자기 소유물이 아닙니다. 시간이 지나면 주변에서 재혼 이야기를 합니다. 이러한 주변 상황과 개인 고민 사이에서 제3의 안을 주장하며 사는 자들이 있습니다. 그것은 연애만 하고, 만남과 섹스만 즐기기만 하고, 친구로만 지내고, 함께 여행만 하고, 아니면 동거만 하고 결혼, 재혼, 혼인신고는 하지 않고 지내는 부류입니다. 이유는 우리 모두가 잘 아는 것들입니다. 부담스럽고 책임지고 싶지 않다는 것입니다. 복잡하고 고생하는 변수를 만들지 않겠다는 계산입니다.

결혼을 하면 법적으로 묶이게 되고, 의무와 책임을 져야 하고, 자유하지 못하다는 이유입니다. 여기에 다양한 변수가 도사리고 있습니다. 중년 이후 이 나이에 배우자를 위해서 수고하며 살 자신이 없다고 말합니다. 고생하고 수고하고 싶지 않다고들 말합니다. 다시 얽매이게 되니 자유롭게 살지 못하게 된다는 것입니다. 한 번 결혼해서 이런저런 불편한 것을 경험했으니 다시 재혼을 하기 싫다고 합니다. 중년이 된 자들은 이제 남은 인생을 매이지 않고 자유롭게 즐기며 편하게 살다가 죽겠다고 말합니다. 자기중심적으로 편하게 즐기고 살다가 죽겠노라고 합니다. 그러면서 연애 대상, 엔조이할 대상만 찾습니다. 함께 여행 가고, 함께 차를 마시고, 함께 맛있는 것을 먹고, 그러면서 성적 욕구도 해소하자는 이혼자나 사별자들이 늘어나고 있습니다. 각종 짝, 중매 채널을 보면 이런 사람들이 대세입니다. 유튜브 운영자도 여기에 가세합니다.

　솔직히 말해서 청장년이나 중년 이후 남녀가 친구로만 지내자는 것은 말이야 그럴듯하지만 실제적이고 현실적으로는 매우 어렵습니다. 왜냐하면 자석이나 사람이나 자주 만나면 끌리는 속성이 있기 때문입니다. 플러스마이너스, 남자와 여자, 수컷과 암컷이 부부로 살지 않으면서 친하게 자주 만나며 지낸다는 것은 아주 고상한 성인(聖人)이 아닌 이상 불가능합니다. 이성이란 남녀노소를 불문하고 성적으로 서로에게 끌리는 성향이 있습니다. 이는 부인하지 못하는 욕구입니다. 감정과 성적으로 반드시 끌리게 됩니다. 호감이 없는 이성도 자주 만나면 호감이 생기는데, 본래부터 호감이 있는 이성이었는데 자주 만나면 성적으로 적절한 선을 지키거나 절제를 하며 지내기란 매우 어렵습니다. 서로 마음과 몸이 무장해제가 됩니다.

　그래서 부부가 아닌 이성인데 자주 만나서 친구처럼 지내는 사람들의 상당수는 불륜에 빠집니다. 한두 번 만난 낯선 이성과도 자연스럽게 불륜에 빠지는데 오랫동안 이성 친구로 만나는 자들 사이는 말할 것도 없습니다. 둘이 여행 가서 따로 자고 오겠습니까? 밥만 먹고 오겠습니까? 그래서 이혼이나 사별한 사람들은 둘 중의 하나를 선택해야 합니다. 재혼을 할 의향이 있으면 이성을 만나고, 재혼할 마음이 없다면 이성은 만나지 말아야 합니다. 그래야 불륜에 빠지지 않게 됩니다. 깨끗하게 살아갈 수 있습니다. 세상만사나, 연애란 자기가 생각한 대로나 마음대로 되지 않습니다.

설사 자기야 실제로 그렇게 살 수 있다고, 친구로만 지낼 수 있다고 하더라도 상대방은 전혀 그렇지 않을 가능성이 매우 큽니다. 사람 마음과 감정은 다 다릅니다. 자기 마음 같지 않습니다. 이런 부분에서 착각을 하지 말아야 합니다. 더욱이 사람이란 말과 마음과 행동이 다를 때가 많습니다. 수시로 변합니다. 그래서 순진한 사람들이 성적인 피해를 당합니다. 후회합니다. '그럴 줄 몰랐다', '그런 사람인 줄 몰랐다'고 말입니다. 사람은 양파와 같고, 숲과 같고, 바다 물결과 같습니다. 상대방 마음은 누구도 모릅니다. 수시로 변합니다. 말이야 얼마든지 그럴듯하게 할 수 있습니다. 상대방이 듣기 좋게 골라서만 할 수 있습니다. 연기와 포장도 가능합니다.

사람의 말만 믿는 사람은 바보 중의 바보입니다. 아주 어리석은 자요 순진한 사람입니다. 사람들은 위선과 거짓 선수들입니다. 자기 자신을 포장하고 성형하는 데 전문가들입니다. 그래서 범죄 중에 사기사건이 제일 많고, 결혼식 때 서약을 지키지 않는 자들이 많아 이혼율이 높은 것입니다. 누구든지 연애 시절과 결혼 전에 배우자가 한 말을 복기해 보기 바랍니다. 얼마나 달콤하고 좋은 말들만 하였습니까? 여기에 혹해서 결혼했는데 함께 살아 보니, 막상 결혼하니 전혀 다른 배우자인 것을 알게 됩니다. 그런 부부들이 매우 많습니다. 대부분 상대방의 말만 듣고 신뢰한 나머지 그리된 것입니다.

말로 호리는 것은 과거나 현재나 미래나 효능감이 탁월합니다. 사람들의 귀와 마음이 그리 단단하지 않습니다. 쉽게 넘어갑니다. 아주 지혜롭고 신중한 사람이 아닌 이상 계속해서 말에 속아 살아가고 후회하고 상처를 받게 될 것입니다. 향후 이혼율도 더욱 증가할 것입니다. 재혼 이혼율도 더욱 증가할 것입니다. 그래서 최근에는 삼혼과 사혼자들이 늘어나고 있습니다. 그러므로 초혼이든 재혼이든 삼혼이든 아주 신중하게 해야 합니다. 특히 사별과 이혼 후 어떻게 살아가야 할지에 대하여 깊은 숙고를 하여야 합니다. 주변에서 합당하지 않은 조언과 충고와 말을 할 때 흔들리지 말아야 합니다. 성적으로 난잡하고, 지저분하고, 불의하고, 무질서한 삶을 즐기라는 달콤한 말에 넘어가지 말아야 합니다. 합당하게 재혼을 하려거든 이성을 만나고, 그렇지 않고 혼자 살려고 마음을 정했으면 이성 친구는 만나지 말아야 합니다. 그것이 안전합니다. 혼인신고도 않고, 결합도 않고, 그냥 친구로만 지내면서 성적 쾌락만을 즐기겠다는 생각과 마음은 사단의 속삭임입니다. 기독교인들은 그런 악한 마귀의 속삭임에 넘어가지 말아야 합니다.

고린도전서 7장 2절
"음행(음란한 행위)의 연고로 남자마다 자기 아내를 두고 여
자마다 자기 남편을 두라"

이혼 후나 사별한 이후 성적 유희만을 위해서, 인생을 즐기기만을 위해서 이성 친구를 만나는 것은 아주 위험한 일이고, 어리석은 짓이고, 성적 타락과 불륜의 길입니다. 나중에 피눈물을 흘릴 수 있습니다. 인생은 그렇게 막 살기엔 너무 소중한 것입니다. 이 세상에 약 2억 대 1의 경쟁을 뚫고 출생했는데 짐승만도 못한 난잡한 성적 유희만을 위해서 중년에 남은

귀한 인생을 허비하는 것은 매우 어리석고 못난 짓입니다. 자기 자신을 천박하게 여기고 사는 사람입니다. 그렇게 살면 창녀나 창남과 다를 바가 없습니다. 인생은 현세로 끝나지 않고 반드시 내세가 있고 심판이 있음을 명심해야 합니다. 인과응보, 뿌린 대로 거두게 되는 날이 현세나 내세에 반드시 있습니다. 내세와 심판을 부정하고 사는 사람은 자신에게 속고 있는 것입니다.

그래서 인생을 정결하고, 깨끗하고, 거룩하고, 반듯하게 살아야 하는 것입니다. 사별 이후 연애의 목적은 남은 중년의 인생을 자유롭게 즐기기 위해서나, 외로워서나, 허전해서가 아닌 행복한 가정, 피차 돕는 배필을 만나 플러스알파의 인생을 살기 위함이어야 합니다. 건전한 시너지 효과를 위한 것이어야 합니다. 연애가 결혼이 목적이 아니라면 이성은 만나지 않는 것이 안전하고 지혜입니다. 이성과의 만남은 가벼운 것이나 단순한 것이 아닙니다. 처음 출발을 잘해야 합니다. 자신의 뜻대로만 쉽게 만나고 쉽게 헤어질 수 있는 것이 아닙니다. 상대가 있고 상대방이 어떤 사람인지 모르기 때문에 연애를 잘못하면 시궁창에 빠져 버립니다. 스토킹이 그것입니다. 괴롭힘과 폭력과 살인까지 발생합니다. 그러니 순진하게 자기만 생각하고 가볍게 연애의 길로 들어가지 말아야 합니다. 아주 신중하게 생각한 이후 연애를 해야 합니다.

사람이란 나이를 떠나 어느 날 갑자기 이성이라는 감정에 휘둘릴 수도 있습니다. 청소년 이후 남녀란 본능적으로 끌리게 되어 있습니다. 미혼자이든 기혼자이든 이성을 자주 만나면 이상한 감정이 생깁니다. 그래서 결혼을 했음에도 불구하고 불륜을 저지릅니다. 불륜이 가장 많은 장소는 직장입니다. 미혼자와 기혼자가 매일 수시로 만나는 장소가 직장이기 때문입니다. 그래서 알게 모르게 이성 간에 불꽃이 튀는 것입니다. 특히 연애할 때 조심해야 하는 것은 최소한 6개월 이상 1년 가까이 시간을 두고 상대방에 대하여 점검하는 것입니다.

사람이란 단기간에는 그 속을 알 수 없는 존재이기 때문에 외모만 보고, 매너만 보고, 조건만 보고, 말만 듣고, 몇 번의 만남만을 통해서 '괜찮은 사람이네'라고 단정해 버리면 실수할 가능성이 매우 큽니다. 짧은 시간, 단순한 점검으로는 그 사람의 진면목을 알 수 없고 속을 수도 있습니다. 사람은 누구나 숲, 바다, 정글, 양파와 같은 자들입니다. 사람은 누구나 단점이 있습니다. 그 단점에 대하여 충분히 숙고하기 전까지는 결혼을 유보해야 합니다. 부부의 불행과 이혼은 단점에서 시작되기 때문입니다. 사람을 알아 가는 것이 제일 어렵습니다. 결혼해서 살아도 부부에 대하여 부분적으로밖에 알지 못합니다.

그러니 아주 신중해야 합니다. 동시에 연애 기간 동안은 스킨십을 하거나 상대방 집을 가는 일은 하지 않는 것이 지혜입니다. 밖에서만 만나야 합니다. 때론 장소가 사람을 이상하게 만들기 때문입니다. 연애를 할 때 피차의 모든 언행은 메시지라고 이해하면 됩니다. 단순하지 않고 그 속에 숨은 의미와 의도가 있다는 말입니다. 결혼을 하기 전까지는 상대방이 집요하게 요구해도 진한 스킨십이나 섹스는 하지 말아야 합니다. 재혼을 생각하는 중년의 남녀들은 사람에 따라 다르겠지만 보통 성적으로 매우 굶주려 있어 어느 한순간 방심하면, 선을 지키지 않으면 사정없이 무너질 수 있습니다. 그러면 미래가 어찌 돌아갈지 장담할 수 없습니다. 사람이란 섹스 전과 섹스 이후가 다르고, 화장실에 들어갈 때와 나올 때가 다르고, 결혼 전과 결혼 이후가 다릅니다. 돈을 빌려 갈 때와 갚을 때가 다릅니다. 상대방이 어떻게 돌변할지 아무도 모릅니다. 사람이 그런 존재입니다. 사람에 대하여 너무 신뢰하지 말아야 합니다. 쉽게 말해서 계약을 하기 전까지는, 철저하게 확인을 하기 전까지는, 결혼 전까지는 아무리 애걸해도 잠자리를 하지 말아야 합니다. 잠자리를 하는 순간 성벽이 무너져 그다음부터는 쉽게 허용하게 됩니다.

상대방이 은밀한 곳으로 가자고 하거나, 자꾸 스킨십을 하려고 하거나, 돈 이야기를 하거나, 뭘 요구하거나, 잠자리를 요구하면 단호하게 거부하고, 그럼에도 불구하고 계속 요구하면 속히 결단하고 헤어지는 것이 지혜입니다. 결혼 전 연애 기간 중 스킨십의 한계와 범위는 손잡기, 포옹하기, 키스하기까지만 허용해야 합니다. 애무나 섹스는 절대로 금해야 합니다. 애무는 섹스의 전 단계이고 결혼 전의 섹스는 간음입니다. 요즈음이야 이런 한계와 기준이 없지만 성경은 분명하게 말합니다. 사람마다 연애의 목적이 다를 수 있습니다. 어떤 사람은 돈이 필요해서, 어떤 사람은 섹스가 필요해서, 어떤 사람은 단지 인생을 즐기기만을 위해서, 외로움을 해결하기 위해서, 말벗이 필요해서, 어떤 사람은 진심으로 인생의 동반자를 찾기 위해서 연애를 합니다. 이런 것들에 대하여 유심히 살펴보면 연애 기간에 다 드러납니다.

그러니 연애를 신중하고 알차게 해야 합니다. 단지 만나서 이야기하고, 차 마시고, 밥 먹고, 여행 가고 하는 것으로 연애 시간을 허비하지 말아야 합니다. 연애는 상대방에 대한 검증, 테스트 시간입니다. 다면 면접과 검증 시간입니다. 내 짝으로 적절한 사람인지, 결혼을 해도 될 사람인지, 계속 만나도 될 사람인지, 인생을 함께할 사람인지, 아니면 속히 만남을 중단해야 할 사람인지를 파악하기 위해서 만나는 귀한 시간입니다. 기타 여행, 섹스, 맛집 투어 등은 결혼 후에도 얼마든지 할 수 있고 결혼 후에 하는 것들입니다. 연애 기간에 제대로 검증하지 못하면 그 결혼은 위기에 처할 것입니다.

연애 시간은 상대방을 파악하는 시간으로 집중해야 합니다. 그래야 실수와 후회를 덜 할 수 있고, 속지 않고, 상처를 받지 않게 되고, 좋은 사람을 만날 수 있습니다. 또한 혼자 오래 살다 보면 마음이 취약하게 됩니다. 이에 누군가가 웃으며 친절하게 나오면 마음이 무장해제가 될 수도 있으니 이 부분도 조심해야 합니다. 금지된 선악과는 보암직도 하고, 먹음직도 하고, 아주 매력이 있다는 공통점이 있으니 선악과와 같은 이성과 연애를 할 때는 두 배로 긴장하며 만나야 합니다. 누구나 연애 기간에는 달콤하게 접근하고 대합니다. 여기에 속지 말아야 합니다. 그래야 달콤한 말과 선물과 매너와 행동과 조건의 유혹에 빠지지 않게 됩니다. 초혼도 그렇지만 재혼의 대상, 특히 중년 이후의 재혼의 대상들 중에 비교적 괜찮은 이성은 매우 적다는 것을 인식하고 배우자를 찾아야 합니다.

인간의 이성과 조건으로 만나려고 하면 오판하고 실수할 가능성이 높지만, 하나님께 간절히 부탁하고 만나는 이성, 하나님의 시각으로 만나고 검증하게 되면 비교적 안전할 것입니다. 하나님은 중심을 보지만 사람은 외모를 봅니다. 그러나 대부분은 인간적인 조건만남을 합니다. 그래서 재혼 이혼율이 초혼보다 세 배가 많고 70% 이상이라고 합니다. 이런 통계를 무시하지 말아야 합니다. 재혼을 잘못하게 되면 인생 말년에 치명타를 입게 됩니다. 아니함만도 못합니다. 심각한 상처와 타격으로 재기불능이 될 수도 있으니 신중해야 합니다.

처음부터 비교적 괜찮은 사람을 만나 연애를 해야 합니다. 한두 번 만나보고 아니다 싶으면 관계와 감정이 깊어지기 전에 신속하게 접어야 합니다. 사람은 쉽게 달라지지 않고, 고쳐서 쓰기란 거의 불가능하기 때문입니다. 혹 연애 중에 치명적인 단점을 발견했을지라도 감당할 자신이 있으면 계속 만나도 됩니다. 그러나 어떤 단점을 확인한 이후 감당할 자신이 없다면 단호하게 헤어짐을 결단해야 합니다. 그래야 향후 걱정거리나 후환거리에서 자유하게 됩니다. 만남 자체부터 좋은 재목을 만나야 연애가 순조롭고 행복할 뿐만 아니라 결혼해서 행복할 가능성이 높아집니다. 부부의 행복 여부는 연애 기간을 어떻게 보내느냐에 따라서 결정됩니다.

제38장

죽음과 사명과 역할과 불순종의 관계

사람이 죽는 근본적인 원인은 원죄 때문이고, 생사(生死)를 좌우하시는 분은 하나님이라고 하였습니다. 다양한 모양과 일로 죽는 것은 간접적인 원인이라고 했습니다. 그럼에도 불구하고 사람이 죽으면 다양한 반응이 나타납니다. '너무 젊어서 죽었다', '수술을 했으면 살 수 있었는데', '이렇게 저렇게 했으면 죽지 않았을 텐데', '왜 일찍 죽었을까?' 등등의 아쉬운 말들을 합니다. 전혀 틀린 말은 아니지만 그렇다고 정확한 말도 아닙니다. 왜냐하면 사람이 죽을 때는 사람들이 알 수 없는 다양한 이유가 있기 때문입니다. 사람이란 젊다고 오래 살거나, 착하다고 오래 살거나, 악하다고 빨리 죽거나 하는 존재가 아닙니다.

생사의 주관자는 하나님이라고 했습니다. 그렇다면 사람들이 이런저런 아쉬운 말들을 하지만 결정적인 키는 하나님의 주권에 따라 결정됩니다. 아무리 조심과 수술과 운동과 자기 관리와 젊음과 약 등을 잘 조치했다고 하더라도 생명의 주인이신 하나님께서 목숨을 취하시면 그만입니다. 한마디로 사람의 생명은 근본적으로 주인이신 하나님의 깊으신 뜻에 달려 있습니다. 문제는 '하나님의 뜻을 어떻게 알 수 있느냐'입니다. 기독교인들마다 하나님의 뜻을 제각각 판단하고 이해할 수 있습니다. 이것을 주관적인 생각이라고 합니다. 좀 더 설득력이 있으려면 객관성이 있어야 합니다. 죽음과 관련하여 객관성이라고 하는 것을 말하려고 합니다.

신명기 32장 39절

"이제는 나(하나님) 곧 내가 그인 줄 알라 나와 함께 하는 신이 없도다 내가 죽이기도 하며 살리기도 하며 상하게도 하며 낫게도 하나니 내 손에서 능히 건질 자 없도다"

일반적으로 사람들이 자동차나 물건이나 꽃이나 옷이나 동물들이나 책 등을 버리거나 폐차할 때는 그럴 만한 이유가 있을 때입니다. 이런 행위는 소유자, 주인이 합니다. 사람들의 보통 생각은 더 이상 쓸모가 없을 때, 이용 가치가 떨어질 때, 더 이상 기대할 것이 없을 때, 말을 잘 듣지 않았을 때, 자꾸 말썽을 피울 때, 유통기한이 다 되었을 때, 고장이 자주 날 때 등입니다. 너무나도 유익한데, 쓸모가 있는데, 잘 사용하고 있는데, 멀쩡한데 버리거나 폐차하는 경우는 거의 없습니다. 한마디로 물건이든 동물이든 무엇이든지 사명과 역할을 다했을 때 사람들은 버립니다. 처분합니다. 팔아 버립니다. 또한 불순종할 때입니다. 여전히 더 사용해도 될 만한데 자꾸 불순종하면, 말썽을 부리면 정리합니다. 성경에 보면 하나님의 지도자들이나 백성들이 출애굽 이후 광야에서 하나님으로부터 죽임을 당하는 사례들이 많이 나옵니다.

이들의 공통점은 불신앙과 불순종했을 때였습니다. 가장 대표적인 사람이 출애굽을 이끈 지도자 모세이고, 출애굽한 1세대(20세 이상 남자)들입니다. 모세는 건강했고, 더 오래 살 수 있었고, 가나안 땅에 들어갈 수 있었지만 하나님께서 요단강을 건너지 않은 상태에서 생명을 취하셨습니다. 그 이유는 므리바 물 사건, 곧 불순종한 사건 때문이었습니다. 결국 비스가 산(느보산)에서 소천을 받아 매장되었습니다. 그것은 전에 하나님께서 시키신 방식대로 하지 않고 자기감정에 빠져 자기 방식대로 행하는 불순종한 일 때문이었습니다. 또한 애굽에서 탈출한 3백만 전후의 이스라엘 백성들 중 20세 이상 남자들이 광야 40년 동안 여호수아와 갈렙만 제외하고 하나님의 심판을 받고 죽었습니다. 그것은 불순종 때문이었습니다.

민수기 20장 12절

"여호와께서 모세와 아론에게 이르시되 너희가 나를 믿지 아니하고 이스라엘 자손의 목전에 나의 거룩함을 나타내지 아니한 고로 너희는 이 총회를 내가 그들에게 준 땅(가나안 땅)으로 인도하여 들이지 못하리라 하시니라"

민수기 14장 29~30절

"너희 시체가 이 광야에 엎드러질 것이라 너희 이십 세 이상으로 계수함을 받은 자 곧 나를 원망한 자의 전부가 여분네의 아들 갈렙과 눈의 아들 여호수아 외에는 내가 맹세하여 너희로 거하게 하리라 한 땅(가나안 땅)에 결단코 들어가지 못하리라"

육신을 입으신 예수님의 경우와 세례 요한의 죽음은 성부 하나님께서 주신 사명과 역할을 다했기 때문에 십자가에 달려 죽으셨고, 헤롯에 의해 참수를 당하였습니다. 물론 어떤 사람들은 연수를 다한 후 죽기도 합니다. 정확한 표현은 아니지만 그것을 보통 나이를 먹어 죽는 '자연사'라고 합니다. 이래 죽으나 저래 죽으나 전체로 요약하여 성경에 비추어서 객관적인 시각으로 사망을 정리하면, 신자나 불신자를 막론하고 사명과 역할을 다했을 때 소천을 받고, 불순종했을 때 하나님으로부터 죽임을 당합니다. 죽음은 자동사가 아니라 타동사입니다. 사람은 스스로 죽는 것이 아니라 생명의 주인이신 하나님께서 생명을 취하시기 때문에 사망하는 것입니다. 그러니까 기독교인이나 불신자들이나 남녀노소 누구나 좋다고 하는 사람이나, 악하다고 하는 사람이나 하나님 보시기에 나름 출생 전후로 주어진 사명, 역할을 다했기 때문에 소천을 받습니다. 아니면 처음과 달리 중간에 신앙과 마음이 변질되어 하나님의 계명에 불순종으로 인하여 죽임을 당한 것이라고 판단할 수 있습니다.

성경에는 이 두 가지 부류가 반복해서 나타납니다. 확실한 것은 죽은 자에 대하여 어느 부류에 속한 것인지는 하나님만이 정확하게 아십니다. 우리들은 불확실하게 '이래서 저래서 일찍 죽었을 거야'라고 추정만 할 뿐입니다. 예수님과 세례 요한의 경우 성경의 예언과 성취 그리고 성경의 전후 문맥을 보면 사명과 역할을 다했기 때문에 죽임을 당했음을 압니다. 그러나 모세나, 사울왕이나, 삼손이나, 출애굽한 이스라엘 1세대 20세 이상 남자들이나, 금송아지 숭배 사건에서 죽임을 당한 사람들은 하나같이 하나님의 계명에 불순종하였기 때문에 일찍 죽임을 당했습니다. 그러므로 가족과 우리 주변에서 사람들이 죽었을 때 막연하게 이런저런 생각을 할 것이 아니라, 이러한 성경의 객관적인 사례들에 기초하여 이해하면 될 것입니다. 하나님으로부터 죽임을 당하는 것은 사명과 역할을 다 마쳤거나 아니면 불순종한 결과라고 이해하면 충분하다고 생각합니다.

어떤 이유로 죽든지 결국은 하나님께서 생명을 취하신 것이므로 기독교인들은 생사(生死)에 대한 하나님의 주권을 인정하고 감사해야 합니다. 죽음과 관련하여 하나님에게나 사람 누구에게나 불평과 원망과 서운함을 갖지 말아야 합니다. 사실 억울할 것도 없습니다. 빈손으로 출생했기 때문입니다. 출생할 때 자기자본과 노력이 들어간 것이 전혀 없습니다. 따라서 잃은 것이 없습니다. 그냥 보너스 인생인 것입니다. 짧은 인생이든 긴 인생이든 손해난 인생은 아닙니다. 혹 사망과 관련하여 누구를 원망할 만한 정황이 충분하더라도 '누구 때문에 누가 죽었다'라는 책임 전가는 하지 말아야 합니다. 그것은 표면적으로 볼 때 그렇게 보인 것뿐입니다. 이유와 과정이야 다양할 수 있는데, 누구를 희생양 삼을 수 있는데 결국 하나님이 하신 것이기에 누굴 탓하지 말아야 합니다.

그것이 죽음에 대한 비교적 정확한 객관적인 이해와 자세라고 할 수 있습니다. 죽음에서 교훈만 얻고 미련은 갖지 말아야 합니다. 망자는 향후 부활 이후에 천상에서 재회할 수 있는 기회가 있지만, 이 세상에서는 누구도 다시 만나지 못합니다. 다시 세상으로 돌아오지 못하기 때문입니다. 이런 사실을 냉정하고 차분하게 인정하고 산 사람들은 정상적으로 의연하고 씩씩하게 살아가야 합니다. 후회 없이 사랑하며 살아야 합니다. 미련, 슬픔, 아픔, 누구 탓, 그리움을 너무 오래 갖고 살면 지혜가 아닙니다.

식음을 전폐하고 울면서 사는 것도 바른 자세나 신앙이 아닙니다. 건강한 모습과 자세도 아닙니다. 망자가 원하는 바도 아닐 것입니다. 성경사상도 아닙니다. 죽기 전까지는 매달리고 죽은 이후에는 다윗왕처럼 평상시대로 살아가야 합니다.

제39장

사별과 다자간사랑

역사적으로나 현실적으로 볼 때 결혼과 이혼과 재혼, 사랑과 섹스는 크게 두 가지 기준으로 진행된다고 볼 수 있습니다. 하나는 이 모든 것을 만드신 하나님의 방식과 피조물인 인간들이 시대 시대마다 자기들 마음대로 행하는 인간 방식입니다. 자존하시고 전지전능하신 하나님께서 천지와 인간을 창조하신 이후 세우신 결혼제도 등은 시대가 변해도 세상 종말 때까지 변함이 없는 일정한 규범과 질서와 방식으로 세우셨습니다. 결혼은 주 안에서만 하되 이성 간에만 해야 하고 일부일처입니다. 이혼과 재혼도 마음대로 하는 것이 아니라 성경이 제시한 기준대로 해야 합니다. 섹스도 마찬가지입니다. 오직 결혼한 배우자 사이만 섹스를 허용했습니다. 그 외에는 다 간음, 간통, 음행, 불륜, 창녀, 창남, 성매매, 더럽고 음란한 짓입니다.

시대와 환경이 달라지고 변해도 변치 않는 것이 있고, 변할 수 있는 것이 있습니다. 하나님께서 세우신 결혼, 이혼, 재혼, 섹스 등에 대한 질서와 대원칙은 시대와 개인 사정 등을 초월하여 불가역적인 기준입니다. 그런데 부패하고 타락한 인간들은 천지만물을 창조하신 하나님, 명확한 기준을 세우신 하나님의 뜻을 거부하고 자기들이 좋을 대로 해 버리기 시작했습니다. 만물의 주인이신 하나님이 세우신 질서와 기준을 우습게 여깁니다. 무시합니다. 성경 역사, 인간 역사, 세계 역사는 늘 그래 왔습니다. 그래서 전 인류가 저주를 받았고, 불행하게 되었고, 심판을 당했습니다. 앞으로도 그럴 것입니다. 그것이 죽음과 온갖 질병과 아픔이며, 인류 역사상 단 한 번 있었던 인류 정화와 심판인 노아 때의 대홍수 사건입니다. 그 이후에도 원죄로 인해 부패하고 타락한 인간은 언제 어디서나 항상 모든 영역에서 거룩한 하나님의 기준과 방식을 거부하였습니다. 그러고는 시대에 따라, 상황에 따라, 기분과 감정에 따라, 세상의 흐름에 따라, 마음이 끌리는 대로 자유롭고 무질서하게 사는 방식을 추구해 왔습니다.

창세기 6장 5절

"여호와께서 사람의 죄악이 세상에 관영(貫盈, 가득 참)함과 그 마음의 생각의 모든 계획이 항상 악할 뿐임을 보시고"(거듭나지 않은 사람의 본심과 생각)

그런 것이 무질서한 결혼입니다. 대표적인 것이 다른 종교인과 결혼, 동성과 결혼, 아니면 결혼 거부입니다. 이혼과 재혼도 무질서 그 자체가 되어 버렸습니다. 하나님이 세우신 기준 방식이 아닌 인간들이 원하는 방식으로 행하고 있습니다. 다르게 비유하면 육상경기나 축구경기나 각기 정해진 경기 규칙과 질서가 있는데 이를 무시하고 자기들 마음대로 달리고 축구시합을 하는 선수들과 같습니다. 이런 것을 속된 말로 개판 오 분 전이나 난장판이라고 말합니다. 현재 지구촌 전체는 모든 면에 있어서 정도의 차이만 있을 뿐 난장판이 되었습니다. 무질서와 아비규환(阿鼻叫喚)입니다. 주인의 뜻과 다르게 피조물들이 자기들 마음대로 행하는 시대가 되었습니다. 물론 과거에도 그랬습니다. 섹스도 그렇습니다. 특히 구부러진 섹스는 압권입니다. 짐승들도 하지 않는 동성과의 섹스를 하고 있습니다.

이는 아주 짐승 이하의 해괴한 짓입니다. 남자 항문에 성기를 삽입하여 쾌감을 누립니다. 우리가 잘 아는 것처럼 항문의 기능은 섹스가 아니라 배변일 뿐입니다. 이것이 항문의 고유 기능입니다. 성기 삽입에 따른 사정은 오직 남녀 간의 성기에만 해야 합니다. 이런 해괴한 짓을 하면서도 부끄러움을 모릅니다. 자기들 감정과 마음과 쾌락에만 충실합니다. 이런 짓들을 하면서 다양성과 자기결정권을 주장하는데 이런 왜곡된 섹스는 다양성도 자기결정권도 아닙니다. 반칙이자 불법입니다. 궤변입니다. 이는 마치 자동차를 운전하는 사람이 교통법규를 무시하고 자기감정과 기분과 마음대로 신나게 운전을 하는 사람과 비슷합니다. 그러면서도 자기가 뭘 잘못했는지 모릅니다. 왜 자기를 탓하느냐고 항변합니다. 자기결정권이라고 합니다. 정상이 아닙니다.

인간이 극도로 부패하고 타락하면 악을 선하다고 합니다. 악한 짓을 하면서 기뻐합니다. 쾌감을 느낍니다. 박수를 칩니다. 비정상을 정상이라고 주장합니다. 기존의 합당하고 타당한 규범과 질서와 원칙과 법을 다 무시하고 방종으로 갑니다. 그러면서 자유 자유를 외치면서 상관하지 말라고 합니다. 이젠 미국을 비롯한 나라에서 부패하고 변질된 사랑이 유행입니다. 그것은 '다자간사랑'입니다. 이것을 폴리아모리(Polyamory)라고 합니다. 이 말은 '두 사람 이상을 동시에 사랑하는 다자간사랑'을 뜻합니다. 비혼자 집단과 기혼자 집단에서 동시에 여러 명의 성애 대상을 가질 수 있는 경우를 말합니다. 동성이든 이성이든 단순한 친구는 가능하지만 비뚤어진 성애입니다. 말이 '다자간사랑'이지 난잡하고 음란한 '다자간섹스'라고 할 수 있습니다.

이런 사람들이 미국에만 150만 명이 넘는다고 합니다. 부부 맞교환 섹스인 스와핑(Swapping)과 다를 것이 없습니다. 성경에 보면 소돔과 고모라 도시가 폴리아모리섹스와 스와핑과 동성섹스, 그룹섹스, 근친섹스 등이 난무했습니다. 그래서 결국 하나님으로부터 불과 유황으로 심판을 받아 멸절을 당했습니다. 말이야 여러 이성이나 동성과 교감한다고 하지만 문란한 성교 교감에서 벗어날 수 없습니다. 인간의 성적 탐욕과 욕망은 끝이 없습니다. 마치 자기가 가진 돈과 재산으로 만족하지 못하고 욕심을 부려 부정한 방법으로 재산을 증식하는 것과 같습니다. 한 명의 배우자나 이성이나 동성으로는 만족하지 못합니다. 다양한 다수와 쾌락만을 추구하는 창녀와 창남들과 같은 자들입니다.

창세기 18장 20절
"여호와께서 또 가라사대 소돔과 고모라에 대한 부르짖음이 크고 그 죄악이 심히 중하니"(성적으로 완전히 타락한 도시들)

지금 우리 사회와 세계는 주야로 은밀한 곳에서 이런 문란한 섹스가 성행하고 있습니다. 향후 이러한 흐름과 분위기는 더욱 노골적으로 행하여

질 것입니다. 이젠 오프라인과 온라인, TV, 영화, 인터넷 등 공개적인 장소 어디에서든 사람들의 시선을 의식하지 않고 적나라한 이성 간과 동성 간의 스킨십이 이루어지고 있습니다. 과거에는 상상도 할 수 없었던 모습입니다. 시대 흐름과 분위기는 더욱 악하고, 문란하고, 자유롭게 흘러갈 것입니다. 머지않아 공중파 방송에서도 섹스행위를 하는 장면을 보게 될 것입니다. 이미 일부 나라들은 밤 10시 이후 그렇게 하고 있습니다. 지구촌 전체가 음란한 도시였던 소돔과 고모라가 될 것입니다. 이 대세는 누구도 막지 못합니다. 정신을 바짝 차리고 사는 깨어 있는 일부 성도들이나 사람들만 저항할 것입니다. 사람들은 항상 대세를 따라 삽니다. 이것이 보통 사람들이 취하는 자세입니다.

그래서 부패하고 타락한 문화나 흐름일지라도 다수가 추종하면 지지하고 동화되어 버립니다. 그렇게 사는 것이 부담이 없고 불편하지 않기 때문이고, 왕따를 당하지 않고, 자기 속에도 부패하고 악한 마음이 있어 끌리기 때문입니다. 향후 사람들의 사별 전후 상태는 상상을 초월할 정도로 성적으로 타락하고 부패한 행태로 나타날 것입니다. 그중의 하나가 부부가 아닌데 이성 간에 동거하는 생활이고, 로봇 배우자가 등장하여 섹스를 할 것이고, AI 배우자를 둘 것이고, 애완동물을 반려견 혹은 반려자(伴侶者, 짝이 되는 사람)라고 하면서 배우자처럼 여길 것이고, 온갖 해괴한 기계들이 만들어져 섹스파트너나 도구로 사용될 것입니다. 반려(伴侶, 짝)라는 말은 본래 개나 고양이에게 사용하는 말이 아니라 사람에게만 사용하는 말입니다.

이것을 이성과 양심과 인격이 없는 동물들에게 사용하는 지경에까지 이르고 있습니다. 상당수 사람들이 자기들 마음대로 동물과 사람의 경계나 영역까지 허물고 있습니다. 이런저런 것 다 필요 없고 그때그때 자기들이 좋고 편리하면 그만입니다. 동물은 동물대로, 사람은 사람대로 살아가는 방식이 있고 역할이 있는데 이를 다 무시합니다. 채소나 과일이나 동물들이나 하나님이 창조하셨고, 이런 것을 창조하시고 사람에게 주신 목적은 식물(음식)로 삼으라는 것입니다(창 9:3). 애완동물로 주신 것이 주 목적이 아닙니다. 지금도 겉모습을 사람에 가깝게 만든 인조인형인간(토이)과 섹스를 하는 자들이 있습니다. 인간의 성적 타락과 양태는 가늠할 수 없습니다. 창조의 목적과 기준과 방식과는 전혀 다른 모양으로 흐를 것입니다. 그러므로 기독교인들은 정신을 바짝 차리고 살아야 합니다.

창세기 2장 25절

"이러므로 남자가 부모를 떠나 그 아내와 연합하여 둘이 한 몸을 이룰찌로다"(일부일처와 이성 간 결합)

출애굽기 20장 14절

"간음하지 말찌니라"

기독교인들은 세상 사람들이 어떻게 살든지 시종일관, 사는 내내 오직 하나님의 말씀에 따라서만 묵묵히 순결하고 반듯하게 살아가야 합니다. 부패하고 타락하고 왜곡된 세상 문화와 흐름과 대세를 거부해야 합니다. 타협하지 말아야 합니다. 아무리 힘들고 불편해도 항상 진리 안에 머물러 있어야 구원을 받습니다. 이젠 기독교인들도 상당수가 혼합주의(세속주의), 자유주의, 자기주의 등에 빠져 누구의 말도 듣지 않고 신앙생활을 하고 있습니다. 그렇게 살아 보니 자유롭기 때문입니다. 상당수 성도들도 돌이킬 수 없는 상태로 흘러가고 있습니다.

향후 이 흐름과 속도는 더욱 빠르게 진행될 것입니다. 바른 신앙고백을 하며 사는 성도들을 찾기 힘든 시대가 올 것입니다. 물은 많은데 마실 물이 적은 것처럼, 기독교인들은 많은데 하나님의 말씀과 계명을 따라 사는 자들은 아주 적습니다. 정치세계든 어느 곳에서든 진리와 정의와 하나님 편에 서는 자들이 매우 적습니다. 세속을 따라 사는 기독교인들이 많아지고 있습니다. 무늬만 기독교인 사람들이 다수가 될 것입니다. 이스라엘 백성들처럼 혼합주의(**하나님 사랑+세상사랑+우상숭배+돈 사랑**) 삶을 추구하는 자들이 다수가 될 것입니다. 지금도 그런 자들이 많습니다.

자칭 기독교인이라고 하면서 성경도, 하나님도, 진리도, 정의도 불편해합니다. 정직하고 거룩하게 사는 것을 부담스러워합니다. 물이 너무 맑으면 물고기들이 살지 못한다고 합니다. 그러면서 적당히 살라고 말합니다. 세속에 깊숙이 오염된 기독교인들입니다. 주일날도 예배도 우습게 여깁니다. 휴대폰은 언제 어디서나 끼고 살면서도 성경은 멀리합니다. 여가와 놀이와 여행에 빠져 삽니다. 자기만족과 기준과 감정에 따라 살아갑니다. 쾌락을 추구하고 쾌락에 취해 삽니다. 오직 돈과 재물에 취해 삽니다. 돈이 우상이 되어 버렸습니다. 이미 그런 시대가 되었습니다. 하나님의 말씀 앞에 항복하고 복종하는 성도들이 적습니다. 일부 목사들도 마찬가지입니다.

　그러므로 사별한 사람들은 세상이 이렇다는 것을 알고 평생 순결과 정절을 지키며 살아야 합니다. 피 흘리기까지 비진리와 싸워야 합니다. 자기 믿음이 떨어지지 않도록 정신을 바짝 차려야 합니다. 그래야 세상을 상징하는 음녀(淫女)에 먹히지 않습니다. 멸망을 당하지 않습니다. 불순한 다자간사랑은 단호히 거부해야 합니다. 성욕을 잘 관리해야 합니다. 부부로 살지 않고 동거만 하는 삶도 결코 꿈꾸지 말아야 합니다. 혹 재혼을 하게 되면 성경에서 말하는 재혼의 조건과 기준에 맞는 대상이나 이성과만 해야 합니다. 재혼을 했다면 오직 배우자 한 사람과만 섹스를 하며 살아야 합니다.

제40장

낙태와 낙태약 복용

미국의 해리스 부통령(민주당 대통령 후보)은 2024년 7월 낙태와 관련하여 이런 주장을 했습니다. **"우리는 트럼프의 극단적인 낙태 금지령을 중단할 것"**이라며 **"여성은 자신의 몸에 대한 결정권을 가지며, 정부가 무엇을 해야 할지 지시해선 안 되기 때문"**이라고 말했습니다. 이어 **"의회가 생식의 자유(낙태권 보장 등)를 회복하는 법안을 통과시키면 미국 대통령으로서 그 법에 서명할 것"**이라고 강조했습니다. 바이든 대통령은 가톨릭 신자이고, 해리스 부통령은 개신교(침례회) 신자입니다. 바이든 대통령도 낙태를 지지했습니다. 이는 성경에 정면으로 반하는 주장입니다. 하나님의 뜻을 거스르겠다는 주장입니다. 생명에 대한 지식이 없는 기독교인들입니다.

프란체스코 교황은 2024년 9월 13일 카멜라 해리스 미 부통령(민주당 대선 후보)과 도널드 트럼프 전 미국 대통령 모두 생명을 중시하지 않는다고 비판했다고 미 뉴욕타임스(NYT)가 보도했습니다. 성경을 보더라도 진리를 어설프게 알거나 잘 모르면 도리어 하나님과 기독교를 대적하는 언행을 합니다. 유대인들이 그리했고, 과거 역사에서 천주교가 그리했습니다.

오늘날 국내외 일부 기독교인들도 마찬가지입니다. 그래서 기독교인들은 성경과 역사적인 바른 신앙고백들을 잘 배우고 알고 있어야 합니다.

　여성의 자기 몸에 대한 결정권이나 생식의 자유(낙태권)는 오직 진리 안에서만 가능합니다. 왜냐하면 생명의 주인은 여성이나 부모가 아닌 생명을 주신 하나님뿐이고, 인간은 주인의 뜻을 따르는 피조물에 불과한 자들이기 때문입니다. 현 바이든 대통령이나 해리스 부통령 모두 신앙관이나 가치관이나 세계관이 하나님 중심이 아닌 사람 중심이라고 할 수 있습니다. 사람은 하나님을 위하여 창조되었고 존재합니다. 성경에 비추어 보면 낙태와 낙태약 복용은 살인입니다. 수많은 사람들이 인간의 탈을 쓰고 짐승만도 못한 짓들을 자행하고 있습니다. 전쟁보다 더 처참하고 심각한 살상 만행을 저지르고 있습니다. 현재 우리나라뿐만 아니라 전 세계적으로 낙태와 낙태약 복용은 아주 심각한 상황입니다. 낙태약은 단순한 일반 약품이 아닌 살인약입니다.

　전 세계적으로 낙태(인공임신중절)의 수가 어마어마합니다. 2017년 통계인 프랑스의 경우 가임기 여성 1000명당 15명이 낙태를 했고, 한국은 2010년 통계(보건복지부)로 15.8명이 낙태를 했습니다. 2010년 프랑스의 낙태 건수는 22만 5792건이었고, 한국의 경우 109만 5000건(대한산부인과의사회 추정), 16만 8738건(보건복지부 추정)이었습니다. 한국 여성들의 30% 정도가 낙태 경험이 있다고 합니다. 이 말은 30% 정도의 여성들이 친자태아살인을 저질렀다는 말입니다. 자기 자식을 죽인 것입니다. 살인 여성들입니다. 아주 끔찍한 일입니다. 지금도 자기 자식을 죽이고 있는 자들이 수두룩합니다.

낙태는 친자태아살인입니다. 전 세계적으로 보면 해마다 수천만 명이 낙태로 죽어 가고 있습니다. 동성애와는 비교 자체가 되지 않습니다. 동성애 반대도 해야 하지만 낙태 반대 운동을 펼쳐야 합니다. 우리나라의 경우 대한산부인과의사회가 추정한 기준으로 보면 1년에 109만 명이 넘으니 10년이면 1000만 명 이상의 어린 생명들(태아들)이 친부모와 의사들의 공모와 합작에 의해 죽임을 당하는 것입니다. 10년이면 서울시 인구에 해당하는 수의 태아들이 죽임을 당한다는 계산이 나옵니다. 그것도 친부모에 의해서 말입니다. 엄청난 살인 숫자가 아닐 수 없습니다. 그 어느 전쟁에서 죽는 수보다 많습니다. 참으로 잔인무도한 태아살인 상황입니다.

요한계시록 21장 8절
"살인자들(낙태 등)과 행음자들(간음 간통자들)과 술객들(점술가들)과 우상 숭배자들과 모든 거짓말 하는 자들은 불과 유황으로 타는 못(지옥)에 참예하리니 이것이 둘째 사망(사후 지옥생활)이라"

이런 사실에 비추어 보면 천인공노(天人共怒, 하늘과 사람이 함께 분노)할 일입니다. 인간들이 아닙니다. 짐승만도 못한 자들입니다. 짐승들도 낙태는 하지 않습니다. 이성과 양심을 가진 인간들이 자유롭게 섹스를 즐기고는 책임은 지지 않습니다. 쾌락만 누리고 이런저런 비겁한 핑계와 합리화를 하면서 낙태를 합니다. 아주 무책임한 자들입니다. 왜 천인공노

할 일입니까? 낙태(落胎, 태아를 인위적으로 떼어서 없앰)는 ‘친자태아살
인’이기 때문입니다. 태아는 사람(인간)입니다. 정자와 난자가 수정하여
여자의 자궁에 착상되는 순간 신체가 미성숙했거나 발달이 덜 되었지만
사람입니다. 임신 기간이 사람 됨의 여부를 결정하지 않습니다. 배추 됨
의 여부를 싹이 나온 시간이나 기간으로 정하지 않는 것과 같습니다. 배
추 씨앗을 땅에 뿌리면 싹이 나옵니다. 살아서 난 싹 자체가 배추입니다.
씨앗에서 난 싹이 배추가 아니라고 하여 다 없애 버리면 이 땅에 배추는
존재하지 않습니다.

배추 싹과 성장한 배추는 본질상 동일한 배추입니다. 단지 칭하는 용어
만 다를 뿐이지 동일한 배추입니다. 배추나 사람이나 발아 정도나 크기,
임신 기간을 떠나 처음부터 배추이고 사람입니다. 처음부터 사람으로 시
작하여 사람으로 출생하는 것입니다. 처음부터 배추로 시작해서 배추로
자라는 것입니다. 이를 부정하고 인정하지 않으면 사람이나 배추나 그 본
질과 성질이 전혀 다른 돌연변이로 된 것이라고 할 수 있습니다. 그렇게
되면 팥 심은 데 팥이 나야 정상인데 팥 심었는데 콩이 나는 격입니다. 이
를 객관적이고 논리적으로 설명이 가능해야 합니다. 그러나 이는 설명이
불가능할 것입니다. 그런 일은 일어나지 않기 때문입니다. 임신 순간부터
태아(胎兒, 뱃속의 아이)는 사람입니다. 그래서 낙태는 친자태아살인이라
고 하는 것입니다. 일부 인간들(의사들, 산모들, 낙태 지지자들 등)의 무
지와 어리석음이 수많은 태아(사람)를 죽이는 데 찬성을 하고 있습니다.
그에 따른 책임과 심판은 반드시 받을 것입니다.

시편 51편 5절

"내가(다윗왕) 죄악 중에 출생하였음이여 모친이 죄 중에 나를(다윗을, 사람을) 잉태(임신)하였나이다"(수정과 임신 자체와 초기부터 사람이다. "내가"와 "잉태"와 "출생"이라는 용어는 동일한 사람의 다른 표현이다. 그러니까 임신 초기 태아부터 사람이라는 말이다.)

시편 71편 6절

"내가(다윗왕) 모태(母胎, 어머니 태 안)에서부터 주(主, 하나님)의 붙드신바 되었으며 내 어머니 배(womb, 자궁, 뱃속)에서 주(主, 하나님)의 취하여 내신바 되었사오니 나는 항상 주를 찬송하리이다"(태아는 임신 기간을 초월하여 사람, 생명, 인간이다. 인간을 흙으로 창조하시고 영혼을 수여하시는 하나님의 선언이다.)

누가복음 1장 31절

"보라 네가(마리아) 수태(受胎, 임신)하여 아들을 낳으리니 그 이름을 예수라 하라"(처음부터 사람으로 수정되고, 사람을 임신하였기에 사람이 출생한다.)

누가복음 1장 36절

"보라 네(마리아) 친족 엘리사벳도 늙어서 아들을 배었느니라 본래 수태(임신)하지 못한다 하던 이가 이미 여섯 달이 되었나니”(콩 심은 데 콩이 나고 팥 심은 데 팥이 난다. 임신 초기부터 사람을 심었기에 사람이 출생하는 것이다.)

누가복음 1장 41절

“엘리사벳이 마리아의 문안함을 들으매 아이가 복중(腹中, 뱃속)에서 뛰노는지라 엘리사벳이 성령(하나님)의 충만함을 입어”(태아는 미성숙한 괴물이나 짐승이 아니라 사람이다.)

이사야 7장 14절

“그러므로 주께서(하나님) 친히 징조로 너희에게 주실 것이라 보라 처녀가 잉태(임신)하여 아들(인성을 소유하신 예수님)을 낳을 것이요 그 이름을 임마누엘이라 하리라”(수정, 임신되는 순간 사람임을 명백하게 말한다.)

여자 자궁에서 수정된 태아 자체가 사람입니다. 수태(受胎, 아이 뱀), 잉태(孕胎, 임신)되는 순간 생명이고 사람이고 인간입니다. 미숙한 태아나 성장한 태아나 모두 본질상 동일한 사람입니다. 이것을 분리해서 보는 의사들이나 사람들이 무지한 것입니다. 아주 해괴한 논리이자 궤변입니다. 사단의 속삭임입니다. 아주 그릇된 신념과 확신과 의학 지식입니다. 태아는 수정 기간과 상관없이 미숙하지만, 미완성이지만 살아 숨 쉬고 움직이는 명백한 사람(인간, 생명)입니다. 콩을 심으면 콩이 나고 사람을 심으면 사람이 출생합니다. 초기에 싹이 날 때는 콩이나 팥 같지 않습니다. 그래도 콩이고 팥입니다. 사람을 임신하지 않았는데 어느 정도 기간이 지

나면 사람이 되어 사람이 출생한다면 말이 되지 않습니다. 임신 기간과
상관없이 처음부터 사람이었기에 사람으로 출산하는 것입니다.

몇 주까지는 미숙아이기 때문에 사람이 아니라고 주장하는 것은 기본
상식과 논리와 실제와 성경적으로 절대로 말이 되지 않습니다. 그러면 임
신 몇 주 안의 여인의 뱃속에 있는 태아는 인간이 아니라면 무엇입니까?
그 태아는 괴물입니까? 태아가 사람이 아니라고 주장하는 자들은 이에 명
확하게 답해야 합니다. 미숙아인 태아는 사람이 아니라고 하는 의사들이
나 일부 사람들은 참으로 무서운 인간들입니다. 그런 식의 논리라면 모든
동물이나 식물이나 미숙한 상태면 아무것도 아닙니까? 의사라고 해서 그
들이 주장하는 말이 항상 옳거나 진리가 아닙니다. 의사들도 오류가 있습
니다. 오판을 합니다. 그래서 의료 과실이 종종 발생합니다. 죽음이 무엇
입니까? 육체에서 영혼이 분리, 떠나는 것입니다. 몸에서 영혼이 떠나가
면 죽었다, 송장이다, 시체라고 말합니다. 복중의 태아(사람)는 움직입니
다. 태아가 복중에서 움직이는 것은 사람으로 영혼이 있기 때문입니다.

갈라디아서 1장 15절
"그러나 내(사도 바울) 어머니의 태(胎, 아이 밸 태, 태아)로부
터 나를 택정하시고 은혜로 나를 부르신 이가"(태아는 사람,
인간이고 생명임을 말한다)

욥기 1장 21절
"가로되 내가 모태(배)에서 적신(벌거벗은 채, 맨몸)이 나왔은

즉(출생) 또한 적신이 그리로 돌아가올찌라 주신 자(생명을 주신 분)도 여호와(하나님)시요 취하신 자(가져가는 분, 소천)도 여호와시니 여호와의 이름이 찬송을 받으실찌니이다 하고"

시편 139편 13절

"주께서(하나님께서) 내 장부(臟腑, 내장 총칭)를 지으시며 나의 모태(母胎, 어머니 태 안)에서 나를 조직(組織, 얽어서 만듦)하셨나이다"(다윗왕의 고백)

태아든 출산한 아이든 산 사람은 영혼이 육체 안에 거하기 때문에 살아서 움직이는 동일한 사람입니다. 영혼이 없는 태아나 사람은 몸이 움직이지 않습니다. 죽었기 때문입니다. 영혼이 없으면 사람이 아니고 움직이지도 않습니다. 사실 영혼이 없거나 떠나면 사람이 아닙니다. 죽은 시체, 송장입니다. 그러나 영혼이 육체 안에 거하고 있으면 태아일지라도 꿈틀거리고 산 사람입니다. 태아는 산 사람이기 때문에 복중에서도 활발하게 움직이는 것입니다. 산 자와 죽은 자의 차이를 모르는 무지한 일부 의사들과 부모들과 사람들은 태아를 사람으로 인정하지 않습니다. 그래서 무지한 사람에게 총을 주면 무차별적으로 총을 난사합니다. 무지한 사람에게 칼을 쥐어 주면 함부로 휘둘러 사람을 찔러 죽이는 데 사용합니다. 무지한 의사에게 의사면허를 주면 어느 시점까지 태아는 사람이 아니라고 하면서 귀한 생명, 태아를 죽이는 데 불완전한 생명지식과 의술을 사용합니다. 무지하고 어리석은 부모에게 임신이 되면 의사와 공모하여 자기 새끼인 태아를 죽입니다. 그래서 총기 규제를 하고 아무에게나 면허를 발급해 주지 않는 것입니다.

　아무튼 천하보다 귀한 사람, 생명, 인간인 태아를 부모와 의사 등이 공모하여 갈기갈기 찢어 죽입니다. 살인기구를 임신한 여자 자궁으로 집어넣어 태아를 잔인무도하게 부숴 버려 죽인 이후 여러 도구로 끄집어내는 것이 낙태 수술입니다. 이젠 '낙태약'을 통해서 살아 있는 태아 생명을 죽이는 짓들을 전 세계적으로 자행하고 있습니다. 인간의 잔인함, 잔악상은 상상을 초월합니다. 낙태한 자들은 반드시 천벌, 심판을 받게 됩니다. 살인죄가 적용될 것입니다. 즉시 회개하고 다시는 낙태를 하지 말아야 합니다. 진실로 하나님께 회개하면 친자 태아낙태살인죄에 대해 용서함과 구원은 받지만 형벌은 피하지 못합니다. 사람들은 누구나 자기가 뿌린 대로 보응을 받습니다.

출애굽기 20장 13절
"살인하지 말찌니라"(낙태를 포함한 모든 종류의 살인 금지)

전도서 12장 14절
"하나님은 모든 행위와 모든 은밀한 일을 선악간에 심판(審判)하시리라"

로마서 2장 6절
"하나님께서 각 사람에게 그 행한 대로 보응(報應)하시되"

낙태는 개인적으로나 국가적으로 자행되고 있습니다. 한국은 2019년 헌법재판소가 낙태죄 헌법불합치 결정을 내렸습니다. 이는 낙태를 해도 낙태죄에 해당하지 않는다는 말입니다. 국가가 태아살인을 정당화시킨 것입니다. 과거에도 성경에 반하는 산아제한(産兒制限)을 하더니 이젠 낙태까지 정당하다고 하고 있습니다. 국가와 정부와 사법부의 정책과 결정은 항상 옳지 않습니다. 이젠 저출산(低出産) 때문에 출산장려정책(高出産)을 펴고 있습니다. 정부 정책이 오락가락합니다. 이는 정부와 국가의 정책이 진리가 아니라는 말입니다. 믿을 수 없다는 말입니다. 시대와 상황에 따라서 이랬다저랬다 합니다. 산아제한이나 낙태나 성경적이지 않고 진리가 아닙니다. 잘못된 정책이고, 주장이고, 행위이고, 결정입니다. 진리는 시대와 상황이 변해도 일관성이 있습니다. 시대와 상황에 따라 해석을 달리하지 않습니다. 정상적인 사람이나 기독교인들은 이런 사법부 결정과 국가 정책을 결코 따르지 말아야 합니다.

2024년 6월 28일(금) 오전 10시에 YTN을 통해서 미국의 유력한 차기 대선주자 바이든과 트럼프의 TV 토론이 생중계되었습니다. 기독교 신자인 바이든은 낙태는 임신 기간에 따라 의사가 결정할 일이라고 주장했고, 사이비 신자처럼 보이는 트럼프는 낙태 문제는 각 주(洲)에서 결정된 것이라고 하면서 아주 특별한 경우만 낙태를 허용해야 한다고 말했습니다. 조건을 달았지만 둘 다 낙태를 허용한다고 한 것입니다. 단지 바이든은 적극적이고 트럼프는 소극적인 자세를 취했을 뿐입니다. 둘 다 조건을 달아 여성의 건강과 생명을 위협할 때와 성폭행 등 원치 않는 임신이 된 경우도 허용한다고 주장했습니다. 성경은 원칙적으로 낙태를 금합니다. 불행한 임신이라도 낙태를 금합니다. 왜냐하면 태아는 생명이고 낙태는 태아살인행위이기 때문입니다. 원했든 원치 않았든 동일한 생명이고 사람입니다. 또한 태아와 산모 중 한 사람만 살려야 할 절체절명의 아주 특별한 경우에만 정당방위 차원이 성립합니다.

그 외에는 성폭행을 당했든 어떤 방식으로 임신이 되었든지 출산해야 합니다. 성경에 근거한 정당한 사유가 아닌 이상 누구도 생명을 좌지우지하지 못합니다. 생명보다 더 우선하는 합리적인 이유와 명분과 핑계는 없습니다. 또한 생사여탈권은 생명을 주신 하나님만 행사하실 수 있습니다. 성경을 떠나 의사 개인 소견, 부모 개인 소견, 개인 처지와 상황, 임신 방식, 헌재 소견, 국가 정책으로 생사를 결정할 수 없습니다. 미국도 연방대법원이 경구투입 낙태약 '미페프리스톤'에 대한 접근성을 허용했습니다. 개인과 국가들이 성경에 반하는 짓들을 자행하고 있습니다. 이런 것을 볼 때 사람들과 정부와 국가가 얼마나 부패하고 타락했는지를 알 수 있습니다. 진리에 반하는 짓들과 정책을 종종 펼칩니다.

다시 강조하지만 기독교인들은 어떠한 경우에도 낙태는 하지 말아야 합니다. 혹 무지해서, 무서워서, 어쩔 수 없어서 낙태를 한 자들은 즉시 하나님께 회개하고 용서함을 받기 바랍니다. 다시는 낙태는 하지 말아야 합니다. 거듭 말하지만 낙태는 친자태아살인이기 때문입니다. 그러니 신중하게 섹스를 해야 합니다. 자기 몸 관리를 잘해야 합니다. 결혼한 부부 외 다른 이성이나 동성하고는 절대로 섹스하지 말아야 합니다. 결혼 전이나 결혼 이후 부부가 아닌 이성이나 동성과 섹스를 하는 자는 모두 간음과 간통을 한 자로 형벌을 받습니다. 결혼 전후로 몸과 마음과 신앙의 순결을 고수해야 합니다. 순결을 지키는 자가 바른 자이고, 순결을 무시하고 자유롭게 섹스를 하는 자가 잘못된 자입니다. 상당수 사람들의 마음과 주장이 오염되고 부패해서 그릇된 짓들을 하면서도 부끄러움을 모르고 당당합니다.

그런즉 기독교인들은 결코 타락하고 부패한 사람들의 주장이나 세상 문화를 추종하지 말아야 합니다. 죽을 때까지 진리 안과 바른 신앙고백 안에 머물고 살면서 자기 관리를 잘해야 합니다. 낙태(살인)나 낙태약(살인약)은 반드시 금하고 상상도 하지 말아야 합니다. 향후 지구촌은 현재와 비길 수 없을 정도로 아주 심각한 음란 세상, 낙태 세상이 될 것입니다. 인간 자체가 상상 이상으로 악합니다. 역사적으로 음란과 타락의 도시였던 소돔과 고모라와 그 주변 도시처럼 될 것입니다. 이에 반드시 무서운 심판을 당할 것입니다. 기독교인들은 주변과 세상에서 뭐라고 하든지 흔들리지 말고 노아의 가족처럼 진리 안에서 중심을 잘 잡고 거룩하게 살아가야 합니다. 그것이 자기 생명을 보호하는 길입니다.

제41장

사별과 이혼과 동거와 중·장·노년 재혼

각종 사유로 사별과 이혼하는 자들이 늘어나면서 과거에 비해 재혼(再婚)하는 자들도 많아지고, 동시에 재혼이 아니면서 동거(同居)만 하는 자들도 늘어나고 있습니다. 성경의 입장에서 보면 이혼, 동거, 재혼이 무질서하게 이루어지고 있습니다. 이것이 현 세태입니다. 심각한 것은 하나님을 알지 못하는 자들만 이러는 것이 아니라 기독교인들도 무질서한 결혼, 이혼, 동거, 재혼 대열에 합류하고 있다는 점입니다. 세상 사람들이야 모든 판단 기준이 자기 자신이고 세상 흐름이지만, 기독교인들은 언제나 모든 판단 기준이 성경입니다. 하나님입니다. 성경의 기준을 거부하거나 업신여기고 세상 경향이나 자기 소견에 옳은 대로 따르는 자들이 많아지고 있습니다. 노아의 시대처럼 불신앙과 불순종의 시대가 되었습니다. 그렇게 산 결과 모두 비참하게 멸망당했습니다. 현재나 미래에도 노아의 시대 사람들처럼 그리 살아가는 자들 또한 동일한 재앙을 받을 것입니다. 좋은 결과는 없을 것입니다. 인류의 역사는 항상 그래 왔습니다. 소수의 하나님의 사람들만 세속에 물들지 않고 하나님의 말씀을 따랐습니다. 앞으로도 그럴 것입니다. 인류의 역사와 사람들의 행태는 반복되기 때문입니다.

사별(死別)은 근본적으로 하나님의 주권과 영역으로 개인의 주권이 아니기에 사람이 어찌할 수 없습니다. 하나님께서 부르시면 언제든지 세상을 떠나야 합니다. 그래서 모든 사람들은 시한부 인생입니다. 내일을 자랑하거나 확신할 수 없습니다. 언제 죽을지 모릅니다. 그러나 이혼, 동거, 재혼 등은 자기 의지에 따라 이렇게도 할 수 있고 저렇게도 할 수 있습니다. 하나님의 뜻대로 할 수도 있고 내 뜻대로 할 수도 있습니다. 이렇게 할 수 있는 이유는 하나님께서 사람들에게 자유의지 혹은 자기결정권을 부여해 주셨기 때문입니다. 이것을 사람들은 '자유'라고 말합니다.

그러나 자유에는 반드시 책임이 따릅니다. 즉 진리 안에서 그리하면 벌을 받지 않지만 진리를 벗어난 자유의지 남용은 반드시 형벌을 받습니다. 대표적인 사례가 아담과 하와의 선악과를 따 먹은 사건입니다. 하나님이 금하셔도 사람이 이를 어기고 따 먹을 수 있습니다. 자유의지 혹은 자기결정권 오용과 남용을 한 것입니다. 그러나 그 이후의 불순종한, 자기 마음대로 한 대가와 형벌은 무섭고 비참했습니다. 하나님의 말씀에 불순종한 결과, 자유의지를 남용한 결과 죽음과 각종 질병이 바로 그 형벌과 비참함과 저주와 재앙입니다.

이혼(離婚)은 본래 이유를 막론하고 성경이 금합니다. 결혼도 이혼도 하나님께서 만나게 해 주시고 갈라서게 하지 않는 이상 사람이 임의로 하면 안 됩니다. 그런데 사람들이 하나님께서 정해 놓으신 기준을 무시하고 자기들 마음대로 이혼합니다. 나름 고충과 명분이 충분합니다. 성경에 근거하면 이혼은 배우자가 불륜을 저질러서 도저히 함께 살 수 없다고 판단

될 때와 불신자 배우자가 하나님을 믿는 것 때문에 이혼을 요구할 때뿐입니다. 그 외 오늘날과 같은 각자의 사유, 민법에서 말하는 이혼사유에 대하여 성경은 이혼을 허용하지 않습니다.

그래서 아주 신중하게 연애와 결혼을 해야 하고, 한번 결혼하면 쓰든 달든, 행복하든 불행하든 죽을 때까지 함께 산다는 각오를 해야 합니다. 자기가 최종적으로 결정한 것에 대하여 쓰든 달든 책임을 져야 합니다. 상대방의 단점과 쓴 뿌리까지, 최악의 경우의 행위를 고려한 것까지 감당할 자신이 없으면 어떤 대상과의 결혼을 유보해야 합니다. 뜨거운 감정과 가벼운 마음에 끌려 결혼하면 위험합니다. 결혼은 그리 간단하고 가벼운 것이 아닙니다. 항상 좋은 일만 있는 것이 아닙니다. 오늘날 결혼과 이혼, 동거와 섹스를 너무 쉽게 행하고 있어 심히 우려가 됩니다. 기독교인이라면 이혼 자체는 생각지 말아야 합니다.

동거(同居)는 더 심각합니다. 동성이든 이성이든 단순하고 순수한 동거는 문제가 되지 않지만, 섹스를 전제한 이성이나 동성 간의 동거는 성적으로 문란한 동거로 불법입니다. 이 또한 성경이 금합니다. 왜냐하면 섹스는 오직 합법적인 부부 사이에서만 허용되기 때문입니다. 그 외에 섹스를 즐기며 사는 사람들은 모두 간음과 간통과 불륜과 성매매를 하는 자들입니다. 화대를 주고받지 않더라도, 서로 좋아서, 원해서, 사랑해서 섹스를 하더라도 모두 간음이고 성매매입니다. 소중한 자기 몸을 더러운 걸레로 만드는 천박한 짓입니다. 짐승만도 못한 짓들입니다. 그럼에도 불구하고 젊은이들이나 중년 이상의 사별자들과 이혼한 자들이 혼인신고도 하지 않고 단지 동거만을 추구하며 섹스를 즐기는 경우가 많아지고 있습니다. 인생을 즐기는 것은 좋은데 무질서한 즐김은 재앙입니다. 심판입니다.

이는 아주 패역하고 부패한 짓입니다. 형벌과 심판이 따를 것입니다. 오늘날 아주 문란한 용어가 성행하고 있습니다. 그것은 '선섹후사'라는 말입니다. '선섹후사'란 '만나자마자 성관계를 먼저 가져 보고 흡족하면 그 후에 연애를 시작한다'는 용어로 기존 한국의 연애문화보다 좀 더 나아간 무질서하고 자유로운 연애문화의 형태라고 볼 수 있습니다. 아주 퇴폐적인 연애문화입니다. 그러니까 낯선 이성을 만나 먼저 섹스 궁합을 가져 본 이후에 지속적인 만남 여부를 결정한다는 것입니다. 아주 저급하고 더러운 짓들입니다. 젊은이든 중년 이상이든 이성을 어떤 식으로든지 만나면 먼저 속궁합인 섹스를 해 보고 계속 만날 것인지 헤어질 것인지를 판단한다고 합니다. 기막힌 세태, 문란한 세태입니다. 사람들의 의식이 심각하게 썩어 가고 있습니다. 기독교인들은 이런 부패한 동거와 선섹후사 경향과 흐름에 단호히 거부해야 합니다.

고린도전서 6장 15절

"너희 몸(육체)이 그리스도(예수님)의 지체(肢體, 팔다리와 몸)인 줄을 알지 못하느냐 내가 그리스도의 지체를 가지고 창기(창녀＋창남＋간음＋간통＋성매매＋동성섹스)의 지체를 만들겠느냐 결코 그럴 수 없느니라"

로마서 6장 19절

"너희 육신이 연약하므로 내가(사도 바울) 사람의 예대로 말하노니 전에 너희가 너희 지체를 부정과 불법에 드려 불법에 이른 것같이 이제는(거듭난 이후) 너희 지체를 의에게 종으로 드려 거룩함에 이르라"('죄의 종'이 아니라 '의의 종'이 되라고 한다)

최근 중·장·노년 재혼이 활발하게 성행하고 있습니다. 우리나라 중매 정보회사나 중매 채널과 사이트 등이 9백 개가 넘는다고 합니다. TV에서도 매주 하고(나는 솔로, 나의 반쪽 등), 유튜브 등을 보면 젊은이들이나 중장년 혹은 노년들에게 이성을 소개해 주는 프로그램들이 활발하게 활동하고 있습니다(홍동심TV, 중매의신 등). 여기에는 유료도 있고 무료도 있습니다. 결혼정보회사의 경우 가입비가 몇백만 원에서 몇천만 원까지 들어갑니다. 일부 교회들도 매칭 모임을 주선하고 있습니다. 중장년이라 함은 40세에서 64세까지고, 노년이라 함은 65세 이상입니다. 사별과 이혼자들이 늘어남에 따라, 자녀들을 다 키우고 난 이후 60대 이상 솔로 남녀들이 혼자 사는 것이 외롭고 힘들다 보니 너도나도 재혼 매칭 프로에 문을 두드리고 있습니다. 81세까지도 배우자를 찾는 이도 있습니다. 주로 60대 이상에서 70대 전후 여성들도 많습니다. 나이가 많든지 적든지 재혼 자체는 문제 될 것이 없습니다. 합당하게 하기만 하면 아름다운 것입니다. 정상입니다. 각자의 기본 권리입니다.

게다가 이젠 장수의 시대입니다. 상당수가 3~40대 전후로 사별이나 이혼을 하기에 수십 년을 혼자 살아가야 합니다. 이는 만만한 시간이 아닙니다. 둘이 살아도 힘든 인생인데 혼자 산다는 것은 매우 힘든 일입니다. 다양한 돌발변수가 기다리고 있는 그 긴긴 시간과 인생을 혼자 보낸다는 것은 남녀 솔로 모두에게 고통입니다. 이런 사실을 잘 아는 자식들도 있고 이해하지 못하는 자식들도 있어 찬반이 엇갈립니다. 자식들도 장성하여 독립하거나 결혼을 하면 부모님을 제대로 돌보지 못합니다. 다 이산가족으로 살기 때문입니다. 정작 홀로 사는 부모가 필요한 때에 자식들은 도움을 주지 못합니다. 자식을 모두 둥지에서 떠나보낸 후 홀로 사는 아버지와 어머니는 그제야 외로움과 두려움이 밀려와서 노년에 배우자를 찾게 됩니다.

그래서 자식들이 있어도 짝이 필요하다는 것을 안 중년 혹은 노년 솔로들이 배우자를 찾는 것입니다. 철이 덜 든 자식들은 홀로 사는 부모님을 깊게 이해하지 못합니다. 이런 사실들을 잘 모르는 자식들 중 일부는 이런저런 자기중심적인 이유로 부모의 재혼을 반대합니다. 그러나 속이 깊은 자식들은 적극 권장합니다. 자기들이 홀로 사는 부모님을 어찌할 수 없고, 부모님 인생과 자신의 인생은 전혀 별개이기 때문입니다. 사람의 인생은 다 소중합니다. 누구의 인생만 소중한 것이 아닙니다.

사실 초혼은 상당수가 얼떨결에 합니다. 하지만 재혼은 초혼보다 더 신중하게 해야 합니다. 초혼보다 이혼율이 세 배 이상 높기 때문입니다. 또한 나이가 많으면 사람이 변하지 않고 대부분 자기 성격과 고집과 습성대로 살아가기 때문입니다. 이에 서로의 라이프스타일을 이해하고 존중해 주지 않으면 십중팔구는 재혼을 했을지라도 다시 이혼할 가능성이 매우 높습니다. 그래서 아주 신중하게 하고 잘 검증한 이후에 결심해야 합니다. 중년과 노년에 재혼을 하고도 자기 고집만을 부리면 재혼에 실패합니다. 서로 존중하고 이해하고 양보하며 살아야 합니다. 이런저런 것을 잘 감당할 자신과 확신이 없으면, 상대방의 단점이나 약점까지 감당할 자신이 없으면 외롭고 힘들더라도 그냥 혼자 사는 것이 더 나은 선택일 수 있습니다. 잘못된 만남은 도리어 만나지 못함만도 못하기 때문입니다.

아무리 배가 고프더라도 불량한 식품을 먹으면 더 심각해지는 원리와 같습니다. 고통스럽더라도 차라리 굶는 편이 낫습니다. 중장년과 노년에 재혼하는 것이 그렇습니다. 시중에 떠도는 이야기를 들어 보면 노년에 돈 많은 자들은 얼마의 재산을 주고 얼마 동안 섹스 파트너로 만남을 추진한다고 합니다. 물론 혼인신고는 하지 않고 단지 얼마 동안만 함께 동거하면서 섹스 욕구를 해소한다고 합니다. 남녀 모두 생명이 붙어 있는 한 섹스 욕구는 사라지지 않기 때문이고, 특히 여성보다 남성이 더 강할 수 있습니다. 이에 재혼의 대상이 아닌 동거의 대상으로만 찾아 성욕을 해소하고 일정량의 돈을 지불한다고 합니다. 한마디로 중년이나 노년 여성들이 섹스 알바를 하는 것입니다. 이 또한 음란하고 패역한 짓으로 기독교인은 절대로 그리하면 안 됩니다.

요한계시록 21장 8절
"그러나 두려워하는 자들과 믿지 아니하는 자들과 흉악한 자들과 살인자들과 행음자들(간음＋간통자들＋동성애자들＋

불륜자들)과 술객들(점성가들)과 우상 숭배자들과 모든 거짓
말하는 자들은 불과 유황으로 타는 못(지옥불)에 참예하리니
이것이 둘째 사망(사후 지옥생활)이라”

중장년과 노년에 이성을 찾을 것 같으면 분명하게 재혼을 목적으로 해야 합니다. 어떤 만남이든 결혼을 목적으로 해야 성경적입니다. 그 외에는 이성을 찾지 말아야 합니다. 유튜브 중매 채널에 올라온 사연을 보면 단지 동거만 하고, 여행만 하고, 맛있는 것만 먹고, 정기적으로 만나기만 하고, 즐기기만 하며 살 수 있는 이성만을 원하는 남녀들이 적지 않습니다. 이런 마음과 자세는 아주 나쁜 짓입니다. 이기적입니다. 쾌락주의자입니다. 결혼이 뭔지도 모르는 자입니다. 그저 인생을 즐기는 데에만 매몰된 사람입니다. 소중한 인생을 가치 있게 살지 못하고 썩어 없어질 쾌락추구에 다 날려 버리는 것입니다. 정상적인 사람이 아니라 쾌락만을 추구하는 자로 그런 자는 멀리해야 합니다. 함께 비참하게 됩니다. 사람은 짐승이 아닙니다.

사람은 사람답게 살아야 사람입니다. 순결한 삶을 살아야 합니다. 그러지 않으면 짐승의 삶입니다. 사람은 그 정도로 소중하고 귀한 존재입니다. 보통 사람은 성매매 업소에 종사하는 그런 자들이 아닙니다. 정상적인 사람들과 기독교인들은 합당한 길로만 가는 인생이 되어야 합니다. 반칙과 불법을 일삼는 자들에게 미혹되지 말아야 합니다. 비정상적이고 성경사상에 반하는 데이트 폭력, 불의한 결혼 혹은 결혼 거부, 부당한 이혼, 음란한 동거, 부당한 섹스, 출산 거부, 불의한 재혼은 단호하게 거부해야

합니다. 그런 사람이 지혜자이자 진실한 기독교인입니다. 그 외에는 모두 불량한 자이자 부패한 자들입니다. 향후 하나님의 심판을 피하지 못할 것입니다.

제42장

덧없고 화살처럼 빠른 시간과 죽음

언젠가 제 큰딸이 가족 톡에 이런 문자를 남겼습니다. "시간이 왜 이리 빠른지" 그렇습니다. 우리가 매일 확인하는 시간은 화살과 총알처럼 빠르게 지나갑니다. 아직 20대에서는 잘 모르지만, 30대 전후가 되면 시간이 매우 빠르다는 것을 실감할 것입니다. 50대 이후가 되면 시간이 하이패스라는 것을 압니다. 60대 이상이 되면 빛의 속도로 시간이 흘러간다는 것을 압니다. 세월, 인생, 시간은 느린 것 같은데 자고 일어나면 순식간에 하루, 일주일, 매월, 1년이 지나갑니다. 인생과 세상 시간이 왜 이리 빠른지 놀람의 연속입니다. 우리나라는 사계절이 뚜렷합니다. 그중에서도 사람들이 가장 힘겨워하는 계절은 여름과 겨울입니다. 몹시 덥고 몹시 춥기 때문입니다.

이 두 계절은 그리 행복한 계절이 아닙니다. 사람들을 힘들게 하기 때문입니다. 사람들은 여름과 겨울만 되면 덥다고 춥다고 아우성입니다. 그래서 이런 말을 해 줍니다. '곧 지나갑니다' 그렇습니다. 무더운 여름과 강추위 겨울도 이내 곧 지나갑니다. 인생의 시간도 하루하루가 아무리 힘들고 고통스러워도 곧 지나갑니다. 세월이 너무 빨리 지나가니 이전과 과거의 삶이 잘 기억되지 않습니다. 작금의 시대는 과거에 비해 이루 말할 수 없는 복잡한 일들과 다양한 미디어 등장 등으로 이전의 일들이 곧바로 묻히고 새로운 일들로 신속하게 채워짐의 연속이고 반복입니다. 이에 이전의 것들과 일들로 고민에 젖어 있을 시간이 없을 정도입니다.

수많은 사람들이 하루를 어떤 식으로 살든 시간은 아주 빠르게 지나갑니다. 이 말은 나이를 먹는다는 말이자 이 세상을 떠날 날, 즉 죽을 날이 가까워지고 있다는 의미입니다. 시간이 지난 이후, 이런저런 수많은 다사다난한 일들을 1년 내내 겪은 이후를 뒤돌아보면 인생, 삶이 얼마나 덧없는 것이었나를 느끼게 됩니다. 슬픔도, 기쁨도, 행복도, 쾌락도, 놀이도, 먹고 자고 여행 다닌 것도, 얻고 잃는 모든 것 등이 시간이 지난 시점에서 재평가해 보면 한없이 덧없는 것이 인생입니다. 이런 덧없는 인생과 삶과 시간을 반복해서 보내는 것이 이 땅에서의 삶입니다. '덧없다'는 말은 '알지 못하는 가운데 지나가는 시간이 매우 빠르다', '보람이 쓸모가 없어 헛되고 허전하다', '갈피를 잡을 수 없거나 근거가 없다'는 뜻입니다. 여기에 어울리는 사자성어가 '인생무상(人生無常)'이라는 말입니다. 이 말은 '인생이 덧없다'는 뜻입니다. 살아온 날들, 지나간 시간들, 걸어온 인생을 뒤돌아보면 덧없습니다. 누구나 느끼는 것입니다. 이 세상에서 하나님을 믿지 않고, 진리 밖에서 자기 마음대로 사는 인생이 하나같이 다 느끼는 허무함입니다. 이에 성경은 이런 인생을 이렇게 말합니다.

전도서 1장 2절

"전도자(이스라엘 3대 왕 솔로몬)가 가로되 헛되고 헛되며 헛되고 헛되니 모든 것이 헛되도다”

전도서 1장 13~14절

“마음을 다하며 지혜를 써서 하늘 아래서 모든 일을 궁구(窮究, 속속들이 깊이 연구함)하며 살핀즉 이는 괴로운 것이니 하나님이 인생들에게 주사 수고하게 하신 것이라 내가(솔로몬) 해 아래서 행하는 모든 일을 본즉 다 헛되어 바람을 잡으려는 것이로다”

전도서 1장 11절

“그 후에 본즉 내 손으로 한 모든 일과 수고한 모든 수고가 다 헛되어 바람을 잡으려는 것이며 해 아래서 무익한 것이로다”

지구상에 존재했던 사람과 왕들 중에 솔로몬왕보다 더 지혜롭고, 성적 쾌락을 누리고, 경제적으로 부족함이 없을 정도로 풍요함을 누린 왕은 없었습니다. 과거와 현재와 미래의 역사에서 아마 전무후무할 것입니다. 그런 그가 죽기 전에 하나님이 주신 깨달음과 계시를 기록하여 그 후손들이 덧없는, 헛된 인생을 살지 않도록 교훈을 주신 것입니다. 해 아래서 수고하는 모든 인생이 다 덧없는 인생이더라는 말입니다. 이런 사실을 모르고 사는 자들이 부지기수입니다. 나이를 먹고 철이 든 이후 죽기 전에야 그동안 쉬지 않고 주야로 죽도록 일하고 공부하고 수고하여 쌓아 놓은 부동산과 동산, 각종 스펙과 학벌과 명예와 인기 등이 중요하다고 굳게 믿고 산 인생살이가 덧없다는 것을 깨닫고 빈손으로 사망하면서 탄식합니다.

'아! 인생이 허무하구나!' 사람들은 일생을 살면서 가짜 행복, 가짜 기쁨, 가짜 쾌락, 가짜 성공, 가짜 승리, 가짜 종교, 가짜 신앙, 가짜 부자, 가짜 성취감 등에 젖어 속고 살다가 죽기 전에야 깨닫게 됩니다. 그 전에는 고민도 깊은 생각도 하지 않고, 누가 이런저런 조언과 충고를 해 주어도 듣지 않고 무시하고 삽니다. 세상의 것에 흠뻑 빠지고 취해서 삽니다.

그렇게 살다가 누구나 죽습니다. 사람들은 어리석어서 죽기 전에는 잘 알지 못합니다. 빈손으로 세상을 하직하기 전, 사망하기 전에야 철이 들어 후회합니다. '세상에 속았다고', '인생을 헛살았다', '자신의 신념과 확신에도 속았다' 지금도 수많은 사람들이 자신에게 속아 살면서 죽음이라는 열차와 버스에 타고 인생길을 살아가고 있습니다. 어디서 와서 왜 살며 장차 어디로 가는지도 모른 채 그저 눈만 뜨면 열심히 일하고, 돈을 모으고, 인생을 즐기고, 공부하며 삽니다. 가짜 희망과 가짜 소망인 내 집 마련의 소박한 꿈을 품고 말입니다.

내 집을 마련하고, 바라는 대학과 직장에 취직을 하면 다 되는 것이 아닙니다. 이 땅에서 어떻게 살든 하나님 없이 사는 삶, 진리 밖에서 사는 인생은 다 헛되고 덧없는 인생으로 막을 내릴 것입니다. 그러므로 인생을 가치 있게 살고, 헛되지 않게 살고, 영생을 얻기 위해서는 하나님을 믿고 만나야 합니다. 하나님의 자녀로 살아야 합니다. 일생을 진리 안에 머물러서 살아야 합니다. 그래야 헛되지 않은 인생, 후회하지 않는 이상, 덧없는 인생이 되지 않습니다. 영원한 죽음과 심판을 받지 않는 인생을 살 수 있습니다. 이에 성경은 이렇게 말합니다.

전도서 12장 13절

"일의 결국을 다 들었으니 하나님을 경외(敬畏, 공경하면서 두려워함)하고 그 명령을 지킬찌어다 이것이 사람의 본분(本分, 마땅히 지켜야 하는 것)이니라"

잠언 1장 7절

"여호와를 경외(敬畏, 공경하면서 두려워함)하는 것이 지식(지혜)의 근본이어늘 미련한 자(어리석은 자)는 지혜와 훈계(訓戒, 주의)를 멸시(무시)하느니라"

누구든지 이 말씀을 듣고 믿고 실천하는 자가 복이 있습니다. 후회 없는 인생을 살게 될 것입니다. 기독교인이라 할지라도 끝까지 진리 안에 머물러 있지 않고 변질되고 부패하여 세상(음녀)을 벗 삼아 살면 사후에 비참하게 될 것입니다. 생명을 보장하지 못합니다. 이 말씀을 멸시하고, 무시하고, 깔보는 사람은 결국 후회하고, 덧없는 인생, 실패한 인생이 될 것입니다. 귀 있는 자들은 진지하게 듣기 바랍니다. 시간과 인생은 화살처럼 빠르게 지나갑니다. 누구나 중간에 죽지 않는다면 이내 곧 60과 70과 90세가 될 것입니다. 그리고 죽을 것입니다. 죽을 때 빈손으로 세상을 떠날 것입니다. 덧없이 말입니다. 오직 예수 그리스도 안과 하나님 안에서만 후회하지 않는 인생, 허무하지 않은 인생을 살다가 죽은 이후 부활하여 영생을 얻게 됩니다. 우리 모두 헛되지 않은 인생을 살기 바랍니다.

제43장

사별자에 대한 진정한 관심과 애정

어떤 사고와 슬픔과 어려움을 당하든지 그 이후 가까운 지인들이 사별자에게 어떻게 하느냐는 가부간에 매우 큰 영향을 끼칩니다. 어떤 큰 사건이 역사와 사회 분위기를 확 바꾸듯이 사람들, 지인들에 대한 시각이 확 바뀌는 계기가 됩니다. 왜냐하면 누구나 어려움을 당하면 힘든 시간을 보냅니다. 이때 그동안 낯선 자가 아닌 비교적 알고 지낸 가까운 사이나, 어려움을 당한 사별자에게 이런저런 도움을 받은 자들의 언행과 관심과 애정 표현 여부가 사별자에게 깊은 영향을 끼칩니다. 특히 사별을 당했을 때 누가 어떻게 하느냐에 따라 사람에 대한 인식과 판단이 확 바뀌고 그것이 아주 오래갑니다. 왜냐하면 누구나 잘 아는 것이지만 사람이란 위기에 처했을 때 진면목이 나타나고, 그에 따른 액션은 마음에 깊이 박히기 때문입니다. 이는 마치 가벼운 상처보다 깊은 상처가 더 고통스럽고 흔적이 오래가는 것과 같습니다.

그래서 비교적 그렇고 그런 관계나 사이에는 어떻게 하든지 별 영향이나 상처나 서운함을 받지 않지만 비교적 잘 알고 지내고, 친하다고 하고, 이런저런 도움을 준 사람들의 반응에 대해서는 지대한 영향을 받습니다.

세상을 살다 보면 이런저런 다양한 일들을 겪고 삽니다. 기쁜 일도 당하고 슬픈 일도 당합니다. 이때 하나님 다음으로 가장 큰 힘과 위로가 되는 것은 비교적 잘 알고 지낸 지인들의 지속적인 관심과 애정 표현입니다. 사별의 아픔과 충격은 단시간 내나 1~2년 사이에 완전히 해소되지 않습니다.

처음 얼마 동안은 누구의 말도 별 위로나 도움이 되지 않는 힘든 시간을 보냅니다. 그러다가 어느 정도 시간이 지나면 주변 사람들의 관심과 애정이 힘이 되고, 위로가 되고, 감사하고, 감동으로 다가옵니다. 우리 주변에는 아픔을 당한 사람들을 위해서 자기 형편과 역량에 따라 기도해 주고, 문자도 주고, 전화도 주고, 차와 밥도 사 주고, 찾아와 주는 고마운 사람들이 있습니다. 특히 한두 번이 아닌 매주, 매달, 몇 년씩 사별자에게 기본 반찬과 다양한 음식 등을 만들어 제공하면서 관심과 애정을 실천하시는 분들도 있습니다. 이런 분들을 생각하면 너무 미안하고, 고맙고 깊은 감동을 받습니다. 간이라도 빼 주고 싶은 마음이 듭니다.

이런 것을 경험하고 느끼면서 한편으로는 부끄럽고 죄송한 마음도 듭니다. 과거를 되돌아보면 나는 그렇게 하지 못한 때가 있었기 때문입니다. 이렇게 하나, 저렇게 하나 잘못은 아니지만 이웃을 자기 몸처럼 사랑해야 할 목사와 그리스도인으로서 그리하지 못한 것에 대한 미안함과 부끄러움이 있습니다. 그래서 누군가로부터 진정성이 담긴 반찬과 음식들을 지속적이고 반복적으로 제공받으면 깊은 미안함과 더불어 부끄러움과 고마움이 상존합니다. 그러면서 반성도 합니다. 그런 자들을 헤아리지 못하고 공감하지 못한 것에 대한 미안함입니다. 그저 나만 생각하고 산 부분들이 죄송하게 생각이 듭니다. 그러면서 철이 들어 가는 것 같습니다. 기본적으로 사람들은 이기적입니다. 기독교인들이라고 해서 크게 다르지는 않습니다.

자기와 자기 자녀들이나 가족이 아닌 누군가에게 시간과 마음과 불편함과 수고와 돈을 들여 음식을 만들어 지속적으로 제공하는 것은 보통 이타적인 마음이 아닙니다. 깊은 애정과 관심이 없이는 결코 실천하지 못하는 일입니다. 누군가를 위해서 실천적으로 희생하고 수고를 한다는 것은 자식에 대한 부모의 마음이 아니고서는 불가능합니다. 그래서 그런 관심과 사랑을 받으면 눈물이 나려고 합니다. 큰 위로와 힘이 됩니다. 저도 자녀가 넷이 있어 모두가 독립해서 삽니다. 모두 스스로 식사를 해결하고 있습니다. 직장 식당에서도 먹고 매식도 합니다. 부모들의 마음과 관심은 누구나 동일할 것입니다. 밥을 먹을 때마다 자식들이 생각납니다. 반찬은 있는지, 밥은 잘 먹고 있는지 등을 생각합니다. 이에 전화로 확인하고 필요하면 택배로 반찬이나 기타 식재료를 보내 주기도 합니다. 이런 마음과 관심과 애정이 없으면 밥을 먹을 때마다, 맛있는 것을 먹을 때마다 생각이 나지 않습니다. 그러나 자녀에 대한 관심과 애정이 있으면 항상 생각나는 법입니다. 어려움을 당한 이웃에 대한 것도 비슷합니다.

누군가를 돕고 생각하는 것은 진실로 관심과 애정이 없으면 이행하지 못합니다. 무엇을 이행하려면 먼저 어떤 사람에 대한 관심과 애정이 있어야 그다음 행동으로 넘어갑니다. 대표적인 예가 객지에 나가서 자취를 하고 있는 자녀들에 대한 실제적인 부모들의 관심과 애정 표현입니다. 대부분의 부모들은 제일 먼저 기본 반찬과 음식을 만들어 택배로 보내거나 방문하여 직접 전해 줍니다. 진정한 관심과 애정이 이렇게 만듭니다. 이기적인 부모들은 객지에 나가 있는 자식들이 어찌 살고 무엇을 먹든 관심 자체가 없습니다.

제 아내는 생전에 자녀들과 여러 지인들에게 실천적 사랑을 했습니다. 기본 반찬과 여러 음식을 주곤 했습니다. 아파트 경비실 아저씨들에게까지 음식과 과일을 나누었습니다. 자녀들에게나 형편이 어려운 지인들에게 진정한 관심과 사랑을 다양하게 베풀고 살았습니다. 사람이 어려움에 처하면 적고 작은 것 하나에도 감사와 기쁨과 감동이 일어납니다. 배부른 상태에서 누군가가 밥을 사 주는 것과 여러 날 먹지 못한 상태에서 누군가가 먹을 것을 줄 때의 고마움과 감동은 천지 차이입니다. 갈증이 심할 때의 냉수 한 잔은 꿀보다 더 답니다. 감사합니다.

아내와 사별하여 혼자 사는 저에게도 3년이 넘도록 매주, 매월 정성스러운 음식과 반찬을 만들어 제공해 주는 고마운 사람들이 있습니다. 매달 정성과 수고와 돈과 관심과 애정이 들어간 귀한 음식들과 과일을 제공해 주는 사람이 있습니다. 어떤 고등학교 친구는 부부 모두가 맞벌이이고 불신자인데 해마다 김장철에 김치를 담가 한 박스를 택배로 보내 주기도 합니다. 보내온 음식을 보면 그 사람의 정성과 마음과 수고와 애정과 관심을 읽을 수 있습니다. 많은 것을 생각하게 합니다. 그 자체가 메시지입니다. 한두 번은 밥도 사 주고, 전화도 하고, 문자도 주고, 차도 마시고, 만나

기도 할 수 있습니다. 그렇게 하는 사람도 귀하고 감사합니다. 그러나 수 개월 혹은 수년 동안 지속적으로 수고와 시간을 투자한 음식 등을 직접 만들어 제공해 주는 것은 진정한 마음과 관심과 애정이 없이는 불가능합니다.

멀리서 택배로 무엇인가를 보내는 것 또한 한두 번이라도 쉬운 일이 아닙니다. 누군가에게 택배를 보낸 경험이 있는 사람, 무거운 것을 준비해서 택배로 보낸 적이 있는 사람은 그런 것이 쉽지 않다는 것을 알 것입니다. 바쁜 시간을 쪼개어 집에서부터 시간을 들여 수고해서 준비하고, 포장하고, 우체국까지 가지고 가고, 차에서 끙끙거리며 내리고, 내려서 저울에 올리고, 주소를 쓰고, 계산해 주는 데까지 다양한 수고를 해야 합니다. 그냥 돈으로 차와 밥을 사 주고 보내 주면 아주 쉽습니다. 그러나 이러한 수고는 누구나 하지 못합니다. 부모의 마음이나 깊은 관심과 애정이 없다면 귀찮아서 하지 않습니다. 필요성을 느끼지 못합니다. 집에서 먹던 음식이나 새롭게 식재료를 구입해서 만든 음식을 누군가에게 제공하는 것은 보통 관심과 애정으로는 어렵습니다. 나누지 못합니다. 저에게도 그런 분들이 있어 감사할 뿐입니다. 이런 사람들을 통해서 큰 위로와 감동을 받고 있습니다. 물론 배은망덕하고 실망스럽게 하는 사람들이 더 많습니다.

마태복음 22장 39절
"둘째는 그와 같으니(목숨을 다해) 네 이웃을 네 몸과 같이 사랑하라 하셨으니"

야고보서 2장 26절

"영혼 없는 몸이 죽은 것같이 행함이 없는 믿음은 죽은 것이
니라"

마태복음 25장 34~36절

"그때에 임금이 그 오른편에 있는 자들에게 이르시되 내 아버
지께 복 받은 자들이여 나아와 창세로부터 너희를 위하여 예
비된 나라를 상속하라 내가 주릴 때에 너희가 먹을 것을 주었
고 목마를 때에 마시게 하였고 나그네 되었을 때에 영접하였
고 벗었을 때에 옷을 입혔고 병들었을 때에 돌아보았고 옥에
갇혔을 때에 와서 보았느니라"

핵심은 사별한 자, 어려움에 처한 자에게 적고 작은 것이라도 마음, 관
심, 애정을 표하고 나누는 것입니다. 아내와 사별한 이후 3년 전후로 많은
것을 실감했습니다. 아픈 만큼 마음도, 정신도, 사람에 대한 것도, 신앙도,
시각도, 삶도 단단해지고 성장하는 시간이었습니다. 우리가 모든 자들에
게 다 그렇게 할 수는 없습니다. 친한 지인들과 동지들과 많은 도움을 받
은 사람에게만큼이라도 아름답고 따뜻한 적고 작은 관심과 애정을 쏟고
살면 좋을 것 같습니다. 아니면 이런 것에 깊은 생각을 하지 않고 살아온
성도들이 있을 것입니다. 이제부터라도 이런 부분들에 관심을 갖고 그리
스도인답게 실천하고 살자는 취지에서 이런 글을 쓴 것입니다. 말과 문자
와 전화로만 사랑하는 것은 많이 부족한 사랑입니다. 우리는 하나님으로
부터 실천적인 큰 사랑을 받았고 원수까지 사랑하고 이웃을 자기 몸처럼

사랑해야 하는 하나님의 자녀들이기 때문입니다.

참기독교인들은 이타적으로 살아야만 하는 자들입니다. 예수님을 믿기 전에는 말로만, 이기적으로만 살았지만 실천적이고 이타적인 사랑을 하나님으로부터 받았습니다. 따라서 우리들도 실천적인 사랑을 해야 합니다. 그러지 않으면 배은망덕한 사람이 됩니다. 부끄러운 기독교인이 됩니다. 이런 글을 쓰면 불편해하거나 오해하는 자들이 있을까 봐 조심스럽습니다. 우리 모두는 예외 없이 언젠가는 사별의 아픔을 겪게 될 자들이고 어려움에 처해 살 수 있는 자들이기에 서로 진정한 관심과 애정을 실천하자는 의미이니 오해가 없기를 바랍니다. 이 글을 읽는 독자들도 언젠가는 사별의 아픔을 경험하게 될 것입니다. 자기 일이라고 생각해야 합니다. 부모를 공경하지 못하는 사람은 누구도 공경하지 못합니다. 자기를 낳아 주고 키워 준 부모도 사랑하지 못하는 사람은 누구도 사랑하지 못합니다. 이기적으로만 삽니다. 진실로 하나님의 사랑을 크고 깊게 느끼지 못한 기독교인은 이웃을 사랑하지 못합니다.

친한 사람과 비교적 가까운 사람이나 도움을 받은 사람에게 적고 작은 것 하나 나누지 못하는 사람은 이웃이나 낯선 불신자들을 사랑으로 대하는 것은 불가능합니다. 가까운 사람이나 자기에게 작고 적고 큰 도움을 준 사람에게도 무관심하고 사랑하지 못하는 기독교인은 누구도 진심으로 사랑할 수 없습니다. 위기나 어려움에 처한 주 안의 지인이나 형제자매들을 실천적으로 사랑하지 못하는 사람은 불신자들은 더더욱 사랑하지 못합니다. 불신자들에 대한 전도도 사랑 없는 전도일 수 있습니다. 애정이 없이도 무엇이든지 할 수 있는 것입니다.

그래서 어려움에 처한 누군가를 돕는 모습을 보면 그 사람의 어떠함과 마음과 신앙과 인성 등을 읽을 수 있습니다. 누구든지 그 사람의 행동은 깊은 메시지이기 때문입니다. 사랑 실천도 연습을 통해서 습관이 되지 않으면 잘하지 못합니다. 고기도 먹어 본 사람이 잘 먹듯이 사랑과 나눔도 해 본 사람들이 잘합니다. 사람은 악한 일이든 좋은 일이든 습관, 습성대로 행합니다. 평소에 어려운 이웃을 잘 도와준 사람이 이웃을 사랑합니다. 착하다고, 신앙이 좋다고, 부자라고, 목사라고, 사모라고 해서 사랑과 애정을 실천하는 것이 아닙니다. 진정으로 어려운 이웃을 불쌍히 여기고 관심이 있는 사람은 이유를 불문하고 돕습니다.

성경에 나오는 선한 사마리아인처럼 말입니다. 어떤 것에 대한 실행, 사랑, 나눔, 관심은 바쁨이나 친분이나 여유 여부나 경제적인 형편을 떠나 마음먹기에 달려 있습니다. 관심과 애정이 있으면 빵을 먹고 있을 때 굶주리고 있는 자가 생각나서 빵 한 쪽이라도 나누는 법입니다. 힘든 처지에 있고 굶주려 있는 자에게 빈손으로 방문하거나 찾아가지 않습니다. 그런 차원에서 뒤돌아보니 제 아내는 힘에 지나도록, 지나칠 정도로 이웃을 실천적으로 사랑한 여인이었습니다. 사실을 말하면 깜짝 놀랄 것입니다. 어려운 지인들에게 실제로 필요한 것들을 제공해 주었습니다. 전 재산도 주었습니다. 항상 이기적인 마음이 아닌 이타적인 마음으로 살았습니다. 나그네와 같은 인생이니 사는 날 동안에 먹을 것과 입을 것과 누울 곳이 있으면 되는 것입니다. 어디에서 살든 일용할 양식, 필요한 양식만 있으면 되는 것입니다. 사는 날 동안 필요한 것만 있으면 되고 어려운 이웃과 나누며 사는 것입니다.

아무쪼록 우리들은 주변에서 사별하여 이런저런 곤란한 일에 처한 사람에게 그리스도의 사랑에 근거해서 진정한 관심과 애정을 행하며 살았으면 좋겠습니다. 많은 돈이 들어가거나, 많은 시간을 빼앗기거나, 힘든 수고와 노동이 들어가는 것이 아닌 아주 적고 작고, 부담이 없는 소소한 기본 반찬을 나누는 것부터 시작하면 좋을 것입니다. 이런 것은 크게 부담이 되지 않으면서도 받는 자에게 큰 감동과 위로를 주게 됩니다. 자기에게 관심과 애정이 있다고 생각하게 만듭니다. 기독교인들은 진실로 어려운 이웃, 주 안의 가까운 형제자매를 자기 몸처럼 최선을 다해서 사랑해야 합니다. 자기와의 친분 여부와 좋고 나쁜 감정을 떠나 그리해야 합니다.

그렇게 해야 하는 이유는 우리가 다 하나님으로부터 무조건적인 사랑, 그런 사랑을 받아 살고 있기 때문입니다. 만일 하나님께서 우리를 조건적으로 사랑하셨다면, 예쁜 짓을 하는 사람들만 사랑하셨다면 사랑받을 인간은 하나도 없을 것입니다. 우리들 중 단 한 사람도 사랑이나 구원을 받지 못했을 것입니다. 모두 악하여 밉고 나쁜 짓들만 하고 살기 때문입니다. 우리들은 하나님으로부터 무조건적인 사랑과 관심, 친분을 떠난 사랑과 나눔과 관심을 받아 살고 있습니다. 우리들도 그리 살아야 합니다.

고린도후서 8장 8절
"내가 (사도바울) 명령으로 하는 말이 아니요 오직 다른 이들의 간절함을 가지고 너희의 사랑의 진실함을 증명코자 함이로라"

마태복음 6장 21절

"네 보물(재물) 있는 그곳에는 네 마음도 있느니라"

이젠 더 이상 말과 지식과 문자와 전화와 눈물로만 관심을 표하는 데서 그치지 말아야 합니다. 립 서비스는 그만해야 합니다. 친한 사람들에게만 하지 말아야 합니다. 어떤 기독교인들은 여러 곤란과 위기에 처한 사람에게 적고 작은 것이라도 함께 나누는 것이 아니라 '기도하겠습니다' 등의 습관화된 문자와 말만 합니다. 기도는 도와줄 것이 하나도 없을 때, 나눌 것이 전혀 없을 때 최후의 수단으로 하는 것입니다. 문자나 말과 전화로만의 사랑과 관심이 아닌 실천을 통해서 증명해야 합니다. 많은 돈이 필요치 않습니다. 보잘것없는 적고 작은 것이라도 함께 나누는 것입니다. 누군가를 진정으로 위하면 빵 한 쪽이라도 나눕니다. 이는 정성과 관심과 사랑과 의지와 마음만 있으면 가능합니다. 부모들은 실제로 원근 각처에 있는 자녀들에게는 그리합니다. 진실로 자녀들을 사랑하기 때문입니다. 말과 문자와 전화만 하지 않습니다. 무엇이든지 객지에 나가 있는 자녀들에게 필요한 것을 택배로 보내 줍니다. 아니면 힘들어도 바리바리 싸 들고 찾아가서 줍니다.

이것이 진정한 관심과 사랑의 증표입니다. 그래서 선한 사마리아인은 진실로 이웃을 사랑하는 사람이었습니다. 아는 사이도 아니고, 친분이 있는 사람도 아니었습니다. 그런 낯선 사람이 위기에 처하자 실제로 필요한

것을 제공해 주었습니다. 이런 성경의 기록은 기독교인들에게 많은 것을
생각하게 합니다. 친분 여부를 떠나 옷이 필요한 자에게는 옷을 나누고,
굶주린 자에게는 먹을 것을 나누고, 돈이 필요한 자에게는 돈을 나누고,
반찬이 필요한 자에게는 반찬을 나누는 실제적이고 진실한 관심, 나눔, 사
랑을 해야 합니다. 성경은 친분과 지인 여부를 떠나 목숨을 다해 이웃을
자기 몸처럼 사랑하라고 했지 친한 사람, 가까운 사람에게만 그리하라고
한 것이 아닙니다.

기독교인들 중에는 말과 지식과 문자와 기도에만 머물러 있는 자들이 많
습니다. 친분에 따라서만 사랑을 나누는 자들이 있습니다. 진실한 관심과
애정은 문자와 기도와 말과 전화로만 그치지 않습니다. 진정한 의사는 말
로만 환자를 위하지 않고 환자를 위해서 뭔가를 실천합니다. 배고픈 자, 추
위에 떨고 있는 자, 병원비가 없어 전전긍긍하고 있는 자, 혼자 살아 밑반
찬이 없는 자 등에게는 말과 기도와 지식과 문자와 눈물이 필요한 것이 아
니라 한 조각의 빵과 떡, 옷, 돈, 기본 반찬 등이 필요합니다. 세상을 어느
정도 살아 본 사람, 한 번이라도 어려움에 처해 본 사람은 다 아는 것입니
다. 상대방의 절실한 필요를 헤아려 자기 형편과 처지와 분수에 맞게 적고
작은 것을 나누고 도와주는 것이 진정한 이웃 사랑입니다. 자기 집 냉장고
안에 있는 음식들을 함께 나눕니다. 성경도 이런 사랑을 명령합니다.

야고보서 2장 14~17절
"내 형제들아 만일 사람이 믿음이 있노라 하고 행함이 없으면
무슨 이익이 있으리요 그 믿음이 능히 자기를 구원하겠느냐

만일 형제나 자매가 헐벗고 일용할 양식이 없는데 너희 중에
누구든지 그에게 이르되 평안히 가라, 더웁게 하라, 배부르게
하라 하며 그 몸에 쓸 것을 주지 아니하면 무슨 이익이 있으리
요 이와 같이 행함이 없는 믿음은 그 자체가 죽은 것이니라”

고린도전서 13장 1절

“내가 사람의 방언과 천사의 말을 할찌라도(내가 사람이나 천
사의 혀로 말할지라도) 사랑이 없으면(have not love) 소리나
는 구리(동전)와 울리는 꽹과리(징)가 되고”

진실로 마음과 관심과 사랑과 불쌍히 여기는 마음이 있으면 방문이든
택배로든 쓸 것과 필요를 제공합니다. 말, 기도, 문자, 눈물, 전화만 하지
않습니다. 아무것도 나눌 형편이 아닌 사람은 그렇게 해야 합니다. 사실
그럴 정도의 어려운 형편에 처한 사람은 별로 없습니다. 자기 집 냉장고
든 자기 지갑이든 조금이라도 나눌 것이 있습니다. 피차 나눌 것이 조금
이라도 있다면 아주 적고 작은 것이라도 필요를 파악하여 나누는 것이 진
정한 믿음의 사람이고 사랑입니다. 실제로 자식들에게는 그리합니다. 진
정으로 사랑하기 때문입니다.

요한일서 3장 18절

“자녀들아(성도들아) 우리가 말과 혀로만 사랑하지 말고 오직
행함과 진실함으로 하자”

기독교인들이 빠지지 말아야 할 습관적인 함정은 나눌 것이 있음에도 불구하고 말, 기도, 문자, 전화, 눈물로만 하는 것입니다. 더 나아가 오랜 지인인데도 문자나 전화도 하지 않는 자들도 있습니다. 가까운 지인, 아는 지인, 은혜를 받은 지인임에도 따뜻한 문자 하나 전화 한 번 하지 않는 자들이 있습니다. 불신자들이나 원수까지 사랑해야 하는 사람이 기독교인인데 말입니다. 불신자든 기독교인이든 목회자 부부든 순수한 사랑과 긍휼을 가진 자들은 소수입니다. 핵심은 진정한 마음과 관심과 애정과 믿음 여부입니다. 그래서 신자나 불신자나 누구든지 행함 여부를 보면 그 사람의 관심과 애정과 신앙을 읽을 수 있습니다. 마음 상태를 엿볼 수 있습니다. 행함은 마음과 관심이 없으면 말처럼 포장하지 못하기 때문입니다. 말과 문자만 그럴듯하게 하는 기독교인들이 너무 많습니다. 진실로 친분 여부를 떠나 주 안의 형제자매와 어려움에 처한 낯선 이웃을 사랑하는 기독교인들이 그리운 시대입니다.

제44장

죽음은 치료할 수 없지만

　세상에는 치료할 수 있는 병이 있고 치료할 수 없는 병이 있습니다. 아무리 유명한 병원과 의사라도 만능치료자는 아닙니다. 어떤 의사나 병원이나 사람이라도 절대로 치료할 수 없는 것이 있는데 그것은 '죽음병'입니다. 그래서 빈부귀천과 지위고하를 막론하고 죽음(사망) 앞에서는 절대적인 무력감과 무능함을 보입니다. 최고로 유명한 의사인 아버지도 자기 아들이 '죽음병'에 걸려도 어찌하지 못합니다. 아무리 권력이 강하고 돈이 많아도 죽음은 피하지도 못하고 치료도 할 수 없습니다. 그래서 지구상에 존재하는 모든 남녀노소들이 가장 두려워하는 것은 죽음입니다. 죽음은 공포 그 자체입니다. 또한 죽음은 두려움과 공포로 끝나지 않고 사랑하는 사람과는 다시 만날 수 없는 이별입니다. 그래서 이 세상에서 마음이 가장 찢어지고 아픈 것은 죽음에 따른 이별과 사별입니다. 이 땅에서의 육체적인 죽음은 연습도 할 수 없습니다. 다른 일은 실수하면 다시 연습하고 노력하고 시도하면 되지만 죽음은 한 번 죽음으로 끝입니다. 그래서 모든 사람들에게 사랑하는 가족의 죽음은 치명적입니다.

　그러나 누구나 절대로 절망적이지는 않습니다. 포기하기에는 이릅니다. 반드시 소망과 희망과 다시 살고 다시 만날 기회와 솟아날 구멍이 있습니다. 그것이 무엇이고 어떻게 하는 것입니까? 하나님 안에서만 가능합니다. 하나님, 예수님을 만나거나 믿게 되면 다시 살되 영원히 살게 됩니다. 천상에서 다시 만나게 됩니다. 오직 인류의 유일한 구세주인 예수님을 믿음으로만 그리됩니다. 반전과 패자부활이 주어집니다. 사후에 천상에서 다시 만나 다시는 사별이 없습니다. 헤어짐이 없습니다. 내세에서 영원히 살 수 있습니다. 그런 자에게는 다시는 눈물과 아픔과 죽음과 헤어짐은 없습니다. 천국에서 영원토록 주 안에서 기뻐하고 행복하게 살게 됩니다.

이는 듣기 좋으라고 하는 말이 아닙니다. 사람의 약속이 아니라 천지만물을 말씀으로만 창조하신 하나님, 신실하신 하나님, 전지전능하신 하나님의 불가역적의 약속입니다. 성경의 약속입니다. 성경은 진리입니다. 참입니다. 때가 되면 반드시 그대로 이루어집니다. 그래서 목숨을 걸고 믿는 자가 복이 있습니다. 그러므로 자신과 누군가의 죽음 앞에 있는 자들은 절대로 절망할 이유가 없습니다. 죽음 앞에 포기하고 절망하는 사람은 바보이자 어리석은 자입니다. 이런 사실이 안 믿어지더라도 죽을 때까지 노력을 해 보아야 합니다.

천국에서 다시 만나지 못하는 죽음, 곧 사후 지옥의 삶은 둘째 사망으로 그 자체가 최악이기 때문입니다. 이 땅에서의 육체적인 죽음에 따른 슬픔, 고통, 두려움, 공포, 헤어짐은 아무것도 아닙니다. 지옥불에서 영원히 고통만 받으며 살게 됩니다. 그래서 믿어지면 더 이상 바랄 것이 없겠지만 안 믿어지면 운명하기 직전까지 성경을 읽고 건전한 교회에 다니는 등 목숨을 걸고 노력은 해야 합니다. 발버둥을 치고 노력해야 합니다. 복음은 무시하지 말아야 합니다. 그래도 사망 직전까지 안 믿어지면 어쩔 수 없습니다. 예수님이 믿어지는 자들에게 죽음은 절망적이지 않습니다. 현세로나 죽음으로 인생이 끝나지 않고 사후에 다시 사는 부활과 내세인 낙원 혹은 천국이 있기 때문에 소망 중에 살아갈 수 있습니다. 주 안에서의 죽음은 잠시 헤어짐일 뿐입니다. 사후에 천상에서 다시 만납니다. 그런 시간은 그리 길지 않습니다. 이 세상의 삶은 100세 시대지만 화살처럼 금방 혹 지나갑니다.

마태복음 25장 46절
"저희는(불신자들) 영벌(지옥)에, 의인들은(예수님을 믿는 자들) 영생(천국)에 들어가리라"

사도행전 16장 31절
"가로되 주 예수를 믿으라 그리하면 너(간수)와 네 집(간수 온 가족)이 구원을 얻으리라 하고"

아무튼 예수님을 믿는 자들, 예수님을 믿다가 죽은 자들은 그리 절망하지 않습니다. 이 세상의 삶과 환경과는 비교할 수 없는 낙원 혹은 천국의 나라에 들어가기 때문입니다. 이는 마치 황금으로 지은 집이 따로 있는 사람이 초가집에서 살고 있었는데 초가집에 화재가 발생한 것과 같습니다. 이런 자들은 초가집이 불탔다고 절망하고 슬퍼하지 않습니다. 이내 곧 황금 집으로 이사 가서 살면 되기 때문입니다. 이 세상의 삶과 죽음이 그런 것입니다. 그래서 기독교인들은 사랑하는 가족과 배우자가 사망해도, 이 땅에서 좀 부족하게 살고 무시당하며 살더라도 지속적으로 슬퍼하거나 절망하지 않습니다. 당당하게 살아갑니다. 소망과 희망을 가지고 삽니다. 이에 사랑하는 가족이 죽음을 당했을 때 향후 우리에게 발생할 부활과 천상에서의 재회, 천국 입성과 영생이라는 것으로 죽음의 두려움, 슬픔, 절망, 아픔, 공포, 헤어짐을 상당히 해소하고 흡수해 버림으로 어느 정도 시간이 지나면 자유하게 됩니다. 기뻐하고 감사하게 됩니다. 정상적으로 살아가게 됩니다. 이 땅에서는 누구나 인류의 대표자 아담과 하와가 지은 원죄의 형벌로 주어진 사별의 아픔은 피하거나 치료가 불가능하기 때문입니다.

고린도전서 15장 51~52절

"보라 내가(사도 바울) 너희에게(성도들) 비밀을 말하노니 우리가 다 잠잘 것(죽은 상태)이 아니요 마지막 나팔(세상 종말 혹은 예수님 공중 재림 때)에 순식간에 홀연히 변화하리니(사망한 육체가) 나팔 소리(공중에서의 천사들의 나팔 소리)가 나매 죽은 자들이 썩지 아니할 것으로 다시 살고(부활) 우리도 변화하리라(신령한 몸으로, 썩지 아니할 몸으로)"

사람이란 이 땅에서 살아갈 때에 희망이 없을 때, 장래가 없을 때 절망하고 힘이 빠집니다. 하루하루의 삶이 재미가 없습니다. 살아갈 희망이 사라집니다. 그래서 그런 자들은 자살합니다. 삶을 포기합니다. 고단한 삶을 인내하지 못합니다. 우울하게 삽니다. 죽음은 그 어떤 병원과 의사도 치료할 수 없지만, 사후에 둘째 죽음(지옥 삶)이 기다리고 있는데 인류의 유일한 구세주를 믿으면 둘째 사망을 당하지 않고 천국에서 영생하게 됩니다. 오직 예수님을 믿는 자들에게만 둘째 죽음이 치료가 되어 하나님의 나라에 입성하여 영원히 행복하게 살게 됩니다.

그래서 참기독교인들은 죽음을 두려워하지 않고 절망하지 않습니다. 그러나 불신자들은 절망하고 애통해야 합니다. 이 세상의 고통스러운 삶과는 비교 자체가 되지 않는 지옥불에 던져져서 밤낮으로 고통만 당하며 영원히 살기 때문입니다. 그래서 불신자들은 가족이 죽으면 가슴을 치고 땅이 꺼져라 통곡하는 것입니다. 고래고래 소리를 지르고 몸을 비틀면서 통곡합니다. 보기에 안타까울 정도로 애통합니다. 본능적으로, 마음으로 사후의 삶을 아는 것입니다.

그러나 참기독교인들은 사랑하는 가족이 죽으면 슬퍼하되 그리 통곡하지는 않습니다. 죽음은 잠시 헤어지는 것이기 때문입니다. 천상에서 다시 만나 천국에 들어가서 영원히 행복하게 함께 살기 때문입니다. 죽음 앞에서 신자와 불신자들이 취하는 자세는 각기 그럴 만한 충분한 이유가 있는 것입니다. 불신자들에게는 죽음에 대한 치료약이 없습니다. 그래서 영원히 죽을 수밖에 없습니다. 오직 기독교인들만 인류의 유일한 의사이자 구세주인 예수님을 믿음으로 영원한 죽음이 치료되어 사후에 둘째 사망인 지옥불에 들어가지 않게 됩니다. 그래서 지구상에서 가장 행복한 자들은 참기독교인들입니다. 모두가 그리되기를 바랍니다.

제45장

아내와 사별한 이후 혼자 살아 보니

저는 아내와 30년을 살다가 60세에 사별했습니다. 어느 날 갑자기 생각지도 않은 아내의 위암 3기 선고와 죽음이 찾아왔습니다. 그 이후 3년 이상을 혼자 살고 있습니다. 그동안은 많은 생각을 갖게 하는 시간이었습니다. 처음엔 몹시 힘들었고 실감이 나지 않았습니다. 이젠 많이 좋아졌지만 여전히 혼자라는 것이 낯설게 느껴지곤 합니다. 그러면서 이런저런 생각을 하면서 나처럼 이별과 사별을 하고 혼자 산 자들에 대해 생각해 보았습니다. '그들도 나처럼 얼마나 힘들었을까' 하는 마음이 들었습니다. 그러면서 그들에게 충분히 함께하지 못한 것에 미안한 마음이 들었습니다. 아내와 사별하고 혼자가 되기 전에는 이별하고 사별한 자들에 대한 관심이 별로 없었기 때문입니다. 거기까지 생각이 미치지 못하고 그저 열심히 살아왔습니다. 그러다가 아내와 사별한 이후에야 나와 비슷한 처지에 놓였던 사람들에 대하여 돌아보게 되었습니다.

그중에서도 가장 미안하고 생각났던 사람이 어머니였습니다. 아버지는 82세에 소천받으셨기에 사별의 아픔을 겪지 않으셨고, 어머니는 아버지보다 11년 더 사시다가 93세에 소천을 받으셨습니다. 그러니까 어머니는 사별의 아픔을 겪으신 것입니다. 사람이란 슬픈 일을 당하나 기쁜 일을 당하나 남녀노소를 불문하고 감정과 마음은 비슷합니다. '어머니도 아버지가 먼저 떠나시고 얼마나 힘드셨을까?'를 생각하니 미안하고 자식으로서 너무 무심했다는 생각이 들었습니다. 일부러 그런 것은 아니었지만 철이 없다 보니, 생각이 깊지 않다 보니 어머니의 아픔과 힘듦에 공감하지 못하고, 따뜻하게 위로해 주지 못하고, 자주 안아 주지 못하고 산 것이 후회되었습니다. 물론 자주 찾아뵙고 만남을 가졌지만 부족했다고 생각합니다. 이제야 그런 생각이 들었습니다. 참으로 못난 아들입니다. 이런 마음이 좀 더 일찍 들었으면 훨씬 더 어머니를 위로했을 것이라고 생각하니 너무 죄송하고 미안한 마음이 듭니다. 마음이 짠합니다. 그렇다고 어머니 입장에서는 자녀들에게 자신이 힘들고 외롭다고 말하지 못했을 것입니다.

고린도전서 13장 4~7절

"사랑(Love)은 오래 참고 사랑(love)은 온유하며(kind) 투기하는 자가 되지 아니하며 사랑은 자랑하지 아니하며 교만하지 아니하며 무례히 행치 아니하며 자기의 유익을 구치 아니하며 성내지 아니하며 악한 것을 생각지 아니하며 불의를 기뻐하지 아니하며 진리와 함께 기뻐하고 모든 것을 참으며 모든 것을 믿으며 모든 것을 바라며 모든 것을 견디느니라"

일생 동안 자녀들을 위해서 많은 수고와 희생과 헌신을 하시다가 떠나셨는데 말입니다. 아마 자식들 몰래 다양한 눈물을 흘리셨을 것입니다. 나이 60이 넘어서야 어머니의 마음이 헤아려집니다. 사람이나 자식들이나 철이 들기 전과 성숙하기 전까지는 이기적인 것 같습니다. 자식들도 자기중심적으로 생각하는 것 같습니다. 부모와 자식은 다른 것 같습니다. 자기 자신이 당해 보지 않으면 잘 알지 못하고 공감하지 못하는 것 같습니다. 아무튼 아내와 사별한 이후 어머니가 종종 생각납니다. 그립기도 합니다. 다행인 것은 제 어머니는 현재 인류의 유일한 구원자이신 예수님을 오랫동안 믿다가 육체는 땅에 묻히시고 영혼은 중간상태인 낙원에 들어가 계십니다.

그곳에서 세상 종말(예수님 공중 재림 때) 때까지 머물러 계시다가 세상 종말에 전능하신 하나님의 초자연적인 역사로 인하여 이미 죽은 육체는 영원히 썩지 아니할 변화된 육체가 되고, 변화된 육체와 낙원에 머물러 있는 영혼이 다시 결합하여 부활한 이후 천국에 들어가서 영생을 누리시게 될 것입니다. 그곳은 사망도 수고도 슬픔도 사별과 이별도 없습니다. 하나님을 경배하면서 주 안에서 영원히 행복하게 살게 됩니다. 필자도 예수님을 믿기 때문에 낙원이든 천국이든 들어가서 다시 어머니를 만나 영원히 함께 살게 될 것을 생각하니 그날이 기다려집니다. 이것이 고인이 된 어머니에 대한 유일한 소망입니다. 바른 신앙고백을 한 자들만 사후에 낙원 혹은 천국에서 다시 만나게 됩니다.

요한복음 15장 12절

"내(예수님) 계명은 곧 내가 너희를 사랑한(loved) 것같이 너희도 서로 사랑하라(Love each other) 하는 이것이니라"

사람들은 미숙하고, 이기적이고, 연약하여 이 땅에 사는 날 동안 알게 모르게, 고의적으로 혹은 원치 않게 이런저런 일을 행하며 삽니다. 그러다가 죽음 앞에서나 이별이나 사별을 하게 되면 미안하고, 후회하고, 그리워합니다. 저를 비롯해 상당수 사람들은 미련하여 반드시 사랑하는 사람이 곁을 떠났을 때야 소중함을 알게 됩니다. 이런 생각을 하는 중에 이미 세상을 떠난 자는 어쩔 수 없지만 현재 살아 있는 가족이나 지인들만큼은 좀 더 생각하고, 배려하고, 사랑하고, 이해하고, 존중하고, 참아 주고, 양보하고, 섬기고, 격려하고, 안아 주고, 따뜻하게 대해 주고, 역지사지로 대해야겠다는 다짐을 하곤 합니다. 더 이상 후회하고 미안해할 언행은 삼가야 하겠다는 생각을 해 봅니다. 누구나 언젠가는 반드시 죽게 됩니다. 이별하고 사별하게 됩니다. 그런 날은 곧 옵니다. 사는 날, 함께 이 세상에 거할 날도 그리 길지 않습니다.

그런즉 이 땅의 시간, 인생, 곁의 사람들을 귀하게 여기고 사랑해야 합니다. 죽은 다음에 후회하고 통곡한들 아무런 소용이 없습니다. 고인에게 아무런 영향을 미치지 못하고 달라지는 것이 없습니다. 모든 효력과 효능은 산 자들에게만 영향을 미칩니다. 핵심은 곁에 있을 때, 살아 있을 때 잘해야 후회가 없습니다. 덜 미안합니다. 일찍 철이 들고 성숙해서 배우자나 부모님이나 형제자매들에게 덜 미안하고 후회스럽게 행하는 것이 성숙한 삶이라고 생각합니다.

진리나 위법한 문제가 아닌 이상 가능하면 범사에 다투거나 싸우지 않고 양보하고 져 주고 사는 것이 지혜라고 생각합니다. 자신과 다름에 대해서 무한히 이해하고 존중하고 사는 것입니다. 부부는 쓸데없는 싸움들이 많습니다. 지나고 나면 다 부질없는 다툼과 싸움입니다. 서로에 대한 이해심과 존중의 부족이라고 생각합니다. 특히 부부끼리 자존심 싸움, 말꼬리 싸움, 소소한 싸움은 버려야 합니다. 사랑하고 격려하며 살기에도 짧은 인생입니다. 좋아하고 사랑해서 결혼했으면 봄 여름 가을 겨울, 밤과 낮으로 좋아하고 이해하고 존중하고 사랑하는 데 집중하기 바랍니다. 누구에게나 장단점은 다 있고 남은 시간은 별로 없습니다. 세월을 아끼며 살아야 합니다. 부부든 누구든 가능하면 다정다감하고 오순도순 사이좋게 지내길 빕니다. 그런 사람이 현명하고 지혜로운 사람이자 후회하지 않는 사람입니다.

제46장

생사 문제와 소천 기도를 하라

죽고 사는 문제는 모든 사람들의 제1 관심사와 공포입니다. 하루에도 천여 명 전후로 죽는 자와 출생자가 발생하고 있습니다. 게다가 시도 때도 없이, 돌발적으로, 갑자기 이런저런 일과 사건과 이유로 죽기 때문에 상당수 사람들은 생존에 대한 불안감을 안고 삽니다. 그렇다고 생사(生死)를 자동차를 운전하듯이 자기 마음대로 조종을 할 수 없기 때문에 더욱더 큰 무력감과 불안감을 갖고 삽니다. 부자도 어찌 못하고, 권력자도 어찌 못하고, 착한 자도 어찌 못하고, 악한 자도 어찌 못하는 등 남녀노소, 빈부귀천, 지위고하를 막론하고 어찌하지 못합니다. 왜냐하면 부동산 등이 자기 것이 아닐 때는 자기 마음대로 처분하지 못하는 것처럼 사람의 목숨, 생명, 생사의 주인이 자기 자신이나 사람이 아니기 때문에 자기 마음대로 어찌하지 못하는 것입니다. 이 말은 생사를 좌우하는 주인이 따로 있다는 말입니다.

성경은 그분이 자존하시고 전지전능하시며 형체가 없으나 살아 계신 영이신 하나님(God, 여호와)이라고 합니다. 이 하나님이 만물의 창조자이자 주인이십니다. 사람과 하늘과 땅과 지구와 나라와 우주 전체를 마음대로 섭리(통치와 다스림)하시고 주무르시는 주인이십니다. 그래서 누구나 자기 목숨, 자기 생사를 자기 마음대로 조종할 수 없고, 우주만물과 사람의 생사를 좌지우지하시는 주인이 따로 있기에 사람들이 자기 마음대로 이런저런 것을 원하는 대로 하지 못하는 것입니다.

그래서 모든 사람들은 강하게 보이거나 강한 척하지만 질병과 죽음 앞에서는 무력하고 무능합니다. 단지 강한 척, 센 척만 하고 삽니다. 이에 자기 미래, 생명의 연수, 죽음의 날 등을 전혀 모르거나 어찌하지 못합니다. 불확실한 가운데 살면서 두려움을 갖고 삽니다. 그럼에도 불구하고 자기 생사와 운명과 인생을 자기 마음대로 조종할 수 있다고 그릇된 자신감과 확신에 차서 사는 자들이 적지 않습니다. 이것은 무지와 어리석음과 만용입니다. 그런 사람들도 결국 자기 생사를 어찌하지 못하고 무력하게 당합니다. 사람들이 속히 알아야 할 것은 생사 문제와 소천 문제는 인간의 소관이나 영역이 아닌 하나님의 소관과 영역임을 알고 겸손하게 사는 것입니다.

이에 필자는 이런 사실을 잘 알기에 내 생사와 소천에 대하여 주인이신 하나님께 다 맡기고 살고 있습니다. 참고로 소천이란 기독교에서만 사용하는 사망 용어입니다. 소천(召天, 부를 소, 하늘 천)이란 하늘로 불렀다는 의미로, 하늘을 상징하는 하나님께서 그 생명을 취하셨다는 뜻입니다. 다른 종교나 사람들은 사람이 죽는 것은 이런저런 병과 사고와 이유로 사망한다고 말합니다. 그러나 성경과 기독교는 사람이 스스로 죽는다고 말하지 않습니다. 누구든지 사명과 역할을 다한 자들은 하나님이 생명을 취하신다고 말합니다. 그래서 소천이라는 말을 사용합니다.

아무튼 저는 생사와 소천은 우리 생명과 인생의 주인이신 하나님께서 주권적으로 행사하시니, 만물의 주인이신 하나님께 생사와 소천을 백지 위임하고 사니 마음이 편하고 죽음에 대한 불안함과 두려움도 없습니다. 날마다 마음을 비우고 삽니다. 내 생사와 소천이 내 권한과 능력과 노력과 열심에 있지 않고 오직 나의 주인이신 하나님께 달려 있다고 알고 다 맡겨 버리니 그렇게 편안할 수 없습니다. 이에 언제든지 주인이 부르시면 세상을 떠난다는 마음으로 하루하루를 살고 마음의 준비를 하고 삽니다. 유언장과 사전장례의향서도 써 놓고 삽니다. 언제 죽어도 죽기에 죽음을 두려워할 이유가 없습니다. 게다가 기독교인들은 죽음이 불행이나 끝이 아닌 행복과 새로운 인생과 영생이기 때문에 죽음 공포를 갖고 살지 않습니다. 그래서 불신자들과는 다른 마음을 갖고 삽니다. 그렇지 않고 걱정하고 조심하고 스스로 노력한다고 하여 나의 생사와 소천이 내 의지대로 바뀌지 않습니다. 오직 주인의 주권과 뜻과 계획에 따라 나의 생사와 소천이 달려 있습니다. 예수님도 십자가 죽음, 소천, 생사에 대하여 하나님께 맡기시는 기도를 하셨습니다.

마태복음 26장 39절

"조금 나아가사 얼굴을 땅에 대시고 엎드려 기도하여 가라사대 내 아버지여(성부 하나님) 만일 할 만하시거든 이 잔(盞, 십자가 죽음)을 내게서 지나가게 하옵소서 그러나 나의 원(願, 희망대로)대로 마옵시고 아버지(성부 하나님)의 원(願)대로 하옵소서 하시고"

욥기 1장 21절

"가로되 내가 모태(배)에서 적신(벌거벗은 채, 맨몸)이 나왔
은즉(출생) 또한 적신이 그리로 돌아가올찌라 주신 자(생명을
주신 분)도 여호와(하나님)시요 취하신 자(가져가는 분, 빼앗
아 가는 분, 소천)도 여호와시니 여호와의 이름이 찬송을 받으
실찌니이다 하고"

부동산이나 동산이나 물건들이나 모두 세입자가 아닌 주인이 처분권,
결재권을 가지고 있는데 이는 상식이고 일반 원리입니다. 만물과 생명,
목숨의 주인은 사람이 아닌 하나님이십니다. 따라서 하나님만이 사람의
목숨, 생사, 지구의 심판을 좌지우지하십니다. 이를 모르는 사람도 있고,
다르게 이해하는 사람도 있고, 정확히 알고 사는 사람도 있습니다. 세상
을 살아갈 때 생사 문제와 소천(죽음) 문제를 정확히 알고 살면 삶 자체가
좀 편안해집니다. 차분해집니다. 하루하루를 소중히 하고 감사하며 살게
됩니다. 자기 자신에게 지나치게 기대하지 않습니다. 자신에게는 자기 몸
을 관리하는 것 외에는 다른 권한이 없습니다. 그래서 인간은 생사의 건
에 있어서 무력한 존재입니다. 이는 어쩔 수 없는 것으로 인정하고 살아
야 합니다. 주인이 아니기 때문입니다. 이런 사실을 아는 사람은 생사 문
제와 소천 문제를 주인이신 하나님께 맡기고 살기에 비교적 덜 불안, 두
려움, 공포, 염려를 하지 않고 살게 됩니다. 염려하고 발버둥 친다고 주인
에 의해 결정된 생사와 소천이 변개되는 것은 아닙니다.

그런즉 기독교인들은 날마다 자기 생사와 소천을 하나님께 맡기고 마음을 비우고 살되 후회 없이 하루하루를 진리 안에서 감사하며 거룩하게 살아가야 합니다. 죽음에 대하여 불안해하거나 두려움을 떨쳐 버려야 합니다. 언제든지 죽을 수 있음을 알고 마음에 준비를 하고 살아야 합니다. 그런 사람은 가족과 지인들 중에 갑자기 죽음이 찾아왔을 때 충격을 덜 받고 잘 적응하고 이겨 냅니다. 하나님과 사람을 원망하지 않습니다. 누굴 탓하지 않습니다. 절망하거나 낙심하지 않습니다. 오랫동안 슬픔에 젖어 살지 않습니다. 그러므로 날마다 생사 문제와 소천에 대하여 하나님께 기도하되, 하나님의 희망과 뜻대로 해 달라고 해야 합니다.

가능하면 건강하게 살다가 누구에게도 짐이 되지 않고, 덜 고통스럽게 죽음과 소천을 당하게 해 달라고 기도해야 합니다. 요양병원이나 요양원이 아닌 자기 집에서 건강하게 생활하다가 소천을 받게 해 달라고 기도해야 합니다. 생명과 목숨과 생사와 소천의 주인이 아닌 우리들이 할 수 있는 일이란, 덜 고통스럽고 가장 최선의 결말과 모습을 유지하다가 낙원(천국)에 들어가게 해 달라고 기도하는 것입니다. 자식들의 바른 삶과 신앙을 위하여 유언장도 쓰고 살되, 해마다 유언장을 수정 보완하는 자세도 필요합니다.

사전장례의향서도 쓰고, 영정사진도 미리 찍어 놓고, 연명치료 거부에 대한 문서도 작성해 놓고 사는 것이 날마다 해마다 죽음을 준비하고 사는 지혜로운 자세입니다. 또한 모든 소유나 기타를 단순화, 축소화시키고 사는 것입니다. 죽음은 누구에게나 언젠가는 반드시 천천히 혹은 갑자기 찾아올 것이고 타협의 여지도 없고 피할 수 없는 것이기 때문입니다. 잘사는 것도 중요하지만, 깨끗하고 건강한 상태로 생을 마감하고 죽는 것도 매우 중요합니다. 그래서 기독교인들은 이 세상에 너무 미련을 갖지 말고 가장 아름다운 생사 문제와 소천을 위해서 항상 하나님께 기도해야 합니다.

제47장

당신도 죽음과 내세에 대하여 속고 사십니까?

사람이 살면서 여러 가지 오판과 그릇된 지식과 확신과 신념을 가지고 살지만, 가장 치명적인 오판과 그릇된 확신은 죽음과 내세에 대해 스스로나 타인에 의해 사실과 다른 지식 안에서 속고 사는 것입니다. 그런데 수많은 사람들이 이런 것에 속고 사는데도 자신이 속고 산다는 사실조차 인지하지 못하고 삽니다. 이는 마치 현재 자기 몸 어디엔가 암세포가 자리 잡고 자라고 있는데도 아프지 않으니 알지 못하고 자신은 건강하다고 하며 사는 사람과 같습니다. 또한 나쁜 짓을 하며 사는 사람들이 자기가 무슨 악한 짓을 해도 절대로 감옥(교도소)에 가지 않는다고 확신하는 것과 유사합니다. 많은 영역과 분야에서 그릇된 지식과 확신과 신념을 가지고 사는 자들이 많습니다. 여기에 눈에 보이는 것과 자기가 경험한 것과 자기 마음에 믿어지는 것만 확신하고 사는 사람들도 아주 많습니다. 그런 자들은 자기가 이해되지 않거나 믿어지지 않으면 다 부정합니다. 이것이 치명적인 오판과 오류와 확신과 신념과 지식과 실수입니다.

왜냐하면 누구나 자기가 알고 있고, 경험하고, 듣고, 배우고, 자기 눈에 보이고, 마음에 이해가 되고 믿어지는 것 등이 전부가 아니고 항상 사실이 아니기 때문입니다. 게다가 모든 사람은 다 연약하고 한계가 있어 불완전합니다. 현세의 것도 다 모르고 내세의 것은 더더욱 모릅니다. 설사 알고 있는 것 중에서도 잘못 알거나 오해하고 있는 것들이 수두룩합니다. 이런 사실들을 바로 인식하고 살아야 하는데 대부분의 사람들은 자기 주관이나 고집으로 일관하고 삽니다. 자기 확신에 중독되어 삽니다. 나이가 들고, 이런저런 경험치가 많고, 학식이 더 많아지면 더욱 고집을 부리고 누구의 말도 귀담아들으려고 하지 않는 성향이 있습니다. 그래서 '사람은 변하지 않는다', '사람은 고쳐서 쓰지 못한다', '나이가 들수록 고집이 더 세다'라고 하는 말들이 나오는 것입니다. 나이가 들수록 아집, 고집이 더욱 강화됩니다. 자기가 알고 있고, 생각하고, 경험한 것이 진리, 모두 사실이라고 확증편향에 빠져 삽니다. 이런 자들을 '교만하다, 오만하다, 거만하다, 완고하다, 황소고집이다'라고 말합니다. 그래서 사람들은 이런 완고한 자세 때문에 스스로 자기 발등을 찍고 자멸합니다.

사람들이 속는 것은 현세만 있고 내세(저승)는 없다고 확신하는 것입니다. 저승, 내세, 사후세계는 없다고 자신합니다. 그래서 현세에만 집중하고 내세를 대비하지 않습니다. 내세에 대한 말을 해도 무시합니다. 그런 자들은 이 땅의 삶에 올인합니다. 돈과 쾌락을 최고로 생각하며 삽니다. 이 세상의 삶이 전부라고 확신하기 때문입니다. 이는 치명적인 오판입니다. 누가 현세만 있다고 주장합니까? 그 근거가 무엇입니까? 심각하게 고민하고 연구하지 않은 상태에서 섣부른 결론을 가지고 현세만 있다고 하면서 사는 것은 위험천만합니다. 왜냐하면 고민과 연구를 제대로 했다면 현세만 존재하고 저승은 절대로 없다고 확신하지 못할 것이기 때문입니다. 세계 3대 종교인 기독교와 이슬람교와 불교 모두 현세가 존재하는 것처럼 저승(내세, 사후세계)이 있다고 가르치기 때문입니다. 객관적이고 제대로 연구를 하지 않은 상태에서 조급하게 현세만 있고 내세를 부인하고 사는 치명적인 실수를 합니다.

　여기에 사람에 대한 지식 오류에서 생긴 내세 부정이기도 합니다. 사람이 육체(몸)로만 되어 있다면 현세만 있는 것이 맞습니다. 육체는 죽으면 썩고, 화장하고, 무덤에 묻고, 시간이 지나면 다 산화되기 때문입니다. 그러나 사람은 육체만 있는 것이 아니라 영혼(넋)도 있습니다. 영혼은 눈에 보이지 않지만 존재하는 것입니다. 영혼은 물질이 아니기 때문에 영원히 죽지도, 불에 타지도, 땅에 묻히지도, 사라지지도 않습니다. 이 땅 어디에 떠돌아다니면서 존재하는 것이 아닙니다. 사후에 육체는 물질이기에 이 땅에서 처리되지만, 물질이 아니고 눈에 보이지 않는 영혼은 사망 즉시 이 세상과 육체를 떠나 내세인 중간상태의 장소인 낙원 아니면 음부에 들어가 세상 종말 때의 부활을 기다립니다. 컴퓨터에 하드웨어와 소프트웨어가 있듯이 현세와 내세, 육체와 영혼, 집과 감옥은 항상 존재합니다.

　이런 사실과 존재를 기독교 진리 책인 성경만이 명백하게 증거합니다. 이러한 사실을 믿고 안 믿고는 하나님이 은혜(선물)로 주시는 '믿음' 여부에 따라 결정됩니다. 하나님으로부터 믿음을 선물로 받은 사람은 현세를 믿는 것처럼 내세도 믿지만, 하나님으로부터 믿음을 선물로 받지 못한 지구촌의 모든 남녀노소는 절대로 믿지 못합니다. 무슨 말을 해도 무시합니다. 그런 반응이 당연합니다. 하지만 현세만 있고 내세는 절대로 없다고 확신하는 속임에 빠져 살다가 사후에야 자기 눈으로 목도하게 될 것입니다. 이는 마치 교도소는 절대로 없다고 하는 강도, 깡패, 범죄자들이 유죄 선고를 받고 감옥에 들어가야 감옥을 실감하고 인정하는 것처럼 될 것입니다.

이렇게 무슨 짓을 해도 감옥에 들어가지 않는다고 확신 가운데 사는 사람은 이 세상을 자기 마음대로 삽니다. 무질서하게 삽니다. 온갖 악한 짓을 하며 삽니다. 그러다가 스스로의 어리석음에 따른 그릇된 확신 때문에 비참하게 됩니다. 현세만 있고 저승, 내세, 사후세계, 심판이 없다고 확신하고 사는 사람도 마찬가지입니다. 이런 사람들은 현세의 삶만 생각하고, 현세의 삶에만 집중하고 집착합니다. 사후의 내세를 전혀 대비하지 않고 삽니다. 전쟁은 전혀 일어나지 않을 것이라고 자기의 그릇된 확신과 신념에 속아 전쟁 준비를 전혀 하지 않고 사는 군인 혹은 군대와 유사합니다.

히브리서 9장 27절
"한 번 죽은 것은 사람에게 정하신 것이요 그 후에는 심판이 있으리니"

마태복음 25장 46절
"저희는 영벌에, 의인들은 영생에 들어가리라 하시니라"

사람은 누구나 원죄의 결과로 반드시 죽습니다. 그러나 죽음으로 끝나는 것이 아닙니다. 사후 세상 종말에 부활이 있고 심판을 받습니다. 이 말은 죽음이 끝이 아니라 반드시 저승, 내세가 있다는 말입니다. 그리하여 **"저희는 영벌"**에 들어갑니다. 이것이 무슨 말입니까? **"저희"**란 현세에서 예수님을 믿지 않고 살다가 죽은 사람들입니다. 이런 사람들은 **"영벌"**에 들어간다고 합니다. **"영벌"**이란 내세의 나라인 장소적인 지옥에서 고통 가운데 영원히 산다는 말입니다. 여기서 **"의인들"**이란 착한 자들이 아닌 현세에서 살 때 예수님을 진실로 믿고 살다가 죽은 자들입니다. 도덕적으로 착한 사람, 선한 행위를 한 사람들을 가리키는 것이 아닙니다. 의인들은 영생에 들어간다고 합니다. 여기서 **"영생"**이란 내세의 천국을 가리킵니다. 이곳은 현세와 달리 더 이상 수고와 눈물과 애통과 질병과 죽음과 이별이 없는 곳입니다. 하나님만을 찬양하며 영원히 행복하게 사는 장소적인 하나님 나라입니다. 새 하늘과 새 땅입니다.

사람은 남녀노소를 불문하고 일찍 죽거나 늦게 죽기도 합니다. 그러나 죽음이 인생의 끝이 아니라 새로운 삶의 시작이고 영원히 삽니다. 예수님을 믿었든지 아니 믿었든지, 악인이든지 선인이든지, 누구든지 이 땅에 한 번 출생한 사람은 죽음이 끝이 아니라 반드시 내세인 천국 아니면 지옥에서 영원히 삽니다. 그것이 사람의 인생입니다. 이런 사실을 모르고 살거나 다르게 알고 속아 사는 사람들은 실패한 인생이자 세상에서 가장 불행하고 비참한 사람입니다. 왜냐하면 사람은 죽음으로 끝나지 않고, 내세가 있고, 세상 종말에 모든 사람들이 부활(살아남)하여 하늘에서 인류의 재판장이신 예수님으로부터 심판을 받고, 현세에서나 일생 중 선행과 행위가 아닌 신앙 여부에 따라 천국 아니면 지옥에 들어가서 영원히 살기 때문입니다.

이에 성경은 지옥의 삶을 둘째 사망이라고 부릅니다. 그 정도로 살았으나 죽은 것처럼 고통만 받고 영원히 살기 때문입니다. 이런 사실을 믿고 사는 사람은 행복한 사람이고, 이런 사실에 대하여 속고 사는 사람은 치명적으로 불행한 사람, 실패한 인생입니다. 그러므로 누구든지 그릇된 종교나 지식이나 타인의 가르침이나 자기 확신에 속지 않고 살기 바랍니다. 인생을 사기당하면 비참해집니다. 돌이키지 못합니다.

제48장

죽음과 술

"하루 적포도주 한 잔도 위험하다"는 주장이 나왔습니다. **"음주에 안전 수준은 없다"**는 점이 미국 보건 당국의 지침 변경으로 확인됐습니다. 미 공중보건국장 비벡 머시는 2025년 1월 3일(현지 시간) 지침에서 **"알코올은 막을 수 있는 암 발병의 원인 가운데 하나라는 점이 이미 충분히 입증됐다"**면서 **"미국에서 연간 10만 건의 암 발병, 암 사망자 2만 명이 음주와 연관이 돼 있다"**고 밝혔습니다. 최근 연구 결과에 따르면 음주와 7가지 암 사이에는 명백한 연관성이 있습니다.

술을 마시면 유방암, 직장·결장암, 식도암, 간암, 구강암, 인후암, 성대암 등 7가지 암이 발병할 위험이 높습니다. 뉴저지주 병원인 해큰색 메리디안 헬스의 외과 과장이자 해큰색 메리디안 의대 외과 교수인 파이즈 보라 박사는 **"의학계는 이제 음주에는 어떤 안전 수준도 없으며 알코올이 충분히 알려진 발암물질이라는 점을 잘 알고 있다"**고 말했습니다. 보라 박사는 이어 **"알코올이 (신진대사 과정에서) 세포를 손상시킨다는 점은 충분히 입증됐다"**면서 **"알코올은 산화 스트레스를 부르고, DNA 복구를 방해한다"**고 지적했습니다.

그는 "무엇보다 알코올은 세포 순환 조절 장애를 유발하고, 암세포가 형성되도록 한다"고 강조했습니다. 술이 어떤 면에서는 건강에 이점이 있다는 주장에도 의문이 제기되고 있습니다. 뉴욕타임스(NYT)에 따르면 매일 소량의 음주가 심혈관 질환에 도움이 된다는 주장이 있지만 지금 그 연구 방법이 잘못됐다는 지적들이 나오고 있습니다. 보라 박사는 "스트레스를 많이 받았을 때 적당량의 음주가 긴장을 이완시키는 긍정적인 면이 있다는 주장이 있지만 이마저도 긍정적일지 의문"이라고 말했습니다. 그는 "이런 얘기들은 주로 80~90세를 건강하게 장수하는 이들이 그 비결이 와인이나 스카치위스키 한 잔이라고 말하는 데서 비롯된다"면서 "그러나 이런 적당량 음주와 장수 사이의 연관성이 제대로 과학적으로 입증됐는지 의문"이라고 덧붙였습니다. 머시 국장은 "하루 한 잔 미만의 알코올 섭취도 암 발병 위험을 높인다"면서 2020년 전 세계 암 발병 가운데 74만 1300건이 음주 때문이었다고 밝혔습니다(파이낸셜뉴스, 2025. 1.).

우리나라뿐만 아니라 세계가 술 의존 사회가 되어 버렸습니다. 술은 이젠 가까운 이웃이나 친구처럼 되어 버렸습니다. 밥이 되었습니다. TV나 영화나 드라마나 연예프로나 온통 '술방'입니다. 술과 식사 자리와 삶은 바늘과 실처럼 엮여 버렸습니다. 이에 언제 어디서나 술은 단골 메뉴로 자리 잡았습니다. 모임, 회식 자리, 식사 자리, 집, MT, 환영회, 축하 자리, 장례식장, 환갑잔치, 생일날, 개인 만남 등등 일상에서 빠지는 법이 없습니다. 남녀노소 누구나가 마시고 있습니다. 술 종류도 다양합니다. 적게 마시는 사람, 많이 마시는 사람, 술에 중독된 사람 등등 다양합니다.

어떤 사람들은 술을 기호식품이라고까지 말합니다. 과거 담배가 걸어 온 길을 그대로 답습하고 있습니다. 담배 애호가들은 담배도 기호식품이라고 말합니다. 그러면서 술과 담배를 하지 않으면 무슨 재미로 사느냐고 말합니다. 인간관계나 사회생활이 어렵다고 말합니다. 조금이라도 술을 마시지 않는 사람은 기피할 정도입니다. 물론 근거 없는 일방적인 주장일 뿐입니다. 그렇지 않은 자들도 많기 때문입니다. 부분적인 사례를 전체인 양 말하는 것은 무리가 있습니다.

온갖 술은 과연 기호식품이고, 사람들을 행복하게 만들어 주고, 대화와 분위기를 원활하게 해 주고, 연애와 인간관계를 돈독하게 만들어 주고, 부부관계를 좋게 해 주는 입니까? 그런 경우도 있지만 반대의 경우도 있습니다. 세상엔 근거 없는 확신과 주장들이 적지 않습니다. 사실이 아닌 것들이 마치 진리처럼 여겨집니다. 결론을 말씀드리면 술과 담배는 WHO(세계보건기구)에서 이미 1급 발암물질이라고 규정했습니다. 2024년 12월 3일 보건복지부는 국회보건복지위원회에서 술에 대하여 이렇게 개정하겠다고 보고했습니다. **"한 잔의 술도 건강에 해롭다"** 술은 우리 몸과 마음과 사람과의 관계와 이웃을 망가지게 하는 것입니다. 아주 심각합니다. 겉으로 볼 때만 술이 여러 가지 좋은 것처럼 보이지만 실상은 정반대입니다. 술의 해악 상은 수도 없이 많습니다. 술과 담배는 암을 유발합니다. 술 자체는 암이 아니지만 술을 마시면 몸에 흡수되는 과정에서 아세트알데히드라는 발암물질이 생성되어 암을 발생시킵니다. 머리 맨 앞에 있는 전두엽을 손상시켜 비정상적인 사람으로 만들어 버립니다.

그래서 술만 먹으면 개가 된다는 말은 전두엽 손상에서 나타난 어눌한 말과 컨트롤이 되지 않는 이성과 행동을 보고 한 말입니다. 모두 술이 전두엽에 미친 영향 때문입니다. 술은 적게 마시든 많이 마시든 전두엽을 손상시켜 비정상적인 언행을 하도록 만듭니다. 술은 200가지 전후의 각종 다양한 질병을 유발합니다. 해외 논문에 의하면 **"적당량의 술은 없다"**고 합니다. 적게 미시든 많이 마시든 다 해롭다고 합니다. 술로 인한 교통사고, 술로 인한 폭언과 폭력, 술로 인한 행패, 술로 인한 가정파괴, 술로 인한 분쟁, 술로 인한 성폭행과 성추행, 술로 인한 각종 피해는 이루 말할 수 없이 다양하고 많습니다.

그럼에도 불구하고 부패하고 타락한 사람들은 술보다 더 좋은 음료들을 외면하고 오직 사람의 이성을 마비시키고 흥분하게 만드는 해로운 술만 찾습니다. 이젠 일부 기독교인들도 잘 마십니다. 일부 목사들도 마십니다. 알맞게 마시면 좋다고 생각합니다. 발암물질이나 독약이나 농약이나 방사능은 적게 마시면 괜찮습니까? 어쩌다 한 번씩 마시면 건강에 이상이 없습니까? 자주 많이 마실 때만 해롭습니까? 진리 안에서 자유하고 문화이기 때문에 마셔도 됩니까? 당신은 가족들에게 소량은 괜찮으니 독성물질을 먹이시겠습니까?

포도주와 술을 좋게 여기는 자들은 한 가지만 알고 두 가지 이상은 생각지 않습니다. 이는 마치 학생이 공부는 하지 않고 노는 것만 좋아하지, 그 이후에 있는 각종 시험은 생각지 않는 것과 같습니다. 노는 것 나쁘지 않습니다. 그러나 놀면 노는 것으로만 끝나지 않습니다. 술을 마시는 것도 마찬가지입니다. 술을 마시는 것은 죄도 아니고 구원과도 상관이 없습니다. 자유입니다. 하지만 술 그 자체가 적게 마시든 많이 마시든 사람의 몸과 정신과 관계와 이웃을 망가지게 하는 것을 알아야 합니다. 정상적인 사람으로 만들지 않습니다.

그래서 불행한 사고나 일 등에는 항상 술이 관계되어 있습니다. 아무리 자유가 주어져도 자신의 몸과 이웃을 해롭게 하는 경우 마실 자유를 포기하는 것이 지혜이자, 바른 신앙이자, 바른 자세입니다. 왜 반드시 술을 마셔야 합니까? 술을 마시지 않으면 대화나, 모임이나, 기분이나, 분위기 등이 제대로 돌아가지 않습니까? 부부끼리 술을 마시지 않으면 좋은 분위기가 올라오지 않습니까? 대화가 잘되지 않습니까? 이러한 주장에 대한 객관적인 근거는 무엇입니까? 이런 주장들을 종합해서 말하면 한마디로 술을 마시기 위한 합리화입니다. 술을 마시지 않는 나라나 개인이 있습니다. 이런 사람이나 나라는 불행하게 삽니까?

술은 환자를 치료하는 목적으로만 제한적으로 사용해야 합니다. 아니면 갈증이 아주 심한데 마실 음료는 없고 술만 있을 때는 마셔야 합니다. 잔칫집에도 술을 사용해야 합니까? 잔칫집에서 사용하면 술의 해악 상이 나타나지 않습니까? 잔칫집에서 술을 마시면 발암물질이 아닙니까? 술은 언제 어디서나 마시면 그 해악 상이 나타납니다. 성경에 가나의 혼인 잔치 집에서도 예수님께서 물을 포도주로 만들어 사용했다고 하면서 정당화하고 싶습니까? 예수님께서 제공하신 술은 발효된 술이나 화학성분이 들어간 술이 아닙니다. 예수님께서 하나님의 아들 메시아(구세주)라는 것을 증명하기 위해서 이적을 행하실 목적으로 신적 표적을 행하신 것입니다. 물을 포도주로 변화시킨 것은 지구상에는 전무후무한 포도주였습니다. 오늘날 그런 포도주나 술은 세상에 없습니다. 그런 술과 일반적인 술을 동일시하지 말아야 합니다. 술과 담배는 발암물질로 소중한 우리 몸에 아무런 유익이 없습니다. 해롭게만 합니다.

당장 술을 끊으면 우리 몸에 놀라운 변화들이 일어난다고 합니다. 이런 저런 보도와 자료에 의하면 그렇습니다. 세계일보 2021년 10월 기사로, 미국의 의학정보 웹사이트 '웹엠디'(WebMD)에 소개된 내용을 기사화했습니다. 제목은 '술을 끊으면 몸에 일어나는 일'입니다. 술을 끊으면 간이 치유될 수 있다고 합니다. 우리 몸의 장기 중에서 술을 마시면 가장 괴로워하는 것은 간입니다. 또한 심장이 더 건강해집니다. 혈압과 '트리글리세리드'라고 불리는 지방 수치, 심부전 가능성이 낮아질 수 있다고 합니다.

또한 몸이 덜 아플 것이라고 합니다. 술을 단 한 번만 마셔도 최대 24시간 동안 신체가 세균과 싸우는 면역력이 약해질 수 있다고 합니다. 그러니까 술을 끊으면 면역력이 강화된다는 말입니다. 또한 숙면을 취할 수 있다고 합니다. 술을 마시고 자면 일단은 잠이 잘 오겠지만, 밤에 반복적으로 깰 수 있다고 합니다. 술이 수면 중에 호흡을 방해하고, 소변을 보기 위해 자주 일어나게 만들어, 목이 말라 물을 마시도록 자꾸 깨우기 때문이라고 합니다. 또한 술배가 들어가고 몸무게가 줄어든다고 합니다. 소주 한 잔(45g)은 64kcal, 맥주 한 잔(200ml)은 96kcal라고 합니다.

배우 지진희 씨는 5차까지 가서 마시던 술을 끊었다고 합니다. 금주 후에 다음과 같은 것이 개선되었다고 합니다. 간 건강이 개선되었고, 체중 등이 효과를 보았다고 합니다. 또한 기억력 등 인지 능력도 개선되고 우울증도 완화되었다고 합니다(코메디닷컴, 2024. 9.). 시사저널은 한 달만 술을 끊으면 나타나는 몸의 변화 3가지를 기사화했습니다. 첫째는 체중 감량이 되고, 둘째는 피부가 촉촉해지고, 셋째는 수면의 질이 향상된다고 하였습니다. 세계일보는 2016년 1월 한 달 동안 술을 끊으면 생기는 9가지 몸의 변화에 대해서 기사화했습니다. 첫째는 지방간 수치가 15% 떨어진다. 둘째는 소식하게 된다. 셋째는 일의 효율성이 17% 이상 증가한다. 넷째는 숙면할 수 있다. 다섯째는 단 음식이 당긴다. 여섯째는 암 발생률이 떨어진다. 일곱째는 몸무게의 2%를 줄일 수 있다. 여덟 번째는 피부색이 좋아진다. 아홉 번째는 술 마시는 습관이 평생 바뀔 수도 있다.

하나님은 천지를 창조하실 때 인간에게 필요한 모든 것을 다 완벽하게 제공해 주셨지만 죄와 술과 담배는 주시지 않으셨고 창조하지 않으셨습니다. 술과 담배는 인간이 개발한 것입니다. 구약성경을 보면 술과 관련하여 좋은 사례는 하나도 없습니다. 술로 인한 불미스러운 사례들만 즐비합니다. 신약성경은 술을 권한 적이 없습니다. 비유든 실제든 술은 쳐다보지도 말라고 하였고, 술 취하지 말라고 하였습니다. 술을 가까이하지 말고 성령 충만을 받으라는 것이 요지입니다. 그럼에도 불구하고 좋은 것보다 나쁜 것을 더 선호하고 사는 인간들은 가능하면 하나님과 성경이 금하는 짓들만 골라서 합니다. 성경 역사와 인류 역사와 세계 역사가 잘 증명해 줍니다. 그 이유는 부패하고 타락했기 때문입니다. 죄 덩어리이기 때문에 눈만 뜨면 진리에 반하는 것을 찾고 행합니다. 그러면서 항상 합리화를 합니다. 마치 악한 짓을 한 자들이 자기 행위를 방어하기 위해서 변명하고 누굴 탓하고 합리화를 시키는 것과 유사합니다.

에베소서 5장 18절

"술 취하지 말라 이는 방탕한 것이니 오직 성령의 충만을 받으라"(거듭난 성도들이 취할 것은 방탕과 성적으로 타락하게 만드는 술이 아닌 성령의 충만이라고 함)

잠언 23장 31절

"포도주는 붉고 잔에서 번쩍이며 순하게 내려가나니 너는 그것을 보지도 말찌니라"(세상을 사랑하는 것이 마치 포도주를 마신 이후 나타나는 좋지 않은 결과와 같다는 비유의 말씀이지만 포도주를 좋게 말한 것이 아님)

잠언 31장 4절

"르무엘아 포도주를 마시는 것이 왕에게 마땅치 아니하고 왕에게 마땅치 아니하며 독주를 찾는 것이 주권자에게 마땅치 않도다"(왕 같은 제사장인 기독교인들을 향한 말씀으로, 포도주를 마시게 되면 주어진 제 역할과 기능을 제대로 하지 못함을 말함)

베드로전서 4장 3절

"너희가 음란과 정욕과 술 취함과 방탕과 연락(宴樂)과 무법
한 우상 숭배를 하여 이방인의 뜻을 좇아 행한 것이 지나간 때
가 족하도다"

고린도전서 3장 16~17절

"너희가(그리스도인) 하나님의 성전(신자 자신)인 것과 하나
님의 성령이 너희 안에 거하시는 것을 알지 못하느뇨. 누구든
지 하나님의 성전을 더럽히면 하나님이 그 사람을 멸하시리라
하나님의 성전은 거룩하니 너희도 그러하니라"

술과 담배는 사람에게 백해무익합니다. 술이 없어도 무엇이든지 다 할
수 있습니다. 무엇이든지 아무런 영향도 받지 않습니다. 그런데도 악한
인간들은 어떤 모임이나 회식 자리만 생기면, 누굴 만나기만 하면 술과
여자와 노래와 춤을 찾습니다. 연인끼리 데이트를 해도 술집은 필수 코스
입니다. 술을 못 마시는 남자는 멋대가리가 없거나 매력이 없다고 말합니
다. 사귀고 싶지 않다고 말합니다. 배부른 소리입니다. 술로 인하여 뜨거
운 맛을 보지 못했기에 하는 소리입니다. 술을 마시게 되면 한 번으로 끝
나지 않고 2차 3차 4차까지 가고 노래방까지 갑니다. 이젠 그것으로 쾌락
추구에 약하다고 생각하여 폭탄주를 돌리고 마약을 사용하는 데까지 이
르렀습니다.

인간이 추구하는 쾌락은 끝이 없습니다. 그런 것들이 성격은 다르지만

불륜, 간통, 동성애, 그룹섹스, 스와핑(부부맞교환섹스), 근친상간, 다자간 섹스와 자유로운 연애 등입니다. 인간은 날마다 달마다 해마다 끝없이 자극적인 것을 추구하고, 분위기를 이상하게 만드는 것과 흥분하게 만드는 것을 찾고, 타락의 길로 갑니다. 멀쩡한 정신과 분위기를 별로 좋아하지 않습니다. 뭔가 이상야릇한 분위기를 좋아합니다.

이에 더욱 자극적인 쾌락을 찾고 악한 길로 치닫게 됩니다. 그런 곳이 음란과 타락의 도시를 상징하는 소돔과 고모라와 폼페이 도시 등이었습니다. 지금도 전 세계는 쾌락 추구와 타락과 변질 정도가 하이패스인데 앞으로는 빛의 속도로 타락해 갈 것입니다. 이런 것에 사용되는 도구 중 하나가 술입니다. 정말로 자기 몸을 성전으로 생각하고 사랑하는 사람, 자기 몸이 자기의 것이 아닌 하나님의 것이라고 생각하는 사람, 이웃을 사랑하는 사람, 건강을 생각하는 사람은 술과 담배를 멀리합니다. 이런저런 구차한 합리화를 하면서 가까이하지 않습니다. 건강한 삶을 위해서 주야로 운동하고, 생수를 사 먹고, 좋은 음식만 찾는 사람들이 한편으로는 암을 일으키고, 각종 병과 이성을 오작동하게 만들고 유발하는 술을 가까이하는 것은 모순된 행동이 아닐 수 없습니다. 다른 음식은 조금만 이물질이 들어가도 싫어하고 멀리하면서 발암물질인 술은 왜 마시고 사랑하는지 모르겠습니다. 술은 당장 끊어야 합니다.

제49장

사별과 후유증

무엇이든지 후유증이 반드시 있는데 특히 치명적인 사건의 경우 후유증은 아주 오래갑니다. 후유증(後遺症)이란 '어떤 일을 치르고 난 뒤 부작용'을 말합니다. 사건과 관련이 없는 제3자들은 후유증이 있든지 없든지 아무런 관심이 없습니다. 어떤 후유증이든 지속되고 반복되면 짜증만 냅니다. 자기 일이 아니기 때문입니다. 이처럼 사람들은 자기나 자기 가족과 상관이 없는 일에는 별로 관심이 없습니다. 쉽게 잊어버립니다. 도리어 불편해하거나 짜증을 부립니다. 이제 그만하라고 합니다. 그러나 당사자들은 쉽게 잊히지 않습니다. 사람의 일이란 아무도 모릅니다. 어떤 일이나 사건이나 누구만의 일이 아닙니다. 특히 죽음의 경우 모두의 일입니다. 누구나 언젠가는 반드시 죽기 때문입니다. 사건사고도 모두가 당할 수 있는 일입니다.

그래서 남의 슬픔이라고 함부로 무시하거나 말하거나 불구경하듯 하지 말아야 합니다. 사별의 후유증은 그 어떤 후유증보다 아프고 오래갑니다. 그것은 사람에게 있어서 최고의 아픔이자 애정을 끊는 사건이기 때문입니다. 그래서 사별의 후유증은 유효기간이 없습니다. 사람에 따라 다르겠지만 대부분 수년 혹은 수십 년의 후유증을 앓거나 아니면 평생 동안 후유증을 앓는 사람들도 있습니다. 사별의 후유증은 크게 두 가지로 분류할 수 있습니다. 일반적인 죽음에 따른 후유증과 불행한 사건사고에 따른 후유증입니다. 일반적인 사별 후유증이 사라지기까지는 시간이 필요합니다. 시간이 약이라는 말이 있듯이 상처나 아픔이 아물기까지 시간이 필요합니다. 이는 마치 바다에서 선박이 좌초되거나 전복되어 기름이 유출되면 바다와 해안이 기름 범벅이 되어 많은 해양생물들이 폐사하고 죽음의 바다로 변하는 것과 같습니다.

이러한 바다와 해변은 단시간 내에 예전처럼 회복되지 않습니다. 많은 노력과 수고, 시간, 피조세계 회복력 등의 복합적인 요인에 따라 오랜 세월이 지나야 어느 정도 다시 회복됩니다. 산불이 났을 때도 그 후유증은 상당합니다. 수년 이상 풀과 나무가 자라지 않습니다. 산들도 오랜 세월이 흘러야 예전처럼 복원이 됩니다. 사별의 후유증은 이보다 더 오래갑니다. 이런 사실을 주변 사람들은 이해하고 존중해 주어야 합니다. 자기들이 당하지 않아 잘 모른다고 사별과 관련하여 농담을 하거나 공감하지 못하는 말을 하면 상처가 됩니다. 속이 상합니다. 그저 격려해 주고, 기다려 주고, 필요를 채워 주고, 기도해 주는 것 등의 선한 역할만을 해야 합니다. 그런즉 사별의 후유증인 아픔과 상처와 슬픔과 스트레스가 복원, 회복될 때까지 오래 참고 기다려 주고 배려해 주는 것이 사별을 당한 자를 진정으로 사랑하고 이해하는 자세입니다.

사실 사별을 당하지 않은 자들은 사별의 아픔과 고통과 스트레스를 잘 모릅니다. 공감하지도 못합니다. 절절하지 않습니다. 사람이란 무엇이든지 자기가 직접 체험하지 않으면 잘 모릅니다. 정말로 모릅니다. 무감각합니다. 설사 경험했다고 하더라도 그 충격과 기간이 짧으면 잘 모릅니다. 그런 자가 이러쿵저러쿵 훈수하고 조언을 하면 아무런 도움이 되지 않습니다. 그저 사별한 자의 현재 모습 그대로를 기다려 주고, 이해하고, 존중해 주는 것이 도와주는 것입니다. 문제는 불행한 사건사고로, 이해할 수 없는 사건사고로 하루아침에 자식을 잃은 부모들입니다. 이런 경우 사별의 후유증은 매우 강력하고 큽니다. 가장 대표적인 사건이 세월호 참사와 이태원 참사와 5.18 광주민주화운동 참사입니다. 이는 사별자들이 잘못한 것이 아닙니다.

그런데 왜 죽었는지 이유조차도 모른 채 죽어 장사를 지내게 되면 사별을 당한 부모들과 가족들은 이루 말할 수 없는 아픔과 절규와 분노를 당하게 됩니다. 잠도 제대로 자지 못하고, 밥도 목으로 넘어가지 않습니다. 일도 손에 잡히지 않습니다. 진실이 규명될 때까지 정상적인 생활을 못합니다. 일생 동안 잊지 못합니다. 온 가족이 망가집니다. 일반적인 사별보다 그 충격이 상상할 수 없을 정도로 압축되어 나타납니다. 대부분 갑자기 당한 사고, 억울하게 당한 사고의 후유증은 엄청납니다. 오래갑니다. 사건이 제대로 규명되고, 당사자들이 처벌받고, 책임라인에 있는 자들이 진정으로 사과하지 않는 이상 후유증은 치유되지 않습니다. 그런데 이런 유가족들에게 돌을 던지고 화살을 쏘는 자들이 있습니다. 깊은 상처가 되는 말을 하는 사람들이 있습니다. 이런 자들 또한 사건사고로 사별을 당하지 않은 제3자들입니다. 전혀 사별의 아픔에 공감하지 못하는 자들입니다.

이런 자들은 아주 냉혈인간처럼 말합니다. '이제 그만해라', '그만하면 됐지 않나', '얼마나 더 우려먹으려고 그러느냐', '언제까지 그렇게 하려느냐'는 등의 날카로운 창처럼 치명적인 막말을 쏟아 냅니다. 아주 무정하고 나쁜 사람들입니다. 같은 사람으로서 이럴 수는 없는 것입니다. 그런 말을 할 것 같으면 자신도 동일한 입장이 된 이후에 해야 합니다. 어느 날 갑자기 잘못도 없이 사건사고에 연루되어 사랑하는 자식과 부모와 가족을 잃으면 얼마나 황망하고 억울하고 기막히겠습니까? 당해 보지 않은 사람은 누구든지 모릅니다. 도움은 주지 못할망정 아픈 상처에 굵은 소금을 뿌리는 사람은 인간도 아닙니다. 멀리서나마 안타까워하면서 격려하는 것이 바른 자세입니다. 이런 사별의 후유증은 평생 갑니다. 그런즉 유가족들이 그만 아파할 때까지, 추모나 기념행사를 접을 때까지 언제까지든지 이해하고 기다려 주어야 합니다.

로마서 12장 15절
"즐거워하는 자들로 함께 즐거워하고 우는 자들로 함께 울라"

고린도전서 13장 4절
"사랑은 오래 참고…"

일반적인 사별이든 사건사고로 인한 특별한 사별이든 후유증은 정도의 차이만 있을 뿐 동일합니다. 이런 사별의 후유증을 당하고 있을 때 비교적 가까이 지냈던 자들 중에 어떤 사람들은 사별을 당한 자에게 더 큰 상처를 주고 실망감을 주는 언행을 합니다. 친분이 먼 사람이나 낯선 사람들에게는 그런 일이 없습니다. 가까이 지낸 사람, 지인들, 도움을 받은 사람들이 알게 모르게 상처를 줍니다. 사별의 후유증도 큰데 은혜를 원수로 갚는 사람들로 인하여 사별의 후유증은 더욱 커집니다. 신기하게도 사별자에게서 물질적으로 많은 도움을 받은 자들이 그리합니다. 무정하고 무관심합니다. 그런데 신기하게도 별로 도움을 주지 않은 사람들과 신앙이 연약한 자들로 인하여 위로를 받았습니다. 후유증을 이기는 데 도움이 됩니다. 그들은 사별자에게서 큰 도움을 받은 자들이 아닌데도 2년 혹은 3년 내내 매주 매달 필요한 반찬을 공급해 줍니다. 말과 문자와 전화로만 위로하지 않았습니다. 얼마나 고마운지 모릅니다. 도움을 크게 받은 자들은 아주 무정하고 냉정하게 돌아섰는데 전혀 그렇지 않은 자들의 실천적 애정과 관심으로 인하여 위로가 됩니다.

사람은 알 수가 없는 존재입니다. 은혜와 도움을 받은 자들은 배은망덕하고 그렇지 않은 자들은 사별자를 사랑해 주는 이상한 현상을 경험합니다. 특히 가까이 지낸 자들을 조심해야 합니다. 사람이란 어떤 일을 당했을 때 전혀 다르게 나올 수 있습니다. 아무튼 사별 후유증은 생각 이상으로 크고 오래가는데, 회복에 많은 시간이 필요하다는 것과 사건사고로 사별한 경우 진상규명과 사과가 이루어지지 않는 이상 유가족들은 평생 동안 고통과 아픔에 시달리게 된다는 것입니다. 그러니 정부와 관계자들은 진실규명과 사과를 반드시 해야 사별의 후유증이 대폭 완화된다는 것을 알아야 합니다. 제3자들은 사별한 유가족들이 스스로 그만둘 때까지 기다려 주고 이해해 주고 존중해 주어야 합니다. 일반적인 사별자들에 대해서도 동일한 시선과 자세로 대해 주고, 진정한 애정과 관심을 가져야 사별의 후유증을 무난하게 극복할 수 있습니다.

제50장

사별과 이혼

　사별은 일생 중 누구나 반드시 겪는 것입니다. 전 인류가 겪습니다. 생전에 싫든 좋든 부모와 배우자와 자녀와 형제와 지인과 가족 등과 반드시 사별하게 됩니다. 사별의 근본적인 요인은 최초의 인간이자 인류의 대표자인 아담과 하와가 하나님께 불순종하는 죄를 범한 결과로 주어진 저주, 형벌로 대표자 원리에 따라 오고 오는 전 인류에게 원죄가 전가 혹은 유전된 것이라고 했습니다. 죄의 삯은 사망이기에 이 죽음, 사별은 누구도 피하지 못합니다. 불가역적입니다.

　근본적으로 죽음과 사별은 우리가 선택할 수 있는 것이 아닙니다. 우리의 권한 밖입니다. 인간을 창조하신 하나님의 주권이자 영역입니다. 그래서 매 순간, 날마다, 주마다, 달마다, 해마다 죽음과 사별을 대비하고 살아야 합니다. 이에 비해 이혼은 하나님께서 행하시는 것이 아니라 결혼한 부부가 선택하고 결정하는 일입니다. 하나님께서 사람들에게 위임한 것입니다. 사별의 아픔이 가장 크지만, 이혼의 아픔도 큽니다. 그래서 이혼은 아주 깊고 무겁고 신중하게 해야 합니다. 성경은 기본적으로 이혼을 금합니다. 결혼한 자들은, 부부는 사별하기 전까지는 헤어지지 말라는 것이 성경의 명령입니다.

그런데 언젠가는 좋고 사랑한다고 하여 결혼해 놓고 살다가 잘 맞지 않고 힘드니 자기들에게 선택권이 주어졌다고 너도나도 이혼하고 있습니다. 성경과 달리 민법은 이혼의 사유를 아주 넓게 열어 놓고 있습니다. 물론 이혼을 하는 분명한 이유가 있고 사연이 있을 것입니다. 한쪽이 문제가 있든지 아니면 쌍방이 문제가 있든지 해서 이혼할 것입니다. 기본적으로 모든 부부는 다 장단점이 있습니다. 결혼은 최종적으로 쌍방이 결정한 사안입니다. 결혼은 하나의 계약관계입니다.

따라서 어느 한쪽이 힘들고, 고통스럽고, 불행하다고 해서 계약을 파기할 수 있는 것이 아닙니다. 서로가 좋아서, 사랑해서 맺은 결혼계약입니다. 게다가 결혼식 날 하객들 앞에서 공개적으로 서약한 결혼입니다. 빼도 박도 못하는 약속입니다. 그렇다면 부부 서로가 가해자든 피해자든 모두에게 100% 책임이 있습니다. 결혼은 물건처럼 마음에 들지 않거나 하자가 발생했다고 하여 반품이나 교체할 수 있는 대상이 아닙니다. 싫든 좋든, 쓰든 달든, 행복하든 불행하든 끝까지 책임을 다해야 하는 관계입니다. 그래서 결혼은 매우 신중하게 해야 하는 것입니다. 쉽게 이혼할 수 없는 일이기 때문입니다.

결혼의 행불행과 이혼 여부도 결혼 전 연애 시절에 결정됩니다. 무슨 말입니까? 비교적 하자가 없는 사람을 잘 만나야 한다는 말입니다. 서로가 이런저런 궁합이 잘 맞는 자이어야 합니다. 전반적으로 기본과 상식과 인성을 갖춘 자라야 무난합니다. 결혼해서 배우자가 좋은 사람으로 달라지는 것이 아니라, 결혼 전의 배우자 모습이 결혼생활로 그대로 이어집니다. 결혼 전에 만난 좋은 배우자가 결혼해서도 좋은 배우자로 살아가게 됩니다. 반대로 결혼 전에 좋지 않은 배우자는 결혼해서도 좋지 않은 배우자로 행동합니다.

그래서 데이트할 때, 연애할 때 좋은 사람인지 아닌지를 다면으로 검증하고, 테스트하고, 확인해야 합니다. 이 부분에서 제대로 거르지 못하고 신중하게 검증하지 못하면 결혼에 실패할 가능성과 이혼할 확률이 아주 높아집니다. 사람이란 특별한 사람을 제외하고, 일반적으로 남녀노소를 불문하고 10세 이상이 되면 쉽게 변하지 않습니다. 좀처럼 변하지 않는 것이 사람입니다. 신학을 하고 목사가 되어도 습성, 인성은 잘 변하지 않습니다. 대부분 연애 시절에 경험한 배우자의 모습은 별로 문제가 없어 보이고 좋게만 보일 것입니다. 서로가 포장하고 일부분의 실상만 알기 때문입니다. 그러나 연애 시절이 전쟁 연습 기간이었다면, 결혼생활은 실제 전쟁과 같은 생활로 부부 서로의 정체성과 실상과 모습과 실력과 수준이 훤히 드러납니다. 그러면서 서로가 놀라고 당황합니다. '이런 사람이었어?'라고 하면서 말입니다.

결혼생활은 배우자의 감추어진 모습, 연애 시절에 확인되지 못한 모습, 배우자의 본래 모습, 배우자의 단점이 적나라하게 다 드러납니다. 이에 대부분의 부부들이 서로 당황하고, 놀라고, 고민하고, 아차 싶고, 서로 싸우고, 눈물을 흘리고, 후회합니다. 그래도 계약은 계약입니다. 자기가 최종 사인 한 결혼계약입니다. 성인이라면 자기의 결정에 쓰든 달든 죽을 때까지 책임을 져야 합니다. 그런데 상당수 배우자들이 무책임하게 이혼해 버립니다. 이혼 법정으로 달려갑니다. 물론 다 그럴 만한 충분한 이유들이 있을 것입니다.

그러나 충분한 이유와 명분이 있다고 하여 결혼계약을 파기하는 것은 아주 무책임하고 불성실한 자세입니다. 근시안적인 생각입니다. 세상을 그런 식으로 살게 되면 지구를 떠나야 합니다. 직장생활은 못합니다. 인간관계도 못합니다. 사방 천지가 자신의 마음을 찌르는 못된 사람들과 부조리한 일들 천국이기 때문입니다. 세상은 부패, 부조리 그 자체입니다. 그러면 세상과도 이혼해야 할 것입니다. 이혼을 하게 되면 돌이킬 수 없는 큰 상처가 생깁니다. 인생이 꼬이게 됩니다. 자신도 큰 상처와 아픔을 겪고 자녀들도 큰 상처와 아픔을 겪고 품고 살게 됩니다. 이혼을 하면 자신만 불행하거나 고통을 당하는 것이 아닙니다. 자녀와 부모에게 큰 상처와 아픔과 슬픔을 줍니다. 이혼하고 재혼하는 자들도 있지만 평생 혼자 사는 자들도 있어 혼자 살기에 불안함과 외로움과 적적함과 온갖 다양한 변수로 인하여 또 다른 고통을 만나게 됩니다. 그런즉 결혼도 이혼도 아주 신중하게 해야 합니다. 행복한 이혼은 없습니다.

마태복음 19장 6절
"이러한즉 이제 둘이 아니요 한 몸이니 그러므로 하나님이 짝 지어 주신 것을 사람이 나누지(이혼하지) 못할찌니라 하시니"

누군가는 이혼해서 행복하다고 하는 사람도 있지만 진정으로 행복할
수 없습니다. 그러니 결혼 전에 데이트를 상대방을 제대로 파악하는 시간
으로 만들어야 하고, 겸손히 인생선배들과 부모님에게 조언을 구해야 합
니다. 또한 결혼하여 배우자가 괴롭히면, 어떤 상황과 명분이 생기면 이
혼하겠다고 생각하는 자들은 잠시 결혼을 유보해야 합니다. 어떠한 경우
에도 이혼하지 않겠다는 결심이 서면 그때 결혼해야 합니다.

결혼하는 자들은 하나같이 불완전한 자들입니다. 허물이 많은 자들입
니다. 연약한 자들입니다. 미성숙한 자들입니다. 결혼 전이나 결혼 이후
로 서로를 불편하게 하고 마음을 아프게 할 수 있는 일을 충분히 할 수 있
는 사람입니다. 완전한 사람은 없습니다. 평생 갈고닦고 수리하며 살아야
합니다. 이런 점을 충분히 검토한 이후 마음의 준비가 되면 결혼해야 합
니다. 누구나 장점과 단점, 강점과 약점이 있습니다. 결혼 이후 누구나 배
우자가 원치 않는 치명적인 불의를 행할 수도 있습니다. 대표적인 것이
불륜과 폭력입니다. 물론 결혼 전에는 다 나쁜 짓을 하지 않는다고들 말
합니다. 그러나 실제는 그렇지 않습니다. 인생살이가 자기 말대로, 생각
대로, 마음먹은 대로, 약속한 대로 굴러가지 않고 생각지 않은 상태로 굴
러가기도 합니다.

이런 잠재적 변수들이 도사리고 있다는 것도 감안해야 합니다. 배우자
가 어떤 짓을 할지 모릅니다. 배우자도 수시로 변합니다. 그러니 어떤 경
우와 조건과 고통 가운데도 끝까지 배우자를 사랑하고, 이해하고, 결코 이
혼하지 않겠다는 결심이 섰을 때 결혼하기 바랍니다. 최악의 상황도 그려

본 이후 감당할 수 있겠다는 결심이 섰을 때 결혼해야 합니다. 배우자의 단점과 잘못까지 끝까지 이해하고 사랑하고 참아 줄 수 있겠다는 준비가 되었을 때 결혼해야 합니다. 아무리 상대방을 사랑하고 좋아해도 나쁜 습관이나 단점을 감당할 자신이 없으면 헤어지는 것이 불행을 예방하는 지혜입니다. 또한 결혼이나 사랑이나 조건으로 하는 것이 아닙니다. 상당수가 조건으로 만나고 결혼하니 조건이 변하면 쉽게 이혼하는 것입니다. 항상 조건을 제시하는 부부는 진정으로 사랑하는 자가 아닙니다.

사별한 자들도 혼자 남았기에 불완전하고, 외롭고, 적적하겠지만, 이혼한 자들도 정도의 차이만 있을 뿐 동일한 어려움을 겪습니다. 사별이야 누구나 다 당하는 것이고, 하나님의 영역이고 주권이기 때문에 사람으로서 어찌할 수 없는 일입니다. 그러나 이혼은 자신의 의지나 마음에 따라 얼마든지 막을 수 있는 것입니다. 다시 말하지만 인간적으로 성공한 죽음과 사별, 행복한 죽음이나 사별이 없는 것처럼, 성공한 이혼, 행복한 이혼은 없다고 보는 것이 정직한 말입니다. 혹 이혼을 하더라도 배우자가 불륜을 저질렀을 경우에만 해야 합니다. 이것이 성경이 허락하는 범위입니다. 이 또한 용서하고 사는 것이 성경의 뜻입니다. 본래 하나님은 이혼을 허락지 않습니다. 모든 사람은 불륜보다 더 악한 사형수입니다.

하나님께서는 사형수인 우리를 무조건 용서해 주시고, 사랑해 주시고, 구원해 주셨는데 우리들은 그러지 않습니다. 배우자의 허물과 죄에 대하여 용서하지 못하고, 이해하지 못한다고 하면서 미워하고 이혼으로 갑니다. 배은망덕입니다. 이혼이 대세인 세상에 기독교인들만큼은 자신과 세상방식이 아닌 성경과 하나님의 방식대로 결혼하고 살기 바랍니다. 이혼에 대해서도 성경방식을 따라야 합니다. 그런 자가 지혜자이자 하나님의 사람입니다. 성경 말씀대로 하면 인내해야 하기 때문에 그 기간 동안 잠시는 고통이 따를 수 있지만 끝이 좋습니다. 하나님은 완전하시기 때문입니다. 그러나 자기 방식과 세상방식대로 이혼하면 잠시는 좋을지 모르지만 끝이 좋지 않습니다. 후회할 가능성이 매우 큽니다. 사람의 생각은 아주 짧고 부실하기 때문입니다. 멀리 보지 못하고 지금 당장 힘든 사정과 상황만 생각하여 벗어나려고 합니다. 그래서 실패하고 오판하는 것입니다. 자기결정권을 남발하지 말아야 합니다.

제51장

사별과 노후빈곤

우리나라는 OECD(경제개발협력기구)에서 노인 빈곤율이 최상위입니다. 정년이 되어 은퇴를 하게 되면 돈벌이가 중단됩니다. 노년에 좋은 직장을 구하기도 어렵습니다. 설사 직장생활을 한다고 하더라도 수입은 아주 적습니다. 반토막입니다. 상당수는 일자리를 얻지 못합니다. 남편이든 아내든 생전에 함께 맞벌이를 하다가 사별을 하게 되면 경제적으로 더욱 약화되는 것은 분명합니다. 이는 누구에게나 다가오는 현실입니다. 물론 넉넉한 사람들도 있습니다. 여기서 말하고자 하는 것은 이런 것을 차치하고도 노후빈곤을 유발하는 요인이 있습니다. 누구에게나 일어날 수 있는 일입니다. 이런 일을 당하면 누구나 노후빈곤에 시달립니다. 그래서 극도로 조심하고 경계해야 합니다. 아주 신중하고 방어적으로 살아야 합니다. 그래야 안전을 담보할 수 있습니다. 노후빈곤으로 떨어지지 않습니다. 그것은 일곱 가지 정도 됩니다.

첫째는, 사기당함 때문입니다.

사기(詐欺)란 타인의 꼬임에 속는 것을 말합니다. 돈이 많든지 적든지 누군가는 반드시 접근할 때가 있습니다. 아주 그럴듯하고 달콤한 말로 다가옵니다. 잠시만 돈을 빌려주면 높은 이자를 쳐주고 수개월 혹은 수년 내에 갚겠다고 하면서 빌려 달라고 하든지, 몇 배 혹 몇십 배 이익을 볼 수 있는 좋은 투자처(주식+부동산 등)가 있으니 투자해 보라고 하든지 하는 제안을 받을 수 있습니다. 이에 자기가 가지고 있는 전 재산을 빌려주거나 투자하게 되면 위기에 처하게 됩니다. 잘되는 경우도 있지만 대부분 뜻대로 되지 않습니다. 그 결과 전 재산을 잃거나 빚더미에 앉게 됩니다. 노후빈곤에 처하게 됩니다. 실제로 그런 사람들이 많습니다. 그런즉 주변의 이런 유혹과 제안에 넘어가지 않기를 바랍니다. 자기에게 주어진 것으로, 현재의 상태로 지족하며 살아야 합니다. 과도한 욕심과 사람에 대한 절대적인 신뢰는 치명적인 독이 될 수 있습니다. 돈과 관련하여 사람을 전적으로 믿는 것은 매우 위험합니다. 어리석은 짓이 될 수 있습니다. 사람이란 자기가 위기에 처하면 도망가거나 거짓말을 하거나 배 째라고 나옵니다. 돌변해 버립니다. 돈 앞에서는 누구나 갈대입니다. 그것이 사람입니다. 그러니 노후에 사기를 당치 않도록 극도로 조심해야 합니다.

둘째는, 자녀나 지인 등에게 사업 자금을 주거나 빌려주고 회수하지 못할 때입니다.

자녀나 가까운 지인이 무엇을 하겠다고 하면서 많은 돈을 요구하면 거절하기가 쉽지 않습니다. 이런 경우라도 무리하게 주지 말아야 합니다. 실패를 가정하고 자신의 생활에 큰 지장을 받지 않은 선에서만 지원해 주어야 안전합니다.

셋째는, 과도한 질병 치료비 지출 때문입니다.

나이가 들면 자꾸 아프게 됩니다. 큰 질병에 걸리면 치료비가 많이 듭니다. 특히 비급여에 해당하는 고약한 질병에 걸리면 재정적으로 큰 부담을 져야 합니다. 그로 인해서 빈곤에 빠져 버립니다. 그러니 평상시에 건강 관리를 잘해야 합니다. 매일 걷고, 식이요법을 잘하고, 근력운동을 해야 합니다. 범사에 절제된 생활을 해야 합니다.

넷째는, 창업에 실패하기 때문입니다.

퇴직을 하면 마땅한 직장을 찾기 어렵습니다. 가장 쉽게 할 수 있는 것이 창업입니다. 이에 퇴직자들이 너도나도 창업에 뛰어듭니다. 창업은 하나의 모험입니다. 잘되면 좋지만 실패했을 경우 빈곤에 빠집니다. 그런즉 무모한 창업은 금해야 합니다.

다섯째는, 과도한 소비 때문입니다.

넉넉한 사람이야 큰 문제가 아니지만 넉넉하지 않은 노후에 과도하게 소비, 지출을 하고 살면 머지않아 빈곤에 빠질 수 있습니다. 그런즉 검소하고 분수에 맞게 살아야 합니다. 체면이나 자존심 때문에 부자들과 비슷하게 놀고, 먹고, 마시고, 골프 치고, 여행 가고, 좋은 것을 구입하고 살면 빈곤은 쓰나미처럼 찾아옵니다.

여섯째는, 과도한 성인 자녀 교육비 지원 때문입니다.

자녀가 늦도록 대학원 등에 다닌다고 부모에게 많은 교육비를 원하는 경우 거절하기 어렵습니다. 이에 많은 교육비를 오랫동안 지원하게 되면 빈곤에 빠집니다. 자녀들이 부모의 빈 곳간을 쉽게 채워 주지 못합니다. 자기 살기에도 빠듯하기 때문입니다. 자녀를 돕더라도 노후를 방어하면서 돕고, 스스로 해결하도록 해야 합니다.

일곱째는, 황혼이혼 때문입니다.

넉넉하지 않은 형편에서 황혼이혼을 하게 되면 곧바로 빈곤에 빠집니다. 재산이나 위자료가 아주 적어 힘든 노후를 맞이하게 됩니다. 이에 어쩔 수 없이 노년에 식당 등에서 힘든 노동을 하며 살아야 합니다.

지금까지 노후빈곤에 빠지는 핵심적인 요소들을 생각해 보았습니다. 노후에는 재산이 많든 적든 돈을 지출할 때는 자신의 노후생활에 지장이 없는 범위 안에서만 투자, 소비, 돕는 것을 해야 합니다. 자기의 전 재산을 투자하거나 은행으로부터 많은 대출을 받아서 투자하거나 하는 것은 무모하고 어리석은 짓입니다. 무엇을 하든지 실패율은 50%입니다. 무엇이든지 만약을 대비하면서 해야 안전합니다. 아무리 좋은 일이라도 자기 생활을 안전하게 지키면서 해야 나중에 후회하지 않고 노후빈곤에 떨어지지 않습니다. 그런 지혜가 필요합니다.

제52장

빈손 출생과 빈손 죽음

사람은 누구나 태어날 때 빈손으로 출생합니다. 또한 그 어떤 사람도 반드시 죽게 되는데 죽을 때 빈손으로 죽게 됩니다. 이것을 공수래공수거(空手來空手去)라고 합니다. 그래서 잘난 사람이든 못난 사람이든, 부유한 사람이든 가난한 사람이든 결국 모든 사람은 '빈손 인생'입니다. 빈손 인생은 자기의 의지나 뜻과는 상관없이 이루어진 것이고 이루어질 것입니다. 사람의 생사화복(生死禍福)은 사람에게 있지 않고 사람을 흙으로 창조하신 살아 계신 하나님께 있기 때문입니다. 만물과 사람의 주인은 하나님이십니다. 사람이 아닙니다. 부모님도 아닙니다. 자기 자신이 자기 목숨과 인생을 좌지우지하는 자라고 생각하는 사람은 속고 사는 자입니다.

이런 빈손 인생을 아는 자와 모르는 자의 현세에서의 삶은 천지 차이가 납니다. 빈손 인생이라는 것을 아는 사람은 욕심, 탐심을 부리지 않습니다. 이 세상에 집착하지 않습니다. 갑자기 혹은 언젠가는 반드시 떠나야 할 인생이라는 것을 알기 때문입니다. 그래서 하루하루를 소중하게 생각합니다. 성실하게 살아가되 욕심을 부리지 않고 자기에게 주어진 것을 만족하고 감사하며 삽니다. 돈을 모으기에만, 현세에서 쾌락을 누리기에만 집착하지 않습니다. 가볍게 삽니다. 과도하게 욕심을 부리거나 무모한 짓을 하며 살지 않습니다.

그러나 빈손 인생이라는 것을 모르거나, 인정하지 않거나, 무시하고 살거나 하는 사람은 스스로 속아 사는 자로서 욕심과 쾌락을 추구하며 살면서 이기적으로 삽니다. 현세만 있다고 굳게 믿고 살기에 돈을 많이 모아서 마음껏 즐기고 살다가 인생을 마치겠다고 생각합니다. 그래서 자기와 자기 가족만을 위해서 돈을 벌고, 일하고, 즐기고 삽니다. 이 땅에 많은 투자를 하면서 원 없이 먹고 마시고 쾌락하며 삽니다. 이러한 삶은 이성이 없는, 내세를 생각지 않고 사는 짐승들과 다를 바 없는 인생입니다. 짐승들은 배만 부르면 그만이기 때문입니다. 짐승들은 내세를 생각지 않습니다. 그저 배만 부르면 그만입니다. 그저 잘 먹고, 좋은 집에서 살고, 시간이 나는 대로 국내외 여행을 하면서 인생을 즐기고, 하고 싶은 것을 마음껏 하고 사는 것을 최고의 인생이라고 생각합니다. 행복이라고 말합니다. 이는 근시안적인 인생, 어리석은 인생, 허무한 인생입니다. 헛된 행복, 헛된 즐거움, 헛된 쾌락에 속고 사는 것입니다. 반짝 행복, 반짝 즐거움, 반짝 쾌락에 속고 사는 사람입니다.

왜냐하면 공수래공수거 인생이 맞지만 그것으로 끝이 아닌 내세(저승, 사후세계)가 있고, 영원한 행복이 있고, 사후에 그곳에 들어가서 영원히 사는 인생이 있기 때문입니다. 내세를 준비하는 자와 준비하지 않고 사는 자는 천지 차이입니다. 이는 마치 시험을 준비하고 사는 학생과 그렇지 않은 학생과 같고, 전쟁을 대비하고 사는 군대와 그렇지 않은 군대의 차이만큼이나 큰 차이를 보입니다. 공수래공수거라는 사실을 잊고 사는 사람도 불쌍한 사람이지만, 공수래공수거라는 것을 인정하지 않고 사는 사람도 속아 사는 자로 불행한 사람입니다. 현세만 있고 내세가 없다면 열심히 공부하고 일해서 돈과 권력을 얻은 이후 마음껏 먹고, 마시고, 즐기고 사는 것이 멋진 인생입니다. 그러나 세상과 인생은 현세도 있고 내세도 있기 때문에 심각한 것입니다. 이는 마치 여름만 있다고 생각하고 겨울을 대비하지 않고 살다가 혹독한 겨울을 맞이한 사람과 비슷합니다. 아마 끔찍하고 비참하게 될 것입니다.

디모데전서 6장 7~8절

"우리가 세상에 아무것도 가지고 온 것이 없으매 또한 아무것도 가지고 가지 못하리니 우리가 먹을 것과 입을 것이 있은즉 족한 줄로 알 것이니라"

마태복음 25장 46절

"저희는(불신자들) 영벌에(사후 지옥에), 의인들은(참기독교인들) 영생에(사후 천국에) 들어가리라"

그래서 어리석고 무지한 사람은 그 어리석음과 무지함 때문에 결국 비참하게 되고 불행하게 살지만, 지혜롭고 유식한 사람은 그 지혜와 유식함 때문에 현세와 내세에서 영원히 행복하게 살게 됩니다. 다시 강조컨대 모든 사람은 빈손으로 출생했다가 빈손으로 죽게 됩니다. 따라서 이 세상에 부를 축적하고 사는 것, 돈이 전부라고 믿고 오직 돈만 믿고 사는 것, 현세만 있고 내세는 없다고 굳게 확신하고 사는 것은 매우 어리석고 헛되고 헛된 일입니다. 부질없는 짓입니다. 자기의 것이 아닙니다. 그런즉 어느 정도 일용할 양식이 있다면 그것으로 만족, 지족하고 살되 과욕을 부리지 말아야 합니다. 또한 빈손 인생이지만 현세로 끝나지 않기에 내세를 대비하고 살기 바랍니다. 부한 자들이나, 잘난 사람이나, 가난한 사람이나, 못난 사람이나 이 세상을 언젠가 반드시 빈손으로 떠나가지만 그것으로 끝나지 않고 내세가 기다리고 있습니다.

내세에서는 빈손 인생이 아니라 누구는 영원히 고통 인생이 되고, 누구는 영원히 행복 인생이 될 것입니다. 이 세상의 고통이나 행복과는 비교 자체가 되지 않는 내세 인생입니다. 이러한 내세 인생을 가르는 기준은 현세에서 인류의 유일한 구세주인 예수 그리스도를 '믿느냐 믿지 않느냐'로 판가름 납니다. 현세에서 살 때 진실로 예수님을 믿다가 죽은 자는 내세에서 영원히 행복한 인생이 되고, 현세에서 살 때 예수님을 거부하고 불신하고 살다가 죽은 자들은 내세에서 영원히 비참한 고통 인생이 될 것입니다.

이런 사실을 믿든지 아니 믿든지 그런 시기는 반드시 옵니다. 이 판가름 기준은 천지만물을 창조하신 하나님, 만물의 주인이신 하나님, 인류를 요람에서 무덤까지의 행위로 심판하실 하나님께서 정하신 기준입니다. 그런즉 무시하거나 말도 안 된다고 불평과 원망을 한들 아무런 소용이 없습니다. 불가역적인 기준이기 때문입니다. 무시하든, 불신하든, 우습게 여기든 반드시 그렇게 됩니다. 공수래공수거 인생, 빈손 죽음은 끝이 아니라 내세 인생의 새로운 시작이 됩니다. 이런 사실을 바로 알고 살기 바랍니다.

제53장

사별·이혼과 동거·사실혼 생활

현재 이혼자들이 하늘에서 함박눈이 쏟아지는 것처럼 무수히 증가하고 있습니다. 결혼한 자들 중 30~40% 정도가 이혼하고 있습니다. 그러니까 열 명이 결혼하면 서너 명이 이혼한다는 말입니다. 향후 이보다 더 많은 사람들이 이혼할 것입니다. 세상의 흐름과 세태가 그렇습니다. 가정환경은 더 좋아지지 않을 것입니다. 폼페이 도시나 소돔과 고모라와 그 주변 도시처럼 성적으로 타락할 것이고, 그와 비례하여 이혼부부도 기하급수적으로 증가할 것입니다. 이혼사유도 다양합니다. 일방과실도 있고 쌍방과실도 있습니다. 성격차이, 폭언과 폭력, 경제문제, 불륜 등에 따른 이혼이 대다수를 차지합니다. 아무튼 너무너무 심각한 상황입니다. 그만큼 가정이 해체되고, 가족들이 이산가족이 되고, 자녀들에게 심각한 상처와 아픔을 주고 있다는 증거입니다.

요한계시록 21장 8절

"그러나 두려워하는 자들과 믿지 아니하는 자들과 흉악한 자들과 살인자들과 행음자들(간음자, 불륜자)과 술객들(점술자)과 우상 숭배자들과 모든 거짓말하는 자들은 불과 유황으로 타는 못(지옥)에 참예하리니 이것이 둘째 사망이라"

　물론 이혼한 당사자들에게도 치명적인 상처와 아픔이 되고, 부모들에게도 걱정과 슬픔이 됩니다. 이혼하면 이혼으로 끝나지 않습니다. 어떤 이유로 이혼했든지 시원한 것이 아닙니다. 복잡한 문제가 이어집니다. 이혼해서 더 좋아졌다고 하는 사람도 있을지 모르지만 자녀들이나 이혼한 자들이나 모두 현재와 미래의 삶에 대해 방황하고, 고민하고, 걱정하고, 두려워하고, 갈등합니다. 그런 시간이 오랫동안 지속됩니다. 왜냐하면 한 몸인 부부가 갈라졌고 둘이 힘을 합쳐도 힘든 세상인데 혼자 살아야 하기 때문입니다. 이에 현재와 미래의 삶을 생각할 때 재혼을 생각하고 재혼을 하려는 자들이 많습니다. 자녀들과 함께 살 때는 외롭지 않고 힘들어도 악착같이 살았는데 자녀들이 독립하므로 혼자 남아 살 때는 외로움과 허전함이 밀려옵니다. 하루이틀도 아닌 수십 년을 그렇게 살 것을 생각하니 자신감이 없습니다. 감당이 되지 않습니다.

　이러한 마음과 상태와 상황은 사별자들에게도 동일하게 나타납니다. 사별의 아픔도 매우 큽니다. 부부 사이가 좋았던 자들은 더욱 힘든 시간을 보냅니다. 이는 경험한 자들만 알 수 있습니다. 갈수록 사별자들도 많아지고 있습니다. 그래서 사별한 지 어느 정도 시간이 지나면 재혼을 생각합니다. 이혼한 자들이든 사별한 자들이든 혼자 살기에는 남은 인생이 너무 길고, 세상살이가 만만치 않기 때문입니다. 초혼이든 재혼이든 일장일단이 있습니다. 그래도 단점보다 장점이 많으면 결혼과 재혼을 하는 것이 백배는 낫습니다.

초혼이든 재혼이든 이 세상에서뿐입니다. 내세에서는 결혼이나 재혼 자체가 없습니다. 영원히 부부가 아닌 상태로 천국과 지옥에서 살게 됩니다. 기본적으로 사람이든 짐승들이든 혼자 살아가는 것은 힘들고 외롭습니다. 그래서 무리를 지어 삽니다. 짝을 찾습니다. 혼자보다 무리를 지어 살고 짝으로 사는 것이 훨씬 행복하고, 안전하고, 외롭지 않고, 큰 힘이 되기 때문입니다. 아무튼 특별한 신앙적 사명과 공익적인 사명이 없는 이상 결혼, 재혼하는 것이 지혜이고 안전합니다. 잘하는 것입니다. 이에 사별이든 이혼이든 70세 전후까지 재혼을 하는 자들이 많아지고 있습니다.

문제는 재혼에 대한 반칙과 변칙과 꼼수입니다. 무슨 이야기냐 하면 정당하게 재혼, 결혼, 부부생활, 동거를 하는 것이 아니라 정당하지 않게 재혼을 생각하고 그런 자들을 찾는다는 말입니다. 그것은 혼인신고를 하지 않고 사실혼관계만을 유지하려는 것과 동거만 하려는 것입니다. 이는 법적으로나 성경적으로 기본에서 벗어난 꼼수입니다. 합당한 자세가 아닙니다. 물론 세상 민법에서는 사실혼관계도 부부로 인정해 주지만 이는 변칙, 반칙, 꼼수입니다. 정당한 부부생활이 아닙니다. 이렇게 살면서 성교를 하며 삽니다. 이는 법적인 부부, 합법적인 부부가 아니기에 성경의 시각으로 보면 간음과 음란과 불륜행위입니다. 정식으로 혼인신고를 한 상태에서 합가와 성교와 부부생활을 해야 불법이나 부정행위가 되지 않습니다. 재혼하려는 자들이 혼인신고는 하지 않고 동거만, 사실혼관계 상태에서만 부부행세를 하면서 살려는 나름 분명한 이유가 있습니다. 그것은 재산분할 문제 때문입니다.

재혼하여 살다가 어느 한쪽이 사망하면 재산문제, 상속문제가 불거집니다. 이에 재산이 많은 여자나 남자 쪽은 재혼 시 혼인신고를 꺼립니다. 자녀들도 반대합니다. 이에 부담이 없도록 동거만 하고, 성적인 욕구만을 채우고, 외로움만 달래고, 이런저런 것만을 즐기며 살자고 제안합니다. 이는 서로가 자기들 욕구만 해결하고자 하는 이기심에서 나온 생각입니다. 진정한 사랑이나 책임이나 의무가 아닙니다. 진실로 사랑하면 돈이 아깝지 않습니다. 이런저런 것이 걱정되지 않습니다. 재산이나 상속문제가 염려가 된다면 사전에 유언장을 잘 작성하여 처리하거나 재산을 다 적절하게 정리하면 됩니다. 그렇게 하고 떳떳하고 정당하게 혼인신고를 하여 부부로 살아야 합니다. 그래야 자식들 보기나 이웃들 보기에도 부끄럽지 않습니다. 얄팍한 꼼수, 변칙, 술수, 계산에 따라 동거하고 사는 것은 무책임한 자세입니다. 왜냐하면 법적으로 책임질 것이 없기 때문에 언제 어떻게 변할지, 배신할지, 떠날지, 헤어질지, 토라질지 매우 가변적인 상태로 살아가게 됩니다. 결코 안심하지 못합니다. 좋을 때만 만나게 됩니다.

이것은 부부가 아닙니다. 결혼이 아닙니다. 재혼도 아닙니다. 상호 욕구에 따른 조건적인 만남과 거래일 뿐입니다. 이런 동거나 부부는 진정한 사랑과 아낌과 이해와 존중과 희생과 책임과 성실이 있을 수 없습니다. 결혼제도, 혼인신고제도가 그냥 있는 것이 아닙니다. 성실과 책임의무를 다하라는 의미가 내포되어 있습니다. 이는 하나의 계약과 같습니다. 부동산이나 기타 거래 시 왜 계약서를 쓰는지 아십니까? 상호 간의 신뢰와 의무와 책임 때문입니다. 생각해 보기 바랍니다. 학교에 다니는데 정식으로 등록을 하지 않고 다닌다면 어찌 되겠습니까? 학생 자신이나 학교나 책임지지 않습니다. 별 관심이 없게 됩니다. 청강생으로만 다닌다면 제대로 소속감이나 책임감이나 성실함이 있겠습니까? 물건을 매매하거나 은행에서 대출을 받고 예금과 적금을 할 때 정식 계약이나 서류 없이 그냥 말과 편리한 대로만 한다면 어찌 되겠습니까? 누가 믿고 주고 갚겠습니까? 불안해서 살지 못합니다.

귀하가 은행에서 근무하는데 정상적인 거래서류 제출 없이 금전거래를 하겠다고 하면 허용하시겠습니까? 부동산 거래도 마찬가지입니다. 이러한 원리와 원칙은 결혼과 재혼도 마찬가지입니다. 편리만 추구하고, 부담이 없는 삶만 추구하고, 무책임한 삶만 생각하면서 자유로운 생활만 추구한다면 그냥 혼자 살아야 합니다. 사람이 무엇을 할 때 반드시 책임과 의무가 따르는 것입니다. 그렇게 해야 합니다. 책임과 의무는 법적인 절차를 따르지 않으면 없습니다. 그래서 계약과 거래와 매매 등을 할 때 신고하고 사인하는 것입니다. 결혼이든 재혼이든 할 때 동거만 하고 혼인신고를 거부하는 것은 아주 무책임하고 불성실한 자세와 마음입니다.

남녀가 함께 살면서 서로의 욕구만 해결하고 그 외에는 아무런 책임도 지지 않고 자유롭게 산다면 정상적인 부부가 아닙니다. 사랑하는 사이도 아닙니다. 지극히 계산적이고 이기적인 자들에 불과합니다. 그러므로 기독교인들만큼은 부부가 아닌 상태의 동거, 혼인신고를 하지 않고 사는 사실혼관계는 하지 말아야 합니다. 이런 변칙, 반칙, 편법, 꼼수의 결혼과 재혼은 생각지도 말아야 합니다. 정상적으로 혼인신고를 하고 성실과 책임감으로 살든지 아니면 혼자 살아야 합니다. 그것이 정상적인 순수한 사람의 자세와 마음입니다. 남녀가 만나 동거만 하고 사는 생활은 음란한 삶입니다. 성적 욕구와 외로움만 해결하겠다는 불순한 자세입니다. 간음과 간통하는 성적으로 문란한 생활에 지나지 않습니다.

제4부

인류 구원관

상당수 사람들이 가장 치명적이고 돌이킬 수 없도록 속고 있는 사실이 있습니다. 그것은 죽으면 그것으로 끝이라는 잘못된 확신과 지식입니다. 인생과 세상은 현세만 있고 저승(내세, 사후세계)은 없다는 근거 없는 자신감입니다. 자신도 그렇게 생각하는 것에 대한 근거를 제시하지 못하고 설명하지 못하면서 내세는 없다고 자신합니다. 그 결과 내세, 저승, 사후세계를 전혀 준비하거나 대비하지 않고 삽니다. 현세에만 올인합니다. 이는 마치 고등학생이 대입을 전혀 대비하지 않고 학교에 다니는 것과 유사합니다. 또한 강줄기에서 보트를 타고 즐기는 자들이 강줄기 어느 지점에도 생명을 앗아 가는 치명적인 절벽과 폭포와 같은 것은 없다고 자신하고 강에서 보트를 타고 즐기는 것과 같습니다. 현세도 있고 저승, 내세, 사후세계도 반드시 있습니다. 절벽도 있고 시험도 있습니다. 이러한 사실 못지않게 또 속고 있는 것이 있습니다.

그것은 구원관입니다. 여기서 말하는 구원관은 일반 삶의 위기나 위험 상황에서의 구원, 구출을 말하는 것이 아닙니다. 죄에서의 영혼 구원, 현세와 내세에서의 영생 얻음을 말합니다. 원죄를 사함받는 것, 사후에 내세인 천국, 하나님 나라, 새 하늘과 새 땅에 들어가는 것을 말합니다. 전 세계 종교의 80% 이상을 차지하고 있는 불교와 이슬람교와 기독교(천주교+개신교)에도 구원관이 있습니다. 힌두교(인도)에도 내세관이 있습니다. 현세만 있지 않고 저승이 있다고 말합니다. 물론 저승에 대한 개념과 장소와 교리는 다 다릅니다. 유교는 조상숭배(제사숭배)와 현세 종교이기 때문에 사실상 내세관이 없습니다.

지구상에 존재하는 모든 종교의 구원관은 기독교(천주교+개신교) 중에서도 개신교를 제외하고 표현방식은 다르지만 내용상으로 볼 때 거의 비슷하거나 동일합니다. 그것은 '행위 구원관'입니다. 착한 일을 해야, 수행을 해야, 해탈을 해야, 무엇을 잘 지키고 준수해야 사후에 좋은 곳에 간다는 구원관을 가지고 있습니다. 그러나 유독 지구촌에 거하는 수많은 종교들과 천주교(로마가톨릭교회, 기독교, 연옥사상=행위 구원)와 달리 개신교(프로테스탄트, 참교회, 기독교)만 인간의 행위와 착함이 아닌 '오직 믿음'으로만 구원관을 주장합니다. 누구에 대한 믿음입니까?

인류의 유일한 구세주(구원자, 메시아)인 예수 그리스도를 믿는 믿음입니다. 그래서 구원받음에 대하여 사람은 자랑할 것이 없습니다. 자기 행위나 선행으로 되는 것이 아니기 때문입니다. 이해가 잘되지 않을 수 있지만 이 세상에 태어나기 전에, 자기가 선악을 행하기 전에 만세 전에 이미 구원이 예정되어 있는 구원관입니다. 그러니 사람의 행위와는 전혀 상관이 없는 구원관입니다. 출생 이후 사람의 선행, 윤리와 도덕성을 보고 구원 여부를 결정한 것이 아닙니다. 오직 믿음으로만의 구원입니다. 왜냐하면 아담 이후 지구상에 존재하는 모든 사람들은 행위로는 구원 얻을 자들이 하나도 없기 때문입니다. 모두가 죄인이고 전적으로 부패하고 타락한 사람들일 뿐입니다.

이러한 믿음으로의 구원관은 만물의 주인이자 창조자인 하나님이 정하신 것으로 누구도 가타부타하지 못합니다. 전적으로 주인의 주권, 토기장이의 주권이기 때문입니다. 이 믿음은 하나님의 선물(은혜)입니다. 하나님의 주권에 따라 누구에게는 주시고 누구에게는 주시지 않습니다. 은혜와 선물이라는 것이 그런 것입니다. 하나님으로부터 믿음을 선물로 받은 자들만 예수님을 믿어 구원을 받게 됩니다.

이런 사실은 오직 성경(聖經, Bible, 하나님 계시, 제1 저자 하나님, 진리)만이 증거합니다. 천주교(로마가톨릭교회)는 믿음+행위(연옥에 들어간 자에 대한 선행)의 구원관으로 패키지 구원관입니다. 혼합주의 구원관입니다. 성경에 없는 구원관입니다. 그래서 인간의 모든 행위를 배제한 오직 믿음으로의 구원관은 개신교(프로테스탄트)뿐입니다. 혹 개신교 안에서도 이런 구원관이 아닌 주장을 하는 자들이 있다면 개신교인이 아닌 사이비 개신교인입니다. 이런 개신교 구원관이 믿어지는 자가 복이 있고, 현세에서도 구원받은 자로 살아가고 사후에 변화된 육체와 재결합한 상태로 부활하여 천국에 들어가서 영원히 행복하게 살게 됩니다.

갈라디아서 2장 16절

"사람이 의롭게 되는 것은 율법의 행위에서 난 것이 아니요 오직 예수 그리스도를 믿음으로 말미암는 줄 아는 고로 우리도 그리스도를 믿음으로서 의롭다 함을 얻으려 함이라 율법의 행위로서는 의롭다 함을 얻을 육체가 없느니라"(여기서 "의롭게", "의롭다"라는 말은 신분의 변화로 죄인에서 의인이 되었다는 의미로 구원받음에 대한 다른 표현입니다.)

에베소서 2장 8~9절

"너희가 그(하나님) 은혜(선물)를 인하여 믿음으로 말미암아 구원(救援)을 얻었나니 이것이 너희에게서 난 것이 아니요 하나님의 선물이라 행위에서 난 것이 아니니 이는 누구든지 자랑치 못하게 함이니라"

디모데후서 1장 9절

"하나님이 우리를 구원(救援)하사 거룩하신 부르심으로 부르심은 우리의 행위대로 하심이 아니요 오직 자기 뜻과 영원한 때 전부터 그리스도 예수 안에서 우리에게 주신 은혜(선물)대로 하심이라"

사도행전 16장 31절

"가로되 주 예수를 믿으라 그리하면 너와 네 집(가족)이 구원을 얻으리라 하고"("예수"라는 이름은 '우리를 저희 죄에서 구원할 자'라는 뜻이고, 성탄(성탄절)은 순전히 죄인들을 구원하기 위해서만 오신 날입니다. 물질적으로 궁핍한 자들을 구제하기 위해서 성탄하신 것이 아닙니다.)

누군가는 이런 성경과 개신교에서 말하는 믿음으로 말미암은 유일한 구원관에 대하여 배타적이라고, 불공정하다고, 이해할 수 없다고 지적하거나 비판할 수 있습니다. 피조물인 인간 편에서 볼 때 타당하고 맞는 주장이고 지적입니다. 충분히 그럴 수 있습니다. 그럼에도 불구하고 그렇게 주장하고 믿을 수밖에 없는 이유는 천지를 창조하신 하나님, 만물의 주인이신 하나님이 정하신 구원원칙이고, 기독교의 진리 책인 성경이 그리 가르치기 때문입니다. 그래서 개신교 구원관 교리는 '오직 믿음으로'뿐입니다. 개신교인들의 신앙과 행위의 유일한 판단 기준과 척도는 오직 성경뿐입니다.

다른 종교나 곳에도 구원이 있다고 말하는 '종교다원주의' 사상은 성경사상이 아닙니다. 이단사상입니다. WCC(세계교회협의회)가 그런 주장을 합니다. 그러니 속지 말아야 합니다. 종교다원주의와 혼합주의 구원관에는 구원이 없습니다. 다른 종교인들도 자기들이 추종하고 있는 교리들이 있을 것입니다. 이는 마치 수험생이 시험을 볼 때 각기 확신에 차서 이런저런 답을 쓰는 것과 같습니다. 그런 자세와 신앙은 어디까지나 각기 자유입니다. 그러나 정답은 항상 하나뿐입니다. 각 종교인들은 자기가 믿고 따르는 교리를 고집하는 것이 진리든 아니든 자유로운 자세입니다. 따라서 모든 종교는 서로 배타적이어야 맞습니다. 배타적이지 않은 종교나 신앙인들은 사이비 종교나 신앙인이라고 해도 과언이 아닙니다.

단, 자기 교리를 설명하고 주장하는 경계까지만 배타적이어야 합니다. 대놓고 비난하거나 공격하는 것은 바른 자세가 아닙니다. 이슬람교처럼 테러나 신앙 강요는 절대로 해서는 안 됩니다. 각자 믿어지는 대로 믿고 살면 됩니다. 맞든 틀리든 서로 존중해야 합니다. 이런저런 방식과 이유로 강요해서도 안 됩니다. 신앙은 강요해서 되는 것이 아니기 때문입니다. 강요하는 순간이나 강요해서 시작한 신앙생활은 사이비 신앙과 종교인이 됩니다. 이는 마치 사랑하지도 않는 누군가를 강제로 사랑하라고 강요하는 것과 같습니다. 그런 사랑은 진실한 사랑이 아닙니다. 가짜 사랑입니다. 신앙도 마찬가지입니다. 이런 사실을 바로 알고 서로 이해하고 존중하며 살아야 합니다. 누구나 이런 것 때문에 서로 다투고 싸울 이유가 하나도 없습니다. 욕하고 비난할 것이 전혀 없습니다.

다시 강조컨대 개신교(기독교) 구원관은 착한 일을 많이 하고, 누군가를 잘 돕고, 애국애민하고, 훌륭한 일을 하고, 세계 평화에 이바지하고, 역사적으로 훌륭한 사람이고, 법이 없이도 살 사람이고, 수행을 했다고 해서 구원받는 것이 아닙니다. 오직 인류의 유일한 구세주인 예수 그리스도를 '믿음으로'의 구원뿐입니다. 혹 개신교 신앙을 추구한다고 하더라도 사망 전까지 '주 안에', '진리 안에' 머물러 있어야 합니다. 그래야 구원을 받을 수 있습니다. 그러니까 바른 신앙고백 안에 죽을 때까지 머물러 있어야 합니다. 그런 자들이 만세 전에 구원이 예정된 자들입니다. 아무리 신앙생활을 열심히 한다고 하더라도, 그 어떤 직분을 받았다고 하더라도 바른 신앙고백에서 벗어난 자들과 중간에 신앙을 저버리거나 다른 복음을 추종하면 위험합니다. 구원을 받지 못합니다. 이런 부분에서 자유주의 신앙과 예정론과 선택론을 오해하지 말아야 합니다.

모든 종교는 추구하는 것이 비슷한 것 같지만 핵심교리는 전혀 다릅니다. 특히 믿든지 믿지 않든지 개신교의 구원관과 전 세계에 존재하는 모든 종교들의 구원관은 전혀 다릅니다. 오직 믿음으로의 구원관입니다. 선행이나 인간의 행위가 아닙니다. 그렇다고 행위를 부정하는 것이 아닙니다. 예수님을 믿는 자들은 신앙 이후 착한 행위를 하며 살아야 합니다. 이는 선택이 아니라 필수입니다. 착한 삶과 행위로 자기 신앙의 확실성을 증명해야 합니다. 행함이 없는 믿음은 죽은 신앙이기 때문입니다. 예수님을 믿는다고 하면서, 자칭 기독교인이라고 하면서 불량하게 사는 자들은 예수님을 믿는 자들이 아니라 사이비입니다. 기독교를 사칭하는 가짜들입니다. 예수님을 바르게 믿는 자들은 행실도 거룩하게 되어 있습니다. 이것이 언행일치(言行一致), 언심일치(言心一致)의 바른 신앙관입니다. 입으로는 예수님과 하나님을 믿는다고 신앙을 고백하면서 행위로 부인하는 자는 가짜 신앙인입니다.

사이비나 가짜는 언행이 일치되지 않습니다. 말과 지식으로만 신앙생활을 합니다. 우리 주변에는 가짜 기독교인들이 있습니다. 그런 자들이 이단에 속한 교회에 다니거나 이단 교주를 따르는 자들입니다. 유사 기독교인들이고, 사이비 기독교인들이고, 다른 복음을 추종하는 자들이고, 세속적인 정치 목사들이고, 역사적인 바른 신앙고백에서 벗어난 자칭 기독교인들입니다. 성경은 이런 자들을 가리켜서 종합적으로 불법을 행하는 자들이라고 말합니다. 신앙생활은 열심히 하는 것보다 바르게 하는 것이 제일 중요합니다. 바르게 한다는 것은 성경에 근거한 역사적인 신앙고백 안에서 믿음생활을 하는 것을 말합니다. 바른 신앙고백에서 탈선하여 자기 마음대로 신앙생활을 하는 것은 탈선한 기차와 같습니다.

제5부

◆━━━━◆

장례관

제1장

장례와 장례예배

장례(葬禮)란 '장사 지내는 의식'이라는 뜻입니다. 장의(葬儀, 장사 지낼 장, 예의 의)라고도 합니다. 장사(葬事)란 '죽은 사람을 땅에 묻거나 화장하는 일'을 말합니다. 그러니까 장례란 장례의식에 참석한 자들이 보는 가운데 매장이나 화장 등 시체의 최종 배치와 연계되어 치러지는 의식입니다. 예수님을 믿는 개신교 성도들의 장례의식에는 소천예배(임종예배, 임종의식), 입관예배(입관의식), 발인예배(출관의식, 발인의식), 하관예배(하관의식, 화장의식), 위로예배의 다섯 가지 예식이 있습니다. 이것은 우리나라의 개신교만이 행하는 장례예배 혹은 장례의식으로 알고 있습니다. 다른 나라 개신교의 기독교인들은 이렇게 하지 않는 것으로 알고 있습니다. 한국 개신교인들만의 아주 독특한 장례문화이자 장례예배로 성경에 기초한 기독교식의 장례문화는 아닙니다.

성경에 이런 종류의 장례의식은 없습니다. 이렇게 하라는 계명도 없습니다. 이런 식으로 장례예배를 드리라는 말씀도 없습니다. 이것이 암시하는 바는 반드시 이렇게 할 필요가 없다는 말입니다. 이렇게 해도 되고 이렇게 하지 않아도 됩니다. 왜냐하면 성경의 계명이 아니기 때문입니다.

성경의 계명이나 진리가 아니라면 반드시 준수할 이유는 없습니다. 단지 전통과 유전일 뿐입니다. 전통과 유전은 진리는 아닙니다. 이런 개신교 장례의식을 처음에 누가 어떻게 시작했는지는 모르지만 모두가 그리하니 너도나도 그대로 따르고 있을 뿐입니다. 하나의 전통이 되었습니다. 언제 부터인가 하나의 개신교 장례문화가 되었습니다. 그것이 정확히 성경적이기 때문에 따르고 행하는 것은 아니라고 봅니다. 누구도 그렇게 확정적으로 말하지 못합니다. 성경에 명시적으로 이런 식으로 하라는 것이 없기 때문입니다. 다른 기독교 국가에도 이런 식의 장례문화는 없습니다. 장례의식을 장례예배로 한다고 반드시 성경적인 것은 아닙니다.

요한복음 19장 40~41절

"이에 예수의 시체를 가져다가 유대인의 장례 법대로 그 향품과 함께 세마포로 쌌더라 예수의 십자가에 못 박히신 곳에 동산이 있고 동산 안에 아직 사람을 장사(葬事, 매장)한 일이 없는 새 무덤이 있는지라 이날은 유대인의 예비일이요 또 무덤이 가까운 고로 예수를 거기 두니라"

다시 강조컨대 성경에는 현재 한국교회가 행하고 있는 이런 식의 여러 모양의 장례예배는 없습니다. 유대인들도 이렇게 하지 않습니다. 이런 전통적인 장례예배는 진리가 아니기에 이렇게 해도 되고 저렇게 해도 상관은 없습니다. 반드시 전통대로 모든 장례 절차와 과정을 준수할 필요는 없습니다. 하나만 해도 되고 다 해도 됩니다. 어떤 식으로 하든지 진리에 반하는 것은 아닙니다. 잘못된 것도 아닙니다. 유족들이 원하는 대로 하면 됩니다. 이는 '틀리고 맞고'가 없습니다. 이런 부분에 대하여 누구든지 가타부타하지 말아야 합니다. 그럼에도 불구하고 대부분의 교회와 개신교인들은 이런 전통적인 개신교 장례예배 혹은 장례의식을 따르고 행합니다. 그래야 편하고 익숙한 것이기 때문입니다. 여기에서 모든 장례의식의 행함에 있어서 예배라고 명명하는 것도 깊은 고민이 필요합니다. 예배라는 용어가 너무 남발되고 있는 것이 아닌지를 생각해 보아야 합니다.

예배라고 할 필요가 없는 것도 예배라고 하면서 예배를 드립니다. 이런 것들이 한둘이 아닙니다. 전후 상황과 문맥을 깊이 생각해 보면 좀 부자연스러운 것이 있습니다. 사랑하는 가족이 죽어 깊은 슬픔과 스트레스와 아픔에 젖어 있는데 운명 당일 몇 시간도 지나지 않아서 목사님을 모시고 곧바로 찬송가를 부르며 예배를 드리는 것은 상당히 매끄럽지가 않습니다. 상황으로 보면 마음도 그렇고 몹시 슬프고 애통한 상황과 정신이 없는 비상상황에서 이렇게 한다는 것은 자연스럽지가 않습니다. 임종 시 목사나 가족 중에서 간단명료하게 하나님이 영혼을 데려가셨다고 말씀만 전하면서 위로의 말과 기도만 하고 마치면 충분하다고 생각합니다. 그런 차원에서 단순하게 임종의식이라고 하는 것이 부담이 없고 자연스럽다고 생각합니다. 예배라고 하면 또 기본 형식을 갖추어야 하기 때문입니다.

필자의 소견으로는 두 가지 의식만 거행하면 어떨까 하는 생각을 해 봅니다. 하관(화장)예배와 장례식 이후 위로예배입니다. 하관예배 때에 모든 것을 압축해서 전하고, 위로예배는 모든 장례의식을 마친 이후 날을 잡아 슬픔을 당한 유가족들을 말씀으로 위로하고 소망을 주는 차원에서

하면 좋을 것 같습니다. 이런 것에 대하여 깊은 고민과 상고가 있어야 합니다. 미국이나 유럽의 기독교인 장례의식을 보면 장지에서 하관할 때 유가족들과 조문객 일부가 묘지 주변에 둘러서고 신부나 목사에 의한 메시지 전함만 나옵니다. 무엇이든지 유전과 전통대로만 하는 것은 좀 그렇습니다. 명백한 진리이면 그대로 하고, 진리가 아닌 것은 상고를 하면서 얼마든지 다르게 가감할 수 있습니다. 그것이 진리 안에서 자유입니다. 다시 강조컨대 전통과 유전과 문화는 진리가 아닙니다. 법과 진리가 아닌 것은 얼마든지 임의대로 할 수 있습니다.

이렇게 생각하는 이유는 이런 다섯 가지 장례의식 혹은 장례예배를 반드시 지켜야 하는 것은 아니기 때문입니다. 이렇게도 할 수 있고 저렇게도 할 수 있는 것입니다. 전체를 다 해도 되고 한두 가지만 해도 됩니다. 전통대로 하지 않으면 주변 사람들의 눈치를 보게 되고 심리적으로 부담스러운 것은 있습니다. 다른 교회와 성도들은 다 그렇게 하는데 자기만 다르게 하면 주변에서 이런저런 소리들이 나올 수 있기 때문입니다. 이래서 길들여진 것과 전통이 무섭다고 하는 것입니다. 진리든 아니든 늘 하던 대로 하지 않으면 사람들이 이상하게 생각하고 쳐다봅니다. 수군거립니다. 나만 하지 않거나 다르게 하면 사람들이 이상하게 말하거나 판단합니다. 전통이라고 항상 바른 것만은 아닙니다. 예수님께서도 복음서에서 진리가 아닌 유대인들의 전통과 유전을 진리처럼 따르고 집착하고 행하는 것에 대하여 책망하시기도 하셨습니다.

아무튼 장례에서 첫 번째 의식은 소천예배(임종의식)입니다. 운명 직후에 행하는 의식입니다. 주로 유가족들과 일부 성도들만 참석하지만 가까운 지인들도 참석합니다. 그다음이 입관예배(입관의식)입니다. 입관예배는 시체가 안치된 영안실에서 거행합니다. 입관의식을 입관예배라고 하면서 예배를 드리는 것이 제일 부자연스럽고 어색합니다. 반드시 예배를 드리지 않아도 아무런 문제가 없습니다. 입관식이라고 하면 타당합니다. 목관에 시신을 안치하는 의식입니다. 이 부분에서 기독교 문화에 반하는 여러 가지들이 행하여집니다. 전통적인 입관방식입니다. 그러나 마음에 들지 않아도 분위기상 누구 하나 감히 반대하지 못합니다. 장례사가 하는 대로 지켜만 봅니다. 기독교적인 의미는 없는 것들입니다.

시체에 하나둘씩 무엇인가 더해질 때마다 다 돈으로 계산됩니다. 필요치 않는 것들입니다. 저들은 고인이나 유족들을 생각해서가 아니라 돈 때문에 그리하는 것입니다. 관습이라고 하지만 그것은 핑계에 지나지 않습니다. 다르게 한다면 예배가 아닌 입관의식만 간단하게 취하면 좋을 것입니다. 입관예배는 아무리 생각해도 고민이 요구됩니다. 수의만 입히고 입관하는 과정에서 유가족들이 고인의 얼굴을 마지막으로 보는 것으로 끝내는 것이 바르다고 생각합니다. 여기서 너무 의미 부여를 하지 않아야 합니다. 기독교적인 의미가 하나도 없는데 기독교인 입관의식에서 장의사들이 하는 대로 내버려두는 것은 아니라고 생각합니다. 사전에 이와 같은 것을 장례식장 대표자나 총무와 협의해야 합니다. 장례의식의 주도권은 유가족이 쥐어야 합니다.

장례의식의 당사자도 유가족이고 계산도 유가족이 하기 때문입니다.

영화나 드라마로 말하면 주연이 장례식장 주인(사장)이 아니라 유가족입니다. 장례의식에서 장례식장 사장, 대표, 장례사는 쉽게 말하면 가게의 주인과 직원에 불과하고, 유가족들은 장례식장의 귀한 손님입니다. 장례식장 사장이 이래라저래라 하면 잘못된 것입니다. 만일 그리한다면 갑질입니다. 따라서 장례의식의 절차와 과정, 주문과 계산은 유가족들이 원하는 대로 해 주어야 상식이자 정상입니다. 유가족들이 선택적으로 하게 해야 정상입니다. 장례식장 대표가 갑이 되어서는 안 됩니다. 특히 입관의식 때 돈만 추가되고 성경적으로 의미가 없는 이런저런 것을 더하는 것은 모두 생략해 달라고 사전에 강하게 요구해야 합니다. 만일 이를 거부하면 장례식장을 다르게 선택해야 합니다. 장례식장과 예식장은 유가족들과 혼인 당사자들을 봉으로 여기기에 자기들 마음대로 하는 것입니다. 할 수만 있으면 모든 뽕을 다 빼먹으려고 합니다.

만일 장례식장 측에서 시종일관 자기들 기준대로만 하라고 한다면 주객이 전도된 것으로 돈만을 생각하는 것입니다. 한마디로 죽은 자를 상대로 작심하고 돈벌이를 하겠다는 것입니다. 과거 이런저런 자료를 확인한 바에 따르면 장례식장에서 사용하는 모든 것의 60~70% 정도가 거품이라고 합니다. 이런 사실을 바로 알고 단호하고 냉정하게 협상하고 결정해야 합니다. 슬픔을 당한 유족들의 심리적 약점을 이용한 갑질에 당당히 맞서야 합니다. 그러지 않으면 기독교식으로도 하지 못하면서 돈만 필요 이상으로 지출되게 됩니다. 누구를 위해서 그리해야 합니까? 좋은 게 좋은 것이라고 하면서 장례식장 대표가 시키는 대로만 하지 말아야 합니다. 사랑하는 가족이 사망한 것도 슬픈 일인데 장례식장으로부터 봉 취급까지 당하면 아주 속상한 일입니다. 이미 죽은 자는 죽은 것이니 좀 불편하더라도 사전에 장례식장 측과 협의, 타협, 합의를 잘 이끌어 내야 합니다.

세 번째는 발인예배(발인의식)입니다. 이 또한 예배로 드려야 하는가 하는 의문이 강하게 듭니다. 예배라고 할 이유가 하나도 없습니다. 여기에 왜 예배를 붙이는지 이해할 수 없습니다. 관을 차에 싣고 떠나면 되지 왜 발인예배라고 하는지 납득이 가지 않습니다. 도대체 예배를 이런 식으로 마구 사용해도 됩니까? 누구를 위한 발인예배입니까? 좀 깊이 상고해야 합니다. 시간만 지연되고 큰 의미가 없습니다. 단순히 영구차에 싣고 출발하면 되지 않을까 하는 생각이 듭니다. 여기에 발인예배라고 하면서 예배를 드리는 것은 예배를 남용하는 것이라고 생각합니다. 상당히 이상합니다. 무슨 큰 의미가 있습니까? 여기에서 어떤 장례예식장은 발인 시에 관에 지폐를 꽂으라고 하는 것을 보았습니다. 황당합니다. 과거 전통적인 장례에서 상여를 멜 때 한 것입니다. 이에 응하지 말아야 합니다. 전혀 기독교식이 아닙니다.

네 번째는 하관예배(화장예배, 하관의식)입니다. 장지에서 행하는 장례의 마지막 의식으로 가장 중요한 부분입니다. 외국 기독교 국가의 사람들도 하관의식은 중요하게 생각합니다. 드라마나 영화에도 종종 나옵니다. 이는 죄와 죽음과 부활의 큰 의미가 있습니다. 이는 영혼이 없는 육체(유골)를 성경대로 땅에 묻는 의식으로 예배형식을 갖추어 예배라고 해도 무난하다고 생각합니다. 이 부분은 분명하게 해야 합니다. 서양 기독교인들도 고인에 대한 하관의식 때 목사가 말씀을 전하고 기도합니다. 이때 죽음에 대하여 성경의 예언과 성취, 죽음, 장사, 육체의 부활, 재림, 천국 입성과 천상재회를 통합적으로 설교하면 좋을 것입니다. 이렇게 하면 모든 장례의식은 마치게 됩니다. 그 이후 가까운 날을 잡아 유가족과 상의해서 위로예배를 드리면 됩니다.

모든 장례의식 집례는 고인이 다니던 교회 목사가 맡거나, 생전에 고인과 아주 친한 목사가 맡거나, 아니면 가족 중에 목사가 있으면 직접 집례를 해도 됩니다. 결혼식 주례를 자녀들을 가장 사랑하는 부모가 맡아서 하는 경우가 있는 것처럼, 장례의식 집례도 유가족 중에 고인을 가장 사랑했던 적절한 사람이 집례를 맡아 진행할 수 있다면 더욱 깊은 의미와 감동이 있을 것입니다. 장례의식도 결혼의식처럼 단순히 절차와 과정만 매끄럽게 잘 진행하면 되는 것이 아니기 때문입니다. 이벤트로 생각하지 말아야 합니다. 유가족 중에서 어느 분이 하면 더 큰 의미와 가치가 있습니다. 타인들은 자기 수준과 생각에서 이런 것에 대하여 가타부타하지 말아야 합니다. 존중해 주어야 합니다. 반드시 좋지 않게 생각하는 자들이 있습니다.

유가족이 아닌 자들은 고인에게 어떤 수의를 입히건, 집례를 유가족 중에 누군가가 맡았든 이러쿵저러쿵 하지 말아야 합니다. 잘하고 못하고가 없습니다. 조문객들은 유가족들을 위로하고, 이해하고, 존중하고, 기도만 해 주어야 합니다. 또한 유가족들의 필요를 공급하는 선에서 관심을 표해야 합니다. 실질적으로 아무런 도움을 주지 않으면서 말로만 이런저런 말을 하면서 유가족들에게 상처를 주는 자들은 없어야 합니다. 종종 장례의식에 참석하여 자기 마음에 들지 않는다고 월권을 하고 유가족들에게 깊은 상처를 주는 말을 하는 자들이 있습니다.

이는 자기 위치와 분수를 모르는 자로 아름다운 모습이 아닙니다. 주제 파악을 하지 못하는 사람입니다. 무엇이든지 자기 기준과 생각대로만 주장하는 사람들이 있습니다. 자기 생각만 옳다고 합니다. 장례의식 과정과 절차에서 자기 마음에 들지 않는 부분이 있다고 해도 유가족 편에서 이해하고 존중해 주어야 합니다. 진리가 아닌 이상, 헌법과 법률이 아닌 이상 이렇게도 하고 저렇게도 할 수 있습니다. 자기 기준과 생각대로 이런저런 말을 함부로 내뱉지 말아야 합니다. 그런 자들은 장례의식에 참여하지 않는 것이 도와주는 것입니다.

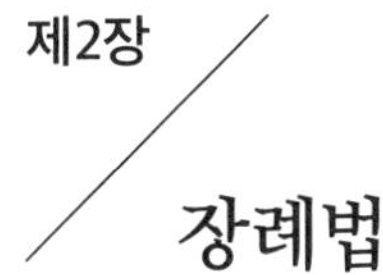

제2장

장례법

장례법은 나라마다, 종교마다, 민족마다, 지방마다 다 다릅니다. 장례는 시신을 처리하는 과정으로, 시신의 처리방법에 따라 매장, 화장, 풍장, 수장, 수목장, 산골 등이 있습니다. 전통적으로 한국에서 치르던 장례방식은 주로 땅을 파고 시신을 묻는 매장을 했습니다. 현재는 94% 이상이 화장터에서 화로에 시체를 태우는 화장을 합니다. 불교는 화장을 주로 합니다. 불교의 화장은 장작 위에 시신을 안치하고 종이로 만든 연꽃 등으로 가린 후 불을 놓습니다. 유교는 매장의식을 합니다. 현대에 들어서는 화장문화의 확산으로 인해 화장묘를 만드는 경우도 많습니다. 현대 유대인들의 경우 고인이 사망하면 시신을 최대한 빨리 장례식을 치르고 최대한 빨리 땅에 묻습니다. 특별한 이유가 없는 이상 그날 또는 그다음 날 꼭 땅에 묻어야 합니다. 이슬람교는 부활신앙에 따라 땅에 시신을 모시는 매장을 하는데, 염을 한 시신에 수의를 입혀 무덤 안 묘실에 모십니다.

창세기 5장 13절

"그를(야곱) 가나안(이스라엘) 땅으로 메어다가 마므레 앞 막벨라 밭 굴에 장사하였으니 이는 아브라함이 헷 족속 에브론에게 밭과 함께 사서 소유 매장지(埋葬地)를 삼은 곳이더라"

창세기 50장 26절

"요셉이 일백십 세에 죽으매 그들이 그의 몸에 향 재료를 넣고 애굽에서 입관(入棺)하였더라"

여호수아 24장 29~30절

"이 일 후에 여호와의 종 눈의 아들 여호수아가 일백십 세에 죽으매 무리가 그를 그의 기업의 경내 딤낫 세라에 장사(葬事, 매장)하였으니 딤낫 세라는 에브라임 산지 가아스 산 북이었더라"

요한복음 19장 40~41절

"이에 예수의 시체를 가져다가 유대인의 장례 법대로 그 향품과 함께 세마포로 쌌더라 예수의 십자가에 못 박히신 곳에 동산이 있고 동산 안에 아직 사람을 장사(葬事, 매장)한 일이 없는 새 무덤이 있는지라 이날은 유대인의 예비일이요 또 무덤이 가까운 고로 예수를 거기 두니라"

마태복음 27장 59~60절

"요셉이 시체(예수님의 시체)를 가져다가 정한 세마포로 싸서 바위 속에 판 자기 새 무덤에 넣어 두고 큰 돌을 굴려 무덤 문에 넣고 가니"

개신교인들은 주로 매장이나 화장을 합니다. 우리나라는 매장을 하든지 화장을 하든지 목관에 시신을 안치해서 처리합니다. 각자의 주권대로 행합니다. 부활을 생각하여 화장을 하는 것을 꺼리는 자들도 있는데 화장과 부활은 전혀 상관이 없습니다. 부활은 매장을 했든 화장을 했든 아무런 문제가 없습니다. 하나님의 초자연적인 역사와 능력과 주권으로 행하시기 때문입니다. 유대인들이 주로 매장을 했다고 하여 반드시 그렇게 할 이유는 없습니다. 성경에 시체를 어떻게 처리하라는 말씀은 없습니다. 단지 유대인들의 장례법만 기술되어 있습니다. 유대인의 장례법이 진리는 아닙니다. 단지 유대인의 장례문화일 뿐입니다.

성경에 나타난 장례는 주로 매장입니다. 바위나 땅을 파서 그 안에 시체를 안장하는 것입니다. 우리나라처럼 목관에 입관하여 무덤에 안치한 것이 아닙니다. 시체를 세마포로 싸서 무덤에 넣었습니다. 현대에는 고인을 장례식장으로 모시면 장례지도사가 장례 일정을 잡아 주게 되며 보통은 3일장을 진행합니다. 1일 차에는 영안실 안치와 분향소를 설치합니다. 2일 차에는 입관을 합니다. 3일 차에는 발인으로 진행됩니다. 짧게 진행할 경우에는 안치 발인이라 해서 안치 후 24시간이 지난 후에 입관을 하고 바로 발인 나가는 형식으로 진행됩니다. 어떤 경우는 4일장 혹은 5일장도 합니다. 개신교인으로 주일이 끼면 그리합니다.

종교에 따라서 스님, 목사, 연령회장(천주교, 신부)과 입관 시간을 조율합니다. 목사의 경우 입관 전이나 입관 후에 예배하는 방식을 취합니다. 현대 한국에서 대부분의 경우는 화장을 거친 다음 유골을 납골당에 안치하거나 아니면 추모공원 등에서 잔디장이나 수목장에 안치합니다. 이때 작은 비석을 세우고 그 옆에 땅을 파고 유골함을 매장합니다. 추모공원의 경우 대부분이 그리합니다. 천주교(로마가톨릭교회)의 경우에는 연령회장이 천주교 장례예절을 하기 때문에 연령회장에게 입관 시간을 정하게 하고, 장례예절의 순서는 보통 얼굴 덮기 전에 장례예절 관에 모시고 장례예절 입관이 끝난 후 영결식장에서 미사를 진행하게 됩니다. 천주교의 연령회장이나 회원들은 장례지도사 국가자격증 소지자인 경우가 많으며 모든 절차를 직접 진행합니다. 기독교나 불교, 유교 등 다양한 종교와 그 전통을 따르는 이들이 비교적 골고루 분포하는 한국 사회의 특성상 고인의 장례식에는 다양한 종교적 입장을 가진 사람들이 골고루 조문하는 경우가 흔합니다. 이들을 모두 배려하기 위해서라도 각 종교의 장례법 간에 어느 정도의 절충이 필요할 수밖에 없습니다.

예를 들어 다른 조문객들은 절을 하는 분위기라도 고인의 영정사진 앞에 절하는 것을 금지하는 개신교인들은 절을 묵념으로 대체합니다. 이렇게 하는 이유는 성경에서 산 사람이 아닌 사망자에게나 어떤 형상에게든지 엎드려 절하지 말라고 십계명에 금하기 때문입니다. 그래서 개신교인들은 조문실 입구나 빈소 안 영정사진 앞에 '영정사진에 절하지 마시라'는 협조의 글을 써서 붙입니다. 그럼에도 불구하고 가끔 자신의 종교나 주관이나 신념을 지나치게 중시하는 이들이 유가족들의 신앙과 입장을 무시하고 자기들의 조문방식을 고집하는 일도 있습니다. 대표적인 것이 '엎드려 절하게 해 달라'고 소란을 피우는 경우입니다. 이런 사람들은 조문이 어떤 의미를 갖는지 모르는 자입니다. 조문은 자기만족과 자기를 위하여

하는 것이 아니라 고인의 신앙과 유가족이 원하는 방식으로 해야 바른 조문이 됩니다.

만일 조문객이 고인과 유가족들의 신앙과 요구를 무시하고 자기중심적으로 조문을 하는 것은 조문 자체가 잘못된 것입니다. 조문은 자신을 위한 것이 아닙니다. 조문객들은 종교를 떠나서 다음과 같은 사실을 바로 알고 조문을 해야 합니다. 누구의 영혼(넋)이든 사망 즉시 이 세상을 떠나 중간상태인 낙원 혹은 음부로 들어갑니다. 사람이 죽으면 영혼은 집이나 장례식장이나 영정사진이나 영안실이나 무덤에 머물러 있지 않습니다. 그래서 영정사진 앞에 엎드려 절하는 것은 아무런 의미가 없습니다. 그냥 헛된 습관과 정성과 관행과 전통일 뿐입니다. 그래서 성경은 이를 금하기 때문에 개신교인들도 성경의 명령에 따라 금하는 것입니다.

따라서 고인과 유가족들을 위해서 온 조문객들은 자기를 위해 조문을 온 것이 아니라면 모든 장례절차와 내용에 대하여 유가족들의 뜻과 입장을 이해하고 존중해 주어야 합니다. 제삼자가 억지를 부리거나 무리한 요구를 하지 않아야 상식이고 합당합니다. 그것이 조문자의 바른 자세이자 성숙한 모습입니다. 어떤 사람은 '고인과 유가족은 개신교인으로 절하는 것을 금하니 협조해 달라'고 쓴 협조의 문구를 '제거하라'고 명령하면서 억지를 부리기도 합니다. 그런 사람은 조문을 오지 말아야 합니다. 조문의 의미도 모르는 사람이기 때문입니다. 이런 일은 절대로 없어야 합니다. 혹 유가족의 뜻과 배치되는 요구를 무리하게 하는 것은 횡포입니다. 항상 속지주의에 입각하여 장례든 결혼식이든 주관, 주최자가 원하는 방식대

로 존중해 주고 따라야 합니다. 물론 자기 신앙교리에 어긋나지 않는 범
위 내에서 그리하면 됩니다.

제3장

화장(火葬)과 부활

사람이 죽으면 매장(埋葬, 시체를 땅에 묻음)이든 화장(火葬, 시체를 불사르고 남은 뼈를 묻거나 뿌림)이든 해야 합니다. 유대인들은 매장을 했습니다. 이슬람교도들도 매장을 합니다. 성경은 매장을 기록하고 있습니다. 그렇지만 성경 어디에도 반드시 매장을 하라는 명령은 없습니다. 지금은 땅값이 비싸고, 국토를 잠식하고, 관리를 잘 못하고, 비용이 많이 들기 때문에 일부 사람을 제외하고 94% 이상이 화장을 합니다. 어떤 성도들은 화장을 하는 것에 대하여 불편해하거나 꺼리는 자가 있습니다. 그것은 부활을 생각하기 때문입니다. 화장을 하면 부활에 있어서 문제가 있다고 의문을 갖습니다. 아니면 유대인들의 매장문화를 언급하며 화장을 반대합니다. 그래서 매장을 선호하고 화장은 좋아하지 않습니다. 그렇게 생각할 수 있습니다.

그러나 매장, 화장, 수장, 수목장, 기타 등등으로 시신을 처리해도 부활에는 아무런 지장이 없습니다. 유대인의 매장문화는 말 그대로 유대인들의 문화이지 진리가 아닙니다. 그러니 염려와 고민을 하지 않아도 됩니다. 왜냐하면 부활은 '시신 상태가 어떠하느냐' 혹은 '어떤 방식으로 시신을 처리했느냐로 결정되는 것이 아니라 이런 것과는 전혀 무관하게 어떤 방식으로 했든지 하나님의 초자연적인 능력으로 부활이 이루어지기 때문입니다. 시체를 어떤 식으로 처리했든지 부활에 아무런 지장과 영향을 주지 않습니다. 하나님의 능력은 그 어떤 것에도 제한을 받지 않습니다. 화장을 하든지, 매장을 하든지, 수장을 하든지 물질인 뼈와 살은 시각에서 사라집니다. 사라진 육체를 세상 종말에 변화시키시고 부활하게 하시는 분은 전능하신 하나님이십니다. 그러니 어떤 방식으로 시신을 처리하든 걱정할 것이 없습니다.

요한복음 20장 19~20절

"이날 곧 안식 후 첫날 저녁때에 제자들(예수님 제자들)이 유대인들을 두려워하여 모인 곳에 문들을 닫았더니(the doors locked) 예수께서 오사 가운데 서서 가라사대 너희에게 평강이 있을찌어다 이 말씀을 하시고 손(his hands)과 옆구리(side)를 보이시니 제자들이 주를 보고 기뻐하더라"

고린도전서 15장 51~52절

"보라 내가(사도 바울) 너희에게 비밀을 말하노라 우리가 다 잠잘(죽음 표현) 것이 아니요 마지막 나팔에(세상 종말=예수님 공중 재림 때 천사들의 나팔 소리) 순식간에 홀연히 다 변화하리니 나팔 소리가 나매 죽은 자들이 썩지 아니할 것으로 다시 살고(부활) 우리도(산 자들도) 변화하리라"

전지전능하신 하나님께서 천지만물을 말씀으로만 창조하신 것처럼, 수천 년 전에, 수백 년 전에, 수십 년 전에 다양하게 죽어 육체가 사라진 사람들을 초자연적인 능력으로 순식간에 영원히 썩지 아니할 새로운 몸으로 변화시켜 중간상태인 낙원이나 음부에 들어가 있던 영혼과 재결합시켜 부활하게 하십니다. 그리하여 예수님을 믿었던 자들은 천국으로 들어가고, 생전에 예수님을 믿지 않았던 자들은 심판을 받고 고통의 장소인 지옥으로 던져져서 영원히 살게 됩니다. 눈에 보이는 육체이나 죽기 전에 시공간의 제약을 받았던 썩어질 육체가 아닌 신령한 몸으로 변화시키시고 부활시키십니다. 예수님의 인성 부활의 상태나 이동이나 모습에서 잘 보여 주고 있습니다.

그러니 화장을 하면 부활의 때에 부활을 하지 못하는 것이 아닌가 하는 의문과 걱정과 고민은 하지 않아도 됩니다. 할 수만 있으면 유대인들처럼 매장을 하는 것이 제일 좋습니다. 그러나 그럴 처지나 형편이 되지 못하면 화장을 하여 산과 바다와 강물 등에 산골(散骨, 화로에서 나온 뼛가루를 뿌림)을 하든지, 아니면 유골을 땅(잔디장, 수목장)에 묻든지 해도 아무런 문제가 없습니다. 아니면 유골함(뼛가루함)을 납골당(봉안당)에 안치를 해도 됩니다. 추모공원에서 화장을 하면 추모공원의 땅에 유골함을 묻을 수 있습니다. 어느 추모공원은 유골을 잔디장으로 매장을 하면 45년 동안 관리해 주는 데 8~90만 원 정도 비용이 듭니다. 민간 추모공원은 수백만 원씩 들어갑니다.

제4장

위령기도

　　무신론자들과 일부 종교인들 중에는 죽은 자를 위하여 이런저런 행위를 하는 자들이 있습니다. 물론 고인에 대한 선한 마음을 가지고 하는 것이라고 생각합니다. 문제는 그것이 영향을 주느냐 주지 않느냐, 실효성이 있느냐 없느냐를 바로 알고 행하여야 합니다. 무조건 고인을 위하여 어떤 언행을 하는 것은 헛수고일 수 있습니다. 가장 대표적인 것이 이미 세상을 떠난 고인과 고인의 영정사진과 무덤과 위패와 기타 형상 앞에서 고인을 위하여 빌고 절하고 기도하는 것입니다. 정성이야 높게 칭찬합니다. 하지만 정성을 다한다고 좋은 것만은 아닙니다. 죽은 자가 다시 살아나거나 자신의 어떤 행위가 죽은 자에게 좋은 영향을 미친다면 얼마든지 어떤 짓이라도 해야 합니다. 영정사진 앞 등에 백 번이라도 엎드려 절해야 합니다. 그러나 우리가 상식적으로 잘 아는 것처럼 죽은 나무, 죽은 동물, 죽은 식물, 죽은 사람은 사람의 정성과 열심과 기도와 엎드려 절함과 눈물 등으로 다시 살지 못합니다. 세상에서 가장 안타깝고 헛심을 쓰는 사람은 밑 빠진 항아리나 그릇에 물을 붓는 자입니다. 죽은 식물과 동물에게 정성을 다하는 자입니다. 소용이 없습니다.

종교행위, 신앙행위에서도 마치 밑 빠진 항아리나 그릇에 물을 붓듯이 하는 사람들이 있습니다. 무신론자들이 주로 하는 것은 목욕재계하고 촛불을 켜거나 물을 담아 놓고 막연한 신령님께 비는 것입니다. 생명이 없는 어떤 형상에게 엎드려 절하고 기도합니다. 필연코 점집에서 부적까지 사서 호주머니에 넣거나 집 어느 곳에 붙여 놓습니다. 베개 속에도 넣고 잡니다. 그러면 어떤 영향과 효력이 있다고 주장하거나 믿습니다. 모두 사기입니다. 점쟁이에게나 자신에게 속는 것입니다. 아무런 소용이 없는 짓입니다. 아주 무지한 열심과 정성입니다. 백날 해도 소용이 없을 것입니다. 누구든지 그리 행하여 보고 확인하면 됩니다. 일반적으로 바른 신앙이 없는 자들이나 미신을 믿는 자들 상당수가 막연하게나마 마음으로 그런 기도를 합니다. 점쟁이나 역술가의 말을 믿습니다. 불안하니까. 부적을 사서 가지고 다닙니다. 그리하면 어찌 될 것처럼 막연한 기대감을 가지고 그리합니다.

모두 쓸데없는 기대감이자 행위입니다. 단지 심리적으로 안심과 위안만 될 뿐입니다. 이런 자들 중에는 이미 죽어 세상을 떠난 고인이나 부모님에 대하여 '지금 하늘의 어디에서 자신을 지켜보고 있을 것이고 응원하실 것'이라고 말합니다. 그런 일은 없습니다. 헛된 기대와 생각과 주장입니다. 사람이 죽으면 육체는 산화되고 영혼은 이 세상 어디에 있거나 하늘의 막연한 어느 장소에 있는 것이 아니라, 중간상태인 저승에 들어가서 종말, 부활을 기다립니다. 그곳을 성경은 낙원 혹은 음부라고 말합니다. 따라서 죽은 사람이 하늘에서 지상에 남아 있는 자녀나 가족이나 사람들에게 아무런 영향을 미치지 못합니다. 눈으로 보거나 귀로 듣지 못합니다. 자녀들의 형편을 알지도 못합니다. 그래서 하늘이나 저승 어디에서 보고 있을 것이고, 응원할 것이고, 기도할 것이라는 생각과 주장은 잘못된 것입니다. 무지에서 나온 근거 없는 주장입니다. 지상에 살아 있는 자들도 죽은 영혼에게 아무런 영향을 미치지 못합니다. 산 자나 죽은 자 모두가 피차 어떤 영향도 주고받지 못합니다.

그리고 위령기도가 있습니다. 위령기도는 천주교(로마가톨릭교회)와 천주교 신자들이 하는데 이 또한 헛된 짓입니다. 그릇된 교리와 가르침과 신앙 때문입니다. 위령기도(慰靈祈禱)란 '죽은 사람의 영혼을 위로하는 기도'를 말합니다. 이는 성경에 반하고 완전히 헛된 기도입니다. 스스로 속이는 기도입니다. 왜냐하면 사람이 죽으면 영혼(혼령)은 곧바로 중간상태인 내세(저승)의 낙원 혹은 음부로 들어가기 때문입니다. 죽은 영혼이 지상에서 기도하는 자의 노력에 따라 위로를 받거나 받지 않거나 하는 일은 절대로 없습니다. 이는 마치 죽은 식물에 물과 비료를 주면서 어떤 말을 하는 사람과 동일합니다. 망자는 내세에 들어가 있어 지상에 있는 자녀들과 어떤 방식으로든지 서로 교통하지 못합니다.

죽은 식물은 농부가 아무리 정성을 다해서 물을 주고 기도를 해도 아무런 소용이 없습니다. 반응이 없습니다. 이런 짓은 아주 어리석고 무지한 행위입니다. 위령기도라는 말 자체도 맞지 않습니다. 위로는 죽은 사람이 아닌 산 사람에게 하는 것입니다. 산 사람에게 한다고 하더라도 산 사람에게 위령기도라는 것은 말이 되지 않습니다. 산 사람에게 위령이라는 말은 사용할 수 있습니다. 위로의 말은 얼마든지 가능합니다. 그러나 산 사람일지라도 산 사람에게 위령기도는 맞지 않고 위로의 말이라고 해야 맞습니다. 위로기도는 황당한 기도입니다. 이미 사망한 자의 영혼을 위로한 답시고 하는 위령기도는 천부당만부당한 짓입니다. 성경에 반하는 기도행위입니다.

마태복음 26장 39절

"조금 나아가서 얼굴을 땅에 대시고 엎드려 기도(祈禱)하여 가라사대 내(예수님) 아버지(성부 하나님)여 만일 할만하시거든 이 잔(십자가)을 내게서 지나가게 하옵소서 그러나 나의 원대로 마옵시고 아버지의 원대로 하옵소서 하시고"(겟세마네 동산에서 십자가를 지시기 전의 예수님 기도)

디모데전서 2장 1~2절

"그러므로 내가 첫째로 권하노니 모든 사람을 위하여 간구와 기도와 도고(중보기도)와 감사를 하되 임금들과 높은 지위에 있는 모든 사람을 위하여 하라 이는 우리가 모든 경건과 단정한 중에 고용하고 평안한 생활을 하려 함이니라"(산 사람들을 위한 기도)

디모데전서 2장 5절

"하나님은 한 분이시요 또 하나님과 사람 사이에 중보(中保)도 한 분이시니 곧 사람이신 그리스도 예수라"(유일한 중보자는 인성과 신성을 가지신 예수님)

그러므로 상식과 성경에 반하는 위령기도는 당장 금해야 합니다. 무엇이든지 좀 생각을 하고 해야 합니다. 기도와 위로는 살아 있는 사람에게 하는 것입니다. 그래야 효능이 있고 영향을 미칩니다. 기도는 오직 하나님께만 하는 것이고 응답도 하나님만 하십니다. 천주교인들은 소위 성모 마리아에게 중보기도를 부탁하는데 이는 헛되고 잘못된 기도입니다. '성모(聖母)'라는 말도 정확한 표현은 아닙니다. 마리아는 여느 여인이나 어머니들과 동일한 인간입니다. 죄인입니다. 피조물입니다. 단지 인성에 있어서 예수님의 육신의 어머니이기에 칭송을 받을 뿐입니다. 그런즉 마리아의 이름으로 기도하거나, 마리아에게 중보기도를 부탁하거나, 마리아를 위해서 하는 기도는 다 성경적이지 않습니다. 헛되고 헛된 기도일 뿐입니다. 천주교 평화방송을 보면 수녀들이 모여 마리아에게 중보기도를 부탁합니다. 그릇된 신앙과 확신은 그릇된 기도를 하게 만듭니다. 잘못 배워서 그런 기도를 합니다. 속고 있는 것입니다. 하나님과 사람 사이의 중보자는 오직 예수 그리스도뿐입니다.

디모데전서 2장 5절

"하나님은 한 분이시요 또 하나님과 사람 사이에 중보도 한 분
이시니 곧 사람이신 그리스도 예수라"

성경 어디에도 마리아가 중보자라는 말씀은 없습니다. 피조물은 중보자가 될 수 없습니다. 마리아는 피조물에 불과합니다. 모든 기도는 예수님 이름으로 하면 됩니다. 그 외에는 없습니다. 그리고 불신자들이나 타종교인들의 기도는 아무런 효력이나 영향이 없습니다. 왜냐하면 기도의

대상은 오직 살아 계시고 전지전능하신 하나님 한 분뿐이고, 기도 응답도 성도들의 기도를 들으시는 하나님뿐이시고, 중보자인 예수님 이름으로 기도해야 응답받기 때문입니다. 하나님(God) 외에 그 어떤 신들(gods)은 실존하지 않고 생명이 없는 우상이기에 불자든 이슬람교도든 미신자들이든 아무리 정성을 다해 기도를 해도 소용이 없습니다. 헛된 수고에 불과합니다. 예수님을 믿지 않는 자들의 기도는 기도 자체가 각하사항입니다. 아무런 의미나 결과가 없습니다.

인류의 유일한 중보자이신 예수님의 이름으로 하지 않는 기도는 하나님께 상달되지 않기 때문에 지구상의 그 어떤 종교인들이나 불신자들이 하는 기도는 모두 허공에 대고 말하는 것과 같이 소용이 없습니다. 쓸데없는 기도입니다. 쉽게 말하면 막힌 수도관, 막힌 혈관과 같습니다. 예수님을 믿지 않거나 예수님의 이름으로 하지 않는 기도는 그 어떤 기도도 뚫리지 않고 막혀서 하나님께 전달되지 않기 때문입니다. 아무튼 하나님이 아닌 다른 대상에게 기도하는 것은 모두 헛되고 헛된 기도입니다. 정성이 문제가 아닙니다. 무조건 정성과 열심히 기도한다고 하늘에 상달되는 것은 아닙니다. 지성이면 감천이라는 말은 성경적이지 않습니다. 인간의 선행과 정성을 강조한 것에 불과합니다. 이런 생각들은 모두 인간적인 생각일 뿐입니다. 위령기도는 허망한 기도로 아무리 해도 헛된 것입니다. 당장 그만두어야 합니다. 그만 속고 살아야 합니다.

제5장

위령미사(예배)

위령미사라는 말은 천주교인들을 제외하고는 생소한 용어입니다. 오직 천주교(로마가톨릭교회)에만 있는 교리이기 때문입니다. 같은 기독교인 개신교는 이런 것이나 유사한 것이 전혀 없습니다. 왜 그렇다고 생각합니까? 기독교의 모든 신앙과 행위의 기준과 척도가 되는 성경(聖經)에 없고 금하기 때문입니다. 그런데 천주교는 성경에 없는 내용도 가감하고 만들어서 교리로 받아들여 가르치고 있습니다. 이는 유대교의 종교 지도자들과 비슷합니다. 유대교의 종교 지도자들도 성경이 아닌 전통과 유전을 만들어서 그것이 마치 진리인 것처럼 지키도록 하였습니다.

한국 개신교도 전래된 지 100년이 넘은 시점에서 돌이켜보면 성경에 없는 것들이 교회로 들어와서 마치 진리처럼 사용하고 있는 것이 있습니다. 가장 대표적인 것이 직분입니다. 성경은 삼직분뿐입니다. 목사(남자), 장로(남자), 집사(남자, 안수 집사)입니다. 요한계시록 22장 18~19절에서 '성경을 가감하지 말라'고 경고하고 있는데 아무렇지 않게 행하고 있습니다. 무엇이든지 익숙해지고, 편안해지고, 시간이 지나고, 누가 문제제기를 하지 않으면 그것이 당연한 것처럼 그대로 갑니다. 개신교도 진리가 아닌 이런저런 것들이 이런저런 합리화를 통해 들어와 있습니다. 세월이 흐르면 범사에 그런 것 같습니다.

이런 외래종과 같은 인간적이고 세속적인 교리들이 들어와 자리를 잡으면 좀처럼 퇴출하기 어렵습니다. 풀이든 쑥이든 칡이든 한번 뿌리를 내리면 좀처럼 제거되지 않는 것과 같습니다. 그래서 전통과 유전, 뿌리가 무섭다고 하는 것입니다. 그러나 예수님은 성경에 반하는 유대인들의 전통과 유전을 격하게 책망하시고 지적하셨습니다. 그러니까 유대교든 천주교든 개신교든 내용과 정도의 차이만 있을 뿐 성경사상이 아닌 것을 추구하는 것이 있어 각성과 자정노력이 필요합니다. 개신교 중에서 개혁교회만 이런 것을 하지 않고 있습니다.

지금 당장 어떻게 개선하지는 못하더라도 이런 사실을 알고 신앙생활을 해야 합니다. 아무 생각 없이 기존의 관행이나 관습대로 신앙생활을 하니 아무런 고민이 없고 무엇이 문제인지 인식조차 하지 못하고 사는 것입니다. 게다가 이미 대부분의 교회들이 그렇게 하고 있고 자기 교회도 그렇게 하고 있으니 침묵하거나 모른 체하고 지나갑니다. 기본적으로 대부분의 목사들과 성도들과 교회들은 본래 자리로 돌아가는 것, 불편하고 부담스러운 것은 회피하려는 성향이 있습니다. 그래서 개혁이 혁명보다 어렵다고 하는 것입니다. 습관, 습성, 관행, 전통, 유전 등을 고치기란 너무 어렵습니다. 저항이 상당합니다. 바르게 바꾸려고 하면 도리어 핍박을 받습니다.

이런 기초하에서 다시 '위령미사'를 생각해 보겠습니다. 위령미사에서 위령(慰靈)이란 '죽은 사람의 영혼(혼령)을 위로해 주는 것'을 말합니다. 그러니까 **위령미사(慰靈, Missa)**란 '죽은 이들의 영혼을 위해 하나님께 드리는 제사의식(예배의식), 성찬의식'입니다. '연미사'라고도 합니다. 미사(Missa)란 제사의식으로 말씀전례와 성찬전례가 있습니다. 미사 절차로는 개회식이 있습니다. 그다음 말씀의 전례가 있습니다. 그다음은 성찬전례가 있습니다. 마지막으로 마침예식이 있습니다. 이는 천주교의 '미사경총 총지침 335항'에 근거합니다.

천주교에는 '합동위령미사'도 있습니다. 이는 많은 연옥 영혼을 위한 미사지향(예물)을 가지고 위령미사 한 대를 봉헌하는 것을 말합니다. 또한 천주교에는 '위령의 날'이 있습니다. 죽은 모든 이를 기억하는 날입니다. 이때 죽은 모든 이의 영혼, 특히 연옥에 가 있는 영혼들이 하루빨리 천국에 들어갈 수 있도록 기도하는 날입니다. 개신교에서는 절대로 받아들일 수 없는 주장이자 헛된 교리입니다. 성경에 없는 것입니다. 참고로, 연옥은 천주교에서만 주장하는데 성경에는 없고 외경이라는 책에만 나옵니다. 천주교는 외경(外經)도 성경으로 받아들입니다. 전 세계 개신교는 외경을 성경으로 인정하지 않습니다. 사용하지도 않고 가르치지도 않습니다. 외경은 다른 복음입니다.

갈라디아서 1장 6~8절
"그리스도의 은혜로 너희를 부르신 이를 이같이 속히 떠나 다른 복음을 좇는 것을 내가(사도 바울) 이상히 여기노라 다른 복음은 없나니 다만 어떤 사람들이 너희를 요란케 하여 그리스도의 복음을 변하려 함이라 그러나 우리나 혹 하늘로부터 온 천사라도 우리가 너희에게 전한 복음 외에 다른 복음을 전하면 저주를 받을찌어다"(다른 복음이란 율법 구원, 행위 구원, 외경 추종, 이단사상 등)

마태복음 27장 50절

"예수께서 다시 크게 소리를 지르시고 영혼(혼령)이 떠나시다"

마태복음 15장 3절

"대답하여 가라사대 너희는 어찌하여 너희 유전(遺傳, 전통)으로 하나님의 계명을 범하느뇨"

마가복음 7장 13절

"너희의 전한 유전(전통)으로 하나님의 말씀을 폐하며 또 이같은 일을 많이 행하느니라 하시고"

마태복음 15장 9절

"사람의 계명으로 교훈을 삼아 가르치니 나를 헛되이 경배하는도다 하였느니라 하시고"

요한계시록 22장 18절

"내가 이 책의 예언의 말씀을 듣는 각인에게 증거하노니 만일

누구든지 이것들 외에 더하면(보태면, adds) 하나님이 이 책에
기록된 재앙들을 그에게 더하실(add) 터이요”

성경에 근거한 위령미사(연미사)의 문제점은 이런 것입니다. 죽은 영혼을 위로하는 것이고, 연옥에 들어갔다는 성도들이 하루속히 천국에 입성할 수 있도록 기도하는 것입니다. 연옥교리는 오직 믿음으로의 구원을 부정합니다. 다른 사람의 행위가 있어야 천국에 들어갈 수 있다는 말입니다. 행위 구원을 말합니다. 이는 이단사상입니다. 성경은 오직 믿음으로 구원만을 말합니다. 여기서 죽음이 무엇이며, 영혼(혼령)의 향방의 어떠함을 먼저 알아야 합니다.

죽음이란 사람이 단순히 숨을 쉬지 않는 상태가 아니라, 육체와 영혼이 결합된 상태로 살았는데 어느 날 하나님께서 육체 안에 거했던 영혼을 취하셔서 육체만 남은 상태를 말합니다. 그것을 시체라고 합니다. 영혼이 떠난 육체는 마치 소프트웨어를 빼어 버린 컴퓨터와 같은 상태가 됩니다. 그러면 컴퓨터는 죽은 컴퓨터가 됩니다. 죽음이란 영혼과 육체의 분리입니다. 육체에서 분리된, 떠난 영혼은 곧바로 사람의 영향을 받지 않는 내세의 중간상태(낙원 혹은 음부)로 들어가 대기하고 있다가 세상 종말과 예수님의 공중 재림의 때에 변화된 육체와 재결합되어 부활을 하게 됩니다. 이미 죽은 사람, 영혼은 지상에서 기도하고 어떤 행위와 행사를 치른다고 해도 아무런 영향을 받지 않습니다. 내세와 지상에 거하는 사람, 영혼은 서로 보고 듣고 영향을 주고받을 수 없습니다.

그러니까 사람이 죽어 육체를 떠난 영혼은 지상에서 그 어떤 미사, 기도, 선행 등을 해도 아무런 영향을 받지 못하고 달라지지 않습니다. 사람이 죽은 이후에 영혼에 영향을 미칠 수 있는 분은 오직 하나님 외에는 없습니다. 피조물은 그 누구라도 죽은 영혼에게 선악 간에 영향을 주지 못합니다. 게다가 기도는 산 사람에게만 하는 것입니다. 죽은 사람에게 기도하는 것, 죽은 사람의 보속을 위해서 지상에 남아 있는 자들이 선행을 하는 것은 마치 허수아비인 우상들과 죽은 형상들과 죽은 돼지에게 빌고 엎드려 절하는 것과 동일합니다. 성경과 신앙과 상식의 무지에서 나온 헛되고 헛된 짓입니다. 아무런 소용이 없습니다. 그러므로 당장 금해야 합니다. 무엇이든지 무조건 가르치고 시키는 대로만 하지 말고, 맹신과 맹종을 하지 말고 좀 생각을 하고, 상고를 하고 믿고 살기 바랍니다. 이단에 빠진 자들이나 속임을 당하는 자들을 보면 성향이나 수준이 주로 맹신하고 맹종하는 자들입니다. 그래서 물적, 영적 사기를 당하는 것입니다. 물질적으로나 신앙적으로 사기당하기 딱 좋은 자들입니다.

물건이나 혈관이나 신앙이나 시간이 지나면 이런저런 것들이 더덕더덕 달라붙습니다. 하나님께서 만드신 것이 아닌 사람들이, 목사들이, 총회나 노회들이 그때마다, 시대마다, 상황에 따라 자기들 필요와 이익에 따라 만든 교회의 전통과 유전들이 그런 것들입니다. 진리가 아닌 것들을 가감(加減)할 때는 매우 그럴듯한 논리와 핑계를 댑니다. 성경에 충돌되지 않고 유익하니 성경에는 없지만 사용할 수 있다고 합리화합니다. 그것도 내용과 정도에 따라 다릅니다. 교리와 직분은 중대한 진리입니다. 사람들이 임의로 필요에 따라 가감할 수 있는 것이 아닙니다.

천주교의 다양한 교리들도, 유대교의 여러 전통과 유전들도, 개신교의 삼중직 이외의 직분(권사, 서리집사, 여자 목사, 여자 장로)들도 그런 차원에서 사람들이 만들고 추가한 것입니다. 다시 강조컨대 위령미사(연미사)는 성경에 반하고 쓸데없는 짓이니 당장 멈추어야 합니다. 천주교 신자들은 따르지 말아야 합니다. 거부해야 합니다. 성경에 무지하면 용감히 행합니다. 비유하자면 시험을 볼 때 무지하니까 오답을 정답으로 당당하게 씁니다. 그러나 오답을 알면 쓰지 말아야 합니다. 그것이 정상적인 사람이자 신앙인입니다. 오답인 것을 알면서도 오답을 계속 쓰는 사람은 바보이자 구제불능입니다. 아니다 싶으면, 누군가가 확실한 근거를 제시하며 틀린 것이라고 주장하면 당장 멈추고 버리는 자가 용기가 있는 자이자 지혜자입니다.

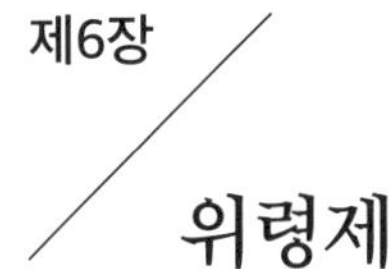

제6장

위령제

TV나 각종 언론매체를 보면 길거리나 어떤 중요한 역사적인 행사에서 각종 위령제를 지내는 것을 볼 수 있습니다. 여기저기에서 종종 합니다. 따라서 위령제가 무엇인지 바르게 알아야 합니다. **위령제(慰靈祭)란** '죽은 사람의 영혼을 위로하기 위해서 지내는 제사'입니다. 그러니까 '영혼을 위로하는 제사', '넋을 달래는 굿'이라는 말입니다. 사람뿐만 아니라 죽은 동물들을 기리기 위한 일종의 행사입니다. 다른 말로 진혼제(鎭魂祭)가 있는데 '혼을 진정시킨다'는 뜻입니다. 전쟁이나 재난 등으로 죽은 사람들, 해부나 약물 실험과 인간의 음식 등 목적으로 희생된 동물 등 다양한 생명의 '혼'을 달래기 위해 시행됩니다. 참고로 동물들에게는 영혼이 없습니다. 영혼은 사람에게만 있습니다. 이런 사실을 정확히 모르니 사람에게만 있는 영혼이 동물들에게도 있다는 그릇된 지식을 가진 자들이 있습니다.

창세기 2장 7절

"여호와 하나님이 흙으로 사람을 지으시고 생기(영혼)를 그 코에 불어넣으시니 사람이 생령(산 사람)이 된지라"

위령제 진행은 주로 무당(무속인)이 합니다. 무당(巫堂)이란 '신내림을 받아 신(귀신)을 섬기며 굿을 하는 여성 무속인'을 뜻합니다. 여기서 '신내림'이란 '영적 존재인 귀신이 임한 것'을 말합니다. 그러니까 귀신의 힘을 빌려서 굿을 하는 자가 무당(무속인)입니다. 성경에 의하면 귀신은 실제로 존재합니다. 그 수가 많습니다. 그래서 성경은 귀신을 복수(군대)로 표현합니다. 정기적인 위령제는 무형문화재로 지정되는 경우도 있습니다. 무속신앙에서는 '사람이 사망하면 삶의 미련 때문에 영혼이 저승(내세)에 갈 수 없다고 믿기 때문에 한풀이를 해야 원귀가 되지 않는다'고 생각합니다. 물론 이러한 무속신앙에 대해 성경은 인정하지 않습니다. 헛된 것입니다. 속이고 속는 것입니다.

자주 언급한 말이지만 사람이 사망하면 즉시 현세를 떠나 중간상태인 저승(낙원 혹은 음부)으로 들어가서 부활을 기다립니다. 죽은 영혼이 이 세상 어디에 머물거나 떠돌아다니는 경우는 절대로 없습니다. 원한이 있든 없든 어떤 식으로 죽었든 그런 일은 없습니다. 그리고 원한을 품고 죽은 사람의 영혼이 원귀(冤鬼, 원통한 귀신)가 되는 일은 절대로 없습니다. 이는 누군가가 지어낸 가짜 말입니다. 사람의 영혼은 언제나 사람의 영혼으로 존재하며, 귀신은 죽은 사람의 영혼이 되는 것이 아니라 타락한 천사들이 귀신들입니다. 귀신들은 전 세계적으로 많습니다.

유다서 1장 6절
"또 자기 지위를 지키지 아니하고 자기 처소를 떠난 천사들 (귀신들)을 큰 날의 심판까지 영원한 결박으로 흑암에 가두셨으며”

요한계시록 12장 7~9절

“하늘에 전쟁이 있으니 미가엘(선한 천사장)과 그의 사자들(미가엘을 따르는 선한 천사들)이 용(악한 사단)으로 더불어 싸울째 용과 그의 사자들(용을 추종하는 타락한 천사들)도 싸우나 이기지 못하여 다시 하늘에서 저희의 있을 곳을 얻지 못한지라 큰 용이 내어 쫓기니 옛 뱀 곧 마귀라고도 하고 사단이라고도 하는 온 천하를 꾀는 자라 땅으로 내어 쫓기니 그의 사자들(타락한 천사들=귀신들이 됨)도 저와 함께 내어 쫓기니라”(귀신들은 타락한 천사들이다)

위령제의 종류로는 동물 위령제, 원혼 위령제, 추모 위령제가 있습니다. 무엇보다도 동물 위령제가 있다는 것이 황당합니다. 왜냐하면 동물에게는 영혼이 없기 때문입니다. 동물은 차치하고 죽은 사람에게 위령제는 아무런 영향을 미치지 못합니다. 죽은 자의 영혼은 이 세상에 없을 뿐만 아니라 지상에서 무슨 정성과 행위를 하더라도 아무런 영향을 미치지 못하고 위로가 될 수 없기 때문입니다. 식물이든 동물이든 사람이든 죽은 것에 대해서 사람이나 정성은 그 어떠한 영향도 끼치지 못합니다. 오직 하나님만 영향을 미칠 수 있습니다. 실제로 식품의약품안전처 부속 국립독성과학원에서는 1년에 한 번 추석이 끝난 10월 말쯤에 동물 실험에 관련된 일을 하는 사람들이 약 100명 정도 참석하여 위령제를 진행한다고 합니다. 식약처 부지에는 1929년에 세워진 동물 위령비가 있다고 합니다.

참으로 기가 막힙니다. 안타까운 일입니다. 동물들의 넋을 기리다니 말입니다. 인간의 어리석음과 무지는 끝이 없습니다.

대표적인 것이 우상 숭배이고 삶은 돼지를 차려 놓은 후 코와 귀에 지폐를 끼워 놓고 항해나 건축이나 개입이나 고기잡이 등을 할 때 잘 봐 달라고 엎드려 절하는 사람입니다. 사람이 어찌 죽은 돼지에게 도움을 구하고 엎드려 절을 합니까? 아주 해괴한 일입니다. 바보짓입니다. 이것이 어리석은 인간의 민낯입니다. 이런 연장선에서 보면 죽은 동물들을 위해서 위령제를 지내는 것은 그리 놀라운 일도 아닙니다. 국립수의과학검역원 부지 내의 축혼비 비문에는 이런 글귀가 있다고 합니다. "열 목숨 얻기 위해 한 목숨 바친 그대(죽은 동물) 희생 빛내리 넋이여 고이 잠들라" 정말로 어이가 없습니다. 황당합니다. 동물 위령제의 대부분은 인간의 의학적 발전이나 복리를 위해 희생되어 온 동물을 의식의 대상으로 삼습니다. 그 때문에 동물 위령제는 생물학적인 실험이나 학습이 이루어지는 생명과학 연구소, 대학교의 의과대학, 수의과대학, 동물원 등에서 지냅니다.

대한민국에서 동물을 실험의 대상으로 삼는 기관이라면 대부분은 어떤 형식으로든지 동물 위령제를 지낸다고 합니다. 기독교인들은 이런 동물 위령제에 동참하지 말아야 합니다. 단호하게 거부해야 합니다. 하나님이 기뻐하는 것이 아닙니다. 헛되고 헛된 짓이기 때문입니다. 동물은 하나님이 창조하셨고, 사람을 위한 식물(食物, 먹을거리)로 주신 것에 불과합니다. 모든 동물들은 우열이 없습니다. 어떤 동물은 먹어도 되고 어떤 동물은 먹으면 안 된다는 것은 어이가 없는 말입니다. 동물들을 흙으로 창조하신 하나님께서 식물로 주셨고 먹으라고 합니다. 그런데 사람들이 개고기는 안 되고, 이젠 애완견을 반려견이라고까지 하면서 사람 취급을 합니다. 인간들이 어디까지 황당한 짓을 할지 기막힙니다. 지구상에 존재하는 모든 동물은 하나님께서 사람들의 먹을거리로 주셨습니다. 어떤 동물이든지 차별 없이 식물로 취할 수 있습니다. 오늘날 반려동물, 애완견을 키우고 가족처럼 지내다 보니 개고기에 대하여 식용을 금하는 법까지 통과되었는데 이는 무지에서 나온 행위이자 결정입니다. 반려(伴侶)라는 말은 사람에게만 붙이는 말입니다. 짝이라는 의미입니다.

그런데 애완견에게 반려견이라고 말합니다. 자기들 마음대로입니다. 이런 일련의 일들은 성경에 반하는 행동이고 정책이고 법입니다. 만물의 창조주와 피조물인 인간이 같을 수 없고, 하나님의 형상으로 지음을 받은 사람과 영혼이 없는 동물들이 같을 수 없습니다. 비교 자체나 하나가 될 수 없습니다. 단지 함부로 대하지 말고 소중하게만 여겨야 합니다. 왜 개고기는 먹지 못하게 하고 다른 소, 돼지, 양고기 등은 먹도록 합니까? 황당한 일입니다. 이런 일에 형평성과 일관성도 없습니다. 객관적인 근거도 없습니다. 동물들도 양반이 있고 쌍놈이 있습니까? 차별합니까? 논리와 일관성이 있게 주장해야 합니다. 이런 사실을 정확히 모르니 동물에게 영혼이 있다고 잘못 알고 동물의 죽음에 대하여 위령제를 지내는 것입니다.

창세기 9장 3절

"무릇 산 동물들은 너희의 식물(食物, 음식)이 될찌라 채소같이 내가 이것을 다 너희에게 주노라"

창세기 2장 19절

"여호와 하나님이 흙으로 각종 들짐승과 공중의 각종 새를 지
으시고…"

베드로후서 2장 12절

"그러나 이 사람들(거짓교사들)은 본래 잡혀 죽기 위하여 난
이성 없는 짐승 같아서…"

'원혼 위령제'도 황당하기는 마찬가지입니다. 원혼(冤魂)이란 '분하고
억울하게 죽은 사람의 넋(영혼)'을 말합니다. 이런 원혼을 위로하는 의식
을 '원혼 위령제'라고 합니다. 성경에 의하면 이런 원혼은 없습니다. 어떤
식으로 죽었든지 이 세상에 떠돌아다니는 원혼은 절대로 없고 전혀 위로
도 할 수 없습니다. 사람이 사망하면 육체에서 나온 영혼은 즉시 중간상
태 저승(낙원 혹은 음부)에 들어가 있으면서 세상 종말 때의 부활을 기다
립니다. 죽은 자에 대한 것은 현세에 산 자들이 이 땅에서 어떤 누구라도
무슨 기도나 위령제 등을 행하여도, 정성과 선행을 다해도 죽은 자의 영
혼에 아무런 영향을 미치지 못합니다. 그래서 다양한 위령제나, 위령기도
나, 위령미사나, 온갖 위령굿 등을 헛된 수고라고 하는 것입니다.

그런 사실을 모르니까 이런 위령제를 반복해서 해마다 지내는 것입니
다. 우리나라는 예로부터 편안하게 눈을 감지 못하고 비정상적으로 죽은
영혼은 곧바로 하늘로 가지 못하기 때문에 땅에 남아 살아 있는 사람들에
게 해를 가할 수 있는 존재로 여겨졌습니다. 이에 살아 있는 자들은 어떤

두려움에서 벗어나고 싶고, 현실의 안전한 삶을 영위하기 위해 원혼을 위로하고 진정시킬 필요가 있었습니다. 이것이 제의, 제사로 이어진 것이 '원혼 위령제'입니다. 기독교인들은 이런 '원혼 위령제'를 믿지도 말고 행하지도 말아야 합니다. 원혼에 의한 위협과 영향은 1도 없기 때문입니다. 그런 일은 절대로 일어나지 않습니다. 사람들에게 일어나는 온갖 저주와 재앙들은 하나님께서 죄인들에게 내리시는 벌입니다. 사람들이 무지해서 두려움을 갖고 미신행위들을 행하는 것입니다. 무속제의, 무속신앙, 마을 공동제의가 원혼 위령제들입니다.

누가복음 23장 43절

"예수께서 이르시되 내가 진실로 네게(신앙고백 한 십자가에 달린 강도) 이르노니 오늘 네가 나와 함께 낙원(신자가 가는 내세)에 있으리라 하시니라"(사망 즉시 저승인 낙원)

마태복음 27장 50절

"예수께서 다시 크게 소리를 지르시고 영혼(靈魂, 혼령)이 떠나시다"(예루살렘 골고다 언덕에 설치된 십자가 위에서의 죽음)

사도행전 2장 27절

"이는 내(다윗왕) 영혼(靈魂)을 음부에 버리지 아니하시며 주의 거룩한 자로 썩음을 당치 않게 하실 것임이로다"

'추모 위령제'도 마찬가지로 헛된 위령제입니다. '추모 위령제'란 '대규모의 천재 또는 인재 이후 사망자들의 넋(영혼)을 위로하고 기리기 위해 국가 또는 민간의 주도로 이루어지는 위령제'를 말합니다. 주로 전쟁이나 규모가 큰 인재(제주 4.3 사건 희생자 위령제, 세월호 사건 사망자 위령제, 이태원 참사 위령제 등), 천재지변 등으로 죽은 자들을 기립니다. 이 또한 아무런 효력이나 영향이 없는 헛된 위령제입니다. 심리적으로 작은 위안만 삼을 뿐입니다. 이미 죽은 자에게 아무런 위로나 영향을 미치지 못합니다.

따라서 기독교인들은 사회 분위기가 그렇다고 이런 다양한 위령제 행사 등에 휩쓸리어 죽은 자들을 위로한답시고 이에 동참하여 어떤 행위를 하면 안 됩니다. 모든 위령제는 성경이 금하는 것이고 헛되고 헛된 의식입니다. 반기독교적인 행위들입니다. 아무리 위령제를 해도 소용이 없고 영향력이 없습니다. 이런 사실을 사람들과 기독교인들은 바로 알아야 합니다. 조상들을 위한 각종 제사도 마찬가지입니다. 헛된 것입니다. 제사는 죽은 자와 귀신에게 드리는 헛된 짓입니다. 기독교인들이 전통과 문화, 좋은 의도라고 하여 이런 것에 참여하고 긍정하는 것은 잘못된 것입니다. 성경에 반하는 문화나 모든 의식과 행사는 금해야 합니다.

제7장

영정사진에 엎드려 절하는 것

　　장례식장에 가 보면 다양한 조문 양태들을 볼 수 있습니다. 장례식장에 가면 조문을 받는 빈소에 고인의 영정사진이 설치되어 있습니다. 조문을 가서 영정사진 앞에 헌화하고 목례만 취한 후 기도를 하는 자, 헌화하고 엎드려 절하는 자 등등이 있습니다. 물론 조문객의 개인 성향과 종교, 고인의 종교와 유가족들의 신앙과 연관되어 나타납니다. 모든 종교인들과 사람들은 나름 자기들 방식대로 기도를 하는데, 불신자들과 기독교(천주교+개신교)인 중 개신교가 아닌 자들은 망자를 위해서 기도합니다. 엎드려 절합니다.

　　그러나 개신교인들은 신주나 영정사진 앞에서 헌화와 목례를 하고 기도를 하되 죽은 자를 위해서 기도하지 않습니다. 엎드려서 절도 하지 않습니다. 유가족들을 위로하는 기도를 하고, 고인의 죽음과 장례 절차를 통해서 하나님께서 영광을 받으시라고 기도할 뿐입니다. 또한 모든 장례 절차를 잘 인도해 달라고 기도합니다. 산 자가 아닌 영정사진, 묘비, 무덤 등 생명이 없는 형상에는 어떤 기도나 절을 하지 않습니다. 그렇게 하는 이유는 크게 두 가지입니다. 하나님께서 금하신 우상 숭배에 해당하고,

이미 죽은 자에게는 그 어떤 행위도 헛되고 소용이 없는 행위이기 때문입니다.

　그래서 기독교인 중 개신교인들은 망자를 위해서 기도하지 않고, 신주와 영정사진에 엎드려 절하지 않습니다. 이는 배타적이거나 무례한 것이 아닌 상식적이고, 성경적이고, 당연한 것입니다. 도리어 생명이 없고 아무런 영향이 없는 대상과 형상에게 기도를 하고 엎드려 절하는 자들이 더 황당하고 이상한 것입니다. 이는 마치 전화선이 끊어졌는데 전화기를 붙들고 누군가와 계속 통화를 하는 자와 다르지 않습니다. 얼마나 이상하고 해괴한 일입니까? 소용이 없는 전화기를 붙들고 전화를 하는 사람이 이상합니까? 아니면 그런 전화기를 사용하지 않는 사람이 이상합니까? 돼지를 죽여서 삶은 이후 코와 귀에 지폐를 끼워 놓고 잘 봐 달라고 엎드려 절하는 것과 유사한 것으로 얼마나 이상하고 해괴한 일입니까? 사람들은 자기들이 어처구니없는 짓, 아무런 소용이 없는 짓, 황당한 짓, 헛되고 헛된 짓, 바보 같은 짓 등을 하면서도 뭐가 문제인지 모르고 당당하게 합니다. 도리어 그렇게 하지 않는 자들을 이상하게 생각하고 나무랍니다. 억지로 동참하게 합니다.

출애굽기 20장 4~5절
"너를 위하여 새긴 우상(偶像)을 만들지 말고 또 위로 하늘에 있는 것이나 아래로 땅에 있는 것이나 땅 아래 물 속에 있는 것의 아무 형상(形像, 영정사진도 포함)이든지 만들지 말며 그것들에게 절하지 말며 그것들을 섬기지 말라…"(하나님의 명령)

망자가 살아나기만 한다면 백 번 천 번이라도 엎드려 절해도 됩니다. 죽은 애완동물이 살아나기만 한다면 무슨 짓이라도 해도 됩니다. 그러나 그런 일은 일어나지 않습니다. 사람은 죽은 자를 살려 낼 어떤 능력이 전혀 없습니다. 오직 전지전능하신 하나님만이 사람을 죽이기도 하시고 죽은 자를 살리기도 하십니다. 오직 하나님만 예외입니다. 상당수 사람들은 과거에도 그랬고 현재에도 그렇게 하고 있으며, 미래에도 영정사진 앞에 엎드려 절할 것입니다. 그것이 기본 예의이고, 전통이고, 조문문화이기 때문이라고 말합니다. 또한 자기가 가진 종교의 당연한 자세라고 말합니다. 다 좋습니다. 아무리 그래도 그렇습니다. 옳고 그름을 판단할 수 있는 이성을 가진 사람들이 아무런 효과, 효능, 효력이 없는 헛되고 헛된 짓을 예의와 전통이라고 이렇게 해야 합니까? 생명이 없고, 말도 못 하고, 아무런 반응이 없는 텅 빈 시체나 영정사진에 왜 절합니까? 아마 다른 헛되고 헛된 일을 시키면 발끈하고 화를 내면서 하지 못하겠다고 할 것입니다. 사람들은 헛된 짓도 선택적으로 합니다. 어떤 헛된 짓은 정성을 다해서 하고, 어떤 헛된 짓을 시키면 화를 내기도 합니다.

혹 직장에서 상사가 헛되고 헛된 일을 시키면 따르지 않을 것입니다. 정신 나간 상사라고 할 것입니다. 말이나 지시가 황당하다고 펄펄 뛸 것입니다. 그런 기본 의식을 가진 자들이 생명이 없는, 아무리 절을 해도 받지 않는 고인 신주나 영정사진과 무덤 앞에 엎드려 절하는 것은 지극정성으로 합니다. 목숨을 걸고 하려고 합니다. 못 하게 하면 화를 냅니다. 아무리 생각해도 납득이 가지 않습니다. 좀 생각을 하고 살아야 합니다. 추모공원이나 산소에 가서 묘비나 무덤에 음식을 차려 놓고 술을 뿌리고 엎드려 절하는 것도 헛된 짓입니다.

세상에 죽은 묘목이나 씨앗을 논과 밭에 심고 뿌리는 농부는 없습니다. 전통이고 문화이고 예의이니 그렇게 하는 것이라고 한다면 다른 농부들에게 조롱거리가 될 것입니다. 아무런 소용도 없고 헛되고 헛된 짓이기 때문입니다. 사람들은 일생을 살아가면서 그릇된 지식과 확신으로 인하여 헛되고 헛된 짓들을 많이 합니다. 모르기 때문에도 그리하고 알면서도 행합니다. 누군가에게 속고 스스로 속고 사는 것입니다. 그렇게 행하고 싶으면 일관성을 유지해야 합니다. 모든 면에서 헛되고 헛된 짓을 행하여야 합니다. 왜 선택적으로 합니까? 이런 것이 바로 스스로 자기 행위를 부정하는 것입니다.

사람이라면 범사에 생각을 좀 하고 살아야 합니다. 조상들이 그랬으니까, 부모들이 그리하니까, 누군가가 그리하라고 시키니까, 우리 집과 우리 사회의 전통이니까, 전체 분위기가 하지 않으면 안 될 상황이니까, 그렇게 하지 않으면 공동체에서 불이익을 당하게 되니까, 모두가 그렇게 하니까 등등의 핑계와 이유를 대면서 헛되고 헛된 일을 당연하게 행하는 것은 금해야 합니다. 사람이라면 정상적인 생각과 정상적인 주장과 정상적인 행동을 해야 합니다. 비정상적인 행위를 하면서도 당당하게 말하는 자는 아주 이상한 사람입니다. 남녀노소를 불문하고 누구나 생각할 때나 결과론적으로 볼 때 헛되고 헛된 일과 행위는 다 싫어하고 거부합니다. 당연히 하지 말아야 합니다.

그런 차원에서 이미 죽어 영혼이 세상을 떠나서 다른 사람이나 유가족들이 별의별 짓을 다 해도 다시 살아 돌아오지 않고 효력이 없는 고인의 신주나 영정사진에 엎드려 절하는 헛된 행위는 이제 그만해야 합니다. 기념과 추모만 해야 합니다. 숭배행위는 금해야 합니다. 이미 세상을 떠나 아무런 소용이 없는 망자에게 그런 정성과 열심을 부리지 말고, 가족과 지인들이 살아 있을 때 정성을 다해 잘하기 바랍니다. 살아 있을 때 엎드려 절하기 바랍니다. 지금 살아 있는 가족과 이웃들을 지극히 사랑하고 죽은 자는 추모만 하기 바랍니다. 시간 투자도, 돈 투자도, 정성과 수고도 산 사람에게 하기 바랍니다. 그런 사람이 상식적인 사람이고 정상적인 사람입니다. 진실로 가족을 사랑하는 사람입니다.

제8장

유가족 제일중심 장례식

사람이 사망하면 원근 각처에서 지인들이 조문하러 옵니다. 상(喪)을 당한 유가족들은 각기 종교와 자기 신념 등에 따라 장례식을 준비합니다. 기본 틀은 비슷하지만 세부적인 부분에서는 꽃 종류만큼이나 다 다릅니다. 참고로 '다른 것'은 '틀린 것'이 아닙니다. 반대로 '틀린 것'은 '다른 것'이 아닙니다. 틀린 것은 그냥 틀린 것입니다. 이 부분에서 오해가 없어야 합니다. 왜 이런 말을 하느냐 하면 보통 사람들은 자기의 기준과 생각과 습관에서 다른 행위, 전통과 다른 행동을 하면 틀렸다고 생각합니다. 전혀 그렇지 않습니다. 다른 것을 틀렸다고 단정해 버립니다. 총체적으로 틀렸다고 할 때는 헌법과 성경과 명백한 규칙과 법규와 약속 등을 어겼을 때입니다.

그 외에는 각기 자기들 신앙과 신념과 이념과 방식대로 얼마든지 창조적으로 다르게, 유연성 있게 행할 수 있습니다. 범사에 이런 기준과 판단 근거를 가지고 살기 바랍니다. 그래야 멀쩡한 사람을 이상한 사람으로 취급하지 않게 됩니다. 사람들은 누구든지 자기 기준과 수준과 역량과 지식 안에서 옳다 그르다를 판단합니다. 자기 기준입니다. 주관적인 기준이 아닌 객관적인 기준으로 범사를 대하면 오판을 대폭 줄일 수 있습니다. 장례식장을 찾아오는 조문객들도 각양각색입니다. 별의별 사람들이 다 찾아옵니다.

어떤 조문객들 중에는 오직 자기 생각만 옳다고 여기는 자들이 있습니다. 유가족들이 장례식을 어떻게 진행하는가를 유심히 쳐다봅니다. 이에 자기 생각과 좀 다르게 진행하면 불편해하고 문제시합니다. 자기가 나서서 이렇게 하라 저렇게 하라고 합니다. 불법이 아닌데도 그리 생각합니다. 유가족 중심으로 보지 않습니다. 자기중심으로 봅니다. 대표적인 것이 집례자와 입관식 때의 수의와 유가족들의 표정과 영정사진에 절하지 않거나 못하게 하는 것 등입니다. 최근에는 결혼식도 그렇고 장례식도 그렇고 가족 중에 목사가 있으면 타인에게 부탁하지 않고 직접 집례를 맡는 경우들이 하나둘씩 늘어나고 있습니다. 과거에는 장례식이나 결혼식이나 타인에게 위탁하여 집례를 보게 하였고, 지금도 다수는 그리합니다.

어떤 조문객은 이러한 모습을 보고 이해를 못 합니다. 어떻게 유족이, 어떻게 혼주가 직접 집례를 맡느냐고 의아해합니다. 그러면서 속으로 좋지 않게 판단합니다. 하나만 알고 둘은 모르는 사람입니다. 지식이 부족한 사람입니다. 앞에서도 언급했지만 틀리지 않은 것은 누구나 얼마든지 변화를 줄 수 있습니다. 존중해 주어야 합니다. 이것은 다른 것이지 틀린 것이 아닙니다. 존중해 주고 이해해 주어야 합니다. 자기 생각과 마음이 짧은 것입니다. 생각해 보기 바랍니다. 무엇이든지 가장 사랑하고, 가장 친하고, 가장 잘 아는 자가 중요한 일을 맡아서 행하는 것이 가장 바른 모습입니다. 유가족처럼, 혼인 당사자 가족처럼 고인과 유가족, 혼인을 하는 신랑 신부를 사랑하고 잘 아는 자가 누가 있겠습니까? 누가 진정으로 위하겠습니까? 장례식과 혼인은 단순한 행사나 이벤트가 아닙니다. 매끄럽게 잘 진행하는 것이 전부나 핵심이 아닙니다.

마태복음 22장 39절
"둘째는 그와 같으니 네 이웃을 네 몸과 같이 사랑하라 하셨으니"

진정성과 의미와 가치가 있게 하는 것이 본질과 핵심이 되어야 합니다. 그렇게 할 수 있는 자란 가족과 친인척밖에 없습니다. 따라서 가족 중에 목사가 있으면 그 목사가 집례를 맡는 것이 가장 진정성이 있고 의미가 있습니다. 이젠 수의에 대한 것입니다. 수의(壽衣)란 '염습할 때 시체에게 입히는 옷'을 말합니다. 성경에 나오는 유대인들의 수의는 우리나라의 전통과 달리 하얀 수건과 천으로만 시신을 감쌌습니다. 우리나라 전통적인 수의는 삼베옷입니다. 주로 장례식장에서 비싸게 사서 입혔습니다. 그러다가 변화가 일어나 이젠 유가족들이 선택하여 다양한 수의를 입히고 있습니다. 평소 고인이 즐겨 입었던 옷을 입힙니다.

어떤 경우는 고인이 갑자기 사망하고, 장례식장으로 이송하고, 정신이 없이 이런저런 것을 하다 보면 수의에 대하여 깊이 챙기지 못하고 병실에서 편하고 가볍게 입었던 옷(잠옷 등)을 입히고 잊고 지내다가 그냥 입관식을 진행하는 경우도 있습니다. 일부러 좋은 옷을 입히지 않는 것이 아니라 정신이 없거나 여러 사정으로 그리된 경우도 있습니다. 그런데 입관식에 참여한 조문객 중에 이런 것에 마음이 걸려서 유가족에게 '어찌 그럴 수 있느냐?'라고 화를 내면서 깊은 상처를 주는 말을 하는 자가 있습니다. 유가족도 아닌데 말입니다. 아니면 속으로 몹시 불편해하는 자가 있습니다. 자신의 신분을 망각한 자세입니다.

생각해 보기 바랍니다. 향후 누가 고인의 옷을 입는다고 아끼고, 누가 고인이 평소에 입었던 좋은 옷을 고의로 입히지 않겠습니까? 이는 기본이자 상식입니다. 장례 이후 고인의 옷은 다 처분합니다. 그런데 이런 기본적이고 순수한 마음과 생각을 이해하지 못하고 자기의 눈으로 볼 때 좋은 수의를 입히지 않았다고 장례식 후 상주에게 전화를 하여 화를 내면서 '온 가족이 정신적으로 문제가 있지 않느냐', '정신병원에 가서 진단을 받아야 하지 않느냐'고 하면서 펄펄 뛰는 자도 있습니다. '어떤 이유와 사정이 있겠지'라고 생각지 못합니다.

누구보다도 고인을 잃은 아픔과 슬픔에 젖어 있는 유가족들에게 위로와 이해는 하지 못할망정 아픈 상처에 소금을 뿌리는 자입니다. 사람들 중에는 비정상적인 자들, 상식 이하의 사람들이 있습니다. 자기 생각, 자기 판단이 곧 법이고 진리처럼 강하게 주장하는 자들이 있습니다. 자기가 아는 것이 전부라고 생각합니다. 자기 생각만 옳다고 고집을 부립니다. 자초지종을 설명해도 막무가내입니다. 전후사정을 이야기하면 잘 듣고 이해하고 오해해서 미안하다고 해야 하는데 그러지 않습니다. 자기 기준에서 벗어나면 다 틀린 것으로 간주합니다. 그런 사람은 상종하지 말아야 합니다. 기대할 것이 하나도 없습니다.

이젠 장례식장에서 조문객을 맞이할 때의 유가족들의 표정에 관한 것입니다. 종교인마다, 사람들마다 상(喪)을 당했을 때의 장례식장에서 조문객을 맞이하고 대접하는 모습과 분위기는 사뭇 다릅니다. 과거에는 우울하고 통곡하는 모습을 취하는 일들이 대부분이었으나 지금은 밝게 대합니다. 조문 복장도 다양하고 자유로워졌습니다. 특히 기독교(개신교) 장례식장에서의 조문객의 얼굴 표정과 분위기는 어느 종교인 장례식장보다 밝습니다. 그 이유는 고인이 예수님을 믿고 살다가 운명을 하여 이젠 모든 수고와 고생이 끝나고 다시는 눈물과 죽음이 없는 낙원으로 옮겨 갔기 때문이고, 향후 부활 후에 천국에서 다시 만나 영생을 누리기 때문입니다.

그래서 고인과 사별한 아픔으로 잠시는 슬퍼하고 눈물이 나지만 이내 곧 슬픔에 젖어 있지 않습니다. 장례식 내내 지속적으로 울지 않습니다. 그러면서 조문객들을 밝은 얼굴로 맞이합니다. 그런데 이런 모습을 좋지 않게 보는 사람들이 있습니다. 타 종교인들입니다. 조문객을 반가이 맞이하면서 유족들이 밝은 모습을 보인다고 불편해하고 탓합니다. 이 또한 자기 종교, 자기 생각, 자기 기준에 따라 옳고 그름을 판단하는 단견이자 실수입니다. 유가족 중심으로 이해하고 바라보지 않는 이기적인 생각입니다. 우리 주변에는 이해할 수 없는 자들이 한둘이 아닙니다.

이젠 영정사진에 절하지 못하게 양해를 구하는 것에 대한 것입니다. 유가족의 지인들은 부고 소식을 들으면 장례식장을 찾습니다. 이에 고인의 영정사진이 마련된 빈소(접객실)에 와서 조의를 표합니다. 보통 개신교인이 아닌 모든 불신자들은 영정사진 앞에 엎드려 절합니다. 기독교 중 천주교인이 아닌 개신교인들만 영정사진이든, 묘비든, 무덤이든, 신주든, 어떤 형상 앞에 기도하거나 엎드려 절하지 않고 문상을 온 타인들에게도 양해를 구하고 절하지 못하게 합니다. 이유는 간단합니다. 만물의 주인이신 하나님이 금하시기 때문입니다.

또 하나는 영정사진은 생명이 아니고 생명이 없어 헛되고 헛된 짓이기 때문입니다. 헛된 짓을 하지 못하게 하면 도리어 고마워해야 합니다. 이에 개신교인들은 조문객을 맞이하는 입구나 영정사진 앞에 양해를 구하는 글귀를 써 놓습니다. **'고인과 유가족들은 하나님을 믿는 자이기에 성경의 명령에 따라 고인이 떠난 영정사진에는 절하지 않으니 협조해 주시기 바랍니다'** 이렇게 써 놓으면 대부분의 조문객들은 이해하고 존중합니다. 조문객은 자기 종교와 신념과 전통과 문화를 떠나 유족들의 뜻을 존중하고 이해해 주어 영정사진 앞에 엎드려 절하지 않습니다. 그것이 고인과 유가족들을 사랑하고 존중하는 진정한 조문입니다. 상식적인 사람입니다.

그런데 막무가내로 고인의 영정사진에 엎드려 절해야겠다고 유족들과 실랑이를 벌이고 자기 마음대로 절하는 자들이 있습니다. 써 놓은 글귀까지 떼라고 강하게 요청합니다. 누가 유족인지 분간을 하지 못하는 황당한 사람입니다. 상식이 결여된 자입니다. 이런 조문객은 조문하지 않는 것이 유족들을 위하는 길입니다. 유족들의 마음을 헤아리지 못하고 도리어 불편하게 만들고 아프게 하는 사람은 바른 조문객이 아닙니다. 미국에 가면 미국 법을 따르고, 한국에 오면 한국 법을 따르는 것은 기본과 상식입니다.

이러한 것은 삼척동자도 다 아는 사실입니다. 자기 집 행사에서는 자기들 마음대로 해도 되지만, 타인의 장례식장에서는 자기들 마음과 신념대로 하면 안 됩니다. 고인과 유가족들의 뜻을 받들어 원하는 대로 존중해 주는 사람이 진정한 조문객입니다. 기본과 상식이 부족하고 자기 마음대로 살아온 자들은 언제 어디서나 항상 자기들 마음대로 하려고 합니다. 장지에 가서도 '이렇게 하라 저렇게 하라'고 나섭니다. 그런 사람은 다른 사람들을 힘들게 합니다. 모든 일에 자기 뜻대로 안 하면 성질을 냅니다. 다시 강조컨대 장례식장에서는 고인과 유가족 제일중심으로 이해하고 행동하는 것이 바른 자세입니다.

제9장

장지(葬地)

사람이 죽으면 어디엔가 시체나 유골을 묻거나 안치해야 합니다. 과거에는 자기 밭이나 산이나 어디에든지 장지(葬地, 장사하여 시체를 묻는 땅, 매장지)를 정하고 묻었습니다. 그러나 이젠 아무 곳에나 묻을 수 없게 되었습니다. '장사 등에 관한 법률(약칭: 장사법)'에 따라 행하여야 합니다. 자기 선산이나 추모공원이나 납골당(봉안당)에 안치하되 '장사법'에 따라 해야 합니다. 그러지 않으면 처벌을 받습니다. 장지를 정할 때도 매우 신중했습니다. 풍수지리에 따라 장지를 정했습니다. 풍수지리(風水地理)란 '지형·방위의 길흉을 판단해 죽은 사람을 매장하거나 집을 짓는 데 적당한 장소를 점쳐서 구하는 이론'을 말합니다. 이때 동원되는 사람이 점쟁이나 역술가들입니다.

또한 시체를 양지바른 곳에 매장했습니다. 그런 곳이 '명당자리'라고 믿었습니다. 장지를 잘못 쓰면 후손에게 화가 미친다고까지 믿어 왔습니다. 지금도 그렇지만 우리 조상들은 미신을 믿었기에 매장지도 이런 식으로 고르고 정하여 시체를 묻었습니다. 그것이 소위 '명당자리'라는 것입니다. 그래야 집안이 잘되고 우환이 없다고 믿었습니다. 결론을 말하면 시체를 묻는 장지(매장지) 자체만을 보면 전국 어디든지 우열, 길흉이 없습니다. 묘(墓, 무덤) 자리 때문에 화가 임하는 경우도 절대로 없습니다. 모든 땅은 다 좋은 곳입니다. 화가 없는 '명당자리'란 없습니다. 무지한 사람들이 지어낸 이야기에 불과합니다. 나쁜 매장지라 하면 물줄기가 있는 곳, 질퍽한 곳, 돌들이 많은 땅, 가파른 곳, 출입이 힘든 곳, 온갖 엉경퀴가 심한 곳, 관리하기 어려운 곳, 접근하기 어려운 곳 등입니다.

기독교의 입장에서 볼 때 풍수지리설은 허무맹랑한 것입니다. 점을 쳐서 명당자리를 찾는 행위는 헛되고 헛된 짓입니다. 양지바른 곳이라고 해서 좋고 그렇지 않은 곳은 나쁜 매장지라고 하는 것은 미신을 숭배하는 자들의 일방적인 주장일 뿐입니다. 단지 상식적으로 생각해서 매장지를 정하면 됩니다. 자기 형편에 맞게 정하면 됩니다. 땅, 매장지 자체 때문에 화, 재앙이 일어나는 일은 절대로 없습니다. 땅이든 사람이든 장지든 피조물 자체가 화를 유발하지 못합니다.

창세기 1장 1절
"태초에 하나님이 천지(天地)를 창조하시니라"

창세기 1장 31절
"하나님이 그 지으신 모든 것을 보시니 보시기에 심히 좋았더라(very good) 저녁이 되며 아침이 되니 이는 여섯째 날이니라"

히브리서 3장 4절

"집마다 지은 이가 있으니 만물을 지으신 이는 하나님이시라"

우주와 만물과 천지와 지구와 땅을 만드신 분은 하나님입니다. 땅(earth, 지구)이 스스로 생긴 것이 아닙니다. 지구촌에 있는 모든 산과 밭과 논 등을 만드신 분은 하나님이십니다. 하늘에 있는 것도 마찬가지입니다. 하나님께서 초자연적인 능력으로 땅을 만드실 때 좋은 땅과 나쁜 땅, 명당자리와 비명당자리를 구분해서 만들지 않으셨습니다. 어느 땅은 길(吉)땅이고 어느 땅은 흉(凶)땅으로 만들지 않으셨습니다. 모든 땅은 좋은 땅으로 만드셨습니다. 땅은 우열(優劣)이 없습니다.

그래서 천지를 만드신 후에 '심히 좋았다'고 하셨습니다. 사람들이 인간의 시각으로 그리 만든 것입니다. 또한 하늘과 땅은 사람들에게 어떤 기운(氣)을 제공해 주지 않습니다. 사람들 중에는 기(氣)를 운운하는 자들이 있는데 모두 거짓입니다. 그런 기는 세상에 없습니다. 본래 땅 주인이신 하나님은 그렇게 만들지 않았습니다. 못된 사람들이 사람도 땅도 외모와 조건적으로 차별하고 의미를 부여하고 있습니다. 사람도 외모에 따라 줄 세우기를 하더니 땅까지 줄 세우기를 합니다. 그것이 명당자리, 미스터, 미스 선발대회입니다.

다시 강조컨대 시체를 어디에다 묻어야 좋은 것은 없습니다. 그러니 근거도 없는 가짜 설화, 근거 없는 말, 가짜 정보나 전설에 속지 말아야 합니다. 혹 시체를 매장하려는 사람들은 절대로 풍수지리설에 의존하지 말고 그냥 상식선에서 판단하여 장지를 정하면 됩니다. 지금은 소수만 선산이나 밭이나 산에 묻고 대부분은 화장을 하여 추모공원에 유골을 매장하거나 아니면 납골당에 유골을 안치합니다. 장지 개념이 변했습니다.

사실 어디에 어떤 방식으로 장지를 정해도 길흉은 전혀 없습니다. 화와 복의 영향도 없습니다. 장지에 따라 복이 있고 화가 있다고 하는 것은 미신에 불과합니다. 속임수입니다. 아무런 근거가 없습니다. 사람들의 화와 복은 하나님 말씀대로 사느냐 살지 않느냐에 따라 임합니다. 그러므로 장지에 대하여 심각하게 고민하지 말고 자기 형편과 처지에 따라 납골당이든 추모공원이든 선산이든 어디든 정해서 안치나 매장을 하면 됩니다. 이것이 바른 매장이자 기독교 장지(매장지) 세계관입니다.

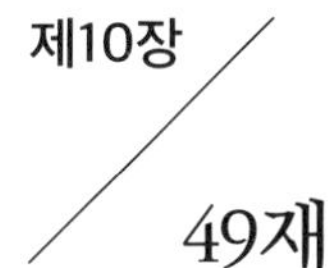

제10장

49재

　　사람이 죽으면 49재라는 의식을 행하는 자들이 있습니다. 불자들입니다. 기독교(개신교), 기독교(천주교), 이슬람교, 유교 등에는 없는 장례의례입니다. 이는 불교의 장례문화입니다. 49재란 '사람이 죽은 지 49일 만에 영혼(혼령)을 좋은 곳으로 천도하는 의식'으로, 사람이 죽은 날로부터 7일째마다 7회에 걸쳐서 개최하는 종교의례로 불교의식입니다. 불교에서는 죽은 사람의 명복을 비는 법회·독경·시식·불공 등을 베풀어 죽은 영혼들로 하여금 극락정토(저승, 내세, 사후세계)에 태어나도록 기원합니다. 명복도 49재와 다를 바가 없는 헛된 행위입니다. 사람이 죽은 다음에 좋은 뜻으로 말하거나 비는 명복은 효능이 전혀 없기 때문입니다. 참고로, 천도(薦度, 천거할 천, 제도 도)란 '죽은 이의 영혼을 좋은 세계로 보내고자 행하는 불교의식'입니다. 기독교 성경사상에 비추어 보면 헛된 종교의례입니다.

　　49재는 아무런 소용이 없는 헛된 짓입니다. 그 근거는 이렇습니다. 거듭 주장하는 말이지만, 사람이 죽으면 사람 몸속에 거했던 영혼(혼령)은 운명 즉시 육체에서 나와 현세가 아닌 내세의 중간상태의 낙원 혹은 음부로 들어가 세상 종말 때에 부활을 기다립니다. 그 어떤 영혼도 이 세상에 있지 않습니다. 내세에 들어간 영혼은 지상에서 남은 자들이 그 어떠한 종교의례나 정성이나 기도나 선행을 해도 아무런 영향을 받지 못합니다. 내세에 들어간 영혼이나 지상에 남은 유가족이나 지인 등 어느 누구도 어떤 종교 의식을 한다고 하더라도 아무런 효력이 없습니다. 교감을 못 합니다. 그런데 이런 사실을 모르고 정성을 다해 49재를 지냅니다. 그 이유는 무지에서 나온 것으로 영혼의 향방에 대하여 잘 모르기 때문입니다.

49재뿐만 아니라 아무런 소용도 없는 짓들을 하며 사는 자들이 부지기수입니다. 허상과 미신 등을 믿고 행하는 자들이 많습니다. 사주팔자(四柱八字, 타고난 운수)와 십이지간(자·축·인·묘·진·사·오·미·신·유·술·해)에 따라 해(年)가 바뀌면 금년은 '무슨 띠'(개, 소, 말띠 등)라고 하면서 해석과 의미 부여와 기대 등을 가지며 서로 무슨 띠냐고 묻기도 합니다. 띠를 가지고 궁합을 맞추어 보기도 하는 황당한 짓을 합니다. 이는 모두 헛된 짓입니다. 세상에 이런 코미디는 없습니다. 십이지간은 중국에서 건너온 반인반수(半人半獸)로 각 집을 지켜 주는 수호신 형상입니다. 중국 사람이 만든 미신입니다. 하나님이 만드신 것이 아닙니다. 진리도 아니고, 근거도 없고, 객관성도 없는 것입니다. 아무런 효능과 영향과 가치와 의미가 없는 것입니다.

이는 인간이 어리석어서 이런저런 헛되고 헛된 것을 막무가내로 믿고 추종하는 것입니다. 그릇된 무지에 빠진 결과입니다. 중국 문화의 영향을 받은 일부 아시아 국가에서만 있는 것입니다. 유럽이나 전 세계 기독교

국가에는 없는 문화입니다. 기독교인들은 출생하면 '무슨 띠'에 태어났다고 하면서 의미를 부여하는 코미디 같은 짓은 금해야 합니다. '어떤 띠와 어떤 띠는 궁합이 맞고 어떤 띠는 궁합이 맞지 않는다'는 등의 헛소리는 절대로 하지 말아야 합니다. 그냥 '몇 년도에 출생했다'고만 해야 합니다.

　수많은 사람들이 대표적으로 하는 헛된 짓은 생명이 없는 형상과 어떤 대상에 음식을 차려 놓고 절하고 기도하는 것입니다. 필연코 돼지를 죽여 가마솥에 삶은 머리를 차려 놓고 만물의 영장이라는 사람들이 죽은 돼지에게 잘 봐 달라고 엎드려 절합니다. 그러고는 그 고기를 또 먹습니다. 평상시에도 돼지고기를 먹습니다. 인간의 어리석음과 무지함과 모순된 행위는 끝이 없고 측량할 길이 없습니다. 이런 종류의 어리석은 행위들이 다양한 분야에서, 종교에서 난무하고 있습니다. 마치 시험을 볼 때마다 정답이 아닌 것을 정답이라고 쓰는 수험생과 다르지 않습니다. 아주 극소를 제외하고 99% 정도는 오답을 씁니다. 그러고도 부끄러움을 모릅니다. 다시 또 확신에 차서 오답을 반복해서 씁니다.

　부적(符籍)을 의지하고 기대하는 자들도 미련한 것은 마찬가지입니다. 부적(符籍)이란 '불교나 도교 등을 믿는 집에서 잡신을 쫓고 재앙을 물리치기 위해 붉은색으로 글씨를 쓰거나 그림을 그리어 몸에 지니거나, 베개에 넣거나, 집에 붙이는 종이'를 말합니다. 부적은 미신입니다. 헛된 짓입니다. 아무런 영향을 미치지 못하는 헛것입니다. 세상에 과거나 현재나 미래나 잡신(雜神)은 없습니다. 존재하지도 않는 헛것입니다. 이 세상에 존재하는 것은 오직 하나님과 천사, 마귀와 귀신들뿐입니다. 그러니까 하나님 외에 다른 신들이나 악귀들은 없습니다. 부적이 무슨 능력이 있다는 것입니까? 단지 종이에 불과합니다. 돈을 많이 주고 부적을 사서 신처럼 의지하고 사는 자들 또한 코미디입니다. 백날 해 봤자 아무런 소용이 없습니다. 헛것을 주장하고 만든 자들의 돈벌이 수단에 속아 사는 것에 불과합니다. 무지하면 속고 삽니다.

이와 같은 헛되고 헛된 의식과 행위와 주장과 지식과 확신과 신앙을 가진 자들이 한둘이 아닙니다. 무엇이 진짜인지에 대한 지혜와 분별력이 없다 보니 아무것이나 믿고 추종합니다. 이런 것이 하나님 없이 사는 자들의 공통된 모습입니다. 그중의 하나가 49재입니다. 잘못 배움을 받고 의심 없이 그대로 믿고 동일하게 아무런 효능도 없는 어리석은 짓을 반복하며 삽니다. 이를 지적하면 화를 냅니다. 합리적인 의문을 품지 않고 그냥 사람들이 하는 대로 따라 합니다. 오답을 지적하면 감사하게 생각하여 다음 시험에서는 다시 오답을 쓰지 말아야 하는데 다음 시험에서 또 오답을 씁니다. 수험생이 오답노트를 만드는 것처럼, 인생에서도 오답노트를 만들어서 반복된 실수와 실패를 하지 말아야 하는데 이를 무시합니다. 헛된 신앙과 종교, 헛된 지식, 헛된 확신, 헛된 경험, 헛된 종교의례 등을 반복해서 행합니다.

마태복음 27장 50절

"예수께서 다시 크게 소리지르시고 영혼(靈魂)이 떠나시다"

누가복음 23장 43절

"예수께서 이르시되 내가 진실로 네게(악한 일로 십자가에 달렸으나 바른 신앙고백 한 강도) 이르노니 오늘(운명의 날) 네가(강도) 나와(같은 날 운명하실 예수님) 함께 낙원(樂園, 파라다이스, 기독교인의 영혼이 사망 즉시 들어가는 내세)에 있으리라 하시니라"

육체와 영혼이 분리되는 것을 '죽었다', '운명했다'고 하는데 사람이 죽는 즉시 영혼은 육체와 이 세상을 떠나 내세인 낙원(천국) 아니면 음부(지옥)로 들어갑니다. 그 어떤 죄인이라도 인류의 유일한 구세주인 예수님을 믿으면 낙원에 들어갑니다. 구원을 받습니다. 예수님을 믿지 않은 불신자들은 죽어 음부에 들어갑니다. 이를 세상 기준으로 보면 이해가 되지 않습니다. 악인들이 낙원, 천국에 들어가는 것을 불합리한 것이라고 생각하기 때문입니다. 이는 구원의 원리와 기준을 자기 기준과 이성적 판단과 선행으로만 바라보기 때문입니다. 그러나 이 세상에서도 국가가 정한 헌법을 근거로 하여 대통령이 악인들에게 특별사면을 시행합니다. 그 어떤 범죄자도 대통령이 특별사면하면 감옥에서 나오고 죄가 삭제됩니다.

이처럼 그 어떤 살인자나 강도라도 예수님을 믿으면 특별사면을 받아 운명 즉시 낙원으로 들어갑니다. 특별사면의 대상은 선행을 하는 자가 아닌 예수님을 믿는 자입니다. 이런 자들은 종국에 변화된 육체와 재결합하여 천국으로 입성하여 영원히 영생을 누리게 됩니다. 이는 만물의 주인이자 무한하신 만왕의 대통령이 되신 하나님께서 정하시고 시행하시는 구원의 방식, 특별사면의 방식, 낙원으로 인도하시는 방식입니다. 이런 것을 불합리하다고 누구도 가타부타하지 못합니다. 만물의 주인이 하시는데 누가 왈가왈부합니까?

이 정도로 설명을 하면 어느 정도 이해는 할 것입니다. 이 땅에서도 특별사면은 매우 불합리합니다. 그럼에도 불구하고 헌법에 보장되어 있어 어느 정권이 들어서도 해마다 대통령이 실행합니다. 아무튼 영혼(혼령)은 원혼(冤魂)이든 어느 영혼(靈魂)이든 사망 즉시 육체, 무덤, 세상에 있지 않고 즉시 저승, 내세, 사후세계로 들어갑니다. 사실 원혼이란 없습니다. 사람이 만들어 낸 말입니다. 그러니 망자를 위한 기도, 선행, 종교의례, 49재, 위령제 등은 아무런 소용이 없는 헛된 짓입니다.

마치 일방적인 짝사랑과 같은 행위입니다. 그냥 이 세상 사람들이 자기들끼리 위안과 만족을 얻기 위한 구멍 난 항아리에 물 붓기 행사나 의식에 불과한 어리석은 짓입니다. 헛된 것을 진짜처럼 믿고 행하는 바보짓입니다. 그래서 기독교 중에서 개신교는 이런 49재를 지내지도 않고 망자를 위해서 기도나 예배나 미사나 선행 등을 일절 하지 않습니다. 좀 생각을 하고 살든지 아니면 죽은 것을 대상으로 시험을 한번 하고 행하든지 해야 합니다. 어떤 의식이든 종교든 자유롭게 행하고 추종하는 것은 좋지만 무조건 맹신하고 맹종하는 것은 지혜가 아닙니다. 바보 같은 짓입니다.

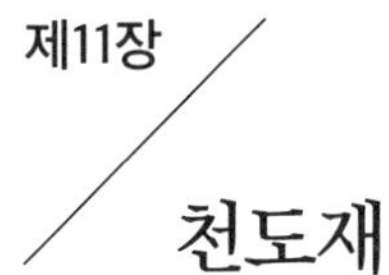

제11장

천도재

이 세상에는 각종 제사나 어떤 의식행위들이 있습니다. 물론 이미 죽은 자들을 위한 의례들입니다. 산 자가 아닌 죽은 자에게 행한다는 것에 주의와 집중을 해야 합니다. 참고로, 기독교(개신교)는 죽은 자를 위해서는 추모(追慕, 망자를 그리워하고 생각함)를 하는 것을 제외하고는 그 어떤 기도, 예배, 의식, 제사, 음식 차림, 무덤에 술 뿌림, 명복을 빎, 엎드려 절함, 선행, 성수 뿌림 등을 하지 않습니다. 오직 살아 있는 가족과 사람들에게만 기도, 예의, 선행을 합니다. 그 이유는 죽은 자에게 행하는 것은 아무리 정성과 기도와 절과 열심과 성의를 다해도 아무런 소용이 없기 때문입니다. 명절이나 기일에 아무리 좋은 것으로 제사상을 차려도 죽은 식물, 죽은 동물, 죽은 사람은 누구의 영향이나 그 어떤 행위에 대해서도 전혀 영향을 받지 않습니다. 변화가 없습니다. 산 자들의 일방적인 짝사랑에 불과합니다. 먹지 않고 받지 않습니다. 이는 사실입니다. 이렇다는 것은 누구나 언제든지 확인이 가능한 일입니다.

이런 사실을 잘 아는 자들은 전통이라고, 문화라고, 조상들이 했다고, 부모들이 시킨다고, 단체적으로 행한다고 해서 헛되고 헛된 절이나 제사나 의식을 지내지 않습니다. 그것이 정상이고 상식입니다. 결코 어리석고 어리석은 짓은 하지 않습니다. 이는 신앙을 떠나 기본과 상식입니다. 합리적인 이성의 판단입니다. 이렇게 언급하면 무조건 불편해하는 자들이 있을 것입니다. 그런 사람들에게 묻고 싶습니다. 만일 직장에서나 집에서 누군가가 헛되고 헛된 업무나 지시 등을 매일, 매주, 매월, 매년 시킨다면 묵묵히 시키는 대로 하겠습니까? 매일 혹은 매주 죽은 나무나 동물에게 물을 주고 먹을 것을 주라고 심부름을 시킨다면 옳다고 여겨 따르겠습니까? 아마 항변을 하면서 거부할 것입니다. 그래야 정상입니다. 죽은 것에 어떤 행위를 지속적으로 한다는 것은 참으로 쓸데없는 짓이고 어리석은 짓이기 때문입니다.

누가복음 23장 43절

"예수께서 이르시되 내가 진실로 네게(악한 일로 십자가에 달렸으나 바른 신앙고백 한 강도) 이르노니 오늘(운명의 날) 네가(강도) 나와(같은 날 운명하실 예수님) 함께 낙원(樂園, 파라다이스, 기독교인의 영혼이 사망 즉시 들어가는 내세)에 있으리라 하시니라"(사람의 영혼은 누구나 운명 즉시 육체와 세상을 떠나 내세로 들어갑니다)

성경에 근거해서 단도직입적으로 솔직하게 말하면 천도재를 지내는 것은 천주교에서 위령제나 위령미사를 드리는 것처럼, 불교에서 49재를 지내는 것처럼, 장례식장에서 유가족들에게 명복을 비는 것처럼, 장례식장과 명절에 영정사진과 신주와 묘비와 무덤 등에 엎드려 절을 하는 것처럼, 산 사람이나 시체에 성수를 뿌리는 것처럼, 성모마리아 동상 앞에서 기도를 하거나 중보기도를 부탁하는 것처럼 매우 헛되고 헛된 짓입니다. 아무런 효력이 없습니다. 그런즉 그런 헛된 행위를 당장 금해야 합니다. 특히 기독교인들은 결코 행치 말아야 합니다. 좀 생각을 하고 살아야 합니다.

천도재(薦度齋)란 '죽은 사람의 넋(영혼, 혼령)이 사후에 정토(극락정토, 불교에서 말하는 천당)에 들어가도록 기원하기 위해 지내는 제사'를 가리킵니다. 불교의 49재와 연결되어 있습니다. 불자들이 아니더라도 이런 유사한 행위를 하는 자들이 있습니다. 이는 돈과 시간과 마음과 기대감과 에너지를 허비하는 것에 불과합니다. 쓸데없는 짓입니다. 반복해서 말하는 것이지만, 사람이 죽으면 넋(영혼, 혼령)은 즉시 육체와 무덤과 이 세상을 떠나 중간상태의 저승(내세)인 낙원 아니면 음부로 들어가 세상 종말 때에 부활을 기다립니다.

따라서 죽은 사람을 위하여 이 땅에서 그 어떤 종교적 의식, 제사의식, 어떤 그럴듯한 말들과 기도들, 행위들을 열심히 해도 아무런 소용이 없습니다. 이 땅에서의 그 어떤 행위도 영향을 미치지 못하는 곳인 내세(저승)에 들어간 영혼에게 아무런 효력과 효능을 주지 않기 때문입니다. 지상에서의 시간 낭비, 물질 낭비, 에너지 낭비, 기대감 낭비, 정신 낭비에 불과합니다. 가족들과 관련자들을 힘들고 피곤하게만 할 뿐입니다. 그러므로 종교와 신앙을 떠나 죽은 다음에 기일을 기억하여 제사를 잘 지낼 생각보다 살아 있을 때 최선을 다해서 잘하기 바랍니다. 그런 자가 올바른 사람입니다.

영화나 드라마나 TV나 주변에서 죽은 자를 위로한답시고, 죽은 자가 좋은 데 들어가게 하기 위한다는 명목으로 천도재 등을 지낼 때 쓸데없는 짓들을 한다고 생각하면 됩니다. 기독교인들은 상식의 눈과 성경사상에 기초하여 범사를 바라보고 판단하는 안목이 있기를 바랍니다. 신앙생활과 어떤 행위를 할 때와 강요를 받을 때, 인생을 살아갈 때 맹신과 맹종처럼 해악은 없습니다. 범사에 상고(相考, 서로 비교하여 고찰함)하며 살아야 합니다. 그래야 쓸데없는 헛수고를 덜 하게 됩니다. 누구를 막론하고, 어느 사회든지 헛된 주장과 행위들을 하고 살기 때문입니다.

제12장

24시간 조문행위

사람들은 아는 지인에 대한 사망 소식을 접하면 장례식장에 조문을 갑니다. 유가족들은 보통 3일장을 대비하여 조문객을 맞이합니다. 우리나라 장례문화를 보면 과거에는 주로 집에서 장례를 치렀고, 유가족들이 24시간 내내 자지 못하고 조문객들을 받고 접대했습니다. 조문객들 중에는 밤새 화투를 치고 술을 마시며 지내기도 했습니다. 이제는 시대가 변하여 집에서 장례를 치르는 것이 아니라 주로 장례식장에서 치릅니다. 상(喪)을 당하면 유가족들은 두 가지 고통을 겪습니다. 하나는 사랑하는 가족과의 사별에 따른 아픔과 슬픔에 대한 고통입니다.

또 하나는 3일 내내 조문객을 받고 접대를 해야 하는 정신적이고 육체적인 고통입니다. 제대로 쉬지 못하고 잠도 자지 못합니다. 마음과 몸이 지칠 대로 지칩니다. 조문객이 많은 경우 더더욱 쉬지 못하고 하루 종일, 3일 내내 서서 지내는 경우가 많습니다. 그러다 보면 마음도 몸도 힘든 상태가 되어 병이 납니다. 상주나 유가족들이 위로를 받아도 부족한데 장례를 치르는 동안 힘든 시간을 보냅니다. 물론 누구나 다 그렇게 하는 일이고 장례문화이기 때문에 어쩔 수 없지만 누구를 위해서 그리해야 하는지,

꼭 이렇게 해야 하는지에 대한 고민과 함께 어떤 변화와 개선이 필요하다고 생각합니다. 조문을 받는 것과 관련하여 이미 변화는 시작되고 있습니다.

무슨 말이냐 하면, 전에는 상당수가 24시간 조문객을 맞이했습니다. 쉬는 것과 잠자는 것은 유가족들이 요령껏 했습니다. 지금은 조문을 24시간 받지 않고 12시까지나 새벽 1~2시까지만 받습니다. 유가족들이 그리 사전 양해를 구하는 경우도 있고, 조문객들이 피차 사정을 고려하여 늦은 시간에는 조문을 오지 않는 분위기가 형성되고 있습니다. 조문객들도 과거 농경사회 때와는 달리 직장생활, 맞벌이 생활을 하기 때문에 12시 이전에 조문을 하고 귀가하여 직장생활에 지장이 없도록 하고 있습니다.

이에 유가족들도 과거에 비해 좀 쉬고 잠을 잔 이후 다음 날을 맞이할 수 있게 되었습니다. 서로가 눈치껏 조문을 하고 조문객을 받고 있습니다. 과거에는 밤새도록 장례를 당한 집에 머물러 있거나 아무 때나 찾아오곤 했습니다. 사실 조문은 조문객이 아닌 유가족들을 위해서 하는 것입니다. 그렇다면 유가족들의 마음과 몸과 상태를 배려하고 존중하는 차원에서 조문을 하는 것이 조문정신과 상식에도 맞습니다. 그러므로 조문과 조문시간을 서로가 적절하게 조율하고 배려하면 좋을 것입니다.

고린도전서 13장 5절

"무례히 행치 아니하며 자기의 유익을 구치 아니하며…"(사랑은)

마태복음 22장 39절

"둘째는 그와 같으니 네 이웃을 네 몸과 같이 사랑하라 하셨으니"(이웃을 자기 몸처럼 사랑하라는 말씀)

가능하면 조문을 12시 이전까지 하고, 유가족들은 조문객을 새벽 1시 정도까지만 받는 것으로 미리 통지나 공지를 하면 좋을 것 같습니다. 그런 다음 유가족들도 쉬고 잠을 자야 합니다. 유가족들이 정신적으로 신체적으로 얼마나 힘들겠습니까? 우리가 이런 부분에 대하여 충분한 고민과 배려가 부족했습니다. 그렇게 하면 3일장을 건강하고 덜 피곤하게 치를 수 있을 것입니다. 죽은 사람보다 산 사람 위주로 진행해야 합니다. 죽은 사람의 장례를 치르다가 산 사람들이 아프고 병드는 것은 바람직하지 않습니다. 무엇이든지 살아 있을 때 잘하고 사망한 이후에는 산 사람들의 건강을 생각하여 무리가 가지 않는 범위 내에서 장례를 준비하고 치러야 합니다.

물론 이러한 것에 대하여 생각을 달리하는 사람도 있을 수 있습니다. 그래서 제안하는 것이 산 자에게 잘하고 사망한 자에 대해서는 다시 살아나지 않으니 정성과 예의를 다 갖추어 행하되 산 사람이 다치지 않는 방향으로 장례의식을 치러야 한다는 것입니다. 죽은 다음에 산 사람들이 망가질 정도로 죽은 자를 위해서나 의식을 위해서 지나치게 열정을 다하는 것은 바람직하지 않습니다. 그런 마음과 자세라면 살아 있을 때 잘해야 합니다. 죽은 다음에 고인을 위해서 잘하는 것은 사실 헛된 정성과 열정과 마음입니다. 고인에게 아무런 영향도 미치지 못합니다. 결코 칭찬받을 일이 아닙니다.

그리고 유가족들은 조문을 받을 때 계속 서서 있지 않았으면 합니다. 조문을 받기 위해서 상주나 유가족들이 서 있는 뒤편에 의자를 놓고 조문객을 받아야 합니다. 그리하여 조문객이 없을 때는 잠시라도 의자에 앉아서 좀 쉬어야 합니다. 그러지 않으면 다리와 무릎과 허리에 무리가 가서 장례를 치른 이후에 후유증이 있을 수 있습니다. 그리고 가능하면 서서 인사를 주고받는 것으로 정하면 좋을 것입니다.

전통적인 방식은 조문객과 상주와 유족들이 서로 무릎을 꿇고 엎드려서 절을 하는데 이 또한 보통 문제가 아닙니다. 한두 번도 아니고 무릎과 허리에 무리가 갑니다. 체력 소모도 큽니다. 누구를 위해서 그리해야 합니까? 그렇게 인사를 하면 고인에게나 산 유가족들에게 뭐가 달라집니까? 건강이 망가지는 모든 행위는 개선되어야 합니다. 다른 방식으로 해야 합니다. 피차가 상생하는 쪽으로 조문을 하고 받아야 합니다. 서로 힘들고 고통스럽게 할 이유가 하나도 없습니다. 이런 것을 생각하면서 하되 할 것은 다 하는 지혜가 요구됩니다. 기독교인이 아닌 자들은 영정사진 앞에 무릎 꿇고 절하고 또 상주에게 절합니다. 이중으로 무릎을 꿇고 절합니다.

기독교(개신교) 방식은 영정사진에도 엎드려 절하지 않고 가능하면 상주나 유족들에게는 서서 목례나 악수로 대신하며 위로의 말을 합니다. 어떤 사람들은 반드시 엎드려 절을 해야 한다고 생각하는 사람들도 있을 것입니다. 그래야 마음도 편하고 조문을 한 것처럼 느껴지기 때문입니다. 그럼에도 불구하고 조문객은 유족들이 원하는 방식으로, 상주나 유가족을 배려하는 방식으로 하는 것이 타당하고 상식에 맞다고 생각합니다. 유족들은 이런 부분도 사전에 검토해 보시고 고지나 공지를 그리하면 좋을 것입니다. 아니면 조문을 받는 장소 입구에 그런 글귀를 크게 써 붙여 놓으면 조문객들이 참고할 것입니다. 장례식의 조문은 유족이나 조문객 모두가 상생하는 방향으로 변화되고 개선되기를 바랍니다. 고민이 필요합니다. 무엇이든지 산 사람 위주로 하되 더 나은 방식으로 하는 것이 옳다고 생각합니다.

제13장

조문방식 고집과 강요

동물들과 음식들의 스타일과 맛이 다 다르듯 사람들의 취향이나 성격이나 추구하는 것도 다양합니다. 종교에 따라 다르기도 합니다. 상식과 기본에 맞게 행동하는 사람이 있는가 하면, 안하무인으로 자기 고집만을 부리는 사람도 있습니다. 어디에나 그런 사람은 반드시 있습니다. 자기주장대로 하지 않으면 난리를 칩니다. 무엇이든지 자기 뜻대로 해야 좋아하는 사람이 있습니다. 이런 사람과 어울리면 아주 힘듭니다. 스트레스가 이만저만이 아닙니다. 고통 그 자체입니다. 필자가 살아가면서 가장 힘든 사람들이 있었는데 억지를 부리고 자기 주관적인 생각과 주장과 지식과 정보만 옳다고 우기고 고집을 부리는 사람이었습니다. 자기주장을 고집하면서 상대방의 의견은 듣지 않습니다. 상대방의 의견과 주장이 더 객관성이 있고 근거가 확실하면 존중해 주어야 하는데 그러지 않습니다. 주구장창 자기만 옳다고 합니다. 그런 사람들 중에 어떤 사람은 자기와 다른 주장을 하면 화를 냅니다. 세상엔 별사람들이 다 있습니다. 가장 대하기 힘든 사람이 상식과 말이 통하지 않는 자입니다.

여기에서 말하고자 하는 것은 장례식장에 찾아온 조문객의 유족들에 대한 일방적인 고집과 요구와 주장과 강요에 관한 것입니다. 비유로 말하면 자기 물건과 자기 건물 등은 자기 주관대로 처분할 수 있습니다. 그것이 주인의 권리입니다. 그러나 남의 물건이나 건물에 대해서와 타인의 업무에 관해서, 타인의 집을 방문해서는 누구나 무리하게 강요나 주장을 하지 못합니다. 그리하는 것은 아주 무례한 자세이자 월권입니다. 만일 타인의 물건이나 건물을 자기 마음대로 처분하면 형사처벌을 면치 못합니다. 이는 기본이자 상식이고 법입니다.

조문자들이 조문을 갈 때 기본적으로 알아야 할 것은 자신이 조문객인지 상가의 상주나 유가족인지를 바로 인식하는 것입니다. 단순한 조문자라면 장례식장에 가서 모든 일에 자기 마음에 드는 것이 있든지 그렇지 않든지 가타부타하지 말아야 합니다. 상가 유가족들이 원하는 대로 조문과 위로만을 하고 나와야 정상입니다. 그런데 그렇지 않은 사람도 있습니다. 조문하러 와서 자기 생각과 주장대로 해 달라고 떼를 쓰고 행패를 부립니다. 그렇지 않아도 슬픔에 젖어 있는 유가족들의 마음을 아프게 합니다. 어떤 것에 대하여 자기 마음에 들지 않는다고 명령과 지시도 합니다. 이런 사람들은 누구든지 조문을 오지 말아야 합니다. 멀리서 전화나 문자로만 조문해야 합니다. 부의금도 통장으로 보내고 말아야 합니다.

그리고 언젠가 신문기사에도 난 사건인데 불교의 행사에 기독교인으로 보이는 정치인이 찾아갔습니다. 그 기독교 정치인은 다른 불자들과 달리 불상에 빌거나 절하지 않았습니다. 이는 기독교인으로서 당연한 자세입니다. 이런 사실이 드러나자 모 언론은 사진을 첨부하여 예의가 없는 정치인으로 공격을 가했습니다. 이 기사를 보고 얼마나 황당했는지 모릅니다. 기자가 무지한 것입니다. 아무 때나, 아무 상황이나 예의 등을 동원하여 공격하는 것은 정말로 무식한 것입니다. 우리나라는 민주주의 국가이면서 법치국가입니다. 헌법에 따라 통치가 이루어지고 온 국민은 헌법을 존중하고 따릅니다. 헌법에는 종교의 자유가 있습니다. 이는 민주시민의 기본 권리입니다. 누구도 신앙과 종교를 강제하지 못합니다. 강제하는 순간 불법을 저지르는 자로 형사처벌을 받아야 합니다. 헌법을 위반했기 때문입니다.

성경에 기독교인은 어떤 형상이든지 만들지 말고 그 형상이나 동상에 엎드려 절하지도 말고, 섬기지도 말고, 기도도 하지 말라고 합니다. 그렇게 하는 것을 우상 숭배라고 규정합니다. 기독교인이라면 타 종교 행사에 가서도 하나님의 계명은 준수해야 합니다. 하나님은 우상 숭배를 가장 미워하십니다. 왜냐하면 우상(형상)은 참신이 아니고 생명도 없기 때문입니다. 우상은 사람들이 청동과 돌과 나무로 만든 것에 지나지 않습니다. 허수아비에 불과합니다. 이에 성경은 어떤 형상이든지 만들지도 말고 그것에 절하지도 말라고 금합니다.

로마서 12장 10절

"형제를 사랑하여 서로 우애하고 존경하기를 서로 먼저 하고"

이사야 29장 13절

"주께서 가라사대 이 백성이 입으로는 나를 가까이하며 입술

로는 나를 존경하나 그 마음은 내게서 멀리 떠났나니 그들이
나를 경외함은 사람의 계명으로 가르침을 받았을 뿐이라"

신명기 5장 6절

"나(하나님) 외에는 위하는 신들(우상들)을 네게 있게 말찌
니라"

신명기 5장 9절

"그것들에게(우상들, 형상들) 절하지 말며 그것들을 섬기지
말라…"

따라서 바른 신앙을 가진 기독교인들은 언제 어디서나 누가 아무리 강
요해도 생명이 없는 형상, 사람이 만든 형상에 엎드려 절하지 않습니다.
빌지도 않습니다. 뭘 구하지도 않습니다. 그렇게 해 봤자 아무런 소용이
없는 헛되고 헛된 짓이기 때문입니다. 그런데 불교행사에 와서 불자들처
럼 부처 동상에 빌지 않고, 절하지 않는다고 예의가 없다는 등등을 하면
서 비난하고 공격했습니다. 이는 불법행위로, 마치 이슬람 과격분자들처
럼 알라를 섬기지 않으면 다 참수하겠다고 협박하는 것과 다르지 않습니
다. 만일 기독교인이 사찰의 불교행사에 참석하여 부처상에 절하거나 빌
면 이는 사이비 기독교인이고, 혹 불자가 교회행사에 가서 하나님께 기도
하거나 찬송을 하면 예의가 있는 불자가 아니라 사이비 불자입니다. 진실
한 종교인이 아닙니다.

때와 대상에 따라 변화무쌍한 자세와 태도를 취하는 자, 언제 어디서나 이렇게도 하고 저렇게도 하는 자, 상황신앙을 추구하는 자는 가짜 신앙인입니다. 그런 자는 유불리 판단에 따라 타협을 능숙하게 하는 사이비 신앙인입니다. 혼합주의 신자입니다. 모든 종교인들은 서로의 신앙과 종교를 신뢰하지 않더라도 존중해 주어야 합니다. 아무것이나 강요하는 사람은 기본과 상식이 없는 사람입니다. 마음에도 없는 종교행위를 하라는 것은 마치 사랑하지도 않는 대상에게 사랑한다고 고백하라고 강요하는 것과 다르지 않습니다. 더 나아가 사랑하지 않는 사람과 결혼하라고 강요하는 것과 같습니다. 종교 강요가 그런 것입니다. 이단들이나 이슬람 과격 단체들이 그리합니다. 무지하고 무식하고 법을 모르니 안하무인으로 그리하는 것입니다.

장례식장 조문에서도 기본과 상식적인 언행을 해야 합니다. 모임에서 술을 강제로 마시게 하고 춤을 추도록 강요하는 것도 마찬가지입니다. 범사에 강요는 상대방에 대한 인권 침해이자 폭력입니다. 누구에게나 그럴 권리는 없습니다. 서로의 권리와 신앙과 판단을 존중하고 배려해 주어야 합니다. 그러지 않으면 어떤 뜻으로 했든지 하나의 폭력입니다. 기독교인들은 언제 어디서나 항상 무례한 요구나 강요는 하지 말아야 합니다. 상식적인 언행을 해야 합니다. 모든 사람들과 종교인들이 피차 그리해야 합니다.

제14장

사전과 사후 영혼 존재

독자들께서는 죽기 전 사전(死前)과 죽은 후 사후(死後)의 영혼 존재에 대하여 생각해 본 적이 있습니까? 아니면 영혼의 어떠함에 대하여 확실하게 알고 있습니까? 기독교인이라면 명확하게 알고 있을 뿐만 아니라 사전과 사후의 영혼에 대하여 구체적으로 설명할 수 있어야 합니다. 그냥 막연하게만 알고 있으면 부끄러운 일입니다. 무엇이든지 희미하게 알고 있으면 당당하게 주장할 수 없습니다. 명확하게 알고 믿어야 합니다. 또한 누군가에게 똑 부러지게 설명할 수 있어야 합니다. 목회데이터 연구소(대표 지용근)가 영혼과 관련하여 무종교인을 대상으로 흥미 있고 의미 있는 조사를 하였습니다. 2024년 4월 24일 넘버즈 224호에 공개된 자료에 의하면 무종교인 37%는 '영혼이 있다'라고 응답했습니다. '영혼이 없다'는 33%였습니다. '영혼이 있다'고 응답한 무종교자들 중 '사후 영혼이 존재할 것'이라고 믿는 비율은 64%로 나타났습니다. 이는 전체 무종교인의 24%에 해당하는 수치입니다.

당신은 어찌 생각하십니까? 영혼이 있다고 생각하십니까? 사후에도 영혼이 존재한다고 생각하십니까? 사전과 사후 영혼 존재에 대해서는 성경적인 근거와 일반적인 인간의 구성요소에 대하여 정확히 이해하면 아무런 의문이 없이 사전과 사후의 영혼은 반드시 존재한다고 확신하게 될 것입니다. 성경의 답은 확실합니다. 영혼은 죽기 전과 죽은 이후 모두 존재하며 영원히 존재합니다. 영혼이 없다는 말은 마치 컴퓨터가 하드웨어(외장재)만 있고 소프트웨어(내장재)는 없다는 말과 같습니다. 자기 존재를 부정하는 사람입니다. 왜냐하면 영혼이 없는 사람은 사람이 아니고 시체에 불과합니다. 피조물 중에서 오직 사람만 영혼이 있습니다. 사람으로 표현하자면 뼈와 살은 하드웨어이고 영혼은 소프트웨어입니다. 사람이 뼈와 살만 있으면 사람이 아니라 시체입니다. 컴퓨터도 하드웨어만 있고 소프트웨어가 없으면 고물 덩어리(시체)입니다. 그런 컴퓨터는 세상에 없습니다. 이런 원리만 이해해도 수긍이 갈 것입니다.

영혼(넋)이란 사람에게만 있는데 생전에는 현세에서 존재하고, 사후에는 저승(내세)에서 영원히 존재합니다. 영혼은 물질이 아니기에 눈에 보이지 않습니다. 눈에 보이지 않으니 존재하지 않는다고 확신에 찬 말을 할 수 없습니다. 눈에 보이지 않지만 세상에 존재하는 것이 무수히 많기 때문입니다. 바람, 산소, 공기도 존재하지만 눈에 보이지 않습니다. 가장 기초적인 접근으로 '영혼은 누가 만들었을까?'라는 질문과 의문입니다. 무엇이든지 만든 자가 없이 존재하는 것은 자존자 하나님 외에는 없습니다. 집도 스스로 존재하지 않고 집마다 지은 이가 있습니다. 책도 옷도 자동차도 만든 자가 있습니다. 영혼은 신이 아니기에 스스로는 존재하지 못합니다. 영혼은 사람의 육체와 함께 전능하신 하나님에 의해 지음을 받아 사람에게 수여되었다고 성경은 말합니다. 그런즉 믿든지 아니 믿든지 영혼은 분명히 존재하는 것입니다. 영혼이 사전과 사후에 존재하되 사후 내세에서 영원히 존재합니다. 존재하지 않는다는 주장을 믿는 것과 증명하는 것이 더 어렵습니다.

창세기 2장 7절

"여호와 하나님이 흙으로 사람을 지으시고 생기(영혼)를 그 코에 불어넣으시니 사람이 생령(산 사람)이 된지라"

예레미야 38장 16절

"시드기야왕(유대의 마지막 왕)이 비밀히 예레미야(하나님의 선지자)에게 맹세하여 가로되 우리에게 이 영혼(靈魂)을 지으신 여호와께서 사시거니와 내가 너를 죽이지도 아니하겠고 네 생명을 찾는 그 사람들의 손에 붙이지도 아니하리라"

이러한 영혼의 근본과 존재에 대하여는 성경 외에는 설명하지 못합니다. 다른 종교나 학자들은 전혀 모르기 때문입니다. 모르기 때문에 침묵하거나 이런저런 황당하고 엉뚱한 궤변을 늘어놓습니다. 마치 진화론이나 지구의 연수처럼 말입니다. 이젠 사람의 구성의 어떠함을 통해서 영혼의 존재성에 접근해 보겠습니다. 사람은 크게 영혼과 육체로 구성되었습니다. 컴퓨터가 하드웨어와 소프트웨어로 구성되어 있는 것처럼 말입니다. 육체는 살과 뼈로 되어 있고 물질입니다. 눈에 보입니다. 모든 물질은 유한합니다. 이는 상식입니다. 사람의 육체는 하나님께서 흙으로 만드셨습니다.

사람은 유인원에서 진화되거나 빅뱅 등에 의하여 어느 날 짠 하고 탄생한 것이 아닙니다. 아파트나 건물이 어느 날 갑자기 짠 하고 세워진 것이 아니라 건축주와 노동자들에 의해 세워진 것처럼, 사람의 육체도 오직 하나님에 의해 흙으로 지음을 받아 이 지구상에 존재하게 되었다고 성경은 말합니다. 이 부분에서도 다른 종교나 학자들은 침묵합니다. 전혀 모르기 때문입니다. 그래서 거론을 하지 않습니다. 육체는 물질이기에 사람이 죽어 땅에 묻으면 썩어 3년 안에 흙으로 다시 돌아갑니다. 물질은 그렇게 산화됩니다.

창세기 3장 19절

"네가(인류의 대표자 아담과 모든 인류) 얼굴에 땀이 흘러야 식물(食物, 먹을거리)을 먹고 필경은 흙으로 돌아가리니 그 속에서 네가(사람이) 취함을 입었음이라 너는(사람은) 흙이니 흙으로 돌아갈 것이니라 하시니라"

이렇게 하나님에 의해 흙으로 육체가 만들어졌습니다. 하나님께서 이 육체에 영혼(생기)을 불어넣으시니 오늘날과 같은 산 사람이 되었습니다. 그러니까 사람은 육체와 영혼이 결합되어 산 사람이 된 것입니다. 사람이 살아 있다는 말은 육체 안에 영혼이 거하고 있다는 증거입니다. 컴퓨터가 살아 있다는 것은 하드웨어(육체) 안에 소프트웨어(영혼)가 있기 때문인 것과 같습니다. 이렇게 살아 있는 사람이 어느 날 다양한 간접적인 이유로 죽습니다. 사망합니다. 육체는 그대로 있는데 살았던 사람이, 자유자재로 움직였던 사람이 움직이지 않습니다. 숨도 쉬지 않습니다. 이것을 죽었다고 말합니다.

우리나라는 의사가 와서 이를 확인한 후 '몇 시 몇 분에 사망하셨습니다'라고 선언하면 법적으로 운명한 것으로 정해집니다. 이것을 근거로 사망진단서를 작성합니다. 육체가 숨을 쉬지 않고 움직이지 않는 상태를 시체(屍體, 송장)라고 합니다. 왜 시체가 되었습니까? 눈에 보이지 않는 영혼이 육체에서 빠져나갔기 때문입니다. 컴퓨터에서 소프트웨어가 빠져나가면 컴퓨터는 고물이나 죽은 컴퓨터인 것처럼 영혼이 없는 육체는 죽은 사람, 썩어질 육체, 시체에 불과합니다. 이를 '영혼과 육체의 분리'라고 말합니다. 육체에서 영혼이 떠나가면 '죽었다'고 말합니다.

누가복음 23장 46절

"예수께서 큰소리로 불러 가라사대 아버지여(성부 하나님) 내 영혼(靈魂)을 아버지 손에 부탁하나이다 하고 이 말씀을 하신 후 운명(殞命, 죽음)하시다"(십자가에 못 박혀 운명하신 예수님의 양성 중 인성 부분)

마태복음 27장 50절

"예수께서 다시 크게 소리지르시고 영혼(靈魂)이 떠나시다"(십자가에 못 박혀 달리셨다가 운명하신 예수님의 양성 중 인성 부분)

야고보서 2장 26절

"영혼(靈魂) 없는 몸이 죽은 것같이 행함이 없는 믿음은 죽은
것이라"

사도행전 5장 10절

"곧 베드로(사도 베드로)의 발 앞에 엎드러져 혼(영혼)이 떠
나는지라 젊은 사람들이 들어와 죽은 것을 보고(삽비라) 메어
다가 그 남편(아나니아) 곁에 장사하니"(영혼이 몸에서 떠나
면 사람은 죽은 시체가 됩니다. 사망했다고 합니다.)

사도행전 5장 5절

"아나니아가 이 말을 듣고 엎드러져 혼(영혼)이 떠나니 이 일
을 듣는 사람이 다 크게 두려워하더라"(죽음은 몸 안에 있던
영혼이 떠나는 것입니다.)

　사람의 영혼은 사전(死前)에 존재하였습니다. 더 정확히 말하면 여자의
뱃속에서 정자와 난자가 수정되는 순간 존재하게 됩니다. 그것은 하나님
께서 영혼을 사람에게 수여하심으로 산 사람이 된 것입니다. 그래서 태아
는 수정되는 순간 사람입니다. 이젠 사후(死後)에도 '영혼이 존재하는가?'
입니다. 사람의 영혼은 사후에도 사전(死前)처럼 영원히 존재합니다. 영
혼은 물질이 아니기 때문입니다. 어디에서 영원히 존재합니까? 세상 사람
들이 말하는 저승입니다. 저승의 다른 말은 내세(來世) 혹은 사후세계(死
後世界)입니다. 육체를 떠난 영혼은 이 세상에 존재하지 않습니다. 그래

서 영혼(혼령, 넋)을 위로한다는 위령제, 위령기도, 명복을 비는 것, 망자를 위한 지상에서의 선행, 49재, 천도재, 각종 망자를 위한 행사 등은 아무런 소용이 없다고 하는 것입니다. 사람이 죽어 육체를 떠난 영혼은 원혼이든 어떤 영혼이든 이 땅과 무덤 등에 머물러 있거나 떠돌아다니지 않고 사망 즉시 저승으로 들어갑니다.

기독교(개신교)에서 말하는 저승은 부활 전의 중간상태의 낙원 혹은 음부와 세상 종말 때 변화된 육체와 영혼이 재결합하여 부활한 이후에 들어가서 영원히 사는 천국과 지옥을 가리킵니다. 불교에서의 저승은 천당 혹은 극락(극락정토)이라고 말합니다. 물론 기독교에서 말하는 천국이나 내세와는 전혀 다른 곳입니다. 이슬람교에서도 천국이라는 저승을 말합니다. 그러나 기독교의 천국 개념과 전혀 다릅니다. 유교는 막연한 저승관으로 사실상 저승 개념이 없습니다. 조상을 숭배하는 현세 종교입니다. 천주교(로마가톨릭교회)도 저승을 말하는 천국과 지옥 그리고 연옥이 있습니다. 그러나 개신교에서 말하는 내세관과 다릅니다. 개신교는 연옥 내세를 인정하지 않습니다. 그 이유는 성경에 없기 때문입니다. 저승에 들어가는 구원관도 천주교와 개신교는 다릅니다.

개신교는 오직 믿음인 데 반해 천주교는 믿음+행위 구원관입니다. 이처럼 저승관이 다 다릅니다. 지구상에 존재하는 세계 3대 종교도 다른 내세관이지만 모두 사후에 영혼이 존재한다고 말합니다. 사후세계가 있음을 말합니다. 영혼은 물질이 아니기 때문에 영원히 존재합니다. 육체가 죽었다고 물질이 아닌 영혼까지 죽거나 산화되는 것이 아닙니다. 기독교의 개신교에서 영혼의 최종적인 목적지와 존재는 세상 종말(예수님 공중 재림)에 있을 인간의 부활 이후 천국과 지옥이라고 말합니다. 인류의 유일한 구세주인 예수님을 믿고 살다가 사망한 자는 세상 종말 때에 변화된 육체와 영혼이 재결합한 상태로 부활하여 천국에 들어가서 영원히 살고, 예수님을 불신하고 살다가 죽은 자들의 영혼은 지옥에 들어가서 영원히 산다고 말합니다.

마태복음 23장 43절

"예수께서 이르시되 내가 진실로 네게(십자가에 달린 신앙고백 한 강도) 이르노니 오늘(죽는 날) 네가 나와 함께 낙원(중간상태 파라다이스)에 있으리라 하시니라"

사도행전 2장 27절

"이는 내 영혼(靈魂)을 음부(陰府)에 버리지 아니하시며…"

마태복음 7장 21절

"나더러 주여 주여 하는 자마다 천국(天國)에 들어갈 것이 아니요 다만 하늘에 계신 내 아버지(성부 하나님)의 뜻대로 행하는 자라야 들어가리라"(끝까지 진리 안에 머문 자만 구원을 받음)

마태복음 10장 28절

"몸은 죽여도 영혼은 능히 죽이지 못하는 자들(사람들)을 두

려워하지 말고 몸과 영혼을 능히 지옥(地獄)에 멸하시는 자
(하나님)를 두려워하라"

　기독교 중에서 개신교는 생전과 현세, 사후와 내세에 영혼이 모두 존재하는데 영원히 존재하는 것을 믿고 주장합니다. 천주교, 불교, 이슬람교도 인정하는 바입니다. 사람은 한번 태어나면 보이지 않는 영혼은 현세나 내세 나라에서 모두 영원히 존재합니다. 육체적으로 죽었다고 해서 영혼까지 죽는 것이 아닙니다. 영혼 존재를 부정하는 것은 사람 자체와 산 사람과 자기에 대하여 부정하는 것과 같습니다. 영혼을 부정하는 것은 산 자들이 자기 존재를 부정하는 것과 동일합니다. 영혼이 없는 사람은 없고, 영혼이 없는 사람은 시체(송장)이기 때문입니다. 이는 무지에서 나온 주장입니다. 합리적이고, 논리적이고, 실제적으로 말이 되지 않습니다. 어떤 사람이 영혼의 존재를 부정한다고 해서 존재하는 영혼이 부존재하는 것은 아닙니다.

　이는 마치 누군가가 태양이 없다고 부정하면 태양이 없어지는 것이 아닌 것과 같습니다. 태양을 부정하는 사람은 태양에 대하여 모르는 것이지 태양이 없는 것이 아닙니다. 부정하는 것과 존재하는 것은 별개입니다. 불신하는 것과 존재하는 것은 별개입니다. 수험생이 문제를 풀 때 자기가 모른다고, 이해가 가지 않는다고 하여 문제가 잘못되었다고 할 수 없는 것과 같습니다. 따라서 사후 영혼 존재에 대한 고민과 두려움이 있어야 합니다. 현세, 사전(死前)에서의 영혼 존재는 말할 수 없는 고통의 장소인 지옥의 삶이 아니기에 크게 고민하지 않고 살아도 되지만, 사후의 영혼

존재와 향방은 현세와 전혀 다른 환경과 저승 세계이기에 심각한 고민이 있어야 합니다.

성경에 의하면 사람은 세상 종말에 영원히 썩지 아니할 것으로 변화된 몸과 영혼이 재결합한 상태로 지옥 아니면 천국에 들어가서 영원히 살게 됩니다. 천국과 지옥을 한마디로 표현한다면 천국은 이루 말할 수 없는 행복만 누리는 곳이지만, 지옥은 이루 말할 수 없는 고통의 나날이 영원히 지속되는 곳이기에 만일 지옥에 들어간다면 너무나도 절망적인 것입니다. 애통해야 합니다. 이 세상에서 감옥에 들어가서 평생을 산다고 해도 끔찍한 일인데, 이 세상 감옥과는 고통의 정도 등에서 비교 자체가 되지 않는 지옥에서 영원히 산다고 생각하면 공포와 절망 그 자체입니다. 그러니 현세에서 내세의 향방을 가리는 신앙에 대하여 깊은 고민이 있어야 합니다.

무조건 거부하고 불신한다고 장땡이 아닙니다. 물론 예수님을 '믿고 안 믿고'가 자기 마음대로 되는 것이 아니지만 그래도 진리에 귀를 기울이고 죽기 전까지 최선은 다해 보아야 합니다. 최선을 다해서 예수님을 믿어 보려고 했는데 안 믿어지면 만세 전에 택함을 받은 사람이 아니라고 판단하면 됩니다. 이는 사람의 힘, 노력으로 어찌 되지 않습니다. 다시 강조컨대 영혼은 현세와 내세 나라에 모두 존재하며 영원히 존재하는 것입니다. 영혼은 물질이 아니므로 죽지도, 불에 타지도, 썩지도 않습니다. 자기 자신의 무지나 그릇된 지식과 신념과 확신에 속지 말아야 합니다. 무지한 가르침에 속지 말아야 합니다. 이런 사실을 굳게 믿고 현세에서 바른 신앙의 삶을 살 뿐만 아니라 내세를 대비하고 사는 사람이 지혜자이자 복된 사람입니다.

제15장

유족에게 '명복을 빕니다'의 말

사람이 죽으면 대부분의 사람들은 시체를 장례식장 영안실에 안치한 후 장례 절차에 들어가고 조문을 받습니다. 이때 원근 각처에서 다양한 조문객들이 찾아옵니다. 조화도 보내옵니다. 조화에는 '고인의 명복을 빕니다'라는 긴 리본도 달려 있습니다. 유족들의 가슴에도 '명복을 빕니다'라는 리본을 답니다. 장례식장에 찾아온 조문객들이 조문을 하면서 상주와 유가족들에게 공통적으로 하는 말이 있습니다. 그것은 **'고인의 명복을 빕니다'**라는 위로의 말입니다. 이 말의 의미를 바로 알고 하는지 의문이 듭니다. 조문객들은 이 말의 의미를 바로 알고 해야 합니다. 특히 기독교인들은 이 말은 금해야 합니다. 상식적으로나 성경적으로 맞지 않는 말이기 때문입니다.

명복(冥福)이란 '죽은 다음에 저승에서 받는 복'을 뜻합니다. 저승은 복된 곳과 저주스러운 곳 두 곳만 있습니다. 조문객의 말에 고인의 영혼 운명이 좌지우지되지 않습니다. 사람은 사망 즉시 다시는 돌이킬 수 없는 운명에 처해집니다. 한마디로 명복이란 고인에게 좋은 곳에 가기를 비는 위로의 말입니다. 이 말을 어떤 사람은 진심으로 하고, 어떤 사람은 단순히 위로 차원에서 합니다. 이 말의 옳고 그름을 따지기에 앞서 고인의 죽음 상황을 잘 이해해야 합니다. 그래야 이 말이 적절한지 아니면 아무런 소용이 없는 말인지를 알 수 있습니다.

이렇게 비유하겠습니다. 버스 정류소에서 마지막 버스를 기다리고 있는 사람이 있습니다. 마지막 버스가 아직 떠나지 않았습니다. 그러면 버스를 기다리는 것이 헛되지 않습니다. '버스를 기다리다가 타고 가시길 빕니다'라는 말이 맞습니다. 그러나 이미 마지막 버스가 떠났다면 버스를 계속 기다리는 자는 미련한 자이자 헛된 기다림입니다. 이런 상황에서 누군가가 다가와서 버스를 기다리는 사람에게 말하기를 '버스를 타고 가시길 빕니다'라고 했다면 틀린 말입니다. 고인의 상태에 대해서도 그렇습니다.

죽음, 사망, 운명이 무엇입니까? 성경적으로 규정하면 육체에서 영혼(넋, 혼령)이 떠난 상태를 죽음이라고 합니다. 마지막 버스가 떠난 것과 같습니다. 다시 말해서 영혼이 육체와 무덤과 영안실과 이 세상에 있지 않고 죽음과 동시에 곧바로 중간상태 저승(내세)인 낙원 아니면 음부로 들어가 세상 종말과 예수님의 공중 재림과 부활을 기다립니다. 고인의 죽은 상태가 이렇습니다. 고인 영혼의 향방은 이미 과거완료형으로 끝났습니다. 장례식장에서 어떤 조문객의 말이나 유가족들의 어떤 행위나 의식 등에 따라 육체를 떠났던 영혼, 이미 저승 세계로 들어가 있는 고인 영혼이 장소 이동을 절대로 하지 못합니다. 쉽게 말하면 고사장의 시험 시간이 다 끝난 상태와 같습니다. 그 이후의 수험생의 그 어떠한 노력도 의미가 없습니다. 헛됩니다. 이 정도 설명을 하면 고인의 사망 상태와 상황이 대충 그림이 그려질 것입니다.

　여기에 명복을 비는 것을 대입해 보겠습니다. 앞서 명복은 '이미 죽은 고인의 영혼이 좋은 곳으로 가기를 기원하는 말'이라고 했습니다. 이미 시험이 다 끝난 상태, 시합이 다 끝난 상태와 같은 상황으로, 그 어떤 말과 위로의 말과 선행도 헛되고 헛된 것입니다. 시합과 시험이 끝나면 그 이후 어떤 주장과 행위를 하더라도 시합과 시험 결과에 아무런 영향을 미치지 못합니다. 기본적으로 한번 치른 시험과 시합은 재개되거나 번복되지 않습니다. 이런 주장이나 말이 헛되지 않고 효능이 있기 위해서는 죽기 전에 해야 합니다. 시험이 끝나기 전에, 버스가 떠나기 전에 노력이든 말이든 기다리는 것이든 하는 것이 헛되지 않습니다.

사도행전 5장 10절
"곧 베드로의 발 앞에 엎드러져 혼(영혼, 넋)이 떠나는지라 젊은 사람들이 들어와 죽은 것을 보고(아내 삽비라) 메어다가 그 남편(아나니아) 곁에 장사하니"

잠언 15장 23절
"사람은 그 입의 대답으로 말미암아 기쁨을 얻나니 때에 맞는 말이 얼마나 아름다운고"

　그러니까 장례식장에 조문을 가면 유가족들에게 어떤 위로의 말이든 하거나 아니면 악수례와 목례만 하고 나와야 하는데, 아무 생각 없이 '고인의 명복을 빕니다'라고 한다면 이는 진정성이 없는 립 서비스, 공허한 말에 지나지 않는다는 말입니다. 도리어 다른 말로 위로해야 합니다. '얼마나 마음이 아프십니까?', '얼마나 힘드십니까?', '얼마나 슬프십니까?', '저도 마음이 아픕니다', '삼가 애도를 전합니다' 등등의 말을 하는 것이 더 진정성이 있습니다. 아니면 침묵해야 합니다. 특히 기독교인들은 유가족들에게 '명복을 빈다'는 표현을 하면 안 됩니다. 이는 말로 무덤에 절을 하는 것과 같습니다. 망자에 대하여 이루어질 수 없는 헛된 기대감을 갖게 합니다. 사망 즉시 영혼의 향방이 어떻게 되었다는 것을 잘 알 텐데 이런 명복을 빈다는 말을 하는 것은 성경사상에도 맞지 않고 유가족들에게 진정성을 전하는 말도 아니기 때문입니다.

기독교인들은 누구에게나 진정성이 없는 말은 금해야 합니다. 가식적인 말은 삼가야 합니다. 유효한 말, 유익한 말, 참말만 해야 합니다. 장례식장에서 유가족들에게 어떤 말을 해야 할지 생각이 떠오르지 않거든 침묵하고 눈인사, 악수인사, 목례만 하면 됩니다. 굳이 어떤 말을 한다고 하면서 진정성이 없는 말이나 헛된 말을 하면 정직한 자세가 아닙니다. 예의도 아닙니다. 아무리 예의상, 혹은 좋은 뜻으로 했다고 하더라도 상대방을 기만하는 행위입니다. 말이란 그 사람의 마음입니다. 언제 어디서나 누구에게 어떤 말을 하든지 가볍게 말하거나 거짓된 말이나 헛된 말은 하지 말아야 합니다. 고의성이 있든지 없든지 상대방을 속이는 것이 됩니다.

언어기술을 부려 누구에게든지 효능성이 없는 긍정의 말, 좋은 말만 골라서 하는 사람들이 있습니다. 이는 자기를 위해 언어연기를 하는 것이지 진실로 상대방을 위한 말이 아닙니다. 기독교인들은 이런 식으로 누구에게든지 말하지 말아야 합니다. 헛된 말, 사실이 아닌 말, 립 서비스의 말, 마음에도 없는 말 등은 하지 말아야 합니다. 순수한 말, 정직한 말만 해야 합니다. 그런즉 기독교인들이나 불신자들이나 상가에 가서 '고인의 명복을 빕니다'라는 말과 문자와 글과 리본과 조화는 행치 말고 보내지도 말아야 합니다. 이런 말은 뒷북 위로의 말일 뿐입니다.

제16장

추도예배가 맞나 추모예배가 맞나

기독교인은 고인의 기일에 고인을 생각하며 하나님께 추모 혹은 추도 감사기념예배를 드립니다. 추도예배 혹은 추모예배는 기독교에서만 행하는 종교의식입니다. 물론 산 자가 아닌 이미 고인이 된 자를 위해 매년 사망한 날짜에 가족들이 모여 드리는 예배입니다. 여기서 간과하지 말아야 할 중요한 점은 '예배'라는 용어입니다. 예배는 산 사람이나 망자에게 행하는 의식이 아니라 오직 창조주 하나님에게만 드리는 종교의식이기 때문에 사람의 일과 관련하여 사용할 때는 오해하지 않도록 신중하게 사용해야 합니다. 어법과 문법과 종교성에 맞게 접미사로 사용해야 합니다. 그러지 않으면 사람에게 예배를 드리는 뉘앙스를 강하게 드리우게 됩니다. 신앙지식이 미천하거나 불신자들은 사람에게 드리는 것으로, 망자에게 드리는 것으로 오해하거나 착각해 버립니다.

그러니까 예배라는 용어는 함부로 남발하면 큰일 납니다. 그런데도 일부 목사들과 기독교인들은 '예배'라는 용어를 가볍게 혹은 거침없이 사용합니다. 결혼식을 할 때도 '결혼예배'라고 합니다. 그러면서 혼합주의, 짬뽕 결혼예배를 드립니다. 예배를 더럽힙니다. 무엇이 문제인지도 의식하지 못합니다. 하나님께 찬송도 드리고, 기도도 하고, 성경을 읽고, 설교도 합니다. 축도도 합니다. 그와 동시에 사람의 즐거움과 신랑 신부를 위해 세상 노래도 부르고, 춤도 추고, 장기자랑도 합니다. 불신자들이 나와서 별짓을 다 합니다. 예배라고 하고는 웃고 떠들고 그런 난리가 없습니다. 예배라고 하고는 이런 짓들을 당당하고 자연스럽게 합니다. 필자가 직접 목도했습니다. 어느 목사 자녀가 결혼을 하고, 목사가 집례를 하는데도 그리합니다. 집례를 맡은 목사들의 의식 수준이 심각합니다.

기독교인 중에 상(喪)을 당하면 소위 기독교식이라고 하는 장례의식을 행합니다. 물론 성경에 반드시 이렇게 하라는 것은 없습니다. 기독교식이라고는 하지만 온전한 기독교식이 아닙니다. 언제부터 누군가가 이런 방식으로 시작하여 지금에 이르게 된 것입니다. 그런즉 반드시 이런 절차와 방식으로만 해야 하는 것은 아닙니다. 기본적으로 다섯 가지로 소천예배(임종예배), 입관예배, 발인예배, 하관예배, 위로예배를 드립니다. 장례를 모두 치르고 난 이후 고인이 운명한 날을 기념하여 해마다 추도예배 혹은 추모예배라고 칭하고 종교의식을 행합니다. 여기서 깊이 생각해야 하는 것은 이 두 가지 타이틀 중 어느 것이 맞는가 하는 것입니다.

기본적으로 기독교인에게는 추도예배라는 말은 맞지 않습니다. 왜냐하면 추도예배(追悼禮拜)란 '죽은 사람을 생각해 슬퍼하며 드리는 예배'이기 때문입니다. 사망은 인간 스스로 행한 것이 아닌 생명의 주인이신 하나님께서 생명을 주셨다가 다시 취하신 사건입니다. 사망 초기에는 슬퍼할 수 있습니다. 그런데 해마다 슬퍼하는 예배를 드리는 것은 하나님이 하신 일을 해마다 반복해서 슬퍼하는 일이기에 매우 부적절합니다. 하나님께서 하신 일을 해마가 슬퍼하는 것은 적절하지 않습니다. 범사에 기뻐하고 감사하라는 말씀과도 충돌됩니다.

그래서 추도예배라는 타이틀을 사용하지 말고 추모라고 해야 합니다. 추모(追慕)란 '죽은 사람을 그리워하며 생각하는 것'입니다. 그래서 추모예배라는 말이 적절합니다. 이렇게 사용한다고 해도 문제가 있습니다. 앞에서도 언급했지만 예배란 산 자나 죽은 자를 위한 것이 아니라고 했습니다. 망자를 생각하고 그리워하면서 드리는 예배가 아닙니다. 예배는 오직 하나님만 생각하고 하나님께서 행하신 일을 인정하고 감사하며 하나님께 드리는 일입니다. 말이란 '아' 다르고 '어' 다릅니다. 추모예배라고 해 버리면 죽은 자를 그리워하고 생각하는 예배가 되어 버립니다. 쉽게 말하면 망자를 위한 예배가 되어 버립니다. 이는 매우 잘못된 예배입니다.

데살로니가전서 5장 18절
"범사에 감사(感謝)하라 이는 그리스도 예수 안에서 너희를 향하신 하나님의 뜻이니라"

누가복음 22장 19절
"또 떡을 가지고 사례하시고 떼어 저희에게 주시며 가라사대 이것은 너희를 위하여 주는 내 몸이라 너희가 이를 행하여 나를 기념(記念)하라 하시고"

고린도전서 11장 25절

"식후에 또한 이와 같이 잔을 가지시고 가라사대 이 잔은 내 피로 세운 새 언약이니 이것을 행하여 마실 때마다 나를 기념(記念)하라 하셨으니"

그렇다면 기일에 어떤 식으로 타이틀을 붙이고 예배를 드려야 적절합니까? 망자를 위한 '추모기념예배' 혹은 '추모감사예배' 혹은 '추모식'이라고 해야 타당합니다. 결혼식장에서도 '결혼예배'가 아닌 '결혼감사예배' 혹은 '결혼식'이라고 해야 타당합니다. 일단 결혼식이든 장례식이든 추모식이든 예배라고 접미사를 붙일 때는 이런 것을 잘 생각하고 행하여야 합니다. 아무것도 아닌 것 같지만 매우 중요한 것입니다. 부담이 없게 하려면 예배라는 말을 빼고 '결혼식', '장례식', '추모식'이라고 하면 자유롭습니다. 그렇게 타이틀을 붙여도 기도하고, 찬송하고, 말씀 읽고 전하고 다 할 수 있습니다.

꼭 예배라는 타이틀을 붙여야 되는 것이 아닙니다. 학교나 병원이라고 간판을 붙이면 그에 걸맞게 모든 것을 갖추고 행하여야 합니다. 그러나 그런 간판을 걸지 않고 하면 다양하고 자유롭게 가르치고 치료할 수 있습니다. 예를 들어서 '국군의 날 행사'라고 타이틀이 붙으면 시종일관 그에 걸맞게 해야 합니다. 그러나 '군인을 위한 행사'라고 하면 좀 더 폭넓고 자유롭게 할 수 있습니다. 선택의 폭이 넓다는 말입니다. 그래서 타이틀을 잘 붙여야 합니다. 범사에 이런 차이가 있음을 알고 신중하게 행하여야 합니다. 무조건 남이 하던 대로 상고 없이 행하면 실수를 범하게 됩니다.

기독교인들은 가능하면 타당하고 정확하게 하는 습관을 길러야 합니다. 좋은 게 좋은 것이라고 대충대충 하면 부적절하게 됩니다. 양궁선수들도 대충 활을 쏘지 않습니다. 우리가 무엇이든지 바르게 하기 위해서 공부하고 연습하는 것이 아닙니까? 오늘날 예배라는 용어를 너무 오용하거나 남발하는 경향이 있습니다. 조심해야 합니다. 중간에도 언급했지만, 장례에 따른 다섯 가지 예배도 성경에 "범사에 감사하라"는 말씀에 근거하여 용어를 달리 사용해야 합니다. 소천예배(임종예배)도 소천감사예배로, 입관예배도 입관감사예배로, 발인예배도 발인감사예배로, 하관예배도 하관감사예배로, 위로예배도 위로감사예배로, 추모예배도 추모기념 혹은 추모감사예배로 용어를 사용하여 드리는 것이 보다 성경적이고 타당한 예배라고 생각합니다. 아니면 소천의식, 입관의식, 발인의식, 하관의식, 추모의식, 위로모임이라고 하고 행하여도 아무런 문제가 없습니다.

이는 진리가 아니고 성경에 명백하게 그렇게 하라는 말씀이 없기 때문에 가장 타당한 방식과 용어를 사용하여 의식을 치르면 됩니다. 사실 입관예배나 발인예배는 하지 않아도 아무런 문제가 없습니다. 예배를 드리지 말고 의식에 참여만 하면 됩니다. 너무 지나치게 건마다 의미를 부여하여 종교의식을 행하는 것은 잔이 넘치는 행위입니다. 그렇게 반드시 해야 하는 깊은 의미가 있다고 생각지 않습니다. 반드시 그렇게 하라는 객관적인 기준도 없습니다. 예배를 남용하는 것일 수도 있습니다. 왜 그렇게 하는지 모르겠습니다. 이것은 성경적이나 기독교적이라고 할 수 없습니다.

누가 언제 이렇게 정해서 하나의 기독교 장례예배 문화가 되었는지는 모르지만 달리해도 아무런 문제는 없습니다. 현재보다 좀 더 정리된 기독교 장례의식을 만들어 가야 합니다. 교회가 늘 개혁되어야 하듯이 장례식도 늘 개혁되어야 합니다. 그것은 기독교 장례식의 적절성과 타당성을 고민하고 상고하는 데서부터 시작됩니다. 추모감사예배는 처음엔 목사님을 모시고 해도 좋고, 목사님을 모시고 하는 것이 부담스러우면 가족 중 한 사람이 인도하면 됩니다. 반드시 목사님이 인도해야 하는 것은 아닙니다. 성도라 하면 다 왕 같은 제사장이기 때문입니다. 기도하고, 찬송하고, 성경을 읽고 마치는 모임과 의식에 반드시 목사가 진행해야 하는 것은 아닙니다.

추모감사예배, 추모기념예배, 추모식 순서는 다음과 같이 간단하게 하면 됩니다. 먼저 선언하기를, '제0회 고인 ○○○에 대한 추모감사예배, 추모기념예배, 추모식을 하나님께 드리겠습니다'라고 선언한 이후, 관련 찬송가를 부르고 준비한 성경 본문을 봉독합니다. 간단하게 본문 말씀을 전하거나 본문만 읽어도 됩니다. 그다음 고인이 살아생전에 어떻게 하나님을 사랑하고 섬겼는지를, 하나님께서 고인을 어떻게 인도하시고 사랑하셨는지를 말합니다. 동시에 고인이 가족을 위해서 어떻게 애썼고 헌신했는지도 말합니다. 고인이 남은 유가족들에게 어떤 신앙의 유언과 권면을 하였는지도 말합니다. 고인에 대한 좋은 점을 말합니다. 향후 고인을 천상에서 다시 만나게 될 것과 온 가족이 고인처럼 신앙생활을 잘할 것을 권면합니다.

그리고 출생과 죽음에 대한 하나님의 주권사상을 말하고, 이에 대한 섭섭함이나 오해가 없도록 합니다. 그다음 하나님의 은혜와 사랑을 전합니다. 그다음 관련 찬송가를 부르고 주기도로 마치면 됩니다. 간단한 순서안내지를 만들어서 사용하고 보관하여 다음 추모감사예배 때 참고하면 됩니다. 그러고는 식사를 한 후나 전으로 고인이 안치되어 있는 장지(자연장, 묘지, 추모공원)나 납골당을 방문하는 것으로 일정을 마무리하면 됩니다.

정리합니다. 기독교인의 사망 이후 매년 드리는 예배는 고인을 위한 추도예배가 아닌 추모예배라고 해야 맞고, 추모예배도 '홍길동 추모감사예배' 혹은 '○○○ 추모기념예배' 혹은 '○○○ 추모식'이라고 해야 더 적절합니다. 불신자들은 추도식이라고 해야 더 적절합니다. 구원을 받지 못한 상태로 죽어 향후 지옥불에 던져져서 영원히 고통 가운데 살기 때문에 해마다 슬퍼하는 것이 맞습니다. 예배라고 하면 제대로 하고, 그렇지 않으면 예배라는 용어를 빼고 자유스럽게 진행하면 됩니다. 각자가 깊이 생각해 보고 맞다 싶으면 새롭게 시작하면 될 것입니다.

거듭 강조하지만 장지에서의 하관감사예배(하관의식)에 집중하고, 입관과 발인예배는 생략해도 충분하고 아무런 문제가 없습니다. 하지 않는 것이 더 자연스럽습니다. 문제는 임종감사예배(소천감사예배, 임종의식)입니다. 이 또한 변화가 있어야 합니다. 이때가 유가족들에게 가장 정신이 없고, 슬프고, 마음이 정처가 없을 때입니다. 그런 상황에서 예배를 드린다고 찬송을 하는 것 등은 예배에 집중할 수 없게 할 것입니다. 상황이

상황인 만큼 유족들에게 '감사하라 기뻐하라'고도 하기 어렵습니다. 그래서 임종(소천)예배를 생략하고 이런 식으로 바꾸면 좋을 것입니다. '**소천 혹은 임종 설명회**'라고 타이틀을 정하고, 목사님이나 유가족 중에 믿음이 신실한 사람이 고인의 사망 경위와 하나님 주권과 장례절차 등에 대하여 보고하고 설명하는 시간으로 가지는 것입니다.

임종 시 고인에 대한 〈설명회 예시〉는 이렇습니다.

'지금부터 고인 ○ ○ ○ 님에 대한 소천 혹은 임종 설명회를 갖겠습니다. ○ ○ ○ 성도님의 간접적인 사인은 ○ ○ ○로 (○ ○)에서 00월 00시 00분에 하나님으로부터 소천을 받았습니다. 고인은 생전에 예수님을 잘 믿고 신앙생활을 잘하셨습니다. 따라서 성경의 약속대로 더 이상 수고와 슬픔과 눈물이 없고 오직 행복만이 가득한 하나님의 나라에, 낙원으로 데려감을 당하셨습니다. 그러니 유가족들과 지인들은 너무 슬퍼하지 마시기 바랍니다. 이 세상과는 비교할 수 없는 곳으로 들어가셨으니 인간적으로 슬프고 서운하지만 고인을 생각하면 기뻐하고 감사해야 합니다. 잘 아시겠지만 출생과 죽음은 인간 스스로가 결정하는 것이 아닌 하나님의 주권입니다. 따라서 기독교인이라면 하나님의 주권을 인정하고 고인의 죽음, 고인과의 사별과 이별에 대해서 너무 슬퍼하거나 하나님과 누구에게 서운함과 불평과 원망을 갖지 말아야 합니다. 이런 자세가 죽음에 대해 하나님 주권을 인정하는 기독교인의 바른 모습입니다. 고인과의 이별은 영

원한 이별이 아닌 잠시 세상 종말 때까지의 이별일 뿐입니다. 예수님께서 공중으로 재림해 오실 때 천상에서 다시 만나게 될 것입니다. 그러니 그날을 소망하고 고대하며 고인처럼 이 땅에서 예수님을 잘 믿기 바랍니다. 고인도 유가족들과 지인들이 인류의 유일한 구세주인 예수님을 잘 믿어 사후에 낙원이나 천국에서 다시 만나기를 간절히 바랄 것입니다. 고인의 장례식은 기독교식으로 하며, 3일장으로 합니다. 입관은 00일 00시에 하고, 입관예배는 생략하고 입관식에 참여하는 것으로만 할 것입니다. 발인은 00일 00시에 하고, 발인예배도 생략하고 발인식에 참여하는 것으로만 할 것입니다. 이렇게 하는 것은 입관과 발인 예배를 생략해도 아무런 문제가 없기 때문입니다. 장지는 ○○○입니다. ○○○ 화장터에서 화장을 한 후 고인의 유골을 유골함에 담아 00시쯤 ○○○ 장지로 출발할 것입니다. 장지에서는 하관감사예배를 드릴 것입니다. 이렇게 장례 일정이 진행될 것이니 참고하시기 바랍니다. 혹 질문이 있으신 분은 질문해 주시기 바랍니다. 질문이 없으시면 기도하고 소천(임종) 설명회를 마치겠습니다.'

위의 임종감사예배 혹은 소천감사예배를 대신한 **'소천 및 임종 설명회'**는 생소하면서도 신선할 것입니다. 아마 이런 방식은 거의 보지 못했을 것입니다. 이에 사람에 따라서는 의아해하고 당황하기도 하면서 불편할 수 있습니다. 반대할 수도 있습니다. 일반적인 모습이 아니기 때문입니다. 전통적인 방식으로 하든 이런 식으로 새롭게 하든 틀린 것이나 문제는 없습니다. 옳고 그름의 문제가 아닙니다. 그러나 앞에서도 언급했지만, 어떤 식으로 해도 상관은 없습니다. 강물이 흐르듯 가장 자연스럽게 하는 것이 제일 좋습니다.

저는 자녀들에게 이런 방식으로 하라고 유언할 것입니다. 전통적인 방식은 전후 문맥이나 성경적으로 볼 때 자연스럽지도 않고 완전히 기독교식도 아닌 짬뽕입니다. 생략하는 것이 더 좋고 충분히 납득이 되는 순서(입관 및 발인)도 있습니다. 이젠 좀 다르게 할 때가 되었습니다. 무엇이든지 전통과 유전이 항상 좋은 것만은 아닙니다. 어떤 식으로 하든지 유가족들이 선택하면 됩니다.

제17장

시신기증과 장기기증

사람이 죽으면 세 가지 중 하나를 선택하게 됩니다. 매장을 하든지, 화장을 하든지, 아니면 시신이든 장기든 대학병원에 기증하는 것입니다. **시신기증(屍身寄贈)**이란 '본인의 유언이나 유가족의 뜻에 따라 사망 후 의학교육과 연구를 위하여 아무런 대가 없이 자신의 시신을 기증하는 것'을 말합니다. 시신기증은 의과대학에 하게 됩니다. 기증된 시신은 의학교육 및 연구에 쓰이게 됩니다. 의과대 학생들의 실습 교육에 쓰이기도 하고, 전공의와 의과대학 교수들에게도 교육과 연구 목적으로 제공됩니다. 이것을 통해 많은 의사들이 환자 진료와 치료에 필요한 지식에 대하여 계속적인 재교육의 기회를 얻게 되고, 나아가 새로운 수술방법이나 치료방법의 개발에도 이용하도록 합니다. 또한 유능한 전문 의사를 길러 낼 뿐만 아니라, 우리나라 의학 발전에도 크게 기여하게 됩니다. 시신이 없거나 부족하면 이런 일들을 제대로 할 수 없을 것입니다.

물론 기증하는 입장에서는 당사자들이나 가족들이 찝찝할 수도 있습니다. 자신과 가족의 나신(裸身)이 낯선 사람들에 의해 적나라하게 연구용으로 사용된다는 것을 상상만 해도 끔찍할 수 있습니다. 그러나 냉정하게 생각하면 시신은 시체일 뿐이고, 그 시신을 사용하는 자들은 누구의 시신인지 모릅니다. 게다가 자신의 시신이 의학 연구에 이바지하고 이웃을 사랑하는 계기가 되기 때문에 뿌듯할 수도 있습니다. 그런 차원에서 시신기증은 상당한 의미와 가치가 있습니다.

장기기증(臟器寄贈)이란 '장기이식을 받으면 살 수 있는 말기 장기부전 환자에게 자신의 장기를 나누어 줌으로써 생명을 살리는 것'을 말합니다. 또한 '죽은 자의 여러 장기를 병원의 의학용이나 장기가 필요한 다른 사람에게 선물로 주는 것'을 말합니다. 장기기증자로 등록하고자 하는 사람은 전국의 장기이식등록기관 중에서 한 곳을 선택하여 본인이 직접 장기기증자 등록신청을 하여야 합니다. 이 경우 장기기증자가 살아 있는 자가 아니라 뇌사자 또는 사망한 자인 경우에는 그 가족이나 유족 중에서 1인이 대신하여 등록신청을 할 수 있습니다.

장기기증에는 생체장기기증과 뇌사시장기기증, 사후장기기증 등이 있습니다. 장기기증자가 다른 사람에게 기증할 수 있는 장기는 신장, 간장, 췌장, 심장, 폐, 골수 및 각막 등 7종류입니다. 하지만 장기기증은 기증희망자가 살아 있을 때 기증할 것인지, 뇌사상태에 빠질 때 또는 사후에 기증할 것인지에 따라서 다릅니다. 살아 있을 때 기증할 수 있는 장기(신장 정상적인 것 2개 중 1개, 간장 일부, 골수 일부), 뇌사상태 시 기증할 수 있는 장기(신장, 간장, 췌장, 심장, 폐, 각막), 사후에 기증할 수 있는 장기(각막)가 있습니다. 장기기증에 대해서는 과거에 비해 많은 변화가 나타나고 있지만 미미한 수준입니다. 일반적으로 자기 자신과 친족에 대한 시신의 장기 일부를 떼어 내어 누군가에게 준다는 것에 대해 상당수가 거부 반응을 보이고 있는 것이 현실입니다. 그럼에도 불구하고 장기가 필요한 사람들에게 자신의 장기를 기증하는 사람들이 점차 늘어나고 있는 추세입니다.

마태복음 22장 39절

"…네 이웃을 네 몸과 같이 사랑하라 하셨으니"

고린도전서 10장 31절

"그런즉 너희가 먹든지 마시든지 무엇을 하든지 다 하나님의
영광을 위하여 하라"

사람의 육체란 살아 있을 때 의미와 가치가 있고 소중한 것입니다. 사람이 죽으면 살아 있을 때와는 전혀 다른 태도와 양상이 전개됩니다. 그래서 사람이 죽으면 어느 누구도 시체와 함께 자고 먹고 하려고 하지 않습니다. 죽음이란 육체에서 영혼이 떠난 상태를 말합니다. 육체에서 영혼이 떠나 버리면 육체는 더 이상 사람 역할을 못 합니다. 곧바로 썩기 시작합니다. 그래서 화장을 하거나 매장해 버립니다. 영혼이 떠나 죽어 버린 육체는 시간이 지남에 따라 부패하기 시작하고 시체의 냄새가 고약하기 때문입니다. 이런 시체와 계속 함께하고 싶은 사람은 없을 것입니다. 아무리 사랑하는 부부나 가족이라도 시체는 사랑하지 않습니다.

이런 시체를 화장이나 매장을 하면 깔끔하겠지만, 죽은 이후에도 장기가 필요한 사람, 산 사람들을 위해 귀한 역할을 할 수 있습니다. 그것이 시

신기증과 장기기증입니다. 물론 이러한 것은 누구도 강요할 수 없습니다. 아무리 소중한 일이고, 이웃을 사랑하는 일이고, 놀라운 가치가 있다고 하더라도 어디까지나 당사자와 가족들이 자발적으로 결정해야 합니다. 이렇게 하나 저렇게 하나 죄는 아닙니다. 누구도 강요하거나 강제해서는 안 됩니다. 시신기증과 장기기증을 결정할 때는 많은 고민과 생각을 해야 합니다. 신앙적인 것과 심리적인 것과 기존에 갖고 있던 시각 등에 많은 변화와 나름 확신이 있어야 합니다.

그리스도인들은 살아 있을 때나 죽었을 때나 하나님의 영광을 위하는 자들입니다. 먹든지 마시든지 무엇을 하든지 다 하나님의 영광을 위하는 자들입니다. 그리고 목숨을 다해 이웃을 사랑하는 자들입니다. 이러한 삶은 살았을 때나 죽었을 때 모두 가능합니다. 하나님 영광을 위한 삶과 이웃 사랑의 삶은 모두 하나님의 어명입니다. 따라서 장기기증은 해도 되고 안 해도 되는 각자의 주권에 해당되는 것이지만, 성경사상에 따라 장기기증을 하고 떠나는 것이 더 가치 있고 아름다운 모습이라고 할 수 있습니다. 어떤 신앙인들은 부활을 생각하며 머뭇거립니다. 부활에 대해서도 아무런 문제가 없습니다. 시신을 매장을 하든 화장을 하든 하나님의 초자연적인 능력으로 영원히 썩지 아니할 새로운 몸으로 변화시키고 부활시키시기 때문입니다.

하나님은 무엇이든지 가능하게 하십니다. 사람의 생각과 판단으로 하나님의 능력을 제한하거나 측량하지 못합니다. 그러니 부활과 연결하여 시신 처리 방식에 대한 두려움과 걱정은 갖지 않아도 됩니다. 그런즉 그리스도인들은 사망 전후 시신기증과 장기기증에 열린 자세를 취하기 바랍니다. 누군가는 시신기증과 장기기증으로 의학 발전에 기여할 수 있고 새로운 삶을 얻을 수 있습니다. 시신을 기증하고 장기를 기증한 자가 그리스도인이라고 알려질 때 죽어서도 하나님께 영광을 돌리게 됩니다. 장기나 시신을 기증받은 사람은 기독교인에 대한 좋은 감정을 갖게 될 것입니다.

제18장

납골당(봉안당)과 자연장

사람이 죽으면 화장을 하든지 매장을 하든지 산골을 하든지 유골을 안치하거나 처리합니다. 그곳은 납골당(봉안당)이나 자연장이나 산분장입니다. **납골당(納骨堂) 혹은 봉안당(奉安堂)**은 '시신을 화장하고 남은 유골(뼛가루)들을 모아 놓은 곳'을 말합니다. 과거에는 일본식 표현인 '납골당'이라는 명칭으로 알려졌지만 현재 공식 용어는 '봉안당'입니다. 납골당 가격은 단의 높이, 넓이, 인원수, 룸 종류에 따라 다양하게 결정됩니다. 일반적으로 개인형은 200만 원부터, 부부형은 400만 원부터, 가족형은 600~800만 원입니다. 높이가 낮은 단이 저렴하며, 가장 비싼 위치는 5단으로 평균 비용은 500만 원입니다. 관리비는 1년에 평균 10만 원 정도입니다. 지역이나 시대에 따라 가격 변동이 있겠지만 수백만 원 정도 합니다. 적은 돈이 아닙니다.

자연장(自然葬)이란 '화장한 유골의 골분(骨粉)을 유골함에 담아 수목, 화초, 잔디 등의 밑이나 주변에 묻는 장사 방법'입니다. 자연장지는 수목 형태의 자연장(수목장), 잔디 형태의 자연장(잔디장), 화초 형태의 자연장(화초장)이 있습니다. 화장 후 골분(骨粉) 매장 시 유골함을 지면으로부터 30cm 이상 깊이로 판 곳에 매장합니다. 가격은 지자체에서 운영하는 추모공원의 자연장은 납골당(봉안당)에 비해 저렴합니다. 정읍의 모 추모 공원의 잔디장인 경우 백만 원 안쪽인데 45년간 관리해 줍니다. 작은 비 석까지 세워 줍니다. 민간이나 사립 추모공원인 경우는 가격이 비쌉니다. 지역과 공립과 사립과 시대에 따라 가격이 다르니 확인해 보시기 바랍니 다.

현재는 지자체에서 연합으로 투자하고 개설한 추모공원이 인기가 많아 보입니다. 가격도 저렴하고 관리도 잘해 주기 때문입니다. 부부장도 있습 니다. 배우자 중 한 사람이 먼저 장지에 묻힐 때 부부용으로 신청하면 됩 니다. **산분장(산골)**이란 '시신을 화장한 후 유골을 분골해 산·바다·강 등 에 뿌리는 장사방법'입니다. '2021년 사회조사'에 의하면 응답자의 22.3% 가 산분장을 선호했습니다. 그러나 실제 산분장 비율은 2020년 기준 8.2%에 불과합니다. 이 산분장은 비용이 많이 들지 않아 경제적으로 여유 롭지 못한 사람들에게 좋은 방법이 될 수 있습니다.

창세기 50장 26절
"요셉이 일백십 세에 죽으매 그들이 그의 몸에 향 재료를 넣고
애굽에서 입관하였더라"

과거에 비해 시신 처리 문화도 많이 달라진 것 같습니다. 과거에는 공동 묘지나 개인 밭이나 산지 등에 매장을 하고 무덤을 만들었는데 이젠 그런 경우는 매우 드물고 봉안당이나 추모공원에 안치하는 추세입니다. 일단

매장할 땅이 없고, 누군가가 지속적으로 관리를 할 수 없고, 비용도 많이 들어가기 때문입니다. 개인 선산이 있으면 그곳에 매장을 해도 좋습니다. 어떤 식으로 하든지 자기 형편과 처지에 맞게 하면 될 것입니다. 화장을 하든지 매장을 하든지 상관이 없습니다. 종말 때의 부활과도 아무런 문제가 없습니다.

가능하면 멀지 않은 곳에 시신이나 유골을 안치하는 것이 좋다고 생각합니다. 그래야 가고 싶을 때 언제든지 다녀올 수 있고, 명절에도 방문하기 쉽고, 관리가 용이합니다. 사람이든 무엇이든 멀리 떨어져 있으면 마음도 멀어집니다. 매장을 하든지 화장을 하든지 장례를 통해서 인생의 허무함과 빈손으로 간다는 것을 깊이 마음에 새기고 살아가기 바랍니다. 자신도 언젠가는 한 줌의 재로 남는다는 사실을 알고 날마다 사망을 생각하고 탐심이나 욕심 없이 살기를 바랍니다.

제19장

사전장례의향서

과거에는 주로 집에서 장례를 치르고 비용도 많이 들어가지 않았는데 오늘날에는 주로 병원장례식장이나 전문장례식장에서 장례를 치르고 있습니다. 그로 인해 장례비용이 대폭 상승했습니다. 장례비용이 천만 원대가 넘습니다. 이젠 돈이 없는 자들은 장례도 치르기 어려운 시대가 되었습니다. 그리고 고인의 뜻과 다르게 장례가 치러지는 일들도 발생하고 있습니다. 게다가 과거에 비해 매장보다 대부분 화장을 하고 있습니다. 또한 장기기증이나 신체기증을 하는 자들도 늘어나고 있습니다. 존엄사뿐만 아니라 안락사도 언급되고 있습니다. 존엄사는 가능하지만 안락사는 살인이기에 허용해서는 안 됩니다. 이렇게 많은 변화가 일어나고 있는 상황에서 사전에 자기의 장례에 대해 의향서를 작성하여 가족들에게 말하고 남겨 놓아야 유언과 같은 고인의 뜻을 받들어 고인이 원하는 대로 장례가 치러질 수 있습니다. 그러므로 사전장례의향서를 쓰고 사는 것이 지혜라고 할 수 있습니다.

사전장례의향서(事前葬禮意向書)란, '작성자가 자신의 사후 부고(訃告) 범위, 장례 형식, 부의금·조화(弔花)를 받을지 여부, 염습·수의·관 선택,

화장·매장 등 장례방식과 장소 등 당부 사항을 미리 적어 놓는 일종의 유언장'입니다. 법적인 구속력은 없지만 후손들이 작성자의 뜻에 따라 장례를 간소하고 엄숙하게 치를 수 있습니다. 사전의료의향서가 임종 직전 자신이 받을 치료 범위를 스스로 결정해 놓은 것이라면, 사전장례의향서는 자신의 장례를 어떻게 치를지 미리 후손에게 알려 주는 문서입니다. 이는 고령 인구가 급증하면서 사회문제가 되고 있는 불합리한 고(高)비용 장례방식과 절차를 간소하게 개선하자는 취지로 시행되고 있습니다(시사상식사전).

창세기 49장 29절

"그가(야곱) 그들에게(열둘 자녀들에게) 명하여 가로되 내가 내 열조에게로 돌아가리니 나를 헷 사람 에브론의 밭에 있는 굴에 우리 부여조(아버지와 할아버지)와 함께 장사하라"(야곱의 사전장례유언 혹은 사전장례의향 선언)

창세기 49장 33절

"야곱이 아들(아들들)에게 명하기를 마치고 그 발을 침상에 거두고 기운이 진하여 그 열조에게로 돌아갔더라(사망)"

가족이나 자녀들은 고인이 살아생전에 자신의 장례에 대하여 부탁한 내용을 이해하고 존중해서 장례를 집행해야 합니다. 고인 제일중심의 장례가 되어야 마땅합니다. 기본적으로 기독교인들은 모든 장례를 아주 검소하게 해야 합니다. 기본과 예의를 갖추어서 하되 비용이 많이 들어가는 허례허식은 삼가야 합니다. 왜냐하면 이미 망자의 영혼은 떠났습니다. 고인에게 좋은 영향을 미치는 것도, 효도도 아니기 때문입니다. 그래서 사망 후 장례에 많은 돈을 지출하는 것은 지혜가 아닙니다. 자기만족과 위로, 혹은 체면치레일 뿐입니다. 그것이 아니라면 타인들에게 보여 주기일 뿐입니다.

혹 장례를 화려하게 치르고 싶은 사람이 있다면 그런 마음과 자세로 생전에 잘하기 바랍니다. 식물, 동물, 사람들에게 정성을 다하고 잘해야 하는 순간은 죽지 않고 살아 있을 때입니다. 산 사람들은 산 자에게 집중하고 잘 챙겨야 합니다. 그것이 진짜 마음이고 사랑이고 관심입니다. 이런 사실을 잘 인식하고 부모든, 부부든, 가족이든, 지인이든, 식물이든 살아 있을 때 잘하기 바랍니다. 죽은 다음에 잘하려고 하거나 잘하는 것은 불효이고 어리석은 짓입니다. 또한 장례양식과 절차를 가지고 유족끼리, 가족끼리, 자식끼리 분쟁하는 일은 없어야 합니다.

사전장례의향서 양식

나에게 사망진단이 내려진 후 나를 위한 여러 장례의식과 절차가 내가 바라는 형식대로 치러지기를 원해 나의 뜻을 알리고자 이 사전장례의향서(事前葬禮意向書)를 작성한다. 나를 위한 여러 장례의식과 절차는 다음에 표시한 대로 해 주기 바란다.

1. 기본 원칙

1) 부고

1.1 나의 죽음을 널리 알려 주기 바란다. ( )

1.2 나의 죽음을 알려야 할 사람에게만 알리기 바란다. ( )

1.3 나의 죽음은 장례식을 치르고 난 후에 알려 주기 바란다. ( )

2) 장례식

2.1 우리나라 장례문화를 바르게 이해하고 전통문화를 계승하는 차원에서 해 주기 바란다. ( )

2.2 나의 장례는 가급적 간소하게 치르기 바란다. ( )

2.3 나의 장례는 가족과 친지들만이 모여 치르기 바란다. ( )

2.4 전통적인 기독교식으로 하기 바란다. ( )

2.5 기독교식으로 하되 하관감사예배와 장례 이후 위로감사예배만 드리고, 임종(소천)예배를 대신하여 '임종설명회'로만 하고, 입관예배와 발인예배는 하지 말고, 입관과 발인 의식만 간단하게 하기 바란다. ( )

2. 장례 형식

2.1 전통(유교)식 ( )

2.2 천주교식 ( )

2.3 기독교식 ( )

2.4 불교식 ( )

2.5 기타(지정) ( )

3. 부의금 및 조화

3.1 관례에 따라 하기 바란다. ( )

3.2 일절 받지 않기 바란다. ( )

4. 음식 대접

4.1 음식 등을 잘 대접해 주기 바란다. ( )

4.2 간단히 다과를 정성스럽게 대접해 주기 바란다. ( )

5. 염습

5.1 정해진 절차에 따라 해 주기 바란다. ( )

5.2 하지 말기 바란다. ( )

5.3 아주 간단하게 해 주기 바란다. ( )

5.4 얼굴 화장은 하지 말기 바란다. ( )

6. 수의

6.1 사회적인 위상에 맞는 전통 수의를 입혀 주기 바란다. ( )

6.2 검소한 전통 수의를 선택해 주기 바란다. ( )

6.3 내가 평소에 즐겨 입던 옷으로 대신해 주기 바란다. ( )

6.4. 간단한 수의 외에 이런저런 것들은 걸치거나 사용하지 말기 바란다. ( )

7. 관

7.1 사회적인 위상에 맞는 관을 선택해 주기 바란다. ( )

7.2 소박한 관을 선택해 주기 바란다. ( )

7.3 가장 저렴한 관으로 하기 바란다. ( )

8. 시신 처리

8.1 화장해 주기 바란다. ( )

8.2 매장해 주기 바란다. ( )

8.3 내가 이미 약정한 대로 의학적 연구 및 활용 목적으로 기증하기 바란다. ( )

■ 화장하는 경우 유골은?

① 봉안장 ( )

② 자연장 ( )

③ 해양장 ( )

④ 산골 ( )

■ 매장하는 경우

① 공원묘지 ( )

② 선산(先山) ( )

③ 지자체에서 운영하는 공공 추모공원 ( )

④ 기타 ( )

9. 기타

영정사진, 제단 장식, 제의, 배경음악 등에 대한 나의 의견

이상은 장례의식과 절차에 대한 나의 바람이니 이를 꼭 따라 주기 바란다.

2000년 00월 00일

작성자 이름 장○○ 서명 날인

제20장

성경의 장례방식 사례

나라마다 장례문화나 방식이 다 다릅니다. 성경은 어떤 식으로 장례를 치르라는 명확한 말씀이 없습니다. 그러므로 기독교(개신교) 안에서는 대부분 비슷하게 장례를 치르겠지만 어떤 식으로 하든지 상관이 없다는 말이기도 합니다. 결혼예식이 다양한 것처럼, 장례식도 다양하게 치를 수 있습니다. 보통은 전통대로 합니다. 물론 전통방식과 기독교 방식이 혼합되어 있습니다. 그것이 무난합니다. 사람들은 기존의 전통이나 문화와 다르게 하면 이상하게 보는 경향이 있는데, 서로 존중하고 이해해야 합니다. 성경이나 법률에 반드시 이렇게 하라는 기준이나 법이 없기 때문에 1일장을 해도 되고, 2일장을 해도 되고, 3일장이나 5일장을 해도 됩니다. 자기 형편과 처지에 맞게 하면 됩니다.

또한 반드시 장례식장에서만 해야 하는 것도 아닙니다. 장례식 비용도 너무 많이 듭니다. 그래서 돈이 없는 자나, 경제력이 넉넉하지 않은 자들은 죽어도 절망합니다. 돈이 없으면 죽는 것도 겁이 납니다. 돈이 세상을 지배하고 있기 때문입니다. 이런 것을 감안하여 얼마든지 다른 장소에서 다른 방식으로 할 수 있습니다. 문제는 시신 보관인데, 시신이 훼손되지 않고 안전하게 보관할 수 있다면 다른 곳에서 해도 됩니다. 그러면 장례비의 3분의 2가 줄어들 것입니다. 보통 장례비는 3일장을 기준으로 할 때 천만 원 이상 소요됩니다. 이는 너무 지나칩니다. 주로 음식값이 차지하고 식장 사용료입니다. 과거에는 집에서 시신을 보관하고 장례를 치렀기 때문에 장례비가 얼마 들지 않았습니다. 결혼식을 반드시 결혼식장에서 하지 않고 다양한 장소에서 하는 것처럼, 장례식도 다르게 할 수 있다는 것을 고민하고 살기 바랍니다.

그리고 유가족들이 입는 옷도 반드시 장례식장에서 제공하는 것만을 입을 필요가 없습니다. 다른 옷으로 유족임을 표시하고 조문객을 맞이할 수 있습니다. 결혼식 옷도 다양하게 입습니다. 장례문화라고 반드시 기존대로 따라 할 필요는 없습니다. 누구를 위해서 왜 그리합니까? 돈만 많이 들어갑니다. 장례식장만 이익을 보게 됩니다. 시신을 입관하는 관(목관)도 비싼 것으로 하는 것은 고민해 보아야 합니다. 비싼 관이 고인에게 어떤 좋은 영향을 미친다면 비싼 것으로 해야 합니다. 그런 일은 없고 화장터에서 다 불로 태워 버리거나 아니면 땅에 묻어 썩게 만듭니다. 냉정하게 생각하면 다 부질없는 짓입니다. 최소한의 관으로 하면 됩니다. 이런 것에 속상하거나 마음을 빼앗기지 말아야 합니다.

수의도 마찬가지입니다. 비싼 수의를 입힐 필요가 없습니다. 집에서 입던 단순한 옷이나 비교적 저렴한 것으로 사용하면 됩니다. 어떤 사람들은 죽은 사람의 장례에 살았을 때보다 더 신경을 쓰고 정성을 다하는 사람이 있는데 이는 바른 자세가 아닙니다. 살아 있을 때 잘하고 죽은 다음에는 기본 예의만 갖추고 장례를 치러야 합니다. 타당한 이성을 가지고 냉정할 때는 냉정해야 합니다. 죽은 자에게 아무리 정성과 열심과 좋은 것으로 다 해도 다 헛되고 헛된 것에 불과합니다. 쓸데없는 정성입니다. 그것은 사랑도 고인을 위한 것도 아닌 자기만족을 위한 것입니다.

　결혼식장처럼 장례식장에서의 식비도 얼마나 비싼지 모릅니다. 장소 사용료도 비쌉니다. 장의사 차량비도 비쌉니다. 하나에서 열까지 다 돈입니다. 장례식장에서 하자는 대로 할 필요가 전혀 없습니다. 그렇게 하는 자는 봉입니다. 장례식장에서 하게 되면 모든 것이 수월하게 진행은 되겠지만 돈을 쏟아부어야 하고, 장례식장 주인의 배만 채우게 됩니다. 누구를 위해서 그리해야 합니까? 몇십만 원 때문에도 산 사람을 죽이기도 하는데, 죽은 사람의 장례식을 위해서 천만 원 이상 많은 돈을 지출하는 것은 정상적인 모습이 아닙니다. 그런 돈은 모두 장례식장 주인이 가져갑니다. 장례식 비용의 거품이 너무 심합니다.

　사랑하는 가족이 사망한 것도 슬픈데 고인의 죽음을 통해서 지나치게 돈을 취하려는 장례식장의 의도대로 움직여 줄 필요가 없습니다. 장례식장에서 사용하는 것은 하나에서 열까지 다 돈입니다. 그냥 빌려 사용되는 것은 하나도 없습니다. 식장에서 사용하고 망자에게 입히고 사용하는 것은 모두 돈입니다. 대부분이 결혼식과 장례식이라고 해서 식장 업주들과 제대로 흥정도 하지 못하고 하라는 대로 하게 되는데 다르게 해야 합니다. 일생에 한 번이든 사랑하는 자가 죽은 장례식이든 냉정하고 합리적으로 해야 합니다. 약한 마음과 감정에 치우쳐 쓸데없는 지출은 삼가야 합니다. 돈이 아까워서가 아닙니다. 돈을 효과적이고 가치 있게 쓰라는 말입니다. 밑 빠진 항아리에 물을 붓지 말라는 제안입니다. 밑 빠진 항아리에 물을 부으면 자기만족과 위로는 될지 몰라도 헛수고에 지나지 않습니다. 쓸데없는 낭비입니다. 그런 헛된 지출을 아끼고 줄여서 산 사람들이 유용하게 써야 정상입니다.

평상시에는 몇만 원도 아까워서, 필요해서, 없어서 다투고 죽고 죽이고 원수가 되는데 필요 이상으로 수백, 수천만 원을 들여 결혼식과 장례식을 치르는 것은 아무리 생각해도 아닙니다. 허세입니다. 게다가 은행으로부터 대출까지 받아서 그리하는 자들도 많습니다. 산 자가 죽은 자 때문에 오랫동안 고생을 해야 합니다. 결혼식이나 장례식에 대하여 생각을 바꾸고, 시각을 달리하고, 방법과 방식을 달리하면 여러모로 좋고 유익할 것입니다. 후회함이 없습니다. 돈도 상당히 절감되게 될 것입니다. 결혼식이나 장례식이나 남의 눈을 의식하고 자기만족을 위해서 화려하고 보란 듯이 하거나 허세를 부리다가 빚에 허덕이지 말고 검소하게 해야 합니다.

그러지 않으면 모든 의식을 마친 이후 후유증에 시달리게 됩니다. 결혼식이든 장례식이든 이내 곧 지나가게 될 어떤 의식에 집착하여 많은 돈을 지출하는 사람은 철이 없는 자, 생각이 짧은 자입니다. 모든 의식이 끝나면 이내 곧 잊어버리고 일상으로 돌아갑니다. 장례식에 이것저것을 따지지 않고 많은 돈을 지출하는 것보다 살아 있을 때 잘 쓰고 사망한 이후에는 절약해서 지출하는 것이 지혜이자 천배는 낫습니다. 죽은 다음에 잘하려고 하는 마음은 충분히 이해가 되지만 정상적인 사람은 아닙니다.

이는 마치 죽은 동물에게 지극정성을 다하는 사람과 다를 바가 없습니다. 그런 사람을 대단하다고 하지 않습니다. 어리석다고 합니다. 쓸데없는 짓을 한다고 합니다. 죽은 다음에 잘하려고 하지 말고 살아 있을 때 후회 없이 잘하기 바랍니다. 제가 전체 문맥에서 강조하는 것은 부부나 부모나 가족이나 지인이나 효력과 영향이 있을 때인 살아 있을 때 잘하자는 것입니다. 사망했다고 가볍게 하자는 것이 아닙니다. 죽은 다음에 통곡하고 많은 비용을 들여서 장례를 치르는 것은 아주 못난 짓입니다.

성경의 장례방식을 보면 오늘날처럼 복잡하지 않고 심플합니다. 공통적인 것은 있습니다. 고인의 죽음을 칠일 혹은 그 이상 애곡하는 것, 시신에 무엇을 막고 넣는 것, 시신을 감싸는 것, 시신을 입관하는 것, 시신을 무덤이나 굴에 안치하는 것 등이 전부입니다. 결혼식이나 장례식이나 시대가 변하면서 이런저런 것들이 살처럼 다닥다닥 붙어 버렸습니다. 의식이라고 하면서 절차와 과정을 복잡하게 만들었습니다. 그래서 시간도 많이 걸리고 돈도 많이 들어가는 것입니다. 이렇게 하면 반드시 이익을 보는 사람들이 있습니다. 사람이란 이기적이고, 계산적이고, 탐심이 많아 무엇을 하든지 돈을 벌려는 자들이 있습니다. 그들은 장례업자들입니다.

이에 간단하게 해도 되는데 복잡하게 만들어서 유가족들을 더욱 힘들고 피곤하게 만들어 버렸습니다. 의식, 행사는 무엇이든지 심플하게 하는 것이 좋습니다. 복잡하게 한다고 해서 죽은 자가 다시 살아나거나 대접을 받는 것이 아닙니다. 진짜로 심혈을 기울여서 시간과 성성과 돈을 투자해야 하는 것이 어떤 때인지, 무엇인지를 알고 살아야 합니다. 야곱의 죽음과 요셉의 죽음을 통한 장례 모습을 살펴보겠습니다. 창세기 49장 33절, 50장 1~3절, 50장 26절, 마태복음 27장 58~60절, 요한복음 11장 17절, 19절, 38절, 44절입니다.

창세기 49장 33절, 50장 1~3절

"야곱이 아들(아들들)에게 명하기를 마치고 그 발을 침상에 거두고 기운이 진하여 그 열조에게로 돌아갔더라, 요셉이 아비 얼굴에 구푸려 울며 입맞추고 그 수종(높은 사람을 따름) 의사에게 명하여 향 재료로 아비의 몸(시신)에 넣게 하매 의사가 이스라엘에게 그대로 하되 사십일이 걸렸으니 향 재료를 넣는 데는 이 날수가 걸리며 애굽 사람들은 칠십 일 동안 그를 위하여 곡(울다)하였더라"

창세기 50장 26절

"요셉(야곱의 아들)이 일백십 세에 죽으매 그들이 그의 몸에 향 재료를 넣고 애굽에서 입관하였더라"(여기서의 입관이란 우리식으로 말하면 하관이라고 이해합니다)

마태복음 27장 58~60절

"빌라도에게 가서 예수의 시체를 달라 하니 이에 빌라도가 내어 주라 분부하거늘 요셉이 시체를 가져다가 정한 세마포(삼베)로 싸서 바위 속에 판 자기 새 무덤에 넣어 두고 큰 돌을 굴려 무덤 문에 놓고 가니"(당시 유대 장례 하관 방식)

요한복음 11장 17절, 19절

"예수께서 와서 보시니 나사로가 무덤(우리나라와 다른 방식의 묘)에 있은 지 이미 나흘이라, 많은 유대인이 마르다와 마리아에게 그 오라비의 일로 위문(조문)하러 왔더니"

요한복음 11장 38절

"이에 예수께서 다시 속으로 통분히 여기시며 무덤에 가시니 무덤이 굴이라 돌로 막았거늘"

요한복음 11장 44절

"죽은 자가 수족을 베로 동인 채로 나오는데 그 얼굴은 수건에 싸였더라 예수께서 가라사대 풀어놓아 다니게 하라 하시니라"(유대인들은 시체 몸은 베로 감싸고 얼굴은 수건으로 감싸서 무덤에 안치했다)

성경에 나온 망자에 대한 행위는 운명을 하게 되면 어느 기간까지 곡(울다)을 합니다. 사람들이 조문을 옵니다. 시신 처리는 향을 몸에 넣고 온몸을 세마포로 감싸고, 얼굴은 수건으로 감싸서 굴이나 돌무덤 등에 넣고 그 입구를 돌 등으로 막는 것입니다. 우리나라는 시체를 목관에 입관합니다. 장지의 무덤은 주로 땅을 판 무덤이었습니다. 시체 목관이 장지에 도착하면 관을 땅에 묻고, 흙으로 덮고, 둥글게 묘지를 만들었습니다. 그리고는 묘지 앞에 비석을 세웠습니다. 과거 우리나라는 누군가가 죽어 장사를 지낼 때 6~8명 정도가 동원되어 시신을 입관한 관을 상여에 싣고 메어 장지로 이동하여 매장했습니다. 이 과정에서 유가족들과 동네 사람들이 뒤를 따르고, 집에서 장지까지 가는 도중에 슬픈 노래를 부르고, 통곡을 하고, 유족들이 노잣돈을 상여에 끼워 넣고, 중간중간 쉬면서 장지까지 갔습니다.

오늘날에는 이런 모습을 보기가 거의 어렵습니다. 대부분 장례식장에서 장례를 치르기 때문입니다. 돈이 많이 들어가기는 하지만 아주 편리해졌고, 조문을 받기도 좋아졌고, 유가족들의 고생이 덜하게 되었습니다. 아무튼 지금의 유대인들은 어떻게 장례를 치르는지는 잘 모르지만, 성경에 기록된 유대인들의 장례 모습은 아주 간단했습니다. 누구든지 지금도 상주와 유가족들이 의논하여 복잡한 절차를 대폭 생략하고 간단하게 장례를 치를 수 있습니다. 그것은 어디까지나 유가족들의 주권이고 선택입니다. 이렇게 한다고 불법이나 잘못은 아닙니다. 전통과 유전과 관례(관행)는 법과 제도가 아니고 진리도 아니기에 반드시 그렇게 할 필요는 없습니다. 누구도 가타부타해서는 옳지 않습니다. 죽은 다음의 장례의식은 검소하고 간단한 것이 좋다고 생각합니다.

제21장

'영결식' 용어 적절성

종종 장례와 관련된 의식이나 행사를 보면 기독교인들이 이해할 수 없는 반성경적 용어가 등장하는 것을 보게 됩니다. 오프라인 현장과 TV 등 영상에서 그런 말을 사용합니다. 그것은 '영결식'이라는 말입니다. 영결식(永訣式)이란 '장례 때, 죽은 사람을 영원히 떠나보낸다는 뜻으로 행하는 의식'을 말합니다. 그러니까 '장사 지내기 전에 가족이나 친인척들과 마지막으로 고인을 영원히 떠나보낸다는 의미로 행하는 의식'입니다. 기독교 개신교에는 이런 '영결식' 자체가 없습니다. 있을 수 없는 의식입니다. 성경에 반하는 의식입니다. 왜냐하면 사람은 누구나 사망 즉시 영혼과 몸이 분리되어 영혼은 저승(내세)의 중간상태인 낙원 혹은 음부로 들어가기 때문입니다. 사람들이 영결식을 하고 안 하고에 따라서 망자의 영혼을 떠나보내거나 보내지 않거나 하는 일은 절대로 생기지 않습니다. 영혼의 향방과 이별은 사람들이 만든 영결식에 달려 있지 않습니다.

따라서 영결식이라는 말이나 행사는 타당하지 않기 때문에 하지 말아야 정상입니다. 장례식이라는 말로 충분합니다. 기독교에서는 죽음과 관련하여 '장례식'(葬禮式)이라는 말을 사용합니다. 그 이상의 다른 용어나 행사나 의식은 없습니다. '장례를 지내는 의식'이라는 뜻입니다. 장례에서 장(葬)은 '묻을 장'입니다. 망자의 시신을 매장이든 화장이든 처리하는 의식입니다. 주로 타 종교와 불신자들이 영결식을 거행합니다. 사망에 대한, 영혼의 향방에 대한 분명한 지식이 없기 때문입니다. 영결식은 무엇이 문제입니까? 장례식이든 영결식이든 만약에 죽은 이의 영혼을 영원히 떠나보내는 의식이라는 의미로 행한다면 잘못된 것입니다. 장례식이든 영결식이든 실제는 죽은 이의 육체, 시신을 처리하는 의식일 뿐입니다. 영혼은 사망 즉시 이 세상을 떠나 중간상태의 저승(내세, 낙원 아니면 음부)에 들어가 세상 종말과 부활을 기다립니다. 그러니 영혼에 대한 영결식은 맞지 않는 것입니다.

마태복음 27장 50절

"예수께서 다시 크게 소리지르시고 영혼(靈魂)이 떠나시다"(십자가에 달려 죽으시고 즉시 영혼이 육체에서 떠나감)

고린도전서 15장 3~4절

"내가 받은 것을 먼저 너희에게 전하였노니 이는 성경대로 그리스도께서(예수님) 우리 죄를 위하여 죽으시고 장사(무덤에 묻음) 지낸 바 되었다가 성경대로 사흘(3일) 만에 다시 살아나사"(예수님의 사망 이후 3일 만에 육체 부활)

마태복음 7장 21절

"나더러 주여 주여 하는 자마다 천국에 다 들어갈 것이 아니요 다만 하늘에 계신 내 아버지의 뜻대로 행하는 자라야 들어가리라"(내세, 저승, 사후세계가 반드시 있음을 말함)

죽음이란 영혼과 육체의 분리라고 했습니다. 육체에서 영혼이 떠나면 운명(사망)했다고 말합니다. 따라서 죽은 사람은 시신만 남고 영혼은 없습니다. 영혼을 떠나보내고 말고 할 것이 없습니다. 혹 누군가가 그렇게 생각한다면 무지에서 나온 것입니다. 사람들은 무엇이든지 잘 모르면 아무렇게나 말하거나 행하는 경향이 있습니다. 이런저런 것을 만들어서 합니다. 그러니까 어떤 장례식이든 영결식이든 의식이든 영혼을 떠나보낸다는 말은 하지 말아야 합니다. 사실이 아니고 헛된 행위이기 때문입니다.

또 하나 영결식의 문제점은 '영원히 떠나보낸다'는 말입니다. 사실 사람이나 유가족들이 고인을 떠나보내는 것이 아닙니다. 사람의 출생과 죽음 모두 사람을 창조하신 하나님, 사람의 주인이신 하나님께서 행하시는 일입니다. 사람은 사람의 생사에 1도 관여하거나 영향력을 미치지 못합니다. 생명을 주시고 취하시는 분은 오직 하나님뿐입니다. 죽음이 이별인 것은 맞지만 누구나 영원한 이별은 아닙니다. 세상 종말에는 과거에 죽은 자나 산 자나 다시 살아나는 부활이 있고, 천상에서 다시 만나는 자들도 있고, 영원히 만나지 못하는 자들도 있습니다.

이 세상에 살 때 예수님을 진실로 믿고 죽은 자들은 세상 종말에 천상에서 다시 만나 천국에서 영원히 살게 됩니다. 그러나 가족이든 지인이든 부부든 예수님을 믿지 않고 살다가 죽은 자들은 천상에서 서로 만나지 못합니다. 영원히 만나지 못합니다. 지옥으로 들어가서 영원히 살기 때문입니다. 그렇다면 세상 종말에 천상에서 다시 만나 영원히 살 자들은 누구입니까? 예수님을 믿지 않고 살다가 죽은 자들입니다. 이들은 지옥에서 다시 만나 영원히 함께 삽니다. 예수님을 믿다가 죽은 자들은 천상에서 다시 만나 천국에서 영원히 함께 삽니다. 생전에 예수님을 믿고 안 믿고에 따라 사후에 다시 만나거나 만나지 못하거나 하는 차이가 있습니다.

그러니까 영결식이라는 말이나 영결식의 의미 모두 성경에 반하고 맞지 않는다는 말이니 사용하지 말고 지지하지도 말아야 합니다. 이런 사실을 바로 알고 살아야 합니다. '장례식'이라는 용어로 충분하고 가장 타당합니다. 망자의 시신을 처리하는 것에 대한 가장 타당한 용어는 '장례식'입니다. '영결식'이라는 용어는 상식과 성경에 비추어 볼 때 정확한 용어가 아닙니다. 따라서 기독교인들은 '영결식'이라는 용어를 사용하지 말아야 합니다.

제22장

기독교 장례문화

　　일반 장례문화와 기독교 장례문화는 내적으로나 외적으로 전혀 다릅니다. 그 배경에는 생사론과 죽음론과 영혼론과 구원론과 부활론과 내세론이 전혀 다르기 때문에 장례문화가 다를 수밖에 없습니다. 기독교는 생명을 주시는 분도 하나님이시고 생명을 취하시는 분도 하나님이라고 고백합니다. 또한 현세만 있지 않고 천국과 지옥이라는 내세가 있음을 고백합니다. 육체만 있는 것이 아니라 영혼도 있습니다. 죽음으로 끝나지도 않습니다. 다시 사는 부활도 있습니다. 죽음은 끝이나 절망이 아닌 새로운 인생의 시작이라고 믿습니다. 향후 천상에서 다시 만남을 믿습니다.

　　그래서 죽음을 영원한 이별이나 절망적으로 보지 않고 머지않아 천상에서의 재회를 고대하고 희망적이고 소망 가운데 장례를 치릅니다. 죽음이 죽음으로 끝나지 않고 다시 사는 부활과 영생을 믿습니다. 이런 면에서 지상의 다른 종교들과 천지 차이가 납니다. 그래서 기독교 장례문화는 짧게 슬퍼하면서도 소망 중에 기뻐하고 감사합니다. 죽음으로 모든 수고와 눈물이 끝나고 내세에서 영생을 누리기 때문입니다. 인간이 겪는 수고와 눈물과 질병과 죽음 등은 모두 하나님께서 내리신 원죄에 따른 형벌입니다.

　기독교인들의 죽음은 이러한 형벌의 종료이자 마침이기에 슬퍼하면서도 감사하고 기뻐하는 것입니다. 그 이후의 내세의 삶은 오직 평안과 행복만 있고 다시는 수고와 눈물과 질병과 고통과 죽음이 없는 영원히 행복한 삶으로 들어갑니다. 그래서 사망 시 인간적인 정 때문에 슬퍼하면서도 감사하고 표정과 마음이 밝은 것입니다. 감사 찬양과 예배를 드리는 것입니다. 지상에 남아 있는 유가족들과 지인들은 사별하고 이별해서 슬프겠지만 고인은 최고로 좋은 낙원 혹은 천국으로 들어갔고 행복을 누리는 것입니다. 그러나 불신자들의 죽음은 기독교인들의 죽음과는 전혀 다릅니다. 사후의 삶보다 현실의 삶이 천배 만 배 낫습니다.

　왜냐하면 불신자들의 사망 이후 저승(지옥)에서의 삶은 죽기 전의 수고와 눈물과 질병과 죽음의 아픔과 고통과는 비교할 수 없을 정도로 엄청난 형벌과 고통이 주어지기 때문입니다. 그것도 영원히 고통만 받으며 살게 됩니다. 이 땅에서의 수고와 눈물과 질병이 더 낫습니다. 그래서 불신자들은 장례식장에서 애통하고 통곡하고 절규합니다. 두고두고 슬퍼합니다. 불신자들은 자신들은 몰라서 그렇지 지구상에서 가장 불쌍한 자들입니다. 그런 사실도 모르고 희희낙락하며 삽니다. 그렇지 않다고 알려 주어도 무시합니다. 거부합니다. 조롱합니다. 자기 확신과 자기 지식에 속고 있는 것입니다. 사후에나 깨닫고 인정하게 될 것입니다. 그때는 이미 늦습니다. 그래서 안타깝게 생각합니다.

　그러니까 죽음이란 형벌의 끝이자 수고와 눈물의 종료입니다. 그것으로 끝나지 않고 세상 종말에 부활하여 천국으로 입성하여 영원히 행복하게 살기에 기독교 장례 분위기는 잠시는 슬퍼하지만 기뻐하고 밝습니다. 밝은 소망을 가집니다. 장례식장인데도 찬송가를 틀어 놓습니다. 그러나 기독교 외의 모든 종교인들과 불신자들은 이런 기독교 사상과 입장을 이해하지 못하거나 인정하지 못합니다. '사람이 죽었는데 장례식장 분위기가 왜 저러지?' 하면서 이상하게 여깁니다. 기독교가 아닌 자들의 장례문화는 어둡고, 우울하고, 무겁고, 시종일관 슬픔에 젖어 있습니다. 애통만 합니다. 절망합니다. 밝은 노래가 없습니다. 영원한 이별이자 끝이라고 생각하기 때문입니다. 낙원과 천국에 대해서 모르기 때문입니다. 이는 마치 지하방에 살면서 초호화 아파트는 없다고 믿고 사는 사람과 같습니다. 기독교인들이 죽은 이후에 들어가는 낙원 혹은 천국은 초호화 아파트와 비교 자체도 할 수 없는 환상적인 곳입니다.

성경을 통해서 이런 사실을 아는 기독교인들은 슬퍼하면서도 감사하고 찬양하고 기뻐하는 것입니다. 고인에게는 최고로 잘된 일입니다. 지긋지긋한 현세에서의 고생, 수고, 눈물, 염려, 의식주, 질병, 죽음에 대한 두려움과 공포가 완전히 사라졌을 뿐만 아니라 천국에서 영원히 행복하게 살기 때문입니다. 이는 꾸며낸 소설이 아니라 실화이자 사실입니다. 안 믿어지니까 부정하고 무시하는 것입니다. 그러기 때문에 기독교인 장례식장에 왔다가 밝은 분위기를 보고 오해하거나 당황합니다.

기독교인 장례식장은 절망하지 않고, 계속 애통하지 않고, 시종일관 슬픈 표정을 짓지 않습니다. 불자들은 기독교인 장례식장에 왔다가 조문객을 밝은 얼굴로 맞이하면 오해를 하고 화를 냅니다. 다른 종교를 가진 자들이나 무교자들은 장례식장에서의 기독교인의 밝은 모습이 도저히 이해가 가지 않는 모양입니다. 그들 입장에서는 그럴 수 있습니다. 죽음에 대하여 서로 다른 생각과 지식과 신앙과 답을 가지고 있기 때문입니다.

기독교 장례문화의 특징을 살펴보면 다음과 같습니다. 기본적으로 여느 장례를 당한 자들처럼 장례식장에서 장례를 준비합니다. 고인과 잠시 이별한 것에 대하여 슬퍼하지만 길이 슬퍼하지 않고 감사하고 기뻐합니다. 앞에서 기뻐하는 이유는 충분히 설명했습니다. 죽음은 하나님이 행하신 일이기 때문입니다. 하나님의 주권을 인정합니다. 그래서 기독교에서는 '소천을 받았다'라고 말합니다. 이런 말은 오직 기독교인들만 사용하는 용어입니다. 소천(召天)이란 '하나님께서 생명을 부르셨다, 거두셨다는 말'입니다. 천지만물을 창조하신 분은 하나님이십니다. 사람을 흙으로 만드신 분도 하나님이십니다. 이 세상에 출생케 하시는 분도 하나님이십니다.

사람과 만물의 주인은 하나님이십니다. 사람은 스스로 태어나거나, 스스로 죽거나, 이런저런 일로 죽는 것이 아니라 하나님께서 출생시키시고 데려가시는 것입니다. 그것이 출생과 죽음의 신비한 비밀입니다. 물론 죽음의 근본 원인은 죄에 대한 형벌입니다. 형벌을 주시는 분도 하나님이십니다. 이 형벌이 다하고, 지상에서 사명과 역할을 다하면 하나님께서 목숨을 취하십니다. 그래서 우리의 주인이신, 우리의 창조주이신 하나님께서 목숨을 부르시고 취하셨기에 '소천'이라고 하면서 불평을 하거나 원통해하지 않습니다. 누구 탓을 하지 않습니다. 누구 때문에 죽었다고 책임 전가를 하지 않습니다. 출생과 죽음에 대한 하나님의 주권을 인정합니다.

기독교인이 아닌 자들은 이런 사실과 내용을 모릅니다. 그저 근거 없는 확신에 따라 살 뿐입니다. 죽은 자만 불쌍하다고 말합니다. 근거 없는 이상한 말만 합니다.

또 기독교 장례문화는 장례식장 조문을 받는 방에 영정사진을 준비하지만 그 앞에 엎드려 절하지 않습니다. 조문객들에게도 절하지 않도록 양해를 구합니다. 유가족들도 절하지 않고 조문객들도 절하지 않도록 조치합니다. 그렇게 하는 이유는 생명이 없는 형상에 불과한 것으로 하나님이 십계명에서 금하셨기 때문입니다. 인사 혹은 절은 오직 산 사람에게만 예의와 존경의 표시로 하는 것입니다. 사람이든 무엇이든 아무 형상에든지 엎드려 절하는 것은 우상 숭배입니다. 신사참배가 그런 것입니다. 하나님은 이 우상 숭배를 제일 미워하십니다.

또 기독교 장례문화는 모든 절차와 과정에서 고인을 위한 예배(제사)가 아닌 하나님께 감사예배를 드립니다. 임종감사예배(소천감사예배), 입관감사예배, 발인감사예배, 하관감사예배, 유가족을 위해 장례 이후 위로감사예배를 드립니다. 왜 감사예배라고 해야 합니까? 출생이든 죽음이든 하나님이 행하신 것으로 하나님이 행하시는 모든 일은 선하기 때문입니다. 동시에 범사에 감사하라고 명령하셨기 때문입니다.

고린도전서 10장 31절
"그런즉 너희가 먹든지 마시든지 무엇을 하든지 다 하나님의 영광을 위하여 하라"

데살로니가전서 5장 16절, 18절

"항상 기뻐하라, 범사에 감사하라…"

골로새서 1장 16절

"만물이 그에게(하나님, 예수님) 창조되되… 그를 위하여 창
조되었고"

인간적인 입장과 유가족의 입장과 조문객의 입장과 제3자의 입장에서
볼 때는 이해가 가지 않을 수도 있습니다. 어찌 보면 정신 나간 자들이라
고도 생각하는 자들이 있을 수 있습니다. 왜냐하면 사람이 죽었는데, 애
통할 순간인데 밝은 모습으로 감사 찬양을 드리기 때문입니다. 그것은 어
디까지나 피조물인 사람의 입장에서 본 것이고, 사람의 주인이신 하나님
의 입장에서 보면 전혀 다른 것입니다. 기독교인들은 먹든지 마시든지 무
엇을 하든지 다 하나님의 영광을 위하여 하라고 하셨고, 인간 창조의 목
적이 하나님을 위한 것이기 때문에 출생이든, 죽음이든, 무엇이든지 기독
교인들은 하나님의 입장에서 바라보고, 생각하고, 실행하는 것이 마땅합
니다. 하나님 제일중심으로 살아가야 합니다. 또한 천지와 만물과 우주와
사람의 주인은 하나님입니다. 그래서 기독교인들은 기쁠 때나 슬플 때나
불평과 원망과 분노를 품지 않고 항상 하나님께 감사 찬송과 예배를 드리
는 것입니다. 첫째가 하나님의 뜻과 계명을 따르는 것입니다.

시편 24편 1절

"땅(지구)과 거기 충만한 것과 세계와 그중에 거하는 자가 다

여호와(하나님)의 것이로다"

기독교인들이 생각이 없거나 상식이 없거나 무례하거나 정신이 나가서 불신자들이나 다른 종교인들과 다르게 하는 것이 아닙니다. 다 하나님의 계명에 근거해서 그리하는 것입니다. 이런 것을 기독교인이 아닌 자들은 이해하고 존중해 주어야 합니다. 그러면서 각자 자기가 믿어지고 신뢰하는 대로 살아가면 됩니다. 물론 끝이야 전혀 다른 결과가 나올 것입니다. 이는 마치 수험생들이 자기 확신대로 시험을 보지만 결과는 많이 다른 것처럼 말입니다.

그래서 결과론적으로 다가오는 행·불행의 모든 책임은 하나님이 아닌 자기에게 있는 것입니다. 누구를 탓하지 못합니다. 자기가 시험을 보았기에, 자유의지를 자기가 사용하였기에, 결정을 자기가 하였기에 선생님 탓, 부모 탓, 문제지 탓, 학원 탓, 학교 탓, 하나님 탓 등을 못합니다. 무엇이든지 시종이 자기 책임입니다. 누군가에게 책임을 전가하는 사람은 아주 무책임한 사람입니다. 그래서 무엇이든지 신중하게 생각하고 결정해야 합니다. 겸손히 귀담아들어야 합니다. 특히 인류의 유일한 구세주를 믿느냐 믿지 않느냐는 영원한 생사(生死)가 걸린 문제이기 때문에 무엇보다도 더 깊은 고민과 신중함과 노력이 있어야 합니다.

또한 기독교 장례문화는 고인을 위하여 사망을 했든지, 기일에 제사를 지내든지 차례상에 음식을 차리지 않고, 엎드려 절하지 않고, 술을 따르거나 뿌리지 않습니다. 가족들이 모여 하나님께 고인에 대한 추모감사나 기넘예배를 드립니다. 이것을 '추모감사예배' 혹은 '추모기념예배'라고 합니다. 사실 고인을 위하여 먹을 것을 차리고, 상 위에서 술잔을 돌리고, 무덤이나 묘비에 엎드려 절하고, 산소에 가서 무덤 앞에 음식을 차리고, 무덤에 술을 붓고 하는 모든 행위는 헛되고 헛된 짓입니다. 미신적인 행위입니다. 왜냐하면 이미 죽은 자가 하나도 먹고 마시지 못하고, 절도 받지 않고, 제사를 드리는 자들이 무슨 행위를 하든지 아무것도 영향을 받지 않기 때문입니다.

망자의 영혼은 무덤이나 묘비나 영정사진이나 이 세상 어디에도 없습니다. 오직 말 못 하고, 먹지 못하고, 썩어 가고 있거나 이미 다 썩어 흙이 되어 버린 시체만 있을 뿐입니다. 그것이 무덤입니다. 그래서 영정사진과 무덤과 묘 등에 참배나 어떤 행위를 하는 것은 헛된 짓입니다. 이런 사실을 아는지 모르는지 마치 산 사람에게 하듯 죽은 자에게 해마다 명절과 제사 때마다 정성을 다합니다. 성경은 이런 헛된 행위를 금하기에 기독교인은 하지 않습니다. 고인이나 조상을 우습게 여겨서 그러는 것이 아니라 쓸데없는 짓이기 때문에 그리하는 것입니다. 아무런 소용이 없는 짓을 때마다 해마다 합니다. 생각을 하지 않고 살고 그냥 관례대로 살기 때문입니다. 그것이 아무리 예의와 문화와 존중의 표시라 할지라도 하지 않습니다. 그런 말 자체도 말장난에 불과합니다. 그래서 기독교인들은 다른 종교인들이나 무신론자들이 행하는 49재나, 위령제나, 망자에게 절하기, 위령미사나, 제사, 위령기도, 영결식 등을 하지 않는 것입니다. 모두 헛된 짓이기 때문입니다. 단지 추모기념예배나 의식만 행합니다.

　그리고 장례절차에서 마지막으로 기독교인들도 화장을 한 후 유골을 자연장이나 납골당(봉안당)에 안치하거나 아니면 산과 바다 등에 산골(散骨, 유골을 흩어서 뿌림)을 합니다. 이는 신앙적으로나 부활과 종말의 관계에서도 아무런 문제가 없습니다. 어떤 식으로 하든지 하나님의 계명을 어기는 것이 아닙니다. 성경에 이렇게 하라는 명백한 명시가 없습니다. 단지 유대인들의 장례의식인 매장만 기록되어 있습니다. 가능하면 매장이 좋습니다. 부활은 죽은 시체를 어떻게 처리하든지 아무런 장애가 없습니다. 전능하신 하나님께서 초자연적인 능력으로 행하시기 때문에 염려할 것이 전혀 없습니다. 이런 것이 대략적인 기독교 장례문화입니다.

제23장

산골(散骨)

산골이라는 말은 생소한 용어입니다. 자주 사용하는 말은 아닙니다. 그러나 드라마나 영화 등에서 아니면 장례식의 마지막 절차에서 유골함을 들고 바다나, 강이나, 산 등에 유골을 뿌리는 장면을 보았을 것입니다. 그것이 산골(散骨)입니다. 그러니까 산골이란 '시신을 화장한 후 그 유골을 허공이나 땅, 강, 바다, 산 등에 뿌리는 행위'를 말합니다. 이런 장사방법을 '산분장'(散粉葬)이라고 합니다. 추모공원에는 '유택동산'이라는 곳이 있습니다. 유골을 뿌리는 장소입니다. 사후에 자신의 묘를 찾아 주거나 관리해 줄 사람이 없는 1인 가구나 후손이 없는 사람들 중에 산분장을 희망하는 사람들이 늘어나고 있다고 합니다. 유골을 뿌리면 자연환경이 파괴됩니까? 그렇지는 않습니다. 유골은 유해 폐기물이 아니기 때문입니다.

하지만 장소에 대하여 선택적으로 산골을 해야 합니다. '장사 등에 관한 법률 제17조(묘지 등의 설치 제한)'에 따라 녹지지역, 상수원보호구역, 문화재보호구역 등에는 제한을 두고 있으니 특정지역을 제외한 나머지 장소에서 진행하면 됩니다. 묘지 설치에 대한 제한 사항은 있어 아무 곳에나 무덤을 만들 수는 없지만, 산골(散骨)은 정확한 법 규정이 없습니다.

다만, 산골(散骨)도 위 사항을 토대로 지향하는 분위기이고 사유지 및 공용 시설에서 행해지는 무분별한 산골로 인해 도덕적 및 심리적인 면에서 부정적인 시각이 만들어지고 유골을 뿌리는 것에 대해 안 좋은 인식이 생길 수 있습니다. 현재 산골은 불법이 아닙니다. 그러니 적절한 곳에 산골을 하면 큰 문제는 없다고 생각합니다.

어떤 주제에서도 다루었지만 장례식 비용이 만만치 않게 들어갑니다. 어떤 사람들은 죽고 싶어도 쉽게 죽을 수가 없는 시대가 되었습니다. 돈 때문입니다. 장례비용은 3일장 기준으로 보통 천만 원 이상이 듭니다. 가난한 사람이나 돈이 거의 없는 자들은 장례식장에서 3일장이든 5일장이든 장례를 치르기가 어렵습니다. 그런 자들은 사망하면 1일장만 하든지 아니면 곧바로 화장터로 가서 화장을 하여 적절한 곳에 산골을 합니다. 추모공원이나 납골당 등에도 안치하지 못합니다. 그곳에 안치를 하려고 해도 적어도 80만 원에서부터 수백, 수천만 원이 들어가기 때문입니다. 향후 고인을 기억하고 추모하는 차원에서라도 가능하면 산골은 하지 않는 것이 좋습니다.

매장을 하는 것이 가장 좋지만 그렇게 하지 않아도 불신앙은 아닙니다. 매장을 하지 않는 경우 화장을 하여 자연장이나 납골당에 유골을 유골함에 담아 안치합니다. 자연장이나 납골당에 안치할 형편과 어떤 피치 못할 사연과 사정이 있는 사람은 산골을 할 것입니다. 이는 불법이나 진리에 반하는 것이 아니기에 탓하면 안 됩니다. 향후 세상 종말에 있을 부활 시에도 아무런 문제가 없습니다. 부활은 장례방식에 따라 영향을 받거나,

망자 스스로 다시 살아나거나, 산 사람의 능력이 아닌 전능하신 하나님께서 하십니다. 시신이나 유골이 어디에 있든, 어떤 방식으로 흘어 뿌리든 아무런 문제가 없습니다. 그러니 이런 부분은 걱정하지 않아도 됩니다.

제24장

묘 이장과 묘지 터 영향

전통적인 한국인들은 묘(墓, 무덤) 이장과 묘 터에 대하여 아주 민감하게 반응합니다. 상당한 의미를 부여합니다. 묘를 어떻게 쓰느냐에 따라 길흉화복(吉凶禍福, 좋은 일, 나쁜 일, 화와 복)이 작용한다고 믿는 자들이 있습니다. 전혀 그렇지 않으니 안심하기 바랍니다. 그 배경에는 미신적이고 풍수지리적인 근거 없는 걱정과 두려움이 자리 잡고 있습니다. 묘 이장과 묘지 터와 연관하여 가정의 길흉화복을 생각합니다. 가정에 어떤 좋지 않은 우환이 닥치면 '묘지 터를 잘못 써서 그렇다느니 아니면 묘 이장을 잘못해서 그렇다느니'라고 해 왔습니다. 지금도 나이가 드신 어르신들이나 미신과 풍수지리를 믿는 사람들은 그렇게 생각합니다. 그래서 묘 이장의 날짜와 장소, 묘지 터를 찾고 확정하는 데 역술인이나 풍수지리를 보는 사람을 동원합니다. 길일을 찾습니다. 역술인이라 함은 '해와 달의 운행과 사람의 운명 사이의 관계를 예측하는 사람'을 말합니다.

풍수지리는 '음양오행 이론을 바탕으로 하여 땅의 기를 판별하고, 이를 통해 길흉화복을 점치는 독특한 이론 및 실천 체계'로서 중국에서 수나라·당나라 시기에 체계화되었습니다. 성경에서 나온 사상이 아닙니다.

기독교 국가에서는 없는 사상입니다. 이는 지형이나 방위를 인간의 길흉화복과 연결시켜, 죽은 사람을 묻거나 집을 짓는 데 알맞은 장소를 구하는 이론입니다. 소위 명당자리를 찾습니다. 기독교인이 아닌 자들은 지금도 여전히 묘 이장과 묘지 터를 정하는 데 풍수지리와 미신적인 접근을 합니다. 참고로, 땅과 산과 우주와 사람에게 어떤 기(氣)가 있다고 하거나 기를 받는다고 하는 주장과 생각은 모두 헛된 것으로, 그런 일은 절대로 없습니다. 무지한 인간이 헛된 논리와 가설을 만들어 놓고 주장하고 믿는 것입니다. 이런 것들이 매우 많습니다. 대부분의 사람들은 일반적인 것이든 종교적인 것이든 속고 사는 것이 많습니다.

창세기 1장 31절

"하나님이 그 지으신 모든 것(땅 포함)을 보시니 보시기에 심히 좋았더라(very good) 저녁이 되며 아침이 되니 이는 여섯째 날이니라"

기독교 입장에서 말씀드리면 묘지 터나 묘지 이장과 관련한 길흉화복은 전혀 없습니다. 길흉화복은 하나님만이 행하십니다. 이는 가짜 정보, 가짜 지식, 가짜 뉴스, 가짜 설화, 가짜 문화 등입니다. 그러니 집안에 어떤 좋지 않은 일이 있더라도 묘 이장이나 묘지 터와는 연관을 지어 해석하거나 속지 마시기 바랍니다. 우리나라 사람이든 세상 사람들이든 사실이 아닌, 근거도 없는 헛된 것들에 속고 사는 사람들이 매우 많습니다. 그러면 묘지 이장도 하지 않았고, 묘지 터도 상관이 없는데 집안에 우환이 계속 있는 경우는 어떻게 해석해야 합니까? 말도 안 되는 근거 없는 구설들이 심리적으로 나쁜 영향을 주고 있습니다. 묘 이장과 묘지 터 결정과 조성은 일반 상식선에서 판단해서 행하면 됩니다. 모든 묘지 터는 기본적으로 하나님이 창조하신 땅으로 좋습니다. 우열이 없습니다. 특별한 인간이 없는 것처럼 특별한 땅, 즉 명당자리가 따로 있는 것이 아닙니다. 땅이나 묘 터 자체가 길흉화복을 주는 일은 절대로 없습니다. 그런 주장은 그릇된 지식과 확신에 빠진 어리석은 인간들이 지어내고 만들어 낸 미신에 불과합니다. 이에 속지 말아야 합니다.

기독교인이나 불신자들에게 나타나는 화와 복은 오직 하나님께서 내리시는 것이고 허락하시는 것입니다. 하나님 외에 복과 화를 주는 이는 없습니다. 우주와 천지만물 가운데서 발생하는 모든 길흉화복과 생사는 하나님의 주권에 따라 발생합니다. 오직 만물의 창조자요 주인이신 하나님만이 그렇게 하실 수 있습니다. 다른 것이나 요인이 그렇게 한다면 가짜 정보입니다. 단지 묘 터로 쓰기에 적절한지만 판단하면 됩니다. 예를 들어, 묘지 터로 사용하려고 하는데 그곳에 물줄기가 흐르면, 비가 왔을 때 빗물이 흐르는 냇가 옆 등이라면 피해야 합니다. 아니면 아주 비탈진 곳이나 나무뿌리들이 무성한 곳, 잡초가 아주 심한 곳 등은 묘가 훼손될 여지가 있는 곳으로 적절한 묘지 터가 아닙니다. 이런 상식적인 판단과 방식으로 묘지 터를 정하면 됩니다. 풍수지리가나 역술인 등을 불러서 미신적인 행위를 하는 짓은 하지 말아야 합니다. 만약 명당자리를 찾는 자들이 있다면 모두 사이비이고 헛되고 헛된 짓입니다. 속임수입니다.

누가복음 23장 46절

"예수께서 큰소리로 불러 가라사대 아버지여(성부 하나님) 내 영혼을 아버지 손에 부탁하나이다 하고 이 말씀을 하신 후 운명(殞命, 사망)하시다"(십자가 위에서의 죽음)

데살로니가전서 5장 22절

"악은 모든 모양(종류)이라도 버리라"

혹 기독교인이면서 이런 것을 행하는 자라면 신앙지식이 상당히 부족한 자입니다. 묘 이장은 어느 날이 길일(吉日, 좋은 날)이라는 그런 것도 없습니다. 이 또한 거짓입니다. 결혼 날짜나 기타 어떤 일을 하는 데 길일을 찾고 생각하는 것도 헛된 자세입니다. 모든 날은 하나님이 정하신 것으로 좋은 날입니다. 단, 주일날과 아주 바쁜 날만 제외하고 이장하는 날을 정하면 됩니다. 또한 묘(무덤, 묘비)에는 영혼이 없습니다. 영혼은 사망 즉시 중간상태의 내세인 낙원 아니면 음부로 들어갔습니다. 사람이 죽어서 영혼이 들어가는 곳은 부활 전까지는 이 두 곳뿐입니다. 부활 이후에 들어가는 내세도 천국과 지옥 두 곳뿐입니다. 다른 곳이 있다고 주장하면 가짜입니다. 속는 것입니다. 그리고 묘지 혹은 묘에는 물질인 육체, 시체만 있어 살과 뼈만 남았거나 썩어 있을 것입니다. 살과 뼈가 묘지 이장과 관련하여 심술을 부리는 일은 절대로 없으니 누가 묘 이장과 관련하여 무슨 길흉화복의 말을 하더라도 개의치 말기 바랍니다.

2024년 개봉하여 천만 이상의 관객을 동원한 영화 〈파묘〉를 보면 온갖 허구, 미신, 가짜가 종합백화점처럼 등장합니다. 이에 속거나 영향을 받지 말아야 합니다. 그냥 상상해서 만든 영화일 뿐입니다. 기독교인들은 이런 부분에서 자유해야 합니다. 미신적이고 풍수지리적인 말들과 영화나 드라마나 책에 대해 신경을 쓰는 것은 자신도 알게 모르게 그런 말들을 들어서 영향을 받아 심리적으로 마음이 쓰이기 때문입니다. 모두 쓸데없는 염려와 짓들입니다. 미신입니다.

이래서 무엇이든지 정확하고 바르게 알아야 오해하지 않고 쓸데없는 짓과 걱정과 흔들림과 두려움을 갖지 않게 됩니다. 이래서 악한 것은 보지도 말고 듣지도 말아야 합니다. 사실이 아닌 말이나 가짜라도 자꾸 듣고 보면 진짜처럼 여겨집니다. 속아 넘어갑니다. 자신도 모르게 세뇌됩니다. 생각나고 영향을 받게 됩니다. 그렇게 속아 빠진 자들이 이단을 추종하는 자들입니다. 우리 주변에는 소위 사기꾼들과 같은 돌팔이 지식전문가들이 사방에 존재합니다. 이를 다르게 말하면 이단자들, 다른 복음을 전하는 자들과 비슷한 자들입니다. 이런 자들에게 속지 말아야 합니다. 속는 자가 바보입니다.

제25장

〈파묘〉 영향

영화 〈파묘〉가 천만이 넘는 엄청난 관객을 불러들였습니다. 파묘(破墓)란 '묘를 옮기거나 고쳐 묻기 위해서 묘를 파는 행위'를 말합니다. 그러니까 파묘는 매장묘를 이장(移葬, 무덤을 옮김)하기 위한 한 절차에 해당합니다. 2024년 2월 22일 개봉한 이래 천만 명을 돌파했습니다. 〈파묘〉는 오컬트(신비주의) 미스터리 영화입니다. 주연으로는 최민식, 김고은, 유해진, 이도현이 나옵니다. 줄거리는 이렇습니다. 거액의 돈을 대가로 묘를 이장한 풍수지리사와 장의사, 무속인 등 그들 사이에서 벌어지는 사건을 담은 미스터리 영화입니다.

거액의 의뢰를 받은 무당은 기이한 병이 대물림되는 집안의 장손을 만납니다. 조상의 묫자리가 화근이라고 황당한 생각을 한 무당은 묘 이장을 권합니다. 여기에 돈 냄새를 맡은 최고의 풍수지리사와 장의사가 합류합니다. 이때 허구 소설을 쓰는데 '사람이 묻힐 수 없는 악지에 묘를 써서 문제가 발생했다'고 하면서 파묘를 합니다. 파묘를 하자 신비한 일들이 벌어집니다. 오컬트(Occult) 영화란 '신비주의 영화'입니다. 미스터리(mystery)란 '도저히 설명할 수 없는 신비, 불확실, 수수께끼'를 뜻하는 말입니다. 실제 〈파묘〉는 허구와 미신에 근거한 영화라고 할 수 있습니다. 사실이 아닌 내용들이 영화를 지배합니다.

이러한 황당한 오컬트, 미스터리, 소설 영화임에도 관객이 천만 명을 돌파했습니다. 근묵자흑(近墨者黑)이라는 말이 있습니다. 먹을 가까이하면 검게 된다는 뜻입니다. 사람이든 영화든 드라마든 무엇이든지 허구이거나, 가짜이거나, 나쁜 것을 가까이하고 보고 듣고 하면 알게 모르게 영향을 받습니다. 그렇지 않아도 우리나라 전래 문화에는 이와 비슷한 것들이 있습니다. 과거 〈전설의 고향〉 드라마를 통해서도, 사실이 아닌 모양의 귀신 드라마를 통해서 사람들이 귀신에 대한 공포나 두려움이 있습니다. 모두 가짜인데 귀신이라고 하면 TV 드라마에서 보았던 귀신 이미지를 떠올립니다. 이것이 암암리에 받은 영향입니다. 귀신들이 많이 존재하는 것은 사실이지만 사람들이 각색한 그런 귀신은 없습니다. 〈파묘〉 영화의 영향도 무시하는 사람들, 재미로 본 사람들도 있겠지만 암암리에 영향을 받는 사람들도 있을 것입니다. 영화에 나오는 몇 가지 허구, 사실이 아닌 것에 대하여 살펴보고자 합니다.

성경에 근거하면 일단 영화 〈파묘〉에 나오는 갖가지 신비스러운 장면들은 모두 가짜입니다. 그런 일은 절대로 없으니 두려움을 갖지 말기 바랍니다. 조상의 묫자리를 잘못 쓴 결과라고 하는 장면이 나옵니다. 조상의 묫자리 때문에 산 사람들에게 화, 질병, 우환이 닥치는 일은 절대로 없습니다. 묫자리에 따른 화, 질병, 우환 등은 있을 수 없는 미신입니다. 화, 질병, 우환 등은 모두 근원이 인류의 죄(원죄) 때문입니다. 인류에게 발생하는 모든 불행한 일들은 죄의 결과로 하나님께서 내리시는 다양한 형벌입니다. 못자리와는 아무런 상관이 없습니다. 인류에게, 사람에게, 나라에 화와 복을 내리시는 분은 오직 만물의 주인이신 하나님뿐입니다. 그 외에는 절대로 없습니다. 화와 복을 손에 쥐고 계신 분은 오직 하나님뿐입니다.

또 이장을 권하는 장면이 나옵니다. 이장(移葬)이란 '무덤을 옮기는 것'을 말합니다. 기존 묘를 다른 좋은 자리로 이장을 하면 병이 나을 것이라고 합니다. 천만의 말씀입니다. 못자리를 이장한다고 병이 낫고 우환이 사라지는 것은 아닙니다. 질병 유무는 묘 이장 유무와 아무런 상관이 없습니다. 모든 땅은 하나님께서 좋게 창조하셨습니다. 땅은 어느 곳이나 우열이 없고 명당자리가 없습니다. 단지 좀 더 사용하기에 적당한 자리인지 아닌지만 있을 뿐입니다. 못자리에 따라, 이장에 따라 산 사람들에게 어떤 영향을 주거나 미치는 일은 절대로 없습니다.

혹 이런 말을 하는 사람이 있다면 사기를 치는 것입니다. 또 영화에는 무덤 속에서 오래전에 죽었던 영혼이라는 귀신이 나옵니다. 무덤에서 나온 그 귀신이 사람들을 죽입니다. 이 또한 확실한 허구입니다. 귀신이 존재하는 것은 맞지만 드라마나 영화에 나오는 그런 귀신은 없습니다. 귀신은 타락한 천사들로 군대처럼 많습니다. 영적인 존재로 눈에 보이지 않지만 말도 합니다. 귀신들의 우두머리는 사단(마귀)입니다. 귀신이 동물들이나 일부 사람들에게 들어가 괴롭히기도 합니다. 그러나 하나님의 지배와 통치를 받고 있는 빛의 자녀들인 기독교인들 속에는 절대로 들어가지 못합니다. 무덤 속에 귀신이 머물러 있지도 않습니다.

또 무당이 굿을 통해 원혼을 달래는 장면이 나옵니다. 이 장면도 황당한 거짓입니다. 원혼이라는 영혼은 따로 있지 않습니다. 교회 안팎에서 사용하는 영혼, 혼령, 혼, 넋이라는 말은 모두 동일한 의미의 용어로 다른 표현입니다. 영혼이라고 통일해서 사용하면 됩니다. 사람의 눈으로 보이지 않는 비가시적인 영혼(靈魂)은 사망 즉시 세상, 육체를 떠나 중간상태 내세인 낙원 아니면 음부로 들어가서 세상 종말, 부활, 예수님의 재림을 기다립니다. 죽음이란 육체와 영혼의 분리입니다.

죽은 사람의 영혼은 무덤에도 없고, 이 세상에도 없고, 누가 영혼을 부른다고 다시 오지 않고, 내세나 천상에서 산 자들과 자녀들을 위해서 기도하거나 지켜보지도 못합니다. 사망을 하면 지상의 산 자와 죽은 자의 영혼은 완전히 분리되고 오가지 못합니다. 상호 그 어떤 영향도 미치지 못합니다. 무슨 짓을 해도 피차 아무런 영향도 주지 못합니다. 그런데 무당이 굿을 통해서 이미 떠난 영혼, 원혼을 달랜다고 하는데 완전히 허구입니다. 또 이미 죽은 조상의 혼령이 등장합니다. 이 또한 가짜입니다. 사람의 영혼을 좌지우지하시는 분은 오직 하나님뿐입니다. 피조물인 인간은 그 어떠한 사람이라도 영혼을 부르거나 위로하지 못합니다. 기본적으로 이런 것만 알면 속지 않습니다.

마태복음 27장 50절
"예수께서 다시 크게 소리지르시고 영혼이 떠나시다"

이미 죽은 영혼, 혼령, 원혼은 누구든지 절대로 이 세상으로 다시 오지 못하고 다시 부르지도 못합니다. 누가 무슨 짓을 해도 오지 못합니다. 온다고 하면 사기 치는 것입니다. 사람은 누구든지 영혼을 좌지우지하지 못합니다. 오직 사람과 영혼을 만드신 하나님만 산 영혼이든 죽은 영혼이든 좌지우지하십니다. 혼령의 빙의도 마찬가지입니다. 그런 일은 절대로 없습니다. 빙의(憑依)란 '떠도는 영혼이 다른 사람의 몸에 옮겨붙음'입니다. 말 그대로 소설입니다. 그런 일은 절대로 없습니다. 사망 즉시 영혼의 향방이 어떻게 되는지를 정확히 모르니 이런 주장들을 당당하게 하는 것입니다. 무엇이든지 무지하면 용감합니다. 또 쇠말뚝이 등장합니다. 일제 때 일본인들이 한국 산맥에 쇠말뚝을 박아 정기를 끊으려고 했다는 주장이 나옵니다.

이 쇠말뚝은 난센스 중의 난센스입니다. 쇠말뚝이 뭐라고 그런 영향을 미치고 그런 일을 행합니까? 그런 일은 절대로 일어나지 않습니다. 완전히 미신 중의 미신이자 가짜입니다. 쇠말뚝은 단지 쇠말뚝일 뿐입니다. 쇠말뚝을 어느 곳에든지 백 개 천 개 만 개를 박아도 부정이든 긍정이든 아무런 영향과 의미가 없습니다. 어리석은 인간들은 무지하고 정확히 모르니 별의별 것을 다 주장하고, 믿고, 두려워하고, 걱정하고, 흔들립니다. 향후 이와 유사한 영화나 드라마들이 또 등장할 것입니다. 제발 흔들리거나 영향을 받지 말기 바랍니다. 지금까지 영화 〈파묘〉와 관련하여 그 영화 속에 등장하는 용어나 장면들을 살펴보았습니다. 거의 다가 미신, 허구, 가짜입니다. 그냥 창작된 소설이자 영화로만 보면 됩니다. 그러니 이런 영화, 드라마, 책, 주장 등에 영향을 받지 않기를 바랍니다.

제26장

무속인(무당)에게 조언을 구한다고?

자칭 독실한 기독교인이라고 하는 유명 배우 선○○숙이 〈파묘〉 (신비주의 영화)에 자문으로 참여했던 무속인(巫俗人)에게 조언을 구했다고 합니다. 같은 기독교인으로서 매우 부끄럽고 창피합니다. 2024년 5월 4일 MBN '속풀이쇼 동치미'에서 선○○숙은 무속인 고○자에게 **"사주팔자는 정해져 있는 거냐"**고 질문했습니다. 사주팔자(四柱八字)란 '사주와 팔자에 10간(갑/을/병/정/무/기/경/신/임/계, 甲/乙/丙/丁/戊/己/庚/辛/壬/癸)과 12지(자/축/인/묘/진/사/오/미/신/유/술/해, 子/丑/寅/卯/辰/巳/午/未/申/酉/戌/亥)를 기본으로 하고, 음양(陰陽, 차고 따뜻함)과 오행(五行, 목/화/토/금/수, 木/火/土/金/水)의 이론을 더하여 일간을 기준으로 8글자에 대한 서로의 관계를 보고 풀이하는 것'을 말합니다. 사주팔자는 진리도 아니고 사람이 만든 헛된 풀이와 논리와 주장에 불과합니다. 이를 보고 믿고 추종하는 것 자체가 난센스입니다. 서양에서 발원한 타로(Tarot)도 마찬가지입니다. 카드로 사람의 사주를 보는 것으로 속임수입니다. 사주팔자는 헛되고 헛된 풀이입니다. 인생은 사주팔자대로 되는 것이 전혀 아닙니다.

누구의 인생이든 사람을 창조하신 하나님의 선택과 예정과 주권대로 출생하여 살다가 사망을 당하여 내세로 들어갑니다. 사주팔자는 아무런 의미가 없습니다. 아무런 역할과 영향이 없습니다. 타로나 사주팔자를 믿는 자가 무지한 자이고 바보입니다. 기독교인들이 이를 묻고 믿는 것 자체가 불의입니다. 참고로, 선○○숙 씨는 독실한 기독교인으로 알려져 있습니다. 그는 유명 영화배우 이영하 씨와 2007년 이혼하고, 2022년 유영재 씨와 결혼했으나 2024년 다시 이혼했습니다.

무속인 고○자 씨는 "어른들이 하시는 말씀이 맞는 것 같다. 팔자는 고칠 수 있다고 한다. 팔자는 바로 들어도 거꾸로 들어도 8자밖에 안 된다"며 "여자가 수십 번을 시집가면 좋은 남편 만나서 사주팔자가 핀다고 하는 것이다. 사주는 못 바꾼다. 논밭을 다 팔고, 있는 걸 다 내줘도 사주는 못 바꾼다"고 이야기했습니다. 진리에 반하는 황당한 주장입니다. 이를 들은 선○○숙은 "나는 사실 (무속인) 고○자 선생님께 한 말씀 듣고 싶은데 겁이 난다"며 조심스러워했습니다. 그녀는 독실한 크리스천이라고 할 수 없습니다.

무속인 고○자는 "선○○숙 선생님께선 예를 들어 큰돈이 나가는 건 쉽게 포기를 잘한다. 근데 자잘한 것에 애착심이 강한 형상이다. 그렇다 보니 '괜찮겠지'가 본인 자신을 때린다. 선○○숙 님이 잘나가고 계시다가 한 번씩 맹탕, 중탕을 겪는다"고 말했습니다. 이어 "엊그저께 잠깐 (선○○숙의 이혼을) 들었다. 아픈 일을 겪으셨더라. 처음에 좋은 소식이 있을 때 제자들이 여럿 있을 때 '(결혼)하지 마시지. 다 닦았는 데다가 이미지

내리지 말고' 이렇게 얘기를 했었다"고 했습니다. 그러면서 "보기 좋지 않았다. 그리고 교육을 하러 들어갔었는데 (이혼 소식을 듣고) '참 아프시겠구나!' 순간적인 결정이었는데. 오뉴월에 콩밭에 콩 튀기는 거 아시나. 너무 쉽게 내렸던 결정이 나한테는 너무 큰 비수가 된 것이다"며 안타까움을 내비쳤습니다. 필자는 이 기사를 보고 몹시 당황하고, 창피하고, 안타까웠고 실소를 금할 수 없었습니다.

왜냐하면 하나님을 믿는 기독교인이 피조물이자 신이 아닌 귀신의 힘을 빌려 언행을 행하는 무속인(무당)에게 자기의 형편과 상태와 미래의 삶에 대하여 조언을 구했기 때문입니다. 인생의 길흉화복, 출생과 죽음, 구원 등은 모두 하나님의 손에 달려 있는 것이지, 무당에게 달려 있거나 무당이 다 아는 것이 아닙니다. 무속인(巫俗人)이란 '귀신들을 섬겨 길흉(吉凶, 복과 화)을 점치고 굿을 하는 것을 업으로 하는 사람'을 가리킵니다. 무당(巫堂)입니다. 무당은 샤머니즘인 무속에 종사하는 샤먼(여성 무속인)을 말합니다. 굿판에서 무당은 귀신의 대리자로서 역할을 합니다. 무당은 통상 여성 무속인을 뜻합니다. 귀신들은 영물로서 실제로 존재하며 타락한 천사들입니다. 귀신들은 사단(마귀)의 졸개들이고 사단은 귀신들의 우두머리로 하나님을 대적하는 영적 존재입니다. 사단과 귀신들은 하나님과 기독교인들과 교회를 대적하고 훼손하는 영적 세력들입니다. 하나님이 매우 혐오하는 대상이 사단이고, 귀신들이고, 무속인(무당)이고, 역술인이고, 점쟁이들입니다. 그래서 성경은 이들을 철저하게 배척합니다.

그런데 하나님을 믿는 기독교인이 무속인에게 조언을 구하다니 이는 통탄할 일입니다. 기독교 신앙에 반하는 짓입니다. 이런 행위로 볼 때 선○○숙 님의 신앙은 혼합주의와 아주 미숙한 신앙이 아닌가 하는 생각이 듭니다. 독실한 기독교인과는 거리가 먼 자입니다. 그렇지 않고서야 무당, 무속인에게 조언을 구할 수 없습니다. 그들과는 말도 섞지 말아야 합니다. 많은 돈을 주고 그렇게 하라고 해도 못 합니다.

어떠한 형편과 사정에서도, 죽는 한이 있더라도 기독교인은 무속인, 무당, 점쟁이, 마술사(술객들), 역술인 등 귀신의 힘을 빌려 굿과 예언과 점 등을 치는 자들에게 조언을 구하거나 찾아가서 점괘를 보거나 미래에 대한 예언을 들어서는 안 됩니다. 재미로라도 그리하지 말아야 합니다. 전지전능하신 하나님, 기도하면 들어 주시는 하나님이 살아 계시는데 사실상 하나님과 교회와 성도들을 대적하는 귀신에게 자신의 장래와 미래를 알려 달라고 하거나 조언을 구하는 것은 아주 심각한 불신앙입니다. 즉시 회개하고 다시는 그런 어리석고 악한 행동은 하지 말아야 합니다. 일부 기독교인들은 참 무지합니다. 교회만 오래 다녔지 성경지식에 무지한 자들이 있습니다.

요한계시록 21장 8절

"그러나 두려워하는 자들과 믿지 아니하는 자들과 흉악한 자들과 살인자들과 행음자들(간음자들)과 술객들(점술가들)과 우상 숭배자들과 모든 거짓말 하는 자들은 불과 유황으로 타는 못(지옥, 용광로)에 참예하리니 이것이 둘째 사망(지옥에서의 삶)이라”

출애굽기 22장 18절

“너는 무당(신접한 여인, 무속인)을 살려 두지 말찌니라”(당시 신정국가인 유대인 나라에만 해당되었던 무서운 말씀)

레위기 20장 6절

“음란하듯 신접한 여자(여자 무당)와 박수(남자 무당)를 추종하는 자에게는 내가(하나님) 진노하여 그를 그 백성 중에서 끊으리니”

미가 5장 12절

“내가 또 복술(卜術, 점치는 일)을 너희 손에서 끊으리니 네게 다시는 점장이(무당, 무속인)가 없게 될 것이며”

신명기 18장 9~11절

“네 하나님 여호와께서 네게(이스라엘) 주시는 땅(가나안 땅)에 들어가거든 너는 그 민족들의 가증한 행위를 본받지 말 것이니 그 아들이나 딸을 불 가운데로 지나게 하는 자나 복술자(점쟁이)나 길흉을 말하는 자(무당, 점쟁이)나 요술하는 자나 무당이나 진언자(주문을 외워 마법을 거는 자)나 신접자(영매자)나 박수(남자 무당)나 초혼자(죽은 자의 영을 불러 미래 일을 점치는 자)를 너의 중에 용납하지 말라”

위의 성경 말씀들처럼 하나님은 무속인(여자 무당, 남자 무당), 점쟁이, 역술인, 술객, 초혼자, 진언자 등을 몹시 미워하시고 그들을 이스라엘 땅에서 존재하지 못하게 하고 멀리하라고 하십니다. 신정국가인 이스라엘에서는 죽이라고까지 할 정도로 혐오하였습니다. 그런데 성경지식과 하나님에 대한 지식이 부족한 일부 기독교인들이 성경과 하나님께서 관계를 맺지도 말고, 어울리지도 말고, 찾아가지도 말고, 조언도 구하지 말고, 관계를 단절하라는 무속인(무당), 점집 등을 찾아가고 조언을 구하는 짓들을 합니다. 점집을 찾는 자들 중 약 30% 정도가 기독교인이라는 자료를 본 일이 있습니다. 기막힌 일이 아닐 수 없습니다. 사람의 모든 생사화복과 현재와 미래는 하나님의 주권과 손에 달려 있습니다. 사주팔자나 무속인이나 점쟁이나 역술인의 말, 예언, 조언에 달려 있지 않습니다.

이들이 사용하는 모든 도구들은 사람들이 만든 것에 불과합니다. 그러니까 엉터리라는 말입니다. 무당들이 점집을 찾아간 사람들에게 '누구와는 결혼하면 안 되고', '몇 살에 누군가를 만나 결혼할 것이고', '어느 곳은 묘지 자리가 아니고', '사업은 언제 해야 하고', '어디에 투자하면 안 되고', '몇 살까지는 좋고 그 이후에는 안 좋고', '자녀들은 많고 적고' 등의 말을 합니다. 이런 무당의 말을 듣고 불안해하거나 그대로 하는 자들이 많다고 들었습니다. 정말로 황당하고, 어리석고, 한심하고, 기막힌 일이 아닐 수 없습니다. 코미디입니다. 인간이 이처럼 연약하고 어리석습니다.

거듭 말하지만 사람의 운명과 미래는 귀신의 힘을 빌려 말하는 무속인, 역술인, 점쟁이가 결정해 주는 것이 아니라, 천지만물을 창조하시고, 전지전능하시고, 살아 계신 하나님의 주권에 달려 있습니다. 무당, 역술인 등도 다 하나님께서 창조하신 피조물에 불과합니다. 불완전한 죄인들입니다. 어리석고 연약한 사람들을 호리는 자들입니다. 천지만물과 땅과 동물과 사람을 누가 창조하셨습니까? 귀신이 창조했습니까? 무속인(무당)이 창조했습니까? 점쟁이가 창조했습니까? 이들이 말하는 대로 됩니까? 인생이 사주팔자대로 됩니까? 이런 무속인들이 인간의 생사화복을 좌지우지합니까? 천만의 말씀입니다. 모두 헛된 짓과 가짜입니다. 마음이 여리고 어리석은 자들을 속이는 것에 불과합니다. 돈까지 주면서 속습니다.

기독교인이 왜 귀신들에게 찾아가서 자기 운명과 미래와 삶을 맡기고 조언을 구하고 의지합니까? 이는 마치 전쟁 중에 적군에게 달려가서 전쟁에 대한 조언을 구하는 병사와 다를 바가 없습니다. 인간이 너무나도 어리석습니다. 무지하고 무능합니다. 짐승들도 무속인, 점쟁이를 찾아가지 않습니다. 무속인이나 점쟁이는 전지전능하지 않습니다. 그런 능력도 없습니다. 무속인들도, 점쟁이들도 자기 인생과 미래를 모르고 생로병사를 겪고 살다가 죽습니다. 자기 인생과 운명도 모르고 사는 자들입니다. 귀신을 추종하는 모든 자들은 현재 하나님의 저주, 심판, 영벌 가운데 사는 자들입니다. 그들의 미래는 비참 그 자체입니다.

그들은 확률로 점을 치고 예언을 합니다. 점괘를 봐 달라고 찾아간 자들이 이런저런 말을 한 것을 근거와 인간의 공통적인 고민과 두려움과 염려와 고통이라는 통계 자료를 근거로 점을 쳐 줍니다. 그들의 신통력 수준에 따라서 어떤 것은 맞고 어떤 것은 틀린 것이 아닙니다. 병원에서 의사들이 진단을 하는 것과 비슷합니다. 환자가 의사를 찾아가면 어디가 아픈지 의사가 100% 압니까? 그런 일은 없고 그런 의사는 지구상에 없습니다. 환자가 병원에 찾아가서 의사 앞에 앉으면 의사가 묻습니다. '어디가 아파서 왔느냐'고. 그러면 환자들은 자세하게 아픈 증상을 말합니다. 어느 부위가 어떻게 아프다고 고백합니다. 그러면 의사는 환자가 말한 것을 근거로 해서 진단, 진찰을 시도합니다. 그렇지 않으면 의사는 잘 모릅니다. 환자가 어디가 아프다고, 어떤 증상이 있다고 할 때 이런저런 의학 지식을 동원하여 치료에 들어가는 것입니다.

의사나 점쟁이는 절대로 신통하지 않고 전지전능하지 않습니다. 환자들이나 내방자를 보면 즉시 어디가 아픈지 무슨 고민이 있는지 100% 알아내는 자들이 아닙니다. 내방자가 자기 입으로 자기 마음과 고민과 증상을 다 고백하고 말하기 때문에 어느 정도 알고 그에 맞게 예언과 치료를 해 주는 것입니다. 거기에 인간의 공통적인 질병과 고민이 무엇인지를 알기에 어느 정도 감을 잡고 대하는 것입니다. 그 이상도 이하도 아닙니다. 이것이 기본이고 상식입니다.

현재와 미래와 어떤 일에 대하여 그렇게 두렵고 답답하다면 하나님의 계명(진리) 안에서 찾으면 됩니다. 성경 속에 인간의 과거와 현재와 미래와 내세의 삶까지 어떻게 하여야 하는지가 잘 기술되어 있습니다. 성공과 실패, 구원과 멸망 등이 잘 설명되어 있습니다. 사람들이 갖고 사는 온갖 문제에 대한 해답을 제시합니다. 일반적인 일들은 자기가 가지고 있는 상식과 이성과 지식과 기준을 동원하여 판단하면 됩니다. 예를 들어, 누구와 언제 결혼할 것인지 등에 대해서입니다. 인성과 전문성 등을 종합해서 판단하면 되지 그것을 무당, 점쟁이에게 가서 확답을 들으려는 것은 바보 같은 짓입니다. 아주 유약한 사람입니다.

결혼 예비자를 놓고 결혼을 해야 할지 말아야 할지를 귀신(점쟁이)에게 물어보는 것 자체가 난센스입니다. 점쟁이가 그렇게 전지전능하다면 왜 점집을 차려 놓고, 돈을 받고 그리합니까? 점쟁이들이 그렇게 신통방통하 다면 부동산이나 주식에 투기하여 재벌 이상의 갑부들로 살아갈 것입니 다. 자리를 깔고 찾아오는 자들의 푼돈을 기다리지 않을 것입니다. 좀 생 각을 하고 삽시다. 아무튼 자기 마음과 생각과 기타의 것이 잘 맞고 통하 면 결혼을 하면 됩니다. 무엇이든지 점쟁이에게 물어볼 필요가 없습니다. 무엇이 옳은지 정확히 모를 때는 상식과 성경 말씀대로 순종하면 됩니다. 왜 무속인에게 묻습니까? 이런 자들은 정상적인 기독교인이 아닙니다. 아 니면 사이비 기독교인입니다. 그런데도 독실한 기독교인이라고 함부로 말합니다. 독실하다는 말이 무슨 뜻인지나 알고 하는지 모르겠습니다. 기 독교인이든 기독교인이 아니든 무속인(무당, 점쟁이)을 의지하고 조언을 구하는 것은 어리석은 짓이고 헛되고 헛된 짓입니다. 기독교인들은 절대 로 그런 불신앙적이고 어리석은 짓은 금해야 합니다.

혹 독자들 중에 그런 기독교인이 있다면 즉시 회개하고 호기심에서라 도 다시는 온라인이나 오프라인으로 점집을 찾아가거나 점괘를 보지 말 아야 합니다. 카드로 미래와 운수를 알려 주는 타로를 하지 말아야 합니 다. TV나 영화나 드라마나 연예 프로그램 등에서 이런저런 사람들이 말하는 근거 없는 헛되고 헛된 주장들에 대하여 영향을 받지 말아야 합니다. 특히 TV 각종 프로그램에 다양한 연예인들이 나와서 여러 입담을 펴는데 이들에게서 나오는 말과 주장들을 보면 성경에 반하는 이야기들이 너무 많습니다. 그래서 TV나 영화나 책이나 드라마나 연예프로를 잘못 보면 아주 나쁜 영향을 받게 됩니다. 미디어의 영향이 큽니다. 자칭 기독교인이라고, 교회에 다닌다고 하는 연예인들이 등장하여 말하는 것을 보면 성경지식에 너무나도 무지하다는 것을 알게 됩니다. 술꾼들이 너무 많습니다. 술 마시는 것을 아주 자랑스럽게 말합니다.

기독교인이라고 하면서 불신자들과 동일하게 술을 마십니다. 발암물질인 술(알코올)이 판치고 있습니다. 어찌 보면 술에 취한 사람들이나 나라 같습니다. TV 드라마나 짝을 찾아 주는 매칭 프로그램 등을 보면 식사하는 시간이 있는데 반드시 술판이 벌어집니다. 술은 식사와 모임 자리의 단골 메뉴로 빠지지 않습니다. 기독교인들은 술을 멀리해야 합니다. 정신건강과 육체건강과 올바른 행동거지를 위해서 술은 멀리해야 합니다. 신자다움을 위해서 술은 멀리하는 것이 바른 자세입니다.

술은 적게 마시든 많이 마시든 전두엽을 손상시켜 언행에 견(犬) 같은 짓을 하게 만듭니다. 적당한 양의 술은 없다고 말합니다. 또한 술을 마시면 몸에 들어간 술이 흡수되는 과정에서 아세트알데히드(acetaldehyde)라는 발암물질을 발생시킵니다. 커피도 불로 볶는(roasting) 과정에서 아크릴아마이드(acrylamide)라는 발암물질이 발생합니다. 그래서 커피도 많이 마시지 말라고 합니다. 하루에 세 잔 이상은 나쁘다고 합니다. 지금도 암 환자들이 많은데 앞으로 더욱 많아질 것입니다. 술, 담배, 커피 등 소위 기호 식품이라고 여기는 것들이 암 발생에 지대한 역할을 하고 있습니다.

　정확한 술 지식과 신앙을 배운 자들은 술을 멀리합니다. 술은 단순한 음료가 아닙니다. 왜 술을 마셔야만 대화가 되고 뭐가 된다고 하는지 황당합니다. 왜 술을 마시는 짝을 찾는지 황당합니다. 술을 마시지 않는 사람을 이상하게 여깁니다. 대화가 잘되지 않는 사람 취급 합니다. 이에 어떤 여자들은 술을 마시지 않는 남자에 대하여 연애나 대화 상대로 여기지 않기도 합니다. 술이 들어가야 대화가 된다는 것입니다. 수많은 사람들이 술의 노예로 전락한 상태입니다. 술이 없으면 밋밋해서 뭘 못 합니다.

　술과 관련하여 근거 없는 해괴한 가짜 논리들이 난무합니다. 술을 마셔도 구원을 받고 진리 안에서 자유하기에 술을 마셔도 되지만 다른 해악상을 바로 알고 멀리해야 정상입니다. 술에 대하여 부분적으로만 알고 마시는 자는 한 가지만 알고 둘은 모르는 자입니다. 이런 식의 신앙지식에 사로잡혀 사는 자들이 적지 않습니다. 그런즉 TV, 유튜브, 드라마, 영화, 책, 인터넷, 각종 연예 프로그램 등을 시청할 때 조심해야 합니다. 세상에 존재하는 것들 중에 유익한 것들도 많지만 해로운 것들도 상당합니다. 사주팔자와 점(占)과 타로 이야기도 마치 진리처럼 종종 나옵니다. 특히 기독교 사상에 반하는 것들이 매우 많으니 범사에 의문을 가지고 보고 들어야 합니다. 기독교인들은 어떠한 경우에도 무속인(무당, 역술인, 점쟁이)들에게 조언을 구하는 일은 절대로 없어야 합니다. 재미로라도 점(占)과 타로를 보는 일은 없어야 합니다.

제27장

풍수지리 영향

우리나라는 기독교 문화권이 아닌 불교와 유교와 미신 문화권이기 때문에 땅과 지역에 대한 우열과 호불호 시각이 상존합니다. 이러한 것의 하나가 풍수지리입니다. 풍수지리(風水地理)란 '지형·방위의 길흉을 판단해 죽은 사람을 매장하거나 집을 짓는 데 적당한 장소를 점쳐서 구하는 이론'을 말합니다. 그러니까 풍수지리는 음양오행(쉬지 않는 생명력의 활동과 균형을 표현하는 개념) 이론을 바탕으로 하여 땅의 기(氣)를 판별하고, 이를 통해 길흉화복(吉凶禍福, 좋은 일, 안 좋은 일, 화, 복)을 점치는 독특한 이론 및 실천 체계로서 중국에서 수나라·당나라 시기에 체계화되었습니다. 진리도 아니고 전 세계적으로 증명된 이론이나 학문도 아닙니다. 단지 아시아 몇 개국에서만 통용하는 미신적인 황당한 이론입니다. 한마디로 헛된 이론입니다.

기독교 입장에서 보면 황당하기 짝이 없습니다. 무슨 땅의 기(氣)를 판별하고 이를 통해 길흉화복을 점칩니까? 땅이 인격체이고 어떤 능력이 있습니까? 땅이든 산이든 하늘이든 바다든 기운을 주는 기(氣)란 없습니다. 누군가가 만들어 낸 속임수 주장입니다. 바람과 물과 땅은 누가 창조하였습니까? 사람입니까? 스스로 생긴 것입니까? 이 우주에 존재하는 모든 것은 스스로 존재하시는 영이신 하나님께서 말씀의 능력으로 무에서 유를 창조하셨습니다. 그래서 이것을 자연이라고 하지 않고 피조물이라고 합니다. 하나님의 천지 창조는 우열이 없고, 길흉이 없고, 명당자리가 없고, 기가 나오는 땅이 없고, 화복이 없는 땅으로 창조하셨습니다. 그런데 이런 땅에 대하여 어리석고 불완전한 인간들이 풍수지리학을 만들어 가르치고 풍수지리에 따라 집터든 무덤이든 대통령궁이든 어떤 영향이 있다고 말합니다. 황당하고 무지가 철철 넘치는 궤변이 아닐 수 없습니다.

창세기 1장 1절

"태초에 하나님께서 천지를 창조하시니라"

창세기 1장 10절

"하나님이 뭍을 땅(earth)이라 칭하시고 모인 물을 바다라 칭하시니라 하나님이 보시기에 좋았더라(good)"

갈라디아서 4장 10~11절

"너희가 날(days)과 달(months)과 절기(seasons)와 해(years)를 삼가 지키니 내가(사도 바울) 너희를 위하여 수고한 것이 (진리를 가르친 것) 헛될까 두려워하노라"

성경에 의하면 모든 땅, 모든 터, 모든 지역은 좋은 곳입니다. 완전하시고 선하신 하나님께서 창조하셨기 때문입니다. 어느 곳만 명당자리가 아님니다. 단지 적절한 땅이나 지역인가만 있을 뿐입니다. 어느 곳에 집을 짓거나 무덤을 정해야 복(福)과 길(吉)이 있는 것이 아닙니다. 양지가 바르고 바르지 않고도 아무런 길흉이 없습니다. 이는 모두 어리석은 사람들이 지어낸 소설일 뿐입니다. 속고 사는 것입니다. 땅을 창조하신 하나님께서는 창조 시에 모든 땅을 좋게 만드셨습니다. 그런데 하나님으로부터 흙으로 지음을 받은 부패하고 타락한 인간들 일부가 풍수지리학을 만들어 하나님의 뜻이나 말씀과 다르게 주장합니다. 이 자체와 접근부터 틀린 것입니다. 풍수지리에 따라 좋은 영향과 나쁜 영향이 있다고 말하면서 땅들을 차별합니다. 땅들에 의미를 부여합니다. 우열을 가립니다. 돈벌이를 합니다.

이는 마치 남녀를 모아 놓고 우열을 가리는 미스와 미스터 선발대회와 비슷합니다. 꽃들을 모아 놓고 우열을 가리는 것과 같습니다. 성경은 모든 남녀, 꽃들은 우열이란 없고 모두 각기 아름답고, 소중하고, 가치 있고, 좋게 창조하셨습니다. 인간들이 사람의 외모를 가지고 사람들을 나누고 차별 대우 합니다. 학력을 가지고도, 재물을 가지고도, 집과 아파트를 가지고도 차별합니다. 좋고 비싼 아파트에 살면 다른 인간이 됩니까? 싼 아파트나 임대아파트에 살면 저급한 인간입니까? 그래서 그런 아파트 간에 담을 쌓아야 합니까? 하나님은 그렇게 나누신 일이 전혀 없습니다. 집터나, 무덤 터나, 공장 터나, 대통령궁 터나, 학교 터나, 기타 어떤 건물이나 장소 터라도 상식과 기본에 따라 정하면 됩니다.

예를 들어, 무덤 터는 물이 잘 고이고 비가 왔을 때 물이 흐르는 곳은 적당하지 않습니다. 집터를 고를 때는 산사태가 날 염려가 없고 지반이 단단한 곳을 정하면 됩니다. 대통령궁을 지을 때는 천혜의 요새지를 정하면 됩니다. 공장 터를 정할 때는 재해나 홍수 등의 침수에 안전하고 출입이 용이한 도로변에서 가까운 곳이면 좋습니다. 이런 것이 상식과 기본입니다. 풍수지리로 할 것이 전혀 없습니다. 미신과 불교와 유교 문화권에 있는 나라들은 미신에 근거하여 상식에 반하는 주장들과 행동들을 합니다. 중국, 일본, 한국, 동남아시아 국가들이 주로 그렇습니다.

대표적인 것이 12지간을 가지고 해마다 무슨 해(돼지의 해, 용의 해)라고 하면서 의미를 부여하는 헛된 짓들을 합니다. 아무런 의미나 소용이 없는 주장과 해설과 믿음을 가집니다. 사실이 아닌 것에 근거해서 마치 영향이 미치는 진리인 것처럼 주장하고 행동합니다. 그 결과 쓸데없이 걱정하고, 두려워하고, 고민하고, 시간과 돈과 정력을 낭비합니다. 우주와 지구상에 존재하는 모든 것은 하나님께서 창조하신 피조물이고, 그 주인과 설계자는 전지전능하신 하나님이십니다. 이 말은 우주와 천지와 사람과 사람의 과거와 현재와 미래와 내세에 대하여 하나님이 가장 잘 아신다는 말입니다. 그것을 하나님만 아시는 것으로 하지 않으시고, 성경을 통해서 우리에게 알게 하셨습니다.

따라서 지구상에 존재하는 모든 것과 향후 미래에 대한 모든 것이 성경에 기술되어 있어 성경을 보면 명확하게 알 수 있습니다. 소소한 것들은 하나님이 인간에게만 부여해 주신 바른 이성과 양심과 지식과 상식과 자유의지에 따라 판단하고 수행하면 됩니다. 다시 말하지만 풍수지리는 성경에 비추어 볼 때 허구입니다. 그런즉 풍수지리학을 믿고 추구하는 것은 어리석은 짓입니다. 어리석은 인간은 상상을 초월하여 별의별 것을 다 믿고 추종합니다. 무엇이든지 그럴듯하게 논리를 펴고 주장하면 넘어갑니다. 가장 대표적인 것이 돼지를 잡아 죽이고는 삶아서 상 위에 올려놓은 후 코와 귀와 입에 지폐를 쑤셔 넣고 잘 봐 달라고 엎드려 넙죽 절을 합니다. 제의가 끝나면 그것을 먹습니다. 이게 말이 됩니까? 사람이 할 짓입니까?

그런데 해마다 행사 때마다 반복해서 그리합니다. 얼마나 바보인지 모릅니다. 또 하나는 자신들의 손으로 돌과 나무와 청동 등으로 우상(허수아비) 형상을 만들어 세워 놓고 숭배하고 절하는 것입니다. 생명이 없는 묘, 비석, 영정사진에 엎드려 절하는 것도 마찬가지입니다. 인간이 이렇습니다. 다른 어리석은 짓들도 많습니다. 하나님을 떠나 사는 인간들은 미련하고 어리석으니 별의별 헛것을 다 믿고 가르치고 추종합니다. 사이비 신앙과 이단사상도 마찬가지입니다. 진짜가 안 믿어지니까 헛것을 믿고 안위합니다. 잘 모르니까 마구 주장하고 헛것을 믿고 추종하는 것입니다. 기독교인들은 이런 헛된 풍수지리를 따르지 않기를 바랍니다. 혹 이런 어리석은 짓을 믿고 행하였다면 즉시 회개하고 다시는 바보 같은 짓은 금하기 바랍니다.

제28장

통합 추모식

보통 추모식은 한 사람에 대하여 합니다. 물론 정부나 어느 기관에서는 집단으로 사고를 당한 경우 통합적인 추모식을 갖기도 합니다. 여기서는 한 가족에 관한 이야기입니다. 세월이 흐르다 보면 어느 가정이든 사망자가 여러 명이 발생하여 해마다 여러 번의 추모식을 갖게 됩니다. 할아버지, 할머니, 아버지, 어머니, 배우자, 자식 등등. 그렇게 되면 일일이 추모식을 갖는 것도 만만치 않습니다. 과거 한곳에 모여 사는 대가족일 때는 그래도 괜찮았는데 지금은 핵가족 시대이고, 대부분 원근 각처에 떨어져 살고, 맞벌이 등 바쁜 직장생활을 합니다. 그러다 보니 명절은 명절대로 챙겨야 하고, 생일은 생일대로 챙겨야 하고, 추모식은 추모식대로 가져야 합니다.

그러다 보면 많은 부담이 되고 시간을 내기도 쉽지 않습니다. 이런 상태에서 세월이 흐르면 모이는 자들의 숫자가 점점 줄어듭니다. 각기 바쁜 사정이 있기에 뭐라고 말도 못 합니다. 각종 의식이 유명무실해집니다. 그러면 준비하는 쪽이나 항상 모이는 사람들은 서운하고 속이 상하면서 가족끼리 금이 갑니다. 그러면 안 되기에 서로가 상생하는 접근을 해야 합니다. 우리가 잘 아는 것처럼 추모식은 이미 죽은 자를 그리워하며 기념하는 의식입니다. 그렇다면 망자에 대하여 1년에 한 번씩 통합으로 하면 누구나 참석할 수 있고 부담도 적게 됩니다. 물론 다르게 생각하는 사람들도 있겠지만, 산 사람에 대한 것이 아닌 죽은 사람에 대한 것이기 때문에 얼마든지 유연하게 대처할 수 있어야 합니다.

그렇게 한다고 고인에 대한 불의나 불효나 불성실이 아닙니다. 산 사람도 살고 이미 죽은 사람도 기념하는 상생으로 가는 것이 지혜라고 생각하여 누구든지 한번 검토해 볼 여지가 충분히 있다고 생각합니다. 종종 하는 이야기지만 산 사람에게 집중해야 합니다. 이미 죽은 자에게는 아무리 잘해도 소용이 없습니다. 고인에 대해서도 기본적으로 정성은 다해야 하지만 산 사람에게 더욱 그리해야 합니다. 그렇다면 통합 추모식을 못 할 이유가 없습니다. 부정적으로 생각할 필요도 없습니다. 이는 꼭 편리성으로 접근한 것만이 아닙니다. 온 가족이 시간을 내어 다 모일 수 있고 기념할 수 있는 가장 좋은 여건을 만들자는 것입니다. 그렇게 하기 위해서는 여러 번 하는 추모식을 하나로 통합하는 수밖에 없습니다. 나름 더 큰 장점도 있습니다. 가족 전체가 모일 확률이 높아지고, 직장에서 휴가를 내기도 덜 부담스럽고, 가족끼리 우애도 좋아지고, 준비하는 자들도 가볍게 됩니다.

이는 얼마든지 적극적으로 검토해 보고 시도해 볼 가치가 있다고 생각합니다. 반드시 이렇게만 해야 한다는 명시적인 규정이나 제도가 아니기에 유연성 있게 할 수 있습니다. 특히 기독교인들은 고인이 이 땅에 있지 않고, 이미 낙원에 가 계심을 믿기 때문에 이렇게 통합 추모식을 가져도 불편하지 않을 것입니다. 고인에게 통합 추모식이 아무런 영향을 미치지 못하고, 오직 통합 추모식에 참여한 산 사람들에게만 죽음에 대하여, 고인의 삶과 신앙에 대하여, 고인의 희생과 헌신 등에 대하여 이야기하므로 영향을 줍니다. 통합 추모식은 충분히 검토할 가치가 있다고 생각합니다. 독자들의 깊은 검토를 기대합니다.

제29장

장례문화 총가이드라인(2024년)

성균관유도회총본부는 2024년 12월 18일 상례에 대하여 잘못 알려진 사실을 바로잡고 사전장례의향서를 통해 스스로 사후 존엄성을 지키는 문화 조성을 위하여 진행된 "미리 준비하는 존엄하고 준비된 新 장례문화 사업"에 관한 가이드라인을 발표했습니다. 근거 없는 의례로 인한 피해를 없애고 올바른 장례문화를 정착하기 위한 의견 수렴의 결과물로 ▲지나치게 상업화된 장례의 문제점을 알려 국민의 불편함과 비용 부담을 줄이고 ▲평소에 자신의 상·장례에 대한 의사를 반영한 〈사전장례의향서〉를 가족과 공유하며 스스로 사후 존엄성을 지키는 삶을 권고하고 ▲〈부조(부의금)〉는 큰일이 있을 때 주변에서 십시일반(十匙一飯)으로 돕던 우리의 전통문화로 고인에 대한 추모와 상주를 위로하는 마음의 중요함을 강조하며 현행 최고액권인 **5만 원**이면 충분하다고 권고했습니다. 유도회총본부는 "액수보다 정성"이라며 부의금은 5만 원이면 충분하다고 했습니다. 그러면서 "집에 큰일이 있을 때는 비용이 많이 필요하기 때문에 십시일반 의미로 상부상조하는 것이 우리의 전통"이라며 "그러나 이는 어디까지나 마음의 표시이자 성의이므로 형편에 넘치지 않는 것이 좋다"고 설명했습니다.

죽음을 맞이하고 주검을 갈무리해 장사를 지내며 가까운 친척들이 일정 기간 슬픔을 다하는 의식 절차인 상례(喪禮)를 간소하게 하는 방안도 제안했습니다. 예를 들어 〈신주와 영정〉은 둘 중 하나만 설치하면 된다고 설명했습니다. 과거에는 제단에 고인의 이름을 적은 나무패인 신주(神主)를 놓는 것이 일반적이었으나, 사진이 보급되면서 영정(影幀)사진이 이를 대신하게 된 것이므로 둘을 한꺼번에 놓을 필요는 없다는 것입니다. 유도회총본부는 "상례 과정에서 고인을 그리워하는 마음과 가족을 떠나보낸 사람의 슬픔을 위로하는 것 외에 중요한 것은 없다"며 "장례식장에는 고인에 대한 추억을 나눌 수 있는 사진이나 영상을 준비해 고인이 주인이 되는 의례가 될 수 있길 바란다"고 당부했습니다.

〈조문객 예절〉에 대해서는 "고인에게 두 번 절하고 상주에게 인사한 다음 유족 슬픔을 이해하는 모습만 보이면 된다"며 "상주에게 따뜻하고 진지한 위로 한마디 정도를 건네는 것도 좋고, 상황에 따라 아무 말도 하지 않고 물러나는 것도 좋은 방법"이라고 밝혔습니다. 조문객이 상주에게 건네는 위로 한마디의 예시로는 '삼가 조의를 표합니다', '얼마나 상심이 크십니까?', '얼마나 마음이 아프십니까?', '얼마나 슬프십니까?', '얼마나 애통하십니까?' 등을 꼽았습니다.

또한 유족의 경제적 부담을 가중하는 전통 상례와 무관한 관행을 지양하자고 제안했습니다. 이와 관련해 언제부터인지 '성복제'(成服祭, 초상이 나서 처음으로 상복을 입은 뒤 지내는 제사)처럼 유래가 불명확한 제사나, 완장과 같이 전통 장례에는 없던 물품이 필수 절차 혹은 상품인 것처럼 등장했다고 지적했습니다. 〈성복〉은 초상이 나서 처음으로 상복을 입는 것을 의미하지만 본래 제사와는 관계가 없으며, 〈완장〉은 일제강점기 조선총독부가 제정한 '의례 준칙'에 따라 확산했을 가능성이 크다고 성균관유도회 측은 판단하고 있습니다.

제단에 설치하는 〈꽃 장식〉이 정성의 수준을 표현하는 것은 아니므로 여기에 과도한 비용을 지출하는 것도 바람직하지 않다고 의견을 밝혔습니다. 유족은 갑자기 닥친 죽음에 황망하여 차분하게 판단하기 어려운 경우가 많으므로 당사자가 평소에 자신의 상·장례 절차나 방식에 관한 뜻을 담은 〈사전장례의향서〉를 가족과 공유하면 허례허식을 막는 데 도움이 될 것이라고 조언했습니다. 아울러 국내에서 〈화장률〉이 94%에 달할 정도로 화장이 보편화됐지만 시설이 부족해 제때 장례를 치르지 못하는 사례가 많다며 국가와 지자체가 화장시설을 충분히 조성하라고 제언했습니다. 장기적으로는 국가가 종합장사시설을 마련해 상례의 경제적 부담을 경감하는 것이 바람직하다고 덧붙였습니다. 성균관유도회는 〈분향소를 방문할 때〉의 복장이나 예절, 절을 하는 방법 등 구체적인 조문 방법에 관한 설명 등 상례에 관한 권고안을 알기 쉽게 설명한 카드 뉴스와 만화를 제작해 홈페이지에서 누구나 내려받을 수 있게 했습니다. 이는 보건복지부 후원 노인복지 민간단체 지원사업의 일환으로 이뤄졌습니다.

한편 우리나라의 〈장례예절〉을 좀 더 살펴보겠습니다.

〈상례(喪禮)〉란 사람이 죽음을 맞이하고 그 주검을 갈무리해 장사를 지내며 가까운 친척들이 일정 기간 슬픔을 다하는 의식의 절차를 말합니다.

그중 〈**장례(葬禮)**〉는 시신을 갈무리하는 '장사(葬事)'를 예를 갖춰 표현한 말입니다. 현대의 장례과정을 보면 언제부턴가 초배상과 성복제와 같은 알 수 없는 절차가 생겨났고, 완장과 같은 부수적인 상품이 필수인 것처럼 둔갑해 있습니다. 사진기술이 발달하여 영정이 신주를 대신하게 된 것인데, 신주와 영정을 모두 설치하는 경우가 다반사이며, 제단의 꽃 장식의 등급이 마치 정성의 등급으로 여겨지고 있습니다. 이런 절차와 부수적인 것들로 인해 발생하는 비용은 모두 유가족에게 전가되는데, 황망한 상황에 유가족은 무엇이 옳은지 그른지 판단하기 어려워 시행할 수밖에 없는 실정입니다.

〈**부의금 봉투**〉 앞면에는 다음과 같은 내용을 쓰는 것이 좋습니다. 한글로 써도 무방하지만 한자로 쓰는 것을 추천합니다. 가장 많이 쓰이는 단어는 부의, 근조, 추모입니다. 뜻은 조금씩 다르지만 전달하고자 하는 뜻은 같기 때문에 크게 상관은 없습니다. 부의금 봉투 글씨는 잘 쓰기보다는 정성껏 쓰는 것이 좋습니다. 봉투 뒷면에는 자신의 이름을 씁니다. 조의금 봉투 뒷면 왼쪽 하단에 세로로 이름을 기입하며 이름을 쓸 때는 붙여 쓰는 것보다는 글자 간의 간격을 조금 두고 쓰는 것이 좋습니다. 이름도 한글과 한자 둘 다 상관없지만 흘림체나 그 수가 다양하므로 한글로 표기하는 것이 추후 정리하는 상주 측 입장에서 편리합니다. 회사 등 특정 소속으로 가게 되는 경우 이름 옆에 소속된 곳의 이름을 세로로 적으면 됩니다. 〈**부의금 액수**〉는 3만 원, 5만 원 등 일반적으로 홀수 금액을 내는 경우가 많은데 이는 음양의 조합을 생각하는 오래된 관행이라 할 수 있습니다. 또한 수표를 넣는 것 또한 예의에 어긋나는 행위입니다.

　경조사에 **〈부조를 할 때〉**에는 너무 화려한 복장을 하고 가지 않는 것이 상식인데 이는 부의금 봉투 쓰는 법에서도 마찬가지입니다. 알록달록하고 화려한 봉투나 안의 금액이 비치는 봉투는 사용하지 않습니다. 깔끔한 흰색 봉투를 사용하는 것이 예의라 할 수 있습니다. 봉투가 안이 비치는 경우라면 속지를 사용해서 안의 돈이 보이지 않도록 하는 것이 좋습니다. 대부분 장례식장에서 부의금 봉투를 준비해 두기 때문에 깜박하고 챙기지 못했더라도 가서 작성해 내면 됩니다. 부의금(賻儀金)은 부조금(扶助金)이라는 단어로 통칭되기도 하는데 둘의 의미는 조금 다릅니다.

　부의금은 좋지 않은 일이 있을 때에 내는 돈을 말하는 것이고, 부조금은 축하하거나 위로하는 의미로 내는 돈을 통칭해서 쓰는 말입니다. 부의금을 낼 때에는 처음 예실 앞에 있는 접수대에서 방명록을 적고 부의금을 전달합니다. 예실에서 상주에게 직접 부의금을 전달하는 경우가 있는데 이는 예의에 어긋나는 행동입니다. **〈부의금〉**은 반드시 예실에 들어가기 전 방명록을 쓸 때에 부조를 받는 이에게 전달하도록 합니다. 여러 명 또는 단체일 경우 대표 1명의 이름을 적거나 '○○○ 외 몇 명' 식으로 적습니다. 또한 상주가 알아볼 만한 회사나 소속이 있다면 소속회사나 부서이름을 쓰고 일동이라고 하면 됩니다(성균관유도회총본부, 2024. 12.).

제6부

예수님의
공중 재림관

　정통 기독교(개신교) 재림관은 하나님의 말씀인 성경에 명백하게 기술되어 있습니다. 재림(再臨, 다시 옴)이란 예수님의 두 번째 오심(강림)인데, 지상이 아닌 공중(호中)으로 재림해 오십니다. 이단들의 재림론은 대부분 지상 재림입니다. 지상(地上) 재림을 주장하는 자들은 모두 가짜이자 이단들입니다. 성탄은 인류 중 택함을 받은 자들을 저희 죄에서 구원하기 위해서 첫 번째로 오신 초림이라면, 두 번째 오심인 재림은 인류의 재판장이신 예수님께서 불신자들과 세상을 심판하시기 위해서 천사들과 함께 나팔을 불며 공중으로 오십니다. 구름을 타고(함께) 오십니다. 예수님의 재림은 눈으로 볼 수 없는 영으로의 재림이 아니라, 만인이 볼 수 있는 육신을 입으신 가시적인 재림입니다. 그리고 예수님의 재림은 만인을 심판하시기 위해서입니다.

　예수님의 재림의 때(시기)는 아무도 모릅니다. 도적같이 오십니다. 만일 누군가가 언제 예수님의 재림이 있을 것이라고 말한다면 모두 이단이고 가짜입니다. 그래서 신앙적으로 늘 깨어 살아야 합니다. 세상 종말이 곧 재림의 때입니다. 세상 종말은 복음이 땅끝까지, 모든 민족에게 전파되었을 때인데 이때가 예수님의 재림 때입니다. 만인이 눈으로 볼 수 있는 가시적인 재림, 재림의 때를 모르는 재림, 공중 재림입니다. 자칭 자기가 재림 주라고 하는 자들은 모두 가짜이며 이단입니다. 자칭 재림 예수라고 하는 자들이 한국에만 50여 명 전후가 됩니다. 성경에 언급하지 않은 재림에 대하여 가감하는 자들은 모두 이단입니다. 성경은 예수님의 공중 재림에 대하여 이렇게 말합니다.

사도행전 1장 11절

"가로되 갈릴리 사람들아 어찌하여 서서 하늘을 쳐다보느냐 너희 가운데서 하늘로 올리우신(승천) 이 예수는 하늘로 가심(승천)을 본 그대로 오시리라 하였느니라"(지상 재림이 아닌 공중 재림, 사람들이 눈으로 보는 가시적인 강림)

마태복음 24장 30~31절

"그때에(종말 때) 인자(예수님)의 징조가 하늘에서(공중) 보이겠고 그때에 땅의 모든 족속들이 통곡하며 그들이 인자(예수님)가 구름을 타고(함께) 능력과 큰 영광으로 오는 것을 보리라"(눈으로 보는 가시적인 재림)

마태복음 24장 36절

"그러나 그날(재림 때)과 그때(재림 때)는 아무도 모르나니 하늘의 천사들도 아들도 모르고 오직 아버지(성부 하나님)만 아시느니라"(성경은 시한부 재림관을 부정한다. 누군가가 재

림의 때(년, 시간, 날짜)를 말하면 이단이고 가짜다)

마태복음 24장 44절

"이러므로 너희(제자들과 기독교인들)도 예비(준비)하고 있으라 생각지 않은 때에 인자(예수님)가 오리라"(예수님의 재림은 도적같이 이루어지니 늘 준비하고 살아야 함)

요한계시록 3장 3절

"그러므로 네가(사데교회, 신약교회) 어떻게 받았으며 어떻게 들었는지 생각하고 지키어 회개하라 만일 일깨지 아니하면 내가(예수님) 도적같이 이르리니 어느 시에 네게 임할는지 네가 알지 못하리라"(예수님은 도적같이 재림하심)

요한계시록 16장 15절

"보라 내가(예수님) 도적같이 오리니 누구든지 깨어 자기 옷을 지켜 벌거벗고 다니지 아니하며 자기의 부끄러움을 보이지 아니하는 자가 복이 있도다"(도적같이 재림하심)

데살로니가전서 4장 16~17절

"주께서(예수님) 호령(지휘하여 명령함)과 천사장의 소리와 하나님의 나팔로 친히 하늘(sky)로 좇아 강림(재림)하시리니 그리스도 안에서 죽은 자들이(육체적으로 사망한 자들) 먼저 일어나고(부활) 그 후에 우리 살아남은 자도 저희와 함께 구름

속으로 끌어올려(휴거, 들림) 공중(쑝中, 하늘)에서 주를(예수님) 영접하게 하시리니 그리하여 우리가 항상 주와 함께 있으리라"(예수님의 공중 재림과 동시에 죽은 자들이 새로운 몸으로 부활하고, 그 당시 산 자들도 썩지 아니할 몸으로 변화하여 모두 하늘로 들림을 받아 신자나 불신자나 내세(천국 혹은 지옥)에서 영원히 살게 됨)

데살로니가전서 5장 1~2절

"형제들아(데살로니가 교회, 신약교회) 때와 시기에(재림의 때와 시기) 관하여는 너희에게 쓸 것이 없음은 주의 날(재림의 날)이 밤에 도적같이 이를 줄을 너희 자신이 자세히 앎이라"(예수님은 도적같이 재림하심)

베드로후서 3장 10절

"그러나 주의 날(재림의 날)이 도적같이 오리니 그날에는(재림때는) 하늘이 큰 소리로 떠나가고 체질(세상을 구성하고 있는 원물질-흙, 공기, 물 등)이 뜨거운 불에 풀어지고(온 세상이 불에 타 해체됨) 땅과 그 중에 있는 모든 일이 드러나리로다"(예수님은 도적같이 공중으로 재림하시고, 우리들이 본 천지는 하나님께서 아주 뜨거운 불로 태워 버려 사라지게 하신다)

히브리서 9장 28절

"이와 같이 그리스도도 많은 사람의 죄를 담당하시려고 단번에 드리신 바 되셨고(십자가 죽음) 구원에 이르게 하기 위하여 죄와 상관없이 자기를 바라는 자들에게 두 번째 나타나시리라"(첫 번째 초림은 땅으로의 성탄이고, 두 번째 재림은 공중으로 오심)

누가복음 21장 27절

"그때에(종말 때) 사람들이 인자가(예수님) 구름을 타고(함께) 능력과 큰 영광으로(인류 재판장) 오는 것을 보리라"(눈으로 볼 것이다)

마가복음 13장 33절

"주의하라 깨어 있으라 그때가(재림) 언제인지 알지 못함이니라"(예수님의 공중 재림의 때는 아무도 모른다)

성경은 세상 종말과 동시에 발생할 예수님의 공중 재림을 아주 구체적이고 선명하게 말하고 있습니다. 예수님의 공중 재림은 초림(初臨, 첫 번째 오심)인 성탄(聖誕, 성육신)처럼 분명하고 확실합니다. 소설이 아니라 실제로 이루어질 것입니다. 성경은 진리이고 거짓이 없기 때문입니다. 문제는 그날과 그때는 아무도 모른다는 것입니다. 성경은 돌발적이고 도적같이 공중으로 재림해 오신다고만 말하고 있습니다. 물론 참그리스도인들에게는 도적같이 오시지 않습니다. 불신자들과 재림을 믿지 않는 자들에게만 도적처럼 보일 것입니다. 그러므로 종말신앙과 재림신앙을 갖고 살아야 신랑 되신 예수님을 맞이할 수 있습니다.

그것이 무엇입니까? 하나님의 말씀을 믿고 항상 진리 안에서 깨어 사는 것입니다. 어떻게 사는 것이 깨어 사는 것입니까? 노아의 때 사람들처럼 일상생활과 세상에 푹 빠져 살지 않고, 부활과 재림과 천국을 소망하면서 성경 말씀에 따라 신앙생활을 잘하는 것입니다. 세상의 즐거움에 빠져 살지 않는 것입니다. 예를 들어 올림픽을 준비하는 국가대표 선수는 늘 깨어 있어야 합니다. 이 말은 게으르지 않고 매일 땀 흘리며 연습에 매진하는 것의 다른 표현입니다. 세상 즐거움에 빠지지 않고 매일 운동에 집중하는 것입니다. 그것이 선수가 항상 깨어 사는 것입니다.

종말신앙과 재림신앙으로 사는 그리스도인은 하루하루를 진리 안에서 살고, 썩어 없어질 세상의 일과 즐거움과 탐욕과 돈과 출세 등에 마음을 빼앗기거나 빠져 살지 않고, 언제 어디서나 하나님의 계명대로 삽니다. 영원한 천국을 바라며 삽니다. 이것이 주의하고 깨어 사는 신자의 모습입니다. 이런 자가 기름을 준비하고 주야(晝夜, 밤과 낮)로 약속한 신랑을 기다리며 사는 지혜로운 신부와 같습니다. 아무리 바쁘게 직장 생활과 사회생활을 하더라도 종말신앙과 재림신앙을 항상 생각하고 준비하며 살아야 합니다. 예수님의 재림은 공중 재림이고 돌발적으로 오시기 때문입니다. 누구나 다 눈으로 볼 수 있게 공중으로 재림해 오십니다. 지상으로 재림한다거나 이미 지상에 재림해 있다고 하는 자가 있다면 모두 가짜, 거짓, 이단입니다.

예수님의 공중 재림이 세상 종말인데 그와 동시에 부활이 있을 것입니다. 예수님의 공중 재림은 세상과 인류를 심판하시기 위해서 오는데, 그

때가 곧 세상 종말이요, 인류 부활의 때입니다. 이 세상은 핵전쟁이나 환경파괴나 기타 재난과 재해로 멸망하지 않습니다. 인류의 유일한 구세주요 인류의 유일한 재판장이신 예수님께서 공중으로 재림해 오심으로 세상(지구, 천지)도 심판을 받고 사라지게 됩니다. 하나님께서 상상할 수 없는 불로 이 세상을 다 태워 버리실 것입니다. 소돔과 고모라 도시처럼 말입니다. 천지와 우주와 지구를 창조하신 하나님만이 그렇게 하실 수 있는 초자연적인 능력이 있습니다. 그래서 이런 말들이 전혀 의심이 되지 않습니다. 불가능이 아닙니다. 인간은 불가능한 것들이 많지만 하나님에게 불가능한 일은 없습니다.

그러나 불신자들은 절대로 믿어지지 않을 것입니다. 전혀 모를 것입니다. 불신자들에게는 이런 사실이 감추어진 비밀이기 때문입니다. 이는 마치 각 아파트 집의 비밀번호를 오직 집주인과 가족들만 알고 그 외 사람들은 절대로 모르는 비밀인 것처럼 말입니다. 불신자들은 이런 사실들이 믿어지지 않고 불신하는 것이 당연하고 상식입니다. 반대로 집주인과 가족들은 비밀번호를 아는 것이 당연하고 상식입니다. 그래서 가족들에게는 집 비밀번호가 비밀이 아닙니다. 가족이 아닌 자들에게만 비밀인 것입니다. 예수님의 공중 재림도 마찬가지입니다. 하나님의 자녀들에게만 비밀이 아닙니다. 도적같이 임하는 것이 아닙니다. 기본 상식에 해당합니다. 누구는 모르고 누구는 알아야 정상입니다.

제7부

세상 종말관

기독교(개신교)는 천지만물의 시작과 끝이 반드시 있음을 주장합니다. 시작을 창조(創造)라고 하고 끝을 종말(終末)이라고 합니다. 우리 모두가 잘 아는 것처럼 모든 일에는 시작과 끝이 있습니다. 이는 일반 상식이자 기본이지만 성경사상이기도 합니다. 다시 말해서 세상과 지구와 인간(인류)의 종말(끝)은 반드시 있음을 말하는 것입니다. 기독교(개신교)의 종말론은 직선적 종말론입니다. 직선적 종말론이란 시작(창조)과 종말(끝)이 있는 것을 말합니다. 100미터 달리기에서 출발(시작)과 골인 지점(끝나는 지점)이 있는 것과 같은 종말론입니다. 이 세상에서 시작하는 것, 존재하는 모든 것은 다 종말(끝)이 있습니다. 이것을 직선적이라고 합니다. 기독교는 불교처럼 끝이 없이 인생이 돌고 도는 윤회, 순환, 환생의 종말론이 아닙니다.

또 이 땅에 태어나서 살다가 죽으면 누구도 알 수 없는 어딘가로 사라져 버리는 인생이 아니라, 곧바로 낙원(천국) 아니면 음부(지옥)에 들어가는 내세(사후세계)의 종말론입니다. 인류 종말, 즉 복음(예수 그리스도)이 모든 민족에게 전파되면 인류의 유일한 구원자이신 예수님께서 인류를 심판하기 위해서 천사들과 함께 공중으로 재림(두 번째 오심)해 오시는데 그때가 세상 종말, 지구 종말, 인류 종말이라고 합니다. 이때 예수님의 공중 재림의 시점을 기준으로 과거와 현재에 죽었거나 산 모든 사람들이 하나님의 초자연적인 능력으로 말미암아 변화된 몸(육체와 영혼의 재결합)으로 부활하여 공중으로 들림을 받습니다. 이것을 휴거(携擧)라고 합니다. 그리하여 모든 불신자들이 공중에서 인류의 재판장이신 예수님(하나님)으로부터 최후의 심판을 받습니다. 불교, 이단들, 이슬람교, 유교, 원불교, 천주교 등 지구상에 있는 모든 종교인들도 심판을 받습니다. 이때 참 기독교인들은 심판을 받지 않고 곧바로 천국으로 입성합니다.

공중에서 인류 최후의 심판이 끝나면 구세주인 예수님을 믿지 않은 악한 자들, 죄인들은 모두 불타는 지옥불에 던져져 뜨거운 불에도 타지 않고, 죽지 않고, 영원히 고통만 받으며 살게 됩니다. 그래서 이것을 영벌(永罰)이라고 합니다. 고통이 너무 심하여 죽고 싶은데 죽지도 못하고 도망가지도 못하고 영원히 고통만 받고 삽니다. 이에 반해 예수님을 믿었던 자들은 천국에 들어가 말할 수 없는 행복과 편안과 기쁨 가운데 영원히 살게 됩니다. 다시는 수고와 눈물과 질병과 죽음과 사별과 슬픔을 당하지 않고 영원히 행복하게 살게 됩니다.

그래서 이것을 영생(永生)이라고 합니다. 이것으로 세상, 지구, 인간은 끝납니다. 인류가 한 사람도 남지 않고 다 떠난 이 지구, 세상은 어찌 됩니까? 하나님께서 우리가 상상할 수 없는 불로 다 태워 버려 없애신다고 합니다. 사람들만 심판을 받는 것이 아니라 망가진 현재의 지구도, 우주도 심판을 받고 사라집니다. 이것을 기독교(개신교)의 '직선적 종말론', '직선적 역사관'이라고 합니다. 불교처럼 현세나 살아생전의 행위에 따라 다시 사람이나 다른 동물로 태어나는 윤회론, 환생론은 없습니다. 이런 구체적인 사실이 성경(Bible)에 기록되어 있습니다.

인생은 잘 먹고 잘살다가 현세로서 끝나거나 죽으면 그것으로 모든 것이 사라지거나 끝나는 것이 절대로 아닙니다. 혹 그렇게 알고 믿고 확신하고 산다면 속고 사는 것입니다. 스스로나 누군가에게 속임을 당하는 것입니다. 현세만 있고 죽으면 모든 인생은 끝이고 그 이상의 세계는 없다고 한다면 그렇게 말하는 자신에게나 타인에게 확실하게 속고 있는 것입니다. 현재 그렇게 믿고 사는 사람이 있다면 자기 자신의 그릇된 확신과 지식에 속고 있는 것입니다. 누구나 한번 태어나면 신자나 불신자를 막론하고 영원히 살게 됩니다. 예수님을 믿든지 아니 믿든지 영원히 삽니다.

그것이 이 세상에 출생한 사람의 인생입니다. 이런 사실도 인정하지 않는다면 스스로 속고 사는 것입니다. 죽은 자들은 영원히 썩지 아니할 새로운 몸으로 변화하여 부활하고, 살아 있는 자들도 그 상태에서 영원히 썩지 아니할 변화한 몸으로 부활한 후 공중으로 들림을 받아 심판을 받고 지옥과 천국에 들어가 영원히 살게 됩니다. 현세처럼 저승, 내세, 사후세계가 있어 사후에 그리로 들어가서 영원히 삽니다.

이것이 사실이고 진실입니다. 그래서 현세만 집중해서 살면 안 되고 내세를 대비하며 살아야 합니다. 마치 돈을 버는 족족 다 써 버리는 것이 어리석은 것이고, 장래를 위해서 저축하는 것이 지혜인 것처럼 내세를 대비하며 사는 자가 지혜자입니다. 그 외에는 자신에게 속고 사는 바보입니다. 절대로 육체적 죽음이 끝이 아닙니다. 현세가 끝이 아닙니다. 혹 현세만 있다고 확신한다면 속고 사는 것입니다. 아주 치명적인 오판이자 착각입니다. 이런 사실이 믿어지지 않으니 부인하는 사람들이 많은데 그렇다고 사실이 감춰지거나 사라지는 것은 아닙니다.

이는 마치 시험에서 자기가 알지 못하는 문제가 출제되었다고 해서 문제가 틀렸거나 출제가 잘못된 것이 아닌 것과 같습니다. 그렇다고 문제를 부인할 수 없는 것과 같습니다. 또한 이것은 마치 세상에 존재하는 것들이 자기가 알지 못한다고 없는 것이 되지 않는 것과 같습니다. 자기가 모르고, 안 믿어지고, 눈에 보이지 않고, 경험하지 못했다고 해서 존재하지 않는 것이라고 주장하면 황당한 사람입니다.

이런 식으로 사는 사람은 현재와 세상과 우주가 자기중심으로, 자기가 아는 범위 안에서만 돌아가는 것이라고 주장하는 사람과 같습니다. 이런 사람을 가리켜서 사람들은 '정신 나간 사람이다'라고 말합니다. 우리가 시험을 볼 때 자기가 모른다고 해서 문제가 잘못된 것이 아닙니다. 모르는 문제, 풀지 못하는 문제는 문제가 잘못 출제된 것이 아니라 자기가 알지 못하고 쓰지 못하는 어려운 문제일 뿐입니다. 자기 실력과 지식이 부족한 것입니다. 문제를 탓하거나 다른 것을 탓하지 말아야 합니다. 세상과 우주에 존재하는 것들, 현세와 내세에 존재하는 것들, 신앙도 마찬가지 원리입니다. 자기가 부인하고 믿지 않는 것과 존재하고 사실인 것과는 별개입니다. 자기 자신의 실력이 부족해서 알지 못하고 믿지 못하고 사는 것입니다. 자기가 믿어지지 않는다고 다 부인하고 불신하는 사람은 정상적인 사람이 아닙니다. 물론 진리(예수 그리스도, 성경, 내세, 하나님)는 하나님께서 은혜(공짜)로 믿음을 주시지 않으면 결코 믿어지지 않는 신비한 영역입니다.

이런 사실들은 하나님이 선물로 주신 믿음이 아니면 절대로 인정하거나 믿을 수 없습니다. 이것이 신비이고 비밀입니다. 이런 신비한 비밀번호를 하나님이 알려 주시지 않으면 누구도 알지 못합니다. 인간의 지식과 경험과 능력과 학벌로는 기독교(개신교)의 직선적 종말론을 믿을 수 없습니다. 알지 못합니다. 내세가 믿어지지 않습니다. 현세만 있다고 믿고 살다가 죽습니다. 끝까지 안 믿어지면 그렇게 살다가 사후세계에 들어가서 확인할 수밖에 없습니다. 다른 방법이나 해법은 없습니다. 다른 설득의 방법도 없습니다.

게다가 믿음은 각자의 문제입니다. 부모님이 잘 믿는다고 자녀들까지 잘 믿는 것은 아닙니다. 이는 마치 아버지가 수학 실력이 좋다고 반드시 자식까지 수학 실력이 좋은 것은 아닌 것과 같습니다. 이런 부분들을 이해해야 합니다. 그래야 억지나 트집을 부리지 않게 됩니다. 종말을 좀 더 자세하게 나누면 기독교(개신교)에는 여러 유형의 종말론이 있습니다. 단지 사람에게만 종말이 있지 않습니다. 개인적 종말론, 인류 종말론, 영원한 종말론, 지구 종말론이 있습니다. 이런 종말론을 하나씩 살펴보겠습니다.

첫째, 개인적 종말론

이것을 육체적 죽음, 혹은 첫 번째 죽음이라고 말합니다. 개인적 종말이란 남녀노소가 무시로 누구나 경험하는 죽음을 말합니다. 한번 태어나면 반드시 죽는 첫 번째 죽음을 말합니다. 이 죽음(사망)은 누구도 피하지 못합니다. 빈부귀천을 떠나 120세 이전에 언제든지, 예고 없이 반드시 죽습니다. 그 이유는 무엇입니까? 죄(원죄)에 따른 하나님이 주신 형벌 때문입니다. 인류의 대표자이자 머리인 아담(하와)이 하나님의 말씀에 불순종한 죄를 가리킵니다. 무엇을 불순종했습니까? 에덴동산 중앙에 있는 선악과(善惡果)를 따 먹지 말라는 하나님의 어명(御命, 임금의 명령)을 무시하고 따서 먹은 죄(불순종 죄)입니다. 그런데 하나님의 어명을 여자(아내)인 하와가 먼저 어기고 함께한 남자(남편) 아담에게 주어 둘이 함께 먹은 죄를 범했습니다. 이 죄를 원죄(原罪)라고 합니다. 그런데 왜 전 인류에게 죽음이 왔습니까?

선악과를 따 먹은 것은 아담과 하와인데 말입니다. 그것은 인류의 대표자이자 머리인 아담(하와)의 죄(원죄)가 대표자의 원리에 따라 후손들에게 전가(轉嫁, 넘겨씌움), 유전(遺傳, 물려받아 내려옴)되었기 때문입니다. 그래서 모든 인류가 국적과 나이와 행위와 지위고하를 막론하고 죄의 벌로 다양한 사건과 모습으로 죽습니다. 이런 주장이 맞는 것은 누구다 다 죽는 것이 역설적으로 증명합니다. 인간의 죽음에는 직접적인 사망 원인과 간접적인 사망 원인이 있습니다. 사람의 직접적인 죽음(사망)의 원인은 죄(원죄) 때문이고, 그 외의 다른 다양한 이유와 사건 사고와 질병 등으로 죽는 것은 간접적인 사망 원인이라고 말합니다.

　　이런 사실을 정확히 모르는 사람들은 누가 죽으면 '암에 걸려서 죽었대!', '교통사고로 죽었대!', '전쟁에 나갔다가 총에 맞아 죽었대!', '자살해서 죽었대!', '지진과 화재로 죽었대!', '심장마비로 죽었대!', '물에 빠져 죽었대!' 등이라고 말합니다. 이런 말은 반만 맞고 반은 틀린 말입니다. '죄 때문에 죽었어!'라고 해야 정확합니다. 성경은 육체적 죽음과 관련하여 뭐라고 말합니까?

창세기 2장 17절

"선악(善惡)을 알게 하는 나무의 실과(선악과)는 먹지 말라 네가 먹는 날에는 정녕(반드시) 죽으리라 하시니라"(하나님께서 인류의 대표자인 아담과 하와에게 경고하심)

창세기 3장 19절

"네가(아담, 남자) 얼굴에 땀이 흘러야(노동) 식물(음식)을 먹고 필경(결국)은 흙으로 돌아가리니 그 속(흙)에서 네가 취함을 입었음이라 너(아담, 사람)는 흙이니 흙으로 돌아갈 것이니라 하시니라"(선악과를 따 먹은 이후 하나님께서 인류에게 주신 형벌)

로마서 6장 23절

"죄의 삯(값)은 사망이요…"

히브리서 9장 27절

"한 번 죽는 것은 사람에게 정하신 것이요 그 후에는 심판이 있으리니"

마태복음 10장 28절

"몸은 죽여도 영혼은 능히 죽이지 못하는 자들을 두려워하지 말고 오직 몸과 영혼을 능히 지옥에 멸하시는 자(하나님)를 두려워하라"

개인적 종말(개인적 죽음)이란 육체와 영혼의 분리(分離)입니다. 사람이 죽었다고 했을 때 그것은 육체(몸)에서 영혼이 빠져나갔을 때, 떠났을 때를 가리킵니다. 그것을 시체(屍體, 송장)라고 합니다. 육체 안에 거하고 있던 영혼이 떠나면 사람은 죽습니다. 더 이상 움직이지 않습니다. 살아 숨 쉬지 않습니다. 아무런 감각이 없습니다. 그래서 즉시 부패가 시작됩니다.

전도서 12장 7절

"흙(사람의 육체)은 여전히 땅으로 돌아가고 신(spirit, 사람의 영혼)은 그 주신 하나님께로 돌아가기 전에 기억하라"

야고보서 2장 26절

"영혼 없는 몸이 죽은 것같이…"

마태복음 27장 50절

"예수께서 다시 크게 소리지르시고 영혼(靈魂)이 떠나시다"(내
세로)

따라서 육체적(肉體的) 죽음이란 육체와 영혼의 분리로 말미암은 육체
적 생명의 종결이라고 말할 수 있습니다. 결코 멸절(滅絶, 멸망시켜 없앰)
이 아닙니다. 한번 태어난 사람은 반드시 사망을 경험하지만 그렇다고 완
전히 없어지는 것이 아닙니다. 영원히 누구도 모르는 곳으로 사라지는 것
이 아닙니다. 육체는 흙으로 만들었기에 화장(火葬)이나 매장(埋葬)으로
불에 타거나 시간이 지나면 썩어서 흙으로 산화되지만, 영혼은 비물질이
기에 불에 타지도 않고, 공기와 접촉하여 썩지도 않고, 없어지지도 않고
내세의 중간상태(영혼이 종말 때까지 음부 혹은 낙원에 거함)에 들어가
세상 종말 때에 있을 부활을 기다리며 머뭅니다.

사람의 몸에서 영혼이 떠나가면 죽었다고 합니다. 그것을 주검, 시체라
고 합니다. 이 시체(주검)를 땅에 묻거나 화장(火葬)하여 처리합니다. 물
론 개인적 종말, 개인적 죽음으로 끝나지 않습니다. 스스로 그렇게 믿거
나 누군가가 그렇게 말한다면 사기입니다. 거짓입니다. 속는 것입니다.
개인적 죽음, 개인적 종말이 인생의 전부가 아닙니다. 반드시 다시 사는
부활과 심판이라는 내세(사후세계) 인생이 기다리고 있습니다. 사람은 한
번 태어나면 하나님을 믿는 사람이나 믿지 않는 사람이나 저승에서 영원
히 삽니다. 영원히 사는 장소만 다를 뿐입니다. 이 땅에 출생한 모든 사람
은 부활하여 최후에 천국(영생) 아니면 지옥(영벌)에 들어가서 영원히 살

게 됩니다. 이런 것이 믿어지는 자가 행복한 사람입니다.

둘째, 인류 종말론

인간(인류) 종말이란 지구상에 존재하는 모든 사람들의 인생이 끝남을 말합니다. 과거와 현재와 미래의 전 인류를 말합니다. 성경은 세상의 종말이 전쟁(핵전쟁), 기후변화, 온난화, 기근, 음식이나 물 부족, 코로나19와 같은 각종 전염병 등 세상의 환경, 조건, 인간과 어느 나라의 어떤 실수나 파괴 등에 의하여 온다고 말하지 않습니다. 세상 종말이 사람에 의해서 임한다고 말하지도 않습니다. 인류, 우주만물의 종말도 하나님에 의해서만 이루어진다고 합니다. 세계 역사의 시작도 창조로 하나님이 하셨고 끝도 하나님이 행하십니다. 인류는 수천 년 전에 종말을 경험한 적이 있습니다. 그것은 노아 시대에 대홍수에 의한 인류 심판으로 나타난 종말입니다. 그때는 물(水)로 이 지구를 다 덮어 종말을 맞이하게 하였습니다. 단순한 천재지변이 아니었습니다. 기후 이상에 따른 것이 아니었습니다.

하나님께서 하늘 창을 여시어 폭포수처럼 비를 내리시고, 땅에서 용암처럼 물이 솟아나게 하시어 지구촌을 다 덮게 하셨습니다. 지금도 온갖 물난리 등은 소위 자연재해라고 하는데 이는 틀린 주장입니다. 이 세상에서 발생하는 모든 일은 스스로 그렇게 하는 것이 아니라 하나님의 통치로 그리되고 있습니다. 이것을 하나님의 섭리(攝理)라고 합니다. 세상과 불신자들은 이런 비밀을 모릅니다. 하나님의 가족, 식구가 아니기 때문에 그 비밀번호를 모릅니다. 무슨 재해와 재난을 당하면 항상 반복적으로 비본질적인 기상분석만을 내놓고 지나갑니다. 천재니 인재니 하면서 갑론

을박만 합니다. 노아 홍수 당시 지구상에 생존한 사람은 오직 노아의 여 덟 가족뿐이었습니다. 그리고 두 쌍 혹은 일곱 쌍씩 노아 방주에 들어간 동물들만 살았습니다. 노아 부부와 세 아들과 자부들입니다. 이때도 노아 스스로가 산 것이 아니라 하나님께서 살리셨습니다.

창세기 6장 13절

"하나님이 노아에게 이르시되 모든 혈육 있는 자의 강포(强暴, 우악스럽고 사나움)가 땅에 가득하므로 그 끝(종말) 날이 내 앞에 이르렀으니 내가 그들을 땅과 함께 멸하리라"

창세기 7장 11~12절

"노아 육백 세 되던 해 이월 곧 그 달 십칠일이라 그 날에 큰 깊음의 샘들이 터지며 하늘의 창들이 열려 사십 주야(晝夜)를 비가 땅에 쏟아졌더라"

창세기 7장 19~21절

"물이 땅에 더욱 창일(漲溢, 물이 불어 넘침)하매 천하에 높은 산이 다 덮였더니 물이 불어서 십오 규빗(가장 높은 산에서 약 7미터)이 오르매 산들이 덮인지라 땅 위에 움직이는 생물이 다 죽었으니 곧 새와 육축과 들짐승과 땅에 기는 모든 것과 모든 사람이라"

이처럼 인류는 노아의 시대에 홍수 심판으로 딱 한 번 종말을 경험한 적이 있습니다. 그러나 하나님께서는 다시는 물로 세상을 심판하지 않겠다고 하셨습니다(창 8:21). 하나님께서는 다른 방식으로 세상 심판과 종말(끝)을 말씀하셨습니다. 성경은 세상 종말(말세/끝)을 그리스도(예수님)의 공중 재림으로 고한다고 말합니다. 복음이 모든 민족에게 전파되면, 땅끝까지 전파되면 인류의 유일한 구세주이자 재판장이신 예수님께서 천사들과 함께 나팔을 불며 공중으로 다시 오시는데 이것을 재림(再臨, 두 번째 오심)이라고 합니다. 초림(初臨, 첫 번째 오심)은 성탄절(聖誕節)을 말합니다.

예수님의 성탄인 초림은 인류를 가난에서 구제하고, 세계평화와 섬기기 위해서 오신 것이 아니라 인류(하나님의 택한 백성들만을 위한 성탄)를 저희 죄(원죄)에서 구원하기 위해서 오셨고, 두 번째 공중으로 오시는 재림은 인류(불신자)를 심판하시고 신자들을 천국으로 데려가기 위해서 오십니다. 신약성경은 주님의 초림(初臨, 성탄)이 있은 후 재림(再臨, 두 번째 오심)이 있을 것임을 분명히 가르치고 있습니다. 예수님 자신도 여러 번 다시 오실 것을 말씀하셨습니다. 성경이 잘 증명하고 있습니다. 초림과 재림은 각각 오직 한 번씩뿐입니다.

요한복음 14장 3절

"가서(부활 승천 후) 너희(제자들, 참신자들)를 위하여 처소(낙원, 천국)를 예비하면 내가 다시 와서(공중 재림) 너희를 내게로 영접하여 나 있는 곳(낙원, 천국)에 너희도 있게 하리라"(인성 부분에서의 예수님의 생전 말씀)

마태복음 24장 30절

"그때에 인자(예수님)의 징조가 하늘에서 보이겠고 그때에 땅의 모든 족속들이 통곡(痛哭, 소리를 높여 슬피 욺)하며 그들이 인자가 구름을 타고(함께, with) 능력과 큰 영광으로 오는 것(공중 재림)을 보리라"

마태복음 26장 64절

"예수께서 가라사대 네가 말하였느니라 그러나 내가 너희에게 이르노니 이 후에 인자(예수님)가 권능의 우편에 앉은 것과 하늘 구름을 타고(함께) 오는 것(공중 재림)을 너희가 보리라 하시니"

마태복음 16장 27절

"인자(예수님)가 아버지(성부 하나님)의 영광으로 그 천사들과 함께 오리니(공중 재림) 그때에 각 사람의 행한 대로 갚으리라"

예수님께서 죽으신 지 3일 만에 무덤에서 부활하시어 승천하실 때에 하나님을 섬기는 천사들이 갈릴리 사람들에게 주님의 공중 재림에 대하여 주의를 환기시켰습니다.

사도행전 1장 11절

"가로되 갈릴리 사람들아 어찌하여 서서 하늘을 쳐다보느냐

너희 가운데서 하늘로 올리우신(승천) 이 예수는 하늘로 가심
을 본 그대로 오시리라(공중 재림) 하였느니라”

예수님의 열두 제자인 사도들도 여러 번 그들의 서신(신약성경책)에서
주님의 공중 재림을 언급하였습니다.

데살로니가전서 4장 15~16절
“우리가 주의 말씀으로 너희에게 이것을 말하노니 주 강림(재
림)하실 때까지 우리 살아남아 있는 자도 자는 자보다 결단코
앞서지 못하리라 주께서 호령과 천사장의 소리와 하나님의 나
팔로 친히 하늘로 좇아 강림(공중 재림)하시리니 그리스도 안
에서 죽은 자들이 먼저 일어나고(부활)”

성경적 지구 종말론은 천국복음(예수님)이 모든 민족에게 전파되었을
때 인류의 재판장이신 예수님께서 공중으로 강림(재림)하시는데 그때가
인류(인간)의 종말(마지막 때)이라고 말합니다.

마태복음 24장 14절
“이 천국 복음이 모든 민족에게 증거되기 위하여 온 세상에 전
파되리니 그제야 끝(세상 종말, 지구 종말)이 오리라”(인류의
종말에 대한 다른 주장들은 모두 가짜다)

예수님께서 공중으로 재림해 오실 때 과거에 죽었던 모든 사람들이 변

화된 육체와 영혼이 재결합한 상태로 부활하여 휴거(공중으로 들림)됩니다. 이는 신비한 일입니다. 합리적으로 설명이 불가능합니다. 사람이 스스로 그리되는 것이 아니라 전능하신 하나님께서 그렇게 초자연적으로 역사하십니다. 그래서 가능한 일입니다. 예수님께서 공중으로 재림해 오실 때에 이 땅에 살았던 사람들도 하나님의 초자연적인 역사로 인하여 육체가 홀연히 변화하여 휴거됩니다. 하늘로 올라간 자들 중 불신자들 모두는 전 인류의 재판장이신 예수님 앞에 서서 일생 동안 자기가 뿌린 대로 선악 간에 심판을 받습니다.

세상에서는 이런저런 술수로 숨기고 넘어갔지만 예수님께는 절대로 숨기지 못합니다. 완벽하고 철저한 공의로운 심판을 받게 됩니다. 그래서 세상에서 불공정한 재판을 받고 억울함을 당한 사람은 억울할 것이 없습니다. 다 보상을 받게 됩니다. 세상에서 온갖 악한 짓을 다 하고도 처벌을 받지 않고 살다가 죽은 자들은 사후에 예수님으로부터 피눈물을 흘리는 무서운 심판을 받게 될 것입니다. 세상에서 실패한 정의는 사후에 반드시 실현됩니다.

셋째, 영원한 종말론

영원한 종말이란 두 대상에게 해당하는 말입니다. 하나는 예수님을 믿지 않는 자들에게만 임하는 둘째 사망인 지옥에서의 영벌의 삶이고, 또 하나는 예수님을 믿는 자들에게만 해당하는 천국에서의 영생의 삶을 말합니다. 예수님의 공중 재림으로 인하여 죽은 자나 산 자 모두가 홀연히 변화하고 부활하여 하늘로 들림(휴거)을 받은 이후 인류의 재판장이신 예수님으로부터 인류 최후의 심판을 받게 됩니다. 기독교인들은 예수님을 믿어 의인이 되었기에 심판을 받지 않습니다. 그리하여 불신자들(악인)은 불못(지옥)에 던져져서 그곳에서 영원히 고통만 받으며 살게 됩니다.

또 기독교인들(의인)은 천국에 들어가서 영원히 행복만 누리며 살게 됩니다. 물론 이런 갈림의 기준은 자신의 선행이나 수행이 아닌 세상에 살 때 구원자이신 예수님을 진실로 믿었느냐 믿지 않았느냐의 여부로 판가름 납니다. 천국과 지옥을 가름하는 결정적인 요인은 선행(천주교), 착함, 육신오행(이슬람교), 유명, 인류에의 헌신과 공적, 해탈(불교), 수행(불교 행위), 어떤 행위가 아닌 예수님(인류의 유일한 구세주)에 대한 믿음뿐입니다. 예수님으로부터 최후의 심판을 받고 지옥불에 들어가 영원히 고통 가운데 사는 자들에 대하여 말하기를 둘째 죽음, 즉 '영원한 죽음'이라고 말합니다. 육체적 죽음보다 이 둘째 사망이 더 무섭습니다.

마태복음 25장 46절
"저희(예수님을 믿지 않은 자)는 영벌(지옥)에, 의인들(예수님을 진실로 믿은 자)은 영생(천국)에 들어가리라 하시니라"

마태복음 7장 21절
"나더러 주여 주여 하는 자마다 천국(天國)에 다 들어갈 것이 아니요 다만 하늘에 계신 내 아버지(성부 하나님)의 뜻대로 행하는 자라야 들어가리라"(이 말은 행위를 가리키는 것이 아닌 성부 하나님께서 보내 주신 메시아를 믿고 그의 계명대로 지키

며 살려고 애쓴 자들을 가리킵니다)

요한계시록 20장 14~15절

"사망과 음부도 불못(지옥)에 던지우니 이것은 둘째 사망(영
원한 종말) 곧 불못(지옥, 둘째 사망)이라 누구든지 생명책(生
命冊, 구원자 기록 책)에 기록되지 못한 자는 불못(지옥, 둘째
사망)에 던지우더라"

요한계시록 21장 8절

"그러나 두려워하는 자들과 믿지 아니하는 자들과 흉악한 자
들과 살인자들과 행음자들(간음, 간통자들)과 술객들(점술
자)과 우상 숭배자들과 모든 거짓말 하는 자들은 불과 유황으
로 타는 못(지옥)에 참예하리니 이것이 둘째 사망(둘째 죽음,
영원한 종말)이라"(이러한 자들은 예수님을 진실로 믿지 않
은 자들이다. 진실로 예수님을 믿지 않는 자들은 이런 악행을
하며 산다)

마태복음 13장 49~50절

"세상 끝(종말)에도 이러하리라 천사들(추수꾼)이 와서 의
인 중에서 악인(불신자)을 갈라내어 풀무 불(지옥)에 던져 넣
으리니 거기서 울며 이를 갊이 있으리라"(반드시 내세가 있고
사후에 심판이 있어 악인들은 지옥에 던져진다)

이것이 성경에서 말하는 정통 기독교(개신교)의 영원한 종말론(둘째 죽음=지옥 삶)입니다. 기독교 안에도 종말론이 다양합니다. 한 가지 유념해야 하는 것은 기독교라고 하여 다 같지 않다는 점입니다. 상품이라고 다 동일한 상품이 아닌 것과 같습니다. 진짜 상품과 불량 상품이 있습니다. 신앙도 그렇습니다. 기독교라 하면 크게 천주교(구교, 로마가톨릭교회)와 개신교(신교)가 있습니다. 천주교와 개신교는 교리에 있어서 결코 받아들일 수 없는 다른 부분이 많습니다. 분명하게 말하면 천주교에는 성경에 없는 이단 교리가 많습니다. 대표적인 것이 연옥사상(煉獄思想)입니다. 천주교 신자 중에 사후에 곧바로 천국에 들어가지 못하고 중간 지대인 연옥에 거하다가 나중에 선행과 연단을 통해 다시 천국에 들어가는 자들이 있다고 말합니다.

성경은 연옥을 말하지 않습니다. 없습니다. 이는 개신교에서 성경으로 인정하지 않는 소위 외경(外經)에 나온 것입니다. 또 하나는 지구 종말입니다. 세상 종말이 되면 하나님께서 망가진 천지(天地)도 함께 심판하십니다. 사람만 심판하시고 끝나는 것이 아닙니다. 성경은 기존 천지(天地)가 하나님에 의해 불살라져서 없어진다고 말합니다. 새로운 세계를 만드시고 예비하시는데 이것을 '새 하늘과 새 땅'(천국)이라고 말합니다. 이는 전혀 다른 재창조를 의미하기도 합니다. 우리가 알고 있었던 이전 세계가 전혀 기억나지 않을 정도의 에덴동산과 같은 전혀 다른 세계나 나라를 말합니다.

세상이 타락하기 이전의 모습과 형태와 같은 세계입니다. 대부분의 개혁주의 신학자들은 그리 이해하고 해석하고 믿는다고 합니다. 물론 이단들이 말하는 지상천국과는 전혀 다른 개념입니다. 그렇지 않고 다른 곳에 예비하신 천국일 수도 있습니다. 어느 것을 믿어도 무관하다고 생각합니다. 한 가지 분명한 사실은 천국(새 하늘과 새 땅)은 어디엔가 반드시 있다는 것입니다. 하나님께서 예비하신 곳입니다. 이 세상 나라와는 비교할 수 없는 세계라는 것만은 분명합니다. 그리고 참신자는 하나님의 은혜로 천국에 들어가서 하나님을 경배하며 영원히 행복하게 산다는 사실입니다. 물론 이 세상에서처럼 가족관계와 부부관계, 결혼, 임신, 출산 등은 없습니다. 천사와 같은 존재로 영원히 삽니다.

넷째, 지구 종말론

종말(끝)에는 여러 가지가 있는데, 세상에 출생한 자는 육체적으로 반드시 죽는 첫 번째 죽음 혹은 개인적 죽음(종말)이 있습니다. 복음(예수님)이 땅끝까지 전파되면 인류의 유일한 구세주이시자 전 인류의 재판장이신 예수님께서 천사들과 함께 공중으로 재림해 오십니다. 이때 지구촌에 살고 있는 전 인류가 공중으로 들림을 받으므로 지구촌의 삶을 마감하는 인류 전체의 종말(끝)이 있습니다. 그리고 과거와 재림 당시 현재의 모든 사람들이 사후(내세)와 부활 후에 인류 최후의 심판을 받고 천국과 지옥에 들어가서 영원히 사는 최후의 영원한 종말(영생과 영벌)이 있습니다.

여기에 성격이 다른 한 가지 종말(끝)이 더 있습니다. 그것은 현재 인류가 살고 있는 지구(땅) 종말입니다. 다시 말하면 지구 땅덩어리 종말(끝)입니다. 전 인류의 종말 후 현재의 지구는 어떻게 될 것인가에 대해서 궁

금할 것입니다. 지구는 그대로 있을 것인가? 아니면 사라질 것인가? 아니면 재창조될 것인가? 지구가 그대로 존재한다면 어떤 모양으로 있을까? 지구가 사라지면 어떤 방식으로 사라질 것인가? 지구가 재창조된다면 어떤 모습일까? 이에 대하여 성경은 침묵하지 않습니다. 현재의 천지, 지구는 존재하지 않는다고 분명하게 말합니다.

마태복음 24장 35절

"천지(天地, 지구 포함 우주)는 없어지겠으나 내(예수님) 말은 없어지지 아니하리라"(종말에 대한 세상 상태 말씀)

베드로후서 3장 7절

"이제 하늘과 땅은 그 동일한 방법으로 불사르기 위하여 간수(看守, 보살피고 지킴)하신 바 되어 경건치 아니한 사람들의 심판과 멸망의 날까지(종말까지) 보존하여 두신 것이니라"(종말 때까지의 천지 상태)

베드로후서 3장 10절

"그러나 주의 날(재림, 종말)이 도적같이 오리니 그날에는 하늘(天)이 큰소리로 떠나가고 체질(體質)이 뜨거운 불에 풀어지고 땅과 그중에 있는 모든 일이 드러나리로다"(세상 종말 이후의 천지 상태)

베드로후서 3장 12~13절

"하나님의 날(재림, 세상 종말)이 임하기를 바라보고 간절히 사모하라 그 날에 하늘(天)이 불에 타서 풀어지고 체질이 뜨거운 불에 녹아지려니와 우리는 그의 약속대로 의의 거하는 바 새 하늘과 새 땅(천국)을 바라보는도다"(세상 종말 이후의 미래 상태)

히브리서 1장 10~12절

"또 주여 태초에 주께서 땅의 기초를 두셨으며 하늘도 주의 손으로 지으신 바라 그것들은 멸망할 것이나 오직 주는 영존할 것이요 그것들은 다 옷과 같이 낡아지리니 의복처럼 갈아입을 것이요 그것들이 옷과 같이 변할 것이나 주는 여전하여 연대(年代)가 다함이 없으리라 하였으나"

요한계시록 21장 1절

"또 내가(사도 요한) 새 하늘과 새 땅(천국)을 보니 처음 하늘과 처음 땅이 없어졌고 바다도 다시 있지 않더라"

성경은 개인적인 종말, 전 인류의 종말, 영원한 종말, 기존 하늘과 땅의 종말인 지구의 종말이 있음을 말합니다. 지금도 개인적인 종말(육체적인 종말)은 날마다 성취되고 있지만, 인류 종말과 영원한 종말과 지구 종말은 미래의 사건으로 예수님께서 천사들과 함께 공중으로 재림해 오실 때 이루어집니다. 그때 예수님을 진실로 믿은 하나님의 자녀들은 새 하늘과 새 땅인 천국에 들어가서 영생을 누립니다. 새 하늘과 새 땅을 소위 천국(하나님 나라)이라고 하는데, 그곳이 재창조 개념의 완전히 새롭게 변화된 곳인지 아니면 전혀 새로운 장소(처소)인지에 대해서는 학자들 간에 의견이 분분합니다. 대부분의 개혁주의 신학자들은 전자(前者)를 지지한다고 합니다. 참그리스도인들이 언젠가 들어갈 천국은 기존의 땅과 하늘과는 비교도 안 되고, 기존의 지구가 기억도 되지 않을 정도의 새 하늘과 새 땅인 것만은 분명합니다.

그리고 하나님의 나라인 천국이 있음은 확실합니다. 그러므로 참그리스도인들은 죽음, 종말, 재림을 두려워할 이유가 없고 도리어 소망하고 사모해야 합니다. 이 세상이 불완전한 곳이라면 천국은 완전한 곳입니다. 이 세상은 행불행이 교차되는 곳이라면 천국은 영원히 행복만 있는 곳입니다. 기독교인이라면 세상에 미련을 가질 이유가 하나도 없습니다. 그래서 가족이든 지인이든 기독교인들에게 죽음은 새로운 시작이자 행복입니다. 두려움과 공포의 대상이 아닙니다. 영원한 이별이 아닌 잠시 이별일 뿐입니다. 향후 천상에서 재회하여 천국에서 영원히 살 것입니다.

그러니 참그리스도인들은 지인들과 배우자와 가족과 친인척들의 죽음에 대하여 너무 깊게 슬퍼하지 말아야 합니다. 반대로 항상 종말신앙을 가지고 깨어서 살되 천국에서 재회할 날을 고대하며 소망 가운데 거룩하게 살아가야 합니다. 하지만 예수님을 믿지 않는 모든 종교인들과 사람들은 슬퍼하고 애통해야 합니다. 왜냐하면 천국에 들어가지 못하고 영원한 고통의 감옥인 지옥불에 들어가서 영원히 고통만 당하며 살기 때문입니다.

그래서 불신자들에게 죽음은 두려움과 공포와 절망 그 자체입니다. 누군가가 죽으면 통곡합니다. 오래도록 슬퍼합니다. 지상에서 동일하게 살아가지만 기독교인과 불신자들은 전혀 다른 마음으로 살아갑니다. 기독교인 가족이나 지인들과는 영원히 이산가족, 이별을 하게 될 것입니다. 사후에도 만나지 못합니다. 상상만 해도 끔찍합니다. 이 세상 감옥(교도소) 생활도 하루하루가 끔찍하다고 하는데, 불 속과 같은 뜨거운 지옥에서 몇 년도 아니고 영원히 죽지도 않고, 불에 타지도 않고 고통만 당하며 산다는 것은 상상만 해도 끔찍하고 공포 그 자체입니다. 세상 종말과 인류의 종말은 반드시 있습니다. 이런 것이 없다고 하는 것은 속고 사는 것입니다. 스스로 속거나 누군가에 의해 속고 사는 것입니다. 이에 따른 고민과 문제는 종말은 있는데 종말이 끝이 아니라는 것입니다. 종말은 새로운 세계, 새로운 인생으로 전환되는 시점입니다. 그래서 종말에 대한 바른 이해와 믿음이 있어야 합니다. 그래야 비참한 상태로 전락하지 않습니다. 이 세상에서 함부로 살지 않게 됩니다. 날마다 깊이 숙고하고 살아야 합니다.

제8부

인류 부활관

상당수 사람들은 죽으면 그것으로 끝이라고 말합니다. 이는 엄청난 착각이자 치명적인 오해이자 실수입니다. 자기 자신에게 속는 것입니다. 그 이유는 반드시 다시 살아나는 부활이 있고 내세가 있기 때문입니다. 현세만 있고 죽으면 끝이라고 확신하고 사는 사람들은 사계절의 나라에서 겨울이 없다고 주장하며 겨울을 준비하지 않고 사는 사람과 다르지 않습니다. 큰일 납니다. 잘 모르면 그럴 수 있다고 생각합니다. 무엇이든지 정확히 모르면 부정하거나 엉뚱한 답변을 하게 되어 있습니다.

그래서 이렇게 알려 주는 것이니 겸허하게 받아들이고 깊이 생각해 보기 바랍니다. 미리 대비해서 손해날 것이나 억울할 것은 하나도 없습니다. 속은 셈 치고 인류의 부활에 대하여 부활을 주장하는 자들의 말에 귀를 기울이고 진지하게 고민하기 바랍니다. 돌다리도 두드리고 건너는 심정으로 인생을 신중하게 살아가야 합니다. 그것인 인생보험, 내세보험입니다. 자신이 알고 있고 확신하는 것이 전부가 아니거나 사실이 아닌 것들도 상당히 많습니다. 보이는 것과 보이지 않는 것들에 대하여 자신은 정답만을 가지고 있다고 자만하거나 착각하지 말아야 합니다. 이는 부인할 수 없는 사실입니다. 그래서 누구나 항상 귀를 열어 놓고 겸손하게 살아가야 합니다. 그런 자가 지혜자입니다.

고린도전서 15장 12~14절

"그리스도께서 죽은 자 가운데서 다시 살아나셨다 전파되었거늘 너희 중에서 어떤 이들은 어찌하여 죽은 자 가운데서 부활이 없다 하느냐 만일 죽은 자의 부활이 없으면 그리스도(예수님)도 다시 살지 못하셨으리라 그리스도께서 만일 다시 살지 못하셨으면 우리의 전파하는 것도 헛것이요 또 너희 믿음도 헛것이며"

사람들은 종종 어떤 사건을 가지고 찬반이 나누어져 치열하게 논쟁합니다. 가장 대표적인 것이 창조론과 진화론입니다. 또 어떤 역사적인 그림이나 자료를 놓고 '진품이다 아니면 가짜다'라고 다툽니다. 어떤 교통사고를 놓고도 '누가 가해자이고 누가 피해자이다'라고 하면서 싸웁니다. 어떤 사람을 놓고도 '훌륭한 사람이다 아니면 무능한 사람이다'라고 찬반이 갈라집니다. 그러나 참이든 가짜든 답은 항상 하나뿐입니다. 어느 한쪽은 맞고 어느 한쪽은 틀린 것입니다. 어느 한쪽은 속고 어느 한쪽은 속지 않는 자입니다. 무엇이든지 이런 엇갈린 주장을 하는 자들이 있습니다. 진짜라고, 훌륭하다고 해서 모든 사람들이 지지하거나 믿지는 않습니다. 반대로 가짜라고, 나쁜 자라고 해도 지지하고 편드는 사람들은 항상 있습니다. 사람들은 자기가 알고, 보고, 경험하고, 들은 것에 대하여 완전하게 알지 못하기 때문에 가짜나 나쁜 자들에 대해서도 지지를 보냅니다. 억지를 부리기도 합니다. 하지만 나중에 후회하는 자들이 있습니다.

고린도전서는 하나님의 종 사도 바울이 성령의 감동으로 고린도교회에 보낸 하나님의 서신입니다. 고린도는 서유럽에 있는 나라로 지금의 그리스 도시입니다. 지중해와 에게해를 접하고 있고 바로 옆 나라가 터키, 지금의 튀르키예입니다. 고린도전서의 말씀을 보면 당시 고린도교회 일부 성도들 중에도 죽은 자의 부활을 믿지 않는 자들이 있었음을 알 수 있습니다. 그래서 하나님께서는 고린도교회에 부활에 대하여 많은 말씀을 하신 것입니다.

유대 종파 중 사두개파에 속한 사두개인들은 부활은 없다고 부인했습니다. 이에 반해 같은 유대 종파 중 하나였던 바리새파들은 부활을 믿었습니다. 오늘날 모든 불신자들도 부활을 믿지 않습니다. 사람이 죽으면 그것으로 끝이라고 말합니다. 자기주장과 확신에 대한 타당한 논리는 제시하지 못하면서 그리 말합니다. 부활은 없다고 말합니다. 그러니까 사후 내세를 부정하는 것입니다. 살다가 죽으면 그것이 전부라고 말합니다. 사람이 다시 살아나는 일은 없다고 확신에 차서 말합니다.

기독교인들 중에도 성경에 무지하거나, 성경을 부분적으로만 알거나, 제대로 배우지 못하여 신앙이 연약한 자들은 부활신앙에 대하여 매우 취약합니다. 반신반의합니다. 이성적이고 합리적이고 과학적으로 접근하면 그렇게 주장할 수 있습니다. 그러나 눈에 보이는 것과 보이지 않는 모든 것들이 다 이성적, 합리적, 과학적으로 증명되거나 그래서 믿어지는 것은 아닙니다. 인간 이성과 지식 이상의 것들이 있습니다. 과학적으로 증명할 수 없는데 존재하는 것들이 많습니다. 가장 대표적인 것이 신(God)과 바람의 존재입니다.

이는 합리적으로 증명이 불가능한 믿음의 영역입니다. 바람도 눈에 보이지 않고 손에 잡히지도 않습니다. 그래서 이성적으로나 과학적으로 증명하지 못합니다. 그래도 바람이 존재하는 것은 확실합니다. 바람이 불면 나무나 나뭇잎이 움직이기 때문입니다. 또한 내세에 관한 것입니다. 내세는 누구도 경험하지 못한 곳입니다. 그래서 보여 줄 수 없고, 어떤 것은 하나님이 주신 믿음과 신적 지혜가 아니고서는 절대로 믿을 수 없는 것들이 한둘이 아닙니다. 이 시간에는 부활(다시 삶)의 실제성에 대하여 일반적이고 성경적으로 살펴보겠습니다.

첫째는 씨앗의 부활입니다.

우리가 잘 아는 것처럼 묘목의 뿌리가 썩으면 나무는 죽습니다. 당연히 부활이 없습니다. 그러나 신기하게도 산 씨앗은 땅에 묻혀 썩었는데 사라지지 않고 죽지 않고 그 자리, 그 속에서 다시 새싹이 돋아나는 부활이 있습니다. 썩은 씨앗은 싹이 나 땅을 뚫고 나와서 새로운 모습으로 자랍니다. 아주 신기하고 신기합니다. 신비한 일입니다. 아무리 생각해도 논리적으로나 과학적으로 증명하기가 불가능합니다. 일반상식과 이론을 파괴합니다. 씨앗이 썩으면 그대로 사라지고 없어져야 하는데 그 썩은 씨앗에서 새싹이 나는 부활이 있습니다.

밭농사 중 상당수가 그렇게 해서 곡식을 거둡니다. 농부들이 먹고삽니다. 그렇게 해서 마트에 나온 채소들과 곡물들을 우리가 사서 매일 먹습니다. 분명히 썩은 씨앗이 사라지지 않고 새싹이 나서 존재하는데 농부들은 그 이유를 증명하지 못합니다. 다른 사람들도 이런 신비한 현상을 증명하지 못합니다. 그래서 묻지도 않고 따지지도 않고 그대로 믿고 농사를 짓고 그저 사서 먹을 뿐입니다. 논리적이고 과학적으로 증명하지 못하면 부정해야 합니까? 부정할 수도 없습니다. 사실이기 때문입니다. 썩은 씨앗의 부활을 통해서 이성적이고 합리적이고 과학적이지 않더라도 얼마든지 부활이 있음을 알 수 있습니다.

두 번째는 영혼(혼령, 넋, 혼)의 영원성, 불멸성입니다.

영혼은 물질이 아니기에 공기나 바람처럼 눈으로 볼 수 없습니다. 썩지도 않고, 불에 타지도 않고 영원히 존재합니다. 그것이 물질인 육체와 다른 점입니다. 그것을 어찌 알 수 있습니까? 사람의 생사를 통해서 확인할 수 있습니다. 사람은 크게 두 가지 요소로 구성되어 있습니다. 하나는 눈에 보이는 육체입니다. 소위 몸이라고 말합니다. 몸은 뼈와 살로 구성되어 있습니다. 여기에 영혼이 플러스가 되면 산 사람이라고 말하고, 영혼이 육체에서 떠나면 죽었다, 운명했다고 말합니다. 영혼이 떠난 몸을 시체라고 합니다. 영혼이 떠난 몸은 시간이 지나면 서서히 얼음처럼 차가워지고 나무나 돌처럼 굳어 버립니다. 뻣뻣합니다. 움직이지 않습니다. 물질이기에 서서히 썩기 시작합니다. 육체에서 영혼이 분리되면 그리됩니다.

그렇다면 눈에 보이지 않는 영혼은 어떤 존재입니까? 물론 육체처럼 하나님이 만드셨고 하나님이 주시고 취하십니다. 영혼은 영원히 죽지 않고, 시간이 지나도 썩지 않고, 화장을 해도 불에 타지도 않고, 사후에 즉시 중간상태 내세인 낙원 혹은 음부로 들어가 종말과 부활과 재림을 기다립니다. 이 영혼은 예수님께서 세상을 심판하기 위해서 천사들과 함께 나팔을 불며 공중으로 재림해 오실 때 변화된 육체와 재결합하여 영원히 썩지 아니하고 죽지 아니할 몸으로 부활합니다. 영혼은 죽은 자의 무덤 속에 있거나 이 세상 어디엔가 떠돌아다니거나 누구도 모르는 곳으로 사라지는 것이 아닙니다.

영혼은 부활 이후 천국 아니면 지옥에 들어가서 영원히 살게 됩니다. 변화된 육체와 재결합하고 부활하여 영원히 살게 됩니다. 이것이 영혼의 실상이자 정체성입니다. 이 영혼의 실상과 존재와 향방은 변화된 육체와의 재결합을 통해서도 알 수 있습니다. 시체를 통해서도 알 수 있고, 산 사람을 통해서도 알 수 있습니다. 산 사람이나 죽은 사람이나 핵심은 영혼이 몸 안에 있고 없고의 문제이기 때문입니다. 이는 마치 컴퓨터가 '죽었나 살았나'의 유무는 컴퓨터 외장 하드웨어가 아닌 내장의 소프트웨어에 달려 있는 것과 같습니다. 이 영혼의 존재 부분은 믿음과 성경을 통해서만 이해가 되고 믿을 수 있습니다.

세 번째는 예수님의 부활을 통해서 부활이 있음을 믿을 수 있습니다.

예수님은 신성과 인성, 곧 양성(兩性, 하나님+인간)을 가지신 전무후무한 유일한 분이십니다. 사람의 이성으로는 이해나 수용이 불가합니다. 지금의 이스라엘 땅에, 인류 역사 선상에 실제로 존재하셨던 분입니다. 지금도 살아 계신 분이십니다. 성탄절의 주인공이시고, 기원전과 기원후의 나눔도 예수님의 성탄을 기점으로 갈립니다. 예수님은 본래 영원 전부터 영이신 하나님(신)이셨고, 인간을 죄에서 구원하시기 위해서 불가피하게 인간의 몸을 입고 신비롭게 이 땅에 성탄하셨습니다.

그래서 인성(사람)을 가지신 분입니다. 그리하여 만세 전에 택함을 받은 하나님의 친백성들의 죄를 대신하여 고난을 당하시고, 십자가 위에서 죽임을 당하신 후 무덤에 장사되었다가 3일 만에 부활하셨습니다. 예수님은 이런 사실을 자신이 잡히시기 전과 죽기 전에 제자들에게 예언하셨습니다. 이는 제자들이 절망하지 않게 하시기 위함과 예수님이 구세주이신 것을 믿게 하려는 배려였습니다.

마태복음 16장 21절
"이때로부터(예수님에 대한 바른 신앙고백을 한 때로부터) 예수 그리스도께서 자기가 예루살렘에 올라가 장로들과 대제사장들과 서기관들에게 많은 고난을 받고 죽임을 당하고 제삼일에 살아나야 할 것을 제자들에게 비로소 가르치시니"

또 천사들이 예수님께서 죽은 자 가운데서 3일 만에 살아나셨음을 무덤에 찾아온 막달라 마리아와 다른 마리아에게 증거하였습니다.

마태복음 28장 5~6절
"천사가 여자들에게 일러 가로되 너희는 무서워 말라 십자가

에 못 박히신 예수를 너희가 찾는 줄을 내가 아노라 그가 여기
계시지 않고 그의 말씀 하시던 대로 살아나셨느니라 와서 그
의 누우셨던 곳을 보라"

또 부활하신 예수님께서 예수님의 부활 소식을 믿지 않는 제자들에게
신비한 모습으로 나타나시어 부활에 대한 불신앙을 책망하셨습니다.

마가복음 16장 14절
"그 후에 열한 제자가 음식 먹을 때에 예수께서 저희에게 나타
나사 저희의 믿음 없는 것과 마음이 완악한 것을 꾸짖으시니
이는 자기의 살아난 것을 본 자들의 말을 믿지 아니함일러라"

예수님은 죽어 무덤에 안치된 이후 3일 만에 부활하셨습니다. 물론 양
성(하나님+인간) 중에서 인성이 부활하셨습니다. 그리하여 부활(인성 부
분)의 첫 열매가 되셨습니다. 이 말은 인성만을 가진 모든 사람도 세상 종
말에 예수님처럼 다 부활할 것임을 시사한 말씀입니다. 변화된 육체와 중
간상태 내세에 있는 영혼이 재결합하여 부활하지 않으면 천국과 지옥에
들어가서 영원히 살 수 없기 때문입니다. 그래서 인성을 가지신 예수님께
서 죽음 후에 첫 스타트로 부활하신 것처럼, 아담을 포함해서 그 이후 사
망한 모든 인류와 산 사람들은 기독교인과 비기독교인을 막론하고 세상
종말에 다 부활할 것입니다. 이러한 예수님의 부활과 전 인류의 부활은
오직 믿음으로만이 받아들일 수 있습니다. 믿지 않는 자들은 절대로 부활
을 인정할 수 없습니다. 인간의 이성만으로는 절대로 믿어지지 않기 때문

입니다.

네 번째는 성경을 통해서 부활을 믿을 수 있습니다.

성경은 예수님의 부활을, 모든 인류의 부활을 명확하게 말합니다. 우리들은 이런 성경의 예언을 믿습니다. 성경은 진리이기 때문입니다. 성경에 기록된 것은 때가 되면 거짓이 없이 예언한 그대로 모두 성취되고 있습니다. 부활하신 예수님은 죽기 전에 예언하신 대로 제자들과 수백 명의 사람들에게 나타나셨습니다.

누가복음 24장 6절

"여기(무덤) 계시지 않고 살아나셨느니라 갈릴리에 계실 때에 너희에게 어떻게 말씀하신 것을 기억하라"

고린도전서 15장 3~8절

"내가(바울) 받은 것을 먼저 너희에게 전하였노니 이는 성경대로 그리스도께서 우리 죄를 위하여 죽으시고 장사 지낸바 되었다가 성경대로 사흘 만에 다시 살아나사 게바(베드로)에게 보이시고 후에 열두 제자에게와 그 후에 오백여 형제에게 일시에 보이셨나니 그중에 지금까지 태반이나 살아 있고 어떤 이는 잠들었으며 그 후에 야고보에게 보이셨으며 그 후에 모든 사도에게와 맨 나중에 만삭되지 못하여 난 자 같은 내게도 보이셨느니라"

　만일 무덤에 장사되신 예수님께서 다시 사는 부활이 없었다면 모든 사람의 부활도 없을 것이고, 우리가 전파하고 믿는 것도 모두 헛것이 될 것입니다. 그러나 예수님의 부활은 성경의 예언대로 그대로 성취되었고, 부활의 첫 출발(열매)이 되셨습니다. 따라서 과거, 현재, 미래에 죽은 모든 사람들도 세상 종말에 다시 살아나서 천국 아니면 지옥에 입성하여 영원히 살게 될 것입니다. 부활은 참입니다. 그래서 부활을 믿고 사는 사람이 복이 있습니다. 이런 부활신앙은 이 세상에서의 힘든 삶을 능히 이기게 하는 힘이 됩니다. 희망과 소망을 갖게 합니다. 어떠한 형편에서도 절망하지 않게 합니다. 부활이 없다고 믿는 것은 속고 사는 것입니다. 바라기는 확실한 부활신앙을 가지고 인내하며 소망 가운데 힘차게 살기를 바랍니다.

제9부

──────◆──────

내세관

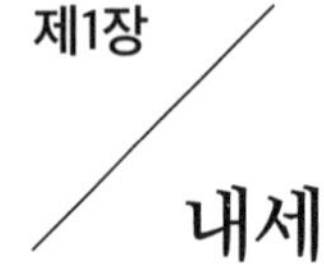

내세

내세는 현세처럼 반드시 있습니다. 현세가 있으면 내세가 있고, 내세가 있으면 현세가 반드시 있습니다. 이는 마치 빛이 있으면 그림자가 있고, 그림자가 있으면 빛이 있다는 것을 부인하지 못하는 것과 같습니다. 밤이 있으면 낮이 있고, 낮이 있으면 밤이 있는 것과 같습니다. 그래서 빛과 그림자는 서로를 증명해 줍니다. 빛이 없다면 그림자도 발생하지 않습니다. 그림자가 없다면 빛도 없습니다. 그림자와 빛은 홀로 존재할 수 없기 때문입니다. 현세와 내세도 마찬가지입니다. 내세(來世)란 '사후세계, 영계(靈界), 차계(次界), 저승이라고도 하는데, 종교적으로 사람이 죽은 뒤에 가게 된다고 여겨지는 세계'를 말합니다. 현 세상이 사라지고 '오는 세상'을 말합니다. 한자 來世의 의미는 '죽음 이후에 사람들이 간다고 여겨지는 초자연적인 공간'을 말합니다. 내세관은 크게 세 가지가 있습니다.

첫 번째는 이 세상에서 육체적으로 죽은 후에 그 개인이 내세에서 계속하여 삶을 이어 간다는 내세관입니다. 기독교(천주교+개신교)와 유대교와 이슬람교에서 주장하는 내세관입니다. 물론 구체적으로 들어가면 서로 다릅니다. 두 번째는 육체가 죽은 후 일정 시간이 지난 후에 다시 이 세상으로 태어나는데 이러한 재탄생은 그 개인이 영계에 들어갈 수 있는 자격을 얻을 때까지 또는 이 세상을 벗어날 수 있는 자격을 얻을 때까지 계속된다는 내세관입니다. 불교와 힌두교 등이 이 내세관을 가지고 있습니다. 윤회 혹은 환생적 내세관입니다. 세 번째는 이 세상에서의 육체의 죽음과 동시에 그 개인은 영원한 소멸에 이르게 된다는 내세관입니다. 유물론을 주장하는 자들은 이 내세관을 가지고 있습니다.

기독교 성경은 현세처럼 내세가 있다고 분명하게 말합니다. 기본적으로 죽은 이후에 가는 곳인데 두 곳밖에 없다고 말합니다. 그곳은 부활 전에 들어가는 낙원과 음부이고, 부활 이후에 들어가는 천국과 지옥입니다. 천주교에서 말하는 연옥은 성경에 없는 내세입니다. 그래서 개신교에서는 인정하지 않습니다. 천국과 지옥에 대해서는 다른 곳에서 구체적으로 기술하겠습니다. 물론 다른 종교에서는 기독교에서 말하는 내세와 다른 내용과 장소적인 의미의 저승이 있다고 말합니다. 불교에서는 극락정토(극락)나 천당을 말합니다. 그러나 성경에서 말하는 내세와 천국과는 전혀 다른 곳입니다. 이 세상에서도 좋은 곳과 나쁜 곳을 정리하면 딱 두 곳뿐입니다. 하나는 자기 집이고, 또 하나는 교도소(감옥)입니다. 내세가 존재하는지 여부는 오늘날까지도 종교인들과 과학자들 사이에서 의견이 분분하고 엇갈립니다. 사람들 중에는 내세, 저승, 사후세계를 믿지 않고 부정하는 자들이 많습니다.

현세, 금세, 이 세상만 존재한다고 알고 사는 사람들이 상당수입니다. 그래서 내세를 부정하고 오직 현세만을 위해서 살아갑니다. 이는 속고 사는 것으로, 마치 학생이 오전 수업만 있다고 알고 오전 수업에만 집중하고 오전 수업이 끝나자 그냥 집으로 돌아간 것과 같습니다. 또한 시합 중이던 선수가 전반전만 있다고 믿고 전반전이 끝나자 옷을 갈아입고 집으로 가 버린 것과 같습니다.

내세는 죽은 다음에 보거나 오직 믿음으로만 보고 알 수 있는 세계입니다. 아직 경험하지 않은 세계입니다. 사람이란 눈에 보이고 증명된 것 외에는 잘 믿지 않는 경향이 있습니다. 설사 눈에 보이는 것이 있을지라도 자기가 보고 싶은 것만 보는 경우가 많습니다. 순수한 인간 지식과 역량과 인간이 만들어 낸 종교와 신앙 등으로 내세에 대하여 정확히 알 수도 없고 믿을 수도 없습니다. 이것이 인간의 연약함과 한계입니다. 이는 마치 어마어마하게 먼 곳에 존재하는 천체를 높은 차원의 망원경 없이는 눈으로 보지 못하는 것과 같습니다.

보통 사람들은 눈에 보이지 않거나, 믿어지지 않거나, 경험하지 않으면 없다고 단정해 버리는 성향이 있습니다. 이해가 안 되고 안 믿어지면 확인하고 상고해야 하는데 그냥 무시해 버립니다. 이런 것에는 모순이 숨어 있습니다. 내세의 것뿐만 아니라 현세의 것들 중에 자기가 다 이해하지 못하고 믿어지지 않는 것들도 한둘이 아닙니다. 수두룩합니다. 그렇다고 부정하지는 않습니다. 존재하는데, 사실인데 자기가 잘 모르거나 답을 풀지 못하는 것뿐입니다.

단적인 예로, 고차원의 수학 문제를 풀지 못한다고 해서 그 문제가 틀렸다거나 부정하는 것은 있을 수 없는 것과 같습니다. 모르는 것은 그냥 모르는 것입니다. 안 믿어지는 것은 그냥 안 믿어지는 것입니다. 그렇다고 존재 자체를 부정해 버리면 없다는 것을 스스로 증명할 수 있어야 합니다. 부존재를 증명하지도 못하면서 없다고 단정해 버리는 것은 자기모순입니다. 그러니 안 믿어지면 잘 모르겠다고 해야 합니다. 타당하게 주장하는 자들의 말을 들어야 합니다.

시험문제가 어려워서 자신이 이해를 못 하고 풀지 못하는 것과 문제 자체를 부정하는 것은 별개입니다. 내세에 대한 인정과 불인정도 마찬가지입니다. 내세가 안 믿어진다고, 이해가 가지 않는다고, 자기 눈으로 보지 못했다고, 체험하지 못했다고 모두 부정하거나 불인정하는 것은 모순인 것입니다. 그냥 안 믿어진다고 말해야지 없다고 해 버리면 자기모순에 빠져 버리게 됩니다. 그렇게 주장하면 내세가 없다는 것을 자기가 증명해야 합니다. 자신 있게 없다고 믿거나 단정하기 때문입니다.

하지만 증명하지 못할 것입니다. 안 믿어지는 사람이 그것이 존재하지 않는다고 어떻게 증명합니까? 문제도 풀 수 있는 사람이 문제가 잘못되었을 때 문제를 논리적이고 합리적으로 풀어 가면서 이러이러해서 문제 자체가 틀렸다고 할 수 있는 법입니다. 좀 어려운 논리와 주장이지만 그렇다는 말입니다. 그러니 무엇이든지 자기가 안 믿어진다고 섣불리 부정하는 우를 범하지 말라는 말입니다. 그러면 치명적으로 실수하는 것입니다. 자기가 이해되고 믿어지는 것만 인정하는 것도 코미디입니다. 자신에게 속는 것입니다.

이는 마치 시험을 볼 때 자기가 알 수 없는 문제가 나오면 손을 대지 못하거나 엉뚱한 풀이를 하여 제출하는 것과 같습니다. 시험문제든 무엇이든 사람들은 자기가 아는 범위 내에서만 말하고, 믿고, 기술합니다. 잘 모르면 연필을 굴려서 찍기도 합니다. 말과 주장도 자기가 아는 범위 내에서만 합니다. 운동선수들도 자기 실력 안에서만 시합을 합니다. 그 이상은 하지 못합니다.

그러니까 모든 영역과 분야에서, 지식에서 사람들은 자기 수준과 역량과 실력 안에서만, 한계 안에서만 언행을 하고 믿고 삽니다. 그 이상은 할 수 없습니다. 자기 수준과 능력과 실력 밖이기 때문입니다. 그래서 인간 이성, 과학, 체험 밖의 세계인 내세를 믿지 못하는 것입니다. 그러면 무엇으로만 내세가 반드시 있다는 것을 믿을 수 있습니까? 하나님이 주시는 믿음으로만, 성경을 전적으로 신뢰할 때만 눈에 보이지 않는 세계와 영이신 하나님과 구세주인 예수님과 진리인 성경책을 믿게 됩니다. 그 외에는 누가 아무리 잘 설명해도 이해도 안 되고 믿어지지도 않습니다. 짜증만 납니다.

기독교 외의 종교에서는 내세는 어떤 곳만 있는지, 내세에 들어가는 과정과 내세의 삶의 어떠함 등에 대하여 잘 모르거나 정확히 모르니까 황당한 주장들을 합니다. 성경은 내세의 알파(시작)와 오메가(끝)에 대하여 자세히 설명하고 있습니다. 성경에 기술한 내세가 믿어지는 자는 하나님으로부터 믿음을 선물로 받은 자들이고, 성경에서 주장하는 내세가 믿어지지 않는 자들은 하나님으로부터 믿음을 선물로 받지 못했기 때문에 안 믿

어지는 것입니다. 아직 가 보지 못한 초월적이고 초자연적인 세계와 내세
는 오직 하나님이 주신 믿음으로만, 성경으로만 이해가 되고 믿어집니다.

이런 믿음이 영적인 망원경이라고 이해하면 됩니다. 그 외에는 누가 아
무리 설명을 잘해도 안 믿어집니다. 그래서 내세와 영적 존재와 초월적인
신앙은 신비입니다. 인간의 이성과 지식과 과학으로는 결코 이해되거나
접근하지 못합니다. 오직 하나님의 자녀들, 택함을 받은 자녀들에게만 믿
음을 통해서 열려 있습니다. 나머지 사람들에게는 모든 것이 비밀입니다.
굳게 닫힌 비밀창고일 뿐입니다.

마태복음 12장 32절

"또 누구든지 말로 인자(예수님)를 거역하면 사하심을 얻되
누구든지 말로 성령을 거역하면 이 세상(현세)과 오는 세상
(내세)에도 사하심을 얻지 못하리라"

누가복음 18장 30절

"금세(현세)에 있어 여러 배를 받고 내세(來世)에 영생을 받
지 못할 자가 없느니라 하시니라"

누가복음 20장 34~35절

"예수께서 이르시되 이 세상(현세)의 자녀들은 장가도 가고
시집도 가되 저 세상(저승, 내세)과 및 죽은 자 가운데서 부활
함을 얻기에 합당히 여김을 입은 자들은 장가가고 시집가는

일이 없으며”

히브리서 9장 27절

“한 번 죽은 것은 사람에게 정하신 것이요 그 후에는 심판이 있으리니”

마태복음 25장 46절

“저희는 영벌(내세 지옥)에, 의인들은 영생(내세 천국)에 들어가리라 하시니라”

요한계시록 21장 1절

“또 내가(사도 요한) 보니 새 하늘과 새 땅(내세의 나라)을 보니 처음 하늘과 처음 땅(현세의 나라)이 없어졌고 바다도 다시 있지 않더라”

요한계시록 20장 15절

“누구든지 생명책(천국 가족관계증명서)에 기록되지 못한 자는 불못(내세 지옥, 용광로)에 던지우더라”

누가복음 23장 46절

“예수께서 큰소리로 불러 가라사대 아버지여 내 영혼을 아버지 손에 부탁하나이다 하고 이 말씀을 하신 후 운명(사망)하시다”

성경은 현세를 떠난 이후 현세와 전혀 다른 내세가 있음을 직접적인 표현과 간접적인 다양한 표현을 통해서 분명하게 말하고 있습니다. 성경에 근거하면 내세, 저승, 사후세계 존재는 부정, 부인할 수 없는 확실한 사실입니다. 영혼의 영원한 존재, 세상 종말에 사후 부활, 인류의 최후 심판, 영벌과 영생, 새 하늘과 새 땅 등의 언급이 다 내세가 존재함을 다른 표현들로 증거하는 것입니다. 내세를 믿고 안 믿고는 자기 마음이지만 내세가 믿어지는 자가 행복한 사람이고, 내세가 안 믿어지는 자는 불행한 사람이라고 할 수 있습니다. 앞에서도 언급했지만 내세를 믿고 안 믿고는 자기 스스로의 능력과 역량으로 되는 것이 아닙니다.

이는 마치 구원이 자기 노력과 선행과 수행으로 되지 않는 것과 마찬가지입니다. 신비적이고 초월적인 내세의 세계는 오직 하나님이 주신 믿음을 통해서만 믿어집니다. 그 외에는 절대로 믿어지지 않습니다. 이런 믿음은 아파트 출입문의 비밀번호와 같습니다. 비밀번호는 자기 가족만 아는 것처럼, 구원과 믿음의 비밀번호는 하나님의 가족들에게만 알려지고 열립니다. 하나님의 친백성들에게만 주어집니다. 그래서 하나님의 가족이 아닌 자들은 하나님이 안 믿어지고 구원의 문을 열지 못하는 것입니다. 안 믿어지는 상태로 그대로 살다가 죽은 이후에 내세에 가서 직접 자기 눈으로 보는 것 외에는 다른 길이 없습니다.

내세를 부인, 부정한 모든 자들은 사후에 반드시 내세를 보게 될 것입니다. 그러나 그 내세는 영벌, 지옥, 영원한 고통의 내세가 될 것입니다. 그래서 현세에서 바른 내세관을 소유하고 내세가 믿어져야 한다고 주장하는 것입니다. 이 세상에서는 자기 마음대로 되지 않는 것이 한둘이 아닙니다. 가장 대표적인 것이 출생입니다. 자기가 태어나고 싶다고 해서 이 세상에 태어난 것이 아닙니다. 자기의 뜻과 전혀 무관하게 임신되고 출생합니다. 나의 존재와 자기결정권이 없을 때 하나님께서 이 세상에 출생케 하신 것입니다. 이처럼 예수님이 믿어지는 것도, 내세가 믿어지는 것도, 안 믿어지는 것도 자기 의지나 노력이나 행위로 되는 것이 아닙니다.

아무튼 인류의 유일한 구세주인 예수님을 믿고 사는 자들은 영원한 생명보험을 들고 사는 자라고 할 수 있습니다. 이 영원한 생명보험은 사망 전까지만 가입이 가능합니다. 목숨이 붙어 있을 때만 가입이 가능합니다. 가입이란 인류의 유일한 구세주인 예수님을 진실로 믿는 것입니다. 인류의 유일한 구세주로 영접하는 것입니다. 그리하면 사후에 낙원에 들어가고 궁극적으로 세상 종말에 부활하여 신자들은 천국에 들어가서 영생을 누리며 살게 될 것입니다. 반대로 불신자들은 지옥에 던져져서 영원히 고통만 받으며 살게 될 것입니다.

제2장

낙원과 천국

　　내세의 존재를 의미하는 낙원과 천국은 동일한 개념과 의미를 내포하고 있으면서 엄밀히 말하면 약간 다르다고 볼 수 있습니다. 많은 기독교인들이 동일한 의미로 사용합니다. 그렇게 사용해도 틀린 말은 아닙니다. 낙원과 천국 입성의 가이드라인은 부활 전과 부활 이후의 삶으로 나눌 수 있습니다. 사람이 죽으면 물질인 육체는 땅에 장사 지내지만, 비물질인 영혼은 땅에 장사되지 못합니다. 육체를 떠난 영혼은 부활 전까지 어디에 들어가 있어야 합니다.

　천국은 변화된 육체, 영원히 썩지 아니할 육체와 영혼이 재결합하여 들어가는 곳이기 때문입니다. 장소적인 천국은 영원히 썩지 아니할 변화된 몸과 영혼의 재결합과 부활과 종말과 예수님 공중 재림을 거쳐서 입성하는 최종적인 하나님의 나라입니다. 새 하늘과 새 땅입니다. 그러면 그 전까지 육체와 분리된 영혼은 어디에 있느냐 하는 것입니다. 성경에 보면 사람이 죽으면 즉시 영혼이 육체에서 떠납니다. 좀 더 정확히 말하면 죽음이란 육체와 영혼의 분리입니다. 육체에서 분리된 영혼의 향방이 궁금합니다. 성경은 사람의 운명과 관련하여 육체와 분리된 영혼은 천국이라고 하지 않고 낙원으로 들어간다고 말합니다.

누가복음 23장 43절

"예수께서 이르시되 내가 진실로 네게 이르노니 오늘(사망하는 날) 네가 나와 함께 낙원(樂園, 에덴동산, 파라데이소스)에 있으리라 하시니라"

고린도후서 12장 4절

"그가(사도 바울) 낙원(기쁨의 동산, 에덴동산, 파라데이소스)으로 이끌려 가서 말할 수 없는 말을 들었으니 사람이 가히 이르지 못할 말이로다"

요한계시록 2장 7절

"귀 있는 자는 성령이 교회들에게 하시는 말씀을 들을찌어다 이기는 그에게는 내가 하나님의 낙원(에덴동산, 파라데이소스)에 있는 생명 나무의 과실을 주어 먹게 하리라"

낙원은 의인들(기독교인들)이 죽은 이후 그 영혼이 잠시 머무는 내세의 일부로 기쁨과 즐거움이 약속된 미래의 에덴동산입니다. 죽은 의인들이 주와 함께 거하는 곳입니다(눅 16:22~31, 고후 12:1~4). 세상 종말 전과 부활 전에 죽은 자들은 중간상태 처소이자 내세인 낙원에 머물러 있으면서 부활을 기다립니다. 즉 육체적 죽음을 통해 영혼과 육체가 분리되어 영혼은 각각 중간상태인 낙원으로 들어갑니다. 물론 부활 시 성도는 영원히 썩지 아니할 새로운 육체를 소유하게 됩니다. 그 전에 육체는 부패하여 흙으로 돌아가게 됩니다.

그러니까 육체는 매장을 하든지 화장을 하든지 썩거나 땅에 머물러 있습니다. 부활 전까지 영혼과 육체는 분리되어 다른 장소에서 존재합니다. 성도의 영혼은 내세인 낙원에 들어가고 육체는 썩고 눈에 보이지 않는 산화된 상태로 이 땅에 머물러 있습니다. 사후에 기독교인들만 들어가는 낙원은 넓은 의미에서 천국과 같은 개념이지만, 부활 전까지 성도의 영혼이 잠시 머물러 있는 중간상태 처소라고 할 수 있습니다.

이에 비해 천국은 죽거나 산 의인들이 영원히 썩지 아니할 변화된 몸과 영혼의 재결합에 따른 완전한 상태로 부활하여 들어가 하나님을 경배하며 영원히 행복하게 사는 곳입니다. 다시는 수고와 고통과 눈물과 죽음이 없는 곳입니다. 물론 시집이나 장가도 가지 않습니다. 부부 개념이 없습니다. 출산도 없습니다. 섹스도, 노동도 없습니다. 늙지도 않고 최상의 모습으로, 천사와 같은 모습으로 영원히 사는 곳이 천국입니다. 이 천국 입소 자격은 생전에 오직 인류의 유일한 구세주인 예수 그리스도를 진실로 믿은 자여야 합니다. 오직 인류의 유일한 구세주인 예수 그리스도를 믿어야만 들어가는 곳입니다. 이것이 지구상에 존재하는 모든 종교와의 차이점입니다. 세상의 모든 종교의 구원관은 행위, 선행, 수행에 따른 것입니다.

그러나 기독교(개신교)는 오직 믿음이라는 비밀번호 한 가지로만 천국에 들어갑니다. 구원을 받습니다. 아파트 출입문이 딱 한 가지 비밀번호만을 입력할 때만 열리는 것과 같습니다. 다른 번호를 입력하면, 다른 신을 입력하면, 다른 신앙과 다른 종교와 무교를 입력하면, 다른 복음을 입력하면 천국의 문은 영원히 열리지 않습니다. 인간의 선행과 행위와 수행을 입력하면 열리지 않고 들어가지도 못하는 곳이 천국입니다. 자기 선행, 공로, 수행으로는 들어갈 수 없는 곳이 천국입니다.

불교는 수행을 통해 해탈한 사람들만 극락(천당)에 들어간다고 말합니다. 천당은 천국과 다른 개념입니다. 이슬람교는 육신오행(六信五行)을 실천해야만 천국에 들어간다고 말합니다. 육신이란 알라, 천사, 쿠란(코란, 꾸란), 예언자, 내세, 예정을 믿는 것을 말합니다. 오행인 신앙고백, 예배, 단식, 자선(종교세), 메카 순례를 행하여야만 구원을 받고 천국에 들어간다고 말합니다. 그러나 성경은 전혀 다르게 말합니다.

사도행전 16장 31절

"가로되 주 예수를 믿으라 그리하면 너와 네 집이 구원을 얻으리라 하고"(오직 믿음)

마태복음 7장 21절

"나더러 주여 주여 하는 자마다 천국(天國)에 다 들어갈 것이 아니요 다만 하늘에 계신 내 아버지(성부 하나님)의 뜻대로 행하는 자라야 들어가리라"(행위를 말하는 것이 아닌 믿음에 따른 순종)

사도행전 4장 12절

"다른 이로서는 구원을 얻을 수 없나니 천하 인간에 구원을 얻
을만한 다른 이름을 우리에게 주신 일이 없음이니라 하였더
라"(오직 예수님만을 믿음으로)

천주교는 연옥에 들어간 자들을 위해 지상에 있는 자들이 선행을 하거
나 연옥에서 연단을 받아야 향후 천국으로 들어갈 수 있다는 인간의 행위
구원을 말합니다. 개신교와 성경에서 말하는 천국관과 구원관은 저들이
말하는 천국관과 구원관과는 전혀 다른 것을 알 수 있습니다. 개신교와
성경의 구원과 천국 입성은 오직 예수님을 믿음으로만 가능합니다. 그 외
에는 절대로 없다고 성경은 단언합니다.

그래서 다른 종교에는 구원이 없다고 말하는 것입니다. 이는 배타성이 아
니라 진리(참)를 말하는 것입니다. 이처럼 낙원과 천국은 큰 틀에서는 동일
한 개념이지만, 부활 전과 부활 이후로 나누어집니다. 낙원은 육체와 분리
된 영혼이 부활 전까지 잠시 머무는 내세의 중간상태의 장소이고, 천국은
변화된 육체와 영혼이 재결합하여 부활한 이후 완전한 사람의 형태로 들어
가서 영생을 누리는 영원한 기쁨의 에덴동산이라고 할 수 있습니다.

천국은 현세와는 모든 면에서 완전히 다른 세계입니다. 비교 자체가 불
가한 곳입니다. 이전 것이 전혀 기억이 나지 않을 정도의 새 하늘과 새 땅
입니다. 참그리스도인이 영원히 거주할 집은 한 채에 수십억 이상 가는
서울 강남 아파트가 아니라 이에 비교할 수 없는 천국입니다. 그리스도인

들은 이 땅에 살면서 건물주가 되고 싶다고 하거나, 건물주를 부러워하지 말고, 강남에 아파트 한 채 사는 것이 꿈이라는 썩어 없어질 것도 꿈꾸지 말고 영원한 천국을 꿈꾸고 바라보며 살기 바랍니다.

이 땅에서의 집은 비바람을 막아 주고, 여름엔 시원하고, 겨울엔 따뜻하면 충분합니다. 곧 지나가는 집이고, 사망 때 가져갈 수 없는 집이고, 없어질 집입니다. 그저 사는 날 동안 사는 데 지장만 없으면 됩니다. 굳이 비싼 집에서 살 이유가 없습니다. 영원히 머물 집이 아니기 때문에 좋은 집을 찾을 필요가 없습니다. 내세에 소망을 두고 사는 신자, 천국 집을 사모하고 사는 신자는 이 땅의 좋은 집에 그리 집착하지 않습니다. 그런 돈을 하나님과 이웃을 위해서 사용하기 바랍니다. 이 땅에서 좀 불편하게 사는 것은 잠깐이고 곧 지나갑니다. 좋은 아파트에서 살든 불편한 집에서 살든 다 지나갑니다. 부자들을 부러워할 것이 전혀 없습니다. 부자든 빈자든 이내 곧 지나갑니다.

인생의 후반전인 내세를 바라보면, 천국 집을 바라보면 이 세상에서 잘나가는 사람들과 좋은 아파트에서 사는 자들을 부러워할 것이 전혀 없습니다. 그러니 현세에서 부자 되기를 위해, 성공과 출세를 위해, 잘 먹고 잘살기 위해, 좋은 집을 마련하기 위해 인생을 허비하거나 몰두하지 말고 하나님께서 원하시는 삶에 집중하기 바랍니다. 현세에서 좋은 아파트와 집에서 사는 자들을 부러워하지 맙시다. 하나님의 계명대로 순종하며 살거나 순종하려고 애쓰는 사람을 부러워해야 합니다. 종국에 다 썩어 없어질 것이고 불에 타서 없어질 아파트와 집들입니다. 향후, 사후에 참기독교인들에게는 이 세상에 존재하는 최고의 아파트와는 비교 자체가 되지 않는 환상적인 천국이 준비되어 있습니다. 그러니 이 땅에서 좀 불편하고 허름한 집에서 살더라도 감사하고 인내하며 살기 바랍니다. 이는 창피한 것이 아닙니다. 못난 것이 아닙니다. 무능한 것도 아닙니다. 곧 지나갑니다.

제3장

음부와 지옥

음부와 지옥도 내세를 가리키는 장소 개념입니다. 음부와 지옥도 낙원과 천국처럼 상호 비슷한 개념이지만 부활 전과 부활 이후로 나눌 때 약간의 차이점이 있습니다. 둘 다 비참한 장소, 형벌의 장소, 고통의 장소입니다. 그것도 영원히 고통을 당하는 곳입니다. 그래서 들어가서는 안 될 곳입니다. 물론 자기 마음대로 되지 않습니다. 선택받지 못하고 유기된 자들이 사망 후와 종국에 들어가는 곳입니다. 쉽게 말해서 현세에서 죽기 전까지 인류의 유일한 구세주인 예수님을 거부한 자들, 불신한 자들, 악인들, 이단자들, 우상을 숭배한 자들이 들어가는 곳입니다.

그런 비슷한 곳이 이 세상에서는 감옥(교도소)이 있습니다. 그러니까 음부와 지옥은 내세의 감옥인데 영원히 상상할 수 없는 고통만 당하는 곳입니다. 그런 차원에서 이 세상의 감옥과는 비교가 되지 않습니다. 이 세상에서와 달리 출소나 특별사면도 없는 곳입니다. 그곳에서 영원히 살아야 합니다. 그래서 불신자들은 절망적이고 비참하다고 하는 것입니다. 실패한 인생이라고 합니다. 사망했을 때 애통하고 통곡해야 합니다. 너무나도 불쌍한 자들입니다.

사무엘상 2장 6절

"여호와는 죽이기도 하시고 살리기도 하시며 음부에 내리게
도 하시고 올리기도 하시는도다"(개역한글)

"주님은 사람을 죽이기도 하시고 살리기도 하시며, 스올(음
부)로 내려가게도 하시고, 거기에서 다시 돌아오게도 하신
다."(새번역)

"The LORD killeth, and maketh alive: he bringeth down to
the grave, and bringeth up."(KJV)

누가복음 16장 23절

"저가 음부(陰府, 저승)에서 고통 중에 눈을 들어 멀리 아브라
함과 그의 품에 있는 나사로를 보고"

마태복음 10장 28절

"몸은 죽여도 영혼을 능히 죽이지 못하는 자들을 두려워하지
말고 오직 몸과 영혼을 능히 지옥(地獄)에 멸하시는 자를 두려
워하라"

스올(Sheol)은 '죽은 사람들이 가는 처소 혹은 무덤으로 영적으로는 형
벌과 고난의 장소'를 의미합니다. 신약성경의 '하데스'에 해당합니다. 죽
음, 지옥, 무덤, 음부 등과 같은 말로 쓰입니다(라이프성경사전). Sheol
은 저승, 황천, 무덤, 지옥으로 쓰입니다(네이버 영어사전). 음부(陰, 그늘
음, 府, 마을 부)는 밑바닥이 없는 곳, 깊이를 알 수 없는 심연이라고 합니

다(두산백과사전). 하데스(Hades)는 음부와 같은 뜻으로 쓰이며, (고대 그리스신화에서는) 죽은 자들의 나라로 해석했습니다.

요한계시록 20장 3절

"무저갱에 던져 잠그고 그 위에 인봉하여 천 년이 차도록 다시는 만국을 미혹하지 못하게 하였다가 그 후에는 반드시 잠간 놓이리라"(개역한글)

"아비소스(무저갱)에 던지고 닫은 다음에, 그 위에 봉인을 하여 천 년 동안 가두어 두고, 천 년이 끝날 때까지는 민족들을 미혹하지 못하게 하였습니다. 사탄은 그 뒤에 잠시 동안 풀려 나오게 되어 있습니다."(새번역)

요한계시록에 자주 등장하는 무저갱은 새번역에서는 아비소스로 번역되어 있습니다. 무저갱(無底坑, 無, 없을 무, 底, 낮을 저, 坑, 구덩이 갱)이란 '바닥이 없는 깊은 구덩이'란 뜻으로 '죽은 사람이 가는 곳'을 말합니다. 일명 스올, 음부, 지옥이라고도 합니다. 불순종의 영들, 곧 사단과 그의 부하들이 들어갈 영원한 형벌 장소입니다(교회용어사전). 그러니까 낙원과 천국처럼 음부와 지옥도 넓은 의미에서 볼 때 다른 개념이 아니지만, 부활 전과 부활 후로 볼 때 음부는 부활 전에 예수님을 믿지 않고 살다가 죽은 자들의 영혼이 잠시 들어가 대기하는 중간상태의 내세이고, 지옥은 부활한 이후 인류의 재판장이신 예수님에게 심판을 받고 들어가는 내세라고 이해하면 명확해질 것입니다. 영벌의 장소인 지옥은 영원히 썩지 아니할 변화된 몸과 영혼이 재결합하여 부활한 신령한 몸이 들어가서 영원히 고통만 받으며 사는 곳입니다. 그럼에도 불구하고 우리들은 종종 이 둘을 나누지 않고 같이 사용합니다.

　아무튼 부활 전과 부활 후의 모습과 들어가는 곳은 다름을 알 수 있습니다. 내세를 부인하고 불신하는 자들은 생전에 자기가 사망 후에 들어갈 음부와 지옥이 어떤 곳인지, 누가 들어가는 곳인지, 향후 어떻게 되는 것인지 전혀 모르고 삽니다. 교회에 나오지 않고, 성경을 알지 못하고, 음부와 지옥이 어떤 곳이고, 사후에 누가 들어가는 곳인지에 대하여 배우지 못한 사람들은 전혀 모르고 살다가 죽은 이후에 보게 될 것입니다. 그때는 피눈물을 흘리며 통곡하게 될 것입니다. 살아생전에 무시하고 부인했던 음부와 지옥이 있는 사실을 직접 목도하고 자신이 그곳에 있기 때문입니다. 그때는 이미 늦습니다. 그러므로 자신이 부인한다고 하여 존재하는 것이 없어지는 것이 아니므로 생전에 겸손하게 귀를 기울이고 진리를 듣는 자세가 요구됩니다. 인생은 죽음으로 끝나지 않고 반드시 내세가 있고, 인류의 유일한 구세주를 믿지 않고 살다가 죽으면 음부와 지옥에 들어가서 이루 말할 수 없는 고통만 받으며 영원히 살게 될 것입니다. 생각만 해도 끔찍합니다. 사지가 떨립니다.

　이에 예수님을 믿는 자들, 복음을 받아들인 자들이 복이 있다고 말하고, 불신자들을 실패한 자들, 불행한 자들, 비참한 인생이라고 하는 것입니다. 그래서 불신자들에게 예수님을 믿으라고 전도하는 것입니다. 기독교인들이 불순한 다른 목적으로 예수님을 믿으라고, 교회에 가자고 하는 것이 아닙니다. 현세로 끝나지 않고, 죽음으로 끝나지 않고, 부활과 내세가 있고,

심판과 지옥이 기다리고 있기 때문에 그 끔찍한 곳을 피하도록 하기 위해서 전도하는 것입니다. 스스로의 그릇된 확신에 속지 말아야 합니다.

자칭 기독교인이라고 하는 자들도 죽을 때까지 긴장하고 살아야 합니다. 만세 전부터 택함을 받은 자들은 반드시 구원을 받지만, 천국에 입성하지만 교회만 다닌다고 입술로 고백을 한다고 안심하지 못합니다. 사망 직전까지 진리 안에 머물러 사는 자이어야 택함을 받은 자라고 할 수 있습니다. 목사와 사모라고, 선교사라고, 장로와 권사와 집사라고, 교회학교 교사와 찬양대원이라고 구원이 보장되는 것은 아닙니다. 기독교 집안에서 태어난 자라고 안심하지 못합니다. 입술로는 기독교인이라고 하면서 행위로는 진리에서 벗어나 사는 자들은 구원을 받지 못할 수도 있음을 명심해야 합니다.

물고기의 안전과 생명은 항상 물 안에 머물러 있어야 보장됩니다. 그 어떤 물고기라도 물 밖에서는 구원을 받지 못합니다. 자칭 기독교인이라고 하는 자들도 죽을 때까지 진리 안에 머물러 살아야 구원을 받습니다. 그런 사람들이 바른 신앙고백을 한 신실한 기독교인이라고 할 수 있습니다. 택함을 받은 자들이라고 할 수 있습니다. 기독교인이라고 하면서 혼합주의 신앙으로 살고, 외식하는 신자로 살면 위험합니다. 성경방식과 진리방식이 아닌 자기 방식대로 살면 위험합니다. 성도들은 항상 자기 신앙을 체크하며 살아야 합니다. 언제 어디서나 항상 진리 안에서 살아가고 있는지 아니면 진리 밖에서 살아가고 있는지를 말입니다. 아니면 유불리에 따라 선택적으로 신앙생활을 하고 있는 건 아닌지를 말입니다.

　참신자라면 기본적으로 언제 어디서나 죽을 때까지 진리 안에서 사는 일관성이 있어야 합니다. 상황과 때와 이해관계에 따라 철새나 갈대 신자로 어느 때는 진리 안에, 어느 때는 세상 안에서 즐기며 요령껏 살지 않습니다. 아무튼 음부와 지옥은 반드시 존재합니다. 이를 부인하는 것은 스스로 속고 사는 것입니다. 음부와 지옥은 저승(내세)으로서 사후에 들어가는 불행한 곳입니다. 음부와 지옥은 절대로 들어가서는 안 됩니다. 영원토록 끔찍한 고통만 당하며 사는 곳이기 때문입니다. 당신은 천하보다 소중한 존재입니다.

　그런즉 생전에 반드시 예수님을 믿어야 합니다. 만나야 합니다. 이를 결코 농담으로 여기거나 무시하면 안 됩니다. 엄포가 아닙니다. 실제입니다. 이는 필자의 간절한 절규와 부탁입니다. 기독교인들은 음녀(음행, 세상, 돈, 쾌락, 인기, 권세, 온갖 세속적인 즐거움 등)에 빠지지 말고 진리 안에서 항상 깨어서 살기 바랍니다. 선악과와 같은 달콤한 음녀에 흠뻑 빠져 버리면 잠시는 가짜 행복과 가짜 즐거움에 젖어 살 수 있겠지만 죽음 이후에는 처참할 것입니다. 음녀(세상 상징)에 빠지면 구원을 받지 못하고 사후에 음부와 지옥에 처하게 됩니다.

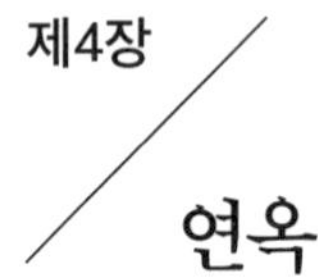

제4장

연옥

　　연옥(煉獄)이란 로마가톨릭교회(천주교)에서만 주장하는 것으로 '하나님의 은총과 사랑 안에서 죽었으나 완전히 정화되지 않은 사람들은 곧바로 낙원(천국)에 들어가지 못하고 하늘의 기쁨으로 들어가기에 필요한 거룩함을 얻기 위하여 죽은 다음에 정화를 거쳐야 한다'는 교리입니다. 온전치 못한 삶을 산 천주교 신자들이 사후에 필수적으로 거치는 정화의 장소를 연옥이라고 부릅니다. 연옥이라는 단어를 사용하기 시작한 것은 기원후 1160년과 1180년 사이입니다. 이 연옥교리는 성경에는 없고 외경(外經)에 나옵니다. 외경이란 '일반적으로 알려지지 않은 저작이나 의심스러운 출처의 작품들'을 가리킵니다. 외경은 성경이 아닙니다. 하나님의 말씀이 아니라는 말입니다.

　　기독교 중에서 개신교는 연옥을 인정하지 않습니다. 왜냐하면 성경이 아니고, 성경의 구원관과 전혀 다른 주장을 하기 때문입니다. 이 연옥교리는 성경이 말하는 하나님의 은혜와 믿음으로의 구원관을 부인합니다. 온전함이 부족하여 곧바로 낙원(천국)에 들어가지 못한 신자들은 연옥에 들어가는데 그곳에서 일정 기간 동안 단련을 받는다고 합니다. 그리고 연옥에서의 단련 기간을 채우고 영혼의 정화가 이루어지면 천국에 들어간다고 합니다. 이는 성경이 말하는 전적인 은혜와 믿음으로의 즉각적인 내세의 입성과 구원을 부정하고 배격하는 것입니다. 천주교의 주장대로라면 성경이, 하나님이 틀린 것입니다. 그러나 하나님은 절대로 틀리지 않고, 성경은 구원관에 대해서 인간의 행위는 아무런 영향이 없다고 명백하게 말합니다.

에베소서 2장 8~9절

"너희가 그 은혜를 인하여 믿음으로 말미암아 구원을 얻었나니 이것이 너희에게서 난 것이 아니요 하나님의 선물(은혜)이라 행위(연단, 선행, 수행)에서 난 것이 아니니 이는 누구든지 자랑치 못하게 함이니라"

사도행전 16장 31절

"가로되 주 예수를 믿으라 그리하면 너와 네 집이 구원을 얻으리라 하고"

누가복음 23장 43절

"예수께서 이르시되 내가 진실로 네게 이르노니 오늘(사망하는 날 즉시) 네가 나와 함께 낙원(樂園, 에덴동산, 파라데이소스)에 있으리라 하시니라"(의가 부족한 강도 낙원 직행)

따라서 연옥교리는 성경에 없는 교리이고, 성경의 구원관과도 맞지 않는 교리와 이단사상으로 추종해서는 안 됩니다. 기독교 역사에서 어리석은 천주교 지도자들이 만든 거짓된 사상에 불과합니다. 천주교(로마가톨릭교회)의 구원관과 내세관은 성경과도 맞지 않고, 개신교의 신앙고백이나 구원관과 내세관과도 맞지 않습니다. 하나님의 말씀이 아닌 다른 복음이라고 할 수 있습니다. 성경을 가감(加減)한 무서운 죄입니다. 성경에 비추어서 반하면 이 또한 이단교리입니다. 개신교를 제외한 모든 지상 종교(불교, 이슬람교, 원시종교, 천주교)의 가르침은 행위 구원관입니다. 성경의 구원관과 전혀 다릅니다. 종교와 신앙이라고 해서 모두 같은 종교와 신앙이 아닙니다.

그래서 전적으로 부패하고 타락한 인간은, 죄인들은 상대적인(40점, 혹은 70점) 선행은 할 수 있지만, 절대적인(100점) 선행은 행할 수 없습니다. 그래서 인간은 선행과 행위와 수행으로는 절대로 의롭게 될 수 없습니다. 인간은 임신 순간부터 죄인, 죄 덩어리로 출발합니다. 따라서 스스로의 단련을 통한 행위로의 구원은 절대로 불가능합니다. 스스로나 가족이나 타인의 행위와 선행과 수행에 따른 구원관은 난센스이자 코미디입니다. 다시 강조컨대 연옥은 성경사상이 아닙니다. 이를 가르치는 자나 믿는 자나 모두 어리석은 자들입니다. 다른 복음입니다. 헛되고 헛된 것을 믿는 자들입니다. 행위로의 구원은 절대로 없습니다. 그래서 개신교의 구원관 외의 모든 구원관은 행위 구원관이기 때문에 틀렸다고 하는 것입니다. 구원이 없다고 하는 것입니다.

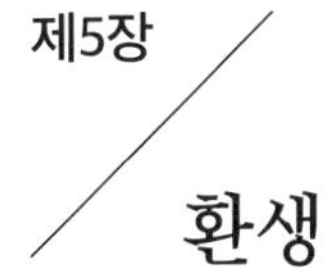

제5장

환생

　　환생(還生)이란 기독교 용어가 아닌 불교의 용어로 '죽은 생명체가 생물학적으로 다시 태어나는 것'을 말합니다. 다시 말해서 생전에 착하게 살면 사람이나 좋은 동물로 다시 태어나고, 악하게 살았다면 사후에 다시 악한 짐승으로 태어난다는 사상입니다. 사람이 동물로도 태어나고, 다시 사람으로도 태어난다는 말입니다. 전혀 수용할 수 없는 황당한 사상입니다. 환생교리는 콩 심은 데 팥이 나고 팥을 심은 데 콩이 나기도 한다는 말입니다. 이런 것을 믿는 사람들은 환상적인 자들입니다. 기독교의 거듭남과는 전혀 다른 개념입니다. 기독교에서의 다시 태어남인 '거듭남'은 종이 다른 생화학적인 거듭남이 아니라 동일한 사람으로의 거듭남입니다.

　　즉 인류의 유일한 구세주를 믿음으로 말미암아 죄인이 의인이 되는 거듭남입니다. 신분의 변화뿐입니다. 그리하여 사후에 부활 전후로 낙원 혹은 천국에 들어갑니다. 환생설화(還生說話)는 한 번의 생이 끝난 후 다시 다른 세계에서 다른 본질과 종의 존재로서 살아가는 내용의 이야기입니다. '환생'은 한 번 더 생을 살아간다는 의미의 '재생'과는 다르며, 죽었다

되살아나는 '거듭남'의 과정과도 다릅니다. '환생'의 개념은 불교의 윤회 관념에 가장 가까우며, '환생설화'의 형성과 전승에는 불교 서사의 영향이 일정하게 존재함을 추론할 수 있습니다.

불교의 윤회(輪廻, 일정한 깨달음이나 경지 또는 구원된 상태에 도달하지 못한 사람의 그 깨달음과 경지 또는 구원된 상태에 도달할 때까지 계속하여 이 세상으로 재탄생한다는 교의 또는 믿음) 관념에 따르면 현생에 쌓은 업보(業報, 선행과 악행에 따라 주어지는 운명)나 현생에서의 삶에 대한 평가에 따라 내세에 어떤 존재로 태어나는지 여부가 결정됩니다. 환생의 관념에 따르면, 사람이 죽으면 사후세계로 넘어가기 전에 일종의 재판을 치르게 되는데, 이 과정에서 현생의 삶에 대한 평가가 이루어집니다.

한번 인간의 삶을 살고 나면 다음 생에는 동물이나 그 밖의 존재로 태어나 살게 되며, 동물이나 그 밖의 존재로 한 생을 살고 나면 다시 인간으로 태어나 다음 생을 살게 됩니다. 이와 같은 순환의 고리가 환생을 관통하는 주요 관념이라고 할 수 있습니다. 그러나 성경에 비추어 보면 이런 환생사상은 터무니없는 헛되고 헛된 주장과 사상에 불과합니다. 기독교는 직선적 인생관이자 역사관입니다. 종이 변하는 환생이란 없습니다. 사람들을 미혹하는 사상입니다. 상식과 논리가 전혀 없는 사상입니다.

히브리서 9장 27절
"한 번 죽는 것은 사람에게 정하신 것이요 그 후에는 심판이 있으리니"

요한계시록 21장 8절

"그러나 두려워하는 자들과 믿지 아니하는 자들과 흉악한 자들과 살인자들과 행음자들과 술객들(점술가들)과 우상 숭배자들(타 종교 숭배자들)과 모든 거짓말하는 자들은 불과 유황으로 타는 못(지옥)에 참예하리니 이것이 둘째 사망(지옥의 삶)이라"

불교의 역사관은 돌고 도는 순환적 역사관(윤회 역사관)이지만, 기독교의 역사관은 직선적 역사관(시작과 끝 역사관)입니다. 기독교는 불교에서 말하는 환생사상과 윤회사상이 없습니다. 직선사관입니다. 구체적으로 말하면 창조, 타락, 구원, 종말, 부활, 심판, 영생과 영벌의 일직선 역사관입니다. 인생과 역사의 시종이 끝도 없이 계속 돌고 도는 것이 아니라 100m 달리기처럼 출발과 끝점으로 마무리됩니다. 콩 심은 데 콩이 나고, 팥 심은 데 팥이 나는 역사관입니다. 사람을 심었는데 사람이 환생하여 업보에 따라 다양한 짐승으로 환생하는 것은 상식과 논리와 진리로 볼 때 있을 수 없는 주장입니다. 창조 역사 이래로 그런 환생, 윤회가 발생했다는 뉴스를 들어 본 적이 없습니다. 환생이 사실이라면 전 세계적으로 매일 수많은 사람들이 죽기 때문에 세계 곳곳에서 다양한 환생 소식이 전해져야 환생교리가 맞습니다.

그러나 그런 일은 전혀 없습니다. 왜냐하면 그런 일은 일어나지 않기 때문입니다. 앞으로도 세계 어느 곳에서도 일어나지 않을 것입니다. 허구이기 때문입니다. 불자들은 속아 살고 있는 것입니다. 진화론을 주장하는 자들과 맥을 같이합니다. 진화론이 맞다면 전 세계 어느 곳에서든지 시대마다 다양한 진화 단계의 인간이 존재하거나 계속해서 발생해야 합니다. 하지만 그런 일은 전무합니다. 앞으로도 없을 것입니다. 허구이기 때문입니다. 환생이론이나 진화론이나 다 허구적인 주장일 뿐입니다. 결과론적으로 보아도 환생이나 진화한 인간은 없습니다. 그래서 단호하게, 배타적으로 말하는 것입니다. 너무나도 확실하기 때문입니다. 이런 논리와 상식에 비추어 볼 때 환생과 윤회사상은 헛되고 헛된 사상에 불과합니다. 좀 생각을 하고 믿거나 살아야 합니다. 성경을 믿지 않더라도, 기독교를 배척하더라도 상식의 거울에라도 비추고 살아야 합니다. 그러면 최소한 황당한 주장과 가르침과 사상에 속지는 않습니다.

성경에 비추어 보면 불교 등에서 주장하는 환생과 윤회, 수행에 따른 해탈 등은 절대로 불가능하고 없습니다. 사실이 아닌 것, 헛된 것을 만들어서 가르치고 믿는 것입니다. 가르치는 자나 이를 믿는 자들이나 모두 속는 것입니다. 왜 그렇습니까? 인간이 어리석어서 그렇습니다. 인간이 어떤 자들입니까? 삶은 돼지의 코와 귀에 지폐를 쑤셔 넣고 화를 면하고 복을 달라고 엎드려 절하는 사람들입니다. 또한 인간이 만든 다양한 형상(우상)에 엎드려 절하거나 두 손 모아 소원을 이루어 달라고 비는 사람들입니다. 어리석다는 것 외에는 설명이 불가능합니다. 다시 강조컨대 성경과 상식과 논리에 비추어 볼 때 불교 등에서 말하는 죽은 이후의 환생, 윤회란 없습니다. 종교든 무엇이든지 무조건 맹신하고 맹종하는 것이 문제입니다. 기본적으로 범사에 정답은 항상 하나뿐입니다. 누군가는 제대로 믿고 누군가는 확실하게 속고 있는 것입니다.

제6장

기독교인이 아닌 자들은 사후에 어찌 되나

일반적으로 비행기에 탑승할 때 어느 나라 사람이든, 어느 종교를 가졌든 비행기 티켓을 소지하지 않으면 탑승하지 못합니다. 오직 비행기 티켓을 소지한 사람만 비행기에 탑승할 수 있습니다. 대통령궁과 왕의 집무장소인 왕궁, 청와대, 대통령실에 누구나 들어갈 수 있습니까? 절대로 아무나 들어가지 못합니다. 지위고하나 어느 나라 사람이라 할지라도 초청장, 출입증명서를 소유한 사람들만 들어갈 수 있습니다. 요즈음 아파트 출입문은 과거와 달리 모두 디지털(digital)입니다. 여기에 숫자나 어떤 기호를 입력해야만 문이 열립니다. 혹 비밀번호를 잘못 입력하면 문이 열리지 않습니다. 절대로 열리지 않습니다. 비밀번호도 딱 하나입니다. 출입문 디지털 기기가 그렇게만 만들어졌습니다. 그래서 한 가지 비밀번호만 입력해야 문이 열립니다.

천국은 하나님의 나라이자 하나님의 왕궁입니다. 이곳은 지구촌에 있는 대통령궁에 들어가는 것보다 더욱 어렵습니다. 하나님으로부터 초청장을 받지 못한 사람은 어느 종교인, 어느 나라인, 어린아이, 노인, 유명인, 착한 사람 등등이 들어가려고 아무리 애써도 들어가지 못합니다. 누구만 들어갈 수 있는 자격이나 신분증이 주어집니까? 오직 인류의 유일한 구세주인 예수 그리스도를 진실로 믿는 자들만 들어갈 수 있습니다. 그 외에는 어느 누구도 들어가지 못합니다. 어느 종교인도 못 들어갑니다. 누가 이렇게 정했습니까? 만물의 주인이신 하나님, 주인께서 그리 정하셨습니다.

마태복음 7장 21절

"나더러(예수님더러) 주여 주여 하는 자마다 천국에 다 들어갈 것이 아니요 다만 하늘에 계신 내 아버지(성부 하나님)의 뜻대로 행하는 자라야 들어가리라"(착한 행위를 말하는 것이 아님)

사도행전 16장 31절

"가로되 주 예수를 믿으라 그리하면 너와 네 집이 구원을 얻으리라 하고"

요한계시록 21장 8절

"그러나 두려워하는 자들과 믿지 아니하는 자들과 흉악한 자들과 살인자들과 행음자들과 술객들(점술가들)과 우상 숭배자들(타 종교 숭배자들)과 모든 거짓말하는 자들은 불과 유황으로 타는 못(지옥)에 참예하리니 이것이 둘째 사망이라"

서두에서 이런저런 예를 들었습니다. 지구촌에는 수많은 종교들이 있습니다. 가장 대표적인 종교는 불교, 이슬람교, 유교, 원불교, 힌두교, 기독교(천주교+개신교) 등이 있습니다. 그들은 사후에 다 어디로 갑니까? 타 종교인들에게 구원이 있습니까? 다르게 비유해서 객관식 문제에서 1번도 정답이고, 2번도 정답이고, 3번도 정답이고, 4번도 정답일 수 있습니까? 모든 번호가 다 정답입니까? 어느 나라에서든지 그런 문제와 정답은 없습니다. 종교와 신앙 문제도 그렇습니다. 불교도 구원을 받고, 이슬람교도 구원을 받고, 힌두교도 구원을 받고, 원불교도 구원을 받고, 기독교도 구원을 받습니까? 모든 종교가 다 구원을 받습니까? 그런 일은 절대로 일어나지 않습니다. 왜 그렇습니까? 진리와 정답은 단 하나뿐이기 때문입니다.

진실로 예수님을 믿는 사람들을 제외하고 모든 종교와 모든 신앙인은 전부 음부 혹은 지옥에 들어가서 영원히 고통만 받으며 살게 될 것입니다. 이렇게 말하면 여러 종교인들이 불편하고 화가 날 것입니다. 배타적이라고. 왜 그렇습니까? 천지만물을 창조하신 분은 하나님 한 분뿐입니다. 사람을 비롯해서 만물의 주인은 하나님 한 분뿐입니다. 이 하나님께서 천국에 들어갈 수 있는 길, 문, 비밀번호를 오직 하나만 정하셨기 때문입니다. 다시 말해서 구원의 문제를 제시했을 때 딱 한 가지 답만 쓰도록 하셨습니다. 그것이 무엇입니까? 천국의 문이 열리는 유일한 입력 글자, 정답은 예수님을 믿는 자, 믿음뿐입니다. 이는 문제의 출제자, 곧 주인이 정한 것이기 때문에 피조물인 인간들이 어찌하지 못합니다.

주인이 정한 방식과 기준과 비밀번호는 시대가 변해도 누구에게나 불변입니다. 주인이 정한 천국에 들어갈 수 있는 키, 정답은 오직 구세주인 예수님을 믿는 것으로만 정하셨습니다. 그러니까 예를 들면, 아파트 문에 붙어 있는 디지털 비밀번호(음성)에 진심으로 '예수님을 믿습니다'를 입력하거나 말해야만 천국 문이 열린다는 말입니다. 다른 종교인들, 신앙인들은 예수님을 믿지 않기 때문에 모조리 천국이 아닌 지옥에 들어가게 됩니다. 천국에 들어가지 못합니다. 구원을 받지 못합니다. 거짓된 가르침에 속고 사는 자들입니다.

따라서 지구촌에 거하는 남녀노소들은 이유를 불문하고 인류의 유일한 구세주인 예수님을 믿어야 구원의 길, 구원의 문이 열립니다. 그렇지 않으면 성당(천주교)에 다니든, 교회에 다니든, 사찰(절)에 다니든, 이슬람 성원(사원)에 다니든, 원불교에 다니든, 힌두교든, 유교든 무엇을 하거나 믿거나 다니거나 열심을 부리거나 아무런 소용이 없습니다. 사후에 허탈할 것입니다. 사후에야 자신이 속아 헛된 종교, 신앙의 가르침을 믿고 추종하고 살았다는 것을 확인하게 될 것입니다.

이 땅에서만 심리적인 위로와 만족과 유효한 것에 불과합니다. 천국의 문, 천국 아파트의 문, 구원의 문은 오직 예수님을 믿는 자들에게만 자동으로 열립니다. 예수님에 대한 '믿음'을 입력해야만 열립니다. 아무리 말이 안 된다고 항변을 해도 소용이 없습니다. 만물의 주인이신 하나님께서 그리 정하셨기 때문입니다. 세상에서도 아파트 출입문 비밀번호는 주인이 정합니다. 주인이 정한 하나의 비밀번호를 입력해야만 집 문이 열립니다. 비밀번호가 두 가지나 세 가지나 네 가지가 없습니다. 단 한 가지의 비밀번호만을 입력해야만 출입이 가능합니다. 어느 집이든지 동일합니다. 그렇지 않으면 누구든지 집으로 들어가지 못합니다.

이에 비밀번호를 망각하면 집에 들어가지 못합니다. 그런즉 비밀번호를 반드시 알고 있어야 합니다. 이것이 불공정하다고, 말이 되지 않는다고 하는 사람은 하나도 없습니다. 주인의 고유권한이고 디지털 출입문 기기가 그리 만들어져 있기 때문에 누구도 바꾸지 못합니다. 이에 대하여 계속 항변을 하는 사람은 답이 없는 자입니다. 헛되고 헛된 짓입니다.

사도행전 4장 12절
"다른 이로서는(예수님 외에는) 구원을 얻을 수 없나니 천하(天下, 하늘 아래, 세상에) 인간에 구원을 얻을만한 다른 이름(예수님 외에)을 우리에게 주신 일이 없음이니라 하였더라"

참기독교인이 아닌 자들은 불편한 말이지만 어느 종교와 신앙을 가졌든지, 어떤 선행을 하고 살았든지 사망 후에 모조리 지옥(음부)에 들어가게 됩니다. 사람의 생사와 사후의 향방을 좌우하는 것은 피조물인 인간이 아니고, 인간에게 주도권이 없고 자존하시는 만물의 주인이신 하나님이 모든 주도권을 가지고 있습니다. 피조물인 인간이 정하는 것이 아니라 만물의 주인이신 하나님이 정하십니다. 하나님이 제시하시고 원하시는 방식대로 하지 않으면 모두 심판을 받고 지옥에 던져집니다. 아무리 불심이 강하고, 알라신을 잘 섬겼다고 하더라도 아무런 소용이 없습니다. 헛것(오답)이기 때문입니다. 그동안 헛심(오답)을 쓴 것입니다. 잘못된 종교와 신앙을 선택한 것이 됩니다. 속고 산 것입니다.

이는 마치 아무리 자기 방식대로, 성실하게, 열심히 시험 준비를 철저하게 많이 했다고 하더라도 출제하는 위원이 제시한 방식과 정답에 맞지 않게 공부를 했거나 썼다면 그 시험은 실패하게 되는 것과 마찬가지입니다. 자기 생각대로, 자기 방식대로 하면 점수를 얻을 수 없습니다. 출제자의 의도를 알고 그에 맞게 답을 써야 좋은 점수를 맞을 수 있습니다. 사후에 천국에 들어가고 못 들어가는 것도 이런 원리와 방식입니다. 이런 것을 잘 이해해야 합니다. 이런 원리를 이해하지 못하면 자기 방식대로 무슨 짓을 해도 소용이 없습니다.

언젠가는 누구나 다 죽습니다. 세상 종말은 반드시 옵니다. 인류 최후의 심판도 반드시 있습니다. 누구나 사후세계에 반드시 들어갑니다. 문제는 누가 어디로 들어가느냐입니다. 누가 감옥에 들어가고 누가 집으로 들어가느냐가 관건입니다. 사후 부활 이후의 내세의 나라와 세계는 천국 아니면 지옥뿐입니다. 다른 저승은 절대로 없습니다. 다른 저승이 있다고 가르치거나 믿는 자는 속고 사는 것입니다. 사기를 당하고 있는 것입니다. 정답과 진짜는 하나뿐이기 때문입니다. 지옥과 천국, 저승이 각 종교인들이 주장하는 것처럼 각기 다양한 모습으로 사방에 있는 것이 아닙니다. 이런 사실을 알면 정신 차리게 됩니다.

기독교인 아닌 자들, 다른 종교를 숭배했던 자들, 무신론자들은 안타깝게도 모조리 음부나 지옥에 들어갑니다. 기독교인이라고 할지라도 진실로 인류의 유일한 구세주인 예수님을 믿지 않았다면, 사이비 기독교인이었다면, 외식적인 기독교인이었다면 음부(지옥)에 들어가게 될 것입니다. 기독교를 사칭한 이단교주나 이단자들도 모두 지옥행입니다. 사단(마귀)과 귀신들도 전부 다 지옥불에 던져질 것입니다. 이런 사실도 모르고 헛된 신앙에 열심을 부리고, 존재하지도 않는 인간이 만든 신과 형상을 숭배하고 추종하는 자들이 매우 많습니다. 참으로 어리석은 자들이고 안타까운 사람들입니다. 사후에 자기 눈으로 목도하게 될 것입니다.

그러므로 이 땅에 사는 날 동안 예수님을 잘 믿고 그 말씀대로 순종하며 살아야 합니다. 기독교의 복음에 귀를 기울여야 합니다. 관심을 가져야 합니다. 건전한 교회에 나가서 신앙생활을 해야 합니다. 진리 책인 성경을 읽고 듣고 배우고 바로 믿어야 합니다. 그래야 사후에 천국에 들어갈 수 있습니다. 구원과 영생을 얻을 수 있습니다. 예수님을 거부하거나 불신하는 자들, 다른 종교에 심취해 있는 자들, 무교인 자들, 이단자들, 사이비 종교인들에게는 미래가 없습니다. 불쌍한 자들입니다. 향후 심판을 받고 비참하게 될 것입니다. 나중에서야 속았다는 것을 알게 될 것입니다. 마치 보이스피싱이나 기타 사기를 당한 자들처럼 말입니다. 뒷북을 치는 사람들이 많습니다. 참이든 거짓이든 사후에는 반드시 내세에 들어가기 때문에 누구나 알게 됩니다.

그런데 이 땅에 사는 날 동안은 자신이 불쌍하고 비참한 자인 것을 모릅니다. 스스로에게나 누군가에게 속고 사는 것을 모릅니다. 가르쳐 주어도 듣지 않습니다. 도리어 화를 냅니다. 고집을 부립니다. 그래서 누굴 탓하지 못합니다. 각자 자기들의 종교와 신앙이 진짜라고 착각하며 삽니다. 아니라고 해도 무시하고 외면해 버립니다. 그래서 자업자득입니다. 참기독교인이 아닌 자들, 진리(성경) 안에 머물러 있지 않은 자칭 기독교인들은 사후에 모조리 음부나 지옥에 들어가게 될 것입니다. 아주 허탈할 것입니다. 이는 사람이 아무리 불평과 불만과 항의를 해도 불변이고 불가역적(不可逆的)입니다. 진리는 누구도 변개하지 못합니다.

제7장

유교 내세관

유교의 창시자 공자는 중국 사람입니다. 피조물입니다. 신(神)이 아닙니다. 공자는 기원전 551년 노나라 취푸(曲阜)에서 떨어진 시골인 창평향(昌平鄕) 추읍(耶邑)에서 부친 숙량흘과 모친 안징재(顔徵在) 사이에서 태어났습니다. 숙량흘과 그의 본처 시씨(施氏) 사이에는 아홉 명의 딸이 있었으나 아들이 없었습니다. 이에 숙량흘이 그의 노년에 안징재를 맞아 낳은 아들이 공자입니다. 유교(儒敎)는 중국 춘추시대(기원전 770~403) 말기에 공자(孔子)가 체계화한 사상인 유학(儒學)의 학문을 이르는 말입니다. 유교의 특징 또는 핵심 사상은 수기치인(修己治人)으로, 유교가 실현하고자 하는 진리 구현의 방식입니다. 수기치인이란 '자신의 몸과 마음을 닦은 후에 남을 다스리는 것'으로서 위정자가 갖추어야 할 덕목입니다. 즉, 유교는 자기 자신의 수양에 힘쓰고 천하를 이상적으로 다스리는 것을 목표로 하는 학문이며 또한 그것을 향한 실천이라고도 할 수 있습니다.

그래서 유교는 내세관이 분명치 않습니다. 사실상 내세관이 없습니다. 유교는 현실의 삶과 조상숭배에 집중되어 있지 내세에 대해서는 구체적인 언급이 없습니다. 유교는 동양의 전통적 종교로서 조상숭배(祖上崇拜)에 기초한 내세관을 가지고 있습니다. 인간은 이(理)와 기(氣)로 구성되어 있는데 이는 하늘로부터 부여받은 본성적 측면이고, 기는 혼백(魂魄, 넋)을 말합니다. 사람이 죽으면 이는 하늘로 돌아가고, 백은 땅으로 가며, 혼은 하늘과 땅 사이에서 일정 기간 머물다 사라진다고 합니다.

그래서 사람이 죽으면 혼은 날아가고 넋은 흩어진다(魂飛魄散, 혼백이 이리저리 흩어짐) 하여 날아가는 혼을 불러들이려고 망인의 체취가 밴 옷을 들고 지붕에 올라가 흔들면서 혼을 부르는 초혼(招魂)의 절차를 밟습니다. 진리에 비추어 보면 황당합니다. 헛된 짓입니다. 죽음 뒤에도 사라지지 않는다고 믿는 혼백(魂魄) 역시 음양의 기에 지나지 않기 때문에 시일이 지나면 마침내 흩어지는 것이고, 자연으로 돌아간 기는 다시 사람으로 태어난다는 보장이 없기 때문에 유교에서는 내세를 믿지 않습니다.

사람은 한번 죽으면 그만이기 때문에 자손을 통하여 대(代)를 이어 감으로써 그 허무함을 달래고 영생의 욕구를 대신하려고 하였습니다. 대가 끊어지는 것은 영생이 단절되는 것이기 때문에 아들을 못 낳으면 아내를 쫓아내는 칠거지악(七去之惡, 일곱 가지 허물)이니, 다른 여인에게서 아들을 낳아 오는 씨받이니 하는 습속(習俗, 습관이 된 풍속)이 생겨났습니다. 과거 한국 전통영화를 보면 이런 장면이 종종 나옵니다. 〈씨받이〉라는 영화가 이와 관련하여 대표적입니다. 유교의 창시자 공자(孔子)는 이런 말을 했습니다. "삶도 모르는데 죽음을 어찌 알겠느냐"

이는 유교의 내세관의 어떠함을 단적으로 말해 주는 것이라고 할 수 있습니다. 아주 솔직한 고백입니다. 진리를 떠나서는 현세와 죽음과 내세를 전혀 알 수 없습니다. 아무도 모릅니다. 공자가 신이 아닌 이상 내세에 대하여 알 수 없습니다. 내세는 성경을 통하지 않고는 정확히 알 수 없기 때문에 공자는 성경을 접하지 않아서 모르는 것이 정상입니다. 내세에 대하여 알지 못하니 언급할 수도 없고 믿을 수도 없는 것입니다.

그래서 유교에는 사실상 내세관이 없습니다. 내세관을 가르치지 않습니다. 그런즉 유교는 현세만을 추구하는 종교라고 할 수 있습니다. 이 세상 삶이 전부입니다. 또한 헛되고 헛된 죽은 조상에 대한 숭배, 조상제사에 치중하는 종교입니다. 조상제사는 귀신에게 제사를 드리는 것입니다. **"대저 이방인의 제사하는 것은 귀신(귀신들, demons)에게 하는 것이요 하나님께 하는 것이 아니니 나는 너희가 귀신(귀신들, demons)과 교제하는 자 되기를 원치 아니하노라"**(고전 10:20). 유교는 구원이나 내세와는 전혀 상관이 없는 현세적인 종교라고 할 수 있습니다. 그러므로 유교를 추종하면 학문적인 가치와 의미는 있을지언정 부활도 없고, 영생도 없고, 구원도 없고, 내세도 없기에 사후에 낙원이나 천국에 들어가지도 못합니다. 유교를 추종하는 자들은 이런 사실을 모르고 삽니다. 진리가 아닌 헛된 사상에 속고 삽니다. 사후에 낙원(천국)에 들어가지 못하고 영원한 고통의 장소인 지옥에 들어가 살게 될 것입니다. 그런즉 심각한 고민을 하고 살아야 합니다.

제8장

기독교 내세관

　　기독교라 함은 천주교(로마가톨릭교회, 구교)와 개신교(신교)를 통칭하는 말입니다. 이를 구분하지 않고 모두 기독교라고 하는 사람들이 있습니다. 반드시 구분해서 말하고 알아야 합니다. 동일한 기독교지만 교리로 들어가면 많이 다르기 때문입니다. 천주교 교리는 성경에 반하는 이단사상이 많습니다. 천주교와 개신교는 내세를 절대적으로 믿습니다. 큰 틀에서 천주교와 개신교의 내세관은 동일하지만, 세부적으로 들어가면 다릅니다. 천주교와 개신교 모두는 자존하시는 하나님을 믿습니다. 사망 이후 내세의 부활도 믿습니다. 천국과 지옥도 믿습니다. 그 근거는 오직 성경뿐입니다. 그러나 구원관은 다릅니다. 천주교는 성경에 없는 내세의 '연옥'을 주장합니다. 그러니까 성경에 없는 것을 더한 것입니다. 하나님을 믿지만 온전한 신앙이 부족해서 곧바로 천국으로 들어가지 못한 성도들이 있는데, 이들은 재련의 장소인 연옥에 들어가서 어느 정도 연단을 받은 이후 다시 천국으로 들어간다는 주장을 합니다.

　　하지만 성경에는 이런 주장이나 용어가 없습니다. 현세는 오직 이 지구가 전부이고, 내세는 거의 동일한 개념인 낙원(천국)과 음부(지옥)뿐이라고 말합니다. 그것도 사람이 사망하면 예수님을 믿는 여부에 따라 즉시 영혼은 낙원 아니면 음부로 들어간다고 말합니다. 성경은 연옥이라는 재련의 장소가 없습니다. 이 연옥교리는 성경에 있는 것이 아니라 성경이 아닌 외경(外經)에 기록된 것입니다. 개신교는 오직 성경만 하나님의 말씀으로 받아들이고 외경은 성경으로 인정하지 않습니다. 한마디로 연옥교리는 성경에 없는 것으로 성경을 가감한 교리에 불과합니다. 이는 매우 무서운 일입니다. 그러니까 내세의 연옥은 없습니다.

누가복음 23장 43절
"예수께서 이르시되 내가 진실로 네게(십자가에 달린 강도) 이르노니 오늘(사망 날) 네가 나와(예수님) 함께 낙원(내세)에 있으리라 하시니라"(사망 즉시 부족한 신앙인이라도 영혼은 낙원과 음부로 들어감)

요한계시록 22장 18절
"내가(사도 요한) 이 책의 예언의 말씀을 듣는 각인에게 증거하노니 만일 누구든지 이것들(성경들) 외에 더하면 하나님이 이 책에 기록된 재앙들을 그에게 더하실 터이요"(성경을 가감하면 저주받음)

마태복음 25장 46절
"저희는(불신자들) 영벌에(내세 지옥), 의인들은(예수님을 믿는 자들) 영생에(내세 천국) 들어가리라 하시니라"(사후에

즉시)

요한복음 11장 25~26절

"나는(예수님) 부활이요 생명이니 나를 믿는 자는 죽어도 살
겠고 무릇 살아서 믿는 자는 영원히 죽지 아니하리라"(구원과
영생은 사람들의 행위 정도에 따라서가 아닌 믿음 여부에 따
라서 결정된다)

기독교(천주교+개신교)는 확실한 내세관이 있습니다. 현세로 끝나지
않고 사망 이후에 현세와 전혀 다른 내세가 있음을 굳게 믿습니다. 현세
는 장수해야 120세까지만 살지만, 내세는 천국에서 살든 지옥에서 살든
누구든지 죽지 않고 영원히 살게 됩니다. 그러므로 기독교인들은 현세에
서 내세신앙을 갖고 삽니다. 사람은 한번 태어나면 육체적인 죽음은 누구
나 당하지만 그것으로 끝나지 않고 부활하여 심판을 받고 내세에서 영원
히 살게 됩니다. 이런 사실이 믿어지는 자들이 복이 있습니다. 이런 사실
들이 그대로 이루어지기 때문입니다. 내세가 안 믿어지면 그대로 살다가
죽어서 내세를 자기 눈으로 직접 목도하는 수밖에 없습니다.

혹 자칭 기독교인이라고 하는 자들 중에서 선택과 유기(버림)에 대하여
오해하는 자들이 있습니다. 아무리 입술로 신앙을 고백해도 진리 안에 머
물러 있지 않으면, 진리 안에서 살아가지 않으면 천국에 들어가지 못합니
다. 선택함을 받은 자가 아닙니다. 입으로만 주여! 주여! 한다고, 교회만
다녔다고, 직분을 받았다고 모두 구원받지 못합니다. 천국에 들어가는 것

이 아닙니다. 입술로만 신앙생활을 하는 자는 가짜 기독교인일 가능성이
크기 때문입니다. 행함이 없는 믿음은 죽은 믿음입니다. 입술로는 고백하
면서 행위로 부인하는 자는 진실한 신앙인이 아닙니다. 그것은 그의 삶이
진리 안에 있는지 여부를 보면 어느 정도 알 수 있습니다. 인생 끝날 때까
지 긴장하며 진리 안에 머물러 살기를 바랍니다.

제9장

불교 내세관

불교는 기원전 5세기경에 인도의 석가모니(싯다르타)에 의해 창시된 종교입니다. 힌두교의 나라인 인도에서 발생한 것이기에 내세관이 힌두교와 거의 유사합니다. 석가모니는 나중에 부처가 되었습니다. 부처(佛陀)란 산스크리트어로 '깨달은 자', '눈을 뜬 자'라는 뜻으로, 불교에서 '깨달음을 얻은 사람을 부르는 말'입니다. 그러니까 부처는 본명이 아닙니다. 부처라는 존재는 본래 없었습니다. 현재 불교에서 호칭하는 '부처님'은 수행을 통해 해탈했기에 붙여진 이름입니다.

그러니까 인도 사람 석가모니가 수행에 따른 해탈을 통해서 '부처'가 되어 극락에 들어가 있다고 말합니다. 이에 부처님은 윤회와 환생에서 벗어난 자라고 합니다. 석가모니 혹은 부처는 신(神)이 아닌 우리와 동일한 피조물에 불과합니다. 전적으로 부패하고 타락한 인간에 불과합니다. 죄인입니다. 아무런 신적 능력이 없는 사람일 뿐입니다. 죄(원죄) 때문에 저주 아래에서 살다가 사망하여 현재 음부에 있는 죄인입니다. 유교에서 공자와 같은 자입니다. 그 후세대들이 동상을 세우고 교리를 만드는 등 그를 신격화, 우상화한 것입니다. 석가모니가 그렇게 하라고 한 일이 없습니다.

따라서 부처에게 아무리 빌고 염불을 외워도 아무런 소용이 없다는 말입니다. 108번이든 삼보일배 등의 행위는 아무런 영향이나 소용이 없는 헛된 짓입니다. 부처 형상에 엎드리고, 빌고, 염불을 외워서 기도의 응답을 받았다는 말은 모두 허구입니다. 본래 부처는 신이 아니고 이미 죽어 중간상태 내세인 음부에 들어가 있기 때문에 절대로 불자들의 기도를 들어 줄 수 없습니다. 죽은 자인 부처든 동정녀 마리아든 누구든 피조물인 사람들은 기도를 듣지도 응답도 해 주지 못합니다. 기도의 응답은 오직 살아 계시고 전능하신 하나님만 하십니다.

이런 기본적인 사실을 모르거나 망각하고 아무런 능력이 없는 부처에게 엎드려 절하고 비는 자들이 무수히 많습니다. 모르기 때문에 정성을 다해 빌고 있습니다. 모두 속고 있는 것입니다. 이는 마치 능력과 생명이 없는 죽은 나무나 돌에 기도하는 사람과 같습니다. 이런 것에 비추어 보면 불교의 내세관은 진리가 아니라는 것을 확실히 알 수 있습니다. 부처는 전지전능하신 신이 아닙니다. 우리와 하나도 다를 바가 없는 연약한 사람이자 하나님에 의해 창조를 받은 피조물에 불과하고 사망한 자입니다. 그 이상도 이하도 아닙니다.

짐승이 아무리 수행을 하고 해탈을 해도 사람이 될 수 없는 것처럼, 사람이나 불자나 석가모니(싯다르타)가 아무리 수행과 해탈을 해도 신이 될 수 없고, 그저 나약한 인간에 불과합니다. 인간의 깨달음이나 석가모니의 깨달음으로는 눈에 보이지 않고 아직 경험해 보지 못한 내세를 절대로 알 수 없고, 구원도 받을 수 없습니다. 죄 사함도 받을 수 없습니다. 진리인 성경을 통하지 않고는 바른 내세관을 가질 수 없습니다. 그래서 불교의 내세관은 성경에 비추어 보면 완전한 허구와 허상입니다. 불완전한 인간이 만든 내세관이기 때문입니다. 인간은 스스로의 깨달음으로는 절대로 현세나 내세에 대한 것을 정확히 알 수 없습니다. 기독교도 목사들이나 신부들이나 성도들 스스로 내세관을 바로 안 것이 아니라 오직 성경을 통해서만 안 것입니다.

아무튼 엉터리이긴 하지만 불교는 내세관이 확실합니다. 사후에 극락(극락정토, 천당)과 지옥에 들어간다고 말합니다. 환생도 말합니다. 그러나 기독교와 성경에서 말하는 내세관과는 전혀 다릅니다. 성경에 그런 내세는 없습니다. 불교에서 말하는 천당(天堂)과 기독교에서 말하는 천국(天國)은 전혀 다른 장소 개념입니다. 불교의 내세는 인간 스스로의 49재나 수행과 해탈을 잘해야만 좋은 곳에 들어가거나 좋은 짐승이나 사람으로 다시 태어난다고 말합니다. 불교의 원조 격인 힌두교와 다르지 않습니다. 사자(死者)는 윤회한다는 것입니다. 삶과 죽음이 끊임없이 반복된다는 것이 힌두교와 불교의 사후 내세관입니다. 사후에 어떤 모습으로 태어나느냐는 것은 이생에서 어떻게 사느냐에 따라 결정된다고 합니다. 현세에서 살 때 착하게 살면 사후에 좋은 모습으로 태어나고(환생), 현세에서 악하게 살았으면 나쁜 모습으로 태어난다(환생)고 합니다. 그렇다고 반드시 사람으로 태어나는 것도 아닙니다. 살아생전에 올바르게 살지 못하면 사후에 다양한 짐승으로 태어날 수도 있다고 말합니다.

논리적, 상식적, 실제적으로 불가능한 주장을 합니다. 힌두교인이나 불자 사망자들 중에 지금까지 짐승으로 환생했다는 뉴스는 전 세계적으로 들어 본 적이 없습니다. 그 말은 그런 일은 일어나지 않는 허구라는 말입니다. 앞으로도 절대로 없을 것입니다. 왜냐하면 그런 주장과 교리는 허구이기 때문입니다. 사망자들 중에서 힌두교인들과 불자들이 모두 완벽하게 착하게만 산 것이라고 할 수 있습니까? 이는 인간의 전적 부패성에 비추어 볼 때 100% 거짓말입니다.

인간은 상대적인 선, 착함만 있을 뿐입니다. 절대적인 착함과 선, 즉 도덕적으로나 윤리적으로나 100점짜리 사람과 삶은 없습니다. 그런 사람이 있다면 신의 경지에 이른 사람으로 인간이 아닐 것입니다. 그래서 불교 신자들은 현세에서 살 때에 착한 업(業, 선행)을 쌓아 다음 생에, 사후에 좋은 모습으로, 좋은 사람으로 다시 태어나는 것이 1차 목표입니다. 불교의 궁극적인 내세관은 돌고 도는 윤회의 사슬에서 벗어나는 것입니다. 이것이 깨달음(부처)이요, 수행에 따른 해탈입니다. 생전에 해탈한 부처는 극락에 들어가기에 다시 태어나지 않아도 됩니다.

불교의 내세관은 업(業, 선악의 소행) 사상과 윤회설(輪回說, 착한 업에 따라 좋은 환생과 나쁜 환생의 연속)에 기초하여 성립한 것입니다. 물론 극락정토(극락, 천당)에 들어간 자들은 더 이상 윤회나 환생은 없다고 합니다. 현세의 삶은 전생(前生, 이 세상에 태어나기 이전의 삶)에서 지은 업보(業報, 선악의 행함으로 받는 대가) 때문에 생긴 것이라고 합니다. 현세의 삶(행위)은 사후에 태어날 생의 모습을 결정한다고 합니다. 오직 해탈을 통해서만 이런 윤회와 환생으로부터 벗어난다고 합니다. 그러니까 불교의 내세관은 지구촌에서 살 때의 착함 여부에 따라 다음 생이 좋은 모습이나 나쁜 모습으로 결정되고, 해탈 여부에 따라 윤회와 환생에서 벗어나 극락에 들어가서 살게 되는 것입니다. 그 전까지는 윤회와 환생이 반복되는 내세관을 주장합니다. 순전히 개인의 선행, 행위 여부로 내세가 결정됩니다.

물론 성경에 비추어 보면 황당하기 그지없습니다. 불자들이 속고 사는 것입니다. 누구나가 언제든지 확인이 가능합니다. 환생한 사람이나 동물을 확인하면 됩니다. 역사 이래 죽은 불자가 동물이나 사람으로 환생, 윤회한 경우는 아무도 없습니다. 그런 일은 일어나지 않았고 일어날 수도 없는 허구이기 때문입니다. 불교에서 주장하는 그런 내세는 절대로 없습니다. 논리적으로나 역사적인 실제에 비추어 보아도 완전히 허구입니다. 진화론처럼 말입니다. 성경에 비추어 보면 철저하게 속고 있는 것입니다. 영적으로 어둡기 때문에 속고 있는 것조차 모르고 추종합니다. 속고 있다고 해도 듣지 않습니다. 그래서 인간은 어리석다고 하는 것입니다. 진리를 알지 못하는 지구촌에 존재하는 모든 종교와 신앙인들은 헛된 내세관을 가지고 있습니다.

기독교(개신교), 성경의 내세관과는 전혀 다릅니다. 아마 기독교의 내세관이 허구든지 아니면 불교의 내세관이 허구일 것입니다. 누구든지 믿어지는 대로 믿고 살다가 내세에서 진짜를 확인하면 됩니다. 종종 강조하는 말이지만 진짜 종교와 진짜 신과 진짜 내세관은 하나뿐입니다. 열 명이든 백 명이든 각기 다른 종교를 가졌다면 단 한 명만 진짜를 믿고 나머지 아홉 명이나 구십구 명은 속은 것입니다. 나머지 모두는 속고 사는 것입니다. 그래서 정답과 진짜를 만나는 자들이 복이 있습니다. 내세에 들어가서 실제를 확인하면 매우 허탈할 것입니다. 통곡할 것입니다.

제10장

이슬람교 내세관

이슬람교(회교) 창시자는 무함마드로, 기원후 571년 사우디아라비아의 메카 쿠라이시족에서 태어나 기원후 632년 62세의 나이로 죽었습니다. 무함마드도 아담의 후손으로 죄인이고 죄의 저주 아래에 살다가 사망했습니다. 무함마드는 전지전능한 신(神)이 아닙니다. 우리와 동일한 연약한 사람이고, 피조물이고, 죄인이었습니다. 그런 그를 이슬람교 지도자들과 추종자들이 우상화, 신격화를 한 것입니다. 따라서 그를 믿고, 그에게 엎드려 기도하고, 무엇을 한들 아무런 소용이 없습니다. 헛되고 헛된 신앙행위가 됩니다. 그는 이미 죽었고 전능한 신이 아니기에 아무리 기도해도 응답하지 않을 것입니다. 물론 당사자들은 모릅니다. 이런 사실을 제대로 직시하지 못하니, 확인도 할 수 없으니 이 땅에서 신처럼 섬기는 것입니다. 아무튼 힌두교나 불교나 유교 못지않게 황당한 것이 이슬람교 내세관입니다. 천국과 지옥을 주장하지만 기독교(개신교), 성경 내세관과 완전히 다릅니다. 무엇이든지 비슷하다고 하여 같은 것은 아닙니다.

참고로, 이슬람교의 '알라'와 기독교의 '하나님'이 같다고 주장하거나 믿는 자들이 기독교인들(미국과 한국) 중에 30% 정도 된다고 하는데 전혀 다릅니다. 속고 있는 것입니다. 개신교의 신론(하나님)은 삼위일체 신론입니다. 성부 하나님+성자 하나님+성령 하나님이 계시는데 이 삼위가 본질상 하나이자 일체라고 고백합니다. 이에 이 삼위 중 한 분의 하나님만 부인하거나 불신해도 이단이고 기독교인이 아닙니다.

이슬람교는 예수님을 하나님으로, 구세주로 인정하지도 않고 믿지도 않습니다. 예수님의 십자가 죽음과 부활도 인정하지 않습니다. 따라서 이슬람교의 알라와 기독교의 하나님은 전혀 다른 신(神) 개념입니다. 혹 누군가가 동일하다는 주장을 한다면 거짓말입니다. 삼위일체 신론을 말하고 믿느냐고 말하면 즉시 확인이 가능할 것입니다. 이슬람에서는 예수님을 하나님으로 믿지 않습니다. 거짓에 흔들리거나 미혹되지 않기를 바랍니다. 무엇이든지 정확하게 알고 있지 않으면 그럴듯한 말과 거짓 주장에 흔들립니다.

이슬람교에도 기독교처럼 내세인 천국과 지옥이 있습니다. 그러나 기독교의 천국과 지옥이라는 내세관과는 전혀 다른 세계입니다. 기독교(개신교)의 구원관(오직 믿음)과 전혀 다른 행위 구원관입니다. 이슬람교는 사람이 죽으면 부활이 있기까지 무덤의 세계, 즉 '바르자크(Barzakh)'로 들어간다고 합니다. 그러나 기독교(개신교)는 영혼이 지상이나 무덤이 아닌 내세의 낙원 아니면 음부에 들어간다고 합니다. 바르자크란 현세의 삶 이후 부활하기 전까지의 상태(중간상태)를 말합니다. 개신교에서 말하는 중간상태(낙원 혹은 음부)와 유사한 것 같지만 전혀 다릅니다. 바르자크 세계에서는 죽은 영혼들이 서로 만난다고 합니다. 성경은 사후에 신자와 불신자는 만나지 못하고 영원히 이별한다고 합니다. 오직 신자는 신자끼리, 불신자는 불신자들끼리만 만날 수 있습니다. 신앙 여부에 따라 동일한 공간에 머물기 때문입니다.

이슬람교의 내세관은 구원관과 연결되어 있습니다. 사망 후에 들어가는 내세인 천국은 육신오행을 행하여야만 들어간다고 말합니다. 성경사상과 완전히 다릅니다. 육신(六信)이란 여섯 가지를 믿어야 한다는 것입니다. 그것은 알라, 천사, 쿠란(꾸란), 예언자, 내세, 예정을 믿는 것입니다. 오행(五行)이란 다섯 가지의 의무를 행하여야 한다는 것입니다. 그것은 신앙고백, 예배, 단식, 자선(종교세), 메카 순례를 지키는 것입니다. 이슬람교의 내세관이자 구원관은 육신오행을 믿고 지켜야 천국에 들어가고 그렇지 못하면 천국에 들어가지 못한다고 합니다.

한마디로 행위에 따른 내세관이고 구원관입니다. 개신교의 내세관과 구원관과 전혀 다릅니다. 이런 행위에 따른 내세관, 구원관은 불교나 힌두교나 이슬람교나 천주교(로마가톨릭교회)나 동일합니다. 오직 개신교(신교)만 행위가 아닌 오직 믿음으로만 구원을 받고 천국에 들어가는 내세관입니다. 그러니까 이슬람교의 내세관은 육신(믿음)+오행(행위)에 따라 천국 아니면 지옥이 결정되는 구원론, 내세관입니다. 기독교와 전혀 다른 종교입니다. 또한 자살폭탄 등 지하드(聖戰)를 하다가 순교하면 천국에 들어간다고 말합니다.

지금까지 이슬람교의 내세관에서 핵심적인 내용만 언급했지만, 이슬람교는 기독교(개신교)의 내세관과 전혀 다름을 알 수 있습니다. 이런 면에서도 기독교(개신교)와 이슬람교는 전혀 다른 종교입니다. 성경에 비추어 보면 이슬람교의 내세관은 헛된 내세관이라고 할 수 있습니다. 자기들이 꾸며낸 이야기입니다. 성경은 이런 식으로 내세인 천국과 지옥에 들어가는 말씀이 전혀 없습니다.

성경은 오직 예수 그리스도를 믿음으로 사후에 내세인 천국(낙원)에 들어가고, 예수 그리스도를 불신하면 사후에 지옥(음부)에 들어간다고 말합니다. 기독교와 이슬람교의 내세관 둘 중의 하나는 가짜라고 할 수 있습니다. 이 또한 독자들이나 사람들이 믿어지는 대로 믿고 살다가 내세에 가서 어느 것이 참인지 직접 확인하게 될 것입니다. 반복해서 강조하는 말이지만, 진짜와 정답은 오직 하나뿐입니다. 누군가는, 어느 종교는 속이는 것이거나 속는 것입니다. 누군가는, 어느 종교는 속지 않는 것입니다. 정답은 하나뿐입니다. 진짜를 믿는 자가 복이 있습니다. 나머지 종교와 신앙인들은 속아 살기에 불행합니다.

제11장

이단, 미신, 타 종교, 무교 내세관

부패한 음식과 생선은 음식이라고 말하지 않습니다. 먹을 수 없는 쓰레기라고 말합니다. 그렇습니다. 사람이 먹을 수 있는 것만 음식이라고 말합니다. 종교와 신앙도 진짜만 참종교와 참신앙이라고 말합니다. 기독교를 사칭한 이단(가짜 기독교)들은 부패한 신앙과 신앙인들로 내세인 천국(낙원)에 들어가지 못합니다. 미신(迷信, 헛된 것을 믿는 신앙)을 추종하는 자들도 마찬가지입니다. 점을 보고 굿 등을 하는 것들이 미신인데 이들에게 바른 내세관은 없습니다. 미신이라는 말 속에 답이 있습니다. 타 종교인들도 마찬가지입니다. 서로 신앙을 존중하는 것과 진리는 다른 것입니다.

타 종교에도 좋은 면과 배울 점이 있는 것은 사실입니다. 나름 의미와 가치가 있습니다. 그러나 참진리는 아니기에 거기에는 구원과 생명이 없습니다. 사후에 천국에 들어가지 못합니다. 세상에서는 다양한 종교를 존중하고 인정하지만, 기독교(개신교)의 성경은 타 종교를 인정하지 않고 모두 우상 종교라고 말합니다. 타 종교에는 참신, 구원, 생명, 영생, 천국 입성이 없습니다. 진짜는 하나뿐이기 때문입니다. 성경은 진리 안에 거하

는 신앙고백을 추종하는 기독교인들만 진짜라고 말합니다. 무교(無敎)인
들도 구원을 받지 못합니다.

　무교자들은 참된 내세관이 없습니다. 내세관 자체가 없습니다. 현세만
믿고 내세의 존재를 부인합니다. 기독교(개신교) 외 모든 종교와 종교인
들과 기타에 해당하는 대상에 이렇게 말하는 이유는 성경이 오직 기독교
(개신교)만 구원이 있고, 참신인 하나님을 섬기고, 진리라고 하기 때문입
니다. 그래서 배타적입니다. 이는 기독교(개신교) 진리나 교리의 입장에
서 보면 합당하고 타당한 배타성입니다. 물론 타 종교인들과 무교인들은
이런 기독교(개신교)의 주장에 대해서 불편할 것입니다. 그렇지만 개신
교인들은 이런 자세를 유지할 수밖에 없습니다. 기독교인들의 유일한 신
앙과 행위의 기준과 근거는 오직 성경뿐이고, 성경이 하나님 외에는 다른
신이 없고, 다른 종교는 다 우상이고, 내세도 오직 천국과 지옥뿐이고, 오
직 현세에서 인류의 유일한 구세주인 예수 그리스도를 믿는 여부에 따라
천국과 지옥이 결정된다고 하기 때문입니다.

　이는 마치 자동차 도로 신호에서 빨간 불이면 멈추고, 파란 불이면 움직
이는 것과 같습니다. 교통 신호체계가 그렇게 법으로 정해져 있기 때문에
모든 운전자들이 신호등에 따라 그리하는 것입니다. 만일 다른 신호체계
가 등장하면 누구도 인정하지 않을 것입니다. 그것은 진짜 신호체계가 아
닌 가짜 신호체계이기 때문입니다. 진짜 신호체계는 오직 하나의 방식으
로 전국이 동일하게 통일되어 있습니다. 이처럼 성경에서 말하는 내세관
도 시대가 변해도, 누가 무슨 말을 해도, 수많은 종교가 있어도, 타 종교에

서 뭐라고 해도 만물의 주인이시자 천지의 주인이신 하나님이 정하신 규정은 하나뿐이고 진짜이기에 그리 주장하는 것입니다. 나머지는 다 가짜입니다.

이것이 기독교(개신교) 신앙인들이 믿는 바른 신앙고백이기에 다른 것은 다 배척할 수밖에 없습니다. 그래서 내세관뿐만 아니라, 성경과 다른 신관, 구원관, 진화론 등을 배척하는 것입니다. 이런 점들을 서로 존중하고 이해해야 합니다. 모든 종교인들도 개신교인들처럼 그리하면 됩니다. 서로 비난하고 싸울 이유가 하나도 없습니다. 각자 자기들의 내세관을 말하고, 믿어지는 대로 믿고 살면 됩니다. 강요하지 않는 이상, 대놓고 비난하지 않는 이상 싸울 것이 없고 이해하고 살면 됩니다. 서로 미워하지 않아야 합니다. 사후에 정답은 하나이고, 진짜는 하나이고, 내세도 천국(낙원)과 지옥(음부)뿐이라는 것을 누구나 직접 목도하게 될 것입니다.

언제 어디서나, 어떤 영역에서나 정답과 진짜는 하나뿐입니다. 둘이거나 셋이라고 하면 좋은 것이거나 정상이 아닙니다. 상대방을 배려하고 존중하는 것이 아닙니다. '너의 주장과 신앙도 맞고 나의 주장과 신앙도 맞다'고 하는 것은 진리가 아닙니다. 서로에 대한 존중도 아니고 유연성도 아닙니다. 진정한 종교인과 신앙인이 아닙니다. 그냥 말장난에 불과하고 종교다원주의(宗敎多元主義, 어느 종교에나 구원이 있다고 하는 주장이나 신앙)와 혼합주의에 불과합니다. 이는 마치 수험생이 시험을 보는데 '1번도 맞고, 2번도 맞고, 3번도 맞고, 4번도 맞다'고 주장하는 것과 다르지 않습니다. 그렇게 말하는 학생이나 선생님은 정상이 아닙니다. 혹 출제자의 실수로 정답이 두 개로 인정되는 경우가 어쩌다 있기는 하지만 일반적으로 99.9%의 정답, 진짜는 항상 하나뿐입니다. 두 개가 나올 수 없습니다.

종교와 신앙과 내세관도 동일합니다. 지구상에 수많은 종교와 신앙인들이 있지만 진리, 진짜는 오직 하나뿐이고 정답도 하나뿐입니다. 어느 한 종교와 신앙과 내세관만 맞고 나머지 모든 종교와 신앙과 내세관은 틀린 것입니다. 헛된 것입니다. 속고 있는 것입니다. 수많은 사람들은 그런 사실을 모르고 맹신하고 삽니다. 아무리 억지를 주장해도 결국 정답, 진짜는 하나뿐입니다. 이런 가장 기초적이고 상식적인 사실을 깊이 생각하고 신앙생활을 하기 바랍니다. 고민해 보기 바랍니다.

진짜 종교와 신앙을 만나고 소유한 자가 결국 승자이고 지혜자이고 복된 자입니다. 나머지 사람들은 통곡하고 절망할 것입니다. 늦게야 속았음을 알 것입니다. 그때는 아무런 패자부활의 기회가 주어지지 않습니다. 이렇게 속아 살다 사망하여 내세에 들어간 수많은 사람들은 구원을 받지 못하고 심판을 받은 이후에 불타는 지옥에 던져져서 영원히 고통만 받으며 살게 될 것입니다. 생각만 해도 끔찍합니다. 그러니 생전에 진짜를 찾고 만나고 믿어 현세뿐만 아니라 내세에 구원을 받기 바랍니다. 천국에서 영생을 누리기 바랍니다.

제10부

인류 최후의
심판관

불교나 힌두교는 순환적 역사관이지만 기독교는 직선적 역사관, 인생관이라고 했습니다. 모든 영역에서 시작이 있으면 반드시 끝이 있습니다. 농부가 논과 밭에 씨를 뿌리고 심으면 반드시 추수(심판)하는 때가 있습니다. 모든 스포츠는 치열한 경기가 펼쳐지고 나면 반드시 결승전과 시상식이 있습니다. 시상식이 없는 시합이 없고, 추수가 없는 농사가 없습니다. 끝이 없이 계속 씨만 뿌리는 농사와 시합만 하는 스포츠는 없습니다. 직장에서도 사업에 대한 평가가 없는 직장이 없습니다. 해마다 연말이 되면 결산을 합니다. 결산한 이후 신년에 다시 새롭게 시작합니다. 모두 심판에 해당합니다. 하나님에 의해 창조된(시작) 현 지구, 세상, 사람들도 반드시 끝(심판)이 있습니다. 그래서 모든 사람들은 자기가 하는 일, 맡은 일, 소속된 직장 등에서 반드시 마지막 평가, 심판이 있다는 것을 알고 가치 있고 규모 있게 살아야 합니다.

성경은 인류에게 최후의 심판이 있다고 말합니다. 인류의 재판장이자 심판자는 인류의 유일한 구세주이자 하나님이신 예수님입니다. 심판자가 사람이나 석가모니(부처)나, 알라나, 공자 등이 아닙니다. 예수님 외에 다른 인류의 재판장은 없습니다. 심판의 시점은 복음이 지구상에 존재하는 모든 민족에게 전파되었을 때, 세상 종말 때, 부활한 이후, 예수님께서 공중으로 재림해 오신 때입니다. 세상 종말과 부활과 예수님의 공중 재림과 모든 민족에게 복음전파는 동시적입니다.

심판의 내용은 출생 시부터(요람에서부터) 죽을 때까지(무덤까지)의 모든 언행으로 철저한 심판이 이루어집니다. 심판의 대상은 생전에 예수님을 믿지 않고 살다가 죽은 자들입니다. 부처도, 무함마드도, 공자도, 이단 교주와 추종자들도 다 심판을 받고 지옥에 던져질 것입니다. 마귀(사단)와 귀신들도 심판을 받고 지옥에 던져질 것입니다. 생전에 예수님을 믿다가 죽은 자들은 부활 이후 심판을 받지 않고 곧바로 천국으로 들어갑니다.

히브리서 9장 27절
"한 번 죽는 것은 사람에게 정하신 것이요 그 후에는 심판이 있으리니"

전도서 12장 14절
"하나님은 모든 행위와 모든 은밀한 일을 선악간에 심판하시리라"

로마서 2장 6절
"하나님께서 각 사람에게 그 행한 대로 보응하시되"

마태복음 16장 27절

"인자(인류의 재판장 예수님)가 아버지(성부 하나님)의 영광으로 그 천사들과 함께 오리니(공중 재림) 그때에 각 사람의 행한 대로 갚으리라"

디모데후서 4장 1절

"하나님 앞과 산 자와 죽은 자를 심판하실 그리스도 예수 앞에서 그의 나타나실 것과 그의 나라를 두고 엄히 명하노니"

요한복음 5장 24절

"내가 진실로 진실로 너희에게 이르노니 내 말을 듣고 또 나 보내신 이를 믿는 자는 영생을 얻었고 심판에 이르지 아니하나니 사망에서 생명으로 옮겼느니라"

성경은 인류에게 최후의 심판이 있음을 분명하게 경고합니다. 이는 상식입니다. 이 세상에서는 온갖 나쁜 짓을 하고도 돈과 인맥과 좋은 변호사와 힘으로 유죄를 받지 않고 법망을 빠져나가 희희낙락하는 자들이 많이 있습니다. 전관예우를 받은 자들도 있습니다. 나쁜 짓을 하고도 이런저런 요령과 기술과 꼼수와 인맥과 권세와 돈으로 감옥에 가지 않은 자들도 있을 것입니다. 세상 종말 때에는 세상 법정은 피했지만 전지하시고 완전하신 하나님의 심판은 누구도 피하지 못합니다. 하나님 앞에서 완전 범죄란 없습니다. 이 심판은 영원한 감옥, 즉 영원히 불타고 고통만 당하는 지옥에 던져지는 심판입니다. 세상 감옥과는 비교 자체를 할 수 없는 지옥입니다.

　아마 살과 뼈가 떨리는 공포와 두려움과 고통 그 자체가 될 것입니다. 심판을 당하는 불신자들은 절망하게 될 것입니다. 심판을 아무리 부정해도 무시무시한 심판은 반드시 있습니다. 이는 진리입니다. 불신자들 모두가 확인하게 될 것입니다. 이에 예수님을 진실로 믿음으로 심판을 받지 않는 자들이 복됩니다. 행위가 착해서 심판을 피하게 되는 것이 아니라 구세주인 예수님을 믿음으로 특별사면을 받아 심판을 받지 않고 천국에 입성하게 됩니다. 심판당함 여부는 생전에 구세주인 예수님을 '믿었느냐 믿지 않았느냐'로 결정됩니다. 이는 만물의 주인이신 하나님께서 정하신 심판 규정입니다. 누구도 변개치 못하고, 불공정하다고 못 하고, 어찌하지 못합니다.

　그래서 이 땅에 살 때에 항상 심판을 의식하고 살아야 합니다. 심판을 받지 않는 것에 오해가 없어야 합니다. 착하게 살거나 좋은 일을 많이 하면 심판을 피할 수 있는 것이 아닙니다. 하나님께서 정하신 기준과 규정은 오직 인류의 유일하신 구세주인 예수님을 믿으면 심판을 받지 않는다고 합니다. 이에 반해 지상에 살 때 복음을 거부한 자들, 예수님을 믿지 않고 죽은 자들은 누구든지 심판을 당할 것입니다. 아무리 착한 일을 많이 한 자일지라도, 착하게 살았다고 하더라도, 인류에 공헌한 자일지라도, 갓난아이일지라도 생전에 예수님을 믿지 않은 자들은 모두 유죄로 사후에 부활한 이후 최후의 심판을 받고 지옥불에 던져지게 될 것입니다. 참고로, 여인의 몸에서 정자와 난자가 수정되는 순간부터 죄인으로 임신됩니다. 죄의 삯은 심판을 당하고 사망입니다. 마치 재판이 끝나면 유죄 판결을 받은 자들은 그 자리에서 곧바로 교도소로 구속되는 것과 같이 심판 후 곧바로 지옥에 던져질 것입니다.

그러므로 생전에 예수님을 믿어야 합니다. 바르게 믿어야 합니다. 복음을 잘 받아들여야 합니다. 진리 안에 머물러 있어야 합니다. 건전한 교회에 나가서 하나님 말씀을 잘 들어야 합니다. 믿음은 하나님의 말씀을 들음에서 생기기 때문입니다. 성경을 읽는 것, 듣는 것, 배우는 것, 그 말씀대로 살려고 하는 것에 사망 직전까지 최선을 다해야 합니다. 물론 그렇다고 자기 마음대로 예수님이 믿어지는 것은 아닙니다. 그 이유는 믿음은 자기 노력과 수고와 선행으로 생기는 것이 아닌 하나님이 만세 전에 택한 자들에게만 주시는 선물(은혜)이기 때문입니다. 신앙과 구원은 '지성이면 감천으로' 되지 않습니다.

그래도 누가 택함을 받았는지 모르기 때문에 죽을 때까지 나름 최선을 다해야 합니다. 평상시에는 잘 믿어지지 않다가 임종 직전에 복음을 받아들이는 자들도 있기 때문입니다. 그렇게 해야 하는 이유는 절대로 심판을 받으면 안 되고, 지옥불에 던져지면 최악이기 때문입니다. 누구든지 이런 주장과 경고와 내용을 무시하거나 우습게 여기지 말아야 합니다. 엄포가 아니라 참입니다. 신앙생활과 인생은 장난이 아닙니다. 영원한 생사가 걸려 있는 일입니다. 영원히 엄청난 고통과 행복이 걸려 있는 일입니다. 진지한 고민과 노력과 결단이 있어야 합니다. 혹 스스로나 누군가가 심판이 없다고 한다면 이는 치명적으로 속고 있는 것입니다.

제11부

영생관

많은 사람들은 내세인 영생은 없다고 확신합니다. 현세만 있고 살다가 죽으면 끝이라고 말합니다. 자신에게 속고 있는 것입니다. 인간은 능력의 한계와 어리석음으로 인하여 존재하는 것들을 종종 부인해 왔습니다. 이런저런 지식이 있다고 하더라도 틀린 것들이 적지 않습니다. 불완전합니다. 모든 사람들이 그렇습니다. 자기가 믿고 싶은 것만 믿고 삽니다. 자기가 모르거나 믿고 싶지 않은 것은 모두 부인합니다. 그래서 치명적으로 실수하는 것입니다. 세상 종말과 부활 후에 천상에서 수많은 사람들에 대한 심판이 끝나면 그다음은 천국과 지옥이라는 내세에서의 영생과 영벌뿐입니다. 내세는 오직 천국과 지옥 둘뿐입니다. 나머지 주장들은 모두 거짓입니다. 허구입니다. 영생(永生)이란 '영원히 사는 것'을 말합니다.

이 세상에 출생한 사람은 현세에서는 잠시 죽지만, 죽음으로 끝나지 않고 세상 종말 때에 다시 사는 부활과 심판이 있어 누구든지 천국에서든 지옥에서든 영원히 삽니다. 사람은 누구나 현세에서 원죄 때문에 저주를 받아 육체적으로 반드시 죽지만, 죽음으로 끝나지 않고 세상 종말에 부활하여 내세에서 영원히 살게 됩니다. 내세인 천국과 지옥은 죽음이 없습니다. 결혼과 출산도 없습니다. 더 이상 이별과 사별도 없습니다. 수고와 눈물도 없습니다. 천국에서는 하나님을 경배하며 주 안에서 영원히 행복하게 삽니다. 의식주 문제가 전혀 없습니다. 천사와 같은 존재로 영원히 살게 됩니다.

우리가 상상할 수 없는 환상적인 내세의 나라가 천국입니다. 이 세상과는 비교 자체가 불가능한 나라입니다. 이에 반해 지옥에 던져진 자들은 영원히 고통만 받으며 살게 됩니다. 자살도 불가능합니다. 영원토록 주야로 피눈물만 흘리며 살게 될 것입니다. 이 세상 감옥과는 비교 자체가 되지 않습니다. 상상을 초월한 끔찍한 지옥이 될 것입니다. 이는 겁박이 아니라 실제입니다. 현세에 있는 1급 감옥을 생각해 보기 바랍니다. 감옥은 실제입니다. 이 지구상에 존재하는 지옥입니다. 좋은 감옥은 없기 때문입니다.

누구도 감옥에서 살고 싶어 하지 않습니다. 성경은 진리이기에 사실 그대로만 말하고 때가 되면 그대로 성취됩니다. 하나님은 진실하신 분이시기에 성경을 통해서 약속하시고 예언하신 말씀은 그대로 이루십니다. 그래서 두려움을 가져야 합니다. 영생에 대하여 심각하게 생각하고 살아야 합니다. 어떤 사람들은 영생이 없다고 할 것이고, 어떤 사람은 영생이 있다고 할 것입니다. 각기 믿어지는 대로 살면 됩니다. 부활 후에 확인하게 될 것입니다. 참은 부인한다고 없어지는 것이 아닙니다.

마태복음 25장 46절
"저희는(불신자들) 영벌(지옥)에, 의인들은(그리스도인들)

영생(천국)에 들어가리라”

요한복음 5장 24절

“내가 진실로 진실로 너희에게 이르노니 내 말을 듣고 또 나 보내신 이를 믿는 자는 영생(永生)을 얻었고 심판에 이르지 아니하나니 사망에서 생명으로 옮겼느니라”

요한계시록 21장 8절

“그러나 두려워하는 자들과 믿지 아니하는 자들과 흉악한 자들과 살인자들과 행음자들과 술객들(점성술사들)과 우상 숭배자들(모든 타 종교인들)과 모든 거짓말하는 자들은 불과 유황으로 타는 못(지옥)에 참예하리니 이것이 둘째 사망이라(지옥의 삶)”

영생도 없고, 내세(저승)도 없고, 하나님도 없고, 천국도 없고, 지옥도 없고, 부활도 없고, 심판도 없다면 교회에 다니고 예수님과 하나님을 믿는 자들이 세상에서 가장 불쌍한 자들이 될 것입니다. 이는 마치 월급도 주지 않는데 날마다 직장에 나가서 밤늦도록 일하고 퇴근하는 어느 직장인과 같을 것입니다. 일만 하고 월급을 받지 못하면 그것처럼 불쌍한 직장인, 노동자는 없을 것입니다. 사실 그런 직장은 없습니다. 이처럼 예수님을 믿는 그리스도인들, 교회에 다니는 그리스도인들도 마찬가지입니다. 하나님께서 마련해 놓으신 영생이 반드시 있기 때문에, 하나님이 반드시 존재하시기 때문에, 성경은 그대로 이루어지는 참이기 때문에 참기독교인들이 이 지구상에서 가장 행복한 자들입니다. 목숨을 걸고 예수님을 믿을 만한 충분한 근거가 됩니다.

지금은 실감이 나지 않을 것입니다. 무시할 것입니다. 농담으로 여길 것입니다. 기독교인들은 미친 자들이고 개(犬)독교라고 비아냥거릴 것입니다. 실제로 체감하지 못했기 때문입니다. 그러나 향후 세상 종말에 모든 사람들은 모든 것을 알게 되고 확인하게 될 것입니다. 성경 말씀이 참이었음을 늦게나마 알게 될 것입니다. 그때는 반성하고 회개해도 늦습니다. 지금 이 땅에 살아 있을 때 결단하고 예수님을 진실로 믿어야 합니다. 성경 말씀을 무시하지 말아야 합니다. 건전한 교회에 다녀야 합니다. 그래야 천국에서 영생하게 될 기회가 주어집니다. 그렇지 않으면 이 땅에서 제아무리 착하게 살고, 유명하고, 좋은 일을 많이 하고, 애국자요 훌륭한 인물로 평가받았을지라도 지옥에 던져져서 영벌을 받게 될 것입니다.

부활한 사람들 중에, 부부 중에, 가족 중에, 친인척 중에 신앙이 갈리면 영원히 이산가족이 될 것입니다. 그러나 예수님을 진실로 믿는 자들, 바른 신앙고백을 가진 자들은 천국에서 다시 만나 영원히 함께 살게 될 것입니다. 천국에서는 이별과 사별이 없습니다. 물론 지옥에서도 이별과 사별은 없습니다. 누구는 천국에서 함께 영원히 행복하게 살게 되고, 누구는 지옥에서 함께 영원히 극심한 고통을 당하며 살게 될 것입니다. 이 땅에서 유죄나 무기징역을 선고받아 감옥에서 죽을 때까지 사는 것도 끔찍한데 지옥에서의 영원한 고통의 삶은 상상하기도 싫습니다.

바라기는 이 책을 읽는 독자들은 모두가 예수님을 진실로 믿어 천국에서 영생하는 자들이 되기를 간절히 바랍니다. 지금부터라도 깊은 고민을 하기 바랍니다. 결단하기 바랍니다. 만약을 대비하기 바랍니다. 복음을 거부하는 일이 없기를 바랍니다. 이미 예수님을 믿고 사는 자들은 현세의 즐거움과 매력들에 빠지지 않도록 정신을 바짝 차리고 살기 바랍니다. 또한 현세만 바라보고 사는 자들에게 이런 사실을 다양한 방식과 방법으로 전하기 바랍니다. 그리하여 함께 천국에서 영생하기를 간절히 바랍니다. 더 이상 내세도 없고 영생도 없다는 말에 속지 마시기 바랍니다. 설사 내세를 말하는 자들이 있을지라도 가짜 내세에 속지 마시기 바랍니다. 내세와 영생은 반드시 있습니다.

건양대학교웰다잉융합연구소, 《유언장 어떻게 쓸 것인가》, 북랩, 2023.

건양대학교웰다잉융합연구회, 《세계의 장례와 문화》, 구름서재, 2019.

장재훈, 《불교와 기독교 세계관》, 좋은땅, 2020.

장재훈, 《별세 장례 핸드북》, 하늘산책, 2015.

강도환, 《개역성경》, 기독지혜사, 2012.

당신도
속고 사십니까?

ⓒ 장재훈, 2025

초판 1쇄 발행 2025년 4월 2일

지은이　장재훈
펴낸이　이기봉
편집　좋은땅 편집팀
펴낸곳　도서출판 좋은땅
주소　서울특별시 마포구 양화로12길 26 지월드빌딩 (서교동 395-7)
전화　02)374-8616~7
팩스　02)374-8614
이메일　gworldbook@naver.com
홈페이지　www.g-world.co.kr

ISBN　979-11-388-4133-7 (03230)